Ullstein

Wer ist Barbra Streisand, das kleine jüdische Mädchen aus Flatbush in Brooklyn, das sich auf den Weg machte, der größte Multi-Media-Star ihrer Generation zu werden? Ist sie das kleine häßliche Entlein, dessen Vater starb, als sie noch ein Baby war, und das noch heute unter seiner problematischen Kindheit leidet, oder ist Barbra der geborene Erfolgsmensch, offen und kontaktfreudig, gegen alle Widerstände gefeit, eine Frau, die Familienprobleme und Schicksalsschläge locker wegsteckt?

Ersteres scheint zuzutreffen, denn heute – als Erwachsene auf dem Höhepunkt ihres Erfolges – zieht sich Barbra immer öfter von den Menschen und ihrem Publikum zurück.

In ihrem letzten großen Filmerfolg, »Herr der Gezeiten«, war Barbra Streisands gespanntes Verhältnis zu Mutter und Schwester, ihre oft schwierigen Freundschaften zu Kollegen sowie ihre überaus enge Beziehung zu ihrem Sohn Jason der Stoff für das Drehbuch. Es handelte sich hier um einen Versuch, die Probleme ihrer Kindheit über das vertraute Medium Film aufzuarbeiten.

Randall Riese – lange Jahre kritischer Beobachter des Menschen und der Künstlerin Barbra Streisand – entwirft in diesem Buch das intime Porträt einer schillernden Persönlichkeit.

DER AUTOR:

Randall Riese ist in Fachkreisen als Biograph bekannt, dessen Recherchen sich durch profunde Ausarbeitung wohltuend von den vielen oberflächlichen Veröffentlichungen auf dem Gebiet der Filmgeschichte und ihrer Protagonisten abheben. Beste Kritiken bekam er für seine Arbeiten »The Unabridged Marilyn Monroe« und »The Unabridged James Dean«. Er lebt und arbeitet als Historiker und Autor in Los Angeles.

Barbra Streisand

Eine intime Biographie von
Randall Riese

Aus dem Amerikanischen von
Kristine Rohrbach und Sabine Schwenk

Mit 58 Abbildungen

Ullstein

Biographie
Ullstein Buch Nr. 35617
im Verlag Ullstein GmbH,
Frankfurt/M – Berlin
Titel der amerikanischen Originalausgabe:
Her name is Barbra
Aus dem Amerikanischen von
Kristine Rohrbach und Sabine Schwenk

Ungekürzte Ausgabe
Mit 58 Abbildungen

Umschlagentwurf:
Theodor Bayer-Eynck
Unter Verwendung einer Abbildung von
dpa, Frankfurt/M
Alle Rechte vorbehalten
Taschenbuchausgabe mit freundlicher
Genehmigung der F. A. Herbig
Verlagsbuchhandlung GmbH, München
© 1993 by Birch Lane Press, Carol Publishing Group,
Secausus, USA
Übersetzung © 1994 by Langen Müller in der F. A. Herbig
Verlagsbuchhandlung GmbH, München
Printed in Germany 1996
Geamtherstellung:
Ebner Ulm
ISBN 3 548 35617 6

August 1996
Gedruckt auf alterungs-
beständigem Papier mit
chlorfrei gebleichtem Zellstoff

Die Deutsche Bibliothek – CIP-Einheitsaufnahme

Riese, Randall:
Barbra Streisand : eine intime Biographie / von Randall Riese.
Aus dem Amerikan. von Kristine Rohrbach und Sabine Schwenk. –
Ungekürzte Ausg. – Frankfurt/M ; Berlin : Ullstein, 1996
(Ullstein-Buch ; Nr. 35617 : Biographie)
Einheitssacht.: Her name is Barbra <dt.>
ISBN 3-548-35617-6
NE: GT

Inhalt

1. KAPITEL

Die Dirigentin

Mit sechzehn Jahren stand sie vor ihrem Badezimmerspiegel in Brooklyn. Sie war kein hübsches Mädchen, woran ihre eigene Mutter sie auch oft genug erinnerte. Ponysträhnen fielen ihr über die Stirn in die Augen, die groß und blau waren und zu weit auseinanderstanden. Ihre Nase war stark gebogen und so auffällig, daß sie ungewollte Blicke auf sich zog. Ihr Mund, mit den oft heruntergezogenen Mundwinkeln, war breit und unförmig. Nichts in diesem Gesicht schien zusammenzupassen. Aber sie hatte andere Qualitäten. Sie besaß einen scharfen Verstand, und – was wichtiger war – ihre lebendige Phantasie kannte keine Grenzen. Draußen vor dem Badezimmer lauerten Schmerz und Entfremdung. Doch wenn sie sich darin einschloß, konnte sie gehen, wohin sie wollte, und zu der Person werden, die sie sich immer gewünscht hatte zu sein.

An diesem Tag, als sie vor dem Spiegel stand und Strawinskys imaginärer Klang in ihren Ohren anschwoll, hob sie mit der Erhabenheit eines Maestro ihre ausgestreckten Arme und begann, vor einem nichtexistierenden Publikum ein Orchester zu dirigieren. Die anderen Mädchen in der Schule redeten darüber, zu heiraten, Kinder zu kriegen und genug Geld für einen Pelzmantel oder ein Vorstadthäuschen zu sparen. Ihre Träume gingen jedoch wesentlich weiter. Sie würde die Dirigentin des Symphonieorchesters der New Yorker Philharmonie werden. Mit schwingenden Armen führte sie eine Gruppe von Violonisten, und während sie das tat, betrachtete sie sich einen kurzen Moment lang im Spiegel ihres Badezimmers in Brooklyn. Sie war schön.

Barbra Joan Streisand dirigierte zwar keine Symphonieorchester, aber sie bestimmte die Dinge und Menschen um sich herum. Als sie mit neunzehn für eine Rolle am Broadwaymusical *Can Get It for You Wholesale* vorsang, bat sie darum, in einem Stuhl sitzend singen zu dürfen. Sie war, wenn sie saß, weniger nervös, und es schien eine passende und möglicherweise witzige Stütze für diese Sekretärinnenrolle zu sein.

Als sie die Rolle dann später tatsächlich bekommen hatte, gab ihr Regisseur Arthur Laurents, trotz ihrer häufigen Proteste, daß es mit dem Stuhl effektvoller gewesen sei, Anweisungen, wie *er* die Nummer inszenieren wollte. Am Abend vor der Vorpremiere in Philadelphia hatte sie Laurents durch ihre wiederholten Anfragen und ihre Impertinenz so zur Verzweiflung gebracht, daß er sie anbellte: »Dann sing eben in deinem gottverdammten Stuhl!« Explizit war das zwar eine Erlaubnis, aber sein Ton implizierte deutlich und auf unweigerliche Weise: »Das ist dein Ende.«

An diesem Abend, und später auch am Broadway, war Streisands Auftritt als »Miss Marmelstein«, die im Stuhl saß, der Höhepunkt der Show. »Ich konnte nicht verstehen, daß die sauer auf mich waren, bloß weil ich recht gehabt hatte«, sagte Barbra später. Diese Frage sollte sie sich im Laufe der Jahre oft stellen.

Die Streisand-Legende wimmelt von Geschichten, wie sie immer wieder einen einzelnen Liedtext oder Satz durcharbeiten ließ, bis sie ihn für perfekt hielt, was die erschöpften Studiotechniker, die bis in die frühen Morgenstunden keinen Schlaf fanden, sehr frustrierte. Als Barbra einmal eine ihrer Platten abhörte, um ihre Zustimmung für die Veröffentlichung zu geben, fiel ihr plötzlich ein störender Moment völliger Stille zwischen zwei Sätzen auf. Sie zitierte den Techniker herbei und fand heraus, daß dieser ohne ihre Erlaubnis ihre hörbaren Atemzüge zwischen den Sätzen herausgeschnitten hatte. Erbost beschimpfte sie ihn und ordnete an, auch nicht das leiseste Atemgeräusch herauszunehmen.

Während sie eine andere Platte beendete, wählte Barbra nach langer Überlegung das Photo aus, das auf dem Cover erscheinen sollte. Nach der Retusche im Labor legte man es ihr wieder zur Ansicht vor. Während sie das Photo begutachtete, hatte sie ein eigenartiges Gefühl. Irgend etwas war anders. Etwas fehlte. Der Hubbel auf ihrer Nase war ohne viel Federlesen wegretuschiert worden.

Barbra ließ den Verantwortlichen aus dem Labor holen, der gedacht hatte, sie würde sich freuen, und gab ihm auf unmißverständliche Weise zu verstehen, daß sie, wenn sie den Hubbel auf ihrer Nase hätte entfernen wollen, schon längst zu einem Arzt gegangen wäre. So wurde der Hubbel, genauso wie die Atemgeräusche, wiederhergestellt.

Ist dieses Verhalten ein Zeichen von Gehässigkeit, wie manch einer vermuten würde, oder lediglich das Beispiel einer Frau mit Persönlichkeit, die weiß, was mit *ihrer* Nase und mit *ihrem* Atem geschehen darf?

Dazu passend sei noch der Fanatismus erwähnt, mit dem sie die Zimmer ihrer verschiedenen Wohnungen dekorierte oder, besser gesagt, umdekorierte. Sie ist bekannt dafür, serienweise Polaroidaufnahmen von Räumen zu machen, um festzustellen, ob ein Sofa mit der Ästhetik des Gesamtraumes in Einklang steht oder ob jedes, aber auch jedes Teil sich am richtigen Platz befindet. Sie prüft diese Photos, gestaltet den Raum entsprechend neu, macht eine weitere Serie von Polaroidbildern, räumt erneut um, und dieser Prozeß nimmt so lange seinen Lauf, bis jedes Detail sie vollständig zufriedenstellt. Die Räume ihrer Wohnungen sind äußerst stilvoll, fast zu sehr in den Farben aufeinander abgestimmt, und mit der Absicht kreiert, eine ganz bestimmte Atmosphäre zu schaffen. Sie sind nicht »gemütlich« oder »behaglich«, sondern strahlen das perfekte Design der Studioszenerien ihrer Filme aus.

Während der Dreharbeiten zu *Funny Girl*, ihrem ersten Film, sah sich die fünfundzwanzigjährige Barbra jeden Tag nach Ende der Dreharbeiten die Muster an und machte in Gedanken bereits den Schnitt. Sie entschied, welche Teile von welchen Aufnahmen und Großeinstellungen behalten oder rausgeworfen werden sollten. Auch den anderen Schauspielern gab sie gerne ungefragt Ratschläge, wie sie eine bestimmte Szene spielen sollten, obwohl die meisten bei weitem mehr Dreherfahrungen hatten als sie selbst. Und sie war bei Gott nicht zu schüchtern, ihrem sechsundfünfzig Jahre alten und mit vielen Oscars preisgekrönten Regisseur William Wyler, diesem talentierten Dynamiker, der schon die Bestie in Bette Davis und anderen Größen gezähmt hatte, Verbesserungsvorschläge zu machen. Als der Film abgedreht war, sprach Wyler Barbra mit seinem ausgeprägten Sinn für Humor über sein Megaphon an und riet ihr: »Sie sollten Regisseurin werden.« Diese Worte vergaß Barbra nie!

Pat Conroy, der Autor von *The Water Is Wide / Trennende Wasser* und *The Great Santini / Der Große Santini* (1980, mit Robert Duvall) und *The Lords of Discipline / Stolz und Ehre* (1983, mit David Keith), brauchte sechs Jahre, um *The Prince of Tides* zu schreiben.

1986 wurde das Buch von Houghton Mifflin veröffentlicht und führte ein Jahr die Bestsellerliste an. Die Taschenbuchrechte gingen für 1,5 Millionen Dollar an Bantam, und es wurde die beachtliche Auflage von 4,1 Millionen Exemplaren erreicht.

The Prince of Tides / Herr der Gezeiten spielt größtenteils in der fiktiven Stadt Colleton, in Südkalifornien, und ist eine ausschweifende, oft langatmige Erzählung. Es ist die Geschichte von Tom Wingo, dem Sohn eines Garnelenverkäufers, der nach Manhattan geht, um seiner Zwillingsschwester Savannah, einer berühmten, aber psychisch gestörten Lyrikerin, zu helfen, die zum wiederholten Mal versucht hat, sich das Leben zu nehmen. Tom wird von Dr. Susan Lowenstein, Savannahs Psychiaterin, überredet, sie bei der Behandlung zu unterstützen, indem er die tief verschütteten Geheimnisse einer leidvollen Kindheit und die zerrüttete Familiengeschichte zutage bringt. Er wird in gewisser Weise zum Gedächtnis seiner Schwester. Conroys Geschichte ist ungeschönt autobiographisch. Seine Schwester Carol, eine Schriftstellerin, hatte eine Reihe psychischer Zusammenbrüche und Selbstmordversuche hinter sich. Einmal zog Conroy aus diesem Anlaß zu ihr, während sie in Behandlung war.

Als Carol erfuhr, daß ihr Bruder in *Tides* über ihre Familie schrieb, ließ Carol ihn wissen: »Du darfst nicht über mich schreiben. Du kannst mir nicht mein Leben stehlen.« Doch er tat es, und seitdem hat sie nicht mehr mit ihm gesprochen.

Die Filmfigur Lila Wingos, der vom gewalttätigen Vater unterdrückten und nach dessen Tod sozial aufsteigenden Matriarchin in *The Prince of Tides*, basiert in großen Zügen auf der Person von Conroys Mutter, die 1984 starb. Näher betrachtet ist das Buch eine Hommage an Peg Conroy, und es sagt unendlich viel darüber aus, wie man seiner Mutter vergibt und wie man sich seiner eigenen Vergangenheit stellt – ganz egal, wie schmerzhaft und zerstörend sie war –, um die Gegenwart ertragen zu können und Hoffnung für die Zukunft zu haben.

Es ist insofern leicht, Barbra Streisands sofortiges Interesse und ihre schließliche Besessenheit von diesem Projekt zu verstehen. In ihren Mittvierzigern war sie selber Mutter und die vielleicht herausragendste Künstlerin ihrer Generation. Die Narben, die ihre eigene, schwierige Kindheit bei ihr hinterlassen hatte, waren noch nicht verheilt. In *The Prince of Tides* sah sie eine Gelegenheit, ihre eigene Geschichte zu erzählen, sich ihrem eigenen Schmerz auszusetzen und vielleicht durch diesen Prozeß zu reifen und seelisch gesund zu werden.

Während sie noch an *Nuts* arbeitete, wo sie gleichzeitig Hauptdarstellerin und Produzentin war, empfahl ihr der musikalische Leiter *Tides* als eine Geschichte, bei der sie Regie führen sollte. Sein Vorschlag wurde ignoriert, bis Monate später Barbras damaliger Liebhaber Don Johnson ihr einige Stellen aus dem Buch im Bett vorlas. Sie war so fasziniert, daß sie sich ein Exemplar kaufte und mit großer Begeisterung las. Als sie es beendet hatte, wußte sie, daß sie aus diesem Stoff einen Film machen wollte. »Als ich das Buch las«, betonte sie später, »hatte ich den Film bereits vor Augen. Ich spürte, was das große Thema sein würde: wie alle menschlichen Beziehungen durch Mitgefühl und Liebe veränderbar sind.«

Naheliegend sah sie in Johnson »ihren« Tom Wingo. Da Johnsons Einschaltquoten von »Miami Vice« abnahmen, wollte er eine neue Filmkarriere starten. Die beiden diskutierten nächtelang über das Buch und interpretierten Conroys Dialoge. Das Buch initiierte Gespräche über Barbras eigene Kindheit und über die Auswirkung auf ihr Leben als Erwachsene. Sie sprachen darüber, wie der Stoff verfilmt und wie er nicht verfilmt werden müßte, und man sollte fairerweise festhalten, daß die ursprünglichen Ideen für die spätere Filmversion von *The Prince of Tides* nicht in einer sterilen Studioatmosphäre, sondern im Bett entstanden sind. Streisand und Johnson waren jedoch nicht die einzigen, die sich für *The Prince of Tides* interessierten. 1986 erwarb CBS Theatrical Films die Rechte von Conroy, der alle Verhandlungen selber führte. Als später CBS seine Spielfilmabteilung auflöste, kaufte Conroy die Rechte zurück. Er schrieb sein eigenes Drehbuch, das von MGM/UA gekauft und für die Produktion akzeptiert wurde. Gleichzeitig planten auch die KCR Productions, mit dem Produzenten Andrew Karsch, Conroy und James Roe, Conroys Geschäftsführer, den Film zu realisieren, wobei Jay Presson Allen (der die Filmversion von *Cabaret* geschrieben hatte) das Drehbuch bearbeiten sollte. Karsch traf eine Vereinbarung mit MGM/UA, daß der Film *ohne Stars* und mit einem bescheidenen Budget von 10 Millionen Dollar produziert werden sollte. Aber das Projekt blieb zwischen 1986 und 1987 im Anfangsstadium stecken, weil das Studio sich in finanziellen Nöten befand. Verschiedene Regisseure, darunter Robert Mandel und Luis Mandoki *(White Palace)*, wurden eingespannt. Dann stieß Robert Redford, ein Conroy-Fan seit er *The Great Santini* gelesen hatte, auf das Drehbuch.

Schließlich übernahm Redford das Projekt von KCR und unterzeichnete eine Abmachung mit MGM/UA, daß er in dem Film mitspielen und ihn unter seinem Wildwood Enterprises Banner produzieren würde.

Als Barbra erfuhr, daß Redford das Projekt übernommen hatte, rief sie ihn an, um mit ihm über die Form einer Zusammenarbeit zu diskutieren. Da sich die Intensität ihrer Beziehung zu Johnson zu diesem Zeitpunkt abgekühlt hatte, war sie mehr als willig, in Redford ihren neuen Wingo zu sehen. Die beiden wollten nach *The Way We Were* auch gerne wieder zusammenarbeiten. Und was noch wichtiger war: In vielerlei Hinsicht war Robert Redford der ideale Schauspieler, um Tom Wingo darzustellen, diesen blonden, typisch amerikanischen Jungen, der älter, klüger und zynischer geworden war, ein Mann, dessen Männlichkeit über die Leiden seiner Kindheit hinwegtäuscht, die ihn tief in seinem Inneren quälen. »Mein ganzes Leben lang«, sagte Redford einmal, »bin ich von Schuldgefühlen verfolgt worden, weil ich das Gefühl habe, daß zwischen meinem Aussehen und dem, wie ich wirklich empfinde, ein krasser Unterschied besteht.«

Anfänglich sprachen sie darüber, daß Redford mit Barbra in der Rolle Lowensteins die Regie führen würde. Schließlich war es *sein* Eigentum, und er hatte mit *Ordinary People*, wofür er 1980 einen Oscar gewann, sicherlich sein Stehvermögen unter Beweis gestellt. In Wahrheit redeten sie jedoch darüber, daß Barbra mit Redford in der Rolle des Wingo Regie führen würde. Aber nach langwierigen Gesprächen wurde Redford klar, daß die vorgeschlagene »Zusammenarbeit« zum Scheitern verurteilt war. Manche halten das Medium Film für die höchste Form künstlerischer Zusammenarbeit. Die Streisand aber verstand Regie in erster Linie im Sinne des Autorenfilms. Wenn sie den Film drehte, dann sollte es *ihr* Film, *ihre* Botschaft, *ihre* Vision sein, und das begann damit, wie eine einzelne Zeile im Drehbuch zu verstehen war, und hörte damit auf, wohin ein Requisitensessel gestellt werden sollte.

»Als nun einmal entschieden war, daß die Streisand die Regie führen würde«, erklärte John Voland, »hatte ich das Gefühl, daß damit Redfords Interesse, Tom Wingo darzustellen, gestorben war. Ich hatte den Eindruck, daß es für Redford – nicht daß er Barbra nicht mochte oder Schwierigkeiten mit ihrer Arbeitsweise hatte – auf der Hand lag, daß er in eine Richtung gedrängt werden sollte, in die er nicht gehen wollte.« Barbra gab später zu verstehen, daß ihre »künstlerischen Meinungsverschiedenheiten« mit Redford im wesentlichen daraus resultierten, daß er nicht gewillt war, sich gefühlsmäßig eine Blöße zu geben, sich zu öffnen und verletzbar zu werden, was verständlicherweise *die* Grundbedingung war, die sie an den Darsteller Wingos stellte.

Was dann geschah, bleibt für fast alle Beteiligten ein Geheimnis, selbst für Pat Conroy. Vielleicht lag es daran, daß Redford noch von Regie und Produktion des Films *The Milagro Beanfield War* erschöpft war, der kurz zuvor Premiere gefeiert hatte. Vielleicht hatte er sich auch mit zu vielen anderen Aktivitäten überfordert, unter anderem mit einem Besuch bei Fidel Castro in Kuba, einer zehntägigen Fahrt durch die Sowjetunion, seinem Einsatz für den Präsidentschaftskandidaten Dukakis und diversen anderen Unternehmungen. Möglicherweise lag es auch daran, daß Redford Schwierigkeiten damit hatte, die Conroy-Story fürs Kino zu bearbeiten, oder vielleicht beugte er sich einfach vor Streisands offensichtlich größerer Begeisterung für den Stoff. Was auch immer seine Gründe waren, Redford verzichtete auf seine Rechte an *The Prince of Tides* und machte damit den Weg frei für Barbra Streisand.

In der Zwischenzeit hielt sich die kämpferische MGM/UA, die einige Jahre zuvor *Yentl* produziert hatte, nach einigen Aufkaufversuchen nur noch knapp über Wasser. Einer dieser Versuche war vom mächtigen Trio Bert Sugarman, Peter Guber und Jon Peters gestartet worden, wobei anzumerken ist, daß letzterer für eine längere Zeit Barbras Geliebter gewesen war. Es war also kein Zufall, daß *The Prince of Tides* das einzige MGM/UA-Projekt war, das das Trio behalten wollte. Der versuchte Aufkauf scheiterte jedoch in den Verhandlungen, und das Studio mußte für eine Weile weiter auf seinen eigenen wackeligen Beinen stehen. Noch 1989 befand sich Barbra mit MGM/UA in harten Verhandlungen über die Regie des Films. Einem Insider zufolge war der hauptsächliche Verzögerungsgrund das Geld. Für *Yentl* hatte man ihr 14,5 Millionen Dollar zugestanden, aber nun ursprünglich geplant, für *Tides* nur 10 Millionen auszugeben. Barbra bestand auf einem Budget von 25 Millionen, was einem durchschnittlichen Budget der damaligen Groß-Produktionen entsprach, aber für MGM/UA-Maßstäbe doch zu gewaltig war, vor allem für einen Film, der sich nur an Erwachsene richtete. So wie Barbra sich den Film vorstellte, war es eine altmodische Liebesgeschichte mit psychologischem Hintergrund, also nicht gerade die Sorte dümmlicher Komödien oder blutrünstiger Action-Filme, die das große Geld in die Kinokassen brachten. Außerdem waren die letzten beiden Filme Streisands eine ziemliche wirtschaftliche Enttäuschung gewesen. Es gab Leute in Hollywood, die sie nicht mehr für den Star hielten, der sie einmal war; man warf ihr vor, ihre treuen Fans zu enttäuschen, die sie in Musicalkomödien sehen wollten, und daß sie für die Kinokassen nur noch minderwertige Arbeit abgab oder sogar schon ganz aus dem Rennen war.

Nichtsdestotrotz verfolgte Barbra ihren Plan weiter, *Tides* zu einem brauchbaren Drehbuch umzuarbeiten. Sie versuchte zunächst, Pat Conroy zu erreichen, und hinterließ ihm mehrere Nachrichten, er möge sie zurückrufen. Als er dies nicht tat, war sie verblüfft. Sie nahm an, daß ihr Ruf, gehässig zu sein, ihr vorausgeeilt war oder daß Conroy ganz einfach irgend etwas gegen sie hatte, wie es manchmal bei Leuten, die sie nicht kannten, vorkam. Aber Barbra war fest entschlossen. Sie ließ mit ihren Anrufen nicht locker, aber bekam weiterhin keine Antwort.

Conroy hatte in Atlanta einen Freund namens Bernie, der gerne Telefonstreiche ausgefallenster Natur ausheckte. Zum Beispiel konnte er Conroy mit verstellter Stimme anrufen und eine Nachricht des früheren Präsidenten Jimmy Carter hinterlassen, der ihn zu irgendeiner wichtigen Galaveranstaltung für Würdenträger einlud. Bernie gab oft Kostproben dieser fernmündlichen Faxen ab, und Conroy vermutete deshalb, daß die Anrufe der »Streisand« auch von Bernie inszeniert waren.

Eines Tages erfuhr Barbra, daß Conroy in Los Angeles war, und rief ihn in seinem Hotelzimmer an. Conroy nahm den Hörer ab. »Hier ist Barbra Streisand«, sagte die vertraute, durchdringende Stimme am anderen Ende. »Warum rufen Sie mich nicht zurück?«

Conroy, der immer noch Bernie verdächtigte, verlangte von der Anruferin, die sich als Barbra ausgab, ihm ihre Identität zu beweisen und »People« zu singen. Überrascht und eher enttäuscht als gekränkt, sang Barbra die ersten Takte des Liedes in den Hörer, für die sie so bekannt war.

Zufriedengestellt und mehr als peinlich berührt, entschuldigte sich Conroy überschwenglich und akzeptierte Barbras Vorschlag, nach New York zu fliegen, um gemeinsam mit ihr an dem Drehbuch zu arbeiten. Später rächte sie sich an ihm, indem sie ihn zwang, das schmalzige Lied »Will You Still Love Me Tomorrow« zu singen.

Als sie sich persönlich kennenlernten, erzählte Conroy Barbra, daß er ihre Schallplatten gehört habe, während er *Tides* schrieb. Dieser Gedanke bestätigte sie in dem Gefühl, daß sie irgendwie dafür bestimmt war, den Film zu machen, und sie hielt ihm ein Exemplar des Buches hin, damit er es signiere.

»Barbra, eigentlich habe ich nichts gegen Sie«, begann Conroy, und Barbra machte sich auf das Schlimmste gefaßt. »Ich schreibe zu Ihrer Musik – was für eine Stimme Sie haben! –, aber mein Vater sagte, daß Sie Schriftsteller bei lebendigem Leib auffressen, und ich möchte diese Erfahrung lieber vermeiden, wenn es Ihnen nichts ausmacht.«

Barbra dachte über das, was sie gerade gehört hatte, nach, dann sah sie Conroy direkt in die Augen und fragte: »Wie lange kannte Ihr Vater mich?«

Sofern sich das an einem einzelnen Augenblick, an einem Moment festmachen läßt, nahm ihre Zusammenarbeit und aufrichtige gegenseitige Sympathie hier ihren Anfang.

Während der nächsten drei Wochen arbeiteten Conroy und Barbra – ein bißchen wie Wingo und Lowenstein – hinter verschlossenen Türen, um ein gemeinsames Ziel zu erreichen. Barbra wollte alle Andeutungen im Buch, alle Details und Nuancen verstehen, auch wenn diese nicht ins Drehbuch einfließen sollten.

Anschließend fuhr Barbra fort, jede Zeile des Buchs einzeln durchzugehen, und bombardierte Conroy mit Fragen: »Woran haben Sie gedacht, als Sie *das* geschrieben haben?«, »Was meinen die Figuren, wenn sie *das* sagen?« Conroy witzelte später über Barbra: »Man kann davon ausgehen, daß sie auch keinen Salat macht, ohne sich über die Zutaten zutiefst den Kopf zu zerbrechen.« Auch war er überrascht, als er merkte, daß sie das ganze Buch auswendig kannte. Manchmal würzte sie ihre Diskussionen, indem sie ihren Fragen Bemerkungen wie »Auf Seite 262 schreiben Sie . . .« vorausschickte. Conroy mußte dann durch die Seiten seines eigenen Buches gehen, um herauszufinden, von welcher Passage sie sprach. Wahrscheinlich war er auch erstaunt, daß Barbra, obwohl sie dafür nirgendwo erwähnt werden wollte und es wahrscheinlich sogar geleugnet hätte, heimlich einen großen Teil des Drehbuchs selber schrieb.

Es war eine harmonische Zusammenarbeit, größtenteils, weil Conroy jegliche egozentrischen Anwandlungen beiseite legte und in der Regel Barbras Entscheidungen zustimmte. Fairerweise muß man hinzufügen, daß es zum Teil auch an der Streisand lag, die ganz im Gegensatz zu ihrem Ruf im allgemeinen bestens mit Leuten auskommt, die sie respektiert, auch wenn es nur wenige sind, zu denen Conroy sich aber damals zählen durfte.

»Wir haben viel geredet. Klar gab es Meinungsverschiedenheiten oder Streitereien, und wenn das der Fall war, dann gewann meistens Barbra«, erzählte Conroy. »Das ging dann so! Ich sagte: ›Ich mag diese Zeile.‹ Sie sagte: ›Ich mag *diese* Zeile.‹ Und so machten wir dann weiter. Aber nie mit erhobenen Stimmen. Nur ein Schlagabtausch. Aber meistens gewann sie den.«

Zu seinen Erfahrungen mit dem Film und zum Schicksal der Hollywood-Autoren im allgemeinen fügt Conroy hinzu: »Ich weiß, wo mein Platz in Hollywood ist – ich bin Autor, der Abschaum der Menschheit. Aber ich habe mich nie über Hollywood beklagt, weil man bei allen Nackenschlägen, die man einstecken muß, zig Millionen von Dollars bekommt, die diese Schmerzen lindern.« Es war ein Glück für Conroy, daß er nicht unter Größenwahn litt und sich auch keine übertriebenen Vorstellungen von seiner Bedeutung für Hollywood oder für die Filmversion von *Tides* machte. Sein Drehbuchentwurf für *sein* Buch wurde, so hieß es aus dem Studio, von der Streisand fast gänzlich übergangen, obwohl er im Vorspann mit erwähnt wurde. Interessanterweise wurde Conroy nicht einmal Becky Johnston vorgestellt, dem Autor, der für den Großteil der endgültigen Drehbuchfassung verantwortlich war.

Nach ihren ausgedehnten Sitzungen mit Conroy legte Barbra das Drehbuch verschiedenen Psychotherapeuten vor, unter anderen Dr. Harvey Corman, dem Mann ihrer langjährigen Freundin Cis Corman. Barbra selbst war die Psychoanalyse vertraut, da sie selber, seit sie Star am Broadway geworden war, eine Therapie machte. Dennoch beriet sie sich während der nächsten Monate mit ihrer Experten- und Ärzterunde, brachte einige von deren Ideen ins Drehbuch ein und verwarf andere, die nicht mit ihrer eigenen Theorie übereinstimmten. Sie traf sich auch mit Dutzenden von Autoren (darunter Joan Tewkesbury und Robert Getchell) und bat sie um Anregungen.

Becky Johnston machte einen besonders positiven Eindruck auf Barbra, obwohl bis dahin erst eines ihrer Drehbücher verfilmt worden war, *Under the Cherry Moon* von 1986. Die beiden Frauen hatten gemeinsame Vorstellungen über das Drehbuch und die Richtung, in die es sich entwickeln sollte, und dem Unterhaltungsjournalisten Mitchell Fink zufolge zog Becky während der Zeit des Schreibens praktisch bei Barbra ein. Fink berichtete zu dieser Zeit für den *Los Angeles Herald Examiner*, daß Johnston sowie Barbras weitere »Helfer« ihr »rund um die Uhr für *Prince-of-Tides*-Brainstormings zur Verfügung standen. Man sagt Barbra nach, daß sie ihre Helfer manchmal mitten in der Nacht aufweckte, um ihnen mitzuteilen: ›Ich habe an etwas gedacht und möchte, daß du mich morgen früh daran erinnerst.‹«

Da die finanziellen Nöte der MGM/UA immer gravierender wurden, legte sie als Fertigstellungsfrist für *Tides* Ende 1989 fest. Das bedeutete im Grunde, daß das Studio sich entschlossen hatte, die Entwicklung des Projekts zu unterbrechen und es anderen interessierten Produktionsfirmen anzubieten.

»Ich nehme an«, erklärt John Voland, »daß die Budgetplanungen an einem Punkt angelangt waren, wo man sagte: ›Tja, es sieht so aus, als könnten wir uns das Projekt beim besten Willen nicht mehr leisten.‹ Das passierte nun gerade, als der ganze Aufkaufsbetrug [des Studios] um [Giancarlo] Perretti begann, und sie glaubten, nicht genug Geld zu haben, um dem Vorhaben irgendwie gerecht zu werden. Das veranschlagte Budget schreckte viele Leute ab, und so verloren sie das Interesse, und die Reaktionen anderer Studios auf *Tides* waren lau. Man hätte annehmen können, daß ein von Streisand betriebenes Projekt der Verfilmung eines der größten Roman-Bestseller Begeisterung und vielleicht sogar einen richtigen Konkurrenzkampf unter Hollywoods mächtigen Produzenten hervorrufen würde. Aber dies war nicht der Fall.«

»Es ist erstaunlich, daß die [anderen] Studios sich nicht engagierten«, sagt Filmexpertin Anne Thompson. »Es überrascht mich. Aber ich würde sagen, es liegt daran, daß in Hollywood weniger Erwachsenenfilme gemacht werden. Sie werden als Flop für die Kinokassen angesehen. Und viele Leute waren vor *The Prince of Tides* der Meinung, daß Barbra Streisand sich am besten in Musicals verkaufen ließ. Dies aber war ein teurer Film mit einer Geschichte ohne komische Elemente. Es konnte auch noch einen anderen Grund geben. Vielleicht hatte man in den Studios den Eindruck, daß die Arbeit mit der Streisand eine Herausforderung sein würde, da sie ein ganz schwieriger Brocken ist.« Barbra war natürlich beunruhigt über die Zeit, das Geld und nicht zu vergessen all die *Hingabe*, die sie schon aufgebracht hatte, und so stellte sie das Projekt Warner Brothers vor, mit denen sie *Nuts* gedreht hatte und mit deren in New York sitzender Firma Barwood Productions sie ein laufendes Produktionsabkommen eingangen war.

John Voland erinnert sich: »Man munkelte kurzfristig, daß Warner Brothers es machen würden. Aber das bestätigte sich nicht.« Als Warners genauso wie alle anderen großen Studios der Stadt ausgeschieden war, wandte sich Barbra – widerwillig und ein bißchen beschämt – an Jon Peters.

Der frühere Friseur und Schönheitssalonbesitzer Jon Peters hatte sich mit der unumstrittenen und unschätzbaren Unterstützung seiner Freundin Barbra in den siebziger Jahren zum Filmproduzenten gemausert, zum Vergnügen der geifernden und anzüglichen Witzbolde Hollywoods, die sich einen Spitznamen für das Paar ausdachten: der Superstar und der Shampoo-boy. Mit seinem Partner Peter Guber wurde Peters in den achtziger Jahren eine Art Film-Großmogul, unter anderem mit dem Knüller *Batman*, dem Streifen, der in der Geschichte der Warner Brothers die größten Einnahmen erzielte. Das hier aber war nun eine interessante Partnerschaft, die in Hollywood beachtliche Spekulationen auslöste.

Am 16. November 1989 aber kaufte der japanische Elektronikriese Sony die Columbia Pictures Entertainment auf und ernannte Guber und Peters zu Mitvorsitzenden dieses Konglomerats, das sich aus Columbia Pictures, Tri-Star Pictures und Columbia Pictures Television zusammensetzte. Das Geschäft mit Sony schloß auch den Kauf von Gubers und Peters Entertainment Company für angebliche 200 Millionen Dollar ein sowie für jeden von beiden ein Jahresgehalt von 2,75 Millionen Dollar, plus diverser Prämien in Höhe von mehreren Millionen Dollar. »Es war ein unglaubliches Geschäft«, sagt Easton. »Man konnte sagen, daß es 700 Millionen Dollar gekostet hatte, die beiden zu bekommen, und ich glaube, daß Sony am Ende doch ein bißchen in finanzieller Verlegenheit war.«

Doch es war keine Überraschung, daß eine der ersten Entscheidungen, die Peters in seiner neuen Machtposition traf, darin bestand, grünes Licht für *The Prince of Tides* zu geben. Unter Freunden witzelte Barbra: »Ex-Liebhaber kann man doch gut gebrauchen.« Jon Peters brachte damit ein Projekt mit einem großen Namen zu Columbia, das dazu einer guten Freundin von ihm gehörte. Man darf nicht vergessen, daß zu dieser Zeit außer den beiden niemand im Studio verantwortlich war. Es gab nur Jon Peters und Peter Guber. Da waren noch keine Mike Medavoys oder Frank Prices. Die ersten Monate nach der Übernahme leiteten Peters und Guber das Studio mit sehr »strammen Zügeln«. So war es kein Wunder, daß Peters seine Hände nach Leuten ausstreckte, die er gut kannte, wie eben Barbra Streisand. Er ist auch jemand, der gerne mit großen Namen liebäugelt. Er mag Projekte mit »Star-Qualität«. Peters war es also, der das Projekt im Studio möglich machte und sich dafür einsetzte.

Was Peters' persönliche Beziehung zu Barbra angeht, so waren sie zu diesem Zeitpunkt kein Liebespaar mehr. Sie redeten voneinander als von guten Freunden.

Es hätte kein besseres Mittel geben können, um Jon Peters wieder mit Barbra Streisand zusammenzubringen. Jahre zuvor hatte Peters, der abwechselnd charmant, dreist und sehr draufgängerisch sein konnte, Barbra anvertraut, daß er als Kind mißhandelt worden war. Man hatte ihn, wie sie, gezwungen, mit einem Stiefvater zusammenzuleben, der ihn verachtete. Daß sie an ähnlichen Kindheitstraumata litten, förderte ihr gegenseitiges Verständnis und vertiefte ihre Freundschaft.

Am 25. Januar 1990 kündigte Columbia Pictures an, daß die Verhandlungen mit MGM/UA über den Kauf von *Tides* vor dem Abschluß standen. Produzentin, Regisseurin und Hauptdarstellerin sollte Barbra Streisand sein. Was das Geschäft allerdings aufhielt, war laut John Voland das Geld; aus Insiderkreisen hieß es, daß die Columbia wußte, daß Barbra eine Million Dollar weniger Gage akzeptierte als die 7 Millionen, auf die man sich zuvor geeinigt hatte – 2 Millionen für die Produktion und die Regie und 5 Millionen für ihre Rolle. Barbra bockte. Zunächst einmal weigerte sie sich, ihre Gage überhaupt zu senken. Schließlich war sie keine Newcomerin wie Julia Roberts. Sie war der wohl größte weibliche Filmstar der Welt, und das seit vielen Jahren. Später stellte sie der Columbia dann ein demütigendes Ultimatum: Sie war gewillt, eine Kürzung von 500 000 Dollar zu akzeptieren, aber nicht mehr. Sollte das Studio diesen Kompromiß für inakzeptabel halten, drohte Barbra, alle weiteren Verhandlungen einzustellen.

Eine Gage von 5 Millionen Dollar ist zwar nach rationalen Maßstäben unverschämt hoch, sie ist aber nach Hollywood-Maßstäben nicht nur angemessen, sondern sogar ein relativ kleiner Betrag, vergleicht man ihn mit den astronomisch hohen Summen, die an manche männlichen Darsteller gezahlt werden. Ganz im Gegensatz zu seinen sonstigen liberalen Ansprüchen ist Hollywood entschieden sexistisch – wenn auch auf unauffällige Weise –, sobald es darum geht, Frauen gleichen Lohn für gleiche Arbeit zu zahlen.

»Bis Julia Roberts auftauchte, war Barbra der bestbezahlte weibliche Star«, sagt Filmexpertin Anne Thompson. »Ich glaube nicht, daß Meryl Streep, Goldie Hawn, Cher oder Bette Middler die 5-Millionen-Grenze erreicht haben. Ich vermute, daß Meryl bis zu 4 Millionen gekommen ist.«

Zum Vergleich dazu bekam Redford 7 Millionen Dollar für *Havana*. Jack Nicholsons Durchschnittsgage liegt bei 11 Millionen. Arnold Schwarzenegger und Sylvester Stallone verlangen ebenfalls 11 Millionen. Tom Cruise bekam für seine Hauptrolle in *Far and Away* 12 Millionen und weitere 12 Millionen für *The Firm*. Zusätzlich zu ihrer Pauschale verlangen manche Schauspieler sogenannte »back-end«-Verträge, die ihnen Prozentanteile an den Gewinnen aus dem Film und manchmal sogar an seinen Bruttoeinnahmen sichern – und bekommen sie auch.

Während im Herbst 1991 der Präsident der Vereinigten Staaten noch immer leugnete, daß es eine Rezession gäbe, gestand man sie sich zu der Zeit in Hollywood bereits ein, denn sie machte sich auch in der Filmindustrie bemerkbar. Die Gagen aber blieben weiterhin absurd. 6-Millionen-Schauspieler senkten ihre Preise auf 4 Millionen; 2-Millionen-Schauspieler akzeptierten 750 000 Dollar. Selbst der Vorsitzende von Disney, Michael Eisner, mußte sich 1991 mit *der Hälfte* der Tantiemen zufriedengeben, die er das Jahr zuvor bekommen hatte: bloße 5,44 Millionen, im Gegensatz zu den 10,48 Millionen, die er 1990 einkassiert hatte.

Während Barbra auf Columbias Entscheidung über ihren 500 000-Dollar-Kompromiß wartete, begann sie in letzter Minute wegen ihres Engagements für *Tides* nervös zu werden. Schließlich war es nicht das einzige Projekt, an dessen Entwicklung sie arbeitete.

So quälte sich Barbra mit der Angst und Unsicherheit darüber, ob sie mit *Tides* weitermachen sollte oder nicht, sie brauchte spirituelle Hilfe – sie suchte ein »Zeichen«. Monate zuvor hatte sie aus einer Laune heraus ihre New Yorker Penthouse-Wohnung umgestaltet, um sie mehr ihren erlesenen Wohnansprüchen entsprechen zu lassen. *Tides* sollte teilweise in New York gedreht werden. Barbra hielt diese Tatsache für einen Hinweis, wenn auch für einen undeutlichen: Sie könnte während der Produktion des

Films wenigstens in ihrem renovierten Apartment wohnen. Aber sie wollte etwas Definitiveres.

Bevor sie sich entschlossen hatte, *Yentl* zu machen, den sie als einen Tribut an ihren Vater verstand, fuhr Barbra nach New York und besuchte zum ersten Mal, seit sie erwachsen war, das Grab ihres Vaters. In ihrer Unsicherheit, ob sie den Film realisieren sollte, streckte Barbra ihre Arme dem Himmel entgegen und bat um irgendein Zeichen. Als sie später ein Photo betrachtete, das sie auf dem Friedhof abbildete, fiel ihr der Grabstein neben dem ihres Vaters auf. Der Name auf dem Grabstein war »Anshel«. In dem Film war Anshel der Name von Yentls totem Bruder (und auch der Name, den Yentl sich als »Junge« gab). Barbra begriff das als ein Zeichen dafür, den Film zu machen.

Während sich also Columbia über Barbras Ultimatum für *The Prince of Tides* beriet, wandte sie sich erneut an das, was sie ihre »höhere Gewalt« nannte. Als sie abends wieder von einem Gefühl der Unsicherheit überwältigt wurde, löschte sie alle Lichter aus und kroch ins Bett. Plötzlich, mitten in der Nacht, wurde sie durch ein Klick-Geräusch geweckt. Sie setzte sich kerzengerade ins Bett, war plötzlich in Alarmbereitschaft. Über ihrem Bett hing das Gemälde einer außergewöhnlich schönen Frau. Über dem Bild brannte eine Lampe. Das Klicken war das Geräusch des sich einschaltenden Lichts gewesen. Das Gemälde war jetzt erleuchtet. Während sie aufrecht im Bett saß, drängte sich ihr ein Gedanke auf: *Erhelle deine Kunst.* Diese Worte entsprachen exakt dem Rat, den Tom Wingo im Buch *Tides* der verwirrten Savannah gibt: »Benutze deine Kunst«, sagt dort der Bruder zur Schwester.

Barbra hatte ihr Zeichen, aber sie zweifelte noch. Sie sah sich das Gemälde genauer an und stellte fest, daß es im Jahre 1990 gemalt worden war. Sie befand sich im Jahr 1990. »Selbst die Zahlen waren gleich«, schwärmte sie später und verkündete dann gleichzeitig, sie sei kein abergläubischer Typ. In jedem Fall zweifelte sie und nahm ihre Zweifel auch ernst. Sie schaltete das Licht wieder aus und ging zurück ins Bett. Einige Stunden später wurde sie erneut durch ein Klick-Geräusch geweckt. »Es war wie ein ›Was, du hast mir nicht geglaubt?‹« erzählte Barbra später. Von solchen Dingen hängt es in Hollywood ab, ob Filme gemacht oder nicht gemacht werden.

Nach dieser Nacht war sie dann überzeugt, daß es *richtig* sei, den Film zu machen, und das ist das Wichtigste für die Streisand. Sie wählt ihre Projekte nicht zufällig aus, und sie »macht« auch nicht einfach einen Film, was ihren Hang erklärt, nur alle vier Jahre einen zu produzieren, sondern sie lebt mit dem Stoff und geht völlig in ihm auf. Sie legt ihr ganzes Herz hinein, ihre Seele und ihre Person, all die Dinge, deren Privatsphäre und Unabhängigkeit sie normalerweise mit kritischem Blick und frostiger Zurückhaltung zu schützen weiß. Sie ist *keine* Frau, die leicht etwas gibt – sei es nun für einen Film oder für einen anderen Menschen.

Am nächsten Morgen klingelte das Telefon. Es war ein Manager der Columbia. Das Studio hatte ihren Kompromiß akzeptiert. Die Verträge lagen zur Unterzeichnung bereit. Fünfundzwanzig Millionen Dollar standen zu ihrer Verfügung und warteten darauf, ausgegeben zu werden. Barbra Streisand legte an diesem Morgen den Telefonhörer zur Seite und stieß einen Seufzer der Erleichterung aus. Ihr Charakter war kompliziert und widersprüchlich, aber hier und jetzt reagierte sie mit den ursprünglichsten und einfachsten menschlichen Gefühlen. Einen kurzen Moment lang jubelte Barbra Streisand. Denn nach zwei Jahren ermüdender Berg-und-Tal-Fahrt mit all ihren Aufs und Abs schien die Zeit der Mißerfolge endlich vorbei.

Und wieder stand das kleine Mädchen aus Brooklyn vor seinem Spiegel im Badezimmer. Sie nahm ihren Dirigentenstab, hob ihren Kopf und schwang die ausgestreckten Arme in die Höhe. Sie war bereit, ihre Kunst zu erhellen – eine wunderbare Kunst.

2. KAPITEL
Überschattete Kindheit

Es gab wenig Spielzeug und wenig Gelächter in Barbara Joan Streisands Kindheit, die alles andere als wunderbar war. In den neunziger Jahren ist die Tatsache der Kindesmißhandlung zu einem öffentlichen Thema geworden, doch in den frühen Fünfzigern wurde sie noch verleugnet und verschleiert. Öffentlich als »Disziplinierungsmaßnahme« bezeichnet, blieb sie in der Intimität der Familie verborgen. Es ist somit kein Wunder, daß Barbra besessen davon war, in *The Prince of Tides* die tragischen Geheimnisse der Wingo-Familie zu enthüllen und preiszugeben. Denn auch sie hatte ihre Familiengeheimnisse.

Sie war im armen Stadtteil Brooklyn geboren und von einer Mutter mit gebrochenem Herzen erzogen worden. Dabei waren ihre Aussichten anfangs nicht hoffnungslos gewesen. Sie kam am 24. April 1942 auf die Welt. Ein spektakulärer und lange erwarteter Auftritt. Draußen wurde auf grausame Weise der Zweite Weltkrieg geführt, und Tausende von Juden wurden methodisch vernichtet, aber im Haus von Emanuel und Diana Streisand, vierunddreißig und dreiunddreißig Jahre alt, wurde gesungen, gelacht und an eine hoffnungsvollere Zukunft geglaubt. Besondere Hoffnung legten die Streisands in ihr neugeborenes Kind. Es war ein kahlköpfiges – aber schönes Baby. Es hatte glänzendblaue und neugierige Augen. Freunde schlugen Diana später vor, Barbara (noch in der traditionellen Schreibweise) für eine der Fernsehwerbungen herzugeben, die gerade begannen, in der Öffentlichkeit Furore zu machen. Doch Diana lehnte diesen Vorschlag ab. Sie hatte ziemlich klare Vorstellungen darüber, was richtig war, und noch klarere darüber, was falsch war, und die Idee, an ihrem Kind Geld zu verdienen, erschien ihr vulgär. Diana Rosen war eines von vier Kindern eines Schneiders, der gleichzeitig Kantor war und von dem sie eine wunderbare Stimme erbte. 1908 geboren, war sie eine einfache junge Frau mit bescheidenen Ambitionen. »Sie ist hauptsächlich an den grundlegenden Dingen des Lebens interessiert«, würde Barbra später mit einer Mischung aus Bewunderung und Verachtung über ihre Mutter sagen. »Wie essen und atmen. Sie ist sehr sicherheitsbedürftig, sehr normal eben.«

Als nettes Mädchen, typisch jüdisch aufgewachsen, lag es in ihrem Bestreben, einen guten, natürlichen jüdischen Mann zu heiraten, ein mittelständisches, den koscheren Regeln entsprechendes Leben zu führen und Kinder zu haben. Sie fand den Mann ihrer Träume in Emanuel Streisand. Sie lernten einander im Haus einer Freundin kennen, und es war laut Diana »Liebe auf den ersten Blick«.

»Manny« Streisand, Sohn eines immigrierten Fischhändlers, der einen Laden in Brooklyn besaß, war Student und arbeitete an seinem Magister in Erziehungswissenschaften. Dunkel, gutaussehend, äußerst ernst und extrem intelligent schien er eine Zukunft unbegrenzter Möglichkeiten vor sich zu haben. Mit zwanzig, zu der Zeit, als er Diana kennenlernte, arbeitete er als Rettungsschwimmer, um sich sein Studium zu finanzieren. Ein Jahr lang durchlebten die beiden eine romantische und leidenschaftliche Liebesbeziehung, die jedoch jäh durch einen heftigen, aber völlig unsinnigen Streit beendet wurde. Es ist wahrscheinlich, daß Diana in ihrem Pragmatismus auf den logisch nächsten Schritt in ihrer Beziehung drängte, Manny jedoch aufgrund seiner finanziellen Unsicherheit unwillig war, sich festzulegen. Was auch immer der Grund war, das junge Paar trennte sich.

Diana wartete darauf, daß er zurückkam und sich entschuldigte. »Wenn er mich genug mag, dann wird er anrufen«, sagte sie zu ihren Freunden, ihrer Familie und zu sich selbst. Ein Jahr lang wartete sie neben dem Telefon. Doch als der Anruf schließlich kam, war sie auf einer Samstagsmatinee. Als sie die Nachricht erhielt, täuschte sie mädchenhafte Gleichgültigkeit vor. Sie spielte die Frau, die man nur schwer bekommen konnte, und rief nicht zurück, jedenfalls nicht sofort. Kurz darauf, der Anruf war immer noch unbeantwortet geblieben, ereilte Diana ein Wink des Schicksals, als sie an einer Straßenbahnhaltestelle mit einem ihr zwar vertrauten, aber ängstlich dreinblickenden jungen Mann zusammenstieß. »Es war Manny«, erzählte Diana später. »Mir verschlug es die Sprache. Wenn dies nicht eine Fügung Gottes war, was dann.« Sie hörte auf die Stimme von oben, und die beiden nahmen, erneut entflammt, ihre Beziehung wieder auf.

Sie heirateten 1930, doch da das Land gerade mitten in der großen Wirtschaftskrise steckte, verschoben sie als gewissenhaftes junges Paar ihren Kinderwunsch auf später. Ihr erstes Kind, Sheldon, wurde fünf Jahre nach der Hochzeit geboren. Diana wollte unbedingt ein weiteres Kind, ein Mädchen, doch wollten sie warten, bis ihre finanzielle Situation sich stabilisiert hatte. Die Wichtigkeit von Geld, das Vergnügen, einen guten Kauf zu tätigen und der Unterschied zwischen arm und reich waren die Prinzipien, die Diana später ihrer Tochter beibringen würde. Jedem ihrer Kinder würde sie außerdem das weise Lebensprinzip mit auf den Weg geben: »Haltet fest, was ihr habt, es mag schon morgen nicht mehr da sein.« Dieser Satz bewahrheitete sich für Diana nur allzu sehr.

Mit Barbaras Geburt im Jahr 1942, zwölf Jahre nach ihrer Hochzeit, erfüllte sich Dianas Wunsch nach einer idealen Familie. Auch wenn draußen Krieg herrschte, war ihr Baby doch gesund, und die Welt schien in Ordnung. Und doch nahm alles auf unerklärliche Weise eine tragische Entwicklung.

Manny machte Karriere. An der George Westinghouse Vocational High-School in Brooklyn wurde er als Englischlehrer respektiert und gemocht. Er war in seiner Ehe und mit seiner Familie glücklich und erfreute sich guter Gesundheit. »Er spielte Tennis und Squash, auch wenn jüdische Männer dies eigentlich nicht taten«, schwärmte seine Tochter später von ihm. »Er war ein Abenteurer.«

Als das Sommersemester 1943 zu Ende ging, suchte Manny nach einer Ferienbeschäftigung, um zusätzlich etwas Geld zu verdienen und die zusätzlichen Kosten zu decken, die durch die Geburt seiner Tochter entstanden waren. Nathan Spiro, ein Kollege der George-Westinghouse-Schule und einer seiner besten Freunde, hatte die rettende Idee. Auch er hatte einen Sohn, der Sheldon hieß. Sheldon Spiro, heute 55 Jahre alt, erinnert sich an die Ereignisse dieses schicksalhaften Sommers: »Mein Vater war Lehrer für Industriedesign. Wir waren fünf Kinder in unserer Familie, und mein Vater war der Überzeugung, daß es ökonomischer wäre, ein ganzes Sommerlager zu mieten und es wie ein Geschäft zu betreiben, statt uns alle in irgendwelche Sommerlager zu schicken, die ein Vermögen gekostet hätten. So mietete er, klug wie er war, ein Lager namens Camp Cascade. Es lag 40 Kilometer nördlich von Kingston in Highmount im Staat New York, und er mußte sich die Camper selbst beschaffen und stellte Manny als Campleiter ein.«

Diana wollte diese Reise nur ungern machen. Von Natur aus vorsichtig und nervös, fühlte sie, wie die Vorstellung, ein Camp zu leiten, an ihren Nerven zerrte. Später sagte sie: »Ich weiß auch nicht, irgendwie war ich sehr nervös.« Außerdem sehnte sie sich nicht danach, im Gegensatz zu ihrem Mann, in der Natur zu sein. Sie war keine Abenteurerin. Sie haßte den Gedanken an die lange Eisenbahnfahrt und dachte mit Abscheu an die Mahlzeiten, die der Koch im Sommercamp zubereiten würde. Ihr eigenes Essen war eindeutig koscherer, leckerer und nahrhafter für die Kinder. Außerdem liebte Diana die Sicherheit und die Behaglichkeit ihrer Wohnung in der Schenectady Avenue 457 in Brooklyn. Nichtsdestotrotz trommelte Manny voller Vorfreude auf die Sommerferien seine Familie zusammen, und sie fuhren gemeinsam aufs Land in Richtung Catskill Mountains und Camp Cascade.

Sheldon Spiro fährt mit seiner Geschichte fort: »Dann kam Manny mit seiner Familie an. Barbara war noch ein Kleinkind. Das Camp beherbergte ungefähr 150 Gäste, Jungen und Mädchen. Die ganze Sache sollte über zwei Monate gehen, die meisten kamen Ende Juni an und verließen das Camp Ende August wieder. Campleiter zu sein ist eine ziemlich anstrengende Sache. Man muß Bergwanderungen organisieren, die Kinder und die anderen Aufseher beaufsichtigen und so weiter; aber Manny war offensichtlich ein gesunder junger Mann.«

Im Verlauf des Sommers bekam Nathan Schwierigkeiten, weil mehrere seiner Aufseher fristlos kündigten. Da er keinen Ersatz finden konnte, verdoppelten er und Manny ihre Arbeitszeit. Dann, an einem besonders heißen und schwülen Tag, beklagte sich Manny über Kopfschmerzen. Nichts Außergewöhnliches, da er ab und zu unter Migräne litt. Man ließ ihn alleine, und er legte sich hin. Doch als sein Schlaf übergebührlich lange andauerte, begann Diana nervös in ihrem Zimmer auf und ab zu gehen und dabei Barbara fest in ihren Armen zu halten. »Alles kommt wieder in Ordnung, alles kommt wieder in Ordnung«, flüsterte sie ihrem Baby und sich selbst zu. Diana sagte später: »Es war eine beängstigende Situation, so weit weg von zu Hause.«

Schließlich holte Diana Nathan Spiro zu Hilfe. Sheldon sagt dazu: »Meine ältere Schwester, Helene, paßte auf Barbara auf, während meine Mutter mit Diana ins Krankenhaus fuhr. Es war ein kleines Krankenhaus, nur eine armselige Krankenstation namens Fleischmanns Hospital, das in dem kleinen ländlichen Ort Fleischmanns lag.«

24 Stunden nach seiner Einlieferung ins Krankenhaus wurde Manny für tot erklärt, nachdem er Tage zuvor noch vor Kraft gestrotzt hatte. Es war der 4. August 1943. Der Grund seines Todes blieb ungeklärt. Vier Jahre später erzählte Diana jedem, einschließlich ihren Kindern, daß er an einer Gehirnblutung starb, die durch Überarbeitung verursacht worden war. Nicht nur, daß diese Aussage falsch war, sie hatte auch noch unglückliche Folgen. Barbara und Shelley wuchsen beide mit der Angst auf, daß sie auch aufgrund von Überarbeitung einen unvorhersehbaren und frühzeitigen Tod erleiden könnten.

In Wahrheit starb Manny an einem unzureichend behandelten epileptischen Anfall, der durch eine ungeklärte, jedoch nicht schwerwiegende Kopfverletzung ausgelöst worden war. Anscheinend hatte einer der Ärzte Manny Morphium in den Hals injiziert, um den epileptischen Anfall zu stoppen. Mannys Atmung hörte daraufhin auf, was offenbar durch eine allergische Reaktion auf das Morphium verursacht wurde.

Die Beweggründe für Dianas spätere Lüge sind merkwürdig. Vielleicht hatte sie, um Mannys Ruf zu wahren, keinen Hinweis auf Epilepsie geben wollen, um ihn nicht mit dem Stigma dieser Krankheit zu versehen. Oder sie war in ihrer eigenen Hysterie und Verzweiflung über die Todesursache ihres Mannes völlig aus der Fassung gebracht.

Diana, nun 35 Jahre alt, stand unter Schock. Sie konnte nicht sprechen, sie verstand nichts und weinte auch nicht. Sie saß da, kerzengerade, starren Blickes und in fassungsloses Schweigen gehüllt. Weit weg von ihrem geliebten Zuhause in Brooklyn, weit weg von fast allem, was sie kannte und liebte, zerbrach ihre kleine Welt durch eine bloße Injektion; die rosige Zukunft, die sie sich für ihre Familie erträumt hatte, existierte nicht mehr. Viele Jahre später, wenn sie über ihr Leben nachdachte, schüttelte Diana immer noch den Kopf in traurigem Unglauben. Er war »so ein strammer und gesunder Mann«, beklagte sie sich und fügte hinzu, »daß er alles vor sich gehabt hätte.« Zur Zeit seines Todes war Emanuel Streisand 35 Jahre alt. Er hinterließ eine Frau, zwei kleine Kinder und eine Fülle von ungelebten Möglichkeiten.

Da sie aus finanziellen Gründen die Wohnung nicht behalten konnte, hatte Diana keine andere Wahl, als bei ihren Eltern unterzuschlüpfen. Diese bewohnten eine kleine, triste Dreizimmerwohnung, die im schäbigeren Teil der Stadt, auf der Pulaski Street, im Bedford-Stuyvesant-Wohnblock, lag. Dianas Eltern schliefen in einem Zimmer, Diana und Barbara teilten sich ein Bett in einem anderen, und der achtjährige Sheldon schlief auf einem zusammenklappbaren Kinderbett im dritten Zimmer, in dem auch noch ein Tisch und eine Anrichte standen. Es gab weder ein Wohnzimmer noch eine Couch. Barbra erzählte später: »Wir hatten kein Sofa. Sofas waren etwas, was nur reiche Leute besaßen.«

Wenn es in dieser engen überfüllten Wohnung so etwas wie Gefühle gab, dann wurden sie nicht offen ausgedrückt. Die Familie Rosen war ziemlich stoisch, unleidenschaftlich und eher bereit zu bestrafen, als Liebe oder Bestätigung zu geben. Jeder hatte eine Aufgabe zu erledigen, eine Rolle zu spielen, denn die Grenzen waren klar abgesteckt. Eines der ersten Worte, die die kleine Barbara lernte, war *Nein* – denn dies war das Wort, mit dem man ihr beständig in den Ohren lag –, und es war ein Wort, dem sie sich im Laufe ihres Lebens widersetzen würde. Sheldon Streisand zufolge waren die Rosens »bescheidene, hart arbeitende Leute. Doch es herrschte keine Liebe zwischen ihnen. Ich erinnere mich, daß wir Kinder unter den großen Tisch im Eßzimmer krochen, um Schlägen auszuweichen.«

Unterdessen gab sich Diana weiterhin ihrer Trauer hin und zog sich von den Kindern zurück. Die kleine Barbara kroch manchmal durch den Wohnungsflur, um zu dem Fenster zu gelangen, das auf die Straße hinausging. Sie sah hinunter, so als ob sie darauf wartete, daß ihr Vater heimkäme. Sie so zu sehen, brach Diana das Herz, doch sie tröstete sie nur selten. »Gefühlsmäßig verließ mich meine Mutter zum selben Zeitpunkt [wie mein Vater]. Sie durchlebte ihr eigenes Trauma«, erzählte Barbra später.

Dianas Trauer wurde jedesmal stärker, wenn sie vor die Tür trat und die Straßen von Brooklyn entlangging. Jeder Ort, einfach alles erinnerte sie an ihren toten Manny. Sie war so versunken in das, was gewesen war und hätte sein können, daß sie völlig blind gegenüber der Gegenwart wurde. Schließlich aber verlangte es die finanzielle Situation, daß sich Diana einen Job suchte. Der Krieg war zu Ende, und im Zuge des Sieges und des daraus resultierenden Optimismus blühten die Geschäfte. Es war einfach für sie, eine Stelle als Buchhalterin im Stadtzentrum von Brooklyn zu finden.

In den folgenden Jahren kümmerten sich um Shelley und Barbara hauptsächlich die asthmatische Großmutter und eine liebenswürdige Frau namens Toby Berakow, die gerne strickte. Jeden Morgen, wenn Diana das Haus verließ, um zur Arbeit zu gehen, zitterte Barbara im festen Glauben an einen Verkehrsunfall und hatte Angst, daß ihre Mutter am Abend nicht zurückkommen würde. Eltern, so hatte sie es gelernt, kamen manchmal nicht zurück.

Wenn Diana abends dann doch nach Hause kam, war sie meistens zu müde und zu ungeduldig, um Barbaras Fragen über die Welt draußen zu beantworten. »Geh spielen«, sagte sie meistens, um Barbara loszuwerden. Diese erzählte später: »Ich hatte kein Spielzeug. Alles, was ich besaß, war eine Wärmflasche mit einem Pullover darum, die ich als Puppe benutzte.« Interessanterweise antwortete Barbra, als sie selbst Mutter war, auf die Frage, ob sie vorhabe, ihren neugeborenen Sohn Jason zu verwöhnen: »Er kann mit einer Walnuß spielen oder den Teppich erkunden.«

Natürlich dachte sie sich auch anderes Spielzeug aus. Im Alter von zwei Jahren kletterte Barbara auf einen Stuhl, der neben Großmutters Garderobe stand, und schmierte sich mit einem Bettzipfel Lippenstift ins Gesicht. Getadelt und zurückgestoßen, flüchtete sich Barbara in ihre eigene Welt, in der kleine Mädchen ein Teeservice und Partykleider ihr eigen nannten und auf den Schößen ihrer Väter saßen.

Sie verbrachte Stunden vor dem Spiegel und versuchte, die Schminke ihrer Mutter aufzulegen, und wenn sie diese nicht finden konnte, benutzte sie die Buntstifte ihres Bruders. Sheldon beschäftigte sich unterdessen mit indianischer Kultur. Er verbrachte Stunden damit, Federn zu sammeln und mit ihnen zu spielen. Eine seiner besonderen Kreationen war der Kopfschmuck eines Häuptlings, den Barbara besonders liebte und mit dem sie vor dem Spiegel posierte.

Ein anderes Mal, nachdem sie zugesehen hatte, wie ihr Großvater sich rasierte, benutzte sie dessen Rasierer. Sie schnitt sich in die Lippe und wurde sofort ins Krankenhaus gebracht. Das Blut floß, doch Barbara genoß die Aufmerksamkeit, die man ihr daraufhin zuteil werden ließ.

Im September 1946, im Alter von vier Jahren, wurde Barbara in die jüdische Vorschule von Brooklyn geschickt. Diana entließ ihre Tochter bewaffnet mit einer großen braunen Lunchtüte und einer Menge Ermahnungen: »Sprich nicht mit Fremden«, »Lauf nicht über die Straße«, »Geh nicht in die Nähe des Wassers«, »Tu nicht dies, tu nicht das«. Barbra erzählte später: »Ich wurde in der Furcht vor allem erzogen.«

Aus Angst vor den schrecklichen Dingen, die sie mit Sicherheit erwarten würden, saß Barbara, mit einer rosa Schleife geschmückt, gehorsam an ihrem Pult. Mit der Zeit begann sie die Schule jedoch zu mögen, da sie dort alle ihre Fragen stellen und der düsteren und klaustrophobischen Atmosphäre ihres Zuhauses entfliehen konnte.

Nach der Schule suchte Barbara vor den mißbilligenden Augen ihrer Großmutter Zuflucht in der Wohnung von Toby Berakow, die im gleichen Gebäude lebte. Barbara nannte sie die »Stricktante«. Berakow und ihr Mann hatten einen Sohn namens Irving, der in die gleiche Schule wie Barbara ging. Viel wichtiger war allerdings, daß sie mit zu den ersten in ihrer Nachbarschaft gehörten, die einen Fernseher besaßen. Es war ein kleines Gerät mit einem winzigen Bildschirm. Jahre später erzählte Barbra: »Ich erinnere mich, wie Irvings Mutter Kohl kochte und jeden Nachmittag strickte, während wir durch ein verzaubertes Fenster Laurel und Hardy sahen.« Über diesen kleinen Fernsehapparat wurde

Barbara in eine Welt geführt, die sie zu begehren begann, die Welt außerhalb von Brooklyn.

Vermutlich typisch für das Klischee der jüdischen Mutter war die Art und Weise, wie Diana ihren Kindern zeigte, daß sie sie liebte: Sie zwang sie zum Essen. Einmal verfolgte sie Shelley mit einem Teller in der Hand durch die Wohnung, während er auf seinem kleinen Fahrrad vor ihr herfuhr. Normalerweise war es aber die Appetitlosigkeit ihrer Tochter, die Diana zum Wahnsinn trieb. Barbara war dünn, schlaksig und hatte hervorstehende Knochen. Es war nicht so, daß sie sich weigerte zu essen, sie war nur wählerisch in dem, was sie aß, und nahm nur wenig zu, dennoch war ihre Energie ungebrochen. Barbara fand sogar heimlich Gefallen an der Besorgnis ihrer Mutter und lernte, diese zu manipulieren. Wenn Barbara Aufmerksamkeit wollte, mußte sie nur die Gabel vom Mund weghalten.

Aus Angst, ihre Tochter könnte anämisch sein, schickte Diana Barbara mit fünf Jahren in ein sogenanntes Gesundheitssommercamp. Für Barbara wurde daraus eine leidvolle, fast schmerzliche Erfahrung. Ihre Einführung in das Camp war für sie besonders irritierend: »Ich erinnere mich, daß sie mir die Kleider auszogen und mich in eine Badewanne tauchten, als ob ich ein Stück Dreck wäre«, erzählte Barbra später. »Sie wuschen und schrubbten mich, gaben mir Läusedesinfektionsmittel ins Haar und steckten mich in eine Uniform.«

Vor Heimweh weinte sie jeden Tag und provozierte dadurch, daß sich die anderen Kinder über sie lustig machten. Sich die Tränen aus den Augen reibend, behauptete sie mit leidenschaftlicher Aufsässigkeit, daß sie einen sehr durchlässigen Tränenkanal hätte, den sie nicht kontrollieren könnte. Von den gleichaltrigen Kindern gehänselt, freundete sich Barbara mit einem älteren Mädchen namens Marie an. Interessanterweise fühlte sich Barbara als Kind und auch in späteren Jahren mit Menschen wohler, die älter waren als sie.

Eines Tages sprang Barbara mutig in ein Wasserbecken. Sie schrie hysterisch, weil sie zu ertrinken glaubte, und wurde von Marie gerettet. Von diesem Tag an hatte Barbara ihr ganzes Leben lang Angst vor dem Wasser. Eine weitere Folge dieses unglücklichen Sommers war, daß Barbara zeitweise, wenn sie aufs Land fuhr, unter Asthmaanfällen litt.

Zurück in Brooklyn, das die »Stadt der Kirchen« genannt wurde, weil es davon an jeder Ecke eine gab, kam Barbara ins erste Schuljahr. Ausdauernd stritt sie sich dort mit ihren Freundinnen Rosalyn Arenstein und Joanne Micelli. Rosalyn war Atheistin, Joanne war katholisch und Barbara Jüdin. Als Rosalyn darauf bestand, daß es keinen Gott gäbe, beharrte Barbara darauf, daß sie falsch informiert sei. Später erzählte sie: »Ich war sehr fromm. Wir saßen auf der Feuertreppe, und ich sagte, um Rosalyn zu überzeugen, daß ich zu Gott beten würde, daß der Mann, der auf dem Bordstein gegenüber stand, auf die Straße treten würde – und tatsächlich tat er das. Aber auch in der jüdischen Schule konnte sie sich eine kleine Revolte nicht verkneifen. Schon von früh an widersetzte sie sich der ihr zugedachten Rolle des stereotypen »netten jüdischen Mädchens«. Sie haßte es, in ein Schema gepreßt zu werden, auch wenn sie es damals nicht so ausgedrückt hätte. Sie wollte Unabhängigkeit. Manchmal, wenn der Rabbi den Raum verließ, rief Barbara einen Tumult in der Klasse hervor, indem sie einfach nur das profane Wort »Weihnachten« laut aussprach.

Sie stellte sich vor, eine Katholikin zu sein. Sie schwärmte für Nonnen, Priester und ihre Gewänder und verwunderte die Nachbarn, indem sie einige von ihnen mit »Guten Tag, Vater« anredete. Sie liebte die Schönheit und den Prunk der Kirche, besonders wenn sie das alles mit der Trostlosigkeit der Synagoge verglich.

Im Sommer 1949, im Alter von sieben Jahren, wurde Barbara trotz heftigen Protests erneut ins Camp geschickt. Vielleicht war ein Grund, warum Diana ihre Kinder fortschickte, daß sie anfing, sich wieder mit Männern zu treffen. Nachdem sie sechs Jahre getrauert hatte, wollte Diana ein eigenes Zuhause und einen Vater für ihre Kinder. Sie war nun vierzig und wußte, daß sie nicht mehr unbegrenzt Zeit hatte. Während ihre Mutter Besuch bekam, versteckte sich Barbara unter dem Tisch und lauschte. »Ich erinnere mich, daß ich den Erwachsenen zuhörte, wie sie sich mißverstanden«, erzählte Barbra später. »Ich dachte: ›O nein, er redet darüber, und sie redet über etwas anderes, und sie merken es überhaupt nicht‹«, und fügte wirkungsvoll hinzu: »Ich haßte diese Männer. Einmal sah ich, wie ein Mann meine Mutter küßte. Ich dachte, er würde sie töten. Aber sie lachte nur.«

Vielleicht wollte Barbara nicht, daß irgendein Mann sich mit ihrer Mutter zusammentat. Bestimmt jedoch mochte sie Louis Kind nicht, dem sie vorgestellt wurde, als ihre Mutter ihn bei einem ihrer Besuche ins Camp mitbrachte. Er war mit seinen vierzehn Jahre älter als Diana und handelte mit Immobilien und Gebrauchtwagen. Darüber hinaus arbeitete er zeitweise als Schneider und war so gar nicht der galante Prinz auf einem weißen Pferd, den sich Barbara als Stiefvater erträumt hatte. Von beiden Seiten gab es vom ersten Augenblick an Mißtrauen, Eifersucht und Abneigung. Bei diesem Besuch erzählte Barbara weinend von der Grausamkeit der anderen Kinder im Camp. Louis versuchte Barbara davon zu überzeugen, daß das Camp kein so schlechter Ort sei und daß sie sich stärker bemühen müsse, Freunde zu finden. Doch Barbara weinte um so mehr. Sie stampfte mit dem Fuß auf und sagte ihrer Mutter deutlich: »Du gehst hier nicht ohne mich weg.« Mitten in einem heftigen Streit, wie es sie in den nächsten Jahren noch häufiger geben würde, packte Diana Barbaras Koffer, und die drei fuhren schweigend nach Brooklyn zurück. Barbara hatte das Gefühl, daß Louis Kind sie seitdem haßte. Wann immer er in der Pulaski Street auftauchte, bereitete sich Louis innerlich auf einen neuen hysterischen Anfall von Barbara vor. »Geh nicht mit ihm, Mama, bleib bei mir«, bettelte sie, während sie sich an Dianas Kleid festklammerte. Barbara war überzeugt, daß ihre Mutter bei einem Autounfall verletzt werden oder durch ein anderes Unheil zu Schaden kommen könnte, sobald sie das Haus verließ. Hauptsächlich befürchtete sie jedoch, daß ihre Mutter, die die einzige Stabilität in ihrem Leben darstellte, ihr von diesem fremden und unangenehmen Mann weggenommen werden könnte. Barbara fühlte, daß das Leben, das sie kannte, sich zum Negativen entwickeln würde. Und sie behielt recht.

Diana heiratete Louis Kind noch im gleichen Jahr, und die Familie zog aus den Bredford-Stuyvesant-Blocks in die mittelständische Vanderveer-Siedlung um. Die Wohnung in der Newkirk Avenue 3102, nahe der Nostrand Straße, war kein Palast, aber doch wesentlich besser als die der Großeltern. In ihrer ersten Nacht im neuen Heim bestand Barbara weinend darauf, im Bett ihrer Mutter zu schlafen, so wie sie es bis dahin gewöhnt war.

Als sie am nächsten Morgen aufwachte, beklagte sich Barbara bei Diana darüber, daß sie ein Klicken im Ohr hätte. Das Klicken, so fürchtete Barbara, war ein physisches Warnsignal. Diana, die wütend war, daß sie mit ihrem neuen Ehemann nicht hatte schlafen können, entließ ihre Tochter mit den Worten: »Schlaf demnächst auf einer Wärmflasche.« Von diesem Tag an sprach Barbara nicht mehr über das merkwürdige Klicken in ihren Ohren. Zwei Jahre später wurde das Klicken zu einem hohen Ton, der ihr für den Rest ihres Lebens erhalten blieb. Sie lief mit einem Schal um ihren Kopf in der Nachbarschaft herum, um den Ton abzublocken, der aber dadurch nur noch heftiger wurde. Sie behielt das Geräusch für sich und zog sich in ihre eigene Welt zurück, in der Gewißheit, ausgeschlossen und für ein tragisches oder aber für ein besonders ruhmvolles Leben bestimmt zu sein.

Überraschenderweise machte Barbara Streisand ihre ersten Erfahrungen mit dem Showbusineß nicht als Sängerin oder Schauspielerin, sondern als Ballettänzerin. Obwohl Diana dagegen war, meldete sie Barbara in Miss Marshs Ballettschule an. »Ich wollte immer eine Primaballerina sein«, erzählte Barbra später, »aber meine Mutter dachte, ich sei zu dünn und meine Knochen würden brechen. Das erste Mal, als ich meine Füße streckte, fühlte ich einen starken Schmerz in den Fußsohlen.« Dennoch erlaubte Diana Barbara, den Unterricht fortzusetzen. Der Unterricht kam, ebenso wie Barbaras Sehnsucht nach Pirouetten, nach sechs Monaten zu einem jähen Ende, als Miss Marsh aus dem Viertel wegzog. »Ich war überaus glücklich, als die Lehrerin wegzog«, gestand Diana.

Barbara mußte sich wegen der Sorgen ihrer Mutter mit Rollschuhfahren auf den Gehsteigen von Brooklyn zufriedengeben. Sie erzählte später: »Ich ging oft in den Rollschuhpalast, wo man sich Rollschuhe ausleihen konnte, denn obwohl es mein Traum war, eigene zu besitzen, bekam ich nie welche. Ich wollte besonders gute, solche mit Stiefeln, nicht solche, die man sich unterschnallte und die einem die Sohlen von den Schuhen rissen.« Das waren Statussymbole in Brooklyns Straßen.

Das Viertel, in dem sie jetzt wohnten, war zwar besser als das vorige, doch Barbaras Lebensgewohnheiten änderten sich kaum. Sie hatte immer noch kein eigenes Schlafzimmer. »Ich lebte mit meiner Mutter in Brooklyn, bis ich die High-School verließ«, sagte Barbra später, »und in der ganzen Zeit hatte ich nie ein eigenes Zimmer. Ich schlief auf dem Sofa. Man sollte niemals jede Nacht auf einem Sofa schlafen. Man denkt nur an eins: Wann werde ich ein eigenes Zimmer haben?«

Ihre Mutter und ihr Stiefvater teilten sich ein Zimmer, ihr Bruder, der in der Pubertät steckte, bekam das andere, und Barbara wurde dazu ausersehen, auf dem Sofa im Wohnzimmer zu schlafen. Der einzige wahrnehmbare Unterschied zu früher war, daß Mr. Kind zusätzlich zu seinem sonstigen Gepäck einen Fernseher mitgebracht hatte, der im Wohnzimmer aufgestellt wurde. Barbara wurde eine hingebungsvolle Zuschauerin der ersten Fernsehgeneration. So sehr sie die Shows genoß, begeisterte sie sich aber auch für die Werbung. Sie begann viel Zeit vor dem Badezimmerspiegel zu verbringen, wo sie Zahnpasta, Rasierschaum und Zigaretten feilbot. Sie kannte alle Werbespots auswendig und begann sie ihrer Mutter und ihrem Stiefvater vorzuspielen. Louis fand dies nicht besonders komisch, und Diana war zu sehr mit dem neuen Zuwachs der Familie, einem Mädchen namens Roslyn, beschäftigt. Außerdem begegnete Diana dem Fernseher mit Mißtrauen, wie sie es den meisten Neuerungen gegenüber tat. »Komm ihm nicht zu nahe«, warnte sie ihre kleine Tochter, die schon zu schielen begann, »du wirst sonst blind.«

Vor dem Badezimmerspiegel überzeugte sich Barbara davon, daß sie ein Filmstar und eine vollendete Theaterschauspielerin werden und außerdem Werbespots machen würde. »Ich werd's ihnen zeigen«, sagte sie sich, während sie ihr Repertoire an Grimassen übte. »Ich werd's ihnen zeigen.« Sie wurde die Größte und Beste. »Ich erinnere mich, daß ich vor langer Zeit, als ich noch ein Kind war, was Besonderes sein wollte«, sagte Barbra später. »Ich mußte etwas Großartiges vollbringen. Ich konnte nicht mittelmäßig sein. Mein Mund war zu groß.«

Nicht nur ihrer Mutter und ihrem Stiefvater wollte sie etwas beweisen, sondern jedem, der ihr einmal ein »Nein!« ins Gesicht gesagt oder sie mit einem abschätzigen Blick bedacht hatte, einschließlich der Kinder aus der Nachbarschaft. Einmal wurde sie in den Teich des Botanischen Gartens im Prospect Park gestoßen. Die anderen Mädchen lachten. Barbara lief weinend und völlig durchnäßt nach Hause. Es war leicht, sie zu schikanieren. Kinder brauchen selten einen Grund für ihre Grausamkeit. Sie greifen jeden an, der anders aussieht. Barbara schnaubte vor Wut bei jedem Zeichen von Ablehnung, was nur bewirkte, daß man es noch mehr auf sie absah.

Sie erzählte später: »Als ich neun Jahre alt war, verbündeten sich die Mädchen aus meiner Nachbarschaft gegen mich. Sie kreisten mich ein und machten sich über mich lustig. Ich fing an zu weinen und rannte davon. Ich hatte immer noch nicht herausgefunden. warum sie das taten.«

Zu Barbaras wenigen Verbündeten zählten während dieser Zeit ihre neuen Klassenkameraden Maxine Eddelson und Ed Frankel, die im selben Gebäude lebten. »Wir standen uns sehr nah«, sagt Frankel, der heute Finanzberater ist. »Ich lebte im Apartment 3A und Barbara, glaube ich, in 4G. Unsere Familien kannten sich aus dem Bedford-Stuyvesant. Ihre Großeltern besaßen das Fischgeschäft, in dem wir einkauften.«

»Wir wohnten im Vanderveer-Estates«, erzählt Frankel. »Es war einer der größten Wohnblocks der Stadt und ging über einige Straßenblocks. Die Public School 89 war direkt auf der anderen Straßenseite. Zwischen den Wohnblocks lag ein Hof. Außerdem gab es dort eine Art Park, wo die Leute sitzen und die Kinder spielen konnten. Es gab einen Sandkasten und eine Schaukel, wo Barbara und ich oft hingingen.« Als Frankel nach den Namen anderer Freunde gefragt wurde, sagte er: »Da war ein Mädchen, das Maxine Eddelson hieß. Als wir acht oder neun Jahre alt waren, spielten wir oft miteinander. Einmal waren wir in Barbaras Wohnung – ich weiß nicht, ob sie sich noch daran erinnert – und spielten Doktor. Ich war der Arzt, Barbara war die Krankenschwester und«, er lacht, »Maxine war das Opfer. Wir nannten sie das Opfer, weil wir sie auszogen, einpuderten und mit ihr taten, was alle Kinder in diesem Alter taten. Als Barbara das Opfer sein sollte, kniff sie.

Sie hatte das Talent, Figuren zu erfinden«, erzählt Frankel weiter. »Wir veranstalteten kleine Shows. Sie hatte eine sehr lebendige Vorstellung davon, wie man Geschichten spielen konnte. Eines Tages, als nur ich und Barbara zusammen spielen, erzählte sie mir, daß die Vorfahren ihrer Mutter aus Hawaii stammten und daß sie alle möglichen Geheimrezepte kannte. Barbara mixte mir dann einen Fruchtdrink und tanzte Hula Hula.«

Unterdessen verschlechterte sich Barbaras Beziehung zu Louis Kind. Er hatte wenig Verständnis für ihre Mätzchen und ihre Taktiken, die Aufmerksamkeit der Mutter zu erregen. Einmal, als sich Barbara weigerte zu essen, schickte Diana sie ins Bett. Als sie im Bett lag, zwang Diana sie wie ein Kleinkind zu essen. »Ich habe nie einen glücklicheren Gesichtsausdruck bei einem Kind gesehen«, erzählte Kind später mit Verachtung. »Sie schluckte nicht nur gierig das Essen hinunter, sondern freute sich auch noch über die Aufmerksamkeit, die sie bekam.«

Ein anderes Mal, als Barbara ungehorsam war, gab ihr Diana eine Ohrfeige. Die nächsten Stunden lief Barbara vorwurfsvoll und mit leerem Gesichtsausdruck in der Wohnung herum und tat so, als ob sie taub wäre. Diana machte sich Vorwürfe, geriet in Panik, und Barbara – stolz auf ihre Täuschung – war nun endgültig davon überzeugt, daß sie schauspielern konnte. Kind machte diese Theatralik jedoch wütend. Die meiste Zeit ignorierte er Barbara einfach. Wenn sie ihn etwas fragte, tat er so, als ob sie nicht existierte. Sie versuchte es immer wieder, bis sie sich endlich durch sein Schweigen abwimmeln ließ.

Die Ehe zwischen Mr. und Mrs. Kind war von Angst, Feindseligkeit und körperlicher Gewalt beherrscht. Heute gibt es verschiedene Institutionen, die sich um Kinder, die in gewalttätigen Familien aufwachsen, kümmern, doch für Barbara Joan Streisand war Gewalt ein Teil ihres Lebens, und sie wußte, daß sie nicht darüber sprechen durfte. Manchmal, wenn Kind Diana attackierte, schaute Barbara weinend zu. »Er war gemein zu meiner Mutter«, sagte sie vierzig Jahre später mit einer gewissen Untertreibung, vielleicht weil sie die Grausamkeit immer noch nicht in Worte fassen konnte. »Ich sah ja, wie brutal er zu ihr war. Er war kein netter Mann.«

Manchmal war es auch Barbara, die geschlagen wurde. »Ich wußte, daß sie sich nie mit ihrem Stiefvater verstanden hatte«, erzählt Ed Frankel grimmig. »Ich weiß, daß er sie beschimpfte und daß er sie mindestens ein- oder zweimal vermöbelt hatte. Sie hatte keine schöne Kindheit. Ich hörte oft Geschrei und Gezeter von oben. Ihre Mutter war die beste Freundin meiner Mutter. Sie tranken nachmittags zusammen Tee, und ihre Mutter vertraute sich meiner Mutter an.«

Frank Volpe war in den letzten Jahren ihres Lebens ein guter Freund von Toby Berakow (sie starb 1990): »Toby erzählte mir immer, daß Louis Kind gemein zu Barbara war«, sagte er. »Er verspottete sie und sagte ihr, daß sie nicht hübsch sei und daß aus ihr nichts würde. Er beschimpfte sie immer so lange, bis Barbara nur noch weinend zusammenbrach. Wie viele mißhandelte Kinder dachte auch Barbara, es wäre irgendwie ihre Schuld. »Ich dachte, ich sei furchtbar. Ich mußte furchtbar sein«, erzählte sie später. Barbara trotzte den Schlägen, aber wie bei den meisten dieser Fälle war gerade der emotionale Mißbrauch derjenige, der am traumatischsten für die Kinder war und die größten Auswirkungen hatte. Einmal sagte Kind zu ihr, daß sie kein Eis essen dürfe, weil sie zu häßlich sei. »Er war wirklich gemein zu Barbara«, pflichtet Sheldon Streisand bei. »Er verspottete sie dauernd, sagte ihr, wie unattraktiv sie im Vergleich zu Roslyn sei. Oft sprach Kind die beiden Kinder sadistisch mit »die Schöne und das Biest« an, und er machte keinen Hehl daraus, welches von den beiden Mädchen er vorzog.«

»Barbaras Jugend ist wie die Geschichte von Aschenputtel«, sagt Ed Frankel. »Ihre Mutter war eine nette Person, aber sie konzentrierte ihre Zuneigung auf Roslyn und ihren Mann und nicht auf Barbara. Louis war ein dominierender Ehemann, der wollte, daß man tat, was er verlangte. Barbara war gezwungen, die Böden zu putzen, einfach alle Hausarbeit zu verrichten. Ihre Mutter und ihr Stiefvater sagten andauernd: Barbara, tu dies, Barbara, tu jenes. Nie wurde ihr gedankt, geschweige denn, daß man sie belohnt hätte. Und die Belohnung, die sie wollte, war Zuneigung.«

»Barbara war diesem Aspekt ihres Lebens gegenüber immer sehr verschlossen«, sagt Ed Frankel, »aber wir wußten Bescheid. Es war einfach zu wissen, daß es einen Riß in der Beziehung zwischen Barbara und ihrem Stiefvater gab. Aus heutiger Sicht war es Kindesmißhandlung, aber man wußte damals noch nicht viel über dieses Thema und seine verschiedenen Formen. Wir alle waren sehr verschlossen und sprachen nicht über die Dinge, die uns wirklich bewegten.«

Vor diesem Hintergrund ist es kein Wunder, daß Barbara ihr Spiegelbild haßte. Es ist schwierig für ein Mädchen, in den Spiegel zu schauen und zu begreifen, daß das Gesicht darin nicht ganz so aussieht, wie es sollte. In ihrem geliebten Fernsehen hatte man eine Serie von Filmen aus den dreißiger Jahren gezeigt, und Barbara wollte unbedingt so aussehen wie Shirley Temple. Statt dessen hing ihr Haar schlaff und gerade herunter. Sie schielte. Ihre Nase ragte aus ihrem Gesicht. Ihr Mund war viel zu groß. Sie war zu häßlich, um zu leben.

3. KAPITEL

Metamorphosen

Weit vom Broadway entfernt saß Barbara Joan Streisand 1952 im Alter von zehn Jahren auf der Treppe des Mietshauses ihrer Eltern in der Newkirk Avenue und hatte in der eintönigen, arbeitsmüden Umgebung ihren ersten Auftritt. Was da zu hören war, war allerdings wenig vielversprechend: Während Barbara versuchte, wie Joni James zu klingen, ihre Lieblingssängerin aus der Hitparade, sangen ihre Freunde, darunter Ed Frankel, mehrstimmig falsche »Oohs« und zu hoch angestimmte »Aahs«. Eltern steckten ihre Köpfe aus den Fenstern und applaudierten höflich, als die Kinder ihr Repertoire beendet hatten.

Sie hatte schon seit Jahren gesungen – vor einem Publikum aus Backsteinen und Mörtel. »Ich erinnere mich, wie ich im Flur unserer Wohnung in Brooklyn sang«, erzählte Barbra Jahre später. »Es gab ein tolles Echo in diesem Flur, und ich dachte: ›Oh, das ist schön. Das klingt nicht schlecht.‹« Und Ed Frankel erinnerte sich: »Wir saßen an Sommerabenden oft auf der Eingangstreppe. Meistens waren es Barbara, ich, Maxine und ein paar andere, die noch in dem Haus wohnten. Manchmal kam auch Melvon Brown vorbei. Wir sangen Schlager, die gerade ›in‹ waren. Manchmal sangen Barbara und ich im Duett.« Die Reaktion auf ihr Geträllere war zwar nicht gerade begeistert, aber es war zumindest ein kleiner Vorgeschmack auf spätere Anerkennung und gab ihr die Aufmerksamkeit, nach der sie sich so sehr sehnte.

Ihr offizielles Debüt sollte sie vor einer Versammlung des Lehrer-Eltern-Ausschusses geben. Am selben Tag bekam sie jedoch eine schwere Erkältung und wurde für den ganzen Tag ins Bett gesteckt. Aber Barbara widersetzte sich dem mütterlichen Befehl, schlüpfte am Abend in ihr neues Kleid und gab wie geplant – zwischen etlichen Niesern – ihr erstes Konzert. Während ein öder Tag dem anderen folgte, war Barbara bald in der Nachbarschaft als »das eigenartig aussehende Mädchen mit der guten Stimme« bekannt.

»Barbara und ich waren auch zusammen im Chor«, erzählt Ed

Frankel. »Unsere Lehrerin war Mrs. Beach. Ich war richtig faul in der Schule und machte immer irgendwelche verrückten Sachen, ich steckte immer in Schwierigkeiten. Barbara war eine ›Eins A‹ Schülerin. Sie hatte immer gute Leistungen, und alle wußten, daß sie eine gute Stimme hatte. Sie selber wußte das auch. Ich habe ihr gesagt, sie könnte ein Star werden. Ich war ihr allererster Fan, den sie hatte.«

Diana hielt die Stimme ihrer ältesten Tochter zwar für ganz nett, aber viel zu schwach, und in den folgenden Jahren behauptete sie sogar, daß Roslyn die größere Begabung von beiden hatte. So begleitete Diana die wild entschlossene Barbara nur widerwillig zum Vorsingen ins Steve-Allen-Studio und ins Aufnahmestudio der MGM. Barbara war zehn Jahre alt; sie trug ein blaues Kleid aus dem Kaufhaus »Abraham und Straus«, mit weißem Kragen und Aufschlägen, und sang in einer Glaskabine »Have You Heard?« von Joni James. »Ich war ganz sicher, daß sie mich wollten«, sagte Barbra später, »aber sie sagten nur ›Danke‹, und das war's.« Für Diana lief das Vorsingen in beiden Fällen gut, aber »als sie sagten ›Keine Bezahlung‹, sagte ich dann auch ›Kein Kind‹.«

Die Absagen verunsicherten Barbara nicht. Sie war daran gewöhnt. Wieder zu Hause erschien ihr jedoch die Wohnung zunehmend wie ein Gefängnis, und sie verbrachte einen großen Teil ihrer Tage damit, die Hände hinter dem Kopf zu verschränken, an die Decke zu starren, Pläne zu schmieden und den Tag herbeizuträumen, an dem sie endlich weggehen würde. Bis dahin flüchtete sie sich in ein trostspendendes, dunkles Kino, das jeden Samstagnachmittag Frühvorstellungen gab. Sie hatte natürlich ihre Kino-Lieblinge. Da saß sie dann, die Augen auf die Leinwand geheftet, und verliebte sich in Gregory Peck, Marlon Brando und andere. »Sie sind einfach das, was ich Männer nenne«, dachte Barbara verträumt, wenn sie deren Photos an die Wand über ihrem Bettsofa klebte. Sie schwor sich, daß sie eines Tages (natürlich wenn sie selbst ein Star von gleichem Format geworden wäre) solche Männer ganz einfach *haben* würde.

Unter den Frauen verehrte Barbara die aktuellen Schönheiten: die kühle, klassische Eleganz von Grace Kelly, den temperamentvollen Sex-Appeal von Rita Hayworth, die blauäugige Unschuld von Natalie Wood und die glühende Perfektion einer Liz Taylor.

Audrey Hepburn war ein Liebling von ihr und die Schauspielerin, mit der sich Barbara am meisten identifizieren konnte. Im Alter von einundzwanzig Jahren hatte Audrey Hepburn am Broadway mit *Gigi* Triumphe gefeiert. Drei Jahre später wurde sie zum internationalen Star mit *Roman Holiday* (1953), worin sie eine unkonventionelle Prinzessin spielte. In *Sabrina* (1954) war sie die arme Chauffeurstochter, die die Liebe der *beiden* reichen Söhne des Arbeitgebers ihres Vaters erweckt. In *Funny Face* (1957) war sie das Objekt von Fred Astaires Leidenschaft. Er liebte ihre unkonventionelle Schönheit und ihr »lustiges Gesicht«, und nicht nur, daß er sich verliebte, er machte sie auch zu einem Topmannequin. Die Träume des Teenagers Barbara Streisand waren aus eben solchem Stoff. Barbara sah wie Audrey Hepburn unkonventionell aus. Wie die Hepburn wurde sie kritisiert, zu dünn zu sein.

An dem Abend, an dem sie einen Oscar für *Roman Holiday* gewann, wurde Audrey Hepburn in aller Eile mit einer Limousine vom Broadway Theater, wo sie in *Ondine* spielte, zum NBC Century Theater gebracht, in dem die Oscars überreicht wurden. Als sie ankam, wurde die Hepburn in eine Garderobe gedrängt, um hastig ihr Bühnen-Make-up zu entfernen. Ein Photograph vom *Life Magazin*, der sie begleitet hatte, klopfte gegen die Tür und schrie: »Hey, Bohnenstange, komm raus!« Als Barbara diese Presseberichte über den Abend verschlang, stellte sie sich vor, daß mit diesen Worten *sie* hätte gemeint sein können. Sie las weiter, wie Audrey nach der Preisverleihung mit ihrem Verlobten Mel Ferrer und Deborah Kerr zu einem Fest in den Persischen Saal ging und wie Audrey Hepburn dann drei Abende später für *Ondine* auch den Tony für die beste weibliche Rolle gewann.

Voller Spannung las sie diese und andere Geschichten in den Filmmagazinen, die sie sammelte. Wenn sie noch in Träume versunken vom Kino nach Hause kam, schmollte sie anschließend mit schlechter Stimmung in der Wohnung herum. Sie war von Natur aus ein äußerst launisches Kind, und dies zeigte sich am heftigsten nach den Kinobesuchen.

»Meine Mutter haßte es, wenn ich ins Kino ging«, erzählt Barbra. »Danach war ich immer ein paar Tage unausstehlich. Wenn ich all diese wunderschönen Kleider, Wohnungen und Möbel gesehen hatte, deprimierte es mich, wieder da zu sein, wo wir lebten.«

Daß es ihr selber an Glanz fehlte, verschlimmerte diese Traurigkeit nur noch. Sie *sehnte* sich nach Glamour. »Ich verschwendete viel Zeit und Geld in Spielsalons«, bekannte sie später. »Ich machte Bilder von mir in diesen kleinen Photokabinen. Ich experimentierte mit verschiedenen Farben von Lidschatten und probierte alle möglichen Frisuren und aufreizenden Posen.«

Sie wollte eine Tennessee-Williams-Heldin sein. Statt dessen war sie Paddy-Chayefsky-Ausschußware. Daran wurde sie jedesmal erinnert, wenn sie sich die Automatenphotos ansah oder wenn sie nach dem Kino zu Hause in den Spiegel blickte. Dennoch verbrachte sie Stunden damit, sich mehrere dicke Schichten von Lippenstift und Lidschatten aufzulegen, die sie von ihrem Taschengeld gekauft hatte.

»Ich war ein sehr merkwürdiges Kind«, beschreibt sie sich selber. »Jeden Tag, wenn ich aus der Schule kam, habe ich mir ein Paar alter Ballettschuhe angezogen und bin ins Badezimmer gegangen, um heimlich eine zu rauchen. Dabei klebte ich mir falsche Wimpern an und spielte vor dem Spiegel ›Zigarettenwerbung‹.« Barbara lebte von ihren Träumen. Sie rauchte die Zigaretten im Badezimmer nicht, um sich gegen irgend etwas aufzulehnen, sondern weil sie darin eine Dramatik à la Bette Davis sah.

Während ihrer ganzen Kindheit dichtete sich Barbara den Roman ihres Lebens zusammen, denn die Geschichte, die man für sie vorgesehen hatte, gefiel ihr nicht. Sie haßte ihre jüdische Nase und wäre gern Italienerin gewesen. Schließlich hatten auch Italiener auffällige Nasen (die ihr aber ästhetischer erschienen). Als sie später in Manhattan lebte, stellte sie einmal eine Italienerin namens Angelina Scrangella ein, von der sie behauptete, sie hätte sie spontan aus dem Telefonbuch herausgesucht.

Ihre Wahl einer italienischen Identität war alles andere als eine bloße Laune. Sie las Bücher über italienische Kultur, lernte die Sprache und machte sozusagen eine Italienerin aus sich. Sie verwandelte sich auch in eine Katholikin. Und ebenfalls in eine Orientalin. Sie probierte verschiedene Stile, verschiedene Namen, verschiedene Persönlichkeiten aus. Es ist kaum verwunderlich, daß ihre Eltern sich über ihre Launen Sorgen machten; sie wußten ja nicht, daß sie laufend ihre Identität wechselte.

»Ich fühlte immer, daß ich berühmt werden würde«, beteuert Barbra. »Ich wußte es. Ich wollte es. Ich wollte immer von dort, wo ich lebte, wegkommen. Weg von Brooklyn. Ich mußte da herauskommen. Ich war nie zufrieden. Ich versuchte immer, jemand zu sein, der ich nicht war. Ich wollte der ganzen Welt zeigen, daß man sich über mich nicht lustig machte.« Sie wollte tatsächlich der ganzen Welt beweisen, daß man sie nicht übersehen konnte. Sie schwor sich, daß sie ihrem Stiefvater und ihrer Mutter ihren Erfolg eines Tages ins Gesicht schleudern würde, aus Rache dafür, daß sie sie mißhandelt und unterschätzt hatten.

Diana tat Barbaras Gerede vom Ruhm als Filmstar zunächst als vorübergehende Pubertätsspinnerei ab. Als ihr aber klar wurde, daß es ihrer Tochter ernst war, machte Diana sie nieder. »Filmstars sind *hübsch*«, erklärte sie ihrer Tochter und schlug ihr vor, sich statt dessen ein passendes, praktischeres und realistischeres Ziel zu setzen.

Diana lobte Barbara selten für irgend etwas, obwohl sie ständig Zeugnisse nach Hause brachte, von denen die meisten Mütter begeistert gewesen wären. »Meine Mutter sagte mir niemals ›Du bist schlau, du bist hübsch . . . was du willst, das schaffst du‹. Sie hat nie so etwas zu mir gesagt«, beklagt sich Barbra und fügt hinzu: »Ich versuchte ununterbrochen, ihr zu beweisen, daß ich etwas wert war, daß ich nicht nur klein und dünn war.« Interessanterweise machte Barbra später jahrelang dort weiter, wo ihre Mutter aufgehört hatte, und war sogar härter zu sich, als es die Mutter je gewesen war

Während sie heranwuchs, verzweifelte Barbra an dieser unbarmherzigen Gleichgültigkeit. Sie nahm es Diana außerdem übel, daß sie Louis Kind erlaubt hatte, in ihr Leben einzudringen und dort auch zu bleiben. Diana versuchte Louis' Verhalten rational zu erklären, vielleicht auch zu entschuldigen, indem sie Barbara sagte: »Er ist allergisch gegen Kinder.«

1953 verließ Louis Kind zu Barbaras großer Erleichterung die Familie, aber er tat es nicht auf Dianas Veranlassung hin, und es war auch nicht für immer. »Er ging und kam dann bei verschiedenen Gelegenheiten wieder«, erinnert sich Ed Frankel. Schließlich verließ er eines Tages das Haus, um die sprichwörtlichen Zigaretten zu kaufen, und kam nie wieder zurück. Barbara fühlte sich nicht verlassen, sondern war begeistert. Ihr weiteres Leben in Brooklyn würde zwar langweilig, aber wenigstens erträglich sein. Zumindest fast erträglich.

Da Barbara zu ihrer Mutter ein sehr distanziertes Verhältnis hatte, wollte sie jetzt unbedingt mehr über ihren leiblichen Vater wissen. Das Fehlen des Vaters hatte bei ihr eine unüberwindbare Gefühlsleere hinterlassen. Sie wußte wenig über ihn, außer daß er »Lehrer« gewesen war, ein Wort, das Barbara heilig hielt. Sie hatte nicht einmal ein gemeinsames Photo von ihm und ihrer Mutter. Alles, was geblieben war, waren seine mit Kordeln zusammengeschnürten Bücher im Keller.

Diana war ihr bei der »Suche« sicherlich keine Hilfe. Aus persönlichen Gründen behielt sie ihre Erinnerungen an Emanuel Streisand für sich. Sie erzählte Barbara nicht, daß er wie sie den Traum gehabt hatte, eines Tages nach Kalifornien zu gehen, oder daß er den heimlichen Ehrgeiz hatte, Schriftsteller zu werden. Sie erzählte Barbara auch nicht, daß sie ihr Interesse für die Schauspielerei von ihrem Vater geerbt hatte.

Als Louis Kind nun zumindest zeitweilig aus dem Familienalltag ausgeschieden war (1956 verließ er sie für immer), begann Diana 1953 wieder zu arbeiten, und die elfjährige Barbara suchte sich einen Job als Babysitterin bei ihrer Nachbarin Muriel Choy. Mrs. Choy und ihre Familie besaßen ein Restaurant namens »Choy's Chinese«, und Barbara, die besonders begabt im Rechnen war, trat später als Kassiererin in die Belegschaft ein. Manchmal, wenn weniger Betrieb war, arbeitete sie auch als Empfangsdame; oder sie nahm telefonische Bestellungen für Lieferungen entgegen; und manchmal bediente sie auch und probierte an den erstaunten, Frühlingsrollen verspeisenden Gästen ihre paar Worte Chinesisch aus.

»Jimmy und Muriel Choy wohnten im gleichen Haus wie wir«, erzählt Ed Frankel. »Sie hatten zwei nette Töchter. Das Restaurant lag in der Nostrand Avenue, nur zwei Blöcke von unserem Haus entfernt. Barbara konnte zu Fuß zur Arbeit gehen. Jimmys Eltern waren lange Zeit auch in dem Restaurant beschaftigt. Die Choys waren sehr herzliche, offene Leute.‹

Barbara wurde von den Choys nicht nur in die Familie aufgenommen, sondern sie machte eine wahre Chinesin aus sich und war begeistert darüber, Mitglied einer Minderheit zu sein. In Brooklyn Jude zu sein, war alltäglich, und sie haßte das Alltägliche. Bei »Choy's Chinese« hieß es »Wir gegen den Rest der Welt«, und Barbara vertrödelte dort Stunden, vertieft in Gespräche mit Muriel Choy. Muriel war es auch, die mit Barbara über die Dinge sprach, die Diana nicht zu erwähnen wagte: Jungen, Liebe und Sex. Sie unterhielten sich auch über Make-up und über Maniküre, und bald protzte Barbara mit zentimeterlangen Fingernägeln, die ihre langen, schlanken Finger vervollkommneten. Später witzelte sie zu Journalisten, daß sie sich ihre Nägel hatte wachsen lassen, um sich vor Schreibmaschinenunterricht zu schützen. Sie dienten jedoch einem anderen Zweck. Feuerrot lackiert, gaben sie Barbara in ihrer Teenagervorstellung die Illusion des Ruhms, den sie so verzweifelt herbeisehnte.

Dann war da natürlich noch das Essen. Diana fand, daß chinesisches Essen lasterhaft sei und nach Verrat schmeckte. Es bedeutete für sie auch eine Konkurrenz, denn ihre Tochter schien Gerichte mit Namen wie »süß-sauer« oder »moo shoo« ihrer eigenen, weniger exotischen Küche vorzuziehen. Für Barbara war das chinesische Essen eine Befreiung. Mit jedem Bissen lehnte sie sich gegen ihre Erziehung auf. Sie mochte alles leidenschaftlich gern, vom knusprig fritierten Wonton übers frisch gebackene, mit Krevetten gefüllte Brot bis zum obligatorischen Glückskeks, der die Mahlzeit beendete. Während ihrer Anstellung bei »Choy's Chinese« verspeiste Barbara Hunderte von Glückskeksen, immer auf der Suche nach einer schriftlichen Bestätigung ihrer Zukunft, von der sie *wußte*, daß sie ihr gehörte.

Spätabends frönte Barbara einer anderen Leidenschaft: Sie liebte es, im Fernsehen Spätfilme zu sehen. Das einzige Problem war, daß sie das Zimmer mit ihrer kleinen Schwester teilte, die acht Jahre jünger war als sie und bei diesem schallenden Kinospektakel nicht einschlafen konnte. »Sie bestach mich, indem sie mich mit ihren langen Fingernägeln in den Schlaf kitzelte oder indem sie mir Mokka-Eis gab«, erzählt Roslyn später. Ganz anders als bei Barbara, hatte Diana keinerlei Probleme, die kleine Roslyn zum Essen zu bewegen, demzufolge war Roslyn auch gar nicht so klein. In der dritten Klasse spielte sie in einem Schultheaterstück den dicken Peter Pan. »Sie konnten mich nicht über die Bühne ›fliegen‹«, kommentiert Roslyn mit selbstkritischem Humor. Als Teenager brachte sie 189 Pfund auf die Waage. Und das war Diana immer noch nicht genug. »Mutter und ihre Hühnersuppe!« rief Roslyn verzweifelt. »Wenn ich sie nicht essen wollte, dann sagte sie: ›Du bist so dünn, daß man dich wie einen Stock durchbrechen könnte.‹« Aber anders als Barbara, aß die gehorsame Roslyn alles auf.

Als Barbara mit dreizehn, im September 1955, in die High-School kam, hatte sie nicht nur der Ablehnung, die man ihr seit Jahren entgegenbrachte, die Stirn geboten, sondern sie war darin Profi geworden und würde sich nicht von der Gesellschaft zurückweisen lassen. *Sie* würde die Gesellschaft ablehnen. Es war eine Teenagermethode, die Kontrolle zu behalten und sich zu schützen. So zog sie sich zurück, kümmerte sich nur um ihre eigenen Sachen und lebte für ihre Zukunft. Sie erhielt sich ihre guten Noten, die für sie die einzige wirkliche Herausforderung waren, und blieb die meiste Zeit allein.

Aber in den späteren Jahren – und das ist wichtig, wenn man verstehen will, wie sie sich selber wahrnahm – war sie wohl kaum die verspottete »absolute Außenseiterin«, als die sowohl sie selbst als auch ihre Biographen sie wiederholt dargestellt haben. Sie wurde auch in der Schule nicht wie ein häßliches, beinahe verunstaltetes Geschöpf der Natur angesehen. Es ist vorstellbar, daß *Barbra*, als der Erfolg da war, die Geschichte ihres Lebens überarbeitet und der Presse nur solche Anekdoten zum Futter gegeben hat, die auch zogen. Da sie nicht als das schönste oder beliebteste und nicht einmal als das erfolgversprechendste Mädchen der Schule galt, hatte sie vielleicht beschlossen, sich diese verabscheuungswürdige und zutiefst dramatische Rolle zuzuschreiben.

Wahrscheinlicher ist allerdings, daß Barbara wirklich *glaubte*, man *halte* sie für den Fußabtreter der High-School. So wie viele Opfer von Kindesmißhandlung war sie immer mit sich selbst am härtesten. Dementsprechend sah sie sich als ein ewiges Opfer, und die Frage »Warum ich?« war die, die sie sich am häufigsten stellte.

Das fieberhafte Streben, hübsch auszusehen, gab sie definitiv erst *nach* ihrem High-School-Abschluß zugunsten einer gewissen Extravaganz auf. In der Schule war sie eines der wenigen Mädchen, die sich schminkten, was ihr eher den Neid als die Aufmerksamkeit ihrer Mitschülerinnen einbrachte. Sie war sehr geschickt geworden, was das Schminken betraf, und hatte dadurch eine gewisse Attraktivität erzielt. Eines der »radikalsten« Dinge, das Barbara in der High-School tat, war die Weigerung, ihre Fingernägel abzuschneiden, und zusätzlich lief sie mit einer Strähne blondgefärbten Haars herum. Dafür wurde sie nicht ausgelacht, sondern es war ein Ausdruck von Modebewußtsein, worin ihr die anderen jüdischen Mädchen nacheiferten.

Ganz im Gegensatz zu dem Pathos, das dem oft zitierten Drama des einsamen Wolfs innewohnt, hatte Barbara einige Freunde. Zunächst waren da Maxine Eddelson und Ed Frankel von der Vanderveer-Estates, die beide mit Barbara die High-School besuchten. Und es gab noch andere Freunde. Diane Silverstein, heute Diane Lemm, Buchhalterin, war eine von Barbaras besten Freundinnen auf der High-School, die sich mehr als fünfunddreißig Jahre später bereit erklärte, für dieses Buch ein Interview zu geben.

»Die Erasmus-Hall-High-School in der Flatbush Avenue war die erste höhere Schule des Staates und 1787 als reine Jungenschule gegründet worden. 1955 war es eine äußerst angesehene Schule, die den Ruf besaß, ausgezeichnete Schüler und regelmäßig Gewinner des Westinghouse-Wissenschaftspreises hervorzubringen. Eine große Anzahl bekannter Persönlichkeiten ist aus ihr hervorgegangen, unter anderen Barbara Stanwyck. Die Schüler, die die Prüfung mit einer Eins abgeschlossen hatten, wurden zu Studenten mit Auszeichnung ernannt. Sowohl Barbara als auch ich gehörten dazu.«

Diane Lemm fährt fort: »Ich habe Barbara am ersten Schultag getroffen, wir waren beide Erstsemester«, erzählt Diane. »Man saß in alphabetischer Reihenfolge – ich hieß Silverstein und sie Streisand, und offensichtlich gab es niemanden zwischen uns, denn sie saß immer direkt neben mir.

Barbara und ich kamen am ersten Schultag in die Klasse 1102. Es hieß immer ›Miss Streisand‹ hier, ›Miss Silverstein‹ da, und als wir dann mit Spanisch anfingen, hieß es lustigerweise plötzlich ›Señorita Silverstein‹, ›Señorita Streisand‹.

Ich war in Spanisch ausgezeichnet und Barbara auch. Ich glaube, unsere erste Lehrerin war Mrs. Thomas, eine jüdische Dame, die lispelte. Im Lauf der Jahre hatten wir da ein paar Kanonen, zum Beispiel Miss Frizzita, die sich richtig über uns ärgerte. Ihr eigentlicher Name war Mrs. Fried, sie war auch Jüdin, aber alle nannten sie Miss Frizzita.

Im Astor-Kino, das gleich in der Nähe der Schule war, zeigten sie spanische Filme. Deswegen mußten wir oft an Samstagen in die Schule und diese Filme mit Untertiteln sehen. Ich erinnere mich, daß ich in Spanisch sehr eifersüchtig auf Barbara war, weil sie am Ende des Schuljahres einen Preis für die besten Spanischleistungen der ganzen Schule bekam.

Barbara war ein ruhiges Mädchen«, fährt Lemm fort, »aber alle mochten sie. Ich war in einer Clique, und bis sie zu uns kam, war sie sehr schüchtern. Sie brachte immer so lustige Kommentare – bei uns wurde viel hinter vorgehaltener Hand gequatscht. In der Klasse flüsterten wir in alle Richtungen. Sie war nett. Sie war lustig. Sie war sehr ehrlich. Sie schien einsam zu sein und im Abseits zu stehen – deswegen nahmen wir sie in unseren Kreis auf, vor allem Linda Ashendorf, und Linda war ein *wunderschönes* Mädchen.«

Was die Señoritas Streisand und Silverstein verband, waren unter anderem ihre dünnen Beine und die langen auffallenden Fingernägel. »Wir verglichen immer unsere Fingernägel«, sagt Lemmy. »Selbst heute überprüfe ich ihre Fingernägel, wenn ich sie in einem Film sehe.« Sie waren auch die beiden einzigen Mädchen in der Klasse, die sich schminkten. »Ihre Augen waren einfach hinreißend, und das sagten wir ihr auch oft. Ich glaube, sie war die erste in der Schule, die richtige Wimperntusche benutzte. Mit ihrem Lidschatten vollbrachte sie Wunder. Einmal sagte Linda Ashendorf zu Barbara: ›Mein Gott, Barbara, du bist immer so *far-*

benfroh!‹ Barbara trug blauen Lidschatten und war die Vorkämpferin des Rouge. Sie war *sehr* ordentlich. Sie trug lange Röcke und weiße Socken. Wir trugen alle kurzärmelige Blusen mit einer Strickjacke darüber und Halstücher. Wir durften in der Schule keine Freizeitschuhe anziehen. Wir mußten Lederschuhe tragen – Halbschuhe oder Sportschuhe. Wir waren normal und alle brave Kinder, jede einzelne von uns. Außer daß wir versuchten älter zu erscheinen und rauchten. Um zu rauchen, mußten wir uns ein Stück vom Schulgelände entfernen. Der einzig wirkliche Verstoß gegen die Schulregeln bestand darin, den Unterricht zu schwänzen und in den nächsten Billardsalon zu gehen. Mel Shanman, der Dekan der Jungen, schleifte sie dann immer dort heraus. Wir Mädchen schwänzten die Schule aber nie.«

Auf die früher veröffentlichten Geschichten, daß Barbara in der High-School als eine Art unattraktiver Modefreak galt, reagiert Diane gereizt: »Ich glaube nicht, daß diese Leute, die das behaupten, Barbara wirklich gekannt haben. Ich war vier Jahre lang mit ihr befreundet. Ich fand sie immer attraktiv. Wir fanden alle, daß sie gut aussah. Es hat *niemals* so etwas wie Mitleid gegeben. Ich weiß, daß einige Mitschülerinnen sie beneideten. ›Seht euch diese Barbara an – ihr Haar, ihr Augen-Make-up, ihre Fingernägel, wie gepflegt sie ist.‹ Außerdem hatte sie keine Gewichtsprobleme, wie viele andere unter uns. Barbara sah *nicht* komisch aus, sondern sie war eine sehr hübsche junge Frau.«

Andere bestätigen Diane Lemms Beschreibung Barbaras als relativ unauffälliges Mädchen, das nichts Absonderliches an sich hatte. Die meisten der ehemaligen Erasmusschüler, die für dieses Buch kontaktiert wurden, erinnerten sich überhaupt nicht mehr an sie. Ganz egal, wie groß die Schule war, wenn Barbara wirklich der mitleiderregende Freak gewesen wäre, als der sie von anderen und von sich selbst dargestellt worden ist, dann hätte man sich zumindest an sie erinnert.

Marilyn Saposh war Barbaras erste Biologielehrerin. »Im Biologieunterricht saßen sehr viele aufgeweckte Kinder. In der Schule gab es überhaupt viele intelligente Kinder, und Barbara gehörte dazu. Sie folgte einem Lehrplan, der auf das College vorbereitete. Sie war sehr begabt. Ich glaube, ich habe ihr 92 oder 93 Punkte gegeben. Ich denke nicht, daß sie aus einer wohlhabenden Familie kam. Sie war ein eher ruhiger Typ. Sie war *kein* Klassenclown und hatte keinen großen Einfluß auf die Klasse. Sie war eine gute Schülerin und beteiligte sich am Unterricht, aber nicht so, daß ich sie als außergewöhnlich herausstellen würde.«

Auch Frederic Ansis, Vorsitzender der Schülerschaft und damals eine wichtige Figur auf dem Campus, bestätigt Barbaras relative Anonymität. »Ich hatte von dieser Frau, bevor sie ihr erstes Album veröffentlichte, noch nie etwas gehört. Jahre später war ich einmal in einem Café im Century Plaza Hotel (in Los Angeles), und Barbra saß am Nachbartisch. Ich hatte einfach nicht den Mut, rüberzugehen und die üblichen High-School-Begrüßungsfloskeln abzuspulen. Rückblickend hätten wir sie alle damals gerne gekannt. Versetzen Sie uns mal fünfunddreißig Jahre zurück – wir würden vermutlich alle um sie herumstreichen. Daß sie damals unter uns war!«

»Im Sportunterricht hatten Barbara und ich viel Ärger«, fährt Diane Lemm fort. »Mrs. Dorney und Mrs. Johnson waren die Sportlehrerinnen. Sie sahen beide wie Lesbierinnen aus, aber sie waren keine. Sie waren sogar verheiratet und spielten einfach gerne Ball. Jedenfalls waren sie dauernd hinter uns her, wegen unserer Fingernägel. Wenn sie uns kontrollierten, versuchten wir immer, unsere Hände zu verstecken, denn versuchen Sie mal, einen Basketball mit langen Nägeln festzuhalten oder zu fangen. Also bekamen wir immer schlechte Noten, Minuspunkte oder wie zum Kuckuck man das nannte, weil wir unsere Nägel nicht schnitten.«

Barbara ging ungern in den Sportunterricht, und besonders haßte sie die Schwimmprüfung, die Pflicht war. »Wenn man an der Prüfung nicht teilnahm«, erinnert sich Lemm mit gespieltem Schrecken, »dann mußte man Schwimmen für ein Semester belegen und diese Badeanzüge anziehen, diese beschissenen Panzergeräte.« Das Schwimmbad lag im feuchten Untergeschoß der Schule, in einem kellerartigen Raum, der nach Chlor stank. Eine Matrone in Weiß überwachte den Prüfungsvorgang. »Es war fast wie im Irrenhaus«, beschreibt Lemm.

Vor dem Unterrichtsbeginn heckten Barbara, Diane und Maxine einen Plan aus: Falls eine von ihnen zögern sollte, ins Becken zu springen, würde eine der anderen sie unauffällig hineinstoßen. »Keine von uns konnte schwimmen«, erzählt Lemm, »aber wir konnten uns über Wasser halten.« Alle drei hielten sich lange genug über Wasser, um die gefürchtete Prüfung zu bestehen – aber nur, indem sie sich fast durchgehend am Beckenrand festklammerten.

Später umgingen Barbara und Diane das System, indem sie wahlweise einen Kurs absolvierten, der sich »Tanzgymnastik« nannte.

»Barbara war nicht sportlich«, betont Diane. »Keine von uns in der Tanzgymnastik war sportlich. Aber in der Tanzgymnastik mußten wir nicht diese häßlichen Sporttrikots anziehen. Wir konnten Gymnastikanzüge tragen und Ballettschläppchen anstelle der Sportschuhe! Und es war egal, ob wir lange Fingernägel hatten! So lernten wir also Modern Dance, und Barbara war meine Partnerin. Wir mußten ›Slaughter on Tenth Avenue‹ tanzen, und unsere Freundin Judy Jacobson – sie war Ballettschülerin – machte die Choreographie.«

Mittags trieben sie sich in Garfields Cafeteria herum, tranken Kaffee und aßen Grapefruit oder eine Portion Eiersalat auf einem Salatblatt. Sie redeten über all die üblichen Dinge: Kleider, Schule, Jungen, andere Mädchen, Make-up und Geld. »Letzteres war ein Problem«, erinnert sich Lemm. »Mit dem Geld auszukommen.« Es gab auf der Erasmus-High-School mehrere Studentenvereinigungen, aber Barbara, Diane und ihre Clique gehörten nicht dazu. Sie nannten die Mädchen aus diesen Vereinigungen »Kaschmirs«, weil sie in der Schule Kaschmirpullover trugen. »Keine von uns besaß einen Kaschmirpullover«, sagt Lemm, »wir konnten uns das nicht leisten. Sherry Bronson war eine ›Kaschmir‹. Und Michelle Weiss und Barbara Solomon.«

Barbara waren die Unterschiede zwischen ihr und den »Kaschmirs« äußerst bewußt, und sie beneidete sie fürchterlich. Glamourös zu leben war mit ihrem mageren Gehalt von »Choy's Chinese« schwierig. So griff sie manchmal, wenn sie pleite war, auf Ladendiebstahl zurück. Allerdings war sie kein typischer Teenagerdieb. Sie ging im Kaufhaus herum, bis sie einen weggeworfenen Kassenzettel fand. Dann holte sie sich die auf dem Zettel aufgeführten

Artikel aus den Regalen, ging damit zur Kasse und tauschte sie gegen Bargeld um. Anschließend ging sie in ein anderes Geschäft, wo sie sich dann kaufte, wozu sie Lust hatte. Manchmal ließ sie auch nur ein bißchen Make-up mitgehen. Manchmal waren es Bücher. Und manchmal, so erzählte Barbra, waren es auch andere Dinge. »Ich stahl auch Kandiszucker, Zimtstangen und sogar Salzstreuer. Ich liebe Salzstreuer, besonders wenn sie ausgefallen sind.«

In früheren Berichten wurde wiederholt behauptet, daß Barbara auf der High-School nie gesungen hat und daß außerdem niemand *wußte*, daß sie singen konnte. Das ist ebenso ein Irrtum wie die Darstellung, daß sie ein verrücktes, zu bemitleidendes, heimatloses armes Ding gewesen sei.

»Während unseres ersten Jahres auf der Erasmus-High-School«, erinnert sich Diane Lemm, »mußten wir in den Freshman-Chor gehen. Es war Pflicht. Hier habe ich zum ersten Mal gehört, daß Barbara singen konnte. Unser Lehrer war Mr. Johnson, ein großer alter Mann mit schütterem Haar. Wir mußten alle in diesen großen Raum mit treppenartigen Sitzen gehen. Er schritt durch den Raum und ließ jeden von uns ein »do-re-mi-fa-so-la-si-do« singen. Barbara und ich waren beide zweite Sopranstimmen. Alle Sopranstimmen bildeten eine Gruppe. Barbaras Freundin Maxine war auch bei uns. Jedenfalls, als Barbara drankam, sang sie so phantastisch, es hörte sich richtig professionell an, und ich habe zum ersten Mal erfahren, wie begabt Barbara war.«

Was übte der Chor, der sich hauptsächlich aus jüdischen Schülern zusammensetzte? Natürlich Weihnachtslieder. Die Erasmus-High-School war bekannt für ihr Weihnachtskonzert. »Ohne uns jüdische Kinder, die in diesen Chören sangen«, bemerkt Diane Lemm, »hätte die Erasmus-High-School ihre Weihnachtskonzerte gar nicht machen können. Von Hanukkah war in der Schule gar keine Rede, nur von Weihnachten.«

Vom Freshman-Chor wurde Barbara zum Mitglied des Chorclubs ernannt, wo sie sich, wie alle Mädchen der Schule, naiv-schwärmerisch in den Leiter der Gruppe verliebte, Cosimo Depietto. »Man nannte ihn Mr. D.«, erinnert sich Diane Lemm. »Er war ein sehr gut aussehender Italiener. Er hatte einen Haarschopf – der war beeindruckend!«

»Ich erinnere mich, wie wir einmal auf eine Party gingen«, fährt Lemm fort, »und jemand sagte: ›Los, Barbara, sing uns etwas vor.‹ Sie war schüchtern. Man mußte ihr gut zureden, damit sie es tat. Man mußte sie praktisch dazu zwingen. Sie *wußte*, daß sie gut war, und wir sagten es ihr immer.«

Im Sommer 1955 fuhren Barbara und ihre Mutter, mit Roslyn im Schlepptau, wieder in die Catskill während der Ferien. Zwölf Sommer zuvor war dort Emanuel Streisand ganz plötzlich gestorben. Während ihres neuerlichen Aufenthalts lernten sie einen Klavierspieler kennen, der ihnen von den Nola Recording Studios erzählte, wo man für wenige Dollars Lieder aufnehmen konnte. Einige Monate später, am 29. Dezember 1955, hatte Barbara Streisand im Alter von dreizehn Jahren in Begleitung des Pianisten ihre erste Plattenaufnahme. Zunächst kam Diana mit »One Kiss« und einem anderen Operettenstück an die Reihe, und Barbara beobachtete konzentriert, wie der Pianist mit seinen endlosen Refrains die Aufnahme in Beschlag nahm. Als *sie* an die Reihe kam, wies sie den überraschten Pianisten an: »Sie machen nur ein *kleines* Zwischenspiel, und dann kommt wieder *mein* Einsatz.« Ihre allerersten Aufnahmen waren »You'll Never Know« und »Zing! Went the Strings of My Heart«.

Als sie wieder zu Hause in Brooklyn war, besuchte Barbara ihren Freund Ed Frankel. Heute erzählt Ed mit gewissem Stolz: »Die Platte, die Barbara als Demoaufnahme gemacht hat, wurde zum ersten Mal auf meinem Plattenspieler gespielt. Warum? Weil ihre Mutter nur einen 45er Plattenspieler hatte.« Allerdings war Frankel nicht besonders beeindruckt von der Platte. »Die Stimmqualität auf dieser Demoaufnahme war nicht so gut wie ihre natürliche Stimme«, sagt er. »Ich erinnere mich, dazu eine Bemerkung gemacht zu haben. Ich sagte: ›Es klingt wie Barbara, aber Barbara hat eine bessere Stimme.‹«

Obwohl Barbara im High-School-Chor sang, versuchte sie sich nicht bei einer der Theaterproduktionen der Schule. Vielleicht wollte sie vermeiden, erneut abgelehnt zu werden. Es ist jedoch wahrscheinlicher, daß sie sich mit nichts in Verbindung bringen wollte, das sie als amateurhaft betrachtete. Mit dreizehn sprach sie für eine Rolle in einer professionellen Radiosendung vor. »Ich sprach ein Stück aus ›Die heilige Johanna‹«, erzählte sie später. »›Wer die Wahrheit spricht, der wird erhört werden.‹ So habe ich mich immer selber empfunden.«

Nach langem Quengeln fuhr Diana mit Barbara im April zu ihrem vierzehnten Geburtstag nach Manhattan, um zum ersten Mal ein Broadway-Stück zu sehen, *Das Tagebuch der Anne Frank*. Sie hatten billige Plätze, oben auf dem Balkon. Als der Vorhang sich über der Bühne hob, war Barbara wie verzaubert. Als sie jedoch das Cort Theatre verließ, war sie zugleich traurig und desillusioniert. Das Stück beschrieb das wirkliche Leben. Barbara hatte die Nase voll von »wirklichem Leben« in Brooklyn. Sie beschloß, daß der Broadway nicht den gleichen Glamour hatte wie Hollywood. »Es war ein trauriges Stück«, sagte sie später. »Und der Schauplatz war so langweilig. Im Vergleich zu den Filmen war es wirklich trist. Ich habe immer versucht, triste oder gewöhnliche Dinge zu vermeiden.«

Dennoch blieb das Stück nicht ohne Wirkung auf sie. Barbara brachte sich mit Anne Frank in Verbindung. Sie war auch Jüdin. Sie hatte auch gelitten. »Es kommt mir so vor, als würde sich niemand – ich selber nicht, und schon gar nicht jemand anders – für das Seelenleben eines dreizehnjährigen Schulmädchens interessieren«, schrieb Anne Frank in ihrem Tagebuch, und Barbara verstand sie.

Sie identifizierte sich auch mit Anne, als diese von Mr. Van Daan mit den Worten ausgeschimpft wird: »Männer mögen Mädchen, die ihnen zuhören. Häusliche Mädchen, die gerne kochen und nähen. Warum spielst du dich immer so auf? Warum bist du nicht einfach nett und ruhig wie deine Schwester Margo?« Das hätte Diana sagen können. Anne antwortet triumphierend: »Eher schneide ich mir die Venen auf! Ich werde *außergewöhnlich* sein!« Das hätte Barbara sagen können.

Aus dem *Tagebuch der Anne Frank* zog Barbara eine wichtige Lehre. »Ich erinnere mich, daß ich mir vorstellte, einfach auf die Bühne gehen und ohne irgendwelche Probleme jede Rolle spielen zu können«, beschreibt Barbara ihre Erfahrung. Hollywood blieb ihr Endziel, aber es war Kilometer und vielleicht Jahre weit entfernt. Der Broadway befand sich sozusagen vor ihrer Haustür. Nachdem sie das Stück mit den darin spielenden Schauspielern gesehen hatte, schätzte sie sich außerdem als mindestens ebenbürtig ein. Als Susan Strasberg für ihre Darstellung der Anne Frank eine Tony-Nominierung für die beste weibliche Rolle erhielt, war sich Barbara sicher, daß sie in der Rolle ebenfalls tonyverdächtig gewesen wäre. Außerdem begriff sie, daß man nicht schön wie Elizabeth Taylor sein mußte, um am Broadway zu spielen. Vielleicht zum ersten Mal war ihr klar, wie sie aus Brooklyn herauskommen würde. Sie war bereits auf dem Weg dazu.

Im Sommer 1957 präsentierte sich Barbara – mit 150 Dollar in der Tasche, die Diana ihr gegeben hatte – im Malden Bridge Playhouse in Adirondacks, im Norden des Staates New York. »Sie konnte es nicht ausstehen, wenn ich nein zu etwas sagte«, gab Diana zu. Später erfuhr Barbara, daß das Geld aus einer Erbschaft stammte, die ihr Großvater ihr hinterlassen hatte.

»Im letzten Moment«, erzählt Barbra, »war noch die Rede davon, das Geld für die Sommeraufführungen für meine Zähne zu benutzen. Ich war zum Zahnarzt gegangen, und er hatte entdeckt, daß ich auf jeder Seite noch meine Milchzähne hatte, die Backenzähne und die bleibenden waren noch nicht herausgekommen. Er zog mir einen auf jeder Seite, wollte dann noch zwei ziehen und eine Spange machen, aber ich ließ ihn nicht. Das folgende Jahr lief ich mit Löchern auf beiden Seiten herum. Eine Schauspielerin ohne Zähne! Ich benutzte *Aspergum*. Das kam in der Farbe den wirklichen Zähnen am nächsten. Ich steckte davon ein Stückchen in jedes Loch, wie falsche Zähne.«

Um im Malden Bridge aufgenommen zu werden, schwindelte Barbara hinsichtlich ihres Alters, da man mindestens siebzehn sein mußte. Was sie dort erlebte, war völlig anders als all die entsetzlichen Sommerwochen, die sie in sogenannten »Gesundheitscamps« weit weg von zu Hause verbracht hatte; jetzt war Barbara glücklich, weit weg von zu Hause zu sein. In Malden Bridge fand sie den Ansporn, den sie zu Hause nie bekommen hatte. Sie spielte die Rollen der Millie Owens in *Picnic*, einen sechzehnjährigen

Wildfang aus Kansas, und die der Elsa, einer attraktiven Sekretärin, die in *Desk Set* auf Männerjagd geht. Barbara fragte sich amüsiert, wie sie »auf die Bühne gehen, sich auf einen Schreibtisch setzen, mit den Beinen baumeln und sexy spielen« würde. Sie tat es mit Erfolg. In der ersten Kritik, die sie über sich las, hieß es: »Das Mädchen, das den Bürovamp spielt, ist äußerst sexy – sie heißt Barbara Streisand. *Aufgepaßt, Jungs!*« Vor allem die letzten beiden Wörter begeisterten Barbara.

Barbara schrieb ihrer Mutter, vielleicht um sie zu reizen oder um einfach ein bißchen herumzumäkeln, daß der Koch des Playhouse gekündigt habe. Entgeistert meinte Diana: »Können Sie sich vorstellen, wie ich diese Neuigkeit aufgenommen habe? Was sie am dringendsten brauchte, um im Herbst mit der Schule weiterzumachen, war doch gutes Essen und Erholung. Als sie schließlich zurückkam, dachte ich, sie sei von ihren Schauspielideen geheilt – genau das Gegenteil war der Fall.«

Wieder in der Schule, nahm das Thema *Jungen* in den Gesprächen zwischen Barbaras Freundinnen einen immer wichtigeren Platz ein. »Ich erinnere mich«, sagt Diane Lemm, »daß es in den verschiedenen jüdischen Zentren Brooklyns Tanzveranstaltungen gab. Barbara begleitete unsere Gruppe, die aus den beiden Lindas (Ashendorf und Silverman), Judy, Roberta Weiss und mir bestand. Ich habe vergessen, ob wir ein Taxi teilten, jedenfalls kam Barbara bei Linda vorbei, und wir gingen dann alle zusammen tanzen. Das jüdische Zentrum, wo wir hingingen, war in der Ocean Avenue. Alle Jungen aus den höheren Klassen waren da und auch ein paar ehemalige Schüler. Barbara tanzte nur, wenn sie aufgefordert wurde.«

»Einmal hatten wir zu dritt eine Verabredung für eine Party«, fährt Lemm fort. »Zwei der Jungs waren Zwillinge. Barbara hatte den einen und ich den anderen. Es war eine Verabredung, die Linda Ashendorf arrangiert hatte. Die Zwillinge waren klein und langweilig. Sie waren aus Queens und fanden es gar nicht gut, daß sie bis nach Brooklyn kommen sollten, um uns abzuholen. Deshalb mußten wir mit der U-Bahn zur Party fahren. Mit einem Rendezvous hatte das nicht viel zu tun. Keiner von uns trank. Zu dieser

Zeit gab es keine alkoholischen Getränke. Aber die Party fand in einer Wohnung in Forest Hills in Queens statt, und für uns waren diese Wohnungen, die in ganz neu gebauten Häusern lagen und zwei statt einem Schlafzimmer hatten, etwas Besonderes. Forest Hills war damals eine noble Gegend.«

Das war das einzige Mal, daß Barbara ein Rendezvous hatte, soweit sich Diane erinnert. Der einzige Junge in der Schule, für den Barbara schwärmte (oder zumindest der einzige, an dem ihr, wie sie es später darstellte, etwas lag), war der zukünftige Schachmeister Bobby Fischer. Seine Exzentrizität und Eigentümlichkeit zog sie an, und wenn er seine *Mad*-Magazine durchblätterte, die er immer las, dann warf sie verliebte Blicke in seine Richtung.

Was das Thema Jungen betrifft, so war Barbara der typische Spätzünder. Abgesehen von dem, was ihr Muriel Choy erzählt hatte und was sie aus den gedämpften Gesprächen ihrer Freundinnen herausgehört hatte, wußte Barbara nichts über Sex. Dianas Anleitung diesbezüglich läßt sich in einem einzigen Satz zusammenfassen: »Tu's nicht«, oder mit dem oft wiederholten Spruch: »Zeig nicht, daß du Grips hast. Männer mögen keine Frauen, die zu klug sind.«

»In meiner Familie«, sagt Barbra vertraulich, »war Sex tabu. Man vögelt nicht, bevor man verheiratet ist, und man hält nicht Händchen und küßt sich nicht, weil man sich sonst irgendeine Krankheit holt. Das war alles so schrecklich, daß ich mir als Ersatz ein Phantasieleben ausdenken mußte.«

Auf die Frage, warum Barbara ihrer Meinung nach bei den Jungen weniger beliebt war als die anderen Mädchen aus ihrer Clique, zuckt Diane Lemm mit den Achseln. »Ich weiß es nicht. Ich weiß, daß wir alle Busen hatten, und Barbara, na ja, Barbara hatte eben nicht so einen Busen. Sie war sehr dünn und flachbrüstig. Ich weiß, daß er in den Filmen immer größer aussieht, aber wenn ich sie da sehe, dann frage ich mich, *woher* hat sie bloß diesen Busen?«

Ed Frankel zufolge wurde Barbaras Kleidung während ihrer Schullaufbahn immer extravaganter. »Sie trug oft hohe Stiefel, schwarze Strümpfe und lange bedruckte Kleider«, erinnert er sich. »Aber sie hatte keine lilafarbenen Augenbrauen oder grüne Zähne. Das ist doch Unsinn.«

Mit fünfzehn, während sie noch die Erasmus-High-School besuchte, begann Barbara, sich häufige Abend- und Wochenendausflüge nach Manhattan zu erlauben. »Einen halben Block von unserem Haus«, sagt Frankel, »an der Ecke Nostrand Avenue und Newkirk, war die I. R. T.-U-Bahn, die nach Manhattan fuhr. Ich erinnere mich, daß sie andauernd ins Village ging. Sie ging meistens mit Freunden, vor allem mit der kleinen Susan (ihre neue Freundin Susan Dworkowitz).

Bald ergatterte sich Barbara ein Volontariat am Cherry Lane Theatre in Greenwich Village und schrubbte hinter den Kulissen freiwillig Fußböden. Sie platzte vor Energie und war begeistert, in einem richtigen Theater zu arbeiten. Schließlich wurde sie zur Assistentin des Inspizienten befördert und übernahm dann die zweite Besetzung für die Rolle der Avril in dem Stück *Purple Dust*. Zu dieser Zeit lernte Barbara Anita Miller kennen, eine der Schauspielerinnen der Besetzung, die sich mit ihr anfreundete. Anitas Ehemann Allan Miller war Schauspiellehrer, und Barbara wurde bald Schülerin in seiner Klasse. Sie wohnte zwar noch in Brooklyn, aber in gewisser Weise hatte sie ein Zuhause gefunden. Heute ist Miller Schauspiellehrer in Los Angeles. Er erinnert sich: »Meine Frau hörte nicht auf, von diesem Mädchen zu reden. ›Sie *hat* etwas. Ich weiß nicht, was es ist, aber sie hat irgend etwas Besonderes‹, sagte sie andauernd.

›Und was habe ich damit zu tun?‹ Sie antwortete: ›Du solltest mit ihr reden. Du solltest sie unterrichten.‹ Ich sagte: ›Ich werde ein fünfzehnjähriges Mädchen nicht dazu ermutigen, zum Theater zu gehen.‹

Aber dann, eines Abends, siehe da! . . . Wer war da wohl zum Essen eingeladen? Das besondere *Geschöpf*. Und am Ende des Essens hatten die beiden noch eine Überraschung für mich: Sie hatten ein Vorsprechen vorbereitet. Ich glaube, es war das Schlimmste, das ich je in meinem ganzen Leben gehört habe. Ich weiß nicht mehr, welche Szene sie gespielt haben. Aber bei dem, was Barbara machte, gab es überhaupt keinen Zusammenhang zwischen dem, was ihr Körper tat, und dem, was in ihren Gefühlen vorging, und dem, was aus ihrem Mund herauskam. Sie war wie ein kleines Kind, dessen Hände sich auf eine bestimmte Weise bewegten, während seine Gedanken und Gefühle auf einer ganz anderen Ebene herumflattern.

Diese Unerfahrenheit beeindruckte mich sehr. Sie versuchte nicht einmal, andere Schauspieler zu imitieren. Etwas kämpfte in ihr, an das sie wirklich nur selber herankam, aber sie wußte nicht, wie sie es aufbrechen sollte. Sie *wollte* so viel. Sie war so voll von diesem jungen, ungebrochenen Wissensdurst, daß ich schließlich sagte: ›Okay, Sie bekommen ein Stipendium für meinen Unterricht.‹ Sie hatte kein Geld, das kam sehr schnell heraus. Sie arbeitete als Kassiererin in einem chinesischen Restaurant. Also bot ich ihr ein Stipendium für eine meiner Klassen an. Sie sagte darauf: ›Ich werde *alle* Klassen machen.‹«

Eine völlig neue Welt tat sich für Barbara auf. Sie war unerfahren, aber enthusiastisch und besaß eine schnelle Auffassungsgabe. Es war nicht nur der Schauspielunterricht, sondern auch die Leute, die sie dort traf, und all die Möglichkeiten, die die Stadt bot. Plötzlich schien alles möglich zu sein. Sie trug sich mit dem Gedanken, Ärztin zu werden, Biologin, Landschaftsarchitektin, Wissenschaftlerin wie ihr Vater, Dirigentin oder Violonistin.

»Eine Zeitlang dachte ich daran, eine berühmte Violonistin zu werden«, erzählte sie Jahre später. »Aber es konnten nur entweder meine Fingernägel oder Horowitz sein. Horowitz verlor das Rennen.« Es besteht kein Zweifel, daß Barbara mit aller Macht eine große Schauspielerin werden wollte, die sich mit Sarah Bernhardt und Eleonora Duse würde messen können.

Sie las Victorien Sardou und Alexandre Dumas. Tolstois *Anna Karenina* beeinflußte ihr Leben. In Anna sah Barbara eine Heldin, die litt, weil sie eine gesellschaftliche Außenseiterin geworden war. Aber sie tat es glanzvoll. Sie hatte eine leidenschaftliche, ehebrecherische Affäre mit dem gutaussehenden Grafen Vronsky, die sie der hämischen Gesellschaft ins Gesicht schleudern wollte. Daß sie diese Beziehung und damit sich selber unterdrücken mußte, trieb sie in den Wahnsinn und schließlich in den tragischen Tod auf den Bahngleisen.

Die warnenden Worte ihrer Mutter leichtsinnig in den Wind schlagend, schwor sich Barbara, daß sie sich nicht mehr darum kümmern würde, was die Gesellschaft – oder ihre Mutter – ihr als korrekt und akzeptabel vorschrieb. Sie würde wie Anne Frank »außergewöhnlich« sein. Aber zunächst einmal mußte sie die High-School abschließen.

Es war schwierig für Barbara, sich von den Aussichten auf ihr neues Leben in Manhattan zu verabschieden und zunächst zu den schalen Lehrbuchstunden in der Erasmus-High-School zurückzukehren. Obwohl nur eine U-Bahn-Station dazwischenlag, waren es zwei Welten. Für Barbara gab es kein Zurück. Sie wollte nichts über Geschichte lesen, sie wollte Geschichte machen. Sie sehnte sich dermaßen danach, ihr Leben zu verändern, daß es sie nahezu zerriß.

Sie bemühte sich, zusätzliche Scheine zu machen, und ging zur Sommerschule. Und endlich im Januar 1959 bekam sie ihr Diplom. Barbara verschwand, ohne sich noch einmal umzublicken, denn die Erasmus-High-School hatte die schlimmste Sünde begangen: Sie hatte Barbara ignoriert. Bei der Abschlußfeier wurde Harriet Mersel zur »Klassenschauspielerin« und Trudy Wallace zur »Klassensängerin« ernannt. Trudy war es, die anstelle von Barbara die meisten Solos im Chorclub der Schule gesungen hatte. Später erzählte Barbara mit einer Spur Ironie: »Die hatten da so ein anderes Mädchen, eine Opernsängerin. Die würde ein großer Star werden, hieß es.«

Zurück in Newkirk, war Diana Kind jedoch nicht bereit, ihre Tochter kampflos ziehen zu lassen. Diana wollte für ihre Tochter, was die meisten jüdischen Mütter im Brooklyn der fünfziger Jahre sich für ihre Töchter wünschten: eine feste Anstellung (mit Sozial- und Rentenversicherung), einen Ehemann und Kinder. So wie es die Autorin Letty Cottin Pogrebin, eine Altersgenossin von Barbara, treffend beschreibt: »Zu meiner Zeit hieß Frau sein Mutter sein.«

Außerdem konnte Diana in Barbara nicht mehr sehen als das, was äußerlich zu erkennen war. Nicht die Mädchen von der Erasmus-High-School bestätigten das unattraktive Bild, das Barbara von sich hatte – es war ihre eigene Mutter. »Sie war kein gutaussehendes Mädchen«, bezeugt Diana, »und im Showbusineß gab es zu dieser Zeit viele hübsche Mädchen. Ich fand, daß sie wirklich ein großes Risiko einging.«

Unverzagt jedoch setzte Barbara ihre U-Bahn-Fahrten nach Manhattan fort und gewöhnte sich sogar an, ihrem Schauspiellehrer bis in den Bus hinein zu folgen. Sie saß dann auf dem Nachbarsitz und nutzte die gemeinsame Zeit im Bus für ein Fragenfeuer und für eine informelle – um nicht zu sagen *kostenlose* – Unterrichtsstunde. »Sie stellte mir ununterbrochen Fragen«, erzählt Allan Miller. »Immer und immer und immer wieder. Mein Gott, ich unterrichtete sie selbst im Bus!«

Miller zufolge wandte sich Barbara eines Tages an ihn und sagte: »›Wissen Sie was? Ich mach' für Sie Babysitting.‹ Wir hatten zwei kleine Kinder, und sie wurde unser Babysitter. Und in Null Komma nichts wohnte sie bei uns. Ihre Mutter rief mich an und beschuldigte mich, das junge Mädchen zu sehr unter meine Fittiche zu nehmen und sein Leben zu ruinieren. Ich hatte sie von ihrem einzigen bezahlten Job als Kassiererin in einem chinesischen Restaurant weggeholt, und jetzt verführte ich die Tochter dazu, sich von der eigenen Mutter zu trennen.«

Einer der Gründe, warum Barbara ihre Singstimme jahrelang abtat (»Ich bin Schauspielerin, nicht Sängerin«, »Ich mache nur meinen Mund auf und singe. Was ist da schon groß dabei?«), ist möglicherweise der, daß sie ihre Stimme von ihrer Mutter geerbt hatte. Eine Sache der Genetik, die nichts mit Barbaras selbsterworbenen Fähigkeiten zu tun hatte. In Barbaras Herz lag Diana mit Emanuel Streisand in Konkurrenz. Natürlich war es ein unfairer Konkurrenzkampf. Schließlich konnte Diana nie einen Mann ersetzen, der nach seinem Tod idealisiert worden war. Im Schatten des Todes ihres Vaters hatte Barbara die unglücklichsten Tage ihrer Kindheit verlebt.

»Wenn ein Kind, während es aufwächst, einen Elternteil vermißt«, sagte sie, »dann muß da ein großes Loch gefüllt werden. So wie Blinde, sie können besser hören. Ich fühlte mehr, und ich wollte mehr.«

Die U-Bahn, in der sie jeden Tag saß, entfernte sie von ihrer Kindheit. Nachdem sie jahrelang vor dem Badezimmerspiegel der mütterlichen Wohnung geträumt hatte und in Spielsalons der Flatbush Avenue ihren Phantasien nachgehangen war, hatte Barbara

Joan Streisand mit sechzehn Jahren ihren eigenen Weg eingeschlagen. Aber selbst sie konnte sich das Ausmaß dessen, was sie erwartete, nicht vorstellen.

4. KAPITEL

Das Vorspiel

Menschen saßen erwartungsvoll auf ihren Stühlen und zogen an ihren Zigaretten, Rauch füllte den Raum, verliebte Blicke wanderten hin und her, Lippen wurden von Zungen verführerisch angefeuchtet. So sah das Lokal aus, als die Lichter ausgingen und eine Sängerin die Bühne betrat. Es war eigentlich keine richtige Bühne, sondern nur ein kleines Plätzchen neben dem Klavier, das vor den Tischen plaziert worden war. Im *The Lion* fand eine Talentshow statt. Das Lokal verfügte über eine Bar und ein Restaurant, die hauptsächlich von Homosexuellen besucht wurden. Es lag in der 9. Straße West Nr. 62 in Greenwich Village, dem Himmel für New Yorker Außenseiter. Jede Woche ließen dort vier Darsteller ihre Stimmen erklingen und kämpften um ein wenig Bestätigung und um ein bezahltes Ein-Wochen-Engagement. Das war vielleicht nicht viel, aber immerhin etwas.

Die Sängerin sah ins Publikum. Die Zuschauer schauten etwas mißbilligend auf die Nase in ihrem ungewöhnlichen Gesicht. Doch die Sängerin ignorierte diese Ablehnung. Sie riß sich zusammen, schloß ihre Augen und begann zu singen. Das Lied war »A Sleepin' Bee« von Harold Arlen und Truman Capote, das zum ersten Mal am Broadway von Diahann Carroll in dem erfolglosen Musical *House of Flowers* gesungen worden war. Es war nicht gerade ein Lied, das die Leute zum Rasen brachte. Es war eine einfache, traurige Nummer über eine wiedergefundene Liebe. Doch die Sängerin hielt das Publikum, während sie über eine Biene auf ihrer Handfläche sang, durch eine erstaunlich hohe Tonlage und durch die unvergleichliche Klarheit ihrer Stimme in Atem. Und da war noch etwas – nicht in ihrer Stimme, sondern in ihrer Art. Das Publikum hatte keine Ahnung, daß sie kein Arbeitslosengeld mehr bekam, daß sie fast mittellos war und daß sie sich nur bereit erklärt hatte zu singen, weil dies für sie den letzten Ausweg bedeutete. Aber man fühlte ihre Verzweiflung. Sie war eine Außenseiterin wie ihre homosexuellen Zuschauer, und diese erkannten das an. Sie sehnte sich nach Liebe und Bestätigung, aber sie würde darum nicht betteln, und sie verstanden auch das. Sie widersetzte sich dem Schönheitsideal einer großbusigen Stimmungsmacherin. Auch das Publikum widersetzte sich all dem, was ein Mensch im Amerika der fünfziger und sechziger Jahre ausstrahlen sollte. Als sie ihre Nummer beendet hatte, gab es donnernden Applaus. Mit ihrem Lied wurde aus der Sängerin mit dem unmöglichen Gesicht eine Schönheit. Das Publikum im *The Lion* tobte, und es würde den Namen Barbara Streisand wahrscheinlich nie vergessen.

So hatte sie im *The Lion* im Juni 1960 mit 18 Jahren einen Vorgeschmack auf den Erfolg bekommen; es war ein Jahr, nachdem sie nach Manhattan gezogen war. In der Zwischenzeit hatte sie sich hauptsächlich damit beschäftigt, sich ein neues Image zuzulegen und sich um ihren geliebten Schauspielunterricht zu kümmern. Allan Miller, selber Schüler des Actors-Studio und Protegé von Lee Strasberg, erinnert sich: »Sie war schwierig und so unbedarft, daß ich sie monatelang in meiner Klasse nichts sprechen ließ. Ich ließ sie alle Szenen mit Tönen spielen. Sie sollte Geräusche machen, um auszudrücken, was passierte. Aber sie war sehr, sehr unbeholfen in ihrem gefühlsmäßigen und körperlichen Ausdruck.«

Auf die Frage, was er sich davon erhoffte, Barbara zu Szenen spielen zu lassen, in denen nicht gesprochen wurde, antwortet Miller: »Ohne Worte kann man auf direktestem Weg ausdrücken, was eine Person empfindet. Wenn man sich zum ersten Mal mit jemandem trifft, muß man auch erst durch Gemeinplätze wie: ›Wie lange lebst du schon hier?‹ und das ganze Blabla, bevor man zu dem kommt, was einen wirklich interessiert. Aber wenn man nur Geräusche und Töne erzeugen würde, dann wüßte man nach fünf Minuten, ob man sich mit dem anderen versteht. Barbara hat diese Herausforderung akzeptiert. Sie wußte, wohin es führen sollte. Sie war sehr klug.

Die erste Szene, die sie in meiner Schauspielklasse sprechen durfte, war aus *The Rose Tattoo* von Tennessee Williams. Es war die Rolle eines jungen Mädchens von 15 oder 16 Jahren, das eine streng katholische und sehr derbe Mutter hat. Diese nimmt sich natürlich das Recht heraus, sexuelle Erlebnisse zu haben, erzieht ihre Tochter jedoch in aller Tugendhaftigkeit. Eines Tages begegnet die Tochter einem Seemann, den sie mit nach Hause bringt.

Die Mutter spricht mit dem Seemann und läßt sich das Versprechen geben, daß er ihre Tochter, die noch Jungfrau ist, nicht anrührt. Der Junge ist anständig und verspricht ihr das. Dann gibt es eine Szene zwischen dem Jungen und dem Mädchen. Sie ist absolut scharf auf ihn und möchte, daß er mit ihr schläft, doch er weigert sich wegen seines Versprechens. Am Ende der Szene sagt sie ihm, daß sie in einem bestimmten Hotel auf ihn warten wird.

Eines Tages sagte mir Barbara, daß sie unbedingt eine Szene spielen wollte. Ich sagte zu ihr: ›Gut, die Szene, die ich dich spielen lassen will, ist aus *The Rose Tattoo*.‹ Sie sagte: ›Was ist das?‹ Ich sagte es ihr, und sie antwortete, daß sie das Stück lesen würde. Am nächsten Tag erklärte sie mir, daß sie die Szene nicht spielen könnte. Ich fragte sie warum. Und sie antwortete: ›Ja, weißt du. Ich . . .‹ Was sie aber eigentlich sagen wollte, war, daß sie noch Jungfrau war. Sie wußte wenig über Sexualität. Deshalb erklärte ich ihr: ›Barbara, du mußt dir vorstellen, wie sich das Mädchen in der Szene benimmt, aber es darf nichts mit Sex zu tun haben.‹

Das war die Art, wie ich mit ihr arbeitete. Ich gab ihr eine praktische Aufgabe. Ein oder zwei Wochen später übten wir die Szene. Innerhalb einer Minute war der Junge, der mit ihr spielte, hochrot im Gesicht vor Scham. Es war die erotischste Darstellung, die ich in meinem ganzen Leben gesehen hatte, und sie hatte nichts mit Sex zu tun – außer natürlich«, und er lacht, »daß sie es eben doch tat. Sobald sie fertig waren, klatschte die ganze Klasse. Ich sagte zu Barbara: ›Warte, erzähl der Klasse, worauf du besonders geachtet hast.‹ Sie murmelte etwas, und ich sagte: ›Komm, lauter, erzähl es.‹ Und sie sagte: ›Ich habe versucht, jeden Teil seines Körpers mit jedem Teil meines Körpers zu berühren, ohne dabei eine Stelle zweimal zu berühren.‹ Der arme Junge in der Szene konnte damit nicht umgehen. Er konnte sie kaum mit der Hand berühren, ohne daß Barbara ihn nicht zum Glühen brachte. Es war genau das, was die Szene verlangte, und es wurde dabei mit Mitteln gearbeitet, die die meisten Schauspielschüler oder Lehrer nicht benutzen.

Ich lernte von Barbara, daß ich mir manchmal irgend etwas ausdenken mußte. Es half mir enorm als Lehrer und als Schauspieler, Dinge mit ihr auszuprobieren, weil sie so unerfahren und unschuldig war. Es war eine sehr interessante Zeit.«

Auch auf Barbara hatte die Szene eine starke Wirkung. Jahrelang erzählte sie ihren Freunden begeistert von dieser Erfahrung, und 1977 sagte sie zu einem Journalisten: »Es war ein Moment, den ich immer wieder versuche, wiederzuerleben ... Ich denke, daß es das war, was man Inspiration nennt und was ich noch ein paarmal erlebt habe.«

In dieser Zeit trat Barbara in einer Off-Broadway-Produktion mit dem Titel *Seawood* auf. Das Stück war von Armand de Beauchamp geschrieben und produziert worden und wurde auf dem Dachboden einer Wohnung in der 70. Straße aufgeführt. Joan Molinsky, eine ebenfalls sehr ambitionierte Schauspielerin, spielte darin eine Messer schwingende Lesbierin, die hinter Barbara her war. »Ich mochte dieses High-School-Mädchen mit der großen Nase, die lustig war und Witze riß«, sagte sie später über Barbara. »Wir waren uns sofort vertraut, sie wirkte auf mich wie ein hartes Arbeitstier.« Sie bewunderte Barbara auch, weil sie, obwohl sie die jüngste in der Truppe war, die Schauspielerei sehr ernst nahm. Jahre später sollte die Künstlerin Molinsky unter dem Namen Joan Rivers enorme Erfolge feiern.

Im Sommer 1959 entschlossen sich Allan und Anita Miller, ihre Ferien damit zu verbringen, im Clinton Playhouse in Connecticut aufzutreten. Barbara begleitete sie als Babysitterin auf ihrer Reise. »Sie war eine tolle Babysitterin«, schwärmte Miller. »Sie mochte Kinder. Sie war selbst noch sehr kindlich. Sie wußte, was ihnen Spaß machte. Und wenn sie sie mitnahm, um mit ihnen zu spielen, dann tat sie das so, als ob sie selbst ein Kind wäre. Unsere beiden Kinder mochten sie sehr.« Während des Aufenthalts in Connecticut gab man Barbara die Rolle der Ellie May in der Clinton-Playhouse-Produktion *Tobacco Road*. Zufälligerweise trat in diesem Sommer noch ein anderer junger Schauspieler im Playhouse auf: Warren Beatty.

Ein paar Monate nach ihrer Rückkehr nach Manhattan zog Barbara aus der Wohnung der Millers in der 75. Straße West aus. »Wir waren zu einer Art Ersatzeltern geworden«, erklärte Miller, »und wir ermutigten sie immer wieder auszugehen. Sie war extrem schüchtern. Sie dazu zu bekommen, sich mit anderen Leuten zu treffen, war ein hartes Stück Arbeit. Sie klammerte sich fast an uns. Ich war der Ansicht, daß sie ein bißchen zu abhängig war.«

Zusammen mit ihrer Freundin Susan Dworkowitz, die sie von der Erasmus-High-School her kannte, zog Barbara in eine Wohnung in der 34. Straße. Sie fand eine Stelle als Sekretärin (endlich einmal etwas, das bei ihrer Mutter auf Zustimmung stieß) und arbeitete als Telefonistin bei der Druckerei Michael Press. Tagsüber plagte sie sich ab, unglücklich über die Stumpfsinnigkeit ihrer Jobs, abends rannte sie zu Millers Theaterworkshop auf der 48. Straße West. Sie kam oft zu spät, völlig zerzaust und außer Atem, mit einem Hamburger oder einem Joghurt in der Hand oder einem anderen behelfsmäßigen Abendessen. Als Diana von der entschieden nachlässigen Ernährung ihrer Tochter hörte, schimpfte sie deswegen mit ihr am Telefon.

Barbara ging sparsam mit ihrem Geld um und wurde oft von Freunden zum Essen eingeladen. Sie eröffnete bei Seamen's Savings ein Bankkonto, das sie bis heute besitzt, und löste dort ihre wöchentlichen Gehaltsschecks ein. Dann ging sie in ihre Wohnung zurück und verteilte das Geld in verschiedene dafür vorgesehene Umschläge. In den Umschlag, auf dem »Telefon« stand, tat sie fünf Dollar, für »Wäsche« waren 10 Dollar vorgesehen, für »Essen« 20 Dollar, für »Miete« 25 Dollar, und für »Sonstiges« reservierte sie sich 5 Dollar. Zu ihren sonstigen Ausgaben zählte ein gelegentliches Taxi. Für Barbara war Taxifahren etwas, was nur die Reichen und Berühmten sich leisten konnten.

Unterdessen übertrug Allan Miller Barbara eine Rolle in Christopher Frys A Phoenix Too Frequent, ein Einakter, welcher Teil einer Show war, in der er Regie führte. Barbara spielte die junge Bedienstete einer reichen, kürzlich verwitweten Frau. Zwei weitere Schauspieler wurden engagiert, darunter Cis Corman als Witwe. »Ich hatte vier Kinder, hatte ein Zuhause und einen Kühlschrank voller Nahrungsmittel«, sagte Cis später. Wie die Millers wurden Cis und ihr Mann Harvey zu Ersatzeltern für Barbara. Doch anders als ihre Freundschaft mit den Millers würde diese Beziehung über Jahre andauern.

Das Stück war eine Komödie, die im alten Griechenland spielte, wo eine Witwe dem Brauch nach Selbstmord begehen mußte, um ihrem toten Mann Ehre zu erweisen. Teil des Brauches war auch, daß die Witwe eine von ihr geschätzte Bedienstete mit in den Tod nehmen konnte. Die Witwe in dem Stück sucht sich als widerwillige Begleiterin die Figur aus, die Barbara spielte. Die aufgelöste Dienerin hielt darauf in der Küche eine Rede, in der sie den bevorstehenden Verlust ihres Lebens, ihrer geliebten Küche und ihres Freundes beklagt. Während der Proben wollte Miller, daß Barbara in einer Schlüsselszene weinte. Der Moment kam, doch es zeigte sich keine Träne. Sie versuchten es immer wieder, doch ohne Erfolg. Es war nicht so, daß Barbara nicht weinen wollte, sie konnte nur nicht. »Sie hatte sich im Laufe der Jahre jede Art von Selbstmitleid verboten, auch das Weinen«, sagte Miller später. »Tränen schien sie nicht mehr zu kennen.«

Einen Tag vor der Kostümprobe war Miller mit seinen Motivationstechniken am Ende und lud Barbara zum Essen ein. Er sah über den Tisch und erblickte ein Mädchen, das völlig in die Schauspielerei versunken und von der Idee absorbiert war, daß sie eine Theaterkarriere machen würde. Plötzlich lag ihm eine Frage auf den Lippen. Er war sich sicher, daß die Aussicht auf ein Leben ohne Theater bei Barbara eine emotionale Reaktion auslösen würde. Deshalb fragte er sie, was sie tun würde, wenn sie nicht schauspielen könnte. Er war vollkommen überrascht, als sie strahlend und ohne zu zögern antwortete: »Ich würde eine Bäckerei aufmachen.« Sie fuhr fort, dem erstaunten Miller zu erzählen, daß sie schon immer den Wunsch gehabt hatte, ihre eigene Bäckerei zu haben, in der sie jede Sorte Brot machen und ihre eigenen Kuchen und Plätzchen gestalten könnte. »Ich liebe den Geruch von Bäckereien und den Anblick von Backwaren. Ich könnte mein ganzes Leben in einer Bäckerei verbringen«, erklärte sie befriedigt. Dann hatte Miller eine andere Idee. Er fragte Barbara, welchen Kuchen sie anläßlich ihres 21. Geburtstages backen würde. Sie erklärte mit großen Gesten, wie sie eine außergewöhnliche, zwei Fuß hohe, mehrlagige Torte backen, diese mit Cremes und Karamel füllen und deren Spitze mit einem Abbild ihrer selbst aus köstlicher, geschlagener Sahne krönen würde. Als sie fertig war, geriet Miller, der das Spiel mitspielte, über die imaginierte Torte in Verzückung und bat um ein Stück. Barbara weigerte sich. Es sei immerhin eine

Torte, die sie extra für ihren 21. Geburtstag gemacht habe, protestierte sie. Miller ließ sich davon nicht beeindrucken und sang ein paar Takte von »Happy Birthday«. Während er sang, gab Barbara, die gerührt war, ihren Widerstand auf. »Gut«, willigte sie ein. »Du kannst ein Stück haben.«

Barbara tat so, als ob sie ihrem Lehrer behutsam und liebevoll ein großes Stück Torte überreichen würde. »Ich hoffe, du magst es«, sagte sie strahlend und stolz. Aber während Miller das imaginäre Stück Torte annahm, ließ er es auf den Boden fallen. »O nein«, sagte Barbara aufrichtig berührt. »Warum hast du mein Stück Torte auf den Boden fallen lassen? Warum?« schrie sie, während ihr die Tränen herunterliefen.

Bei der nächsten Abendprobe informierte Miller Barbara darüber, daß er einen Teil der Inszenierung geändert hatte. Wenn sie ihren Sterbemonolog begänne, sollte sie sich zur rechten Bühnenseite hinwenden. Ohne zu wissen, warum sie das tun sollte, willigte sie ein. Als sie mit ihrem Monolog anfing, stellte sie sich auf die rechte Seite und war überrascht über das, was sie dort sah. Dort stand Millers nichtsahnender Inspizient und verzehrte zwar keine zwei Fuß hohe Torte, aber ein üppiges Stück Kuchen. In dem Moment schossen Barbara die Tränen in die Augen, und sie spielte, ohne das Stück zu unterbrechen, die Klagerede der Dienerin.

Barbara wurde für irgendeine Nachlässigkeit zur Verantwortung gezogen und flog aus der Druckerei Michael Press. Sie war alles andere als untröstlich darüber und genoß die überraschenden Freuden der Arbeitslosenunterstützung. Mit den Erfahrungen und dem Vertrauen, die sie in ihren Abendkursen erworben hatte, fühlte sie sich stark genug, den Legionen vielversprechender New Yorker Schauspieler beizutreten. Sie wollte die Adressen abklappern, an Türen klopfen und, wie man sagt, die Runde bei den Agenturen machen. Oder etwa doch nicht?

Nachdem sie dies zwei Tage lang durchgehalten hatte, schwor sich Barbara angewidert, daß sie sich nie wieder in eine solche Lage bringen würde. Die meisten Agenturen wollten sie nicht einmal hereinlassen, und die, die es taten, machten ihr unmißverständlich klar: »Ändere deinen Namen, deine Nase und deinen

Beruf.« Sie war klug genug, um zu wissen, daß sie bei schnellen Urteilen kaum eine Chance hatte. Ihre Anziehungskraft war etwas, für das man sich Zeit nehmen mußte. Sie lag unterhalb der Oberfläche.

»Ich war nicht gerade der naïve Typ, nach dem diese Agenturfritzen suchten«, sagte sie nicht ohne Bitterkeit. »Ich hätte mein Aussehen verändern, meine Nase richten lassen können, doch das wollte ich nicht. Das wäre nicht aufrichtig gewesen, oder?«

»Name?« fragten sie alle sofort. Manchmal benutzte Barbara aus Schutz den falschen Namen Angelina Scarangella. Falls man sie nicht übernahm, so war es zumindest nicht *sie*, die man nicht wollte. »Was haben Sie bisher getan?« wurde sie gefragt. »Wenig«, antwortete sie, um schnell hinzuzufügen. »Möchten Sie, daß ich einen Text lese? Sie sollten mich wirklich nehmen. Ich bin toll.«

»Entschuldigung«, war dann die Antwort. »Der nächste!«

Beeinflußt durch den Beatnik-Trend, der zu dieser Zeit herrschte, war Barbara mit siebzehn alles andere als ein frisch aussehendes, junges Mädchen. Ihr Haar war glatt, dünn und dunkel gefärbt. Sie kleidete sich hauptsächlich in Schwarz, um ihrer Neigung mehr Ausdruck zu verleihen. Im Winter des Jahres 1959–60 machte sie in schwarzen Strümpfen und einem schwarzen Trenchcoat ihre Runden bei den Agenten. »Die Leute sahen mich an, als ob ich verrückt wäre«, erinnert sie sich. Manchmal aß sie mit ihrem Bruder Sheldon zu Mittag, der eine Stelle bei einer Werbeagentur in Manhattan bekommen hatte. Wenn sie zu dem Restaurant gingen, wo sie essen wollten, bestand er darauf, daß sie immer drei Schritte hinter ihm lief, weil es ihm peinlich war, mit ihr gesehen zu werden. Normalerweise waren ihre Strümpfe kaputt und gaben von hinten unelegante Blicke auf ihre Beine frei. »Ich sehe es nicht, also warum soll es mich stören«, sagte Barbara zu ihrem Bruder. »Warum stört es dich?« Ihr Bruder bot an, ihr Geld zu leihen. Doch sie lehnte ab. Er bot ihr an, ihr ein Paar neue Strümpfe zu kaufen, doch auch das wollte sie nicht. Und somit lud er sie nur zum Essen ein. Das akzeptierte sie. Aus irgendeinem Grund hielt ihr Stolz sie niemals davon ab, eine Einladung zum Essen auszuschlagen.

»Weiblicher Beatnik-Typ gesucht«, las Barbara in der Anzeige einer Fachzeitschrift. »Perfekt«, dachte Barbara. »Für diese Rolle müssen Sie mich nehmen.« Doch beim Vorsprechen wurde sie eines anderen belehrt. »Wir müssen sehen, was Sie bisher gemacht haben«, sagte die Frau am Schreibtisch. »Was meinen Sie damit, Sie wollen meine Arbeit sehen«, widersprach Barbara. »Es ist doch nur eine Statistenrolle!« – »Wir müssen sehen, was Sie bisher gemacht haben«, wiederholte die Frau, diesmal leicht erregt. »Warum?« insistierte Barbara. »Ich meine, man muß doch nicht Eleonora Duse sein, um Statistin zu werden. Ich werde niemals eine Rolle bekommen, wenn Leute wie Sie mich immer wieder fragen, was ich gemacht habe. Wann werde ich die erste Chance bekommen?« Der Protest war vergeblich. »Es war ziemlich deprimierend«, erzählte sie später. »Ich schrie fast in jedem Büro herum und machte mir furchtbare Feinde.« – »Das wird euch leid tun«, versprach sie. »Sie werden mich noch bitten zurückzukommen. Ich werde mich Ihnen nicht aufdrängen, ich werde nicht an Ihre Tür klopfen und Sie anbetteln, damit Sie mich einstellen. Das ist dann Ihr Problem.« Ihre letzten Worte waren tiefempfunden, aber wenig originell. »Ficken Sie sich ins Knie«, sagte sie noch, bevor sich die Tür vor ihrer Nase schloß.

Der Ablauf solcher Vorsprechtermine quälte sie über Jahre. »Ich wußte, daß ich gut war«, sagte sie, »aber niemand würde mich etwas vorsprechen lassen, bevor ich Erfahrung gesammelt hatte. Wie sollte ich meine Erfahrungen machen?« Für Barbara war dies ein degradierendes und manipulatives Machtspiel, das die Agenten auf Kosten der Schauspieler betrieben. Sie wollte unbedingt Schauspielerin werden, aber sie war nicht bereit, sich vor die Füße derjenigen zu werfen, die ihrer Ansicht nach ein Talent sowieso nicht beurteilen konnten. »Ich kann mich niemandem aufzwingen«, sagte sie. »Ich werde niemanden anbetteln.«

Anstatt sie einzuschüchtern, schienen die Niederlagen Barbara nur noch mehr in ihrem Ehrgeiz zu bestärken, es »ihnen zeigen zu müssen«. Nun hatte sie es nicht nur ihrer Mutter, ihrem Stiefvater und den Kindern in Brooklyn zu beweisen, sondern auch allen Agenten in Manhattan, die sie mit einem Schulterzucken, einem Gähnen oder einem strikten »der nächste« entlassen hatten.

Wieder ging sie zur Schauspielschule, um zu lernen. Sie behauptete, daß es ihre Idee gewesen wäre, zu anderen Schauspiellehrern zu gehen. Sie erklärte sogar, wie sie den falschen Namen Angelina Scarangella benutzte, damit die neuen Lehrer nicht ahnten, daß sie Allan Miller, bei dem sie immerhin anderthalb Jahre gelernt hatte, abtrünnig geworden war.

Miller hingegen machte deutlich, daß er es war, der Barbara vorschlug, mit anderen Lehrern zu arbeiten. Er erinnert sich: »Ich organisierte für sie, daß sie zu vier verschiedenen Schauspiellehrern gehen konnte, Eli Rill, Curt Conway, Lee Strasberg, und an den letzten kann ich mich nicht mehr erinnern. Jeder dieser Lehrer sagte mir hinterher: ›Warum mühen Sie sich mit diesem Mädchen ab? Sie hat kein Talent. Und sie ist höllisch anstrengend.‹«

Eli Rill kann sich noch deutlich erinnern, daß Barbara in seiner Klasse saß, doch nicht daran, daß sie auf ihn einen ungünstigen Eindruck gemacht hätte. Er gibt zu: »Was mich ehrlich überraschte, war ihre Fähigkeit, besonders hoch zu singen. Ich wußte zu dieser Zeit nicht, daß sie sang. Eine der Übungen, die ich damals oft machte, war eine Gesangsübung. Lee Strasberg vom Actors Studio hatte damit angefangen. Man übte nicht den Gesang, sondern dieser diente lediglich dazu, innere Spannungen aufzulösen. Es war ein Vorgehen, das dem Schüler helfen sollte, Selbstbewußtsein und Ausdruckskraft zu erreichen. Ich hatte dreißig Schüler in meiner Klasse, neunundzwanzig von ihnen machten diese Übung. Barbara ließ ich sie nie machen, weil sie sie nicht nötig hatte.

Sie war sehr dünn, wie ich mich erinnere, sehr schlank und sie machte immer den Eindruck, als sei sie in Eile. Sie sah nicht so aus, als ob sie sich vor dem Spiegel zurechtmachen würde oder als ob es die wichtigste Entscheidung ihres Lebens wäre, welches Sweatshirt sie morgens anzog. Sie arbeitete ständig. Wenn jemand anderes eine Szene spielte, dann sah sie zu. Ihr Körper war immer nach vorne gelehnt. ›Was geht hier vor? Was kann ich lernen?‹ Es gibt einen jungen Mann bei mir in der Klasse, der mich an sie erinnert. Seine Augen sind immer zusammengekniffen.

Sie hatte, soweit ich mich erinnere, keinen Sinn für Humor. Verstehen Sie mich nicht falsch, sie hatte Humor, aber sie kam *nicht* aus Gründen der Geselligkeit. Ich kann mich nicht erinnern, daß sie sich mit jemandem anfreundete. Ich hatte über die Jahre einige Studenten, die mit den besten Absichten zu mir kamen, sie waren engagiert und der Sache verschrieben, doch sie machten alle auch mal Witze bei einer Tasse Kaffee. Barbara nicht.«

Barbara wurde abgelehnt, als sie versuchte, Mitglied des Actors Studio zu werden, das ein Zuhause für alle ernsthaften New Yorker Schauspieler darstellte. Die Gründe dafür waren unterschiedlicher Natur. Man vermutet, daß sie abgelehnt wurde, weil sie auf ihrer Bewerbung Mae West und Rita Hayworth als ihre Lieblingsschauspielerinnen angegeben hatte. Es ist allerdings wahrscheinlicher, daß ihr die Aufnahme verweigert wurde, weil sie bei einer Vorsprechszene unkontrolliert in Tränen ausbrach – sie war offenbar fälschlicherweise der Ansicht, dies würde die Juroren beeinflussen. Renée Taylor zufolge, einem Mitglied des Studios und einer späteren Freundin Barbaras, hatte die Aufnahme »nichts mit Talent zu tun. Einige Leute wurden aufgenommen, die nicht sonderlich gut waren. Und viele Leute schafften es nicht und waren gut. Es war eher eine politische Angelegenheit.«

In ihren Schauspielklassen war Barbara in der Regel jünger und weniger erfahren als ihre Kollegen. Dies hinderte sie jedoch nicht daran, sich selbst zu loben. Sie stellte jegliche Autorität in Frage. »Oft scheute ich mich, jüngere Schüler zu nehmen«, erzählt Eli Rill, »weil sie sich manchmal durch ältere Leute eingeschüchtert oder gehemmt fühlten. Aber ich machte mir nie Sorgen um Barbara. Sie war durch niemanden eingeschüchtert, einschließlich meiner Person. Sie war keine zurückhaltende Schülerin. Sie war eine der wenigen, die über Dinge stritt. Und sie hatte einen sehr natürlichen Humor. Sie war außerordentlich komisch in ihrer Art zu sprechen. Wenn sie nicht diesen jiddischen Akzent aus Brooklyn gehabt hätte, wäre sie vielleicht gar nicht komisch gewesen. Ich weiß das nicht, man kann das schlecht trennen. Aber ich verbinde ihren Humor immer mit einer bestimmten Art, einem bestimmten Stil, und davon ist ihr Akzent nur ein kleiner Teil.

Ich sagte zu ihr: ›Keine Sorge, Barbara, wir lachen nur, weil wir das, was du tust, gut finden.‹ Sie tat etwas, beispielsweise eine Bewegung mit ihrer Hand, und wir fingen an zu lachen. Ich sagte zu ihr: ›Du hast eine sehr spezielle Art, dich darzustellen. Das gefällt uns.‹ Ich glaube, ich habe sie sogar mit einem Freund von mir, Zero Mostel, verglichen, der kaum etwas sagen konnte, ohne daß die Leute anfingen zu lachen. Er ist ein sehr sensibler, intelligenter Mann. Er hat eine Kraft, eine lebendige Ausdrucksweise, durch die alles, was er sagt, von Humor erfüllt wird. Und ich erinnere mich, wie ich zu ihr sagte: ›Es wird eine Zeit kommen, da werden ernsthafte Züge in dir wach werden. Aber im Moment akzeptiere ich die Tatsache, daß du eine natürliche Fähigkeit dazu besitzt, komisch zu sein.‹« Rill fügt hinzu: »Ich erinnere mich lebhaft daran, wie sie in der Klasse stand und mir gegenüber sehr deutlich war. Ich erinnere mich nicht mehr genau an die Worte, doch der Inhalt lautete ungefähr so: ›Wenn du ein so guter Lehrer bist, dann sorg auch dafür, daß die Leute nicht lachen.‹ Ich hingegen war sehr erstaunt darüber, daß gerade sie sich bemühte, nicht komisch zu sein.«

Eli Rill wußte nichts von dem Spott, den Barbara in ihrer Kindheit ertragen mußte. Außerdem wußte er nicht, daß sie generell alles ablehnte, was ihr leichtfiel. Genauso wie ihr das Singen leichtfiel und sie dafür eine natürliche Begabung hatte, konnte sie Leute zum Lachen bringen. Aber damit wollte sie nichts zu tun haben. Sie wollte eine ernsthafte, vielleicht sogar eine Shakespeare-Darstellerin werden.

Ihre Lieblingsrolle als Schauspielschülerin war die Rolle der Medea. Sie wollte, daß die Leute weinten, nicht daß sie lachten. Für sie war der Schmerz das wertvollste Gefühl. Man sollte sie nicht übersehen, so der Schwur ihrer Kindheit, man sollte aber auch nicht über sie lachen. Mit dieser Maxime sollte sie bald in Konflikt geraten, als sie ihren ersten großen Erfolg in einem komischen Musical hatte.

Irgend etwas veränderte sich in Barbara während der Zeit, als sie die Agenten abklapperte. Vielleicht hatte sie sich mit anderen Schauspielerinnen ihres Alters verglichen und war dabei zu der Überzeugung gekommen, daß sie äußerlich nicht mit ihnen konkurrieren konnte. Eli Rill spricht aus, was alle zu dieser Zeit über sie dachten: »Ich war sehr um diese junge Frau besorgt. Ich wußte nicht, wie weit sie es bringen würde. Ungeachtet ihres Talents hatte das Busineß für sie Grenzen. Die Leute, die damals eine Rolle bekamen, erfüllten normalerweise das gängige Schönheitsideal. Ich hätte das gleiche über Al Pacino gesagt, wenn er vor dreißig Jahren in meiner Klasse gewesen wäre. Oder auch über Dustin Hoffman. Ich hätte vermutlich gesagt: ›Na ja, er ist talentiert, aber leider sieht er nicht so aus wie Tyrone Power.‹«

Die Sorgen von Rill und anderen sind verständlich. Niemand erwartete in diesem Stadium viel von Barbara. Die Frauen, die am Broadway zu dieser Zeit erfolgreich waren, waren so jung, talentiert und so schön wie Anne Bancroft, Julie Andrews, Barbara Cook, Carol Lawrence und Jane Fonda. Die achtzehnjährige Barbara paßte nicht in dieses Bild. Wer konnte damals wissen, daß sie diese festgefahrenen Erwartungen schließlich aufbrechen würde.

Sie traf eine Entscheidung: Wenn sie nicht schön sein konnte, dann wollte sie zumindest *auffallen*. Sie wollte kühn und mutig sein und wie Anne Frank außergewöhnlich. Innerlich war sie immer noch das schüchterne und stille Mädchen der High-School-Zeit, aber nach außen hin machte sie sich sehr auffällig zurecht. Sie färbte ihr Haar rot und puderte ihr Gesicht weiß, sie schminkte ihren Mund lila und trug Kleider, die sogar auf New Yorks Straßen Aufsehen erregten.

Unterdessen wurde ihr Geld knapp. Ihre Freundin Susan Dworkowitz zog zurück zu ihren Eltern nach Brooklyn, was für Barbara fast einen Verrat bedeutete. Aber sie fand eine kleine Wohnung im vierten Stock der 48. Straße West, Nr. 339, neben Allan Millers Workshop.

Dennoch brauchte sie einen Mitbewohner, um die Miete bezahlen zu können, und hängte deshalb eine Anzeige an das Schwarze Brett der Schauspielergewerkschaft. Marilyn Fried, eine junge ambitionierte Schauspielerin, die von ihrem Zuhause in der South Bronx weggelaufen war, antwortete auf die Anzeige. Um ihr Arbeitslosengeld aufzufrischen, nahm Barbara eine Stelle als Platzanweiserin im Lunt Fontanne Theatre am Broadway an. Sogar vor ihren Freunden hielt sie diese Stelle geheim. Und wenn sie mit der Taschenlampe in der Hand die Reihen auf und ab ging, senkte sie den Kopf, damit niemand sie erkennen konnte. Wenn sie einmal berühmt war, dann wollte sie nicht, daß Theaterbesucher sich an sie als kleine Platzanweiserin erinnern würden, die sie damals zu den Sitzen geleitet hatte.

Damals wurde am Lunt Fontanne Theatre das erfolgreiche Stück *The Sound of Music* gespielt. Als Barbara hörte, daß die Produzenten Ersatz für die Rolle der Lisl suchten, schaffte sie es, einen Vorsprechtermin bei Eddi Blum von der Castingagentur Rodgers und Hammerstein zu bekommen. Blum war sofort in ihre Stimme vernarrt und ließ sie drei Stunden lang singen, obwohl er wußte, daß es für sie keine Rolle in *The Sound of Music* gab, weder die der Lisl noch eine im Chor. Etwas paßte bei Barbara Streisand nicht zusammen, wie bei einer singenden Nonne oder einem wilden Trapper, der gerne Familienvater wäre. Sie war einfach nicht der Rodgers-and Hammerstein-Typ.

Eines Abends hörte Marilyn Fried, die mit Barbara die Wohnung teilte, plötzlich eine wunderschöne Stimme, die aus dem Radio des Nebenzimmers kam. Neugierig ging sie hinüber und mußte verwundert feststellen, daß die Stimme ihrer Mitbewohnerin gehörte, die sich auf das Vorsingen bei Hammerstein vorbereitete. Von der Begeisterung Frieds ermutigt, legte Barbara verlegen ihr altes Demo für die Nola Recording Studios »You'll Never Know« auf den Plattenteller. »Warum willst du eigentlich unbedingt Schauspielerin werden?« rief Marilyn aus, nachdem sie die Platte gehört hatte. »Du bist Sängerin!«

»Ich bin Schauspielerin und keine Sängerin«, korrigierte Barbara ihre erstaunte Mitbewohnerin. Und diesen Satz wiederholte sie in den nächsten Jahren noch viele, viele Male.

Durch Marilyn wurde Barbara mit Terry Leong bekannt gemacht, der ein aufstrebender Modeschöpfer war und ein guter Freund von ihr wurde. »Ich entwarf Kleider auf der Seventh Avenue, nachdem ich am F. I. T. (Fashion Institute of Technologie) studiert hatte«, erinnert sich Leong. »Ich wurde Barbara vorgestellt, da sie Kleider für ihre Vorsprechtermine brauchte, und so begann ich, für sie zu entwerfen. Sie hatte sehr viel Sinn für Mode. Ich glaube, sie las viel in einschlägigen Zeitschriften. Sie wollte sich besser kleiden, und ich half ihr dabei.« Es war Terry Leong, der Barbara zeigte, welche Schätze sie in den Billigläden New Yorks finden konnte.

»Ich überredete sie, Secondhandsachen zu tragen«, sagte Leong. »Bisher hatte sie dies immer abgelehnt. Zusammen fanden wir Secondhandklamotten in den Billigläden, die ich dann umgestaltete und zu den Kleidern machte, die Barbara tragen konnte. Sie sahen sehr theatermäßig aus. Mit Perlen bestickte Oberteile aus der Zeit um 1900 und Kleider aus den zwanziger Jahren. Wir haben einen Mantel gefunden, den sie später für die Filmversion von *Funny Girl* kopierte. Sie ließ ihn aus Leoparden- und Fuchsfell herstellen.

Es machte Spaß, Kleider für sie zu nähen. Wir gingen oft auf die Nineth Avenue, wo es besonders viele Billigläden gab. Und in der Seventh Avenue konnte ich Klamotten besorgen, wenn ich dort arbeitete. Wir stellten aus den Stoffen, meinen Sachen und dem, was wir fanden, Outfits zusammen. Es machte sehr viel Spaß, denn ihr stand das alles gut.« Barbara hatte darüber hinaus zwei Freunde, die als Schaufensterdekorateure bei Lord & Taylor's arbeiteten. Die versorgten sie mit Stoffresten. Es gab fast nichts, was sie nicht ausprobiert hätte. Freunden zufolge sah sie zu dieser Zeit oft aus wie ein wandelnder Weihnachtsbaum, aber »sie konnte fast alles tragen und sah großartig aus«, erinnert sich Leong. »Und sie fiel auf. Sie hatte einen langgliedrigen, eleganten Körper. Sie war sehr dünn damals. Sie hatte eine gute Figur für Kleider. Ich fand, daß alles aus der Zeit um 1900 oder aus den zwanziger Jahren ihr stand. Ihre Kleider hatten alle möglichen Farben: Lila, Schwarz, Blau. Die standen ihr am besten. Sie mochte auch Pastelltöne. Ich benutzte außerdem alte Schuhe und Schmuck als Accessoires. Ich blechte selber dafür, so daß sie weniger zahlte. Sie war damals immer knapp bei Kasse.« »Ich kaufte den Kram, weil er billig war«, erzählte Barbra später. »Außerdem dachte ich mir, daß jemand, der einem Billigladen Kleider spenden kann, saubere Klamotten hat, da er wohl reich genug war, sich ein Bad zu leisten, oder? Außerdem konnte man dort [in Billigläden] Designermode für ein ›Lied‹ bekommen. Welch ein Glück, daß ich singen konnte«, witzelte sie später einem Reporter gegenüber. »Die Sachen waren vielleicht schon im Vorjahr oder vor zwanzig Jahren der letzte Schrei gewesen, aber es waren wunderschöne Einzelstücke. Sie wurden sogar noch origineller, weil ich sie, damit sie mir paßten, veränderte und zum Beispiel einen Kragen austauschte oder Perlen hinzufügte.«

Leider vergaß sie zu erwähnen, daß nicht sie die Veränderungen und neuen Entwürfe machte, sondern Terry Leong. Sie hatte immer ein Problem damit, den Freunden, die ihr geholfen hatten, gebührend Respekt zu zollen.

In dieser Zeit investierte sie viel Energie in eine billige und eher peinliche Produktion von Karel und Josef Čapeks esoterischem Stück *The Insect Comedy*, auch bekannt als *The World We Live In*, für das als »Parabel der menschlichen Situation« geworben wurde. Es wurde im Mai 1960 dreimal im Jan Hus Theatre aufgeführt, mit Barbara in mehreren Rollen. Sie spielte den Boten, den zweiten Schmetterling und die zweite Motte.

Aber Eli Rill gab ihr eine Rolle in einem anderen Projekt, einem abendfüllenden Stück, in dem er selbst Regie führte. Es hieß *Cancer: An American Comedy*. Rill hatte Barbara für zwei Rollen vorgesehen. »Es war eines dieser Stücke (wie: *The Insect Comedy*), in denen eine Person mehrere kleine Rollen übernehmen konnte«, erklärt Rill. Aber es gab ein personalpolitisches Problem. Ein Mitglied des Actors Studio, das schon seit zwanzig Jahren spielte, war bereits für eine Rolle engagiert worden. Rill erzählt: »Als diese Schauspielerin, deren Namen ich nicht nennen will, Probleme damit hatte, ihre Beteiligung an meinem Stück und an einer Fernsehshow unter einen Hut zu bringen, erleichterte ich ihr in gewisser Weise die Entscheidung.« Barbara ersetzte sie in dem Stück, und Rill zufolge »enttäuschte sie mich nicht«. Rill sagt zu den Erfahrungen, die er als Regisseur mit ihr gemacht hat: »Barbara befolgte nicht die normalen Regeln der Höflichkeit, mit denen man Menschen gegenübertritt, die einen eingestellt haben oder deren Schüler man ist. Um es deutlicher zu sagen: Da ich sie in dem Stück untergebracht hatte, hätte man davon ausgehen können, daß sie ›Danke‹ oder ›Rufen Sie mich doch wieder mal an‹ sagte. Doch sie tat einfach ihren Job, und ich tat meinen, und sie fand offensichtlich, daß es nicht notwendig war, mich anzurufen und sich zu bedanken. Ich denke, sie wollte mir sagen: ›Du hast mich für diese Rolle genommen, und ich habe sie gut gespielt, dann wirst du mich auch wieder einstellen. Ich muß nicht dieses ganze Brimborium mitmachen. Ich muß nicht flirten wie manche Leute oder mich einschmeicheln, um eine Rolle zu bekommen.‹ Sie behandelte mich wie Ihresgleichen, und mich störte das nicht. Trotzdem ließ sie es an Respekt mangeln gegenüber jemandem, der einfach ein bißchen länger dabei war als sie.«

Mittlerweile war Barbara achtzehn Jahre alt und mit einem zweiundzwanzigjährigen Schauspieler namens Barry Dennen befreundet. Er spielte die Grille und eine Schnecke in dem unglücklichen Stück *The Insect Comedy*. Die beiden verband ein fast übertriebenes Interesse an Kinofilmen aus den dreißiger Jahren. Sie schwärmten für Mae West, W. C. Fields und Groucho Marx. Sie liebten das Unkonventionelle und Unerwartete und sprachen dieselbe, ihnen eigene Sprache. Bald verbrachten sie viel Zeit in Dennens Wohnung in der 9. Straße West Nr. 69 in Greenwich Village. Er wurde von ihrer Naivität, ihrer Dreistigkeit und ihrer Exzentrizität angezogen. Sie bewunderte ihn für sein großes Wissen. Er brachte ihr viel über Kunst, Literatur, Musik und Theater bei, denn er war anders als die Jungen, die sie aus Brooklyn kannte. In Dennen fand Barbara ein bereitwilliges und kluges Opfer für all ihre tausend Fragen. Er war außerdem das, was sie selbst gerne gewesen wäre, ein Shakespeare-Darsteller. Es war Barbaras Traum, einmal die Julia zu spielen, und für eine Weile war Dennen in seiner Wohnung ihr Romeo. Sie tanzten zwischen abgenutzten Möbeln und schmusten vor dem Fernseher, während sie Filme mit Fred Astaire und Ginger Rogers sahen. Es war eine schöne, wenn auch kurze Romanze. Eines Tages fragte Barbara Barry, ob sie seinen Kassettenrecorder für eine Aufnahme benutzen könnte. Ein Agent wollte eine Probeaufnahme ihrer Stimme. »Als ich die erste Aufnahme hörte«, sagte Dennen später, »wurde ich fast wahnsinnig.« Er sagte Barbara nicht nur, daß sie singen konnte, sondern daß sie singen *mußte*. Das war ihre Berufung. »Aber ich bin Schauspielerin«, protestierte sie zaghaft, »und keine Sängerin.«

Unberührt versuchte es Dennen mit einem anderen Vorschlag. Warum konnte sie nicht ein Lied nehmen, es in drei Strophen aufteilen und diese spielen, während sie sang? Außerdem könnten die Agenten es zwar verhindern, daß sie auf einer Broadway-Bühne auftrat, doch sie könnten sie nicht daran hindern, in einem Nachtclub aufzutreten. Später erzählte sie: »Ich dachte damals: ›Wenn sie mich nicht Schauspielerin werden lassen, was hält mich davon ab, es mit Brüllen zu versuchen?‹« Als »Brüllen« bezeichnete Barbara verachtungsvoll ihren eigenen Gesang. Es war Dennen, der Barbara von dem wöchentlichen Amateurwettbewerb erzählte, der im *The Lion* stattfand, einem Nachtclub, der praktischerweise genau gegenüber seiner Wohnung lag. Er versprach, daß er ihr, falls sie einwilligte, am Wettbewerb teilzunehmen und gewinnen würde, zukünftig bei den Proben und bei der Auswahl ihrer Stücke helfen würde. Er versprach auch, bei ihrem Auftritt die Regie zu führen. Sicherlich dachte Barbara daran, daß sie den Fünfzig-Dollar-Preis gut gebrauchen konnte. Sie arbeitete nicht mehr als Telefonistin oder Platzanweiserin, und mit dem Arbeitslosengeld von 32 Dollar pro Woche war es auch vorbei. Ihre finanzielle Situation war inzwischen nicht nur schwierig, sondern desolat. Sie konnte sich damit arrangieren, indem sie kein Geld für Miete und Essen ausgab. Aber das Geld für ihren Schauspielunterricht brauchte sie unbedingt. Und so willigte sie – wenn auch widerstrebend – ein, ihre Vorbehalte zumindest für einen Auftritt beiseite zu schieben und für ihr Abendessen zu »brüllen«. Vorher besuchte sie jedoch einige Freunde und überredete sie dazu, ihr sitzend den Rücken zuzuwenden, um ihnen die volle Bandbreite ihrer erstaunlichen Stimme enthüllen zu können. Als ihre Freunde sich ihr wieder zuwandten, sah sie Ehrfurcht in ihren Gesichtern und Tränen in ihren Augen.

Es war Juni 1960, und Barbara Streisand war bereit, sich dem Wettbewerb im *The Lion* zu stellen.

5. KAPITEL

Illusionen

Burke McHugh erinnert sich an den Moment, an dem er Barbara zum ersten Mal sah. »Ich leitete das *The Lion* – das Restaurant, die Bar und die Vorführungen, alles«, erzählt er. »Ich hatte beschlossen, montags abends Talentwettbewerbe durchzuführen, und ließ jeden Montag morgen die Teilnehmer in Begleitung meines männlichen Pianisten vorsingen. Wir wählten vier von ihnen aus, die dann abends zum Wettbewerb wiederkamen.

Mein Gott, war das ein heißer Tag. Wir waren dabei, im Vorraum der Bar das Vorsingen durchzuführen, und waren kurz rausgegangen, um uns ein bißchen abzukühlen. Da kam so ein Mädchen in Latzhosen vorbei, schulterlanges Haar, ungekämmt, richtig unordentlich. Sie sah aus wie eine Nutte – nein, nicht wie eine Nutte, dazu war sie nicht sexy genug. Sie sah aus wie ein Straßenkind, das nicht mehr nach Hause gekommen war, um die Klamotten zu wechseln. Ich sagte zum Pianisten: ›Junge, hier kommt die Gewinnerin.‹ Dann sagte ich zu ihr: ›Guten Tag. Sind Sie zum Vorsingen gekommen?‹ Sie fragte: ›Vorsingen wofür?‹ Sie verhielt sich so, als sei sie gerade zufällig vorbeigekommen. Also erklärte ich ihr alles, und sie sagte: ›Tja, ich habe zwar noch nie in der Öffentlichkeit gesungen, aber ich will's versuchen.‹

Wir begleiteten sie in den Vorraum. Nachdem ich ungefähr zwei Zeilen von ihr gehört hatte, sagte ich zum Pianisten: ›Mein Gott, dieses Mädchen ist *unglaublich!*‹ Ich unterbrach sie: ›Warten Sie eine Minute. Wir gehen in den hinteren Raum mit dem großen Klavier.‹ Also zogen wir in den Hinterraum um, wo auch ein Mikrophon war. Ich schaltete es an und fragte sie nach ihrem Namen. Sie sagte, sie hieße Barbara Strinberg. ›Okay, Miss Strinberg‹, sagte ich. ›Singen Sie ein Lied für uns.‹ Während sie sang, sah der Pianist mich an, und ich sah ihn an. Wir konnten einfach nicht *glauben*, was wir hörten. Als sie fertig war, sagte ich zu ihr: ›Barbara, das war wirklich phantastisch! Okay, wie buchstabiert man Strinberg, ich möchte das genau wissen.‹ Sie stockte ein bißchen und meinte: ›Ich muß den Namen verändern. Ich kann ihn nicht

leiden. Er klingt so jüdisch. Zu jüdisch.‹ Ich antwortete: ›Na gut,
dann setzen wir uns eben kurz hin und überlegen uns einen neuen
Namen.‹ Das Radio war an und spielte das Lied ›Footsteps in the
Sand‹ oder so etwas Ähnliches, und ich sagte: ›Hm, das ist sehr
hübsch.‹ Sie sagte: ›Ach, gut, die letzte Silbe ist ‚sand'. Barbara
Streisand.‹

Natürlich log sie. Ich vermutete, daß sie mit ›Strinberg‹ log, und
als sie dann sah, daß wir Interesse an ihr hatten, beschloß sie
schnell, ihren richtigen Namen zu benutzen.« Das war eine Technik, die Barbara öfter anwandte. Sie benutzte Decknamen als Puffer
gegen eventuelle Absagen. Erst wenn sie akzeptiert war, öffnete sie
sich und gab ihren wirklichen Namen preis. Das war weniger Täuschungsmanöver als bloßer Selbstschutz.

Anderen Berichten widersprechend betonte Burke McHugh,
daß an Barbaras Wettbewerb an diesem Abend *kein* Opernsänger
oder Schauspieler beteiligt war. Ihm zufolge stellte eine Schwarze
namens Dawn Hampton, eine Nichte von Lionel Hampton, die
größte Konkurrenz dar. »Dawn Hampton hatte ein außergewöhnliches Gefühl für Jazz und sang, als gebe es kein Morgen mehr. Später
trat sie in ausnehmend vielen Bars auf. Es war ein harter Wettkampf
zwischen ihr und Barbra an diesem Abend.«

Barbara sang zwei Lieder, »When Sunny Gets Blue« und »A
Sleepin' Bee«, an dem Truman Capote mitgeschrieben hatte. Ironischerweise mochte gerade Capote, der schon sehr früh ein Anhänger der Streisand war, ihre Version des Liedes nicht. »Sie macht das
einfach nicht besonders gut«, sagte er zu dem Schriftsteller Lawrence Grobe. »Sie ist gut, aber nicht so gut wie Diahann Caroll, die
das Lied zum ersten Mal sang.« Und er fügte hinzu: »Streisand hat
eine Oper in drei Akten daraus gemacht, und das ist es nicht.«

All die, die an diesem Abend im *The Lion* waren, sahen das anders. »Mir kamen die Tränen, als ich sie zum ersten Mal singen
hörte«, erzählt Terry Leong. »Es war unglaublich. Ich weiß nicht, es
war so rein.«

Barbara ging als unumstrittene Gewinnerin aus dem Wettbewerb
hervor. Und ihr Preis? Fünfzig Dollar auf die Hand und ein Ein-Wochen-Engagement, das dann auf Drängen des Publikums verlängert
wurde.

»Es gab einen ganz schönen Aufruhr um Barbara«, erinnert sich McHugh. »Es begann an diesem ersten Abend im *The Lion*. Viele Agenten kamen, um sie zu sehen. Auch Noël Coward hat sie singen gehört. Er saß genau vor ihr, und sie schmetterte ihm direkt ins Gesicht. Ob sie wohl wußte, wer er war? Er war aus dem Häuschen und fand sie großartig.«

Die Beschreibung vom *The Lion* als »Schwulenbar« irritiert McHugh. Anfang der sechziger Jahre waren wohl *alle* Bars in Greenwich Village mehr oder weniger *schwul*. Tatsache ist, daß die Bar des *The Lion* überwiegend von Homosexuellen besucht wurde, während der Vorstellungsraum, in dem Barbara auftrat, gemischtes Publikum und sogar Berühmtheiten wie Ethel Merman, Lynn Fontanne und Tallulah Bankhead anlockte. »Ich erinnere mich, daß Veronica Lake oft kam und sich in der Bar aufhielt«, erzählt McHugh. »Sie war eine von Barbras ersten Fans.«

Unter denen, die wegen Barbaras verlängertem Engagement den Gang ins *Lion* machten, waren auch Anita und Allan Miller. Letzterer berichtet: »Sie rief eines Abends an, das war ungefähr zwei Jahre nachdem wir unseren Unterricht begonnen hatten, und sagte: ›Hört mal zu. Ich habe einen Talentwettbewerb gewonnen. Wollt ihr nicht kommen und mich sehen? Es findet im *The Lion* statt.‹ Ich fragte: ›Wo ist das? Von dem Theater habe ich noch nie etwas gehört.‹ Sie antwortete: ›Nein, nein. Das ist so ein, hmm, na so eine Art Restaurant.‹ Und ich sagte: ›Was spielen die? Wie heißt das Stück?‹ Sie sagte: ›Nein, nein, es ist kein Stück. Ich *singe*.‹«

Obwohl die Millers eng mit Barbara befreundet waren, hatten sie sie noch nie singen hören und wußten nicht einmal, daß sie überhaupt singen *konnte*. So nahmen sie also in ängstlicher Erwartung ihre Plätze an einem Tisch ganz in der Nähe der Bühne ein. »Wir klammerten uns regelrecht aneinander«, erzählt er, »und hofften, daß sie nicht zu fürchterlich sein würde. Es war so, als würde unsere Tochter zum ersten Mal auftreten.«

Als die Scheinwerfer die Bühne erhellten und Barbara in ihrer ausgefallenen Billigaufmachung im Kaufhausstil anstrahlten, mußten die Millers sich gegenseitig festhalten. Allan Miller meint: »Sie sah wie eine Comicfigur aus.

Aber dann begann sie zu singen. Es verschlug uns völlig die Sprache. Als wir zu Hause darüber sprachen, erzählte Gregory, unser ältester Sohn, der damals ungefähr sechs oder sieben Jahre alt war: ›Immer wenn wir in den Park gingen, hat sie uns ein bißchen alleine gelassen, um zu singen.‹ Sie hatte auf dem Spielplatz singen geübt.«

Auch andere Gelegenheiten boten sich an, und *Männer* boten sich an. Plötzlich war Barbara begehrenswert und attraktiv. Sie hatte die Männerwelt ziemlich spät entdeckt und war mit achtzehn Jahren wild entschlossen, das nachzuholen. Ihre neue Haltung hatte zum Teil etwas mit generellem Trotz zu tun. Zum Teil läßt sie sich aber auch als eine Auflehnung gegen ihre Mutter und gegen alle die Leute erklären, die sie für unattraktiv und wenig begehrenswert gehalten hatten. Ihrer ersten Liebesbeziehung mit Barry Dennen folgte schnell eine zweite. Während ihres Engagements im *The Lion* freundete sie sich mit Veronica Lakes Teenagersohn an.

Ein Freund aus dieser Zeit erzählt: »Veronica wohnte gegenüber vom *The Lion*. Manchmal kam Barbara zu spät zu den Auftritten, und man fand sie dann mit dem Sohn gegenüber in Veronicas Wohnung.«

Seit ihrem Abschluß an der Erasmus-High-School und ihrer Ankunft in Manhattan hatte Barbara immer wieder versucht, ihr Image neu zu definieren. »Sie war verzweifelt auf ein besseres Image aus«, kommentiert Allan Miller. Während ihres Engagements im *The Lion* hatte sie beschlossen, eine Veränderung vorzunehmen – nicht so sehr an ihrem Äußeren als an ihrer *Identität*. Alle möglichen dickbauchigen und kurzsichtigen Agenten hatten ihr geraten, ihren Namen in Barbara Sands oder irgendeine andere homogenisierte, neutrale Form zu verwandeln. Als wolle sie ihnen einen Schlag ins Gesicht versetzen, entschloß sich Barbara, dem Rat zu folgen – aber ihren Namen *nicht zu sehr* zu verändern, denn sie wollte, daß alle Agenten und Leute in Flatbush sich daran erinnerten, daß sie das gleiche Mädchen mit der großen Nase war, das sie früher verspottet hatten.

»Es gab viel Gerede darüber, daß alle sie davon überzeugen wollten, ihren Nachnamen zu verändern, damit er einfacher auszusprechen war«, erinnert sich ihr Freund Terry Leong. »Und dann verkündete sie mir eines Tages, sie hätte ihren Namen verändert. Ich fragte: ›Wie denn?‹ Und sie antwortete: ›Barbra.‹ Das war vielleicht komisch. Anstelle von drei Silben waren es jetzt zwei. Sie erklärte mir, das sei leichter zu behalten.«

»Sich jeden Tag dieses A mitten in Barbara anhören – wozu?« sagte sie einmal zu einem Journalisten. »Zwei sind doch schon viel. Neunzehn Jahre lang [eigentlich achtzehn Jahre und zwei Monate] hatte ich diese drei As – was genug ist, ist genug. Ich bin jetzt Barbra.«

Natürlich gab es noch einen Grund, warum sie ihren Namen änderte. Es hatte vor ihr schon zu viele andere Barbaras gegeben – Stanwyck, Payton, Bates, um nur einige zu nennen. Aber es hatte nie eine andere Barbra gegeben – und es würde sie auch nie geben.

6. KAPITEL

Scheidewege

Frühsommer 1960. Während das ganze Land zwischen Nixon und Kennedy, zwischen zwei so verschiedenen Vorstellungen von Amerika hin und her schwankte, richtete Barbra ihren Blick – wenn sie dabei vielleicht auch ein bißchen schielte – direkt auf ihr Ziel, das nun in greifbare Nähe gerückt war. Der für sie neue Geschmack von Ruhm war zwar noch ungewohnt, aber süß und verheißungsvoll. Nachdem das *The Lion* ihr die vielzitierten Türen geöffnet hatte, wäre es das beste gewesen, es hätte sie mit einer höflichen Verbeugung wieder verabschiedet und ihr den weiteren Weg freigemacht. Es war ganz klar, daß die Leute vom Broadway in Greenwich Village mit der Künstlerszene in Kontakt kamen. Die mächtigen Eliten der Stadt aber hielten sich vom *The Lion* meist fern, da sie den Club wegen seines Rufes, eine Schwulenbar zu sein, und wegen seiner Sonderpreise als zweitklassig einschätzten. Barbra aber brauchte einen Ort, der sie glaubwürdig machte und ihr in der Kabarettszene einen Namen verlieh. Sie brauchte das *Bon Soir*.

Das *Bon Soir* war einer der bekanntesten Clubs der Stadt. Es lag um die Ecke vom *The Lion*, verkörperte aber eine ganz andere Welt, eine Welt mit Prestige. Meistens wurde die Show von Jimmie Daniels, dem Aushängeschild des Clubs, moderiert, der jahrelang ein gefeierter Star in Paris gewesen war. Über die Jahre hinweg präsentierte er Namen wie Kaye Ballar, Phyllis Diller, Alice Ghostley, Jimmie Komack, Felicia Sanders, Sylvia Sims, Larry Stroch und die vielleicht erfolgreichste aller Kabarettsängerinnen, Mabel Mercer.

Burke McHugh erinnert sich: »Eines Abends ließ sich Barbra zwischen zwei Shows bei uns im *Bon Soir* blicken. Sie war ziemlich beeindruckt, weil da die *The Three Flames Combo* spielte. Die beiden Besitzer des Clubs waren gute Freunde von mir. Einer von ihnen war Ernie Sgroi Senior, der Vater meines Partners im *The Lion*. Also ging ich selber einmal mit Barbra rüber und fragte dort, ob man sie nicht einmal hören wollte.

»Sonntags abends hatten wir immer neue Künstler«, erklärt Tiger Haynes, der Leiter der *The Three Flames*.

Haynes erinnert sich auch an den Sonntagabend, als Barbra Streisand zum ersten Mal auf die Bühne trat. »Ich war schon jahrelang im *Bon Soir*«, erzählt er. »Wenn man eine Sache sehr lange macht, dann entwickelt man ein gewisses Gespür. Und ich wußte, daß Barbra ein Star werden würde. Sie hatte diese *Einstellung* ›Ich gehöre hierhin‹. Sie trug so ein schwarzes Samtding, das aussah, als hätte sie es in einem Billiggeschäft gekauft. Zuerst sah man auf ihre Nase. Dann auf ihr Kleid. Und dann hörte man ihre Stimme – und damit war die Sache gelaufen.«

Ernie Sgroi Senior und sein Partner waren ziemlich angetan von Barbra und setzten sich mit ihr und Burke McHugh an einen Tisch, um über ein Engagement zu diskutieren. Barbra, die noch keinen Agenten hatte, führte die Verhandlungen selber.

McHugh erinnert sich an die Unterhaltung. »Sie sagten: ›Ja, unbedingt! Wir wollen sie so schnell wie möglich.‹ Barbras Lieblingsfrage war: ›Bekomme ich umsonst Essen?‹ Sie wollte ein Lendenfilet und überbackene Kartoffeln. Das war das erste, was sie sagte. Sie sagte nicht einmal ›Danke‹. Ich versuche nicht, sie als hartgesotten darzustellen, sie war ganz einfach so. Und sie sagte: ›So, noch einmal: Ich will ein paar Hochglanzphotos, und ich will sie draußen angeschlagen haben. Eins oben und eins unten.‹ Man sagte ihr: ›Die anderen Leute, die hier auftreten, sind auch sehr talentiert, und sie bekommen nur ein Photo.‹ Sie antwortete: ›Greifen Sie zu oder lassen Sie's eben bleiben. Ich will die Photos, und ich will jeden Tag ein sehr gutes Abendessen. Das oder gar nichts.‹«

Barbra hätte die monatliche Gehaltsüberweisung von 125 Dollar pro Woche, beziehungsweise 108 Dollar nach Abzug der Steuern, und das kostenlose Essen sofort gebrauchen können. Unglücklicherweise konnte sie ihr Engagement im Club erst drei Monate später antreten. »Das *Bon Soir*«, erklärt Tiger Haynes, »schloß gewöhnlich im Juli und öffnete erst wieder im September. Die Streisand, die ich noch nie zuvor gehört hatte, gefiel so und schien so professionell, daß man sie vom Fleck weg engagierte. Sie sollte am Freitag nach dem ›Tag der Arbeit‹ anfangen.«

Es war ein Sommer mit wenig Geld und großen Erwartungen. Die achtzehnjährige Barbra und ihre Clique von überwiegend männlichen und meist schwulen Freunden lebten mehr oder weniger in Armut. Aber Barbra war wie aufgedreht, und die kleine Gemeinschaft, die sie um sich hatte, gab ihr Unterstützung, Mut und Ideen. Wenn einer der Jungen auf eine Party eingeladen wurde, dann nahm er Barbra manchmal als »Freundin« mit. Sie räumten dann gemeinsam die kostenlosen Buffets ab. Oder sie gingen ins Kino. Manchmal sahen sie Wiederaufführungen im New Yorker Theatre, legten ihre Beine auf die Sitze vor ihnen und hatten ihre Freude an den alten Filmen der dreißiger und vierziger Jahre. Sie kamen mit dem aus, was sie hatten, und sie arbeiteten dafür, das zu bekommen, was sie noch nicht hatten. Barbra dachte sich zum Beispiel eine besondere Methode aus, an zusätzliche Musiknoten für ihr zukünftiges Engagement zu kommen. Sie rief bei allen Musikverlagen der Stadt an und gab sich als die Sekretärin des Sängers Vaughn Monroe aus. »Mr. Monroe sucht neue Musik«, sagte sie mit verstellt nasalem Tonfall, »könnten Sie mir etwas zuschikken?« Sie übernahm jegliche Art von Jobs – zum Beispiel arbeitete sie für kurze Zeit in der Telefonzentrale der Werbeagentur ihres Bruders. Sich selbst und ihre Freunde, die anriefen, unterhielt sie, indem sie eine Unzahl von Akzenten imitierte. Tiger Haynes betont, daß sie auch eine Weile im *The Lion* als Garderobiere aushalf. Sie setzte ihren Schauspielunterricht fort und bekam einmal eine kleine Rolle als französisches Dienstmädchen in einer Aufführung von *The Boy Friend*. Leider wurde es nicht am Broadway, sondern vom 16. bis zum 30. August in Fishkill, im Staate New York, aufgeführt.

Zurück in Manhattan, arbeitete sie mit Barry Dennen, den sie weiter sah, an ihrem Repertoire. Über Dennen wurde sie Bob Schulenberg vorgestellt, einem jungen Künstler, der gerade aus Los Angeles gekommen war, und die beiden wurden schnell enge Freunde.

»Es war mein erster Abend in New York«, erinnert sich Schulenberg. »Barry und ich wollten uns im *Pam Pam* auf der Sixth Avenue einen Hamburger holen. Sie war gerade dabei, das *The Lion* zu verlassen. Sie hatte mit allem möglichen vollgestopfte Einkaufstaschen, und ich war von diesen *Dingen* fasziniert, die aus den Taschen hervorquollen – Kostüme, Federboas, Tücher und Kleider. Sie besaß auch einen Affen in ihrer Tasche, und sie trug solche 1927er Kinderschuhe aus rotem Satin mit Gold, die in perfektem Zustand waren. Sie sah so aus, als käme sie gerade aus einer Abteilung der Western Costume. Sie rannte mit ihren ganzen Taschen den Bürgersteig entlang hinter uns her und rief: ›Barry!‹«

Notorischer Geldmangel zwang Barbra dazu, aus ihrer Wohnung in der 48. Straße West auszuziehen. Sie griff wieder darauf zurück, zwischen Brooklyn und Manhattan hin und her zu pendeln. Diana Kind war erleichtert, ihre eigenwillige Tochter wieder bei sich zu haben, auch wenn es nur zum Schlafen und Essen war. Aber sie machte sich ununterbrochen Sorgen um Barbra und blieb nachts auf, bis sie sicher zu Hause war. Manchmal blieb Barbra in Manhattan und übernachtete in der Wohnung irgendeines Freundes. Sie besaß eine Art faltbares Feldbett, das sie mit sich herumschleppte. »Da, wo ich meinen Hut hinhänge, ist mein Zuhause«, sang sie im *Bon Soir*. Die Worte stammten von Arlen, aber es waren Barbras Gefühle.

Manchmal blieb sie auch bei Barry Dennen und manchmal bei Veronica Lakes Sohn. »Als ich sie das erste Mal traf«, sagt Bob Schulenberg, »sagte Barry zu ihr: ›Barbra, Bob schläft diese Nacht bei mir, du kannst also schlecht vorbeikommen.‹ Sie sagte: ›Okay, dann bleibe ich bei Veronica Lake.‹ Ich dachte: ›Wie bitte?‹ Dann kam heraus, daß sie eine Freundin von Veronica Lakes Sohn war.«

Weiter erzählte Schulenberg: »Ich weiß, daß das, was uns zusammenbrachte, ihr unglaubliches Interesse an den zwanziger Jahren war – den Persönlichkeiten, dem Lebensstil, der Kleidung. Sie hatte eine beachtliche Menge an alten Kleidern in tadellosem Zustand. Und sie kannte sich damit aus. Auch ich wußte etwas darüber. Es war nicht einfach das Altmodische, was sie an diesen Dingen faszinierte, sondern es war eine Begeisterung für gute Arbeit, die ihr ihr ganzes Leben lang erhalten blieb. Sie interessierte sich zum Beispiel nicht für ein Wollkostüm, das nur wie Wolle aussah, in Wirklichkeit aber aus Polyester mit einem kleinen Anteil an Wolle bestand, und wofür man dann immer noch 15 000 Dollar hinlegen mußte. Barbra konnte Qualität genau festmachen.«

Schulenberg besaß außerdem etwas, das Barbra gut gebrauchen konnte. Wenn Barbra Leute kennenlernte, schätzte sie sie erst einmal ab: Wenn sie etwas hatten, was Barbra besitzen wollte, oder etwas wußten, was sie lernen wollte, oder durch ihre Beziehungen ihren weiteren Weg erleichtern konnten, dann freundete sie sich mit ihnen an. Wenn das nicht der Fall war, dann interessierten andere Menschen sie nicht. »Ich glaube, man kann sie deswegen für rücksichtslos halten«, sagt Schulenberg. Sie war ein typischer Schnorrer.

Abgesehen davon, daß er Künstler war, hatte Bob Schulenberg für die Western Costume in Hollywood Kostüme entworfen. Er hatte auch gewisse Erfahrungen als Visagist. »Mein Bruder, glaube ich, war mein erstes Modell«, sagte Schulenberg. »Ich legte ihm immer Bühnenschminke auf. Ich benutzte die Lippenstifte meiner Mutter und schmückte ihn mit Federn aus ihrer Hutschachtel. Bei abendlichen Essenseinladungen kam er dann herunter und stand herausgeputzt wie ein Inka im Flur. Im College amüsierte ich mich mit den Kommilitoninnen aus der Studentinnenvereinigung und schminkte sie. Ich hatte einen alten MG-Sportwagen, und darin fuhr ich mit den Mädchen, die falsche Wimpern trugen und aussahen wie glamouröse Filmstars, den Sunset Boulevard entlang, und die Leute guckten immer und fragten: ›*Wer* ist das?‹«

Das genau war der glamouröse Stil, von dem Barbra träumte.

Auf die Frage, ob Barbra sich damals als attraktiv empfand, behauptet Schulenberg hartnäckig: »Nein, ich bin sicher, daß ihr wie vielen jungen Frauen klar war, daß sie nicht so aussah, wie man eigentlich auszusehen hatte. Das schlimme daran war, daß man, wenn jemand einmal etwas Negatives über sie sagte, sicher davon ausgehen konnte, daß sie etwas noch Negativeres über sich geäußert hätte.«

Vom 29. Juni bis zum 16. Juli trat Barry Dennen in Shakespeares *King Henry V.* im Central Park auf. Schulenberg nutzte die Gelegenheit, um einen neuen Look auszuprobieren, den er sich für Barbra ausgedacht hatte. Es war eine Mischung aus Martha Graham und Audrey Hepburn in *Breakfast at Tyffany's* (der gerade in New York gedreht wurde). »Ich wollte Barbra *verändern*«, sagt Schulenberg. »Also sagte ich zu ihr: ›Sollen wir nicht zu dem Stück gehen und Barry überraschen? Ich könnte dich einmal ganz anders schminken – vielleicht erkennt er dich nicht mehr wieder!‹« Begeistert von der Aussicht auf eine neue äußere Persönlichkeit stimmte Barbra zu.

Schulenberg schnitt zuerst sorgfältig jede einzelne Haarsträhne nach. Dann kam das Make-up. »Dicke Theaterschminke«, sagt Schulenberg, »weil sie eine unebene Teenagerhaut hatte. Sie war froh, als ich sie verdeckte.« Als er ihre Augen in Angriff nahm, realisierte Schulenberg, daß man sie größer und weniger schielend wirken lassen konnte, wenn man mit einem Eyeliner unten einen dicken Lidstrich auftrug. Später trug Barbra meistens diesen sogenannten Kleopatra-Strich. »Das ist etwas, das ich Barbra beigebracht habe«, sagt Schulenberg. Dann »regulierte« er ihre Nase, indem er sie mit Puder weniger knollig erscheinen ließ.

Schließlich kamen sie zum Thema Kleider. Barbra lief normalerweise immer overdressed herum. Wenn vor diesem Abend jemand gefragt hätte: »Was trägt sie denn so?«, wäre die Antwort gewesen: »Alles.« Aber Schulenberg zog ihr ein einfaches schwarzes Trikot an, eine schwarze Strickjacke und ein paar enge schwarze Hosen, die an Audrey Hepburn erinnerten. Als einziger Schmuck unterstrichen ein Armband und ein Paar Ohrringe aus venezianischem Glas ihren neuen, schlichten Look. Ihr Haar türmte sich hoch auf ihrem Kopf.

»Es hatte lange gedauert, Barbra zu schminken«, erzählt Schulenberg, »so daß wir Barrys Auftritt verpaßten. Er fühlte sich natürlich nicht beachtet. Er hatte die ganze Zeit gewartet. Er war wirklich sauer und hat es uns heimgezahlt. In seiner Stimmung hat er gar nicht gesehen, wie schön Barbra aussah. Aber das machte nichts, weil der Abend trotzdem seinen Zweck erfüllte. Alle sahen Barbra an, als würden sie sich fragen: ›Wer ist sie?‹ Ihr war das sehr bewußt.«

Dennens Ärger war natürlich berechtigt. Grund war nicht nur, daß seine Freunde das Stück verpaßt hatten. Es ging auch darum, daß *sein* Triumph sich wieder einmal in eine Barbra-Streisand-Inszenierung verwandelt hatte. Die Freundschaften, die Barbra hatte, waren immer unausgeglichen. Sie richteten sich immer mehr nach *ihr*. Auf die Frage, ob sich Barbra für *seine* beginnende Karriere interessierte und ihn dabei unterstützte, erwidert Bob Schulenberg. »Tja, sie wird wohl geglaubt haben, daß sie das tat. Aber sie interessierte sich für meine Karriere genauso wie für irgendeine andere.«

Es war ein Sommer mit wenig Geld und viel Musik. Während Barry Dennen Barbras Repertoire für das *Bon Soir* vorbereitete, spielte er ihr eine Reihe von Platten aus seiner umfangreichen Sammlung vor. Manchmal kam Bob Schulenberg dazu. »Wir hörten uns das ganze Zeug aus den Dreißigern an«, sagt Schulenberg. »Mabel Mercer, Helen Morgan. Diese charismatischen Frauen, die aus Liedern Dramen gemacht hatten.« Unter ihnen war auch Edith Piaf. Schulenberg sagt: »Ich erzählte Barbra, daß ich Edith Piaf im *Biltmore Theatre* in Los Angeles gesehen hatte und daß ein Freund mich mit hinter die Bühne nahm, um sie zu treffen. Es war in den Fünfzigern, und man schmückte sich mit Pailletten und Federn. Ich sagte im Spaß zu Barbra: ›Ich kann Sänger nicht leiden, die ein breites Grinsen im Gesicht haben, während sie ‚I'll Never Smile Again' singen.‹ Oder wie arm diese Leute trotz ihrer Pailletten und Pelze waren. Ich erzählte Barbra, daß die Piaf ihre Gestik vollkommen reduzierte, wenn sie sang und fast unbeweglich auf der Bühne stand.«

Kritiker verglichen Barbra in ihren späteren Clubauftritten mit der Piaf und der Morgan. Andere verglichen sie mit Judy Garland, Lena Horne, Julie London und Morgana King. Barbra behauptete natürlich, einzigartig zu sein. »Ich hatte nie wirklich andere Sänger gehört«, sagte sie später. »Ich war nie in einem Nachtclub gewesen, bevor ich in einem arbeitete.« Der zweite Teil ihrer Behauptung stimmte, aber der erste natürlich nicht. Sie hatte in Barry Dennens Wohnung Hunderte von Platten mit Dutzenden von Sängern gehört und studiert.

»Mir kommt es so vor«, fährt Schulenberg fort, »als hätte Barbra einfach Konzepte, die sie im Schauspielunterricht lernte, auf ihr Singen übertragen. Sie dachte: ›Warum mit dem Theaterspielen aufhören, wenn man singt? Es sind doch keine unterschiedlichen Disziplinen.‹«

Bob Schulenberg bestätigt, daß »Barry es war, der die Idee entwickelte, daß man durch die Auswahl und Abfolge der Lieder ein richtiges kleines Stück inszenieren konnte. So weit ich mich erinnere, war die Show *Aspects of a Young Woman*, die Autobiographie einer jungen Frau, seine Idee. ›A Sleepin' Bee‹ handelte von der ersten Liebe, ›Lover Come Back to Me‹ handelte vom Verlust einer Liebe und ›Who's Afraid of the Big Bad Wolf?‹ war als komische Einlage dazwischengeschoben.«

Barbra selber würde Barry Dennen das natürlich nie zugestehen. »Ich bin Schauspielerin«, erklärte sie einem Journalisten, »und die Lieder sind kleine Stücke, die ich inszeniere. An einem Abend schlüpfe ich in ein halbes Dutzend Rollen, ein ganzes Theaterrepertoire sozusagen. Singen oder wie man das, was ich tue, nennen soll, ist schwieriger als Schauspielen. Ich bin alleine auf der Bühne. Niemand ist da, um mich zu unterstützen oder meinem Kram irgendwie ein Echo zu geben, so wie andere Schauspieler. Es ist hart, aber ich muß es wohl lieben. Aber man weiß ja nie. Vielleicht werde ich eines Tages im Baugewerbe enden.«

Barbra wollte den Eindruck erwecken, daß ihre Karriere als Sängerin einfach vom Himmel fiel. Vielleicht dachte sie, die Leute wären beeindruckter bei der Vorstellung, daß sie gar nicht übte, daß ihr Singen keine Vorgeschichte habe. »Zu Hause habe ich nie gesungen«, behauptete sie später, wobei sie offensichtlich das Singen in Fluren, auf Treppenstufen und in Schulchören ihrer Kindheit in Brooklyn vergaß.

Diana Kind blieb derweil eine Mutter, die sich nicht abschütteln ließ. Wenn Barbra längere Zeit nicht nach Hause kam, dann spürte Diana sie auf und stand plötzlich unangekündigt mit Töpfen voll Hühnersuppe in der Tür. Bob Schulenberg sagt über Mrs. Kind: »Ich glaube, sie ist trotz allem eine *distanzierte* Frau, und ich nehme an, Barbra hat ihre Distanziertheit von ihrer Mutter. Diana bekam von Barbra ziemlich oft Sachen wie ›Bleib' mir vom Leib!‹ zu hören, und ich erinnere mich, wie die Mutter sie einmal nervte, und Barbra in unmißverständlichem Ton und ziemlich geladen sagte: ›Laß mich allein!‹«

Am Freitag, dem 9. September 1960, begann Barbra Streisand ihre Vorstellung im *Bon Soir* als zweite oder dritte Nummer im Programm. Sie trug einen schwarzen Samtrock und ein schwarzes, mit Perlen besticktes Oberteil aus den neunziger Jahren vor der Jahrhundertwende. Sie stand fast bewegungslos auf der Bühne und sang. Sie verlor keine großen Worte, nur ihre langen, schmalen Hände sorgten für Bewegung. Sie war die Inkarnation der Piaf. Ihr Erfolg war so überwältigend, daß ihr Engagement zweimal bis Dezember verlängert wurde. Das *Bon Soir* machte die Streisand nicht zum Star, sondern zu einem *Ereignis*. Die Stadt war begeistert, wenn nicht sogar in heller Aufregung, um es mit den Worten der neuen, sonderbar aussehenden Sängerin aus Brooklyn zu sagen. Schließlich kamen auch die Agenten, Produzenten und Leiter der Aufnahmestudios in den Club, aber es war immer noch die Homosexuellengemeinde, die am zuverlässigsten hinter Barbra stand. Robert Richards, ein junger Zeichner, wurde durch seine zahlreichen Besuche im *Bon Soir* Zeuge des beginnenden Streisand-Phänomens. »Das *Bon Soir* war auf seine Weise legendär«, erzählt Richards. »Man spielte im *Upstairs*, im *Downstairs*, im *Living-Room*, im *Blue Angel* oder aber im *Bon Soir*. Das waren die bekannten Clubs. Das *Bon Soir* war ein enger Keller in der 8. Straße. Über eine gefährliche Treppe stieg man in ein kleines schwarzes Loch hinab. Alles war schwarz gestrichen, außer den gebogenen weißen Wandleuchtern. Die Ausstattung hatte schon bessere Tage gesehen. Da war nichts Vornehmes dran. Es war wahnsinnig verraucht. In erster Linie war es ein reiner Club, aber auf einer Seite, in der Nähe des Eingangs, gab es auch eine Bar, die nur mit Männern vollgestopft war. Es war eine sehr geschlossene Schwulenszene. Wenn die Lichter ausgingen, war der Club in totale Finsternis getaucht. Nur die Kasse war ein bißchen erleuchtet, damit der Barkeeper etwas sehen konnte.

In der Regel trat ein Komiker auf«, erinnert sich Richards, »immer aber ein Avantgarde-Künstler, und meistens war der Star des Abends einer der legendären New Yorker Kabarettsänger. Im allgemeinen waren es ältere Frauen, die diese anspruchsvollen traurigen oder witzigen Lieder von Cole Porter oder Harold Arlen sangen – Lieder, die wahrscheinlich heute noch gesungen werden. An der Bar waren also Leute, die zweierlei Interessen hatten – zum einen die Bühne und zum anderen das, was an der Bar vor sich ging.«

In diese Szenerie brach Barbra Streisand ein, deren Aussehen und Verhalten ganz und gar nicht dem entsprach, was Kabarett-liebhaber von ihren Divas erwarteten. Aber hinter ihrer winzigen Gestalt und ihrem unregelmäßigen Gesicht mit seinen Schichten von Make-up kam nicht nur eine bemerkenswerte Stimme zum Vorschein, sondern auch eine überraschend persönliche Stärke, die beinahe heroisch wirkte.

»Sie war wirklich unerfahren«, fährt Richards fort. »Und sie tat einfach Dinge, von denen man bis dahin noch nie gehört hatte. Die Intensität ihrer Stimme war unglaublich. Sie war wie ein Sturm ungebremster Leidenschaften und klang wie das Geheule eines jungen Mädchens. Das funktionierte, weil es so übertrieben war. Sie hielt einfach die Töne bis zum Gehtnichtmehr. Und an den Wortenden schnappte sie nach Luft. Sie war technisch gese-hen sehr schlecht, aber das bedeutete nichts. Auf ihre Weise war sie revolutionär.

Bei ihr gab es immer diesen kleinen Unterschied, dieses Gefühl, daß sie einem mehr gab, als man verdiente, ganz im Gegensatz zu Liza Minnelli, die einen bloß darum bat, sie zu lieben. Das hat die Streisand nie getan, nicht einmal in ihren Anfängen.«

Obwohl sie erst achtzehn war, bildeten sich vor ihren Auftritten sofort solche Schlangen, wie man sie normalerweise bei *der* Kaba-rettelite wie Mabel Mercer, Sylvia Sims und Felicia Sanders sah. Besonders in Homosexuellenkreisen wurde sie zu einem Phäno-men. Sich im *Bon Soir* zu versammeln, wurde für manche zur Eh-rensache. Sie waren bei jeder Vorstellung dabei und priesen den neuen Stern des New Yorker Nachtlebens.

Ein Teil ihres Reizes lag sicherlich darin, daß Barbra in einer Zeit des Einheitsgeschmacks und des Konformismus ihre Indivi-dualität behauptete. Barbra sagte und sang, was ihr paßte und wie sie es wollte. Sie entschuldigte sich nicht dafür, unhöflich zu sein. Und sicherlich auch nicht dafür, nicht hübsch zu sein. Sie war ein-deutig ein neuer Typ von Frau, die andere, für Frauen untypische Waffen einsetzte, um ihr Ziel zu erreichen.

7. KAPITEL

Die Zeit des Umbruchs

Man kann sich darüber streiten, ob Barbra Streisand ihre Karriere den Fans aus der Schwulenszene verdankt. Sicherlich waren es die männlichen Homosexuellen, die sie entdeckten. Und es waren auch die männlichen Homosexuellen, die jahrelang ihre glühendste Anhängerschaft bildeten.

Die Gründe für diese Anziehungskraft sind vielfältig. Vor einem ausgefallenen Publikum war die Streisand eine Außenseiterin unter Außenseitern. Mit achtzehn Jahren hatte sie gelitten. Und wenn sie über den Schmerz sang, nicht geliebt zu werden, dann *fühlte* sie, was sie sang. Homosexuelle identifizierten sich mit diesem Schmerz und dem Gefühl, abgelehnt zu werden. Sowohl Barbra als auch ihr schwules Publikum waren von einer Gesellschaft abgewiesen worden, die von ihnen erwartete, so zu sein, wie sie es nie sein würden und könnten. Barbra ihrerseits identifizierte sich mit deren Humor und der ihnen eigenen Sensibilität. »Ich weiß nicht, warum Schwule *wußten*, daß Joan Crawford seltsam war, lange bevor wir von den Drahtkleiderbügeln gehört hatten. Und ich weiß auch nicht, warum Barbra Streisand die gleiche Mentalität wie die Schwulen zu dieser Zeit hatte«, fragt sich Robert Richards. Aber es war so. Sie sang Lieder wie »Ding Dong the Witch Is Dead«, und irgend etwas unglaublich Homosexuelles steckte darin.

Um ihre Beziehung zur Schwulenszene zu verstehen, muß man Streisands Auftauchen im zeitlichen Kontext sehen. Es war die Zeit vor Stonewall (mit den Stonewall-Unruhen in den späten sechziger Jahren begann auch die Homosexuellenbewegung), die Homosexuellen waren unterdrückt und entrechtet. Die Öffentlichkeit nahm sie als psychologische Problemfälle wahr, denen ein inhaltsleeres Leben auf Barhockern oder in dunklen, zwielichtigen Gassen bestimmt war. In diesem Zusammenhang kam nun eine achtzehnjährige Göre daher, die sich nicht nur weigerte, ihr Anderssein zu verstecken, sondern es der spießigen Anzug-Krawatten-Gesellschaft auch noch unter die Nase rieb – und die akzeptiert wurde. Sie zeigte den jahrhundertealten ungeschriebenen Regeln anständigen Verhaltens den Vogel – und kam damit durch. Sie brach alle diese Gesetze – und gewann. Für manche Homosexuellen war sie eine Art Ersatzbefriedigung. Und für viele eine regelrechte Befreiung.

Und so nahmen die Schwulen ihre Person in Besitz. Jahre später sollten homosexuelle Männer in Madonna ein anderes Idol finden. Madonna würde als Kind ihrer Zeit nicht die Opferrolle spielen wie Judy Garland, und sie würde auch nicht einfach sagen: »Nehmt mich, wie ich bin«, wie die Streisand es zwanzig Jahre zuvor provozierend getan hatte. Zielbewußt handelnd würde sich Madonna nicht nur in ihren Liedern, Videos, Filmen oder anderen Medien künstlerisch ausdrücken, sondern außerdem sich (und ihre sexuellen Phantasien) ganz unverfroren vor einem entweder begeisterten oder entsetzten Publikum vermarkten – und sie würde Erfolg damit haben. Man kann sagen, daß Madonna *der* provozierende Entertainer der heutigen Generation ist. Aber man kann auch sagen, daß es Madonna nie gegeben hätte, wäre nicht zuerst die Streisand gewesen.

Als sie mehr und mehr zu einer öffentlichen Persönlichkeit wurde, unterdrückte Barbra ihre angeborene Schüchternheit und bewahrte sich die Seite ihres Charakters für seltene Gelegenheiten mit ihren engsten Freunden auf. In der Öffentlichkeit wurde sie dreist und großspurig. »Ich glaube, daß ich eine große Schauspielerin bin«, pflegte sie mit einer draufgängerischen Art zu sagen, die ihr bei aller offenkundigen und plumpen Ichbezogenheit schon selber unheimlich werden mußte. »Eine gute Schauspielerin macht die Gefühle zwischen den Zeilen spürbar; eine gute Sängerin tut das gleiche. Es ist kein Kunststück, sich vor ein Publikum zu stellen, die Augen zu schließen und zu singen. Das ist einfach. Aber sich hinzustellen, die Augen offenzuhalten, das Publikum direkt anzusehen und es dazu zu bringen, das zu fühlen, was man will, das ist schwer. Und am allerschwersten ist es, davorzustehen, ohne überhaupt irgend etwas zu tun.« Dann fügte sie mit der für sie typischen Mischung aus Offenheit und anmaßender Einbildung hinzu: »Und das kann ich auch!«

Von ihrem Publikum verlangte sie Ruhe und völlige Aufmerksamkeit. Sie war bekannt dafür, ihre Vorstellung mit einem Schrei ins Mikrophon zu beginnen, bloß um für allgemeine Aufmerksamkeit zu sorgen. Dann nahm sie in aller Ruhe ihr Kaugummi aus dem Mund, klebte es ans Mikrophon und begann zu singen. Das hatte natürlich auch den Effekt, das Publikum einzustimmen. Es war ein Überraschungsmoment. Im allgemeinen lachte das Publikum, wenn sie auf die Bühne kam, und verharrte dann in Schweigen, wenn sie zu singen begann. Barbra spürte den Stimmungswechsel, und es machte ihr Spaß, diese Macht auszuüben. Sie konnte ihr Publikum zum Lachen und zum Weinen bringen. Und sie konnte es zum Schweigen bringen.

»Manchmal fühle ich mich schuldig, weil ich sie durch die Mangel genommen habe«, sagte sie manchmal. »Aber ich kann nicht anders.« Und sie fügte hinzu: »An guten Abenden beherrsche ich sie. Und an schlechten Abenden beherrschen sie mich. Ich glaube, ein Publikum muß gelenkt werden.«

Eines Abends weigerten sich die Gäste, still zu sein. Innerlich geriet Barbra in Panik. Aber äußerlich blieb sie unbeweglich stehen und weigerte sich zu singen. Peter Daniels begann, die Klaviereinleitung zu »A Sleepin' Bee« zu spielen, aber das Stimmengewirr hörte nicht auf, und Barbra weigerte sich immer noch zu singen. Sie stand einfach auf der Bühne und starrte ins Publikum hinunter. Schließlich brachten ein paar Leute die anderen zum Schweigen, und sie sang die Eingangstakte ihres Liedes. Für Barbra war ein ruhiger Raum ein Zeichen von Respekt.

»Die Leute schweigen«, sagte sie über ihr Singen. »Was soll ich dazu sagen?« Selbst für einen erfahrenen Profi wäre das ein gewagtes Spiel gewesen. Für eine neunzehnjährige Newcomerin war es geradezu verwegen.

Barbras Repertoire aus dieser Zeit, das zusammen mit Barry Dennen ausgearbeitet worden war, enthielt unter anderem Fats Wallers Lied »Keepin' Out of Mischief Now«, bei dem sie nur so vor Erotik strotzte. Wenn sie das Lied beendete, dann begehrten sie alle heterosexuellen Männer im Publikum – und auch ein paar, die es nicht waren – und wunderten sich darüber, daß sie es taten.

Sie sang auch »Who's Afraid of the Big Bad Wolf?«, eine Überarbeitung des bekannten Kinderliedes. Wenn sie es ankündigte, erklärte Barbra ihrem Publikum spöttisch, Leute hätten sich beschwert, sie sänge keine Standardlieder.

Auch Truman Capote war unter denen, die von der Streisand begeistert waren, trotz der Ablehnung ihrer Version von »A Sleepin' Bee«. »Sie ist außergewöhnlich«, pflegte er über sie zu sagen. »Sie ist wirklich ein Phänomen unserer Zeit. Meine Lieblingssängerinnen sind Bea Lillie und Billie Holiday – sie ist die einzige, die ich kenne und ihnen gleichsetzen würde.« Weitere frühe Fans waren Johnny Mercer, George Abbott und Harold Arlen.

Ihren Lieblingskomponisten Arlen kennenzulernen, erfüllte Barbra mit freudiger Erregung. Eines Tages lud Arlen sie in seine Wohnung ein, wo er ihr stundenlang Musik vorspielte. Später nahm sie einige von seinen Liedern auf, darunter »Down with Love«, »Right as the Rain« und »I Had Myself a True Love«. Sie war auch Gastsängerin bei einer seiner Plattenproduktionen, wofür sie, wie es heißt, auf ihr eigenes Drängen hin die Hälfte der gesamten Rechte bekam.

Bei ihren anfänglichen Auftritten im *Bon Soir* war Barbra nicht die Nummer, die Schlagzeilen machte, obwohl sie nach und nach immer mehr Leute anlockte. Renée Taylor war eine der publikumswirksamsten Sängerinnen.

»Wir arbeiteten im gleichen Club«, erinnert sich Taylor, der damals mit der Schauspielerin und Schriftstellerin Joe Bologna liiert war und sie später heiraten sollte. »Ich war ein bißchen älter als sie. Barbra hatte überhaupt kein Geld. Ich hatte auch kein Geld. Ich trug ein paar Socken, und wenn ich von der Bühne kam, dann pflegte ich sie auszuziehen, um sie ihr zu leihen. Wir teilten auch eine Garderobe. Es war ein winziger Raum mit zwei Stühlen. Da paßten nur zwei Leute rein. Barbra hatte überall solche alten Secondhandkleider aufgehängt.

»Wir redeten andauernd über Karriere und Männer. Ich glaube, das tut Barbra immer noch, Karriere und Männer. Nur ihre Fingernägel sind kürzer geworden.«

Eine andere wichtige Sängerin zu dieser Zeit im *Bon Soir* war Phyllis Diller. Diller fand Barbra sofort sympathisch. Sie hatte ihre

Karriere in den Dreißigern angefangen und war eine mittellose Hausfrau mit fünf Kindern. Sie wußte, was es hieß, eine unattraktive Verliererin zu sein. Aus ihrem fehlenden guten Aussehen machte sie, was sie konnte, und versuchte, sich mit dem ihr eigenen selbstironischen Humor einen Namen zu machen. »Sie glauben wahrscheinlich, das sind *Haare*«, ulkte sie vor dem Publikum. »Sie sind ja süß . . . das sind *Nervenstränge!*« johlte sie und stimmte dann ein meckerndes Gelächter an, das ihr Markenzeichen war.

Es heißt, daß Diller sehr liebenswürdig war und sogar so weit ging, Barbra Kleidung, sogar ein Cocktailkleid zu kaufen, das Barbra zwar annahm, aber nicht mochte. Sie stellte sie auch Leuten vor, die für ihre Karriere förderlich sein konnten.

Ab jetzt brauchte Barbra einen Agenten. Das *Bon Soir* verlängerte zwar weiter ihr Engagement, aber das würde irgendwann aufhören, und Barbra wollte darauf vorbereitet sein. Zu dieser Zeit lebte sie im Earle Hotel im Village und wollte auf keinen Fall nach Brooklyn zurückziehen. Unter denen, die sie darauf ansprach, als Agent zu fungieren, war Burke McHugh. Der lehnte es rundweg ab. Zum einen nahmen ihn seine Arbeit im *The Lion* und die Modelagentur, die er besaß, sehr in Anspruch. Aber er hatte auch andere Gründe. »Sie war anmaßend«, sagt er. »Nein, sie war wild entschlossen«, korrigiert er sich. »Zielstrebig? Absolut. Schroff. Ja, schroff war das richtige Wort für sie. Sie hörte nie genau zu, weil sie sich ihre Meinung immer schon vorher gebildet hatte.«

Ein anderer Mann, der eine bedeutende Rolle in Barbra Streisands früher Karriere gespielt hat, ist Ted Rozar. Sein Beitrag geht aus Streisands Schilderungen nicht wirklich hervor, weil Ted zufolge »Barbra alles das vergißt, weil ich ihr nun nicht mehr helfen kann. Ich tue jetzt nichts mehr für sie.«

Im November 1960 verbrachte Ted Rozar einen Abend im *Bon Soir*, um sich die Nummer des Komikers Paul Dooley anzusehen. Bei ihm saß Orson Bean, dessen Karriere er managte. Bean war regelmäßig Gast des Showmasters in der »Jack Paar Show« und war 1962 neben Johnny Carson Anwärter darauf, Paar abzulösen.

Rozar erinnert sich nicht mehr gut an jenen Auftritt von Dooley. Er war zu fasziniert von dem unangekündigten Mädchen, das da im Nebenprogramm sang. Als sie ihre erste Nummer beendete, drehte sich Rozar mit immer noch offenem Mund zu Bean und sagte: »Das ist eine der drei talentiertesten, lebenden Sängerinnen.« Die anderen waren seiner Meinung nach Judy Garland und Eydie Gorme.

Nach Barbras Auftritt ging Rozar hinter die Bühne, marschierte auf Barbra zu und küßte sie. Die ersten Worte, die er hervorbrachte waren: »Ich liebe Sie.« Und dann fragte er sie, ob sie schon einen Manager habe.

Am folgenden Mittwoch, dem 23. November 1960, ging Barbra in Rozars Büro in der 54. Straße East und unterzeichnete einen Vertrag, mit dem Ted Rozar ihr erster Manager wurde. Der Vertrag lief über drei Jahre und sicherte Rozar zwanzig Prozent ihrer Einnahmen zu, plus fünf Prozent für etwaige Vertreter, die außerhalb der Stadt Verhandlungen führen würden. Rozar hatte damit die Chance, unglaubliches Geld zu verdienen. Als sie den Vertrag unterzeichnete, irritierte Barbra eine Sache, die überhaupt nichts mit finanziellen Abmachungen zu tun hatte. Sie nahm ihren Stift und strich das überflüssige »A« wieder durch, das aus Versehen in ihren Namen geraten war. Als sie aufstand, um zu gehen, schüttelte sie ihrem frisch verpflichteten Manager die Hand und sagte: »Mein Name ist Barbra.«

Ganz ohne Zweifel glaubte Ted Rozar an das Talent seines Schützlings. Als Barbra 1964 mit *Funny Girl* gefeierter Star am Broadway war, schrieb Charles McHarry in seiner Kolumne »Über die Stadt« in den New Yorker *Daily News*: »Vor nicht mehr als drei Jahren gab es vielleicht zwei Menschen, die absolut sicher waren, daß Barbra Streisand es ganz nach oben schaffen würde. Der eine war Miss Streisand selbst, und der andere war Ted Rozar. [. . .] Rozar lief durch die Gegend und erzählte den Produzenten, Geschäftsführern und Agenten am Broadway, daß sie eines der größten Talente des Jahrzehnts wäre, aber niemand hörte ihm richtig zu.«

Rozar dazu: »Ich nehme das Verdienst in Anspruch, in ihr ein großes Talent erkannt und dies allen Agenten dieser Stadt gesagt zu haben: ›Sie ist als Sängerin eine Sensation. Sie ist phantastisch. Schauen Sie Barbra an.‹« Da Rozar nun Barbras Karriere plante und über deren Richtung entschied, war er darauf bedacht, einen bekannten Agenten zu finden, der ihr konkrete Clubengagements verschaffen würde. Unter denen, die er anlockte, war Irvin Arthur.

In James Gavins Buch *Intimate Nights* behauptet ein Bekannter der Streisand, Ben Bagley, Produzent von Off-Broadway-Revuen, daß Arthur es zunächst ablehnte, Barbra zu vertreten. Er zitiert Irvin Arthur: »Sie ist so häßlich, daß man sie nur fürs Radio gebrauchen könnte, und heutzutage haben Radiosänger kein Publikum mehr.« Trotzdem: Arthur wurde Barbras erster Agent, und er dementiert das ihm zugesprochene Zitat als »völlig falsch«.

Arthur behauptet, er habe die Streisand »kampflos« als Klientin bekommen. Alle größeren Agenturen New Yorks hatten sie, so scheint es, abgelehnt. Arthur erinnert sich: »Alle waren damals sehr kurzsichtig. Barbras äußere Erscheinung schreckte sie ab. Aber ich hatte nicht den geringsten Zweifel, daß sie ein Star werden würde. Sie war eigentlich eine der ersten, die ich vertrat, von der ich *wußte*, daß sie ein großer Star werden würde. Später habe ich auch Bette Middler und Lily Tomlin vermittelt und mit Whoopi Goldberg gearbeitet.

Ich habe einen Agenturvertrag mit Barbra unterzeichnet«, fährt Arthur fort, der zu dieser Zeit für die Associated Booking Corporation arbeitete. »Wir trafen uns nach der Show in einem kleinen Café neben dem *Bon Soir*, um miteinander zu reden.« Barbra amüsierte sich später: »Meinen ersten Agenten habe ich genommen, weil er mich zum Abendessen eingeladen hat. Ein paar Jahre vorher hatte man mich für eine Avocado kaufen können.«

»Ich ließ sie ins Büro kommen und alle Papiere unterschreiben«, sagt Arthur weiter. »Sie bekam einen Vertrag für drei Jahre mit einer weiteren auf drei Jahre befristeten Option.«

Arthur fand schnell heraus, daß Barbra nicht nur eine neue Klientin war. Ihre nächtlichen Telefonanrufe um 23 Uhr 30 sprachen für sich. Sie wollte zum Beispiel wissen, ob er für den nächsten Tag irgendwelche Verabredungen in Manhattan für sie getroffen hatte. Wenn dem so war, gab ihr das einen Vorwand, abends nicht nach Brooklyn fahren zu müssen. »Sie wollte nie nach Brooklyn zurückfahren«, erinnert sich Arthur. Manchmal rief sie an, um zu sagen: »Ich möchte Ihnen mitteilen, wo ich morgen bin, damit Sie mich anrufen können.« Arthur brauchte einige Zeit, um diese nächtlichen Anrufe seiner verschlafenen Frau zu erklären. »Meine Frau sagte immer: ›Und warum ruft diese Dame dich jede Nacht an?‹« erzählt er lachend. »Und ich antwortete dann: ›Sie ist eben ein Star.‹«

Für März und April 1961 schloß Irvin Arthur einen, wenn auch zweitrangigen Tourneevertrag für seinen »Star« ab. »Ich hatte ein Netz von kleinen Clubs unter Vertrag, die über fünfzig bis sechzig Sitzplätze verfügten, und organisierte die Tournee mit den weiblichen Sängern aus New York. Sie bekamen nur 200 bis 250 Dollar pro Woche, aber das war eigentlich kein schlechtes Gehalt. Es war zwar wenig, aber genug, um davon zu leben.«

Die Tournee brachte Barbra in den *Caucus Club* nach Detroit, den *Backroom* in Cleveland und in den *Crystal Palace* von St. Louis.

In Detroit verliebte sich der Clubbesitzer Lester Guber in Barbra und versuchte, ihr Engagement zu verlängern. Er rief Billy Weinberger, den Besitzer des *Backrooms* in Cleveland, an und sagte: »Hören Sie mal, können Sie Ihr Engagement für Barbra Streisand nicht aufschieben? Ich glaube, ich habe eine echte Gewinnerin hier.«

Weinberger, der einen Vertrag über 200 Dollar pro Woche mit Barbra hatte, war damit einverstanden, auf ihren Auftritt in seinem Club zu verzichten. Sein Grund? Offensichtlich hatte sein Bruder Barbras Show in Detroit gesehen und ihn darüber informiert, daß sie gar nicht so gut war, sich »schlampig« anzog und eine zu große Nase hatte.

Jahre später wurde Weinberger Präsident von *Caesar World* und Geschäftsführer von *Bally's*. Aber er würde nie vergessen, daß er Barbra einmal für lächerliche 200 Dollar pro Woche gehabt – und verloren hatte. »Immer wenn wir uns sehen«, erzählt Irvin Arthur, »sagt er zu mir: ›Du *mußt* mir eine Kopie von diesem 200-Dollar-Vertrag mit der Streisand geben. Kein Mensch will diese Geschichte glauben!‹«

Während sie noch in Detroit war, ereigneten sich wichtige Dinge in Barbras Karriere. Zunächst einmal begann eine lange Zusammenarbeit mit ihrem Manager Marty Erlichman. Er hatte sie einige Monate zuvor im *Bon Soir* gesehen, wo er sich die Nummer seines Freundes, des Komikers Phil Leeds, anschauen wollte. Barbra trat in der Vornummer auf. Der Abend sollte eine nachhaltige Wirkung auf ihr und auch auf sein Leben haben. Nach der Show ging er auf sie zu, um sie zu fragen, ob sie schon einen Agenten habe. Sie antwortete ja, obwohl sie mit Ted Rozar zunehmend unzufrieden war.

Erstens verschaffte Rozar ihr keinen der wichtigen Jobs, die er ihr versprochen hatte. Zweitens beging er Barbra zufolge den entscheidenden Fehler, sie zu bedrängen, ihre Nase operieren zu lassen.

»Das ist überhaupt nicht wahr«, verteidigt sich Rozar. »Ich habe sie *einmal* gefragt: ›Würdest du dich gerne operieren lassen?‹ Das war alles. Und sie antwortete: ›Nein, ich mag meine Nase.‹«

Außerdem war sie ärgerlich darüber, daß er sich geweigert hatte, sie auf der Tournee zu begleiten. »Ich war verheiratet und hatte zwei Kinder«, erklärt er. »Ich wollte nicht mit ihr auf Tournee gehen, aber sie erwartete das von mir. Sie wollte jemanden, der immer bei ihr blieb, eher so etwas wie einen persönlichen Sekretär als einen Manager. Ich war offiziell ihr Manager, aber im Grunde gehörte da wesentlich mehr Händchenhalten dazu.«

Barbra begann eine Abneigung gegen Rozar zu entwickeln und nahm ihm die Provisionen übel, die ihm laut Vertrag zustanden. »Ich liebe Barbra«, sagt Rozar, »aber es *gab* einen Mentalitätskonflikt. Wir waren beide starke Persönlichkeiten, die aufeinanderprallten. Barbra wollte alle Dinge so haben, wie sie sie sich vorstellte.« Aber Ted wollte auch sein eigenes Leben leben. »Ich war mehr dahinter her, Barbra zu managen, als ein Vormund es gewesen wäre.« Und Rozar fügt hinzu: »Ich war zweiundzwanzig, sie war neunzehn. Wir empfanden die Dinge eben beide auf unsere Weise.«

In Detroit griff Barbra zum Hoteltelefon und rief einen verblüfften Marty Erlichman in San Francisco an. Sie hätte genug von Rozar, erklärte sie ihm, und wollte, daß Erlichman sie vertrat, *unentgeltlich*. Und was noch überraschender war: Erlichman akzeptierte. Ein unmittelbares Problem lag darin, daß sie entgegen Irvin Arthurs Erinnerung, sie habe im *Caucus Club* 200 Dollar pro Woche verdient, nur 150 Dollar bekam – anders als die anderen Sängerinnen der Tournee. Sie teilte Erlichman mit, daß sie das normale Honorar von 200 Dollar wolle und dazu kostenlose Abendessen. Erlichman, der selber praktisch pleite war, flog auf eigene Kosten nach Detroit.

Sofort nach seiner Ankunft ging er in den Club und handelte neue Bedingungen für Barbra aus. Der Clubbesitzer war einverstanden, ihr 175 Dollar zu zahlen, aber *ohne* das freie Abendessen. Hinter Barbras Rücken erklärte Erlichman ihm, er wurde die zusätzlichen 25 Dollar aus seiner eigenen Tasche bezahlen, wenn der Club die kostenlosen Abendessen dazugäbe. Sprachlos kratzte sich der Besitzer am Kopf und sagte nachdenklich: »Das soll mal einer verstehen. Sie sind auf eigene Kosten hierhergeflogen, um mir fünfundzwanzig Dollar zu zahlen, und sie sind nicht einmal ihr Manager? Sie müssen wirklich dran glauben, daß das Mädchen einmal ein Star wird.« Erlichman dazu: »Und ob ich das tat.« Zu dieser Zeit hatte Erlichman, ein ruhiger, stämmiger Mann aus der Bronx, nur einen Kunden, eine irische Folkgruppe namens *The Clancy Brothers*. Vor ihm hatten schon andere an Barbra Streisands Talent geglaubt, aber keiner war bereit gewesen, mit seinem Ruf, seinem Lebensunterhalt und seiner Zukunft auf sie zu setzen.

»Barbra rief mich einmal an«, sagt Irvin Arthur, »und meinte: ›Dieser Typ, dieser Marty Erlichman, schwirrt die ganze Zeit um mich herum. Er will mein Manager sein. Er glaubt so sehr an mich, daß er es ein Jahr übernehmen will, ohne bezahlt zu werden.‹

Ich sagte: ›Er ist eben ein netter Kerl und findet dich toll. Was hast du zu verlieren?‹«

Es gab eine Klausel in Barbras Vertrag mit Ted Rozar, die beiden das Recht gab, ihre Vereinbarung innerhalb von neunzig Tagen nach schriftlicher Benachrichtigung zu beenden. Eines Abends gingen Rozar, Barbra und ihre Begleitung Peter Daniels in ein Café an der 68. Straße, Ecke Lexington Street. Barbra war schroff. »Ich will den Vertrag kündigen«, informierte sie Rozar. »Warum?« fragte er. »Nun«, sagte sie stockend, »wir beide haben doch diese, diese ›persönlichen Auseinandersetzungen‹.« Dann erhob sie sich in Begleitung von Daniels vom Tisch und ging hinaus. Rozar sollte nie wieder etwas von Barbra hören.

Tatsächlich gab es allerlei Streitigkeiten um Geld. Barbra erzählte Freunden, sie hätte Rozar auszahlen müssen, um aus dem Vertrag herauszukommen. Irvin Arthur pflichtet dem bei: »Associated Talent zahlte ihm sechshundert Dollar, damit er aus dem Vertrag stieg.« Rozar streitet dies jedoch ab und behauptet, ihm seien lediglich die Provisionen bezahlt worden, auf die er für schon zuvor abgeschlossene Engagements ein Anrecht gehabt hätte.

In Detroit erreichte Barbra das Angebot, in der »Jack Paar Show« aufzutreten, der späteren »The Tonight Show«. Bis dahin hatte ihr größtes Publikum etwa die einhundert Menschen umfaßt, die sich ins *Bon Soir* zwängten. Ironischerweise hatte Barbra das Angebot noch Ted Rozars Vermittlung zu verdanken. Orson Bean, der bekannteste Künstler, den Rozar vertrat, war in dieser Woche als Showmaster zu Gast in der Show. Es war Mittwoch, der 5. April 1961. Barbra hatte die Erlaubnis bekommen, ihr Engagement im *Caucus Club* zu unterbrechen und bestieg eine Linienmaschine nach New York City. Es war der erste Flug ihres Lebens.

Die »Jack Paar Show« war zu dieser Zeit *die* wichtigste Fernsehsendung im Spätabendprogramm. Zwischen 23 Uhr und 1 Uhr wurde sie von den NBC Studios ausgestrahlt. An diesem Abend traten auch Gore Vidal und, zu Barbras großer Erleichterung, Phyllis Diller auf, die sie sehr unterstützte. Vielleicht war es Phyllis zuzuschreiben, daß eine der beiden Kostüme, die Barbra in der Show anlegte, ein den Geschmacksnormen entsprechendes Cocktailkleid war.

»Ich habe dieses junge Mädchen in einem Nachtclub namens *Bon Soir* gesehen, als sie vor einigen Monaten auftrat«, stellte Bean sie dem Publikum vor. »Soweit ich weiß, ist sie noch nie im Fernsehen aufgetreten. Sie ist reizend, und sie hat eine reizende Stimme. Sie ist aus Detroit hierhergeflogen, um heute abend bei uns zu sein ... ihr Name ist Barbra Streisand.«

Mit »A Sleepin' Bee« stellte Barbra die Kraft und die sensationelle Klarheit ihrer Stimme unter Beweis, womit sie auch im *The Lion* den Wettbewerb gewonnen hatte. Anschließend ging sie zu Diller und Bean aufs Podium, Barbra, die hinter der Bühne fürchterliche Angst gehabt hatte, saß neben Bean auf dem Sofa. Sie schlug ihre Beine übereinander. Sie lachte und tauschte mit Diller flüsternd ein paar Worte aus.

Der Gegensatz zwischen der Sängerin und der Person Barbra Streisand überraschte die Zuschauer. Ihre Singstimme war so klar, so anziehend und ausgereift gewesen. Aber wenn Barbra nicht sang, dann wirkte sie nicht anders als ein schlaksiges Mädchen, das gerade die High-School verlassen hatte. Es war ein liebenswerter Widerspruch. Sie war so frisch, so unbeholfen und erfüllt von einer atemlosen Hingabe. In ihrem Gesicht und in ihrer Stimme spiegelte sich ein Hochgefühl wider.

»Das ist vielleicht aufregend!« schwärmte sie und blickte dabei um sich. »Ich kann Ihnen gar nicht sagen, wie aufregend das ist! Die ganzen Leute! Die Kameras! Und die Scheinwerfer . . .!«

So betrat Barbra zum ersten Mal Millionen von Wohnzimmern in ganz Amerika. Natürlich würde es nicht ihr letzter Auftritt bleiben.

8. KAPITEL

Kurz vor dem Durchbruch

Die Tournee gab Barbra unter anderem die Möglichkeit, Amerika für sich zu entdecken. Es war das erste Mal, daß eine Reise sie von der Ostküste wegführte, und es war sehr befreiend für sie. Sie öffnete ihr die Augen für ihre eigene Kreativität. Hier gab es keinen Barry Dennen, der sie leitete und künstlerische Unterstützung bot. Sie mußte sich auf ihren Instinkt verlassen, mit dem sie jedoch meistens richtig lag. Obwohl sie Anfängerin war, fand sie, daß sie mehr wußte als alle Clubbesitzer, Manager und Musiker, die sie traf. Einmal mehr wurde ihr klar, daß sie gerne die Kontrolle behielt. Wenn sie die Abfolge ihrer Lieder oder das Licht ändern wollte, hatte ihr niemand zu widersprechen. Ihr erster Vorgeschmack auf diese Art von Macht war zugleich berauschend, gleich einer Offenbarung.

Außerdem genoß sie es, daß niemand in der neuen Umgebung etwas von ihr wußte, abgesehen von dem, was sie selber von sich preisgab. Ihrem Publikum in Detroit erzählte sie, daß sie zwar in Brooklyn aufgewachsen, aber in der Türkei geboren sei – und man glaubte ihr. Sie behauptete darüber hinaus, daß sie schon von Geburt an »Barbra« hieße. Es war ihre Art, sich anders und in gewisser Weise als auserwählt hinzustellen. So wie sie es in ihrer Kindheit getan hatte, gestaltete sie sich auch jetzt ein ausgefallenes Image, und da ihre Freunde weit weg waren, gab es niemanden, der sie daran hindern konnte.

Neil Wolfe war ihr Pianist im *Caucus Club* in Detroit. Während Barbras Engagement kamen sich die beiden sehr nahe. Wolfe, der ziemlich viele zweitklassige Sänger hatte kommen und gehen sehen, war überwältigt von Barbras offensichtlichem Talent. Er lehnte es zwar ab, sich über seine persönliche Beziehung zu ihr zu äußern, gab aber über ihren Auftritt und ihr Talent folgendes Urteil:

»Sie hatte ein gutes Gehör, einen guten Geschmack und ein großes Wissen über Musik, und sie benutzte die Musik verschiedener Komponisten. Als sie nach Detroit kam, sagte sie: ›Mit diesem

Stück fange ich an, und das kommt als nächstes.‹ Sie sang all jene Lieder, die später auf ihrer Platte zu hören waren.«

Auf die Frage, ob er wußte, daß es eigentlich Barry Dennen und nicht Barbra war, der die Show konzipiert und gestaltet hatte, antwortete Wolfe: »Soweit ich weiß, gestaltete Barbra ihren Auftritt selbst. Ich weiß von niemandem, der ihr geholfen hätte.« Das genau war es, was Barbra wollte.

Nach ihrer Rückkehr nach New York war sie entschieden kühler gegenüber Dennen, sie hatte alles gelernt, was sie von ihm lernen konnte. Er hatte keinen großen Nutzen mehr für sie, auch wenn sie ihn manchmal noch anrief, um ihn um Rat zu bitten. Außerdem hatte sie jetzt Marty Erlichmans kräftige Schulter, an die sie sich anlehnen konnte. Zusätzlich war Dennen mit seiner eigenen Schauspielerkarriere und mit seinen eigenen Zukunftsplänen beschäftigt. Erlichman hingegen hatte nur den Glauben an sie – und an die The Clancy Brothers, letzteren aber nicht mehr lange. Denn mit der Zeit würde Barbra seine ganze Kraft in Anspruch nehmen. Interessanterweise hatte Barbra nun auch Neil Wolfes Unterstützung, der ihr nach New York gefolgt war und nun mit Erlichman zusammen in dem kleinen Streisand-Büro arbeitete.

Keine Luftschlangen, keine Trompeten und auch keine Paraden hatten Barbras Rückkehr aus St. Louis angekündigt. Sie hatte, besonders nach ihrem erfolgreichen Auftritt in der »Jack Paar Show«, gehofft, daß ihr zahlreiche Angebote vom Broadway zur Auswahl stehen würden. Statt dessen ging sie zurück zum Bon Soir, wo sie am 9. Mai 1961 als Vornummer von Renée Taylor auftrat.

»Ich bin eine sehr junge Künstlerin«, sagte Barbra in ihrem ersten Interview und suchte dabei nach den richtigen Worten. »Ich weiß noch nicht, wo mein Platz ist, wer ich bin und was ich bin.« Sie sagte außerdem, daß sie schauspielern wolle, was für alle die, die sie kannten, keine besondere Überraschung war. Sie fügte hinzu, daß sie ein Repertoireensemble leiten wolle und beabsichtige, eines Tages Opern zu inszenieren, wovon sie sagte, daß es »die tollste Theatererfahrung überhaupt sein müßte«.

Während ihres Engagements im Bon Soir lud man Barbra erneut

ein, an der »Jack Paar Show« mit Orson Bean teilzunehmen. Das Fernsehmagazin *TV Guide* erwähnte sie in seiner Ankündigung als ›Barbara Strysand‹. Raffiniert genug, die Macht der Fernseh-Talk-Shows richtig einzuschätzen, wollte sie sich dafür rächen. Zu diesem Zweck suchte sie zunächst Joe Franklins Produktionsfirma in der Nähe des Times Square auf. Franklin leitete eine lokale Talk-Show, die fünfmal in der Woche, jeweils morgens und abends, gesendet wurde. Er war zunächst nicht sonderlich beeindruckt von Barbra.

»Sie sah aus wie eine junge Hexe«, erinnert sich Franklin. »Ich dachte allen Ernstes darüber nach, wieviel sie wohl dafür verlangte, ein Haus zu verhexen.« Dennoch hörte die neunzehnjährige Barbra nicht auf, ihn immer wieder in seinem Büro heimzusuchen. Schließlich, als ihn Frank Campana, der Barbra schon früher bei den Columbia Records unterstützt hatte, dazu aufforderte, hörte sich Franklin einige Bänder ihrer Lieder an. »Als ich sie singen hörte«, sagt Franklin, »sagte mir meine Intuition sofort, daß dieses junge Mädchen eine außergewöhnliche Stimmlage und einen natürlichen Stil besaß. Sie war ein neues, frisches Talent. Und das trotz ihres Aussehens oder, besser, gerade deswegen. Ich fing an, sie in meiner Fernsehshow auftreten zu lassen. Ein paarmal saß sie dort mit Rudy Vallee«, erinnert sich Franklin. »Der sagte immer zu ihr: ›Du wirst es im Showbusineß nie zu etwas bringen.‹ Mir tat das Mädchen leid.« Franklin gab ihr auch Essen und Geld, wobei er stets darauf achtete, ihren spürbaren Stolz nicht zu verletzen.

Doch es war eine andere lokale Fernseh-Talk-Show, die Barbra ein ganzes Stück weiterbrachte. »PM East« wurde von Montag bis Freitag spätabends auf Kanal 5 gesendet. Die Show wurde von Mike Wallace geleitet. Im Oktober 1961 trat sie dort mehrere Male auf, und sie übernahm schon bald die Rolle des Exzentrikers der Show. Die Zuschauer schalteten den Fernseher in der Hoffnung ein, daß die »überkandidelte junge Sängerin aus Brooklyn« auftrat. Viele von ihnen, die sie zum ersten Mal sahen, rieben sich ungläubig die Augen, andere waren schon seit dem *Bon Soir* Anhänger von ihr.

Robert Richards erinnert sich. »›The Mike Wallace Show‹ war

eine kleine Show in Schwarzweiß, die immer sehr spät abends gesendet wurde. Barbra entwickelte eine merkwürdige Beziehung zu Mike. Sie ging zu dieser Zeit noch ganz in dem Image des überkandidelten jungen Mädchens auf, und auf ihre Auftritte konnte man immer gespannt sein.« Er fügt hinzu, daß in den Nächten, in denen Barbra auftrat, in schwulen Bars zwei Drinks für den Preis von einem angeboten wurden.

Auf die Frage, was Barbra von den üblichen Talk-Show-Gästen unterschied, antwortet Richards: »Sie war nicht sehr attraktiv, aber sie war offen, und sie sprach ehrlich über Zuneigung und Ablehnung.« Wallace erlaubte ihr zu reden, und das tat sie dann auch.

Da sie schon einmal in einer nationalen Fernsehshow aufgetreten war, schien ihr eine lokale Sendung unter ihrer Würde zu sein. »PM East«, zum Beispiel, so sagte sie Freunden, sei nichts anderes als eine kleine billige »Möchtegern-Show«.

»Als sie mich baten, an der Show teilzunehmen«, erzählte sie später, »sagte ich mir: ›Was ist schon dabei? Soll ich mir dafür extra ein neues Kleid kaufen? Es ist noch nicht einmal eine dieser ausgefallenen Fernsehshows.‹ Als ich hinging, sah ich so aus, als würde mich das Ganze nicht interessieren. Ich sah häßlicher aus, als ich eigentlich war.«

Bei »PM East« sagte sie alles, was ihr gerade in den Sinn kam. Bevor sie einen Gedanken aussprechen konnte, kam ihr schon der nächste in den Sinn, und sie sprach beide gleichzeitig aus, wodurch sie Wallace sehr irritierte. Jeder Auftritt hatte etwas Unerwartetes, niemand wußte, was aus ihrem großen Mund kommen würde – weder das Publikum noch der Gastgeber, noch die Streisand selbst. Einmal hielt sie eine Tirade über die Schädlichkeit von Milch. Ein anderes Mal betitelte sie den Zenbuddhismus als Dummheit. Barbra und Wallace behandelten sich wie Gegner. In einer Show deutete Wallace an, daß Barbra der Sendung dankbar dafür sein solle, daß sie ihr die Möglichkeit gab, die Produzenten der Stadt auf sie aufmerksam zu machen. »Nun laßt uns aber mal ehrlich sein«, antwortete Barbra darauf. »Diese Leute sehen kein Fernsehen, jedenfalls nicht die, die die Stellen vergeben. Eine Show wie diese kann die Leute höchstens dazu bringen, ein Minimum zu zahlen, um mich in Lokalen wie dem *Bon Soir* zu sehen.«

Während einer anderen Show stand Burt Lancaster auf und verließ aus Protest gegen Wallaces Fragen den Raum. Barbra ließ Wallace wissen, daß Lancaster völlig zu Recht gegangen sei. Ein anderes Mal drehte sie sich zu Wallace um und sagte: »Wissen Sie, *eigentlich* konnte ich Sie gut leiden.« Wallaces Mitarbeiter fingen an zu lachen. »Nein, das ist wahr«, fuhr sie fort. »Ich mag wirklich, was er tut. Viele Leute sind da anderer Ansicht«, fügte sie hinzu und provozierte erneutes Gelächter. »Ich mag Ihre provozierende Art«, teilte sie ihrem Gastgeber mit. »Nur provozieren Sie *mich* nicht.«

Einigen Zuschauern gingen ihre Auftritte auf die Nerven. Sie wirkte zu bemüht. Ihre Versuche, unverschämt zu sein, wurden immer durchschaubarer. Bei einer Show wurde sie von den Gästen Richard Rodgers und Diahann Caroll richtiggehend ignoriert. Jahre später behauptete Rodgers, er sei ein glühender Bewunderer von ihr, doch Barbra vergaß ihm die damalige Brüskierung nie.

»Ich mache Ihnen angst, oder?« forderte sie den ehemaligen Agenten und jetzigen Produzenten David Susskind bei einem ihrer unvergeßlichen Auftritte heraus. »Ich bin so ›out‹, daß ich schon wieder ›in‹ bin«, sagte sie. Bob Schulenberg erinnert sich an die Umstände dieser Show. »Ich war nicht im Studio«, sagt Schulenberg. »Ich habe die Show im Fernsehen gesehen. Es ist eine Show über Leute, die schon seit längerem oder erst seit kurzem Erfolg hatten. Die Gäste waren David Susskind, Anthony Quinn und Mickey Rooney, die alle an *Requiem for a Heavyweight* arbeiteten. Um diesen Älteren und Erfolgreichen im Showbineß jemanden gegenüberzustellen, wählte man das junge Talent Barbra aus. So kam sie also, um sich mit diesen Leuten in die typischen ›Tonight-Show‹-Sessel zu setzen. Als sie Anthony Quinn vorgestellt wurde, sagte sie: ›Wie geht es Ihnen?‹ Zu Mickey Rooney sagte sie: ›Ich habe Sie besonders in den Filmen mit Judy Garland gemocht.‹ Und dann schüttelte sie David Susskind kühl die Hand und sagte: ›Sie sind ein *Agent*!‹« Als Produzent von *Requiem for a Heavyweight* wollte Susskind nicht über seine Agententätigkeit sprechen. Also sagte Susskind: »Ich war Agent!« Und Barbra sagte: »Ja, das meine ich ja.« Mike Wallace wollte gerade die Gelegenheit beim Schopf ergreifen, um etwas hinzuzufügen, als Barbra zu erzählen begann, wie hart es für sie gewesen sei, eine erste Chance zu bekommen. Dann sagte sie: »Ich hatte einen Termin mit David Susskind und ging zu seinem Büro. Als ich dort ankam, sagte man mir jedoch, daß ich ihn nicht sehen könne. Also wartete ich und wartete und wartete.« Sie saß neben David Susskind und wandte sich zu ihm, um zu sagen: »Sie wollten mich nicht sehen. Ich hatte einen Termin bei Ihnen, und Sie wollten mich nicht sehen. Sind Agenten immer so?« Schulenberg erinnert sich, daß er in diesem Moment gedacht hat: »O Barbra, jetzt hast du es wirklich geschafft. Jetzt hast du dir alles verscherzt.«

Typisch für Barbra war, daß sie sich mit Donald und John Softness, den Presseagenten vom »PM East«, anfreundete und die beiden überredete, kostenlos Werbung für sie zu machen. »Ich denke, daß viele Leute ihr halfen, weil sie es wahrscheinlich von ihnen forderte«, erzählt John Softness. »Ich weiß nicht, wie sie heute ist, aber damals war sie eine entschlossene junge Frau. Ich glaube, es war in erster Linie ihr Talent, was uns anzog. Es muß ihr Talent gewesen sein. Es war sicherlich nicht ihr nettes Wesen.«

Er fügt hinzu: »Sie geht durch Wände. Sie redet schnell. Sie tut alles schnell. Einmal gingen wir zum Beispiel in unser Büro, wo eine Nachricht für sie lag. Sie las die Nachricht, nahm einen Zettel und schrieb in sechzig Sekunden eine Antwort. Sie tat alles auf diese Weise. Sie tat alles sehr, sehr schnell, sehr direkt und aggressiv. Ich habe das nie als einen Überschuß an Energie betrachtet, sondern als ein Bedürfnis, Arbeit schnell zu erledigen und hinter sich zu bringen. Sie war intelligent genug, ihre Dinge gut zu erledigen. Aber ich glaube, sie hat auch eine sanftere, entspanntere Seite«, sagt John, »doch die habe ich nie gesehen.«

Da sie auf Arbeitssuche war, gab Barbra in verschiedenen Clubs mehrere improvisierte Vorstellungen. Manchmal besuchte sie Neil Wolfe im *Gatsby* auf der 48. Straße West, der dort nachts arbeitete. Sie setzte sich neben ihn vors Klavier und sang ein paar Lieder. Gelegentlich ging sie auch ins *Ninth Circle* oder den *Showplace*. Donald Softness erinnert sich gerne an Barbras improvisierte Auftritte: »An der Ecke Third Avenue und 53. Straße gab es ein kleines italienisches Restaurant, das *Mimi's* hieß. Freitag abend traten dort Showgirls vom Broadway auf und sangen. Ich ging mit Barbra hin, und wir saßen an einem Tisch, als Mimi, der Besitzer des Restaurants, auf uns zukam und sagte: ›Sag Barbra, daß sie singen soll.‹ Ich sagte: ›Barbra, sing!‹ Und Barbra antwortete: ›Ich will nicht singen.‹ Der Grund, warum sie nicht singen wollte, war, daß sie nicht bezahlt wurde. Sie wollte nicht umsonst singen.

Aber eines Tages sollte sie in der ›Mike-Wallace-Show‹ ›Moon River‹ singen und hatte sich deshalb Noten gekauft. Auch an diesem Abend gingen wir zu *Mimi's*. Der Besitzer kam wie üblich auf uns zu und sagte: ›Sag Barbra, daß sie singen soll.‹ Ich sagte: ›Barbra, sing. Du kannst ‚Moon River' singen‹: Sie sagte: ›Okay.‹ Und sie ging zu Jack, dem Pianisten, und gab ihm den Ton an. Sie war eine von vielen Sängerinnen, die an diesem Abend dort auftraten. Normalerweise drehten sich die Leute an den Tischen nur kurz um, um die Sängerin zu begutachten und sich dann wieder ihrer Unterhaltung zuzuwenden.

Barbra ging auf die Bühne. Sie sah wie immer in dieser Zeit eher wie eine streunende Katze aus. Ihr Haar war ungekämmt, und sie hatte kein Make-up aufgetragen. Sie trug eine alte Jeans und eine abscheuliche alte Bluse. Sie sah aus wie ein junges Mädchen, das wer weiß woher kommt. Aber als sie die erste Strophe von ›Moon River‹ sang, herrschte vollkommene Stille. *Jeder* drehte sich um. Man hörte keinen Ton mehr in dem Restaurant. Mir liefen Schauer über den Rücken, und ich sagte mir: ›Sie muß eine der größten Sängerinnen in der Geschichte der Popmusik sein!‹«

Immer noch ohne Engagement, versuchte Barbra es erneut am Broadway, wo sie sich vor verschlossenen Türen wiederfand. Sie wurde in dieser Zeit weder von Julius Monk, dem das *Downstairs* gehörte, engagiert noch von Herbert Jacoby, dem Besitzer des *Blue Angel*, dem Prestigekabarett der Stadt. Julius lehnte Barbra ab, weil er sie für einen vornehmen, in Uptown Manhattan gelegenen Club, der nur von einer betuchten und feinen Klientel besucht wurde, für zu ungehobelt befand; aber er änderte seine Meinung und gab ihr für einen späteren Zeitpunkt im gleichen Jahr ein Engagement. Da sie in der Zwischenzeit nichts Besseres finden konnte, verpflichtete sich Barbra im Juli für einen Auftritt in Winnipeg, Kanada. In einem Artikel der Lokalzeitungen stand: »Barbra Streisand sieht etwas orientalisch aus und hat eine sehr eigene Art zu singen. Miss Streisand ist der Typ Sängerin, den man im *Blue Angel* oder in San Franciscos *Hungry i* erwarten würde. Das ist wohl der Grund, warum die Bewohner von Winnipeg sie eher merkwürdig finden. Aber mit der Zeit, wenn man sich einfach hinsetzt und zuhört, beginnt sie einem zu gefallen.«

Der kanadischen Presse gegenüber behauptete Barbra wiederholt, daß sie in Brooklyn aufgewachsen, aber in Burma geboren sei. Diesen Teil ihrer Biographie würde sie auch in New York aufrechterhalten.

Nachdem sie monatelang von verschiedenen Produzenten als wenig attraktiv und zu »ungewöhnlich« (mit anderen Worten: zu merkwürdig) empfunden und abgelehnt wurde, bekam Barbra schließlich eine Rolle in einer komischen Off-Broadway-Revue mit dem Titel *Another Evening With Harry Stoones*, wo Eigenschaften wie »ungewöhnlich« oder »merkwürdig« eine Grundvoraussetzung waren. Barbra entwarf für das Programmheft der Show die folgende, teilweise erfundene Kurzbiographie. »In Burma geboren und Absolventin der jüdischen Schule in Brooklyn und der Erasmus-High-School, hat Barbra Streisand in ihrer erst jungen beruflichen Karriere erstaunliche Erfolge zu verzeichnen. Obwohl sie gerade ihr Off-Broadway-Debüt gibt, wird Barbra von Dorothy Kilgallen in ihrer Kolumne für ihre Auftritte im *Bon Soir* als ›neuer aufsteigender Star‹ bezeichnet. Sie war als Sängerin zweimal in der ›Jack Paar Show‹ und zweimal in Mike Wallaces' ›PM East‹ zu sehen. Sie hat in Kanada, Detroit und St. Louis gesungen, und im Januar wird sie nach New Orleans, Miami und Chicago reisen, um dort zu arbeiten.«

Another Evening with Harry Stoones war für Barbra der Auftakt ihrer Musicalkarriere vor dem New Yorker Publikum. Sie war nur eines von mehreren vielversprechenden jungen Talenten, die in der Produktion arbeiteten. Die Show war von einem fünfundzwanzigjährigen Newcomer namens Jeff Harris geschrieben und komponiert worden. *Harry Stoones* sollte in erster Linie das Talent der Mitwirkenden zur Schau stellen. Und das sollte mit einer gewissen

Respektlosigkeit geschehen. Selbst der Titel der Show war eine Parodie. Jeff Harris erzählt: »Zu dieser Zeit gab es eine Menge Shows mit Titeln wie *An Evening with Marlene Dietrich*, *An Evening with Yves Montand*, *An Evening with X, Y, Z*. Deshalb nannten wir unsere Show *Another Evening with Harry Stoones*. Eigentlich gab es in der Show weder einen Schauspieler noch eine Figur mit dem Namen Harry Stoones. Darüber hinaus nannten wir den ersten Akt ›Der Bürgerkrieg‹. Der zweite Akt hieß ›Die wilden Zwanziger‹. Doch die Show hatte weder etwas mit diesen Epochen zu tun, noch wurde darauf angespielt. So eine Art Show war das.«

»Die Vorsprechtermine waren sehr lang«, sagte Harris, »weil man für eine Revue unbedingt die richtigen Leute braucht. Sie mußten vielseitig sein. Sie mußten singen und sich bewegen können, und sie mußten komisch sein. Wir hatten einen Star in der Show: Diana Sands, die am Broadway in *A Raisin in the Sun* gespielt hatte. Ich war mit ihr auf die High-School für Schauspieler gegangen. Sie war unser Aushängeschild. Wir hatten außerdem Dom DeLuise engagieren können, der ebenfalls auf meine Schule gegangen war. Er hatte bereits einige Off-Broadway-Sachen gemacht, war aber noch nicht der Dom DeLuise, der er später einmal sein würde. Und wir hatten Sheila Copeland eine andere ehemalige Mitschülerin von mir.

In dem Stoff, der uns zur Verfügung stand, gab es einige Stücke, die nicht so komisch waren wie andere. Diese Nummern übernahm Susan Belink, die später an der *Metropolitan Oper* sang. Die anderen, komischen Stücke gingen an die restlichen Mädchen.«

Eines dieser Mädchen war natürlich Barbra. Auch zahlreiche andere aufstrebende junge Sängerinnen, Schauspielerinnen und Komikerinnen hatten sich – jeweils für ihren Bereich (es gab keine eigentlichen Rollen) – für die Show vorgestellt. Glenn Jordan erinnert sich an Barbras Vorsingen im August 1961: »Der Agent Jeff Hunter hatte sie uns geschickt. Wir hatten schon einige Leute gesehen; die meisten von ihnen waren nicht sehr gut und sangen immer die gleichen Lieder. Wir waren irgendwie übersättigt«, erzählt Jordan. »Und dann kam Barbra an die Reihe.« Jordan erkannte sie nicht, obwohl er sie erst kurz zuvor singen gehört hatte. Nun im August 1961 erschien Barbra mit zwei Liedern, um

sie vorzutragen: »I Stayed Too Long at the Fair« und »A Sleepin'
Bee«. Glenn Jordan erinnert sich: »Sie war so gut, wie sie besser
nicht hätte sein können. Ich erinnere mich noch daran, wie sie
ihre Hände gebrauchte. Sie hatte wunderbare Hände und Fingernägel, die setzte sie, während sie sang, sehr ausdrucksstark ein.«

Obwohl er so von ihrer Darbietung angetan war, entschied Jor-
dan, Barbra *nicht* für die Show zu engagieren. Im Gegensatz zu ihrer
Selbsteinschätzung sah Jordan in Barbra eine bemerkenswerte
Sängerin, aber keine Schauspielerin. Und sie hatten bereits eine
Sängerin für die Show: Susan Belink.

»Ich erinnere mich daran, wie ich sie anrief«, erzählt Jordan,
»um ihr zu sagen, wie leid es uns tat, daß wir sie nicht gebrauchen
konnten. Ich sagte ihr, für wie talentiert ich sie hielte. Man mußte
nicht besonders intelligent sein, um zu merken, wie gut sie war.«

Diese Absage hielt Barbra jedoch nicht davon ab, für weitere
Shows vorzusprechen.

Unterdessen ließen Glenn Jordan, der Regisseur, und Jeff Harris, der Autor des Stückes, weitere Mädchen für *Harry Stoones* vorsprechen. Jordan erzählt: »Ich erinnere mich daran, wie ich zu Jeff
sagte: ›Mir geht *dieses Mädchen* einfach nicht aus dem Kopf.‹« Jordan bestellte Barbra zu einem weiteren Vorsingen. Sie sang wieder
»I Stayed Too Long at the Fair«. »Ich notierte mir die Worte wie
›perfekt‹ und ›wunderbar‹«, erzählt Jordan. Nachdem sie gesungen
hatte, drehte sich Jordan zu Jeff Harris um und sagte: »Sie ist so
gut, daß wir nicht umhin kommen, sie zu engagieren.« Jordan fügt
hinzu: »Eines meiner Prinzipien ist: ›Wenn du im Zweifel bist,
dann entscheide dich für das Talent.‹« Harris willigte ein, und Barbra bekam die Rolle. Jordan berichtet: »Wir änderten den ganzen
Aufbau der Revue, so daß sie mehr Lieder enthielt. Ich denke, daß
›Jersey‹ und ›I'm in Love with Harold Mengert‹ für sie hinzugefügt
wurden.« In einem der Sketche mußte Barbra nicht einmal sprechen. Sie mußte lediglich spätabends noch ein Diktat ihres Chefs
aufnehmen. Am Ende des Sketches sieht ihr Chef sie plötzlich in
einem neuen Licht und bittet sie, ihre Brille abzunehmen. Sie tut
es, doch währenddessen fällt ihr Rock zu Boden. Ein anderer
Sketch, »Big Barry«, spielte im Umkleideraum einer High-School
für Jungen und Mädchen. Barbra hatte die Rolle von Nancy, dem

unscheinbarsten Mädchen von dreien. Sie mußte lediglich ruhig neben den beiden anderen Mädchen sitzen, während diese, die Jordan als die »Sexbomben der Schule« bezeichnete, mit ihren glühenden Verehrern prahlten. Sie machten sich über Barbra lustig, weil sie nicht so gut aussah und niemals mit Jungen ausging. »Parallel dazu, im Umkleideraum der Jungen, unterhielt man sich gerade darüber, wie man diese oder jene gevögelt hat«, erzählt Jeff Harris, »während die Unterhaltungen der Mädchen in ihrer Umkleidekabine auch immer beredsamer wurden. Barbra war die kleine häßliche Außenseiterin.« Bei den Jungen spielte Kenny Adams als Barry ihr dünnes Gegenstück. Am Ende des Sketches treffen sich die beiden im Korridor. Barbra mußte nur einen Satz sprechen: »Barry, ich bin schwanger.« Jordan erinnert sich: »Es war eine ziemlich komplizierte Geschichte für diesen einen Witz, aber er kam immer gut an.«

Es war das erste Mal, daß Barbra mit ihrer Unattraktivität spielen und die Sympathie des Publikums einholen konnte. In dem Moment, wo sie im Umkleideraum saß und den Spott ihrer besser geschminkten Mitschülerinnen über sich ergehen ließ, wurde sie vom Publikum geliebt. Und die Zuschauer waren total begeistert, als bei der Pointe herauskommt, daß sie einen Freund hatte und sogar von ihm schwanger war. Barbra würde diese Art Sketch noch verfeinern und im Laufe ihrer Karriere weiter benützen.

Harris erinnert sich noch an einen anderen Auftritt Barbras in der Show: »Sie sang ein Lied mit dem Titel ›I've Got the Blues‹, das im Grunde nur aus dieser einen Zeile mit kleinen Variationen bestand. Die Gefühle bauten sich im Laufe des Liedes immer stärker auf, bis es am Ende nur noch eindringlich hieß: ›I've Got the Blues‹, ›I've Got the Blues‹. Und dann holte sie tief Luft und sagte« – Harris lacht –, »jetzt fühle ich mich besser.«

Eines von Barbras Hauptproblemen zeigte sich bald schon während der Proben. Es war etwas, wofür man sie im Laufe ihrer kurzen Theaterkarriere häufig kritisieren würde. Sie konnte nichts, ob es sich um eine Szene oder um ein Lied handelte, zweimal auf die gleiche Weise vortragen. Das war besonders innerhalb eines Ensembles schwierig.

Glenn Jordan sagt: »Ich erinnere mich, wie sie zu Abba Bogin, dem musikalischen Leiter, sagte, sie würde schon richtig bei Takt acht ankommen, sie würde zwar jedesmal anders hinkommen, aber er solle sich keine Sorgen machen, sie würde schon zum richtigen Zeitpunkt dasein.« Jordan fügt trotz ihres Mangels an Disziplin hinzu: »Ihre Musikalität war ungewöhnlich. Ich denke, sie war weniger sicher in den Szenen, in denen sie spielen mußte, als in solchen, in denen sie sang. Ihr Talent als Sängerin war unumstritten, nicht jedoch ihr Talent als Schauspielerin.

Es war schrecklich viel Arbeit«, erzählt Jordan über die drei bis vier Wochen dauernden Proben. »Wir probten *ununterbrochen*, und es wurde immer schwieriger. Die Schauspieler wurden immer nervöser, weil sie nicht wußten, ob das, was sie auf der Bühne taten, funktionierte.«

Jeff Harris behauptet, daß die Probleme mit der Show nichts mit dem Material zu tun hatten. »Das Problem«, sagt er, »war Glenn. Es war sein erster wirklicher Job als Regisseur, und ich glaube, daß ihn das von Zeit zu Zeit überforderte. Deshalb ersetzte ich ihn durch einen anderen Regisseur. Wir hatten zwei Wochen lang Vorpremieren, die nicht geplant waren.«

»Es war allein meine Entscheidung«, sagt Jordan über die Tatsache, daß man ihn abgesetzt hatte. »Ich war ja der Produzent. Es ging nicht darum, den Regisseur zu feuern. Ich hätte die Show direkt stoppen können, wenn ich es gewollt hätte.«

Trotz der langwierigen Proben und vielen Vorpremieren freundete sich Barbra auf Dauer mit niemandem an. Sie war niemals nach der Arbeit mit Leuten aus dem Ensemble zusammen. Abba Bogin erinnert sich: »Jeder würde mir zustimmen, daß Barbra [hinter der Bühne] ein sehr merkwürdiges und introvertiertes Mädchen war.« Bogin beschreibt sie als jemanden, »mit dem man nur sehr schwer arbeiten konnte«, weil sie, abgesehen von ihrem Mangel an Disziplin, alles immer auf ihre Weise machen wollte. Sie war »selbstbezogen« und ließ es nicht zu, daß ihr irgend etwas auf dem Weg zum Ruhm, von dem sie absolut sicher war, daß er vor der Tür stand, dazwischenkam.

Sie verdiente lumpige 37,50 Dollar pro Woche und hatte immer noch keinen festen Wohnsitz. Mit ihrem Schlafsack unter dem

Arm lebte sie überall in der Stadt. Ihr Cousin Harvey Streisand vermietete Barbra sein Apartment auf der 18. Straße unter und ließ sie dort viermal die Woche schlafen. Freitagnacht schlief sie in Peter Daniels Probenraum auf der Eigth Avenue. Die restliche Zeit wohnte sie, wo es ging. Es war eine äußerst schwierige Situation für eine Neunzehnjährige.

Ihre gewagte Wohnsituation fand ein jähes Ende, als der Besitzer des Apartments in der 18. Straße dort einen unerwarteten Besuch machte und statt dem eigentlichen Mieter Barbra vorfand. »Eines Tages rief sie mich an«, erinnert sich Don Softness, »und sagte: ›Ich bin in Schwierigkeiten, ich bin aus meiner Wohnung geworfen worden.‹ Ich sagte: ›Was ist passiert, Barbra?‹ Und sie sagte: ›Ja, dieser Mann, der ein Jahr weg war, ist zurückgekommen und war nicht gerade glücklich, als er mich dort vorfand. Er will mich sofort rauswerfen. Kannst du kommen und mir helfen?‹ Ich sagte: ›Okay, ich bin gleich da.‹«

Als Softness die Wohnung betrat, sah er, wie der Besitzer gerade einen hysterischen Anfall bekam. Er hatte für eine Zeit als Tanzlehrer auf einem Kreuzfahrtdampfer gearbeitet. Währenddessen hatte sein Mieter die Wohnung untervermietet, und der Untermieter hatte die Wohnung ebenfalls weitervermietet. Und als er zurückkam, fand er dort Barbra vor, die die ganze Wohnung mit den ihr eigenen Secondhandsachen dekoriert hatte. »Das ist meine Wohnung«, schimpfte der Besitzer. »Ich habe diese Wohnung eingerichtet. Sehen Sie sich an, was sie getan hat.« Softness betonte Barbras Jugend und Verletzbarkeit und bat den Besitzer, sie noch eine Nacht dort schlafen zu lassen. Nachdem dieser seinen Standpunkt laut und deutlich klargemacht hatte, beruhigte er sich etwas. »Okay«, sagte er und gab Barbra den Schlüssel zurück. Innerhalb eines Bruchteils einer Sekunde warf Barbra dem verdutzten Besitzer den Schlüssel wieder vor die Füße. »Ich bleibe hier keine Nacht mehr«, verkündete sie. »Don, ich ziehe sofort aus. Ich will auf der Stelle ausziehen. Hilf mir!«

Und so rannten die beiden ungefähr zwanzigmal die vier Treppen rauf und runter und schleppten Barbras Lampen, Poster, Federboas und die alten, verlotterten Pelzmäntel hinunter. Sie luden die Sachen in Softness' Kabriolett, der das Dach herunterklappen mußte, damit alles hineinpaßte. »Heute« sinniert Don Softness, »hat Barbra Streisand Gott weiß wie viele Häuser überall auf der Welt. Aber in dieser Nacht konnten wir alles, was sie besaß, in meinem Pontiac unterbringen.«

Sie saßen im Auto mit aufgeklapptem Dach. Es fror fast, und sie dachten über Barbras unmittelbare Zukunft nach. »Wohin, Barbra?« fragte Softness. »Ich weiß es nicht«, antwortete sie. Minuten vergingen. Und dann hatte Softness eine scheinbar perfekte und vernünftige Idee. »Ich fahre dich zu deiner Mutter nach Brooklyn«, erklärte er bereitwillig. Barbra drehte sich zu ihm um und sagte: »Nein. Ich gehe überall hin, aber sicher nicht nach Hause.«

Schließlich erklärte Softness ihr: »Gut, du kannst die Nacht in meinem Büro verbringen. Aber«, verlangte er, »du kannst dort nur diese eine Nacht bleiben.« Barbra, immer noch verzweifelt, murmelte: »Okay.«

Sie blieb Monate in Softness' Büro, das auf der 53. Straße East lag und über eine gut ausgestattete Küche und zwei Badezimmer verfügte. Barbra schlief auf einem Sofa. Im Verhältnis zu ihrem damaligen Lebensstandard war diese Unterkunft nahezu luxuriös, und sie bezahlte keine Miete. Sie mußte das Büro sauberhalten und durfte sich nur zu bestimmten Zeiten dort aufhalten. Sie mußte verschwunden sein, bevor das Büro morgens öffnete, und durfte nicht vor Büroschluß wiederkommen.

»Wenn wir morgens zur Arbeit kamen«, erinnert sich Don Softness, »gab es nichts, was an ihre Anwesenheit erinnerte. Außer«, fügt er mit einem Lachen hinzu, »daß all diese koscheren Nahrungsmittel im Kühlschrank herumlagen. Sie ging am Wochenende immer nach Hause, und ihre Mutter gab ihr Eßsachen mit.« Wann immer Diana Kind Barbra in ihrem Büro besuchte, war sie entsetzt über den provisorischen Lebensstil ihrer Tochter. »Sie brachte Barbra Äpfel und sämige Fischsuppe«, erinnert sich Don Softness. »Aber sie kam nur herein, brachte kurz das Essen und ging wieder. Barbra war nicht sehr erpicht darauf, mit ihrer Mutter Zeit zu verbringen. Ich habe eigentlich nie verstanden, warum nicht.«

Nach zwei Wochen anstrengender Probevorstellungen hatte *Another Evening with Harry Stoones* am 21. Oktober 1961 Premiere am Gramercy Arts Theatre. Die Show begann damit, daß das gesamte Ensemble auf die Bühne rannte, dem verblüfften Publikum zuwinkte und begeistert eine Nummer mit dem Titel »Bye, Goodbye and Thanks« sang. Dann verbeugte sich das Ensemble und verschwand, während sich die Bühne verdunkelte. Zuerst wußte das Publikum nicht, was es mit diesem Auftritt oder mit den ersten Sketchen anfangen sollte, und rutschte unruhig auf den Sitzen hin und her. Doch dann, als die Show weiterging, schienen sich die Zuschauer zu entspannen und den kreativen Unsinn der Vorgänge auf der Bühne zu genießen.

Bei einer Premiere mußte es auch ein Programmheft geben. »Wir veränderten ständig die Abfolge der einzelnen Nummern«, erinnert sich Glenn Jordan, »so daß noch in der Nacht vor der Premiere ein neues Programmheft gedruckt werden mußte. Es unterlief ein Fehler, und Barbras Name erschien kleiner gedruckt als die anderen. Es war eindeutig ein Fehler. In der Pause sagte ein Freund von mir, der Schauspieler und Regisseur war: ›Weißt du, ich mag besonders dieses Mädchen, dessen Name kleiner ist als alle anderen.‹«

Jordans Freund war nicht der einzige, der beeindruckt war. »Während der Proben«, so erinnert sich Jeff Harris, »kam Sheila Copeland, die wahrscheinlich das größte komische Talent war, das je gelebt hat, zu mir und sagte: ›An diese Show wird man sich erinnern, weil Barbra Streisand aufgetreten ist.‹ Am Ende war es tatsächlich so«, sagt Harris, »daß sich die Leute an *Harry Stoones* erinnerten, weil Barbra Streisand mitgespielt hat.«

Die Premierenfeier für das Ensemble wurde im Riverside Drive in der Wohnung von Jeff Harris abgehalten. »Jeder sollte etwas mitbringen – wodurch man natürlich einen guten Eindruck von den finanziellen Möglichkeiten der Mitwirkenden bekommen würde.« Alle kamen, außer Barbra. Dann, um zwei Uhr nachts, als bereits alle gegangen waren, klopfte es an Harris Tür. Es war Barbra. Sie hielt einen Laib Brot in der Hand.

Als die wenig enthusiastischen Tageskritiken erschienen, wurde *Harry Stoones* abrupt abgesetzt. Die Kritiken der Illustrierten, die in der darauffolgenden Woche erschienen, waren in der Regel positiv, doch sie kamen zu spät, um die Show zu retten. *Another Evening with Harry Stoones* wurde nach einer fünfwöchigen Probenzeit, nach zweiwöchigen Probevorstellungen und nach einer einzigen Aufführung unmittelbar nach dem Premierenabend abgesetzt. Jahre, nachdem Barbra Streisand bereits berühmt geworden war, sagten Leute zu Jeff Harris, daß sie *Harry Stoones* gesehen und geliebt hätten. Harris sagt lachend und mit einer Spur von Wehmut: »Wenn alle diese Leute, die mir gesagt haben, daß sie die Show gesehen haben, wirklich Karten gekauft hätten, dann würde sie jetzt noch laufen.«

Eine Woche nachdem *Harry Stoones* abgesetzt wurde, nahm Abba Bogin Barbra mit zu einem Vorsprechen bei Leonard Sillman, dem Produzenten, der sich gerade in den letzten Zügen seines Castings für *New Faces of 1962* befand. Nachdem er sie singen gehört hatte, drehte sich Sillman zu Bogin um und verkündete: »Aus diesem Mädchen wird einmal ein großer Star. Aber was soll ich um Himmels willen mit ihr machen? Ich habe bereits jemanden wie sie.«

Dieses Mädchen, daß so gut wie sie sein sollte, war Marian Mercer, die spätere Tony-Gewinnerin für *Promises, Promises*. Abba Bogin erinnert sich, wie Sillman, der Barbra an diesem Tag selber abgelehnt hatte, sich zu ihm wandte und sagte: »Ich weiß, daß ich es bereuen werde.«

Barbra indes hatte keine Zeit zum Trauern. Ihr großer Durchbruch stand unmittelbar bevor.

9. KAPITEL

Ein neues Gesicht

Sie betrat das Theater und schlüpfte auf die Bühne. Sie trug einen Mantel in verschiedenen Farben. Er war aus einem braun/gelb- und weißgefleckten Pelz gemacht und sah eher wie das Fell eines vernachlässigten Pferdes aus. Sie hatte ein paar dreckige Tennis- schuhe an. Ihr Gesichtsausdruck war verzerrt und ihr Haar ein wohldurchdachtes Chaos. Sie trug eine rote Aktentasche aus Pla- stik in der einen und eine braune Papiertüte, mit Truthahnsand- wiches, in der anderen Hand. Es war ein Tag nach Thanksgiving 1961. Sie war neunzehn Jahre alt.

STIMME AUS DEM THEATER: Name?

BARBRA: Barbra Streisand. Mit zwei As nur. Im Vornamen meine ich. Ich dachte mir, wer braucht schon ein drittes A in der Mitte? Was soll ich tun?

[Man hört Gelächter von den Sitzen her. Dort sitzen unter an- deren der Regisseur (Arthur Laurents), der Komponist (Harold Rome) und der Autor des Stückes (Jerome Weidman). »O je, das kann ja heiter werden«, sagen sie spöttisch zueinander.]

BARBRA: Was ist los mit Ihnen? Sind Sie tot oder was? Ich sagte, was soll ich tun?

VOICE: Können Sie singen?

BARBRA: Ob ich singen kann? Wenn ich nicht singen könnte, würde ich dann allen Ernstes hier in so einem Mantel ankommen?

[Noch mehr Gelächter.]

VOICE: Okay, singen Sie?

BARBRA: [in das Scheinwerferlicht über ihr blickend] Singen Sie? Nicht einmal zu einer Musikbox würden Sie sagen, sing! Sie müßten erst mal einen Knopf drücken, um ein Lied auszusuchen. Was soll ich singen?

VOICE: Was Sie wollen.

Das war das Vorspiel zu dem Vorsingen, mit dem sich Barbra Streisands Ankunft am Broadway ankündigte. Die Show hieß *I Can Get It for You Wholesale*. Barbra war eine wandelnde Witzfigur, eine einzige Katastrophe und im nächsten Moment, in dem sie ihren Mund öffnete, um zu singen, war sie plötzlich eine geniale Komikerin. Wieder einmal war die Wirkung auf ihr Publikum, das aus übersättigten Profis bestand, überwältigend.

Später behauptete sie, sie sei müde gewesen, weil sie die Nacht vorher wenig geschlafen habe, und zu dem Vorsingen eher mit einer »Ist-mir-doch-egal«-Einstellung hingegangen. In Wahrheit war ihr Erscheinen ausgeklügelte Taktik, aber jeder im Theater glaubte ihr gerne. Nein, nicht jeder. May Muth, erfahrene Inspizientin in ungefähr sechsunddreißig Broadway-Shows, erinnert sich: »Viele Leute waren zu dem Vorsprechen gekommen. Und ich sagte zu jedem: ›Sie müssen hier im Foyer bleiben, bis Sie an der Reihe sind. Nehmen Sie ihre Hüte und Mäntel ab, und ich sage Ihnen dann, wer der nächste ist.‹«

Es war Mays Job, den Ablauf zu beschleunigen. Die Kandidaten hereinzubitten und sie wieder hinauszubegleiten. »Versichern Sie sich, daß Sie Ihre Musik parat haben«, sagte sie zu ihnen. Und alle taten dies pflichtbewußt. Alle außer Barbra. Als sie an der Reihe war, schritt sie immer noch in ihrem Mantel auf die Bühne. Und als sie nach ihren Noten wühlte, fiel der gesamte Inhalt ihrer Aktentasche zu Boden. Diese Taktik half ihr, sich von den anderen, die zum Vorsingen gekommen waren, zu unterscheiden. Es gestattete ihr auch, mehr Zeit auf der Bühne zuzubringen, während sie auf dem Boden herumkroch und ihre verlorengegangenen Papiere einsammelte. »Ich muß sagen« erzählt May, »daß ich böse Blicke aus den Vorderreihen des Theaters zugeworfen bekam. Miss Streisand hatte auf meine Kosten einen netten kleinen Auftritt.«

Zuerst sang Barbra »Value«, auch bekannt als »I'm in Love with Harold Mengert« aus *Another Evening with Harry Stoones*. »Wenn es ein besseres Lied für das Vorsingen bei einer Show namens *I Can Get It for You Wholesale* gibt, dann kenne ich es nicht«, sagt der Komponist Jeff Harris. Das Lied hatte genau die richtige Mischung von Respektlosigkeit und Dreistigkeit, die die *Wholesale*-Macher für die kleine Rolle der Sekretärin Miss Marmelstein suchten.

Als Barbra ihr Lied beendet hatte, ertönte eine Stimme aus dem Theater. »Können Sie eine Ballade singen?« Barbra brüllte zurück: »Ja, ich habe eine Ballade für Sie!« Und dann sang sie die ersten Takte von Arlens »A Sleepin' Bee«, und alle waren wie erstarrt.

Als sie fertig war, hörte man ein Stimmengewirr. Ashley Feinstein, der Assistent von Arthur Laurents, erinnert sich. »Wir drehten uns um, sahen einander an und sagten: ›Sie ist so jung, aber sie ist brillant.‹« Es war klar, daß sie sie für die Show wollten, sie wollten aber noch ein wenig Spaß haben. »Mehr!« schrien sie aus ihren Sitzen heraus. »Wir wollen mehr hören«, bettelten sie.

Sie bestellten sie für zwei weitere Vorsingen. »Es gab mehrere Leute, die für diese Rolle in Frage kamen«, sagt Harold Rome, der Produzent, »aber niemand konnte Barbra das Wasser reichen. Wir bestellten sie viermal. Beim vierten Vorsingen sagten wir ihr – was wir normalerweise nie taten –, daß sie die Rolle bekommen hatte.«

Ein paar Abende später begegnete May Muth, nachdem sie mit einigen Freunden in der Brasserie gegessen hatte, Barbra auf der Straße. Muth erzählt: »Als ich aus dem Restaurant kam, da sah ich so ein Mädchen. Sie drehte sich zu mir herum und sagte: ›Oh, hallo.‹ Und ich sagte: ›Hallo.‹ Sie sagte: ›Ich höre, Sie arbeiten in *meiner* Show.‹« Muth amüsiert diese Begegnung heute noch.

Ihre Show war eigentlich die musikalische Adaption eines Stükkes von Jerome Weidman, das wiederum eine Theaterversion seines gleichnamigen Romans von 1937 darstellte. Es ist die Geschichte eines Mannes namens Harry Bogen, der sich mit List und Ehrgeiz in der Bekleidungsindustrie vom Arbeiter bis zum Chef hocharbeitet. Die Rolle der Sekretärin Miss Marmelstein war eigentlich für eine ältere Schauspielerin vorgesehen. Die Schöpfer der Show waren jedoch so beeindruckt von der Streisand, daß sie ihr Konzept änderten. Außerdem handelte es sich um eine Nebenrolle. Weidman dazu: »In unserem ersten Manuskript war sie nichts weiter als ein zusätzliches Möbelstück.«

Das war allerdings, bevor Barbra auftauchte. Außerdem sah das erste Manuskript für die Figur nur eine musikalische Nummer vor, ein komisches, unbedeutendes Zwischenspiel mit dem Titel »Miss Marmelstein«. Bei den Proben wurde daraus sofort mehr. Barbras Interpretation machte es zu einer schonungslosen, komischen, liebenswerten und beißenden Anklage häßlicher Frauen und Sekretärinnen gegen die Männer im allgemeinen. Rome und Weidman merkten jedoch bald, daß Barbra damit nicht ausgefüllt war.

»Wenn Sie jemanden mit diesem Talent auf der Bühne haben«,

erklärt Weidman, »dann können Sie ihn nicht einfach herumlaufen lassen. Sie müssen ihr etwas zu tun geben, oder sie macht alles kaputt. Sie wird jemandem die Show stehlen, Krach schlagen und den Leuten in ihre Stichwörter fallen.« Sie war so gut, daß man sie drei andere Lieder singen ließ (einschließlich »What Are They Doing to Us Now?«, das sie singt, während das Büro ihres Chefs Konkurs macht und seiner Besitztümer entledigt wird).

Dennoch war ihre Rolle denen der vorgesehenen Stars wie Elliott Gould als abscheulicher, charmanter Harry Bogen, Lillian Roth als seine Mutter, Harold Lang als sein Partner, Marilyn Cooper als seine Freundin und Sheree North als seine Gespielin untergeordnet.

Bei der ersten Probe versammelte sich die gesamte Besetzung, um das Stück für den Regisseur und den Autor zu lesen. Normalerweise bilden diese Lesungen eine sehr intime und sensible Phase während einer Produktion, in der alle ein wenig nervös, höchst respektvoll und hoffnungsfroh sind und ihr bestes Benehmen an den Tag legen. Barbra setzte sich zu den im Halbkreis sitzenden Mitwirkenden. Im Verlauf des Tages sah sie wenig auf. Sie kritzelte heftig Notizen in ein Buch, während die anderen Darsteller ihre Zeilen lasen und Weidman und Laurents ihre Kommentare gaben. Weidman beobachtete, daß sie ihre Kritzelei nur unterbrach, wenn sie an der Reihe war. Am Ende der Sitzung sah er, daß Barbra sich in einer heftigen Diskussion mit dem Presseagenten David Powers befand. Neugierig näherte sich Weidman den beiden und war verwundert über das, was da geschah. »Hör dir das mal an«, sagte Powers zu ihm. »Sieh dir an, was diese Frau mir gegeben hat.« Offensichtlich hatte Powers die Schauspieler gebeten, ihm ihre Biographien für das Programmheft zu geben, und auch Barbra hatte dies getan. Weidman nahm ihr Notizbuch und las die ersten Sätze: »Geboren in Madagaskar, aufgewachsen in Rangoon . . .«

Als sowohl Weidman als auch Powers gegen diese kreativen Freiheiten protestierten, erwiderte Barbra im Gehen scharf: »Was habe ich denn getan? Habe ich einen Vertrag unterschrieben, daß ich in Brooklyn geboren bin? Wer fragt danach?« Weidman war sprachlos. Da stand ein neunzehn Jahre altes Mädchen, das zum ersten Mal in einer Broadway-Show mitwirkte. Den ersten Tag der

Proben hatte sie nicht damit zugebracht, sich Arbeitsnotizen zu machen, sondern ihre Biographie zu schreiben, die auch noch erfunden und für ein Programmheft gedacht war, welches erst in drei Monaten erscheinen würde.

Eine Woche später, während einer Probe, pfiff einer der Inspizienten auf seiner Trillerpfeife, und alle Schauspieler, außer einer, kamen gehorsam auf die Bühne zurück. Während Rufe »Wo ist Barbra?« durch das Theater schallten, stand die gesuchte Schauspielerin in einer Telefonzelle und diskutierte über eine Angelegenheit, die nichts mit der Produktion zu tun hatte. Als der Inspizient sie schließlich fand, schrie er sie wütend an: »Barbra! Verdammt noch mal, komm auf die Bühne. Du hältst die ganzen Proben auf!«

»Nur noch eine Minute«, antwortete sie. »Ich komme sofort.« Als der Inspizient zur Bühne zurückkehrte, warf sie eine weitere Münze in den Schlitz und telefonierte noch einmal, diesmal nach auswärts. Als sie schließlich auf die Bühne zurückkam, wurde sie dort von Regisseur Laurents voller Zorn empfangen. Barbra senkte den Kopf und biß sich auf die Unterlippe. Sie würde das Ensemble während der Produktion insgesamt sechsunddreißigmal warten lassen. Sie bekam schließlich einen offiziellen Verweis von der Schauspieler-Gewerkschaft. Doch sie kam weiterhin zu spät. Für Barbra war Unpünktlichkeit eine Trotzhandlung, eine Art »Ihr könnt mir mal den Buckel runterrutschen«.

Als das *Wholesale*-Ensemble nach Philadelphia und dann nach Boston fuhr, um dort das Stück außerhalb New Yorks versuchsweise zu spielen, wurde die Beziehung zwischen Barbra und Laurents zunehmend gespannter. Ashley Feinstein erinnert sich: »Sie machte zu viele merkwürdige Dinge in dieser sehr konventionellen Show, und die Leute begannen, sich darüber zu ärgern. Viele von ihnen hatten den Eindruck, daß sie außer Kontrolle geriet. Es war schwierig, mit ihr fertig zu werden, weil sie ständig sagte: ›Ich möchte das *so* machen!‹ Alle anderen, Lilian Roth zum Beispiel, waren erfahrene Profis. Sogar Marilyn Cooper war sehr, sehr professionell. Ebenso Elliott. Einfach alle, außer Barbra.

Sie war weder unausstehlich noch fordernd oder irgend so etwas«, erklärt Feinstein. »Sie war einfach so, wie sie war. Sie war ein unausgebildetes, ungeschliffenes, brillantes Talent. Und das hat vielleicht vielen der alten Profis angst gemacht. Ich erinnere mich, wie Arthur zu ihr sagte: ›Du hast einen jazzigen Tonfall in diesem Lied, aber das hier ist eine Broadway-Show.‹ Vielleicht hatte er recht. Nein, er hatte recht. Sie war in einer Broadway-Show, nicht in einem Nachtclub. Er wollte, daß sie ein Teil des Ensembles wurde, und sie wußte nicht, wie sie das anstellen sollte.

Eine andere Sache, an die ich mich erinnere«, fährt Feinstein fort, »war, daß Arthur von Barbra verlangte, daß sie sich auf eine bestimmte Weise bewegte. Einmal bat er sie, ihre Fersen zu heben. In dem Stück gab es eine Stelle, wo Barbra zwei Verkäuferinnen in einem Ausstellungsraum imitieren sollte. Es war nicht so, daß Barbra es nicht tun wollte, aber es war nicht selbstverständlich für sie, und deshalb konnte sie es nicht. Arthur sagte zu mir: ›Nimm sie und sorg dafür, daß sie diesen Schritt macht.‹ Und so übte ich mit ihr stundenlang diesen einen Schritt – zu dieser Zeit verstanden wir uns ziemlich gut. Ich machte ihr den Schritt vor und sagte: ›Arthur möchte, daß du das hier machst, Barbra.‹ Und sie versuchte, den Schritt irgendwie nachzumachen. Und dann wurde plötzlich aus diesem brillanten Menschen, den ich absolut bewunderte, ein tolpatschiges Mädchen, das diesen Schritt nicht hinbekam, weil sie ihn nicht im Gefühl hatte. Teilweise hatte es auch mit ihrem Mangel an Disziplin zu tun.«

Einen besonderen Streitpunkt bildete ein Drehstuhl. Barbra wollte das Klagelied der Sekretärin »Miss Marmelstein« singen, während sie in einem Drehstuhl saß. Laurents wollte, daß sie dabei stand. Anstatt die Anordnung des Regisseurs zu befolgen, wie es jeder neue Schauspieler getan hätte, fragte Barbra: »Warum soll ich den Stuhl nicht benutzen?« Sie argumentierte vor allem damit, daß alle Miss Marmelsteins der Welt auf solchen Stühlen *lebten*. Der Stuhl würde die Szene realistischer machen, erklärte sie, und könne außerdem als komische Requisite dienen. Außerdem war sie weniger nervös, wenn sie saß, als wenn sie stand. Dennoch lehnte Laurents den Vorschlag ab, und bei der Generalprobe, die einen Tag vor der Premiere in Philadelphia stattfand, zwang er Barbra, die Nummer ohne Stuhl zu machen. Nach der Probe versammelten sich die Schauspieler im hinteren Teil des Theaters und hörten sich die Kritik ihres Regisseurs an. Als die Reihe an Barbra kam, rügte Laurents sie für ihren nachlässigen Auftritt. »Sie war in dieser Probe nicht ganz so gut wie sonst«, erzählt Ashley Feinstein. »Und als die Probe vorbei war, machte Arthur sie fertig. Er sagte: ›Du bist einfach nur durch deinen Auftritt hindurchspaziert. Du warst schlecht!‹ Arthur sagte ihr, daß es kindisch sei, die Nummer auf ihre Art machen zu wollen, womit er nicht so sehr die Sache mit dem Stuhl meinte, sondern ihren ganzen Auftritt. Sie habe in dieser Probe einfach nicht genug gegeben. Er war der Ansicht, daß sie bockig sei.« Barbra antwortet stur, daß die Nummer mit dem Stuhl effektvoller gewesen wäre, was Laurents natürlich noch wütender machte. Sie sei undiszipliniert, sagte er. Unprofessionell. Was dächte sie eigentlich, wer sie sei?

Als Laurents mit seiner öffentlichen Beschimpfung fertig war, plumpste Barbra in ihren Stuhl. Sie senkte ihren Kopf. Ihr Pony fiel ihr über die Stirn und bedeckte die Augen. Wenn sie sie nicht sahen, konnten sie sie auch nicht verletzen.

Die Schärfe, mit der Laurents seine Kritik vorgebracht hatte, berührte andere Mitglieder des Ensembles peinlich und machte sie ziemlich fassungslos. Jerome Weidman näherte sich Barbra, um sie zu trösten. »Es tut mir leid, Kind«, sagte er freundlich. Barbra hob ihren Kopf. Sie weinte nicht, wie es Weidman erwartet hatte, sondern sah ihn neugierig an.

»Hör zu, Jerry«, begann sie sofort und zeigte ihm eine Wohnungsskizze, die sie anscheinend während Laurents Schmährede angefertigt hatte. »Wo würdest du das Sofa hinstellen?« Es war nicht so, daß dieser öffentliche Angriff sie nicht verletzt hätte, sie wollte es nur nicht zeigen.

Ein anderes Mal im Laufe der Produktion provozierte Laurents Barbra so sehr, daß sie anfing zu weinen. Später behauptete sie, daß die Tränen nicht echt gewesen seien. Sie wollte nicht nur, daß niemand ihre Verletzlichkeit bemerke, sie wollte auch niemanden wissen lassen, daß man diese Macht über sie haben konnte. Sie war immer noch das kleine Mädchen, das im Sommercamp Heimweh hatte und denen, die sie damit aufzogen, erklärte, daß sie nur einen offenen Tränenkanal habe, den sie nicht kontrollieren könne.

»Sie war wie ein kleines dünnes Vögelchen ohne Disziplin und ohne Technik«, urteilte der Produzent der Show, David Merrick. »Alles, was sie besaß, war dieses enorme Talent.«

Nichtsdestotrotz wollte Merrick Barbra in Philadelphia feuern. Ashley Feinstein sagt dazu: »Merrick mochte Barbra nicht. Er fand sie zu häßlich, zu unordentlich und zu seltsam. Er stand im hinteren Teil des Theaters und sagte zum Beispiel: ›Dieses verrückte und häßlich aussehende Ding.‹ Er war der Ansicht, daß man jemanden wie Elizabeth Wilson für die Rolle nehmen sollte. [Sie hatte ebenfalls für diesen Part vorgesungen.] Er hätte Barbra nie genommen.« Barbra wäre gefeuert worden, hätten sich nicht der Komponist Harold Rome, der Autor Jerome Weidman und sogar der Regisseur Arthur Laurents für sie eingesetzt.

Barbra hatte endlich eine eigene Wohnung in Manhattan gefunden, die auf der Third Avenue Nr. 1157, auf der Höhe der 56. Straße lag. Es war eine kleine Wohnung in der dritten Etage über einem Fischrestaurant namens *Oscar's Salt of the Sea*. Der Geruch von gekochtem Fisch drang ins Treppenhaus und bis in ihre Wohnung. Morgens roch es besonders stark. Obwohl Barbra einen sehr guten Geruchssinn besaß – sie ist bekannt dafür, eine Parfümmarke aus dreißig Schritt Entfernung zu erkennen –, störte sie der Gestank offenbar nicht. Die Miete lag bei lächerlichen 67,20 Dollar pro Monat. Außerdem war sie wild darauf, ihren Schlafsack zur Seite zu legen und eine eigene Wohnung zu haben. Sie hatte nun eine eigene Adresse. Es störte sie auch nicht, daß das einzige Fenster die Aussicht auf eine schwarze Steinwand bot und daß sie die Badewanne, die sie gefunden hatte, in die Küche stellen mußte. Immerhin, tröstete sie sich, konnte sie so zugleich essen und baden. Wenn die Badewanne nicht in Gebrauch war, legte Barbra ein Brett darüber, auf dem sie ihr Geschirr auftürmte. Formellere Essen fanden im Wohnzimmer statt. Dort stand ein Nähtisch. Sie richtete ihr Zuhause mit altem Zeug aus Billigläden ein. Federboas lagen herum. Leere Bilderrahmen hingen an den Wänden. Ein ausrangiertes Arztschränkchen diente zum Verstauen von Schuhschnallen. Sie füllte Apothekengläser mit ausgewählten Kosmetika. Zwei viktorianische Schränkchen mit Glasregalen stellten Barbras gesammelte Kostbarkeiten aus. Paravents schafften eine

Atmosphäre der Intimität. Obwohl Barbra noch kein Geld hatte, wollte sie ihre Umgebung schön gestalten.

Das »Badezimmer« war eine touristische Attraktion. Jeff Harris erinnert sich: »Die ganze Wohnung roch nach frischem Fisch. Aber wenn man ins Badezimmer ging, wollte man trotzdem eine Stunde drinnen bleiben. Statt einer Tapete hatte Barbra das Bad mit einer Zeitungskollage aus Gesichtern, Wörtern, Sätzen und Teilen von Werbeanzeigen tapeziert. Es war unglaublich.«

Sie teilte ihre Wohnung mit einer riesigen Ratte, die sie »Gonzola« taufte und die hauptsächlich in der Küche lebte. Bald schon würde ein Mann ihre häuslichen Freuden vervollkommnen. Es würde natürlich nicht irgendein Mann sein.

Er war der Star der Show.

Elliott Gould, ein ehemaliger Friedhofsangestellter, hatte es vom Gruppentänzer in den Stücken *Rumple Say Darling* und *Irma La Douce* zu *I Can Get It for You Wholesale* geschafft. Elliott I. Goldstein wurde am 29. August 1938 geboren und war seit seiner Kindheit als Stepptänzer aufgetreten. »*Wholesale* war sein erster Griff nach dem Ruhm. Ein Griff, der beinahe mißlungen wäre.

»Ich wollte den Part unbedingt haben, obwohl ich eigentlich keine Ahnung hatte«, erklärte Elliott. »Ich konnte singen und tanzen, aber ich konnte nicht schauspielern. Ich konnte den Text nicht handhaben und sprach alles aus, was ich eigentlich denken sollte. Ich sprach erneut vor, doch man sagte mir, daß ich *keine* Chance hätte, diesen Part zu bekommen.«

Er wurde jedoch von der Schauspielerin Barbara Harris gerettet, die bei einem anderen Vorsprechen seine Partnerin war. »Sie war so schön und real«, sagte Elliott, »daß sie etwas in mir auslöste ... gerade so viel, um die Rolle zu bekommen.« Ironischerweise wurde die Harris, die sich für die Rolle seiner Freundin bewarb, nicht für die Show genommen. Dennoch wurde sie von Elliot verehrt und von Barbra beneidet, und ihr Name sollte in den nächsten Jahren bei den Goulds zu einem Diskussionsthema werden.

Als sie einen ihrer Vorsingtermine hinter sich hatte, sah Barbra angestrengt in das verdunkelte Theater hinunter. Der Regisseur, der Komponist und der Autor der Show waren anwesend. Auch einige Schauspieler, die bereits engagiert waren. »Hey, ich habe gerade mein eigenes Telefon bekommen«, rief sie in das Dunkel. »Ruft mich an«, sagte sie, ohne sich an jemand Bestimmtes zu wenden. »Auch wenn ich den Job nicht bekommen sollte. Ruft mich an!« Dann verkündete sie lauthals ihre Telefonnummer. Als sie nach Hause kam, klingelte ihr Telefon. »Hier ist Elliott Gould«, erklärte ihr der Anrufer. »Du warst toll heute.« Und dann legte er auf. Barbra war fasziniert.

Als sie sich das nächste Mal sahen, bot Elliott ihr eine Zigarre an. Es war eine Art Mutprobe. Barbra war durch das Theater stolziert, laut Elliott wie »die verrückteste Frau aller Zeiten«. Er wollte sehen, wo ihre Grenzen lagen. Barbra nahm eine Zigarre, betrachtete sie einen Moment lang und rauchte sie dann voller Gelassenheit.

Wochen später gingen sie zusammen ins Kino und sahen einen Horrorfilm über riesige Raupenfahrzeuge, die Autos verschlangen. Nach dem Kino gingen sie chinesisch essen. Auf dem Weg nach Hause, gegen zwei Uhr nachts, begann es zu schneien. Sie umrundeten die Eisbahn des Rockefeller Centers. Aus dem Spaziergang wurde ein Wettlauf und eine Schneeballschlacht. Plötzlich näherte sich Elliott Barbra und rieb ihr Gesicht sanft mit Schnee ein. Und dann berührten seine Lippen die ihren. Es war ihr erster Kuß. Barbra schwärmte später: »Es war wie im Film.«

Zwei Wochen später hatten sie ihren ersten Streit. Barbra rannte davon und schloß sich in ihrer Wohnung ein, und Elliott wanderte verzweifelt in der Stadt umher. Er ging von einer Telefonzelle zur nächsten. Doch jedesmal, wenn er anrief, nahm Barbra den Hörer ab, um ihn sofort wieder aufzulegen. Eine Variation dieser Szene spielte Barbra Jahre später mit Robert Redford in *So wie wir waren*. Schließlich gab Elliott es auf, ging zu sich nach Hause und ins Bett. Um vier Uhr morgens hörte er ein Klopfen an der Tür. Dort stand Barbra nur in ihrem Nachthemd und war in Tränen aufgelöst.

Vor allem während der Tournee der Voraufführungen festigte sich ihre Beziehung. Weg von zu Hause, ließen die beiden ihre Schutzmauern, die jeder um sich aufgebaut hatte, weit genug fallen, um den anderen an sich heranzulassen. Sicherlich waren sie an einem Punkt ihres Lebens, wo beide Trost in den Armen des anderen suchten. Beide standen im Theater kurz vor dem Durchbruch, besonders Gould. Mit dreiundzwanzig war er der Star einer voraussichtlich erfolgreichen Broadway-Show. Der Erfolg der Show hing zum größten Teil von seiner Darstellung ab. Es war eine Verantwortung, die Respekt einflößte.

Elliott war es hauptsächlich, der sich um Barbra bemühte. Zuerst fühlte er sich von ihrem Talent angezogen. Später fürchtete er sich vor ihrer Exzentrizität, dann amüsierte sie ihn. Aber letzten Endes waren es ihre verführerischen Widersprüche, in die er sich verliebte. Den anderen Mitgliedern des *Wholesale*-Ensembles gegenüber verhielt sich Barbra dreist und fast unverschämt. Als Elliott Barbra besser kannte, stellte er fest, daß sie nur die Draufgängerin spielte, um sich zu schützen. Er entdeckte, daß sie eine ängstliche, sensible und unglaublich unsichere junge Frau war, die während ihrer Kindheit emotional mißhandelt worden war. »Sie muß beschützt werden«, sagte er. »Sie ist ein zerbrechliches, kleines Mädchen. Ich hatte das Bedürfnis, sie zu beschützen.« Und er fügte hinzu: »Ich fand sie absolut *exquisit*.«

Barbra hatte einen guten Teil ihrer ersten neunzehn Lebensjahre damit zugebracht, den Inbegriff des häßlichen Entleins zu verkörpern. Niemandem fielen ihre äußerlichen Nachteile mehr auf als ihr selber. Aber plötzlich wurde sie in den Augen von Elliott zum Schwan. Die Aufgabe, Elliotts Liebe zu gewinnen und zu erhalten, nahm Barbra voll in Anspruch. Ihre Mühe war verständlich. Abgesehen davon, daß Elliott der Star der Show war, war er ein sechs Fuß großer und zweihundert Pfund schwerer Klotz von einem Mann. Er hatte wunderbare braune Augen und ein Grübchen im Kinn. Seine Haare fielen ihm lockig über die Stirn und in den Nacken. Seine Brust war sehr behaart. Er war ein überdimensionaler Teddybär, sensibel und schüchtern, und strahlte dennoch Männlichkeit aus. Barbra lebte ständig in der Angst, daß ein anderes, hübscheres Mädchen ihn ihr ausspannen könnte.

»Bevor Barbra kam«, erzählt Ashley Feinstein, »waren alle Mädchen des Ensembles in Elliott verliebt. Es gab da ein Mädchen in der Tanzgruppe, die hieß Luba Lisa. Sie war ein großes, wunderschönes Revuemädchen, mit sehr langen Beinen. Sie war mit Elliott befreundet. Als dann Elliott mit Barbra zusammenkam, war ich sehr erstaunt, daß er sich gerade Barbra ausgesucht hatte, nachdem er mit Luba Lisa zusammengewesen war.«

Es bedurfte ziemlicher Anstrengung, um ihre angehende Liebesbeziehung vor dem Rest der Truppe geheimzuhalten. »Wir hatten eine morgendliche Probe außerhalb der Stadt«, erzählt May Muth, »und Barbra war zu spät. So bat ich meinen Assistenten, sie im Hotel anzurufen, doch sie war nicht zu erreichen. Ich sagte: ›Etwas muß Barbra passiert sein – sie ist weder hier noch im Hotel. Wo kann sie sein?‹ Aber Elliott, dem es gutging, meinte: ›Oh, Sie können in meinem Zimmer anrufen und nachsehn, ob sie wieder eingeschlafen ist.‹ Das war der erste Hinweis, den wir auf ihre Beziehung bekamen.«

Wilma Curley zufolge waren die anderen Mitwirkenden von *Wholesale* nicht neidisch auf diese Verbindung, wie vorher behauptet worden war, sie amüsierten sich eher über die beiden. »Barbra und Elliott spielten alle möglichen dummen und kindischen Spiele. Manchmal schloß Elliott sie nackt im Flur aus.« Während ihrer Vorstellungen in Boston machten Elliott und Barbra zusammen mit Ashley Feinstein eine Sightseeingtour. Sie besuchten einen Jazz Club namens *Storyville*, wo man Barbra bat zu singen. Die meiste Zeit jedoch wanderten sie ziellos durch die Stadt.

»Wir gingen die Straßen von Boston entlang«, erinnert sich Feinstein, »und Elliott war einfach bewundernswert komisch im Umgang mit anderen Menschen. Er war sehr offen, weit offener als Barbra. Aber Barbra machte einfach mit. Beide waren sehr unabhängige Geister. Es war schön, mit ihnen zusammen zu sein.«

Dennoch verstanden einige Mitglieder der Truppe nicht, was Elliott an Barbra fand. Curley zufolge war es Barbra, die Elliott nachlief. Sie verfolgte ihn. Sie war die treibende Kraft. Auf die Frage, ob Barbras Absichten wirklich so eindeutig gewesen seien, sagt Curley nachdrücklich: »Allerdings, sie wollte den Star heiraten.«

Aber es gab noch eine andere Sache, die sie miteinander verband. Sie liefen beide Gefahr, ihre Jobs zu verlieren. Bei Barbra war der Grund, daß es ihr weiterhin sehr an Disziplin mangelte. Bei Elliott lagen die Dinge anders. »Sie versuchten Elliott zu feuern, weil er *schwitzte*«, erklärt Wilma Curley vertraulich. »Er schwitzte wie ein Wahnsinniger.« Die Show sah vor, daß er eine stattliche Reihe moderner Anzüge trug, die er ständig und sichtbar durchnäßte. »Wenn er sich auf der Bühne umdrehte«, erinnert sich Curley, »rann ihm der Schweiß in Strömen herunter. Sie versuchten Tabletten, Deodorants und all diesen Unsinn, aber nichts half. Während wir auf Tournee waren, gab es bereits Vorsprechtermine, um ihn auf der Bühne zu ersetzen.«

Einer der Schauspieler, die zu einem Vorsprechen für die Rolle kamen, war Michael Callan, der spätere Fernsehstar in »Occasional Wife«. Callan hätte beinahe Elliotts Rolle übernommen, wenn nicht Nora Kaye Ross weinend dagegen protestiert hätte. Miss Ross hatte offenbar während der Proben eine große Zuneigung zu Elliott gewonnen und trug David Merrick den Fall vor.

»Sie behielten ihn schließlich«, erzählt Wilma Curley, »aber jeder in der Show hatte immer ein Handtuch, eine Serviette oder ein Tuch in der Hand.« Sie fügt lachend hinzu: »Wann immer man Elliott sah, sagte man ›Hallo‹ und tupfte an ihm herum. Es war richtig komisch.«

Am 22. März 1962 hatte *I Can Get It for You Wholesale* im *Shubert Theater* am Broadway Premiere. Es war eine erfolgreiche, wenn auch unspektakuläre erste Aufführung. Elliott Gould hatte einen bewundernswerten, aber sehr feuchten Auftritt. Die Kritiken über ihn waren, wie die über die gesamte Show, gemischt. Richard Watts von der *New York Post* schrieb: »Ich fand diesen Abend so wenig verführerisch, wie man sich einen Abend nur vorstellen kann. Das eigentlich Störende an *Wholesale* ist nicht, daß die Hauptfigur keine Moral besitzt, sondern daß Elliott Gould in seiner realistischen Darstellung so uninteressant und unattraktiv ist. Anscheinend sollte er Charme besitzen, nur war dieser für mich gestern abend nicht auszumachen.«

Walter Kerr von der *New York Herald Tribune* war ermutigender: »Mann, Mann, Mann, was für eine gute, handfeste Show ... Irgendwelche Zweifel? Sehr wenige. Elliott Gould spielt seine Rolle als Ekel hervorragend, auch wenn seine Parodie nicht ganz so komplex und faszinierend ist, wie sie von der Konzeption der Figur her hätte sein können.«

Es reicht wohl zu sagen, daß es nicht der Durchbruch wurde, auf den Elliott Gould gehofft hatte und der ihn zum Star machen sollte. Die Aufmerksamkeit, die man seiner Freundin entgegenbrachte, war dann noch eine andere Sache.

In der Nacht vor der Erstaufführung in Philadelphia sagte ein verzweifelter Arthur Laurents zu Barbra: »Dann tu's halt in deinem gottverdammten Stuhl!« Was er wirklich damit meinte, war: »Das ist dein Ende.« Bei der Abendvorstellung rief Barbras Version von »Miss Marmelstein« wahre Begeisterungsstürme hervor, und die Frage des Stuhls war entschieden, wenn auch einige Ressentiments zurückblieben.

Bei der Premiere am Broadway wurden Barbra und ihr geliebter Stuhl regelrecht auf die Bühne des *Shubert* gerollt. Als sie ihre Position erreichte, setzte sie ihre Pumps auf den Boden und blockierte mit den Knien. Der Stuhl kam zum Stehen. Sie gab einen tiefen Seufzer der Erleichterung von sich, und das Publikum kicherte. Es war von Anfang an auf ihrer Seite. Sie war ein Mauerblümchen auf Rädern. Ihr Kleid war hochgeschlossen und reizlos. Ihr Haar war nach oben toupiert, und ein Stift hielt den Knoten. Sie verzog ihr Gesicht zu einer gefühlvollen Grimasse und blickte ins Publikum. Dann öffnete sie den Mund und begann ihren Klagegesang über das Dasein als Sekretärin. Oh, warum heißt es immer »Miss Marmelstein?« beklagte sie sich. »Nehmen Sie einen Brief auf, Miss Marmelstein.« »Nehmen Sie das Telefon ab, Miss Marmelstein.« »Holen Sie mir eine Tasse Kaffee, Miss Marmelstein.« Alle wollten etwas von ihr, nur – leider – nicht das eine. Warum hieß es immer »Miss Marmelstein?« schimpfte sie und hob ihre Augen flehend zum Himmel. Warum konnten sie sie nicht »Baby« oder »Süße« nennen? Zumindest, so beklagte sie sich, könnten sie sie mit ihrem Vornamen ansprechen, auch wenn sie Yetta hieß.

Streisands »Yetta Tessye Marmelstein« war verletzlich und aufsässig, lustig und rührend, pathetisch und heldenhaft zugleich. Sie war die ewig Schwächere, die endlich ihren großen Tag hatte, die Verliererin, die endlich im Rampenlicht stand. Sie war all das und viel mehr in einem Lied, das nur von drei Minuten Dauer war. Barbra war der Höhepunkt der Show. Als sie die Nummer beendet hatte, sprangen die Zuschauer von ihren Sitzen auf, um zu applaudieren. Sie wußten nicht, wer sie war. Sie wußten nicht einmal, ob sie eine wirklich gute Sängerin war. Aber sie wußten, daß sie fähig war, sich im Rampenlicht zur Geltung zu bringen und das Publikum anzusprechen. Und sie waren sich sicher, daß sie eines Tages, in einer anderen Show, der große Star sein würde.

»Ich denke an die Premiere von *Wholesale*«, erinnert sich Barbras Freund Don Softness, mehr als dreißig Jahre später, »immer noch mit einer gewissen Ehrfurcht. Sie war der Höhepunkt der Show. Die Leute standen auf und schrien und brüllten fünf Minuten lang. Es war unheimlich und elektrisierend. Sie war ein unscheinbares kleines Mädchen und hatte diese gewaltige Bühnenpräsenz. Das Premierenpublikum in New York war anspruchsvoll, aber es gab für die Zuschauer keinen Zweifel darüber, daß sie dabei waren, wie im Showbusineß Geschichte gemacht wurde. Mit ihrem Stuhl im Schlepptau ging Barbra triumphierend von der Bühne.

Aber es waren nicht die Begeisterungsrufe aus dem Publikum, die in ihren Ohren widerhallten, sondern die Worte von Arthur Laurents: »Dann tu's halt in deinem gottverdammten Stuhl.« Sie lächelte leicht und selbstzufrieden vor sich hin. Von diesem Moment an würde sie niemals mehr die Macht ihres Instinkts vergessen. Und sie würde dafür sorgen, daß auch andere sie nicht vergaßen.

10. KAPITEL

Die Rache der Yetta Tessye Marmelstein

Anstatt sich über ihren Erfolg zu freuen, quälte sich die Streisand mit Zweifeln. »Ich kann gar nicht sagen, wie gerne ich mit der Show aufhören wollte«, sagte sie später. »Ich fühlte mich schuldig.« Schuldig, weil sie – wenn auch unabsichtlich – ihrem geliebten Elliott die Show gestohlen hatte. *Wholesale* sollte sein Stück sein, nicht das ihre. Aber da es nun einmal so gekommen war, konnte sie es nicht wieder rückgängig machen. Jeder fragte sich, wie Gould den größeren Erfolg seiner Freundin verkraften würde. Aber die beiden kamen Arm in Arm zur Premierenfeier ins *Sardis* und standen gemeinsam im Rampenlicht, als man ihnen applaudierte. Sie wollten sich nichts anmerken lassen, zumindest nicht in der Öffentlichkeit.

In seiner Kritik in der *New York Daily News* beklagte sich John Chapman: »Ich konnte in dem Stück keine Figur finden, für die ich Sympathie oder Bewunderung empfunden hätte. Mit einer Ausnahme – aber die spielt nur eine winzige Rolle in der Show. Sie ist eine gequälte, verzweifelte, aufopferungsvolle und reizlose Vogelscheuche von einer Sekretärin, und sie wird wunderbar gespielt von der 19jährigen Newcomerin am Broadway, Barbra Streisand.«

Howard Taubman von der *New York Times* schrieb: »Die Entdeckung des Abends ist Barbra Streisand, ein Mädchen mit dümmlichem Gesichtsausdruck, einer lauten jähzornigen Stimme und einem hysterischen Lachen. Miss Streisand ist eine geborene Komödiantin, und Mr. Rome hat für sie ein originelles, lustiges Lied geschrieben: Miss Marmelstein beklagt ihr Schicksal als Sekretärin.«

Norman Nadel vom *New York World Telegram* schwärmt: »Die Brooklyn-Erasmus-Hall-High-School sollte einen halben Tag frei nehmen, um den Erfolg ihrer außergewöhnlichen, ehemaligen Schülerin zu feiern: der 19jährigen Barbra Streisand.«

Bob Schulenberg zufolge fühlte sich Barbra nicht nur Elliott gegenüber schuldig wegen ihres Erfolges, sondern er war ihr auch peinlich. Es war einfach gewesen. »Als sie ›Miss Marmelstein‹ sang«, berichtet Bob, »waren Bravorufe aus dem Publikum zu hören. Nach der Show sagte sie zu mir: ›Ich wünschte wirklich, du hättest das nicht getan.‹ Ich fragte: ›Was denn?‹ Barbra meinte: ›Es ist wirklich peinlich, wenn du Bravo rufst.‹ Ich antwortete ihr: ›Das war nicht ich, der Bravo gerufen hat.‹ Worauf sie erwiderte: ›Wie, du warst es nicht?‹ ›Nein, es waren eine ganze Menge anderer Leute.‹«

Und Schulenberg fügt hinzu: »Auf das Lob, wie wunderbar seine Musik sei, antwortete Mozart einmal: ›Wenn Sie nur wüßten, wie sie sich in meinem Kopf anhört.‹ Und genauso ist Barbra. Sie findet sich nie gut genug.«

Trotz ihres Schuldgefühls und ihrer Verlegenheit wegen Elliott ging Barbra ihren Mitkollegen weiterhin auf die Nerven. »Nachdem ich gute Kritiken bekommen hatte«, behauptete sie später, »spürte ich den Groll einiger Leute, die sauer auf mich waren. Ich möchte die Dinge so tun, wie ich sie empfinde, und es ist mir egal, ob andere damit einverstanden sind.« Sie fügte hinzu: »Sie finden mich frech, bloß weil ich ihren Rat nicht annehmen will.«

Eine von denjenigen, auf die sie nicht hören wollte, war Lillian Roth. Roth versuchte mit 52 Jahren ein Comeback in *I Can't Get It for You Wholesale*. Ihr Auftritt wurde, wie überhaupt alles in der Produktion, von Barbra in den Schatten gestellt. Dennoch versuchte Roth, Barbra unter ihre Fittiche zu nehmen. Barbra ignorierte sie. »Ich wollte nicht, daß sie mir hilft«, sagte Barbra. »Ich wollte meine Sachen selber entscheiden.«

»Ich habe mit Lauren Bacall, Bette Davis, Anthony Newley, Sammy Davis Jr. und anderen großen Stars gearbeitet«, sagt May Muth, »doch Barbra war ein unartiges, kleines Mädchen. Wir mochten einander, aber sie benahm sich wie ein ungezogenes Kind. Sie kam die meiste Zeit zu spät und ließ sich ungern korrigieren. Ich glaube, sie hatte etwas Angst vor mir. Nicht weil ich ihr drohte, sondern einfach, weil ich hart mit ihr umging. Ich entschuldigte ihr Benehmen damals nur, weil sie jung war.«

»Barbra war eine Nervensäge«, erinnert sich Wilma Curley. »Als ich den Part von Sheere in der Show übernahm, war meine Rolle eigentlich wichtiger als die von Barbra. Sie kam in meine Garderobe und stahl mein Make-up.« Auf die Frage, woher sie wußte, daß es Barbra gewesen war, antwortet Curley: »Ich wußte es einfach. Und wenn man Barbra danach fragte, sagte sie: ›Ich mußte es tun, Wilma, ich brauchte es.‹«

Die Tony-Nominierungen kamen zwei Wochen nach der Premiere der Show heraus. Barbra wurde als einzige Darstellerin der gesamten Produktion nominiert. Neben ihr wurden in der Kategorie Haupt- oder Nebenrolle in einem Musical Elizabeth Allen in *The Gay Life* vorgeschlagen, Phyllis Newman in *Subways Are for Sleeping* und Barbara Harris, Elliotts alte Partnerin, für ihre Rolle in *From the Second City* nominiert. Andere junge Schauspielerinnen, die in diesem Jahr auf den Bühnen des Broadways für Aufregung sorgten, waren Elisabeth Ashley, die einen Tony für ihre Arbeit in *Take Her, She's Mine* gewann, sowie Sandy Dennis in *A Thousand Clowns* und Faye Dunaway in *A Man for All Seasons*.

Fünf Tage nach ihrem zwanzigsten Geburtstag, am 29. April 1962, saß Barbra im Ballsaal des Waldorf-Astoria und applaudierte höflich der tatsächlichen Gewinnerin Phyllis Newman, als diese triumphierend zum Podium schritt. In den nächsten Jahren sollte Barbra ihre Befriedigung zum Teil daraus beziehen, ihre Karriere mit der von Phyllis Newman zu vergleichen.

Als der Sommer kam, war es hauptsächlich Barbra als »Miss Marmelstein« zu verdanken, daß die Show weiterlief. In den Augen einiger Kollegen prahlte sie damit. May Muth erinnert sich: »Eines Nachts kam sie zu mir und sagte: ›Ich habe die schönsten Beine in der Show.‹ Und ich sagte: ›O mein Gott, Barbra‹, da wir ein paar sehr schöne und attraktive Tänzerinnen in der Show hatten, und fügte hinzu: ›Die hast du nicht.‹ Und sie sagte: ›Wer hat schönere?‹ Ich sagte: ›Ich‹, worauf Barbra stutzte und dann sagte: ›Gut, aber du bist nicht in der Show.‹«

Nachdem die Show schon eine Weile lief, hörte Barbra, daß ihre zweite Besetzung Elly Stone für ein paar Tage ins Krankenhaus mußte. Es war jedoch nicht Stones Krankheit, die sie bedrückte. »Siehst du, wenn Elly im Krankenhaus ist und ich auch krank werde, dann gibt es überhaupt keine Show mehr«, sagte sie zu May Muth.

Etwas überrascht antwortete May Muth darauf: »O Barbra, da liegst du falsch. Ich übe die Rolle, seit ich weiß, daß Elly ins Krankenhaus muß.« »Du?« fragte Barbra ungläubig. »Ja«, sagte Muth. »Natürlich kann ich mich nicht mit dir vergleichen, aber die Show würde für keinen Abend aussetzen, das kann ich dir versprechen.«

Und als sich Barbra umdrehte, um zu gehen, gab Muth noch eins oben drauf: »Und, Barbra, tu mir den Gefallen: Wenn Elly im Krankenhaus ist, bitte *bleib* einen Abend zu Hause.«

Barbra Streisand hatte Erfolg, war aber noch nicht berühmt. Sie war dabei, sich einen Namen zu machen, verdiente aber noch kein Geld, zumindest nicht viel. Ihr wöchentliches Gehalt war von kläglichen 150 auf 200 Dollar gestiegen, die gleiche Summe, die auch Elliott ausbezahlt wurde. »Als ich sie kennenlernte«, sagt der bekannte Broadway-Veteran und Presseagent Richard Falk, »hatte sie noch nicht einmal Strümpfe und nie genug Geld, sich was zu essen zu kaufen.«

Barbra brauchte Publicity, um aus ihrem Erfolg in *Wholesale* Kapital zu schlagen, doch die Softness-Brüder hatten nicht die nötigen Beziehungen im Showbusineß. Deswegen schloß sich Richard Falk für 25 Dollar pro Woche, auf Geheiß von Don Softness, dem Streisand-Team an. Laut Falk hätte Barbra alles getan, um ein Star zu werden, und sie sehnte sich nach der Publicity, die sie später so hassen würde. Falks Bemühungen zahlten sich auf jeden Fall aus. Er arrangierte für sie eine Folge von Auftritten in der »Joe Franklin Show« und sorgte dafür, daß ihr Name regelmäßig in den einschlägigen New Yorker Zeitungen zu lesen war.

»Sie hatte einen merkwürdigen Charakter«, sagt Falk, »eine verrückte Frau. Mir kam es so vor, als sei sie nicht immer bei der Sache. Ganz egal, wann ich mit ihr sprach, sie verhielt sich immer ein wenig sonderbar. Es war fast peinlich. Sie war keine schöne

Frau. Und sie kämpfte gegen so viele Leute zu dieser Zeit. Niemand hat Barbra jemals wirklich interviewt. Und hätte es jemand getan, sie hätte ihm vermutlich bei der ersten dummen Frage ins Gesicht gespuckt. Sie war wirklich verrückt. Sie war sehr ungepflegt, als würde sie sich nicht waschen. Auch ihre Kleidung. Und die Art, wie sie sprach. Es machte mir nichts aus, daß sie so war. Als Presse-agent vertritt man alle möglichen verrückten Leute, die es schaffen wollen und davon überzeugt sind, daß nichts sie aufhalten kann.«

Nach Ansicht von Dick Falk, der Norman Mailer und Salvador Dalí zu seinen ehemaligen Klienten zählt, war er derjenige, der Barbra fallenließ. »Ich war auf dem Höhepunkt meiner Karriere, vertrat eine ganze Menge berühmter Leute, und nach sechs Mona-ten für 25 Dollar pro Woche hatte ich es satt, für sie zu arbeiten. Außerdem tat Marty Erlichman alles für sie.«

Sie mag Richard Falk nicht gefeuert haben, aber sie ließ die Softness-Brüder fallen, ihre einstmals so guten Freunde und groß-zügigen Vermieter. Sie konnte sie nicht mehr gebrauchen. Sie hatte ihre eigene Wohnung und war mit einem der PR-Leute von *Wholesale* befreundet. Er hatte aggressivere Arbeitsmethoden und bessere Beziehungen als die Softness-Brüder. Außerdem war er wie Marty Erlichman bereit, Barbra ohne verbindlichen Vertrag zu vertreten. Sein Name war Lee Solters, und ihre Zusammenarbeit würde dreißig Jahre dauern.

Obwohl sie lieber Schauspielerin als Sängerin sein wollte, störte es sie, daß man ihr komisches Talent ihrer Singstimme vorzog. Schon als sie Eli Rills Schauspielunterricht besuchte, war es Bar-bra unangenehm, wenn man über sie lachte. Um zu beweisen, daß sie gut singen konnte, kehrte sie am 22. Mai 1962 ins *Bon Soir* zu-rück. Nach den Schlußverbeugungen im *Shubert* rannte sie nach draußen, winkte einem Taxi und fuhr in höchster Eile zum Club, wo sie stets zu spät ankam.

Am 29. Mai, eine Woche nach ihrer Premiere im *Bon Soir*, ver-dutzte Barbra die Zuschauer des Fernsehprogramms »The Garry Moore Show« mit ihrer kühnen Interpretation von »Happy Days Are Here Again«, der Parteienhymne von Milton Ager und Jack Yellen. Sie hatte das Lied tagsüber im *Bon Soir* geprobt. »Eines

Montags kam sie herein«, erinnert sich der ehemalige Schauspieler und Tänzer Tiger Haynes, Leiter der *Three Flames*, »und Peter Daniels spielte die Musik, die wir für diesen Nachmittag proben wollten. Eines der Lieder war ›Happy Days Are Here Again‹. Ich sagte zu ihm: ›Warum zum Teufel soll sie das singen?‹ Aber nachdem wir es durchgespielt hatten, war mir klar, warum sie dieses Lied singen sollte.«

Jede Woche zeigte die »Garry Moore Show« eine kurze Einspielung, die »That Wonderful Year« hieß. In der Woche, als Barbra auftrat, behandelte man das Jahr 1929. Es war das Jahr des furchtbaren Börsenkrachs und der Anfang der Weltwirtschaftskrise. Als Beitrag zum Thema sang Barbra »Happy Days Are Here Again«, das 1929 herausgekommen war. Zuerst, in den Proben, sang Barbra das Lied, so wie es geschrieben stand. Als sie jedoch damit Probleme hatte, schlug ihr Ken Welch, einer der Show-Autoren, vor, langsamer zu singen. Plötzlich war das Lied verändert. Es war kein sonniger, peppiger Polit-Song mehr, sondern eine dunkle, beißende Tirade. Das Pathos, das jahrzehntelang im Text verborgen geblieben war, kam nun schmerzlich klar zutage.

Bob Schulenberg erinnert sich an Barbras Auftritt im Abendprogramm: »Sie kam in Abendgarderobe in eine Bar, behängt mit wunderbaren Pelzen, Pailletten und Juwelen. Der Ober (der von Bob Harris, dem Vater des Schauspielers Ed Harris gespielt wurde) sagte zu ihr: ›Was möchten Sie trinken?‹ Und sie sagte: ›Brandy.‹ Er brachte ihr den Brandy, gab ihr die Rechnung und sagte zwei Dollar oder so etwas Ähnliches. Und Barbra tat so, als ob sie ihr Portemonnaie öffnete und kein Geld darin fand. Darauf nahm sie ihren Ring ab und legte ihn aufs Tablett. Die Musik fing an zu spielen, und Barbra begann zu singen: ›Happy Days Are Here Again.‹«

Als sie bei der zweiten Strophe anlangte, kam der Ober zurück und nahm ihr Glas. Er brachte ihr einen zweiten Brandy, und sie gab ihm dafür ihr Armband. Dann sang sie die zweite Strophe. Das war sehr stark und überzeugend inszeniert.«

Am 16. Juli zog Barbra in den Norden der Stadt, um während des

Sommers im *Blue Angel* zu singen. Sie hatte ihr Debüt im *Angel* im vergangenen November gegeben, ein paar Tage vor ihrem ersten Vorsprechen für *Wholesale*.

Nun, acht Monate später und nach ihrem Erfolg am Broadway, hatte *sie* den größten Auftritt. Nach dem Marlene-Dietrich-Film benannt, war das *Blue Angel* das berühmteste Kabarett der Stadt. Ein roter Teppich, der den Eingang der 55. Straße säumte, lockte die Elite der Stadt an. Distinguierte Leute von außerhalb gehörten ebenfalls zum Publikum des Clubs. Einer von ihnen war Jack Kennedy, der gewöhnlich dort auftauchte, wenn er in der Stadt war.

Das vordere Foyer war ganz in Schwarz gehalten: eine schwarze Bar, schwarze Séparées und schwarze Lackledertapeten. Der Theaterraum war lang, eng und eine Studie in Pink: Rosetten in Pink an den Wänden, Lederbänke in Pink und ein rosafarbener Teppich. Die Bühne war winzig, und die Darsteller wurden nur von einem einzigen, unbeweglichen Scheinwerfer bestrahlt. Die Darsteller des *Blue Angel* bildeten die Crème de la Crème des Kabaretts. Dorothy Loudon, Pearl Balley, Carol Burnett, Harry Belafonte und später Woody Allen waren die Stars des Clubs.

Für Barbra bedeutete das Publikum des *Blue Angel* eine Herausforderung. Zuerst einmal war es konservativer als dasjenige im *Bon Soir*, und sie wußte nicht, ob manche ihrer ungewöhnlicheren Lieder wie »Who's Afraid of the Big Bad Wolf?« und »I'm in Love with Harold Mengert« ankommen würden. Außerdem gab es im *Angel* keine Schwulenbar, und Homosexuelle waren immer noch ihre begeistertsten Anhänger. Zugegeben, Homosexuelle *gingen* ins *Angel*, doch sie waren diskreter bezüglich ihrer Sexualität und weniger demonstrativ in ihrer Begeisterung für einen Darsteller. Ihren ersten Abend eröffnete Barbra mit einer Nummer aus »The Fantasticks«, »Much More«, gefolgt von »My Honey's Lovin' Arms« und Rodgers and Harts »Right as Rain«. Zusätzlich zu ihrem Repertoire sang sie Leonard Bernsteins »Songs for Children« und Harold Arlens »Down with Love«.

Ihr beachtlicher Erfolg im *Blue Angel* half Barbras Karriere ein ganzes Stück weiter. Marty Erlichman bemühte sich darum, einen Plattenvertrag für Barbra zu bekommen, und dafür brauchte sie eine Möglichkeit aufzutreten. Wenn Vertreter der Musikindustrie sie nur aus *Wholesale* gekannt hätten, wäre sie schnell abgelehnt worden. Somit ist es verständlich, daß Herbert Jacoby glaubte, Barbra zum Durchbruch zu verhelfen, als er ihr erlaubte, in seinem Club aufzutreten.

Abgesehen davon, daß Barbra beweisen wollte, daß sie durchaus noch in der Lage war, ein Lied zu interpretieren, hatte sie andere Gründe, wieder in Clubs aufzutreten. Einer davon war natürlich Geld. Ein anderer ihre Langeweile. Sie war es leid, im *Shubert* jeden Abend eine jungfräuliche Vogelscheuche zu spielen. Im *Blue Angel* konnte sie das unerotische, hochgeschlossene Kleid, das sie als Miss Marmelstein tragen mußte, abwerfen, sich auftakeln und ihr Haar offen tragen. Und sie konnte nicht nur die Lieder singen, die ihr gefielen, sie konnte sie auf ihre eigene Weise interpretieren.

Während sie *Wholesale* als Stück langweilte und unzufrieden werden ließ, war sie überglücklich mit dem Leiter der Show. Elliott, oder Elly, wie ihn Barbra nannte, erinnert sich an diese Zeit als die glücklichste ihrer Beziehung, die sechs Monate vorher begonnen hatte. »Ich muß zugeben, daß ich die glücklichsten Erinnerungen an die Zeit habe, als wir noch nicht verheiratet waren«, erzählt er, »wir brauchten einander damals sehr.«

Nach der Show spielten sie Pokerino in den Spielhallen, ergötzten sich an Horrorfilmen und in chinesischen Rund-um-die-Uhr-Restaurants. Oder sie gingen nach Hause, verschlossen die Tür ihrer Wohnung über dem *Oscar's Salt of the Sea*, spielten Brettspiele, sahen fern und verspeisten Tiefkühlhühner und ganze Packungen von Mokkaeis. Sie entdeckten, daß sie beide keine wirkliche Kindheit gehabt hatten und wollten all das Versäumte nachholen. Beide waren in Brooklyn geboren und hatten Mütter, die ihnen eine falschverstandene Liebe entgegenbrachten.

Elliotts Eltern waren beide noch am Leben, führten aber eine unglückliche Ehe. »Als ich drei Jahre alt war, wußte ich, daß meine Eltern sich nicht verstanden, aber sie blieben dennoch 27 Jahre zusammen«, sagte Elliott. Seine Mutter Lucille kompensierte ihre Frustrationen damit, daß sie versuchte, Elliott um jeden Preis ins Showbusineß zu bringen. Er wollte Basketballspieler werden, doch sie schickte ihn in einen Steppkurs. Sie schrieb ihn in einer Künstlerschule für Kinder ein und ließ ihn in den Synagogen Brooklyns Stepp tanzen. Sie sorgte auch dafür, daß er für die Modellagentur *Bonnie Kid* arbeitete.

»Sie behauptete von sich, sie sei nicht die typische Bühnenmutter«, stichelte Elliott später, »aber sie war eine.« Lucille Goldsteins übertriebener Ehrgeiz löste bei ihrem Sohn ernsthafte Minderwertigkeitsgefühle aus. Er glaubte nicht, daß er so talentiert war wie die anderen Kinder der Schule, was dazu führte, daß er das Gefühl hatte, seine Mutter zu enttäuschen. Er fand sich auch nicht so schön wie die anderen Jungen bei *Bonnie Kid*. Seine Augen waren nicht blau. Sein Haar war zu dick und gelockt. Er sah oft in den Spiegel und wünschte sich, er wäre ein Filmidol der fünfziger Jahre wie Jeffrey Hunter oder Robert Wagner, aber bloß nicht Elliott Goldstein.

Barbra wußte natürlich genau, was es bedeutete, wenn man sein Ebenbild im Spiegel nicht leiden konnte. In ihren Augen war Elliott jedoch eine Mischung aus Bogart, Michelangelos David und einem amerikanischen Jean-Paul Belmondo, und er sah in ihr eine Mischung aus Sophia Loren und Y. A. Tittle, seinen beiden Lieblingsstars. Sie nannten einander Hänsel und Gretel, und die Welt draußen war die böse, bluthungrige Hexe.

Zurück im *Shubert* löste sich Barbra langsam von *Wholesale* und zählte die Tage, bis sie aufhören konnte. Ihre Auftritte wurden glanzlos, aber niemand schien dies zu bemerken oder sich darum zu kümmern. Barbras Verachtung für ihre Fans blieb bis zum Ende konstant. Es irritierte sie, daß niemand merkte, wenn sie wirklich gut war. Bei manchen Vorstellungen gab sie nur das Nötigste. Und dennoch bekam sie weiter Ovationen.

Hinter der Bühne vertrieb sie sich zwischen ihren Auftritten die Zeit mit *Mad-Magazinen*, oder sie probte ihre Lieder für den Nachtclub. Während der gesamten Dauer der Produktion freundete sie sich lediglich mit Elliott und Ashley Feinstein an. »Ich bewunderte ihr Talent«, sagt Harold Rome, »aber wir waren keine Freunde. Es ist schwierig, sich ihr zu nähern. Sie ist völlig auf sich konzentriert.«

Keinem Besucher war es erlaubt, sie hinter der Bühne zu sehen, außer ihren alten Freunden Diane Lemm und Judy Jackson von der

Erasmus-Hall. »Direkt nach ihrem Auftritt gingen wir hinter die Bühne«, erinnert sich Lemm, »und riefen: ›Barbra, wir sind's – Diane und Judy!‹ Und sie rief: ›Ich komme, ich komme!‹ Und sie kam die Treppe hinuntergeflogen, und wir umarmten und küßten uns. Ich sagte: ›Barbra, du warst wunderbar. Wir können gar nicht glauben, wie berühmt du geworden bist.‹ Und das erste, was sie zu mir sagte, war: ›Oh, deine Fingernägel! – Sie sehen immer noch phantastisch aus: Ich liebe deine Fingernägel. Ich hatte leider keine Zeit, meine zu richten.‹

Ich war beeindruckt. Wir redeten eine Weile weiter, und dann sagte ich: ›Barbra, tu mir einen Gefallen.‹ Sie fragte: ›Was?‹ Und ich sagte: ›Bitte, unterschreib meine Eintrittskarte. Ich möchte dein Autogramm.« Sie sagte: ›Ich brauche dir kein Autogramm zu geben. Du bist meine Freundin.‹«

Einen Menschen, den sie unter keinen Umständen sehen wollte, war ihre Mutter. Diana Kind hatte der Premiere von *Wholesale* beigewohnt, war aber nicht sonderlich beeindruckt vom Auftritt ihrer Tochter. »Ich glaube nicht, daß sie begriffen hat, was ich zeigen wollte«, erzählte Barbra einem Reporter.

Die Spannungen zwischen Mutter und Tochter waren seit Barbras Erfolg nur noch größer geworden. Diana war dagegen, daß ihre Tochter mit Elliott »in Sünde« lebte. 1962 taten anständige junge Leute so etwas nicht, zumindest nicht öffentlich und ohne sich zu schämen und schon gar nicht in einer chaotischen Wohnung, die nach Meerestieren roch.

Als *Wholesale* am 9. Dezember 1962 nach einer stattlichen Laufzeit von 9 Monaten zu Ende ging, war Barbra über alle Maßen erleichtert. Es drängte sie nach Veränderung und danach, größere Dinge zu leisten. Während sie sich auf der Bühne des *Shubert* abplagte, hatte Marty Erlichman für sie eine lukrative Konzerttour arrangiert, die im März beginnen sollte. Und was noch viel wichtiger war, Barbra konnte nach anderthalb Jahren verbissener Anstrengung endlich einen Plattenvertrag unterschreiben. Und zwar nicht mit irgendeiner Firma, sondern mit Columbia, die auch Johnny Mathis und Tony Bennett unter Vertrag hatte. Es kamen Angebote vom Broadway und aus Hollywood. Zusätzlich hatte sie Angebote von Clubs aus allen Teilen des Landes und einiges mehr. Hier hatte sie Yetta Tessye Marmelsteins Rache.

11. KAPITEL

Die Plattenkarriere

In der gesamten Rock-Ära haben nur vier Sänger oder Gruppen Barbra Streisand in den Charts übertrumpft: die Beatles, Elvis Presley, Frank Sinatra und die Rolling Stones. Rückblickend erscheint es undenkbar, daß Barbra Schwierigkeiten gehabt haben soll, einen Plattenvertrag zu bekommen. Doch dies war vom Frühling 1961 bis Herbst 1962 der Fall.

Marty Erlichman schleppte Barbra und/oder ihre Aufnahmen von einer Plattenfirma zur nächsten. Er bat und flehte. Er lockte die Manager ins *Bon Soir* und ins *Blue Angel* und forderte sie immer wieder zu weiteren Drinks auf. Als dies nichts brachte, begann er, sich darauf zu konzentrieren, die weniger bekannten Plattenfirmen zu interessieren. Man sagte ihm, sie sei »zu sehr aus Brooklyn«, »zu sehr vom Broadway«, »zu jüdisch«, »zu ausgefallen, »zu exzentrisch« und zu »unattraktiv«. Sie näsele und ihre Lieder seien »zu alt« und »zu seltsam«. Und ihr Stil und ihre Persönlichkeit hätten eine »zu homosexuelle« Ausstrahlung.

Was die Branche wollte, war bereits dagewesenes Talent. Eine zweite Patti Page, Brenda Lee oder Connie Francis. Und dies alles wollten sie verpackt in einem hübschen kleinen Paket, am besten noch mit blitzenden Lachgrübchen und dem Potential einer Pin-up-Schönheit. Die Streisand war aber nicht irgendwer, und sie würde sicherlich keine Platten aufgrund ihres Sex-Appeals verkaufen. Sie war etwas Besonderes, doch das konnten die Manager, die immer nur auf die Tasten ihrer schnell arbeitenden Rechenmaschinen sahen, nicht erkennen.

1961 nahm Barbra ein Demonstrationsband mit 10 Liedern für RCA auf. Das Material bestand aus ihrem Repertoire für das *Bon Soir*. Dennoch lehnte RCA sie zugunsten einer anderen Neunzehnjährigen namens Ann-Margret ab. Wie Barbra sang sie alte Standardlieder. Ihr erstes RCA-Album *And Here She Is: Ann-Margret* enthielt »Chicago«, »Teach Me Tonight« und »More Than You Know«, Titel, die auch Barbra später singen würde.

Anders als Barbra versprühte Ann-Margret unzweifelbar jede Menge Sex-Appeal. Sie sollte Barbra auch an der Kinokasse schlagen, und zwar mit dem 1963 entstandenen Filmmusical *Bye Bye Birdie*, mit dem sie zum Filmstar wurde. Barbra sah in Ann-Margret eine Rivalin und würde ihre Karriere über die Jahre mit Interesse verfolgen.

Immer noch ohne Plattenvertrag, gingen Barbras erste Bemühungen dahin, die Originalversion von *I Can Get It for You Wholesale* aufzunehmen. Sie ging am 1. April 1962 in das Studio der Columbia Records auf der 30. Straße, um die Platte aufzunehmen. Die Studiozeit war begrenzt. Die Atmosphäre gespannt. Dennoch waren die abgestumpften Studiotechniker begeistert, als Barbra vor dem Mikrophon stand und sang. Selbst das Showensemble war erstaunt, obwohl sie sie über Monate während der Proben gehört hatten. So wie etwas Unerklärliches geschah, wenn Greta Garbo oder Marilyn Monroe vor die Kamera traten, und was Billy Wilder als »Spannung« bezeichnete, so passierte an diesem Tag im Studio etwas nahezu Überirdisches, als Barbras Stimme durch das Mikrophon klang.

»Während der Proben für die Show gab es keine Mikrophone«, erzählt das Ensemblemitglied Stanley Simmonds. »Und als wir die Show aufnahmen und uns die Aufnahmen noch einmal vorgespielt wurden, wußten wir alle, daß Barbra etwas Besonderes hatte. Ihre Stimme war eine Million Dollar wert.«

Dennoch war Goddard Lieberson, der Präsident der Columbia (und der »Gott« der Musikindustrie), nicht überzeugt. Er sagte Harold Rome, daß er sie nicht unter Vertrag nehmen könne. Harold Rome bereitete zu dieser Zeit die Aufnahme zum 25. Jahrestag der Revue der Internationalen Gewerkschaft der Arbeiter in der Frauenbekleidungsindustrie unter dem Titel *Pins and Needles* vor, und es wurde ihm gesagt, daß er Barbra dafür nicht engagieren könne. Doch auf Romes Drängen hin wurden sechs von Barbras Liedern in der Show aufgenommen, einschließlich eines rührenden Liedes mit dem Titel »Nobody Makes a Pass at Me«, das vom Inhalt her ein wenig ähnlich war wie »Miss Marmelstein«. Das Lied erzählt die Geschichte einer jungen Frau, die bewußt, aber erfolglos versucht, ihren Sex-Appeal mit allen nur erdenklichen Mitteln aufzubessern.

»Mann, sie ist erst neunzehn Jahre alt«, jubelte Harold Rome, der über ihr Verständnis des sehr zeitgebundenen Liedmaterials erstaunt war. »Sie hat keine Ahnung von den jeweiligen Zeitperioden, und dennoch ist sie in der Lage, die Lieder so zu interpretieren, als wäre sie zu dieser Zeit geboren. Ich weiß nicht, woher sie das hat.«

Barbra zuckte mit ihren Schultern, als wollte sie sagen: »Ich kann es nicht erklären.« In Wahrheit hatte sie ihren Freund Barry Dennen angerufen und sich bei ihm intensiv mit dieser Zeit beschäftigt.

Nach ihrem ausgesprochenen Erfolg in *Wholesale* und den ihr gewidmeten Kritiken für die Schallplatten *Wholesale* und *Pins and Needles* begannen die Plattenfirmen endlich, Barbra die Beachtung zu schenken, die sie offensichtlich verdiente. Ahmet Ertegun, der Präsident von Atlantic Records, wollte sie unter Vertrag nehmen. Ebenso Alan Livingstone von Capitol. Aber Marty Erlichman wartete auf Columbia, die erste Plattenfirma des Landes. Schließlich bekam Erlichman im September 1962 einen Anruf von Lieberson. Er hatte Barbras Auftritt im *Blue Angel* gesehen und seine Meinung geändert. »Es fällt einem großen Mann schwer, einen Fehler einzugestehen«, sagte der Präsident der Columbia zu Erlichman, »aber ich glaube, ich habe einen Fehler gemacht. Ich möchte Barbra unter Vertrag nehmen.«

Sie unterschrieb den Vertrag am 1. Oktober 1962. Er sah vor, daß die Columbia das Recht hatte, ihn am Ende des Jahres nicht zu verlängern, während Barbra jedoch auf fünf Jahre hin vertraglich gebunden war. Die Columbia zahlte eine relativ geringe Vorauszahlung von 20 000 Dollar, was jedoch für Barbras Verhältnisse enorm hoch war, und eine minimale Tantieme, die sich nach den Verkäufen richtete. Die Zugeständnisse, die die Plattenfirma an Barbra machte, waren zum einen Barbras völlige Kontrolle über die kreative Seite und zum anderen eine Klausel über die »Aufnahme und Veröffentlichung«, die die Firma dazu verpflichtete, alles zu veröffentlichen, was Barbra wollte. Die Columbia willigte außerdem ein, noch im ersten Jahr zwei Streisand-Platten zu veröffentlichen. Erlichman bestand auf dieser

Forderung, weil sie seinem Schützling eine zweimalige Chance gab, vor Ablauf der Jahresoption Verkaufserfolge verzeichnen zu können.

Am 2. Oktober 1962 kehrte Barbra in das Studio der Columbia zurück, um dort mit einem Orchester und dem vierundzwanzigjährigen Produzenten Mike Berniker zu arbeiten. Sie machten die Single »Happy Days Are Here Again«, auf deren B-Seite das Lied »When the Sun Comes Out« zu hören war. Am 2. November wurde die Platte ohne großen Rummel veröffentlicht. Columbia weigerte sich, Werbung dafür zu machen und gab nur 500 Kopien heraus. Es war unvermeidlich, daß die Platte unter diesen Umständen beim Publikum durchfiel.

»Ich erinnere mich, es war eine 45er Platte«, sagte Ashley Feinstein. »Ich war alleine mit Barbra in ihrer Wohnung über dem Fischrestaurant, als wir sie hörten. Ich erinnere mich, daß sie die Aufnahme schlecht machte, aber es war einfach unglaublich. Ich fing an zu weinen.«

Ein Grund, warum sich die Columbia nicht hinter die Platte stellte, war, daß Goddard Lieberson und die hohen Tiere der Firma das Ende nicht mochten. Sie fanden, daß die letzte Note von »Happy Days Are Here AGAIN!« sich wie ein Schrei anhörte. Über den Produzenten Mike Berniker bat die Firma sie, das Ende anders zu gestalten, doch Barbra übte ihr Recht auf »kreative Kontrolle« aus und lehnte eine Neuaufnahme ab. Die Platte würde so bleiben, wie sie es für richtig hielt.

Am 19. November des gleichen Monats wurde Barbras Version von John Kander und Fred Ebbs' »My Coloring Book« veröffentlicht, mit einer B-Seite von »Lover, Come Back to Me«. Sie ging nur wenig besser als die erste Single, obwohl sie beide Lieder schon im Dezember in der »Ed Sullivan Show« gesungen hatte.

Die Verkaufsabteilung der Columbia hatte kein Vertrauen in Barbra und ihre Anziehungskraft. Sie sang nicht im Takt, und sie zeigte kein Dekolleté. Männer würden sie nicht begehren. Frauen würden sich nicht wünschen, so zu sein wie sie. Wie konnten die Verkaufsleute sie vermarkten, wenn sie selbst nicht an ihre Ausstrahlung glaubten oder diese zumindest definieren konnten? Außerdem war sie keine Sängerin, die Top-Ten-Singles aus dem Ärmel schütteln konnte. Die Streisand war eine Künstlerin, die ihre Platten mit größter Sorgfalt machte, und das würde sie im Prinzip auch immer bleiben.

Zusammen mit Marty Erlichman entschied Barbra, daß der beste Weg, ihre Ausstrahlung einzufangen, eine Live-Platte wäre. So fuhr die Columbia am 2. November 1962 ihre Aufnahmeutensilien ins *Bon Soir*. Den Rest der Woche nahm man Barbras Auftritte auf. Die Lieder waren unter anderen: »Keepin' Out of Mischief Now«, »I Hate Music«, »Nobody's Heart (Belongs to Me)«, »Value« (oder: »I'm in Love with Harold Mengert«), »Cry Me a River«, »Who's Afraid of the Big Bad Wolf?«, »I Had Myself a True Love«, and »Lover, Come Back to Me«.

Tiger Haynes, der Bandleader der *Three Flames*, erinnert sich: »Columbia Records mietete das *Bon Soir*. Ihnen gehörten die Kerzen, die Tischdecken, das Publikum, einfach der ganze Laden. Es spielten Avril Pollard [am Baß], ich selbst und Peter Daniels am Klavier. Sie engagierten noch einen Schlagzeugspieler für die Platte, doch ich kann mich nicht an seinen Namen erinnern.«

In seiner Novemberausgabe berichtete *Variety*: »Am Montag brachten die Columbia Records ihr Technikerteam in diesen Keller in Greenwich Village, um eine Platte aufzunehmen ... Miss Streisands Arbeit ist es wert, erhalten zu bleiben, und diese LP dürfte ein exzellentes Sprungbrett für ihre neue Karriere als Columbia-Plattenstar bieten.«

Dennoch wurde dieses zukünftige Live-Album, das *Barbra Streisand at the Bon Soir* heißen sollte, bereits für tot erklärt, bevor es überhaupt auf den Markt kam. Barbra, die die kreative Entscheidungsgewalt hatte, war mit dem Resultat unzufrieden, und die Platte wurde verschrottet. Für ein Live-Album mußte sie einen großen Teil ihres Einflusses den Außenbedingungen opfern, und sie entschied sich letzten Endes, dies nicht zu tun. Am 23. Januar 1963 betrat sie die Columbia-Studios A in der Seventh Avenue Nr. 799. Sie würde bloß drei Tage brauchen, um die elf Lieder aufzunehmen, aus denen ihre erste offizielle Platte bestand. Sie wurde mit nur wenigen Musikern eines ganzen Orchesters aufgenommen und hatte ein minimales Budget von ungefähr 18 000 Dollar zur Verfügung. Bis dahin konnte sie immer noch keinen Erfolg vorweisen und hatte lediglich Firmengelder für ihre unglückselige Live-Platte aus dem Fenster geschmissen.

Mit den folgenden Aufnahmen jedoch entstand eine streng konzipierte Platte, die in Rückblicken die Odyssee einer jungen Frau erzählt. Es begann mit »Cry Me a River«, der bitteren, sehr gefühlvollen Geschichte einer verschmähten Liebe, und endete mit »A Sleepin' Bee«, einem hoffnungsvollen, schwermütigen Märchen über wiedergefundene Liebe. Es war eine eindrucksvolle Mischung, die auf effektive Weise ihr ganzes Clubrepertoire zusammenfaßte. Einen Moment lang war sie sexy, im nächsten kindlich, dann nachdenklich, oder sie schien plötzlich am Rande der Hysterie zu stehen. Sie war verrückt und dann wieder voll von weiblichen Sehnsüchten. Es war eine blendende Darstellung ihrer Vielseitigkeit. Aber es gab auch ein paar Fehlplazierungen. »A Taste of Honey« paßte nicht, und sowohl »Come to the Supermarket in Old Peking« als auch »Who's Afraid of the Big Bad Wolf?« funktionierten besser auf der Bühne als auf der Platte. Die Chefs von Columbia schreckten davor zurück, die letzte Nummer hereinzunehmen, doch Barbra bestand darauf und setzte sich durch.

Die Platte wurde innerhalb der Firma sehr unterschiedlich aufgenommen. Einige waren begeistert, andere empört. Meistens jedoch war man unsicher, ob die Platte sich kommerziell rentieren würde. Und so wurde am 25. Februar 1963 die Platte mit ihrem für ein Debüt vermessenen Titel *The Barbra Streisand Album* nur mit Vorbehalten veröffentlicht.

Noch zwei Jahre zuvor war Barbras erste Konzerttournee eine recht schäbige Angelegenheit für 200 Dollar pro Woche gewesen, die nur dem Zweck diente, etwas Taschengeld zu verdienen und Erfahrungen zu machen. Im Gegensatz dazu war ihre Tournee im Jahre 1963 eine Promotion-Tour für ihre Platte, und die Unterkünfte während der Reise waren ausnahmslos erstklassig. Auch die Qualität und das Prestige der Clubs wurden immer größer. Ihre Honorare kletterten von 2500 auf 7500 Dollar pro Woche. Die Promotion-Tournee begann im Januar mit einem Auftritt im *Blue Angel*. Es sollte eine Probevorstellung sein. Doch es wurde sehr viel mehr. Die New Yorker, die sie nur als Miss Marmelstein kannten, waren verwundert über ihre Vielseitigkeit. Und obwohl sich die

Stadt mitten in einem lähmenden Zeitungsstreik befand, priesen die nationalen Kritiker sie voller Inbrunst.

»Letzte Woche in Manhattans *Blue Angel*«, beobachtete ein Kritiker des *Time Magazines*, »rutschte sie auf einem Stuhl hin und her, ließ ihre Beine baumeln und schlackerte mit ihren Füßen. Sie fuhr sich mit ihren knochigen Fingern durch das Haar und hieß das Publikum mit einem müden Lächeln willkommen. Dann begann sie zu singen, und schon mit der ersten Note vergaß man die Unbeholfenheit ihrer Bühnenpräsenz.«

Robert Ruark pries sie in seinem an mehrere Zeitungen gehenden Artikel enthusiastisch: »Ihre Nase erinnert mehr an die eines Elches als an die einer Muse, und ihre Augen sehen höchstens wegen der Wimperntusche nach etwas aus, aber wenn sie um zwei Uhr morgens ›Any Place I Hang My Hat Is Home‹ singt, dann ist sie schön, auch wenn ihr Zuhause nur Brooklyn ist. Ihr Name ist Barbra Streisand. Sie ist zwanzig Jahre alt und kann drei Oktaven singen. Sie besitzt eine dynamischere Ausstrahlung als alle, an die ich mich seit Libby Holman oder Helen Morgan erinnern kann. Sie kann so laut wie Ethel Merman und so überzeugend wie Lena oder Ella singen ... Sie ist sicherlich das Beste, was seit Lena Horne im Bereich des Entertainment aufgetaucht ist, und sie wird noch in fünfzig Jahren singen, falls man dann immer noch Lieder schreibt, die nur von guten Sängern gesungen werden können.«

Den Rücken durch diese mächtigen Verbündeten gestärkt, begab sich Barbra auf ihre Tournee. Die Clubauftritte wurden von Marty Erlichman in Zusammenarbeit mit Joe Glaser, dem Präsidenten von Associated Booking, orchestriert. Als Barbras Agent, Irvin Arthur, die Firma verließ, übernahm ihre Vertretung Joe Glaser, der dank seiner berühmten Klienten bereits eine wandelnde Legende in diesem Geschäft war.

Er vertrat unter anderen Louis Armstrong, Billie Holiday, Dizzy Gillespie, Duke Ellington und Lionel Hampton. Barbra hatte Irvin Arthur nie besonders gemocht, aber sie schätzte Joe Glaser. »Er war etwas schroff«, sagt Arthur, »aber sie fühlte sich wohl mit ihm. Er war ein netter Kerl, und sie war ihm gegenüber sehr loyal.«

Die Tournee begann Mitte März im *Café Pompei* des Eden Roc Hotels in Miami. Barbra war für ein schlecht arrangiertes, merkwürdiges Programm engagiert worden, in dem sie mit dem glatten italienischen Bariton Sergio Franchi auftrat. Ein Trio von singenden und tanzenden Komikern namens *Mambo Aces* trat zwischen ihren Parts auf. Es war nicht gerade Barbras Geschmack. Außerdem war sie über das größtenteils ältere Publikum verwirrt, das nur verhalten applaudierte.

Nach dem Auftritt in Miami, der am 27. März beendet war, begann Barbra ein dreiwöchiges Engagement im *Hungry i* in San Francisco. Ihr Auftritt in dem bekannten Nachtclub hatte eine interessante, für die Streisand typische Vorgeschichte. Sie war dem Besitzer des Clubs, Enrico Banducci, bereits Anfang 1962 vorgestellt worden, bevor sie ihren Erfolg in *Wholesale* hatte. Bei ihren üblichen Agentenbesuchen traf sie ihn in Irvin Arthurs Büro. »Ich habe heute nichts für dich, Barbra«, informierte sie Arthur abweisend. »Wer will denn überhaupt was von dir?« gab Barbra als Antwort zurück. Dann nickte sie in Richtung Banducci und sagte: »Ich habe gehört, daß dem Schwachkopf mit der Baskenmütze das *Hungry i* gehört.« Als Banducci peinlich berührt auf seinem Stuhl hin- und herrutschte, begann Barbra eine Tirade über das Elend junger Künstler. »Ihr Nachtclubbesitzer seid doch alle gleich«, fuhr sie fort. »Noch vor Ende des Jahres werdet ihr auf eure zerkratzten Knie fallen und mich um einen Vertrag anbetteln, ihr Idioten!«

Man muß Banducci zugute halten, daß er sich nicht von Barbra abgestoßen fühlte: »Sie war das komischste und markant aussehendste Mädchen, das ich je gesehen habe«, sagte er später. Barbras Auftritt in Arthurs Büro an diesem Tag war eine Art *Nummer*. Sie wollte den Job unbedingt haben, und da sie unfähig war, für sich selbst um etwas zu bitten, wappnete sie sich mit gespielter Tapferkeit und wurde jemand anderes.

»Ich hatte furchtbare Angst«, gab sie später zu. »Aber da ich ohnehin keine Sängerin werden wollte, versuchte ich es mit schauspielern.« Banducci war ausreichend beeindruckt, und als Barbra nach *Wholesale* frei war, engagierte er sie für seinen Club.

»Ich bin wirklich schüchtern, glauben Sie mir«, enthüllte Barbra einem skeptischen Reporter während ihres Engagements in San Francisco. »Nach außen hin nicht, aber meine Schüchternheit macht mich aggressiv oder defensiv, je nachdem, wie Sie es verstehen wollen.« Im Falle der Streisand waren Schüchternheit und Aggressivität nicht unbedingt widersprüchlich. Die Aggressivität war meistens eine Folge ihrer Schüchternheit.

San Francisco war ein überwältigender Erfolg. Anders als der Club in Miami bot ihr das *Hungry i* den richtigen Ort für ihre sehr persönliche Darstellungsweise. Schlangen bildeten sich vor der Tür und auf der Straße. Die Menschen in San Francisco – an der Spitze die exaltierten Homosexuellen der Stadt – waren begeistert. »Einmal im Leben hat man Glück«, schwärmte der Kritiker Owen Hiddleson, »und man wird Zeuge bei der Geburt eines neuen Stars des Entertainment . . . Der neue Star? – Barbra Streisand, eine einundzwanzigjährige Bluessängerin [er wußte nicht, wie er sie einordnen sollte] aus Brooklyn. Miss Streisand hat eine starke Persönlichkeit und das Talent, eine unvergeßliche Sängerin des Showbusineß zu werden.« Bald wurde über Barbras Auftritt im *Hungry i* nicht nur in ganz Kalifornien geredet. Sie war ein Renner. Es war die Zeit des *Kingston Trios*, aber wenn man Barbra nicht kannte, dann war man nichts. Übrigens schenkte niemand, Barbra eingeschlossen, dem jungen Künstler, der die Show im *Hungry i* mit ihr teilte, besondere Beachtung. Sein Name war Woody Allen.

Im April wagte sich Barbra in den Mittelwesten vor, wo sie in Chicago bei Mister Kelleys auf der Rush Street zusammen mit dem Komiker Jackie Vernon auftrat. Außerdem nahm sie eine Woche lang an der Fernseh-Talk-Show von Mike Douglas in Cleveland teil. Ihr Erscheinen bei Douglas half ihr weder bei den Verkäufen von »Happy Days Are Here Again«, das die Columbia als Single neu herausbrachte, noch schaffte es die Hitliste der Top 40. Aber der Auftritt tat Wunder im Hinblick auf den Verkauf ihrer ersten Platte, die in den Wochen nach ihrer Veröffentlichung überschwengliche Kritiken bekommen hatte. Douglas war natürlich ein begeisterter Fan von ihr und brachte sie im Laufe der Woche dazu, alle ihre Lieder des Albums zu singen. »Ich bin sicher, daß unsere Show half, die Sache ins Rollen zu bringen«, erzählte Douglas. »Wir ermöglichten ihr den ersten bedeutenden und längeren Fernsehauftritt im Land.«

Sie kehrte optimistisch nach New York zurück. Am 4. Mai 1963 kam das *Barbra-Streisand-Album* in die Top 40 der Hitliste. In den folgenden Wochen würde es auf Platz acht aufsteigen. Noch eindrucksvoller läßt sich das Durchhaltevermögen der Platte daran sehen, daß sie insgesamt achtundsiebzig Wochen in den Top 40 blieb, was für einen Solointerpreten in der gesamten Rock-Ära eine Rekordzeit bedeutete.

Am 12. Mai, am Muttertag, gab Barbra eine Vorstellung in der letzten »Dinah Shore Show«. In ihr wurden vier Newcomer vorgestellt. Einer davon war Barbra. Sie sang »Cry Me a River« und »Happy Days Are Here Again«. Rick du Brow, der zu dieser Zeit für die *United Press International* schrieb, war überschwenglich in seinem Lob. »Ich bezweifle, daß es irgendeinen jungen Künstler gibt«, schwärmte er, »der so erstaunlich wie Miss Barbra Streisand ist. Miss Streisand ist eine Komödiantin, aber sie wird bald als eine richtungweisende Sängerin bekannt sein, die sich in ihren Liedern auf so außergewöhnliche Weise ausdrückt, wie es seit Lena Horne niemand mehr getan hat . . . Miss Streisand sieht auf attraktive Art unbeholfen aus, ein bißchen wie Fanny Brice und Alice Ghostley und Carol Burnett, mit einem Hauch von Mort Sahl.«

An dem Abend, nachdem die Show gesendet wurde, hatte Barbra im *Basin Street East* in Manhattan Premiere. Benny Goodman und seine Band standen ebenfalls auf dem Programm. Die neue Umgebung bot Barbra die Gelegenheit, ihre schnell anwachsende Anhängerschaft noch zu vermehren. Während ihres Engagements erhielt Barbra einen herzlichen Brief von der Lieblingsschauspielerin ihrer Kindheit, die sie zu ihrem Erfolg beglückwünschte. »Sie sind wunderbar«, hieß es dort, »mehr als Sie selber denken.« Er war von Audrey Hepburn.

Das beständige Lob und die Anerkennung halfen Barbra, mehr Vertrauen auf der Bühne zu gewinnen, besonders im Umgang mit dem Publikum. »Hey, Barbra«, schrie einmal ein Zuschauer. »Bist du nicht aus Brooklyn?« Ohne einen Takt auszulassen, sagte Barbra unbewegt: »Sind wir nicht alle irgendwie aus Brooklyn?«

Manche waren der Ansicht, daß es nicht Selbstvertrauen, sondern eine gewisse Dreistigkeit war, die sie oft gewagt und mit geschmackloser Hingabe zur Schau stellte. »Man hat mir gesagt, daß ich letzten Endes alles gewinnen werde«, sagte sie zu dem Autor Pete Hamill. »Den Emmy fürs Fernsehen, den Grammy für Schallplatten, den Tony für den Broadway und den Oscar für den Film. Es wäre wunderbar, all diese Preise zu gewinnen, reich zu sein und meinen Namen als Markenzeichen überall in der Welt zu sehen. Und ich denke, daß vieles davon wahr werden wird. Ich spüre das. Es kann gut oder schlecht sein, aber ich lebe mein Leben jetzt und hier. Und ich sehe nicht ein, warum es nicht immer Spaß machen sollte. Sie vielleicht?«

In ihren Tagträumen auf dem Dach des Vanderveer-Gebäudes hatte sich die Teenagerin Barbra immer vorgestellt, daß es Glück ohne Ruhm nicht geben konnte und daß das eine ohne das andere nicht existieren würde. Statt dessen war die immer berühmter werdende Zwanzigjährige immer noch deprimiert und voller Spannungen und stand außerdem unter dem Druck, die Erwartungen, die man an sie stellte, auch zu erfüllen: so gut zu sein, wie man sie angepriesen hatte, und ihren eigenen, überzogenen Ansprüchen gerecht zu werden. »Wenn man das Niveau seiner Arbeit beibehält, damit man nicht fertiggemacht wird, weil man es nicht beibehalten hat«, sagte sie zu dieser Zeit, »dann wird man fertiggemacht, weil man hochnäsig ist. Jetzt, wo ich auch von den Massen akzeptiert werde, beginnt man, mich zu zerreißen.« Als Zeichen für ihre zunehmende Verachtung für das Publikum fügte sie hinzu: »Die Leute wollen jemanden, der immer vorneweg ist. Das ist Demokratie. Die meisten wissen gar nicht, ob ich gut oder schlecht bin, das ist das Schlimmste daran.«

Als sie ihr Engagement im *Basin Street East* verlängerte, zirkulierten in der lokalen Presse Gerüchte über sie. Eines davon war, daß der Manager des Kabaretts ihr einen Fünfjahresvertrag anbieten wollte. Ein anderes unterstellte ihr, daß der Produzent George Abbott plante, sie als Star für ein neues Broadway-Musical zu engagieren. Und dann gab es Gerüchte, sie sei schwanger, welche allerdings von der Tatsache genährt wurden, daß Barbra, die bisher auffallend dünn, wenn nicht mager war, nun anfing, einen kleinen hervorstehenden Bauch zu haben. Sie fing auch an, weite Kleider zu tragen, sogar auf der Bühne. Eines ihrer Lieblingsoutfits war ein vier Dollar teures, in der Taille weitgeschnittenes Gingham – »Zeltkleid«. Barbra widersprach dem Gerücht natürlich und sagte: »Vielleicht wissen Sie etwas, was ich nicht weiß.«

Im März, zu Beginn ihrer Tournee, erzählten Barbra und Elliott jedem, einschließlich ihren Freunden und der Presse, daß sie heimlich geheiratet hatten. Die angebliche Hochzeit sollte in Miami stattgefunden haben. »Ich bin eine alte verheiratete Frau«, sagte Barbra, wann immer sie gefragt oder auch nicht gefragt wurde. Elliott stimmte dem zu: »Es war wie ›Hand drauf‹. [Wir sagten] ›Laß uns heiraten.‹ Und das taten wir dann auch.« Es ist einfach, diese Lüge zu verstehen. Selbst kurz vor dem Beginn der Flower-Power-Zeit war es immer noch verpönt, unehelich zusammenzuleben.

Im März 1963 flog Elliott nach London, um eine West-End-Produktion des Stückes *On the Town* von Leonard Bernstein, Betty Comden und Adolph Green vorzubereiten, das eine Wiederaufnahme der erfolgreichen Musicalkomödie von 1944 war, aus der man 1949 auch noch einen Film mit Gene Kelley und Frank Sinatra gemacht hatte. Im Februar hatte der Regisseur Joe Layton beide, Barbra und Elliott, gefragt, ob sie in der Show mitmachen wollten, Elliott in der Rolle des Seemannes Ozzie und Barbra als Hildy, der freimütigen Taxifahrerin. Elliott akzeptierte das Angebot und wollte, daß Barbra es ebenfalls täte. Er argumentierte, daß dies eine Möglichkeit sei, ihrer beider Karrieren fortzusetzen, ohne ihre Beziehung zu unterbrechen. Barbra fühlte sich zerrissen. Ihr Herz zog sie zu Elliott, ihr Ehrgeiz indes zielte in eine andere Richtung. Vor Elliott hatte sie Marty Erlichman beraten, und es gab wahrscheinlich keinen, dessen Rat sie mehr schätzte. Erlichman hämmerte ihr ein, daß alles, was sie jemals gewollt habe, direkt vor ihrer Tür liege. Warum sollte sie alles für eine Nebenrolle in einem bereits aufgeführten Stück riskieren, das auch noch jenseits des Atlantiks in einem anderen Land aufgeführt wurde und das vielleicht ein Flop werden würde? Außerdem sollte sie die lukrative Tournee durchführen, die er für sie arrangiert hatte, um Werbung für ihre Platte zu machen. Eines Abends gab es über dieses Thema heftigen Streit im *Sardi's*. Elliott und Marty beschimpften einander. Elliott brüllte Marty an, daß er sich in ihre Beziehung einmische. Erlichman schrie zurück, daß er sich in die Beziehung mit seiner Klientin einmischte. Barbra saß zwischen ihnen. Sie setzten sie beide unter Druck: »Was willst du machen?« Schließlich hob Barbra ihren Kopf und sah Elliott an. »Ich gehe mit dir nach London«, sagte sie leise. Es gab eine Pause. Dann sagte Elliott gerührt und in einem plötzlichen Meinungsumschwung: »Du hast die richtige Entscheidung getroffen. Aber du wärest nicht glücklich dort. Du mußt deine Karriere verfolgen.«

Anfang Mai 1963, während Elliott in London war, wurde Barbra eingeladen, beim jährlichen Korrespondentenessen im Weißen Haus vor Präsident John F. Kennedy aufzutreten. »Sie freute sich sehr darauf«, erinnerte sich Ashley Feinstein. Dieses Ereignis entsprach in Amerika in etwa einer geschlossenen Veranstaltung im Königshaus. Und es war etwas, was ihre Mutter spürbar beeindruckte, die eine glühende Anhängerin Kennedys war. Merv Griffin sollte die Show leiten. Sein Agent, Murray Schwartz, sollte die Abendunterhaltung koordinieren. Als Griffin die Besetzung für den Abend sah, sprach er sich gegen Barbras Beteiligung aus. Griffin war immer ein Befürworter des alten Hollywood-Glamours gewesen. Er war kein Streisandfan. Um Unterstützung für seine Vorbehalte zu finden, erzählte Griffin Schwartz, daß Kennedy Badeschönheiten mochte und vermutlich an Barbra wenig Interesse haben würde. Dennoch beharrte Schwartz auf seiner Entscheidung, und am 23. Mai, dem großen Abend, sang Barbra unter anderem »Happy Days Are Here Again«. Es reicht zu sagen, daß sie allen anderen Künstlern die Show stahl.

Nach der Vorstellung standen Griffin, Barbra und die anderen Künstler des Programms, darunter Eddie Adams, Marty Brill und Julius Monk, in einer Schlange, um vom Präsidenten empfangen zu werden. Vor der Show waren sie kurz über den genauen Ablauf informiert worden. Sie wurden dem Präsidenten vorgestellt, sollten seine Hand schütteln und ihm dann die Möglichkeit geben, schnell weiter an der Schlange entlangzugehen. Sie waren ausdrücklich darauf hingewiesen worden, ihn nicht aufzuhalten. Als Kennedy zu Barbra kam, machte sie einen Knicks. Ihre Knie wurden ihr in seiner Gegenwart weich. Es gab nur wenige berühmte Persönlichkeiten, die es Barbra angetan hatten, und John F. Kennedy war eine von ihnen. Sie zückte einen Stift, hielt ihm das Programmheft hin und fragte ihn mutig: »Mr. President, könnte ich wohl Ihr Autogramm bekommen?« Merv Griffin war entgeistert. Als Kennedy Barbras Programmheft unterschrieb, erzählte sie ihm, daß ihre Mutter eine glühende Anhängerin von ihm sei. »Wie lange singen Sie schon?« fragte er höflich. »Ungefähr so lange, wie Sie Präsident sind«, gab sie zur Antwort. Als Kennedy ihr das unterzeichnete Programmheft aushändigte, drückte sie ihre vollste Zufriedenheit darüber aus. »Danke«, sagte sie begeistert. »Sie sind ein Schatz.«

Am nächsten Morgen näherte sich Griffin Barbra besorgt beim Frühstück. »Mußtest du den Präsidenten wegen eines Autogramms aufhalten?« »Ich wollte es«, antwortete sie. »Hat er dir eine Widmung reingeschrieben?« fragte Griffin. »Ja«, erwiderte Barbra scharf. »Fuck you. The president.« Barbra würde es Griffin weder verzeihen, daß er ihr diesen Vorwurf machte, noch daß er sie nicht für diese Show wollte. In den folgenden Wochen ging in New York das Gerücht um, daß Barbra durch die Stadt lief und sich über Kennedys Bostoner Akzent lustig machte. Als Barbra daraufhin von einem Reporter angesprochen wurde, sagte sie mit ernsthafter, obgleich übertriebener Besorgnis: »Er ist ein gutaussehender, wirklich wunderbar aussehender Mann. Ich habe das nie gesagt. Ich werde dem Präsidenten einen Brief schreiben. Er muß die Wahrheit wissen.«

Der fortlaufende Verkaufserfolg des *Barbra Streisand Albums* machte Barbra Mut in der Beurteilung ihrer eigenen kommerziellen Möglichkeiten. Über 100 000 Platten wurden im ersten Jahr nach der Veröffentlichung verkauft. Die Platte würde die 500 000-Marke erreichen und von der Recording Industry Association of America mit Gold ausgezeichnet werden. »Alle Leute, die solche Lieder singen wie ich, verkaufen die Platten höchstens an ein ganz bestimmtes Publikum, mit einer Auflage von 400 Stück«, sagte sie spöttisch in Hinblick auf alle Möchtegern-Experten, die wiederholt ihren möglichen Erfolg heruntergespielt hatten. »Vier Lieder auf dieser ersten Platte halten nicht einmal richtig den Takt. Ich habe sie ganz frei gesungen. Man hat mir gesagt, daß ich dieses Zeug nie verkaufen könnte. Ich habe geantwortet, daß es der einzig machbare Weg sei. Es bestätigt meine Ansicht, daß alles, was wirklich musikalisch ist, auch kommerziell ist. Hippies kapieren es, und die Menschen in Arkansas auch.« Sie fügte hinzu: »Warum sind Leonardo da Vinci und van Gogh auf der ganzen Welt berühmt? Weil man bei Qualität keine Kompromisse machen kann.«

Nachdem sie ihren verschiedenen Engagements nachgekommen war, überquerte Barbra den Atlantik, um Elliott in London zu treffen. *On the Town* hatte am 26. Mai Premiere im *Prince of Wales Theatre* gehabt, enttäuschende Kritiken bekommen und eine geringe Besucherzahl verzeichnet. Es war eine schwierige Zeit für Elliott. Nicht nur war seine Karriere ein Mißerfolg, seine Freundin erlebte obendrein ein für sie ungewöhnlich erfolgreiches Jahr. Bob Schulenberg, der zu dieser Zeit in Europa lebte, besuchte das Paar und bemerkte Elliotts Verzweiflung sofort. »Ich fuhr von Frankreich aus nach Oxford, um sie zu besuchen«, erinnert sich Schulenberg. »Die Atmosphäre war sehr gespannt. Ich sah, daß Elliott seine Probleme mit Barbra hatte, was ihn sehr belastete. Er hätte in *I Can Get It for You Wholesale* die Entdeckung sein sollen und war es nicht gewesen. Er war nicht aufnahmefähig. Ich mußte mich bemühen, ihn in die Unterhaltung mit einzubeziehen. Aber es interessierte Elliott nicht, mit mir zu reden. Ich stellte fest, daß ich eine Verbindung zu Barbra hatte, die Elliott nicht hatte. Und er war unsicher, wie unsere Beziehung aussah. Ich verbrachte den Tag mit Barbra, während Elliott probte, und dann aßen wir alle zusammen in einem chinesischen Restaurant. Ich versuchte, über unverfängliche Dinge zu reden, aber schließlich konzentrierte ich mich ganz auf mein Skizzenbuch und zeichnete.« Für Schulenberg war es eine schwierige Situation. Er sollte eigentlich Gast sein und wurde von seinem Gastgeber fast vollständig ignoriert, weil dieser mit seinen eigenen Problemen zu kämpfen hatte. Barbra tat nichts, um die Spannung zwischen den beiden Männern zu lösen. Statt dessen ignorierte sie Schulenberg, wenn sie alle drei zusammen waren, weitgehend und unterhielt sich mit Elliott, so als ob sie alleine wären. Schulenberg dazu: »Sie hatte diese merkwürdige Angewohnheit, weiterzureden, als ob niemand anderes da sei. Man mußte sich selbst darum kümmern, bemerkt zu werden. Mein Onkel hat eine Frau geheiratet, die meiner Mutter, wenn sie sie besuchte, nie eine Tasse Eistee oder irgend etwas anderes anbot. Die Einstellung dieser Frau war ›Wenn ihr Eistee wollt, dann fragt gefälligst.‹ Mit Barbra und Elliott war das ähnlich. Wenn man etwas von ihnen wollte, dann mußte man darum bitten.«

Nachdem sie ein paar Wochen zusammengewesen waren, mußten sich Barbra und Elliott notgedrungen wieder trennen, damit Barbra ein Versprechen gegenüber Liberace einhalten konnte. Der extravagante Pianist hatte eine Vorstellung von Barbra im *Bon Soir* gesehen. Er sah sie dann wieder, als sie beide in der »Ed Sullivan Show« auftraten, und beschloß, daß er sie als Vornummer für seine nächste Tournee haben wollte. Seymour Heller, Liberaces Manager, war jedoch dagegen, weil er glaubte, daß man Barbra im Mittleren Westen nicht akzeptieren würde. Liberace gab nach und vergaß die Sache, bis er Barbra im *Basin Street East* wiedersah. Diesmal sagte Liberace zu Heller: »Ich nehme sie mit nach Las Vegas, ganz egal, was du sagst.« Er plante ein vierwöchiges Engagement im *Riviera Hotel*, wo er seit fünf Jahren nicht mehr gespielt hatte und wo er nur das Beste bieten wollte. Zu Heller sagte er weiter: »Zumindest ist das Publikum dort ausgeflippt genug, um sie zu mögen.« Wenn Barbras gemeinsamer Auftritt mit Sergio Franchi in Miami schon unglücklich war, dann schien ihrer Zusammenarbeit mit Liberace erst recht ein Desaster bevorzustehen. Liberace war die Personifikation von Las Vegas' Protz und Schmalz. Sein Publikum war im Durchschnitt älter und gierig nach Pailletten und Glamour. Er hätte niemand Ungeeigneteres als Barbra für seine Vornummer wählen können. Ihre Bühnenpräsenz war ungeschliffen, und sie präsentierte ihre Lieder auf abgehackte Weise, ihr Auftritt selbst war ausgesprochen schlicht und ohne viel Brimborium. Sie war einfach eine Sängerin, die auf einer fast sterilen Bühne stand. Auch ihr Aussehen war alles andere als glamourös. Sie war die Antithese all dessen, was Liberace repräsentierte, und sie war ganz offensichtlich nicht in ihrem Element. Bei der Premiere am 2. Juli 1963 gab ihr das Publikum von Las Vegas nur mäßigen Applaus. Anstatt das Publikum, wie es ihre Aufgabe war, anzuheizen, hinterließ sie Liberace eine sterile Bühne und frustrierte Zuhörer. Als auch ihr zweiter Auftritt floppte, drohte die Geschäftsleitung des *Riviera*, sie zu feuern. Liberace berief eine Besprechung in seiner Suite ein, und er verkündete: »Ich eröffne die Show mit einer schnellen Nummer und stelle Barbra dann als meine Entdeckung vor. Großer Hit in New York und so weiter. Dann kommt sie heraus, und sie werden sie mögen, weil sie meinen Segen hat.« Unter vier Augen schlug Liberace Barbra vorsichtig vor, daß sie ihre Garderobe etwas flotter gestalten sollte. Sie erwiderte scharf: »So wie die Ihre?«

Liberace befahl, und seine Untertanen hörten auf ihn. Die folgenden Abendvorstellungen waren sehr viel erfolgreicher als die ersten, und die Geschäftsführung des *Riviera* ging sogar so weit, Barbra einen dauerhaften Vertrag unterschreiben zu lassen. Diese Vereinbarung würde Barbra jedoch später bereuen. Barbra mochte das Publikum von Las Vegas nicht, und sie verachtete die alten, Zigarre rauchenden Ehemänner und besonders deren perücketragenden, mit Juwelen behängten Ehefrauen. Sie haßte außerdem das ununterbrochene Gequatsche und das Klingen von Gläsern während ihrer Auftritte. Die Streisand war vollkommene Stille gewöhnt, während sie sang. Sie konnte nicht akzeptieren, daß Las Vegas, die vielleicht lauteste Stadt Amerikas, vor niemandem verstummen würde.

Im *Cocoanut Grove* im *Ambassador Hotel* in Los Angeles hatte Barbra jedoch den größten Cluberfolg dieses Jahres. Das legendäre *Grove* war der Aufenthaltsort der Hollywood-Elite. Auf seinen geheiligten Böden hatten bereits Jahrzehnte zuvor Bette Davis und Joan Crawford getanzt und viele andere Berühmtheiten ihren Wein getrunken, gegessen und ihre Liebschaften gepflegt. Wie viele andere New Yorker Theaterleute blickten auch Barbra und Elliott mit Verachtung auf Hollywood herab, da es ihrer Meinung nach mehr Tand als Talent produzierte. Aber tief in ihrem Inneren sehnte sich auch Barbra verzweifelt danach, in Hollywood Zustimmung zu finden. Insofern erfüllte ihr ein Auftritt im *Grove* zumindest in gewisser Weise einen Kindheitstraum. Sie sagte zu dieser Zeit: »Ich kann mich noch daran erinnern, und das ist gar nicht so lange her, da stand ich noch auf der anderen Seite des Ufers. Sie wissen, was ich meine. Es ist noch gar nicht lange her, daß ich in einem Süßwarenladen in Brooklyn saß, Eis aß und in den Filmzeitschriften blätterte. Und nun trete ich plötzlich vor all diesen Stars auf und bin sogar einer von ihnen.« Bei der Premiere am 21. August ließ Barbra ihre Zuschauer, unter denen sich auch viele Stars befanden, über eine Stunde warten. Diese Leute waren es nicht gewöhnt, daß man sie warten ließ, und erst recht nicht auf einen relativen Niemand, der – zumindest ihnen – erst noch beweisen mußte, daß sein Talent den ganzen Rummel wert war. Barbras Ruf in Hollywood, eine schwierige Persönlichkeit zu haben, nahm an diesem Abend seinen Anfang. Als sie schließlich die Bühne betrat, nachdem der Pianist Pierson Thal und sein Orchester ein ziemlich unpassendes Potpourri hawaiischer Musik geliefert hatten, stand Barbra einer unruhigen, sogar feindlichen Zuschauermenge gegenüber. »Fang schon an«, schienen sie zu sagen. »Zeig uns, was du kannst.« Sie blickte ins Publikum und gab sich einen Schein von Lässigkeit. Erst sah sie in die eine, dann in die andere Richtung und zeigte dabei die Linie ihres unregelmäßigen Profils. »Wenn ich gewußt hätte, daß heute abend so viele Stars hier sein würden«, witzelte Barbra, »dann hätte ich meine Nase operieren lassen.« Das Publikum lachte, und als sie endlich anfing zu singen, vergab man ihr.

Louella Parsons war da, ebenso wie ihre seit langem gehaßte Rivalin Hedda Hopper. Der Liedtexter Sammy Cahn saß neben Hedda und hielt sich den Kopfhörer eines Transistorradios ans Ohr. Während der Show machte er die Zuschauer wütend, die neben ihm saßen (von Barbra ganz zu schweigen), indem er die Resultate eines Baseballspiels in den Raum brüllte. Als Barbra gerade ihre aufsehenerregende Interpretation von »Bewitched, Bothered und Bewildered« sang, stand Cahn auf und schrie: »Die Dogers haben gewonnen. Sechzehn Innings. 2 zu 1!«

John Huston, der damals fünfundsiebzig Jahre alt war, verbrachte den größten Teil des Abends damit, sich an die siebzehnjährige Sue Lyon heranzumachen, die in Hollywood mit ihrer

Rolle in *Lolita* gerade eine Sensation ausgelöst hatte. Über Natalie Wood und Robert Wagner gab es Geflüster, weil die beiden in verschiedenen Ecken des Lokals saßen. Sie hatten sich kürzlich getrennt und waren nun mit ihren neuen Partnern, Arthur Loew Jr. und Marion Donen, da.

Weitere anwesende Berühmtheiten waren Kirk Douglas, Henry Fonda, Elizabeth Ashley, George Peppard, Roddy McDowall, Tammy Grimes, Ray Milland und Edward G. Robinson.

Als der Abend zu Ende ging und Barbra die letzten Noten von »Happy Days Are Here Again« sang, lagen ihr die Zuschauer aus Hollywood begeistert zu Füßen. Sie riefen »Zugabe!«. Barbra verließ die Bühne, ohne sich noch einmal umzublicken.

Ein Kritiker des *Los Angeles Herald Examiner* schrieb: »Nachdem monatelang von der Ostküste und aus Las Vegas überwältigende Berichte über Barbra Streisand gekommen sind, haben die ortsansässigen Showfans nun endlich die Möglichkeit, sich selbst ein Bild zu machen ... [und sie] hat das Premierenpublikum völlig in ihren Bann geschlagen.« *Der Hollywood Reporter* pflichtete bei: »Bei der Premiere am Mittwochabend hat Miss Streisand das Publikum in dem überfüllten Lokal, in dem es von Persönlichkeiten nur so wimmelte, begeistert. Dieses Ereignis übertraf einem alten *Grove*-Besucher zufolge jede andere Premiere der letzten Zeit.«

Bei den Feiern, die nach den Auftritten ihr zu Ehren abgehalten wurden, war sie oft nicht anwesend. Eines Abends hielt der Kolumnist Sidney Skolsky die Freundin des Produzenten Tony Bill versehentlich für Barbra. Er dankte ihr für die Show, küßte sie auf die Wangen und verabschiedete sich. Erst später erfuhr er von seinem Fauxpas.

Barbra gab der lokalen Presse eine Vielzahl von Interviews. Meistens bat sie darum, die Interviews in einem Restaurant stattfinden zu lassen. Auf diese Weise konnte sie von der Situation profitieren und ein kostenloses Mahl zu sich nehmen. Ein Reporter war ziemlich erstaunt, als Barbra während des Interviews einen Shrimpssalat, zwei Schweinekoteletts und ein Steak verdrückte. Sie sprach über ihre ambivalenten Gefühle, was ihre Berühmtheit betraf: »Es fängt an, mir angst zu machen«, erzählte sie Skolsky. »Leute, die keinen Erfolg haben, hassen den Erfolg. Als ich noch zweite Wahl war, wollte ich unbedingt vorwärtskommen. Aber jetzt, wo alle zahlen, bloß um *mich* zu sehen, ist der Spaß vorbei. Es ist alles so verwirrend. Ich denke, ich muß mich erst daran gewöhnen.«

Zu einem anderen Reporter sagte sie während eines Essens: »Denken Sie nur, vor einem Jahr habe ich nur 400 Dollar pro Woche verdient und einige Monate davor sogar nur 108. Heute nehme ich Angebote unter 15 000 Dollar nicht mehr an.«

Einem weiteren Journalisten gegenüber beklagte sie sich: »Modedesigner erzählen mir, daß ich eine der besten Figuren habe, die sie je gesehen haben. Aber niemand schreibt über mich, daß ich gut aussähe. Sie sagen nur: ›Sie ist dieses Mädchen, das häßlich, aber talentiert ist.‹«

Ihre Interviews mit der Hollywood-Presse waren eindeutige Versuche, ihr Image zu verändern und neu zu gestalten. Es hatte sie verletzt, daß mehrere nationale Zeitschriften sich über ihre Art zu sprechen lustig gemacht und sie als nicht besonders intelligent hingestellt hatten. »Sie ist großartig, wenn sie singt«, schien es darin zu heißen, »aber sie sollte nicht reden.« Schließlich gab sich Barbra Mühe, besser zu formulieren und langsamer und in ganzen Sätzen zu sprechen. Sie versuchte ihren Brooklyn-Akzent zu verlieren und machte in Gesprächen Anspielungen auf ihren herausragenden Intellekt. »Ich lese viel Philosophie«, erzählte sie einem Reporter, »damit ich mir immer wieder neue Fragen stellen kann. Ich frage mich, warum.«

Wenn sie nicht gerade mit Reportern aß, dann wurde sie von Hollywoods Agenten und Managern hofiert, die in ihrer Gegenwart die Dollarnoten nur so winken sahen. Das Managerteam Freddie Fields und David Begelman, das auch Judy Garland vertrat, war sehr daran interessiert, sie für sich zu gewinnen.

Begelman und Fields hörten nicht auf, Barbra zum Essen einzuladen. »Sie versuchten sie mit einem Rolls-Royce zu verführen, der sie brachte, wohin sie wollte«, sagte Irvin Arthur. »Und als ihr Vertrag mit der Associated auslief, unterzeichnete sie bei der von den beiden gegründeten Agentur CMA, der späteren ICM.« Es half ihr bei der Entscheidung, die sie zusammen mit Marty Erlichman traf, daß CMA nicht nur Sänger und Künstler repräsentierte wie die Associated Booking. Es gab auch eine Filmabteilung, was sie bereits im Herbst 1963 interessierte.

Sie beendete ihr triumphales Gastspiel im *Cocoanut Grove* am 8. September. Bei der Abschiedsparty sprach der Schauspieler Tony Franciosa vielen aus der Seele, als er kurz und bündig – und ohne die für Hollywood typische aufgeblasene Überheblichkeit – prophezeite: »In zehn Jahren noch werden wir uns an den heutigen Abend mit Barbra erinnern.«

12. KAPITEL

»Wir nehmen das Mädchen«

Der Mann, dem Barbra Streisand ihren überaus erfolgreichen Einstieg in Hollywood zu verdanken hatte, spielte auch in den späteren Jahren eine wichtige Rolle in ihrem Leben. Sein Name war Ray Stark. Stark arbeitete, als er Barbra traf, an einer Musical-Biographie seiner verstorbenen Schwiegermutter. Nach langen Überlegungen und einer mehr als einjährigen Suche hatte er sich die relative Newcomerin Barbra Streisand für die Hauptrolle ausgesucht. Das *Cocoanut-Grove*-Engagement gab ihm die Gelegenheit, sie seinen Kollegen in Hollywood vorzustellen, und außerdem setzte er auf den Stoff des Musicals sowie darauf, daß es mit Sicherheit verfilmt werden würde, wenn es Erfolg hätte. Thema der Produktion war die Künstlerin Fanny Brice. Ihr Titel: »Funny Girl«.

Stark wußte *alles* über Stars. Als Agent vertrat er in den fünfziger Jahren unter anderem Lana Turner, Ava Gardner und Marilyn Monroe. Auf Dauer genügte es ihm aber nicht, Talente nur zu vertreten und eine Provision von zehn Prozent einzustecken, sondern es drängte ihn danach, das *echte* Geld einzukassieren und in die Filmproduktion einzusteigen. 1957 gründete Stark mit Eliot Hyman die *Seven Arts Productions* und machte sich daran, Filmrechte zu erwerben, unter anderem *The Nun's Story*, *Anatomy of a Murder*, *The World of Suzie Wong* und *West Side Story*. Am meisten lag ihm aber seine Idee am Herzen, die Lebensgeschichte seiner Schwiegermutter zu verfilmen.

Die Geschichte der Fanny Brice war schon 1939 in relativ unversteckter Form mit *Rose of Washington* verfilmt worden. Alice Faye spielte darin die Hauptrolle. Fanny Brice strengte wegen Verleumdung einen Prozeß an. Der Streit wurde schließlich außergerichtlich beigelegt. Kurz nach Fannys Tod im Jahre 1951 erschien eine Biographie mit dem Titel *The Fabulous Fanny* von Norman Katkov, die auch Teile ihrer unvollendeten Memoiren enthielt. Im Gegensatz zum Titel zeigte das Buch Fanny in nicht gerade schmeichelhaftem Licht. Die Biographie störte Starks Ehefrau Fran – die Tochter von Fanny Brice – so sehr, daß Stark Katkovs Verleger angeblich 50000 Dollar zahlte, damit dieser das Buch vom Markt nähme und alles Druckmaterial zerstörte.

Stark wollte eine bereinigte Version der Lebensgeschichte von Fanny Brice, die sie positiv darstellte und die von ihrer Familie akzeptiert würde. Mit dieser Auflage arbeitete Isobel Lennart an ihrem Drehbuch, das sie zunächst mit *Fanny* und dann mit *My Man* betitelte. Stark legte den Verantwortlichen in Hollywood einen fertigen Entwurf am 20. Oktober 1960 vor, stieß aber auf wenig Interesse. Ungefähr ein Jahr später las der Regisseur Vincent J. Donehue das Drehbuch, das Isobel Lennart inzwischen zu einer perfekten Geschichte weiterentwickelt hatte. Donehue war überzeugt von den Möglichkeiten dieses Drehbuchs und rief Mary Martin an, die sich noch ihrer Erfolge mit *The Sound of Music* erfreute. Als Mary Martin zustimmte, Fanny Brice zu spielen, wurde das Projekt plötzlich als großes Broadway-Musical kreditwürdig.

Stark war bereit, seine ursprüngliche Idee zu verändern. Er wollte zwar immer noch seinen Film machen, ergab sich aber den Realitäten und überdachte seine Vorgehensweise neu. Er würde *sein* Broadway-Projekt machen und dafür sorgen, daß *Hollywood* es zur Kenntnis nähme. Die hohen Tiere der Glamourstadt waren schließlich nicht gerade bekannt für ihre Vorstellungskraft. Sie mußten manchmal aufgerüttelt oder ein bißchen vor den Kopf geschlagen werden – und am besten mit einem *Hit*. Stark, der mit dem Theater keine Erfahrung hatte, machte umsichtigerweise den Broadway-Manager David Merrick zu seinem Partner. Er versuchte auch, Stephen Sondheim, den begabten Liedtexter der *West Side Story*, und den Komponisten Jule Styne, der gerade *Subways Are for Sleeping* und das unglaublich erfolgreiche *Gypsy* hinter sich hatte, für das Projekt zu gewinnen.

Bei den Verhandlungen knallten die unterschiedlichen Persönlichkeiten aufeinander. Sondheim stieg aus. Donehue ebenfalls. Ein Regisseur geht, *der* Regisseur kommt, sagte sich Ray Stark, der einen sicheren Geschmack hatte. Für seine Schwiegermutter war das Beste gerade gut genug. Und im Bereich des Musicals gab es niemand besseres als Jerome Robbins. *Peter Pan, Bells are Ringing,*

West Side Story und *Gypsy* zeugten davon, was für ein brillanter Regisseur und Choreograph er war. Mit Robbins Beteiligung würde die Produktion entschieden an Prestige gewinnen. Und das war nötig.

Viele waren sich einig darüber, daß Stark mit dem Projekt in erster Linie die Eitelkeit seiner Frau befriedigen wollte.

Mit der Begründung, sie habe Probleme mit dem Buch, zog dann Mary Martin ihren Namen, ihre Unterstützung und ihre Werbewirksamkeit zurück, um statt dessen eine Show mit dem Titel *Jennie* zu machen. Die Produktion drohte, ein Reinfall zu werden. Eine neue Fanny zu finden, sollte eine langwierige, mühsame Angelegenheit werden.

Zur Liste der in Frage kommenden Fannys zählten Eydie Gorme, Shirley MacLaine und Georgia Brown. Eine Zeitlang sah es so aus, als würde Eydie Gorme, eine vielversprechende Sängerin, die bei Columbia einen Plattenvertrag hatte, die Rolle bekommen.

Aber Fran Stark, die darüber, wer ihre Mutter spielen sollte, ein Wörtchen mitzureden hatte, suchte sich Anne Bancroft aus. Die Bancroft war eine schöne, würdige Schauspielerin, die am Broadway in *The Miracle Worker* mit ihrem Porträt der Annie Sullivan für Begeisterung gesorgt hatte. Sie war keine *großartige* Sängerin (ebensowenig wie Fanny Brice), konnte aber durchaus ein Lied zum Besten geben und – was noch wichtiger war – eine Show tragen.

Jerome Robbins favorisierte eine andere Mitstreiterin, Carol Burnett, die sich mit einer Reihe von Fernsehshows und am Broadway mit *Once Upon a Mattress* einen Namen gemacht hatte. Wie die Bancroft wurde Carol Burnett wahrscheinlich für begeistertes Interesse an dem Musical sorgen und den Kinokassen schon im voraus beachtliche Einnahmen sichern.

Aber Jule Styne, den keine der beiden Möglichkeiten wirklich überzeugte, wollte, daß eine *Sängerin* seine Musik umsetzte. Er hatte Barbra in David Merricks *I Can Get It for You Wholesale* gesehen. Merrick konnte sie zwar persönlich nicht leiden, glaubte aber, daß Barbra die Richtige für diese Rolle wäre. Auf Merricks Drängen hin sah Styne sie im *Bon Soir*, das hatte den Vorteil, daß er alle Bewerberinnen für die Rolle mit der realen Fanny vergleichen konnte. Er hatte die Brice 1930 kennengelernt, als er sie in einem Spielsalon auf dem Klavier begleitete. Und so ging Styne mit Merrick an seiner Seite zu Stark, um ihm von Barbra zu erzählen. Der kratzte sich verwundert am Kopf, da ihm der Name bekannt war.

Eine ähnliche Empfehlung kam vom Broadway-Kolumnisten Radie Harris, der Stark bei einem Essen bei Kirk Douglas in Beverly Hills kennenlernte. »Ich kenne die perfekte Schauspielerin für Sie«, sagte er zu Stark, als er von seinem Projekt gehört hatte. »Sie *ist* Fanny Brice.«

»Und wie heißt diese Doppelgängerin?« wollte Stark wissen. Harris antwortete: »Ihr Name ist Barbra Streisand.«

Entschlossen lockte Jule Styne die Starks ins *Bon Soir*, damit sie seine Entdeckung sähen und hörten. Fran Stark war über Barbras nachlässige Erscheinung schockiert und entsetzte sich: »Sie wird auf keinen Fall meine Mutter spielen. Mutter war komisch, aber sie war nicht verrückt.« Trotzdem wurde Barbra zum Vorspielen eingeladen. Und dann ein zweites Mal. Und noch einmal. Da ihr die Wichtigkeit dieser Gelegenheit bewußt war, rief sie Allan Miller an, ihren früheren Schauspiellehrer. Miller war ihr Berater, Freund und Vaterersatz gewesen. Er erklärte sich einverstanden, sie für das Vorspielen vorzubereiten. »Man hatte ihr gesagt, daß Carol Burnett und Anne Bancroft ihre größten Konkurrentinnen seien«, erzählt Miller, »was für ein neunzehnjähriges Mädchen eine ganz schön schwierige Aufgabe war. Ich hatte überhaupt keine Anhaltspunkte, außer dem wenigen, was Barbra zufolge Jerome Robbins als grundsätzlichen Anspruch formuliert hatte: Sie war zu schrill. Also arbeiteten wir daran, daß sie weniger schrill wurde. Sie war nicht emotional genug. Also arbeiteten wir daran, daß sie emotionaler wurde. Und sie war nicht reif genug. Also arbeiteten wir daran, daß sie reifer wurde.«

In dem Musical mußte sich Fanny vom jungfräulichen Teenager zur weltgewandten Frau mittleren Alters entwickeln. Um dieses Kunststück zu bewerkstelligen, brachte Miller Barbra bei, ihren Hang zum Manierismus und übertriebener Gestik zu kontrollieren und nur das zu tun, was wirklich nötig war. Barbra war als Schülerin mehr als willig, zu experimentieren und alles auszuprobieren.

»Man konnte plötzlich toll mit ihr arbeiten«, sagt Miller »Sie war glänzend.«

Aber die Starks schienen auf die Bancroft erpicht zu sein. Die hatte allerdings Hintergedanken. Sie hatte gerade in der Filmversion von *The Miracle Worker* die Hauptrolle gespielt und sollte dafür einen Oscar gewinnen. Sie hatte deswegen einen Ruf zu verteidigen. Sollte sie den mit der Rolle einer leicht verrückten Komödiantin aufs Spiel setzen? Und noch schlimmer, mit einer Komödiantin, die sang? Darüber hinaus hatte die Bancroft geglaubt, daß sie mit einem Sprechgesang durch das Musical kommen würde. Jule Styne hatte jedoch andere Vorstellungen. Im Rahmen seiner Kampagne für die Streisand gab er Anne Bancroft ein kompliziertes Lied, das nur eine vollendete Sängerin ohne Schwierigkeiten bewältigen konnte.

Während die Bancroft hin und her überlegte, unterschrieb Carol Burnett schon fast den Vertrag für die Rolle, sprang dann aber doch ab, weil sie fand, daß ihr das Jüdische fehle, das sie als wesentlich für den Charakter der Figur ansah. Bei ihrer Absage pries die Burnett die Qualitäten ihrer früheren Rivalinnen: »[Nehmen] Sie Anne Bancroft, wenn Sie einen Star wollen«, riet sie Stark, »und Barbra Streisand, wenn Sie einen Star *machen* wollen. Sie brauchen so ein nettes jüdisches Mädchen, wie sie es ist.«

Anne Bancroft, die von der Entwicklung des Projektes nicht angetan war und verständlicherweise nervös wurde, empfahl sich ebenfalls. Für Robbins und Stark war das eine große Enttäuschung, zumindest zunächst. Bei Barbra Streisand waren sie sich immer noch nicht sicher. Gut, sie hatte sich mit einer kleinen Rolle in einem ansonsten mittelmäßigen Stück hervorgetan. Und sie konnte singen. Aber konnte sie auch ein bedeutendes Stück komplett bewältigen? Und vor allem: Konnte sie schauspielen?

So wurde Barbra erneut zu einem Vorspieltermin eingeladen. Und dann zu einem weiteren. Insgesamt sollten es *sieben* werden. Zum letzten Vorspielen erschien Barbra mit Verspätung. Robbins war aus berechtigten Gründen fuchsteufelswild. »Vierzig Minuten haben wir hier herumgesessen und auf Sie gewartet!« bellte er sie zur Begrüßung an. Dann warnte er sie: »Ich hoffe für Sie, daß Sie's auch wert sind.«

Hindernisse fordern Barbra heraus. Sie spielte den Monolog, den sie am Abend zuvor mit Allan Miller geprobt hatte, mit einem Temperament, das die Zuschauer in Erstaunen versetzte. Als sie fertig war, wurde applaudiert. Es gab Gelächter. Und Erleichterung. »Was mich betrifft«, sagte Robbins begeistert, »so *sind* Sie Fanny Brice.«

Auch Stark war schließlich überzeugt. Allan Miller zufolge sagte er zu Marty Erlichman: »Sehen Sie, mit der Bancroft hatten wir eine große Schauspielerin. Sie kann nicht singen, sie ist auch nicht so komisch, und wir mußten einen Vorschuß von einer halben Million hinlegen. Mit der Burnett hatten wir einen großen talentierten Star. Sie kann singen und ist komisch, aber sie kann nicht schauspielen, und wir mußten zwei Millionen Dollar Vorschuß zahlen. Bei diesem Mädchen brauchen wir *keinen* Vorschuß leisten. Aber sie kann singen und schauspielen, sie kann alles. Und wenn sie es gut hinkriegt, dann ist sie uns fünf Millionen wert. Wir nehmen das Mädchen.«

So wurde also aus Barbra Fanny. Oder aus Fanny Barbra. In den folgenden Monaten verschwamm die Grenze zwischen den beiden Persönlichkeiten. Am 25. Juli 1963 kündigte Ray Stark, dessen Frau inzwischen beruhigt war, der Presse hoffnungsfroh an, daß die zweiundzwanzigjährige Barbra Streisand in seinem lange erwarteten Broadway-Musical über das Leben der Fanny Brice die Hauptrolle spielen würde.

13. KAPITEL

Anfangsschwierigkeiten bei Fanny Brice

Ein paar Dinge mußte die *alte* Barbra aber noch regeln. Bevor die Proben zum Fanny-Brice-Musical starten konnten, mußte sie jene Auftritte hinter sich bringen, zu denen sie sich zuvor vertraglich verpflichtet hatte. Als sie vom *Cocoanut Grove* frei war, traf sie sich wieder mit Liberace für ein Engagement im *Harrah's Tahoe*. Vor, nach und zwischen ihren Auftritten arbeitete sie, während des Umkleidens, mit Jule Styne, der aus New York eingeflogen war, an der Musik. Styne wurde von Bob Merrill begleitet, dem Textschreiber, der Monate zuvor für Stephen Sondheim eingesprungen war. Styne und Merrill hatten bereits zusammen fürs Fernsehen gearbeitet.

Wenn sie nicht an ihrer Nachtclubnummer oder an der Musik von Styne und Merrill arbeitete, zwackte Barbra sich Zeit für Elliott Gould ab. Die *On the Town*-Katastrophe hinter sich, kam Elliott mit stark erschüttertem Selbstvertrauen nach Amerika zurück. Beinahe wäre er gar nicht zurückgekommen, zumindest nicht mit intakten Knochen. Seine Pausen bei *On the Town* hatte er damit verbracht, den Kummer beim Glücksspiel zu vergessen, mit Geld, das er gar nicht besaß. Schließlich stand er mit 500 Dollar Schulden da und mußte sich wie ein kleiner Junge freireden und hoch und heilig versprechen, daß seine Schulden getilgt würden, sobald er den Atlantik überquert hätte.

Elliott und Barbra trafen sich mit zwiespältigen Gefühlen wieder. Sie liebten sich noch. Aber in den wenigen Monaten ihrer Trennung hatte sich etwas geändert. Sie waren nicht mehr Hänsel und Gretel. Jetzt galt nur noch Barbra. Für jeden anderen an ihrer Seite wäre nur die Nebenrolle übriggeblieben. Elliott kam gegen Ende ihres *Cocoanut-Grove*-Engagements in Los Angeles an. Es war sein fünfundzwanzigster Geburtstag. In der Cafeteria des Hotels hatte sich Barbra mit der Kellnerin abgesprochen, die Elliott ein Stück Kuchen mit einer langen Kerze brachte. »Na los«, ermutigte ihn Barbra. »Wünsch dir was.«

»Ich will, daß die Dodgers die Meisterschaft gewinnen!« erklärte Elliott, als er die Kerze ausblies. Natürlich wollte er viel mehr. Zunächst einmal wollte er alleine mit seiner Freundin sein. Statt dessen war sie ununterbrochen von Agenten, Managern, Journalisten, Produzenten, Hollywood-Stars, Fans und Schmarotzern umringt. Elliott widerte diese aufgeblasene Künstlichkeit, dieses Parasitentum an. Außerdem zerfraß ihn der Neid, und es quälte ihn seine Unsicherheit.

Also heirateten sie. Es hatte einen Sinn. Sie wollten an dem ursprünglichen Traum ihrer Beziehung festhalten. Die Heirat würde, so hoffte er, den Wahnsinn aufhalten, in den sich Barbra gestürzt hatte. Für Barbra geriet die Welt um sie herum aus den Fugen, und Elliott war ihre Insel der Sicherheit gewesen. Außerdem erschien er ihr mit seiner Lockenmähne und seinem Grübchen im Kinn immer noch wie das Große Los.

Einer ihrer Freunde erklärt: »Sie war ein Mädchen aus Brooklyn, dem die Jungen nie hinterhergelaufen waren, das nie Halt gehabt hatte, und da kam nun dieser große, gutaussehende, männliche Typ daher, verliebte sich in sie und wollte sie heiraten.«

Am 13. September 1963, nachdem sie ihre Arbeit mit Liberace im *Tahoe* beendet hatte, fuhren Barbra, einundzwanzig, und Elliott, fünfundzwanzig, ins nahe gelegene Carson City, wo sie sich das Jawort gaben. Barbra trug ein bescheidenes Baumwollkleid und ein hoffnungsvolles Lächeln. Mit dabei waren beide Martys – Erlichman und Bregman –, Barbras Manager und ihre Stützen. Bregman war (in Abgrenzung zu Erlichman, ihrem »persönlichen« Manager) als »Geschäftsmanager« zu ihrem immer größer werdenden Umfeld dazugekommen, als sie begann über größere Geldsummen zu verfügen. Nun standen ihr also zwei Manager, zwei Agenten, eine Truppe von Presseagenten, ein Produzent, ein musikalischer Begleiter oder Arrangeur und eine ganze Plattenfirma zur Verfügung. Und nach der »Hochzeitszeremonie« war schließlich auch noch ein Ehemann dazugekommen. Es gab keine Presse, nichts Spekulatives. Schließlich waren Barbra und Elliott Gould, wie alle wußten, bereits seit sechs Monaten »verheiratet«. Interessanterweise unterschrieb Barbra den Ehevertrag mit Barbra Joan Streisand. Für Diana Kind in Brooklyn war es ein glorreicher Tag.

Endlich war ihre älteste Tochter eine angesehene Frau. Als Mitgift gab sie Barbra 750 Dollar, die sie seit Jahren gespart hatte. Dieses Geld, so hatte Diana es sich vorgestellt, wurde Barbra in ihrem Eheleben zu einem guten Start verhelfen. Statt dessen dankte die Tochter der Mutter, zahlte das Geld auf ein Konto ein und kassierte die jährlichen Zinsen. Sie brauchte kein Geld von ihr. Sie würde nie mehr welches brauchen.

Am 3. Juni begann die Aufnahme des *The Second Barbra Streisand Album*, und angesichts der Tatsache, daß ihr die Columbia wieder nur wenige Tage im Studio zugestanden hatte, war das Ergebnis verblüffend. In vielerlei Hinsicht überbot diese Platte ihre erste. Effekthascherische Lieder wie »Who's Afraid of the Big Bad Wolf?« waren verschwunden. Die Platte war wie ihre erste voller packender Geschichten und lebendiger Figuren. Auf der ersten Seite sind alle Titel, außer »Who Will Buy?« aus *Oliver*, von Harold Arlen – vom aufreizenden, herausfordernden Eingangslied »Any Place I Hang My Hat Is Home« über das schwungvolle »Down with Love« (mit seinen Anspielungen an »That Ol' Black Magic«) bis zum mitreißenden »When the Sun Comes Out«.

Die Seite zwei beginnt mit »Gotta Move«, der einzigen neuen Komposition der Platte. Peter Matz hatte das Lied für Streisands Clubauftritte geschrieben. Die Platte endet mit einer verblüffenden Interpretation von Arlens »Like a Straw in the Wind«, die dann wie von selbst in die Anfangszeilen von »Any Place I Hang My Hat« übergeht.

Ganz anders als der langsame, aber stetige Erfolg ihres Debüts, schnellte *The Second Barbra Streisand Album*, das drei Wochen vor ihrer Hochzeit mit Elliott herauskam, sofort in den Hitlisten hoch. Das Album kam bis in die Liste der Top-Ten, was für Barbra eine erstaunliche Leistung war, da sie bis dahin noch keinen einzigen Single-Hit gelandet hatte. Die Platte blieb drei Wochen auf dem zweiten Platz, gleich hinter *My Son, the Nut* von Allan Sherman, einem Komiker dieser Zeit. Es war Shermans äußerst beliebte Single mit dem Hit »Hello Mudduh, Hello Fadduh!«, die der Streisand den begehrten ersten Platz verwehrte.

Um für ihre Platte zu werben, wandte sich Barbra wieder ans Fernsehen. Nach ihrem *Grove*-Engagement hatte man ihr sozusagen alle Unterhaltungsshows angeboten, die gesendet wurden, mit Ausnahme der »Andy Williams Show« (Williams selber war gegen sie, weil er fand, daß ihr Name nicht bekannt genug sei). Sie entschied sich für »Chrysler Presents a Bob Hope Special«, die am 27. September ausgestrahlt wurde. Sie hatte Hope in den »guten alten Tagen« kennengelernt, als sie beide in Florida waren.

»Wir waren in Palm Beach, um eine Benefizveranstaltung für Krebskranke zu machen«, erinnert sich Dolores, Hopes Ehefrau. »Normalerweise werden solche Veranstaltungen von älteren Menschen besucht, die nur die Hälfte der Show bleiben. Nach der Pause sind sie alle weg. Als Bob an diesem Abend Barbra vorstellte, hatte noch nie jemand etwas von ihr gehört. Aber als sie sich dann vom Stuhl erhob und sang, kamen *alle* nach der Pause wieder. Man sagte, daß so etwas noch nie in einem Theater passiert wäre. Heute finde ich sie unglaublich, aber damals war ich nicht besonders beeindruckt von ihr. Bob schwärmte sofort von ihr. Er wußte, daß sie ein großer Star werden würde.«

Barbras wichtigster Auftritt in dieser Zeit fand in der »Judy Garland Show« statt. Garland war zu Barbras Abschlußvorstellung ins *Grove* gekommen. Sie wollte sich diese neue Sängerin, die von manchen Kritikern – ziemlich unverfroren, wie Judy fand – als »die neue Garland« gepriesen worden war, einmal persönlich anschauen. Ziemlich schnell war die Garland von Barbras Auftritt beeindruckt. »Ich werde *nie* wieder meinen Mund auftun!« gab sie voller Respekt von sich.

Es ist immer die gleiche Geschichte. Zwei Sterne begegnen sich auf ihrer Bahn. Der eine ist auf dem Weg nach oben. Der andere auf dem Weg nach unten. Nur ging die Rechnung so einfach nicht auf. Die Garland war eine zu große Konkurrentin. Sie war noch nicht bereit, sich von irgend jemandem überrunden zu lassen.

Ein paar Jahre später, 1969, starb sie an einer versehentlichen Überdosis Schlaftabletten. Aber als an diesem Freitagabend, dem 4. Dezember 1963, die Show aufgenommen wurde, die ihren Namen trug, baute sie sich auf der Bühne auf, schmetterte aus voller

Seele und rief all den alten Garland-Zauber herbei, über den sie verfügte. Es war ein triumphaler Auftritt, und die Streisand war ihr durchaus gewachsen.

Es war Judy Garlands Idee gewesen, ihr »Get Happy« mit Streisands »Happy Days Are Here Again« zu kombinieren. Während der Aufnahme sprangen hinter der Bühne die Sicherungen heraus. Das Zusammenspiel dieser beiden geistesverwandten Frauen war unglaublich. Und als die Zuschauer am 20. Oktober die Sendung einschalteten, waren sie Zeugen einer der wirklich größten Momente in der Musikgeschichte des Fernsehens.

Während ihres Duetts hielt Judy Barbras Hand umklammert, um sie zu stützen und um sich selber einen Halt zu geben. Sie war gleichzeitig begeistert und erschrocken über diese neue kleine Schwester, die ihr, wenn man den Kritikern glaubte, ihren seit langem sicheren Platz abzunehmen drohte. Die beiden gingen ironisch mit ihrer vermuteten Rivalität um. Als Barbra eine mitreißende Interpretation von »Down with Love« beendet hatte, rief die Garland aus: »Du bist hinreißend. Absolut *hinreißend.*« Und im Spaß fügte sie hinzu: »Wir haben zu Hause alle deine Platten. Und du bist so gut – daß ich dich hasse. Ich *hasse* dich wirklich, so gut bist du!« Worauf Barbra lachte und erwiderte: »O Judy, das ist wirklich nett von dir, danke. Du bist so toll – daß ich dich schon *seit Jahren* hasse!«

Die einzige Unstimmigkeit zwischen den beiden Frauen fand hinter der Bühne statt, als der Leiter der Show, Norman Jewison, Barbras Nummer kürzen mußte, um den Auftritt eines anderen bekannten Gastes zu ermöglichen, Ethel Merman. Barbra war fuchsteufelswild, aber ihre Wut richtete sich eher gegen Jewison als gegen die Garland.

Barbra ging die Show mit der für sie inzwischen typischen Selbstsicherheit und Lässigkeit an. Ashley Feinstein sagt: »Ich erinnere mich daran, wie sie die ›Judy Garland Show‹ machte. Es war nicht so, daß es ihr an Respekt fehlte, sie ging einfach nur sehr lässig mit Judy Garland um. Mit *Judy Garland!*« In Wirklichkeit hatte Barbra große Ehrfurcht vor der Garland. Sie wollte bloß nicht, daß man es merkte.

Nach der Aufnahme stieg Barbra aus ihrem Vertrag über einen

Auftritt in einem Bing-Crosby-Special aus. Marty Erlichman annullierte alle künftigen Fernsehauftritte als Gaststar. Schließlich hatte sie die »Judy Garland Show« gemacht. Etwas Besseres würde sie nicht mehr bekommen, zumindest nicht als Gast in einer Show.

Barbra und Elliott, das frischverheiratete Paar, hatten keine richtigen Flitterwochen. Bill Harrah besorgte ihnen ein Haus, in dem sie sich aufhalten, sich erholen und wieder aneinander gewöhnen konnten. Barbra gefiel sich in ihrer neuen Rolle und eroberte in einem Anfall von Häuslichkeit und mit der für sie üblichen Begeisterung die Küche.

Wieder in New York, entschlossen sich Barbra und Elliott, aus ihrer nach Fisch stinkenden Wohnung mit ihrem merkwürdig tapezierten Badezimmer und dem Nagetier namens Gonzola auszuziehen. Die Entscheidung umzuziehen, hatte Barbra getroffen. Sie hatte zwar den Wunsch und das nötige Geld dafür, aber sie hatte keine Zeit (weitere Konzerte standen an). Und so machte sich Elliott in Begleitung von Ashley Feinstein auf die Suche nach einem neuen Zuhause. »Barbra sagte: ›Nehmt eine Polaroidkamera mit und macht Photos, die ihr mir dann schickt‹«, erinnert sich Feinstein. Die Bleibe, die sie schließlich fanden – im sechsundzwanzigsten und siebenundzwanzigsten Stockwerk des Central Park West 320 –, war einer Broadway-Königin angemessen.

Als Barbra sie sich ansah, war sie begeistert von der Großzügigkeit dieser großen zweistöckigen Penthouse-Wohnung mit ihrer elegant geschwungenen Treppe (»Darauf kann ich einen richtigen Auftritt machen, oder?«) und ihrem kultivierten Hintergrund (sie hatte einmal Lorenz Hart gehört). Für Barbra war es vorbei mit dem primitiven Leben und dem Herumsitzen auf den Dächern von Mietshäusern. Während sie über den siebzehn Quadratmeter großen Balkon schritt, sog sie die Aussicht in sich ein. Central Park. Empire State Building. Hudson und East River. Und mit ein bißchen Vorstellungskraft konnte man die Ecke von Nostrand und Newkirk sehen. Die Welt, so schien es, lag zu ihren Füßen.

Am 22. November 1963 wurde John F. Kennedy erschossen, während er im offenen Wagen durch die Straßen von Dallas fuhr. Barbra war, wie der Rest der Nation, sprachlos vor Entsetzen. »Sie sind ein Schatz«, hatte sie erst sechs Monate zuvor scherzend zu ihm gesagt. An diesem Tag hatte Elliott, wieder in Begleitung von Feinstein, Gesangsunterricht. Als die beiden in einem Taxi zurück zur Wohnung fuhren, kam in einem anderen Taxi Barbra an ihnen vorbei, die auf dem Weg zu einer Verabredung war. Die beiden Wagen hielten an, und die drei Freunde kamen auf der Straße zusammen. Feinstein erinnert sich nicht an das, was sie besprachen, er erinnert sich nur, daß sie sich später am Tag in der Wohnung trafen und ihren Schmerz teilten. »Barbra war am Boden zerstört«, erinnert sich Feinstein.

Ende November war Barbra intensiv damit beschäftigt, den Text und die Musik für ihre kommende Show vorzubereiten. Die offiziellen Proben mit dem ganzen Ensemble sollten wenig später beginnen. In den vorangegangenen Monaten hatte es zahlreiche Veränderungen in der Show gegeben. Zunächst einmal war Jerome Robbins nicht länger beteiligt. Ungefähr zu dem Zeitpunkt, als die Besetzung der Rolle mit Barbra öffentlich bekanntgegeben worden war, stieg Robbins aufgrund von Meinungsverschiedenheiten mit dem Produzenten aus der Produktion aus.

Als nächstes wandte sich der langsam in Not geratene Ray Stark an den Drehbuchautor Garson Kanin. Anders als seine Vorgänger, war Kanin ganz eindeutig eine *Hollywood*-Persönlichkeit, womit Stark besser umgehen konnte. Außerdem hatte Kanin Fanny Brice gekannt, und – was noch wichtiger war – er verstand sehr genau, was Stark vorschwebte. Er verfügte allerdings über *keine* besonders große Erfahrung als Bühnenregisseur, zumindest nicht für Musicals. Seine bedeutendste Leistung auf diesem Gebiet war ein anderes Styne-Musical, *Do Re Mi*, gewesen. Als Choreographin engagierte Stark Carol Haney. Sie hatte genug Erfahrung, zumindest wurde davon ausgegangen. Aber selbst das Paar Garson Kanin und Carol Haney verblaßten dennoch neben einem einzelnen Bob Fosse oder Jerome Robbins.

Isobel Lennarts Drehbuch wurde von allen, die je damit in Berührung kamen, umgeschrieben. Der Großteil des Buchs konzentrierte sich auf die Brautwerbung, die Hochzeit und die Trennung von Fanny Brice und ihrem zweiten Mann, dem Spieler Nicky

Arnstein, wobei Fannys Starkarriere in den *Ziegfeld Follies* einen farbenprächtigen, unterhaltsamen Hintergrund bot.

Die Probleme innerhalb der Geschichte waren unterschiedlich verteilt. Eine Reise ist immer interessanter als ihr eigentliches Ziel. Auf die Show übertragen hieß das, ein starker erster, aber ein schwacher zweiter Akt. Hinzu kam, daß der reale Nicky Arnstein noch lebte und mit einem Prozeß drohte, falls er verleumdet würde.

So wurde auf Fran Starks beharrliches Drängen hin nicht nur die Figur der Fanny Brice, sondern auch Nicky Arnsteins Charakter bis zur Unkenntlichkeit von anstößigen Stellen bereinigt (selbst eine Anspielung auf ihre erste Ehe wurde getilgt). Glücklicherweise fügte dieses Spiel mit der Wahrheit dem Beginn der Show nur geringfügigen Schaden zu, da der erste Akt so konzipiert war, daß Fannys Talent und Arnsteins oberflächlicher Charme ausgeschöpft wurden. Aber dafür schadete es dem zweiten Akt. Hier mußte der Konflikt – braves Mädchen verliebt sich in den falschen Mann – entwickelt werden, sich zuspitzen und dann in eine befriedigende Lösung münden.

So wie es im Buch geschrieben stand, gibt es, als Nicky aus Sing Sing zu Fanny zurückkehrt – er war der Unterschlagung überführt worden – scheinbar keinen Grund, warum sie kein gemeinsames Leben aufnehmen können. Auf der Bühne läßt er Fanny mit der aalglatten Gewandtheit eines Schwindlers wissen, daß er einfach nicht gut genug für sie ist, anstatt endlich ihr gegenüber sein wahres Naturell, das eines nichtsnutzigen Weiberhelden und Schwindlers, einzugestehen.

Außerdem konnte Ray Stark keinerlei Originalmaterial der Brice verwenden, da es entweder nicht zugänglich war oder als zu altmodisch angesehen wurde. Zur großen Enttäuschung vieler, vor allem von Fran Stark, waren die Rechte für »My Man«, der Erkennungsmelodie von Fanny Brice, nicht verfügbar, so daß das Lied für die Show nicht benutzt werden konnte. In ihrem richtigen Leben hatte Fanny das Lied am Broadway gesungen, als Nick gerade ins Gefängnis gekommen war. Da alle über ihre persönliche Tragödie informiert waren, weinte Fannys Publikum aus Mitgefühl. Das Lied sollte in ihrer Musicalbiographie eine zentrale Rolle spielen, und sein Verlust versetzte den Starks einen Schlag und zwang Merrill und Styne, sofort einen passenden Ersatz dafür zu finden.

Ein weiterer Verlust war David Merricks Abtrünnigkeit. Im Machtkampf um die künstlerische Leitung der Show war die Spannung zwischen Stark und Merrick so eskaliert, daß Merrick, der vielleicht produktivste aller Broadway-Produzenten, gegangen war.

Mit David Merricks Abgang war die Show beinahe beendet, bevor sie überhaupt begonnen hatte. Scheinbar hatte Merrick, und nicht Stark, den Vertrag mit Barbra unterzeichnet. Als Merrick ging, gab es auch keinen Vertrag mehr. Und ohne Vertrag hatte Stark keine Streisand und wahrscheinlich auch keine Show. Als Barbra von dieser Situation erfuhr, begannen sie und ihr Manager eine rücksichtslose Neuverhandlung. Sie war bereit zu unterzeichnen, aber nach ihren Bedingungen. Sie wollte eine wesentliche Erhöhung ihrer wöchentlichen Gage, eine Limousine mit Chauffeur, die sie zu den Vorstellungen bringen und wieder abholen würde, einen privaten Friseur und außerdem tägliche Mahlzeiten für zwei Personen. Stark, der selber ein gewiefter Geschäftsmann war, kapitulierte nicht, sondern ließ es darauf ankommen. Am Ende bekam sie eine winzige Gehaltserhöhung von angeblich fünftausend Dollar pro Woche, und das war es auch mehr oder weniger.

Da »My Man« weggefallen war, brauchte die Show einen neuen Titel. Isobel Lennart schlug ihren ursprünglichen Drehbuchtitel, *Fanny*, vor. 1954 hatte es aber am Broadway ein Erfolgsstück von Harold Rome mit Ezio Pinza gegeben, das den gleichen Namen trug. *The Fanny Brice Story* war eine andere Möglichkeit, aber man fürchtete, daß sich nicht genug Leute an Fanny Brice erinnern würden. Außerdem war der Titel ein bißchen anmaßend und ließ eher an ein ernsthaftes Drama (à la *The Story of Louis Pasteur*) als an eine Musicalkomödie denken. Es war dann David Merrick, der die Produktion vor seinem endgültigen Abgang mit dem einfachen, aber passenden Titel beglückte, der schließlich auf den Anzeigetafeln der ganzen Welt aufleuchtete.

14. KAPITEL

Chaos vor der Premiere

Die Proben für *Funny Girl* begannen im *Winter Garden Theater* mit einer großen Portion Ungewißheit.

Sydney Chaplin spielte die Rolle von Nicky Arnstein. Abgesehen davon, daß er der Sohn des berühmten Charlie Chaplin war, galt Sydney als ein bedeutender Musicaldarsteller (er hatte in Jule Stynes *Bells Are Ringing* und *Subways Are for Sleeping* die Hauptrolle gespielt). Was die Ungewißheit betraf, so war es innerhalb des Ensembles kaum ein Geheimnis, daß die Show über ein problematisches Buch, einen unerfahrenen Produzenten und einen Broadway-Regisseur verfügte, der bis dahin erst ein anderes Musical gemacht hatte, und obendrein über eine Sängerin, die erst noch beweisen mußte, daß sie eine Charakterdarstellung ausarbeiten und durchhalten konnte. Als Barbra am ersten Tag zu spät auftauchte, kaute sie auf ihrem Kaugummi herum und täuschte ihre typische Lässigkeit vor.

Kanin, der darauf brannte, gleich einzusteigen, gab Barbra die Noten eines der Lieder der Show. Sie nahm das Kaugummi aus dem Mund und sang.

Aber während solche effekthascherischen Gags einer Nachtclubnummer auch noch beim Vorspielen funktionierten, konnte sie damit keine Broadway-Show durchhalten. Ashley Feinstein war mit Arthur Laurents bei einem Probedurchlauf der Show dabei. »Wir saßen neben Garson Kanin und [seiner Frau] Ruth Gordon«, erzählt Feinstein, »und Arthur fand Barbra nicht besonders aufregend.« Tatsache war, daß Barbra bei all ihren großspurigen Bravourstückchen als Schauspielerin keinerlei Erfahrung und Technik besaß. Worüber sie auf angeborene Weise verfügte, das war eine erstaunliche Singstimme, eine gute Bühnenpräsenz, bemerkenswert ausdrucksvolle Hände und eine sichere Begabung für die komischen Momente.

Es war ganz klar, zumindest für Barbra, daß diese natürlichen Talente für dieses Projekt *nicht* ausreichen würden. »Es ist eine phantastische Gelegenheit für eine Schauspielerin«, sagte sie.

So entschloß sich Barbra aus freien Stücken, erneut Allan Miller um Hilfe zu bitten. Allerdings widerstrebte ihr das sehr. Nachdem ihr Miller Monate zuvor während ihrer unzähligen Vorspieltermine von unschätzbarer Hilfe gewesen war, hatte sie sich nicht die Mühe gemacht, sich nochmals zu bedanken. Allan Millers Beitrag zu Barbras Auftritt in *Funny Girl* war beachtlich – und blieb weitgehend ungenannt.

»Zu viele Leute wollen den Mythos weiterleben lassen«, erklärt Miller. »Den Mythos, daß Barbra ein strahlendes, blühendes Wesen war, das gleichsam aus dem Nichts aufgetaucht war. Auf ihren Gesang bezogen, war das richtig. Aber es traf nicht auf ihre Schauspielkunst zu. Und einer Menge junger Leute, die sie dermaßen bewunderten, hätte es geholfen zu wissen, daß sie irre geschuftet hatte, jeden Tag, jeden Abend, über dreizehn Wochen lang, um diesen Auftritt in *Funny Girl* hinzubekommen.«

Letztendlich war es Barbras Manager Marty Erlichman, der Miller anrief: »Ich hatte gelesen, daß die Produktion mit Garson Kanin zustande gekommen war«, erinnert sich Miller, »und ich fühlte mich ziemlich auf den Schlips getreten, weil ich kein Wort darüber von Barbra gehört hatte. Dann rief mich am zehnten Probentag – es war ein paar Tage vor Weihnachten – Marty Erlichman an und sagte: ›Hallo, Allan. Weißt du, Barbra hat dich wirklich sehr vermißt.‹ Ich erinnere mich, daß ich den Hörer zuhielt und meiner Frau zurief: ›Die rufen an! Die rufen an! *Verdammt noch mal*, die rufen tatsächlich an!‹

Marty redete also immer weiter und sagte: ›Ich will Ihnen die Wahrheit sagen. Es scheint nur eine Person zu geben, die weiß, wie man das Beste aus ihr herausholt. Die Show steckt im Moment in Schwierigkeiten, und Barbra wollte wissen, tja, ob Sie mal vorbeikommen und sich die Sache angucken könnten.‹ Und ich sagte: ›Die Sache angucken, und was dann?‹ Er antwortete: ›Na ja, wissen Sie, dann treffen wir eine Vereinbarung.‹ Ich sagte: ›Okay, wann?‹ Er sagte«, erinnert sich Miller lachend, »›tja, können Sie heute abend vorbeikommen‹? Also ging ich hin, und sie waren tatsächlich dabei, das gesamte Stück durchzugehen!«

Nach der Probe gingen Barbra, Marty und – ich glaube – Elliott in ein chinesisches Restaurant und aßen ordentlich zu Abend. Dann arbeiteten wir in ihrer Wohnung weiter, wobei ich jedes Detail ihrer Rolle im einzelnen durchging. Barbra sagte immerzu: ›Ja! Ja, das stimmt! Ja!‹ Oder sie sagte: ›Was ist hiermit oder damit?‹ Und ich sagte ihr, was ich darüber dachte. Worauf sie antwortete: ›Ja, stimmt. Okay, stimmt.‹ Das ging drei Stunden so, und am Ende sagte sie: ›Du *mußt* mir hierbei helfen. Ich werde Ray Stark anrufen und ihn wissen lassen, daß ich deine Hilfe brauche, und wir finden eine Vereinbarung, okay?‹ Sie umarmte mich und gab mir einen dicken Gute-Nacht-Kuß, und dann ging ich wieder.

Am nächsten Tag rief mich Marty an und meinte: ›Ray hat gesagt: Okay, wenn Sie ihn brauchen, in Ordnung, *aber sagen Sie es niemandem.* Ich will nicht, daß Garson sich aufregt. Sie müssen ihn als ihren Cousin vorstellen oder irgend so etwas.‹ Er machte mir klar, daß ich nichts sagen oder tun durfte, das verraten hätte, daß ich da war, um mit Barbra zu proben. Und dann bot mir Marty eine [finanzielle] Abmachung an, die das wahrscheinlich schlechteste Geschäft war, das ich mir überhaupt vorstellen konnte. Nachdem ich die Sache mit Marty mehrmals durchgesprochen hatte, gab er mir zu verstehen, daß Barbra selber sehr – ›Sie wird es Ihnen selber sagen‹, unterbrach er sich, und dann kam sie ans Telefon und sagte: ›Weißt du, mir kommt es so komisch vor, mit dir über Geld zu reden. Ich meine, du bist für mich wie ein Vater. Das ist so, als würde ich meinen Vater bezahlen.‹ Ich sagte: ›Barbra, selbst Daddies müssen essen.‹ Und sie antwortete: ›Was immer du willst. Was immer du brauchst.‹ Aber sie fand es schrecklich, was ich verlangte und am Ende auch bekam. Als ich das erste Mal ins Theater gebracht wurde, stellte mich Barbra als ihren ›Rechtsanwalts-Cousin aus Kalifornien‹ vor. Für unsere erste konkrete Probe benutzten wir die Damentoilette des Theaters. Sydney Chaplins Frau, eine wunderschöne Tänzerin namens Noëlle, hielt vor der Toilette Wache, während ich mit Barbra und Sydney probte. Das ging nicht lange gut. Sie entschieden, daß es besser sei, wenn ich nur mit Barbra arbeitete.«

Barbra fand das offensichtlich auch. Zumindest während der Proben und während der Voraufführungen außerhalb New Yorks. Das Gerücht ging um, daß Chaplin und die frischverheiratete Barbra – deren Ehe erst vier Monate alt war – sich außerhalb der Proben trafen. Chaplin war, obwohl er auch verheiratet war, in der Stadt als ziemlicher Frauenheld bekannt. Der Broadway-Kolumnist Radie Harris berichtete später: »Sydney hatte für Frauen dieselbe unwiderstehliche Faszination wie Nicky [Arnstein]. Judy Holliday war versessen auf Sydney, als er ihr Partner in *Bells Are Ringing* war. Sie hoffte wirklich, daß die Hochzeitsglocken klingen würden. Kay Kendall war ›verrückt nach dem Jungen‹. Joan Collins ebenfalls. Und jetzt kam Barbra daher und geriet auch aus dem Häuschen. Während der Voraufführung hieß es im Bühnenklatsch, aus dem immer die besten Indiskretionen hervorgehen, daß Barbra, wenn sie ›People, who need people, are the luckiest people in the world‹ sang, es aus ganzem Herzen für Chaplin tat.«

Als ein Freund von Barbra die Show während ihrer Voraufführung außerhalb New Yorks sah, wurde er aus erster Hand mit der vermuteten Affäre konfrontiert. Als er die Tür zu Barbras Garderobe öffnete, sprangen sie und Chaplin scheinbar ziemlich eilig vom Sofa auf. Der Freund sagte dazu: »Sie sahen aus wie ein Liebespaar, das man in flagranti ertappt hatte.«

Als Barbra ihre Koffer für die Voraufführungen in Boston packte, bekam sie moralische Unterstützung dadurch, daß sie ihre erste, bedeutende Auszeichnung gewann. Die Auszeichnung ging an den »Entertainer des Jahres«. Auf Barbra warteten bereits Hauptrollen am Broadway, in Filmen oder im Fernsehen. Sie war einundzwanzig Jahre alt. Sie nahm den Preis am 27. Dezember in einer Zeremonie im Embassy-Raum des Hotels *Gotham* entgegen. Er war ihr von den Herausgebern des *Cue*-Magazins offeriert worden, als Anerkennung für die Qualität und den kommerziellen Erfolg ihrer ersten beiden Platten und für ihre Nachtclub- und Fernsehauftritte, die sie 1963 gehabt hatte. Als sie die Auszeichnung entgegennahm, ging Barbra zum Mikrophon und witzelte: »Es war sehr nett von den Herausgebern des *Cue*-Magazins, mich eine Stunde vor Probenschluß herauszuholen.«

Die Gerüchte gingen in Boston los. Zunächst waren sie leise, wurden dann aber immer lauter und schwebten schließlich wie ein Damoklesschwert über der Produktion: *Funny Girl* war ein Desaster. Lee Allen, der später die Rolle von Fannys Freund Eddie Ryan spielte, sagt dazu: »In Boston war man der Meinung, daß diese Show es niemals bis New York schaffen würde.«

Rückblickend ist es einfach, die Bestürzung zu verstehen. Das *Time Magazin* beschrieb die Show als »eine der umständlichsten, zurechtgestückeltsten und von den meisten Managern bzw. Regisseuren bearbeitete Broadway-Produktion, die es je gab.« Alle Anzeichen sprachen für einen Flop, und sie waren nicht unbegründet. »Wir wußten alle, daß die Produktion so, wie sie sich darstellte, ein Problem war«, sagt Buzz Miller, der erste Tänzer des Ensembles.

Es ist nicht überraschend, daß das Textbuch alle frustrierte, die damit zu tun hatten. John Patrick, der Ray Starks *The World of Suzie Wong/Suzie Wong* geschrieben hatte, und später Norman Krasna, wurden herbeigeholt, um das Buch dramaturgisch zu überarbeiten. Zu Beginn der Bostoner Spielzeit waren in der Show zunächst keine Rückblenden vorgesehen, und auch Fannys inzwischen unvergeßliche Anfangszeile »Hello, gorgeous« gab es noch nicht.

Im zweiten Akt hat Nick seine Verhandlung und kommt ins Gefängnis. Gleichzeitig kündigt Fanny an, daß sie noch ein Kind bekommen wird. Nachdem Nick ins Gefängnis gebracht worden ist, stimmt Fanny den Ersatz für »My Man« an, »The Music I Dance To«, das später zu »[His Is] The Music That Makes Me Dance« wurde. Die Zeit vergeht, und Nick kommt aus dem Gefängnis zurück, um Fanny zu sagen, daß er sie verläßt. Sie gibt ihm eine Ohrfeige, als er zur Tür geht. Wieder ein Zeitsprung. Fanny hat ihr Baby und ihre Scheidung. Schließlich kehrt sie zu Ziegfeld auf die Broadway-Bühne zurück und singt ihr Finale, das eine Reprise von »People« war.

Die Show dauerte beinahe *vier* Stunden, wobei besonders der zweite Akt unendlich langweilig war. An dem Premierenabend im *Shubert Theater* in Boston verließ eine peinlich große Menge von Zuschauern den Saal lange vor dem Schlußvorhang. Manche gingen, um den letzten Zug nach Hause nicht zu verpassen. Andere hatten sich einfach gelangweilt.

Am folgenden Morgen trafen sich Kanin, Lennart Styne und Merrill in der Absicht, die Show zu retten. Bei der abendlichen Aufführung war *Funny Girl* um ganze zwanzig Minuten gekürzt.

Man jonglierte mit den Nummern und kürzte weiter. Der Part von Georgia, dem hübschesten unter den Ziegfeld-Mädchen und der zweiten weiblichen Rolle der Show, wurde ganz gestrichen. Es gab Leute in der Truppe, die sie für den besten Part des Musicals hielten. Das gesamte Ensemble verabschiedete sich von Allyn McLerie, der Schauspielerin, die »Georgia« gespielt hatte, als sie, niedergeschlagen über diese abrupte Kündigung, nach New York zurückkehrte.

Niemand kam ungeschoren davon. »Ich hatte eine Nummer mit Sydney mit dem Titel ›Temporary Arrangement‹«, erinnert sich Buzz Miller. »Sydney flippte aus, weil er sie nicht tanzen konnte. Also wurde meine große Sing- und Tanz-Nummer rausgeworfen. Sie hatte eine Aufführung überdauert.«

Lieder waren geschrieben worden, Tänze erfunden, Bühnenbilder gebaut und Kostüme entworfen worden – alles für Nummern, die dann in den Papierkorb kamen. Angeblich wurden allein Bühnenbilder im Wert von dreißigtausend Dollar nicht verwendet, als die Show während der Tournee überarbeitet wurde.

Unterdessen komponierten Styne und Merrill im Eiltempo neue Lieder, die sie ebensoschnell wieder verwarfen. Letzten Endes hatten die beiden mindestens zwanzigmal so viele Lieder geschrieben, wie wirklich eingebaut wurden. Unter denen, die während der Voraufführungen verworfen wurden, waren »Absent Minded Me« und »Funny Girl« (*nicht* das später im Film verwendete Titellied), die am Ende aber beide in Barbras People-Platte eingingen.

Einige Mitglieder des Ensembles glaubten, daß Barbra teilweise für den Mißerfolg der Show verantwortlich war. »Sie kam nicht rüber«, behauptet einer der Schauspieler. »Das Publikum mochte sie nicht.« Ruth Gordon, Kanins Frau, gab eine Kritik in Kurzform zum besten, die hinter der Bühne umging. »Barbra ist phantastisch«, sagte Ruth Gordon, »aber sie ist noch nicht gut.«

Ein Teil des Problems rührte von ihrem Stimmvolumen her. Barbra gab später selber zu: »Ich habe *nie* für die Balkone gespielt. Ich habe immer für die besten Plätze im Theater gespielt.«

Zu Beginn der Proben wollte Ray Stark Barbra sogar feuern, unter anderem wegen ihres mangelnden Stimmvolumens. Das Problem wurde gelöst, indem man ihr ein batteriebetriebenes Mikrophon an den Büstenhalter heftete. Ihre Stimme künstlich verstärken zu müssen bedeutete einen demütigenden Angriff auf ihren Stolz. Außerdem passierte es, daß während einer Vorstellung plötzlich gedämpftes Stimmengemurmel, das in der ersten Reihe vernehmbar war, aus dem sprechenden Büstenhalter drang. Scheinbar nahm das sensible Gerät Signale einer lokalen Polizeistation auf.

Aber nicht ihr fehlendes Stimmvolumen war Barbras größtes Problem, sondern ihre mangelnde Charakterdarstellung. »Sie arbeitete überhaupt nicht an der Figur, die sie darstellte«, bestätigt Miller, der Barbra auf der Tournee begleitete. »In ihrer Art, sich zu bewegen, gab es überhaupt keine Unterschiede, ob es nun mit ihrem ersten Tanzpartner oder mit ihrer Familie oder mit Nick Arnstein war. Und bei jeder Singnummer stand sie genauso da, wie sie es vor einem Mikrophon in einem Nachtclub tat. Sie war sehr steif, sehr unbeweglich. Mit ihrer Singstimme war alles in Ordnung. Sie sang wunderbar. Auch mit ihrer Schauspieltechnik war alles in Ordnung, nur daß der Regisseur und/oder Barbra nicht in der Lage waren, Leben in die Figur zu bringen.

Ich gebe Ihnen ein Beispiel«, fährt Miller fort. »Eines der ersten Dinge, über die ich mit ihr sprach, war die Art, wie sie sich auf der Straße verhielt. Fanny weiß überhaupt nichts über die Beziehungen zwischen Jungen und Mädchen. Bisher hat sie nur diesen einen Jungen gekannt [Eddie Ryan] und den nur als Tanzpartner. Also schlug ich Barbra vor, sie solle ihn so behandeln, als sei sie ein Kumpel von ihm, und [die beiden] sollten sich kleine Stöße, Tritte und Schläge geben. Sie sollte sich auch ordinärer ausdrücken, als sie es später tun würde.

In der Szene, wo Fanny in einem zwielichtigen kleinen Nachtclub ihren ersten Erfolg hat«, erinnert sich Miller, »sagte ich zu Barbra: ›Was denkst du, wie lange hast du am Eröffnungsabend die Tanzschuhe schon getragen?‹ Und sie sagte: ›Wahrscheinlich habe ich sie überhaupt nie ausgezogen.‹ Ich sagte: ›Das stimmt. Was glaubst du, wie sich deine Füße jetzt anfühlen?‹ Sie antwortete: ›Mein Gott! Sie sind angeschwollen!‹ Nachdem sie also in der

Szene die Nummer gebracht hatte, ging sie in ihre Garderobe, riß sich die Schuhe herunter und begann, ihre Füße zu massieren. Das stand nicht im Text. Da stand nichts über ihre Füße. Aber es war so unerwartet, daß es lustig war.

Dann sagte ich zu Barbra: ›Na, und wie wirst du aus dem Restaurant herausgehen?‹ Sie sagte: ›Was meinst du damit?‹ Ich sagte: ›Deine Füße tun dir doch höllisch weh.‹ Sie sagte: ›Ah ja . . .?‹ Und ich fragte: ›Und . . .?‹ Dann antwortete sie: ›Tja, ich werde wohl herauskriechen müssen.‹ Ich sagte: ›Ganz genau. Und was machst du mit deinen Tanzschuhen?‹ Also kriecht sie in dieser Szene nach dem erfolgreichen Abend auf allen vieren auf dem Boden herum, die Schuhe um den Hals gehängt, und dann steht da dieser Typ [Nicky Arnstein] vor ihr. Sie sieht nur seine Beine. Sie blickt hoch, und da steht dieser toll aussehende Mann – und sie sagt ein einziges Wort: ›Toll.‹

›Und wie willst du rechtfertigen, daß du da unten auf den Knien herumrutschst?‹ Sie sagte: ›Hm . . .?‹ Und ich wieder: ›Na, du solltest lieber so tun, als wolltest du den Anschein erwecken, ein Hund oder so etwas zu sein.‹ Als die Szene das nächste Mal gespielt wurde, stößt Barbra gegen die Beine des Mannes, sieht hoch, bellt – ›wauwau‹ – und der Mann bricht zusammen. Und *dann* sagt Barbra: ›Toll.‹ Ihr Verhalten basiert also auf normalen Verhaltensweisen, die einfach nicht in ihrem Auftritt zu finden waren, bevor wir zusammenarbeiteten.

Ohne sie mit: ›Tu dies, tu das‹ anzuleiten, habe ich fast 85 Prozent von dem inszeniert, was Barbra in der Show macht«, behauptet Miller und fügt hinzu: »Ich sollte besser sagen: ›*Wir* [Barbra und ich] haben 85 Prozent von dem inszeniert, was sie in der Show macht.‹«

Auf die Frage, was Garson Kanin (der ja immerhin der Regisseur war) über diese Unterstützung von außen dachte, erwidert Miller: »Er wußte zu diesem Zeitpunkt, daß sie mit jemandem arbeitete. Und er sagte zu ihr: ›Was für schöne Dinge du da oben auch immer machst, Schätzchen, sie werden *mir* zugeschrieben. Also mach nur weiter.‹ Ich glaube, daß er Teile von dem, was sie einbrachte, sehr zu schätzen wußte. Aber«, sagt Miller, »ich habe mich nie mit ihm unterhalten. Er bestand sogar darauf, daß ich nicht ins Theater kommen solle, bevor er sich hingesetzt hatte.«

Millers Beitrag begrenzte sich nicht auf bloße Szenen. »Sie wollten das Lied ›People‹ aus der Show schmeißen«, erinnert sich Miller. »Ich hatte erst nach zwei Wochen angefangen, mit Barbra an den Liedern zu arbeiten. Ich konzentrierte mich nur in schauspielerischer Hinsicht auf ihr Beziehungsgeflecht mit den anderen Charakteren. Dann sagte ich: ›Du stehst da vor einem Mikrophon in deinem Nachtclub. Du bewegst dich überhaupt nicht.‹ Und sie sagte: ›Bei welchem Lied denn?‹ Ich sagte: ›Wie in ‚People‘ zum Beispiel . . .‹ Sie sagte: ›Tja, das Lied funktioniert nicht.‹ Ich sagte: ›Natürlich funktioniert es nicht.‹«

Zum großen Ärger von Jule Styne, der immer noch überzeugt davon war, einen Plattenknüller an der Hand zu haben, *wurde* darüber geredet, »People« aus der Show zu nehmen. Es war zu schwerfällig und schien im Gesamtzusammenhang keinen richtigen Sinn zu machen. Vor dieser Singnummer gibt Fannys Mutter eine Party für die Nachbarn, um den ersten Bühnenerfolg ihrer Tochter zu feiern. Draußen auf der Straße findet sich Fanny zum ersten Mal allein mit Nick Arnstein wieder und beginnt, die ersten Takte des Liedes über Menschen, die andere Menschen brauchen, zu singen. Aber *wo* sind all diese Menschen?

Allan Miller fährt fort: »›Was ist mit all den Leuten auf der Party passiert?‹ Sie sagte: ›Die sind nach Hause gegangen: Die Party war zu Ende.‹ Ich sagte: ›Nein, die Party hat gerade begonnen.‹ Und sie sagte: ›Ach ja? . . . Und?‹ Ich fragte: ›Warum sind all diese Mütter aus der Nachbarschaft so früh von der Party nach Hause gegangen? Was ist passiert?‹ Sie sagte: ›Nichts ist passiert.‹ Und dann meinte sie: ›Oh! Er . . . Er?‹ Und ich sagte: *Ja!* Der Märchenprinz. Dieser gutaussehende reiche Mann kommt geradewegs zu deiner Party herein, okay? Und dann sagen alle diese Mütter ganz schnell: ‚Hallo, guten Abend‘, und gehen. Und wo sind sie jetzt?‹ Barbra sah zu den Fenstern hoch. Ich sagte: ›Das ist richtig. Genau da sind sie. Sie beobachten jede Bewegung, die du machst. Also, wie wirst du dich jetzt verhalten, wo du weißt, daß die da oben dich beobachten, wie du alleine mit dem Mann auf der Straße stehst?‹ Sie sagte: ›Ja, ja, das stimmt.‹

Ich sagte: ›Benutze die Treppe, geh die Stufen hoch, lehn dich über das Geländer. Verhalte dich wie ein Mädchen aus dem Viertel. Nimm diese Kreide, die man für Straßenspiele [Himmel-und-Hölle] benutzt, balancier eine Weile über den Strich, *bis* du zu dem Teil des Liedes kommst, wo es um zwei Menschen geht, zwei ganz besondere Menschen. Und dann vergißt du die da oben und singst nur noch für euch beide.‹

Barbra war risikofreudig, und sie brannte darauf, die Sachen auf der Bühne auszuprobieren«, sagt Miller. »Sie hatte keine Zeit, die Neuerung mit dem Orchester einzuüben, aber sie nahm sie trotzdem am nächsten Abend in die Show. Das brachte den Orchesterleiter, Milton Rosenstock, beinahe um, da er sich auf die normale Art, die Nummer zu spielen, eingestellt hatte. Barbra drehte sich plötzlich um und lief auf diesen Kreidelinien auf und ab, um dann die Treppe hochzugehen und zu singen! Für ihn war es ein richtiges Wettrennen, um sie mit dem Orchester wieder einzuholen. Barbra machte es fast ›a capella‹. Das Publikum ging gleich mit. Man begann, über ihre Eskapaden zu kichern. Und Sydney Chaplin, der sie noch nie solche Dinge hatte tun sehen, war vor Schreck wie erstarrt. Er stierte sie nur an, weil er nicht wußte, was zum Himmel sie als nächstes tun würde. Das wußte auch Milton Rosenstock nicht, der ihr weiterhin folgen mußte, da Barbra sich nicht umdrehte, um ihn anzusehen.

Dann verwandelte sie das Lied mittendrin in diese ›Zwei-Leute‹-Geschichte. Sie lehnte sich wie ein Kind über das Treppengeländer, aber sie konnte nicht verhindern, daß sich etwas von ihrer romantischen Sehnsucht nach diesem Mann auf ihrem Gesicht abzeichnete. Als sie zu Ende gesungen hatte, nahm er seinen Hut ab und verbeugte sich vor ihr, als sei sie die Frau seines Herzens. Das Publikum war aufgesprungen, und an diesem Abend wurde die donnernde Zustimmung dafür gegeben, daß die Nummer in der Show blieb.«

Dennoch akzeptierte die Leitung des Ensembles Barbras radikale Veränderungen nicht völlig kampflos. Styne maulte angeblich, daß die neue Inszenierung von seinen Texten ablenkte. Und Milton Rosenstock, ein Dirigent mit Erfahrung, der daran gewöhnt war, die Dinge auf konventionelle Weise zu machen, beschwerte sich, daß er Überstunden machen müsse, um mit diesem eindeutig unkonventionellen Star mitzuhalten.

»An dem Abend«, erzählt Miller, »kam Milton nach der Show in Barbras Garderobe. Er war ein sehr netter Mann, wahnsinnig erfahren und kompetent. Er klopfte an ihre Tür – und sagte: ›Kann ich mal mit Ihnen reden?‹ Er war noch in Schweiß gebadet. Sie sagte: ›Natürlich.‹ Er sagte: ›Barbra, wissen Sie, wie viele Leute dieses Orchester hat?‹ Sie sagte: ›Nein, warum? Worauf wollen Sie hinaus?‹ Er antwortete: ›Ungefähr vierzig. Wissen Sie, wie alt die im Durchschnitt sind?‹ Sie sagte: ›Was wollen Sie mir denn sagen?‹ Er sagte: ›Sie sind alle in den Vierzigern und Fünfzigern, und wissen Sie, was sie ihr ganzes Leben lang gemacht haben?‹ Sie sagte: ›Nein, ich gebe auf. *Was?*‹ Und er antwortete: ›*Sie haben darauf gewartet, für Sie zu spielen.* So, und *wie* sollen sie für Sie spielen, wenn ich nicht weiß, was Sie als nächstes tun werden?‹

Barbra hörte ihm wirklich zu, weil sie ihn sehr mochte«, fügt Miller hinzu. »Aber sie sagte: ›Milton, darf *ich* Sie was fragen?‹ Er sagte: ›Natürlich. Ich habe Sie doch nicht verärgert?‹ Und sie sagte: ›Nein, nein. Ich will Sie nur etwas fragen.‹ Und er sagte: ›Was?‹ Sie sagte: ›Was machen Sie die meiste Zeit da unten, ich meine zwischen den Nummern? Gehen Sie weg?‹ Er sagte: ›Natürlich nicht. Ich bin da.‹ Sie sagte: ›Also sehen Sie sich die ganze Show an?‹ Er sagte: ›Natürlich.‹ Sie sagte: ›Also *sehen Sie mich* die ganze Zeit.‹ Er sagte: ›Ja, natürlich.‹ Sie sagte: ›So? *Warum können Sie nicht spielen, wenn ich singe?*‹ Und er sagte: ›Okay, okay. Es tut mir leid, es tut mir leid. Ich wollte Sie nicht ärgern.‹

Und Barbra antwortete: ›Sie haben mich nicht geärgert. Ich wundere mich nur. Sie sind da im Orchestergraben. Sie sehen mich. Und ich muß mich umdrehen und Sie suchen. Es ist dunkel, und ich bin mit meiner Nummer auf der Bühne beschäftigt. Warum können Sie nicht einfach spielen, während ich singe?‹ Und er sagte: ›Okay. Sie haben recht.‹ Und dann ging er, wobei er sich nochmals entschuldigte.

Am nächsten Abend kam er wieder in die Garderobe *gestürmt*, strahlend. Er sah zehn Jahre jünger aus. Er sagte: ›Sie hatten völlig recht! Warum kann ich Ihnen in dem, was Sie tun, nicht folgen? Es gibt überhaupt keinen Grund! Sie singen! Sie tun, was immer Sie wollen! Und ich sorge dafür, daß das Orchester spielt!‹«

Mit einer anderen Nummer gab es ein ähnliches Problem. Barbra begann regelmäßig, die Melodie von »Sadie, Sadie, Married Lady« zu improvisieren. In diesem Lied begleitete der Chor Barbra, und wenn sie improvisierte, geriet der Chor aus dem Gleichklang.

Eines Abends entschloß sich Marvin Hamlisch, der junge Assistent des Stimmarrangeurs, mit Barbra zu sprechen, vor der er großen Respekt hatte. »Ich nahm all meinen Mut zusammen und ging zu Barbra in ihre Garderobe«, erinnert sich Hamlisch später. »Vielleicht habe ich damit meine Grenzen überschritten, aber ich mußte ihr einfach sagen, daß sie, wenn sie das Lied veränderte, den Chor durcheinanderbrachte.

Barbra sah mich an, als sei ich gerade von einem anderen Planeten herabgestiegen. ›Marvin‹, sagte sie, ›wofür zahlen diese Leute da draußen Geld – um deine Stimmarrangements zu hören?‹«

Es war das gleiche Problem, das sie bei *Harry Stoones* und dann wieder bei *Wholesale* gehabt hatte. Entweder wollte oder konnte sie ein Lied nicht Abend für Abend auf die gleiche Weise singen.

Luther Henderson, der tänzerische Leiter von *Funny Girl*, der zu seiner Zeit mit vielen Stars zusammengearbeitet hat, sieht anstelle von Arroganz oder Langeweile einen anderen Grund in Barbras scheinbarer Unverschämtheit.

»Im Theater erwarten wir, daß die Dinge immer gleich gemacht werden«, sagt Henderson. »Das ist auch einer der Gründe, warum es manchmal schwierig ist, Jazzmusik oder das *Wesen* des Jazz ins Theater zu bringen, weil die Existenz des Jazz von einem individuellen Auftritt und einer individuellen Interpretation abhängt. Ich glaube, das war genau das, was Barbra tat. Sie hat und gibt diese Art von Energie, die dem Jazz zugrunde liegt. Deswegen ist es nicht überraschend, daß sie es scheinbar überhaupt nicht hinbekommt, etwas zweimal auf genau die gleiche Weise darzustellen.

Und wenn man für jemanden wie Barbra schreibt, dann muß man beim Schreiben kleine Spielräume lassen und sagen: ›Ich gebe dir hier vier Takte. Mach, was du willst!‹

Barbra Streisand ist eine Jazzsängerin«, fährt Henderson fort, »und ziemlich anders als Julie Andrews, die auch phantastisch ist. Auch ziemlich anders als Mary Martin. Man könnte sogar damit rechnen, daß sie eine kleine Ella-Fitzgerald-Einlage bringt, wenn sie sich trauen würde, oder?«

Die Kosten stiegen. Der Druck, ein wichtiges Broadway-Musical produzieren zu müssen, begann sich bemerkbar zu machen. Es schien so, als sei die Show in einem Zustand ständiger Unordnung.

Stark verschob die New Yorker Premiere. Bei den Voraufführungen, zuerst in Boston und dann in Philadelphia, wurden während der immer länger werdenden Arbeitstage interne Machtkämpfe zur Regel. Nerven wurden strapaziert und böse Worte gewechselt. Der Regisseur Garson Kanin kämpfte mit der Librettistin Isobel Lennart. Lennart kämpfte mit dem Texter John Patrick. Die Choreographin Carol Haney kämpfte mit dem Komponisten Jule Styne. Styne kämpfte mit Kanin. Kanin kämpfte fernmündlich mit dem Produzenten Ray Stark. Stark machte regelmäßige Überraschungsbesuche aus Puerto Vallarta (wo er *The Night of the Iguana/Die Nacht des Leguan* mit Richard Burton, Deborah Kerr und Ava Gardner drehte), um die Fortschritte der Show zu beurteilen und seine Streitigkeiten persönlich auszutragen.

»Es wurde wirklich merkwürdig«, erinnert sich Royce Wallace. »In den oberen Rängen gab es lautes Gezänk darüber, was richtig war und wer recht hatte. Wir [die Schauspieler] saßen ziemlich viel herum, während die in ein Zimmer gingen und versuchten, die Dinge wieder in Ordnung zu bringen. Dann kamen sie heraus, und wir sagten: ›Okay, vielleicht können wir *jetzt* arbeiten.‹ Aber als wir dann etwas anfingen, gingen sie gleich wieder in ihr Zimmer. [Für die meisten Schauspieler] war es ein ziemliches Herumgesitze.«

Während andere aufgrund des bedrohlichen Näherrückens der New Yorker Premiere ihre Kräfte abbauten, entwickelte sich Barbra Streisand prächtig. Sie wurde mit einem Schwall von Umarbeitungen, Neuinszenierungen, zusätzlichen und umgeschriebenen Liedern bombardiert – und übertraf sich dabei selber. Bei der Premiere am Broadway hatte allein die letzte Szene *zweiundvierzig* Überarbeitungen durchgemacht, und die Version, die sie schließlich am Premierenabend spielte, war eine Überarbeitung, die sie noch am gleichen Tag gelernt hatte. Es waren Bedingungen, die ihr den ständigen Wechsel und die dauernden Entdeckungen erlaubten, die sie so sehr brauchte, obwohl sie nicht immer mit allen Veränderungen einverstanden war. Wenn sie eine Überarbeitung las, reagierte Barbra sofort und instinktiv. Manchmal mit Begeisterung, aber manchmal auch mit heftigem Widerstand. Wenn ihre Meinungen abgelehnt wurden, wurde sie oft bockig. Sie wollte die Dinge tun, wie *sie* es wollte. Sie war immer mutig und hatte nie Angst davor, sich nach vorne zu singen und etwas Neues auszuprobieren. Die Herausforderung selber war wie eine Droge für sie.

Was die internen Machtkämpfe betraf, so tat Barbra sie mit einem Schulterzucken ab. Sie waren ihrer Ansicht nach ein notwendiger Teil des kreativen Prozesses. Sie fand, daß der beste Mann – oder die beste Frau – den Schlußapplaus bekommen sollte. Ihre temperamentvollen Wortgefechte richteten sich vor allem an Kanin.

Der tänzerische Leiter Luther Henderson behauptet: »Zeigen Sie mir ein Theaterstück, das wirklich gut ist und bei dem es *keinen* Machtkampf gegeben hat. Es muß ihn geben. Ein starker Regisseur und ein starker Schauspieler oder eine starke Schauspielerin haben aneinanderzugeraten.«

Berichten zufolge arbeitete die Streisand unermüdlich. Ihr Engagement für die Show war bedingungslos. »Sie beschwerte sich kaum über irgend etwas«, sagt Allan Miller. »Sie nahm einfach alles an, was man ihr hinwarf, auch die immer zahlreicheren Lieder und die immer länger werdenden Proben. Einmal hatte sie ein bißchen Halsschmerzen, aber sie sang einfach weiter. Sie war die ganze Zeit voll dabei.«

Garson Kanin dagegen erging es weniger gut. »Ich glaube nicht, daß er wußte, was er überhaupt tat«, behauptet Buzz Miller. Ein anderer Tänzer, Blair Hammond, pflichtet bei: »Unglücklicherweise führte jemand die Regie, der wirklich nicht viel davon verstand, ein Musical zu leiten.« Royce Wallace fügt erklärend hinzu: »Garson Kanin ist ein vorzüglicher Regisseur für bestimmte Dinge, aber er schien hiermit einfach nicht zurechtzukommen. Niemand weiß warum, auch ich nicht.« Und so traf Ray Stark die Entscheidung, angeblich auf Barbras Anfrage, Kanin aus der Show zu nehmen, als diese von Boston nach Philadelphia weiterging, wo sie im *Forrest* und im *Erlanger Theater* gezeigt werden sollte. Statt Kanin übernahm Jerome Robbins die Regie.

»Robbins hatte offensichtlich davon gehört, wie toll sich Barbra in der Show machte«, sagt Allan Miller, »und war dazu überredet worden, einmal einen Blick darauf zu werfen. Später hat er mir gegenüber zugegeben daß er nie zurückgekommen wäre, wenn er nicht gesehen hätte, wieviel Barbra aus ihrem Part gemacht hatte.«

Aber Robbins war trotzdem nicht billig. Er forderte und bekam angeblich die ansehnliche Summe von tausend Dollar pro Tag. Er wollte außerdem als Regisseur genannt werden. Kanin weigerte sich jedoch, auf seinen Namen zu verzichten. Schließlich hatte er eine ungeheure Menge an Energie und Zeit in die Show gesteckt und sie in eine präsentierbare Form gebracht. Die Verhandlungen gingen hin und her, bis alle Parteien sich schließlich darauf einigten, daß Robbins als »Supervisor der Produktion« genannt werden würde. Als dieses Problem gelöst war, befand sich die Show mit Robbins Rückkehr wieder an ihrem Ausgangspunkt und ging nun in die hektische Abschlußphase.

Die Absichten des neuen Regisseurs wurden schnell deutlich. »Das Positive hervorheben« – so lautete in etwa seine Devise. Dies war ein Grundsatz, für den Robbins energisch eintrat, wobei »das Positive« in diesem Fall Barbra hieß, Barbra und noch mehr Barbra.

Mehr Streisand bedeutete weniger von allem anderen. Natürlich waren einige in der Truppe gar nicht glücklich darüber. Danny Meehan, der als Eddie Ryan die zweite männliche Hauptrolle spielte, war verzweifelt, als sein Vorzeigesolo gestrichen wurde. Es war eine zentrale Nummer, in der Eddies mehr als nur freundschaftliche Gefühle für Fanny deutlich wurden.

»Es ist ein Lied, das ich *liebend* gern gesungen hätte«, ereiferte sich Lee Allen, der die Rolle später übernahm. »Es ist ein peinlicher Moment für Eddie, Fannys Mutter benutzt ihn als Modell, und er hat so ein Kleid an. Er steht auf einem Stuhl, und sie fummelt mit Stecknadeln an ihm herum. Fanny kommt herein und behandelt ihn wie irgendeinen gewöhnlichen Jungen. Sie merkt nicht, wie schlecht er sich ihretwegen fühlt. Als sie geht, steht er ganz blöd da. Dann setzt er sich auf den Stuhl, auf dem er vorher gestanden hat, immer noch in diesem lächerlichen Kleid, und beginnt, das Lied zu singen. Der Titel sagt alles. Es hieß: ›I'd Be Good for Her‹.«

Aber der Schauspieler, der durch die nicht enden wollenden Kürzungen am meisten zugrunde gerichtet wurde, war Sydney

Chaplin. Hilflos mußte er mit ansehen, wie seine Rolle als Nicky Arnstein auf einen eindimensionalen Charakter reduziert wurde. Die Verhandlung im zweiten Akt, die dazu beitrug, seine Qualen und seine vermutlichen Gründe dafür, daß er Fanny verließ, zu verstehen, wurde gestrichen. Das gleiche geschah mit einem Lied, das ihm die Sympathie des Publikums verschafft hatte.

Marc Jordan, der die Rolle des Mr. Renaldi spielte, erinnert sich: »Sydney hatte ein großartiges Lied, das ich wirklich sehr mochte. Es tat mir leid, daß es wegfiel. Es war ein Lied, das er dem Baby in der Wiege vorsang. Es war ein Schlaflied mit einer bitteren Note, weil am Ende der Vater des Babys als ›Mr. Fanny Brice‹ bezeichnet wurde.«

Letzten Endes wurden im zweiten Akt *alle* Lieder von Chaplin aus der Show gestrichen. Aber Chaplin versuchte wie alle anderen Opfer der Kürzungen ruhig zu bleiben und um der Show willen die Fassung zu bewahren. »Es gab Stimmen«, erzählt Buzz Miller, »die sagten, ›es funktioniert für Barbra. Und wenn es für sie funktioniert, dann funktioniert es auch für uns.‹«

So wurden die anderen Rollen immer weiter in den Hintergrund gedrängt. War es die Rolle oder war es Barbra? Irgendwann war sich niemand mehr wirklich sicher. Obwohl sie das Gegenteil behauptete, hörte Barbra sich tatsächlich alte Fanny-Brice-Platten an. Sie versuchte außerdem, ihren Part weiterzuentwickeln, indem sie Notizen der Brice studierte, zu denen sie Zugang bekommen hatte. Während dieser Vorbereitungen freute sich Barbra darüber, Ähnlichkeiten zwischen sich und ihrer Rolle festzustellen. Sie schienen darauf hinzuweisen, daß sie dafür bestimmt war, den Part zu spielen.

»Diese Show ist mein Schicksal«, rief sie aus. »Das Stück geht eigentlich über mich. Nur ist all das zufällig zuerst Fanny Brice passiert.« Sie fügte hinzu: »Es ist unglaublich, wie sehr ich diesem Menschen ähnele. Kleine, dumme Sachen. Wir beide mögen die Farbe Weiß. Wir sind beide in Brooklyn großgeworden und hatten diese typischen Mütter, die sich um unsere Ernährung und Gesundheit Sorgen machten und versuchten, uns unter die Haube zu bekommen. Unsere Arbeitsweise [ist die gleiche]. *Ich* suche meine Musik, meine Kleider und alles andere selbst aus. Die Leute machen mir Vorschläge. Aber ich kann auf niemanden hören. Ich muß es einfach alleine machen. Und so steht es hier im Stück. Es ist unglaublich, fast unheimlich.« Und sie fügte lachend hinzu: »Ich warte auf Nicky Arnstein.«

Jule Styne notierte: »Fanny und Barbra haben folgendes gemein: Man drückt beiden die Daumen, und bei beiden glaubt man, daß sie nur für einen selber spielen. Und man findet sie beide schön, obwohl keine von beiden es ist oder war.«

Barbra, der Robbins' hervorragende Arbeit bewußt war, freundete sich sofort mit ihm an. Natürlich tat es ihr nicht weh, seinem allgemeinen Grundsatz zuzustimmen: *Funny Girl* würde mit ihrem Auftritt stehen oder fallen.

Während Wochen vergingen und die Voraufführungen in Philadelphia voranschritten, wuchs Robbins Absicht, immer noch mehr von Barbra in die Show einzubringen.

»Die Präsenz von Barbra war in jeder Szene spürbar«, erinnert sich Allan Miller. »Sie besaß diese deutlich zu erkennenden Verhaltensweisen, die von unserer gemeinsamen Bearbeitung der Rolle stammten, und sie waren zentral für das, was die Leute später über Barbra Streisand sagten [Manierismen, Formulierungen, Haltungen]. Dabei«, fügt Miller hinzu, »hatte sie diese Dinge gerade für diesen Part entwickelt.«

Das vielleicht beste Beispiel ist die Nummer »You Are Woman, I Am Man«, in der Nicky Arnstein Fanny in seinem privaten Eßzimmer, daß sich in ein Schlafzimmer verwandelt, verführt. Man sollte festhalten, daß es nicht nur seine Nummer war, sondern daß es aufgrund der vielen Kürzungen, die Nickys Charakter erlitten hatte, Sydney Chaplins *einzige* Solonummer war, die ihm in der Show verblieb.

Die Nummer war zunächst wie eine reine Verführungsszene gespielt worden, bei der Chaplin allen männlichen Charme aufbrachte, über den er verfügte. Dennoch kam das Lied beim Publikum nicht an. Man wollte einfach Barbra und nicht Chaplin sehen und ärgerte sich über die Ablenkung.

Man muß Robbins zugute halten, daß er das Problem erkannte. Eine Lösung zu finden, war jedoch eine andere Sache. *Wie* stellte man es an, bei einer Nummer, die Chaplins großer Augenblick sein sollte, die Bühne Barbra zu überlassen?

»Als ich die Nummer am zehnten Probentag sah«, erinnert sich Allan Miller, »stand Barbra bloß irgendwie herum. Sydney sagte seinen Text, Barbra sagte ihren Text, und sie versuchte, sich ein wenig nervös zu zeigen, so als würde sie sich ein bißchen unwohl fühlen, und das war alles! Ich meinte zu Barbra: ›Woher weiß dieses Mädchen etwas über romantische Situationen? Wo hat sie welche gesehen? In ihrer Familie? Nein. Also, wo könnte sie so etwas gesehen haben?‹ Barbra sagte: ›In Filmen?‹ Ich sagte: ›*Genau*, da hat sie das gesehen! Und *wem* aus den Filmen wird sie wohl versuchen zu ähneln?‹ Barbra sagte: ›Hmm . . .‹ Und ich sagte: ›Na, sie war doch als Komödiantin bekannt, oder? Wer sind denn die, die sich im Film über Liebesgeschichten lustig machen?‹ Und Barbra sagte: ›Tja, ich weiß nicht. Marie Dressler und W. C. Fields?‹ Ich sagte: ›Genau.‹ Dann machte Barbra eine Liste von acht bis zehn Filmstars, die sie, Fanny Brice, gesehen und gemocht haben könnte. Und als sie die Szene spielte, ging sie von Mae West über Marie Dressler und W. C. Fields bis zu Greta Garbo die ganze Skala rauf und runter«, Miller lacht, »ohne sich zu entscheiden, wen sie nun imitieren sollte. Das äußerte sich in der Art, wie sie versuchte, aus einem Glas zu trinken. In der Art, wie sie versuchte, ihre Zigarette anzuzünden, oder versuchte, sich hinzusetzen. Und die Szene«, fügt Miller hinzu, »wurde einfach unglaublich lebendig, als sie das auf der Bühne machte.«

Das Publikum war begeistert. Beinahe über Nacht hatte sich Chaplins romantische Verführungsszene in Barbras *komische* Verführungsszene verwandelt. Robbins wollte die Sache sogar noch weiter treiben. »Er bestand darauf, daß Robert Merrill und Jule Styne das Lied erweiterten«, erinnert sich Allan Miller, »und etwas von diesen verrückten, komischen Dingen, die Barbra tat, [in den Text] aufnahmen.«

In der endgültig überarbeiteten Form war die Nummer ein Duett, in dem Fanny erfolglos Kultiviertheit heuchelte (»A bit of pâté? I drink it all day«), während sie Arnsteins Annäherungsversuche und ihre eigene Liebessehnsucht abwehrte. Die Szene war in der ganzen Show diejenige, in der am lautesten gelacht wurde. Für

Sydney Chaplin war es eine letzte und endgültige Beleidigung. Für Barbra war es ein weiterer Sieg und ein persönlicher Durchbruch. Mit Allan Millers Hilfe hatte sie geschafft, was viele ihr nicht zugetraut hatten. Sie hatte eine Charakterdarstellung entwickelt und durchgehalten. Aber Miller zufolge fehlte ihr immer noch etwas, das er als »emotionale Tiefe« definiert.

Eines Abends kehrte Barbra nach einem besonders beschwerlichen Tag in ihre Hotelsuite zurück und brach auf dem Sofa zusammen. Sie war physisch erschöpft, und das aus gutem Grund. Die Voraufführungen außerhalb New Yorks waren Woche für Woche verlängert worden, da die Show in Vorbereitung ihres Broadway-Debüts erst noch eine ganze Menge von Verlängerungen überstehen mußte. Die Premiere in New York wurde insgesamt sechsmal verschoben, was führende Leute in der Filmindustrie vermuten ließ, daß die Show in ernsthaften Schwierigkeiten steckte.

An diesem Abend tauchte Allan Miller nach der Vorstellung zu seinen üblichen Probesitzungen bei Barbra auf. Da er die Gelegenheit spürte, ließ er die normale Unterhaltung behutsam in ein Gespräch über Barbras Familie übergehen, über die sie sich bis dahin immer nur verhalten geäußert hatte. Freute sie sich darauf, daß ihre Mutter bei der Premiere in New York dabeisein würde? Miller fragte dies mit einer Unschuld, die über seine wahre Motivation hinwegtäuschte. Da sie zu müde war, um gegen diese ihrer Ansicht nach zu persönlichen Fragen zu protestieren, verneinte Barbra. Dann ließ Miller die Bombe los. Hätte sie gerne ihren Vater dabeigehabt? Hätte sie sich gefreut, wenn er hätte sehen und hören können, was aus seiner Tochter geworden war?

Miller fuhr fort: »Du weißt doch, daß du dir vorgestellt hast, wie dein Vater gewesen wäre. Wie dein Leben gewesen wäre, wenn er leben würde und hier wäre, um dich zu sehen . . .«

Barbra brach in Tränen aus. Es war einer der seltenen Momente, in denen sie sich selber erlaubte, die Gefühle für ihren Vater offen zu zeigen. Miller, der die Situation unter Kontrolle hatte, bat sie dann, jetzt in diesem Zimmer ein Lied aus der Show zu singen.

Es war eine Falle. Er wollte, daß sie das Lied extra für ihren Vater sang. Barbra sträubte sich, aber dann wischte sie sich die Tränen aus dem Gesicht und tat, was er ihr sagte. Als sie fertig war, nahm

Miller ihre Hände und bat sie, noch einen Schritt weiter zu gehen. Er sagte ihr, sie solle ihren nächsten Auftritt in der Show, ihre ganze Vorstellung ihrem Vater widmen.

Am nächsten Abend brachte sie »die phantastischste Vorstellung, die sie je gab«, wie Miller sich ausdrückt. »Es gab nie wieder eine Vorstellung, die dieser gleichkam. Es war eine überaus wichtige Leistung für sie, weil die emotionale Tiefe, zu der sie tatsächlich in der Lage war, bis dahin ziemlich gut versteckt geblieben war.«

Während der Vorstellung sah Barbra ins Publikum und stellte sich das Gesicht vor, das sie von Photographien her kannte. Plötzlich war *er da* und sah sie aus dem Zuschauerraum an. Während der ganzen Show hörte er ihr zu. Er lachte. Er weinte. Aber vor allem sah er, wie seine Tochter ihr Herz überfluten ließ und das gesamte Publikum in ihren Bann schlug. Barbra würde diese Vorstellung nie vergessen. Auch nicht den eingebildeten Blick der Augen ihres Vaters, die sie aus der vierten Reihe heraus anstrahlten. Sie waren freundlich, sensibel und intelligent. Und an diesem Abend, bei dieser Vorstellung glühten sie vor Stolz.

15. KAPITEL

Hello, Gorgeous

Mit müdem Schritt überquert sie die Bühne. Ihr verächtlich nach
unten gezogener Mund und ihre freudlose Erscheinung lassen sie
wie eine verbitterte Frau wirken, die ihr Leben lang einen Traum
verfolgt hat, der sich nie erfüllte. Während sie im Spiegel ihrer
Garderobe einen flüchtigen Blick von sich erhascht, spricht sie
mit unverhohlenem Sarkasmus die knappen ersten Worte: »Hallo,
du Schöne.« Dann zieht sie den Leopardenmantel aus, den sie bis
dahin trug, und die Szene geht in eine Rückblende über. Plötzlich
wird sie eine ausdrucksvolle, offensichtlich viel jüngere Frau voller
Kraft und Leben und unbekümmertem Idealismus. Es ist eine erstaunliche Verwandlung.

So sah der erste Teil der brillant konzipierten dreistufigen Einführung aus, mit der sich Barbra Streisand dem Broadway-Publi-
kum als Fanny Brice bekannt machte. Der zweite Teil, der den treffenden Titel »If A Girl Isn't Pretty« trägt, wird von Fannys Mutter
gesungen. Sie wird von einer Gruppe gackernder jüdischer Frauen
aus der Nachbarschaft begleitet, die einstimmig Fannys Träume
vom Showbineß verurteilen. Ihre Botschaft, als sie voller Selbsthaß »If a girl isn't pretty, like a Miss Atlantic City« singt, ist deutlich: Fannys Träume, ein Star zu werden, sind nichts als Illusionen,
und sie sollte davon abgebracht werden. Diese Worte waren für
Barbra natürlich voller Bedeutung, da in ihnen die Stimme ihrer
eigenen Mutter widerhallte. Das Lied führte zu allerhand Gelächter, aber es erreichte außerdem etwas anderes. Es zog das Publikum
auf Fannys Seite, da es einen kleinen Eindruck von den unglaublichen Hindernissen gab, die auf ihrem Weg lagen. Mit ein paar
Worten und ohne eine einzige Note zu singen, hatte Barbra bereits
als unscheinbare Verliererin die Sympathie des Publikums erobert.

Als sie ihr erstes Lied begann, hielt das Publikum den Atem an
und hoffte, daß sie nicht *zu* schlecht sein würde. Wenn schon ihre
eigene Mutter nicht an sie glaubte, wie sollte sie da gut sein? Aber
mit Barbra als Fanny war sie nicht nur gut, sondern *umwerfend*. Das
Lied »I'm the Greatest Star« ist sicherlich eines der raffiniertesten

und wirkungsvollsten Einführungslieder, die je für einen zukünftigen Star geschrieben worden sind. Und obwohl sie es mit selbstironischem Humor sang, gab es keinen Zweifel, daß Barbra und Fanny voll und ganz an den Text glaubten.

Es war ein blendender Anfang für die Show, für Fanny und besonders für Barbra Streisand. An diesem Abend des 26. März 1964 im *Winter Garden Theater* gab es zwar weitere Momente und Lieder, die ebenso brillant waren (»Dont't Rain on My Parade« und »The Music That Makes Me Dance«), aber mit ihrem ersten Lied im ersten Akt ihrer allerersten Hauptrolle war bereits ein bedeutender Broadway-Star geboren.

Die Show hatte einen spektakulären Erfolg, und mit den internen Kämpfen war es vorbei: *Funny Girl war* Barbra Streisand. 1953 hatte Rosalind Russel auf derselben *Winter Garden Bühne* den Broadway mit *Wonderful Town* im Sturm erobert. Das gleiche würde Angela Lansbury 1966 mit *Mame* gelingen. Aber es ist ziemlich wahrscheinlich, daß der *Winter Garden* in seiner gesamten Geschichte keinen so überwältigenden, individuellen Erfolg wie den der Streisand in *Funny Girl* nochmals erlebt hat. Das *Life Magazin* nannte es »ohne Zweifel den größten persönlichen Triumph, den das Showbusineß seit Jahren gesehen hat«. Selbst eine Preiserhöhung der Eintrittskarten konnte das Publikum nicht abschrecken. Der Preis für eine Karte lag nun bei 9,90 Dollar, was deutlich mehr war als der anfängliche Preis von 8,80 Dollar. Viele Leute dachten, daß die Preiserhöhung das Ende der Broadway-Bühne signalisierte, statt dessen mußte die Leitung des *Winter Garden* siebenunddreißig zusätzliche Sitze im Theater installieren, um dem Andrang nachzukommen.

Donnernder Applaus erschütterte am Premierenabend das Theater. Das Mädchen, das bei seiner Mutter und seinem Vater um ein Stückchen Anerkennung gebettelt hatte, fand nun die Bestätigung einer Menschenmenge, die jubelnd von den Sitzen aufgesprungen war. Aber selbst die erstaunliche Zahl von *zweiunddreißig* Vorhängen brachte kein anhaltendes Lächeln auf ihr Gesicht. Sie war zu überwältigt von der Begeisterung dieses Publikums, das sie bewunderte.

Hinter der Bühne wurde sie buchstäblich von der Menge überfallen, gedrängt, geschoben, gezogen und herumgezerrt. Sie konnte nicht atmen, geschweige denn über ihren Erfolg nachdenken. Die Gesichter, die sich in ihre Richtung drängten, waren verschwommen, und die Stimmen, die ihnen gehörten, verloren sich im nicht nachlassenden Lärm. Es gab auch ein paar Aufnahmen. Elliott umarmte und küßte sie. Ethel Merman erkämpfte sich ihren Weg hinter die Bühne und schmetterte ihre Glückwünsche hervor Und Lee Strasberg, der sie einmal als Mitglied seines Studios abgelehnt hatte, ließ ihr zuteil werden, was für ihn die höchste Form von Lob war: »Sie waren ziemlich gut.«

Bei der Premierenfeier im Rainbow-Saal ging das Chaos weiter, überall zuckten Blitzlichter, und Mikrophone wurden ihr vors Gesicht, vor die Brust und vor den Hals gehalten. Sie war dermaßen überflutet von Fragen nach Autogrammen, Lächeln, Blicken oder zackigen Erwiderungen, daß sie kaum wahrnahm, daß in der Menge auch Bette Davis, Angela Lansbury und Sophie Tucker ihr Loblied sangen und versuchten, zu ihr vorzudringen.

Später erinnerte sie sich nur noch an Bruchteile dessen, was der Abend ihres Lebens hätte sein sollen. Sie erinnerte sich jedoch lebhaft an ihre Diskussion mit Fannys früherem Ehemann, Billy Rose, einem der Partygäste. »Ich denke, daß ich einmal mit Ihnen verheiratet war«, witzelte sie zur Begrüßung. »Wie war ich?«

Rose brauchte nicht lange, um eine Antwort zu finden: »Toll«, gab er zurück, »während der ersten fünf Jahre.«

Dann ließ er Barbra wissen, daß er zunächst an ihrer Eignung für den Part gezweifelt, sie ihn aber nun vom Gegenteil überzeugt hatte. »Niemand auf der ganzen Welt«, erklärte er ihr, »kann Fanny Brice spielen.« Die meisten Journalisten waren entschieden anderer Ansicht.

Der Kritiker Howard Taubman von der *New York Times* fand, daß »Miss Streisand auf dem besten Wege ist, eine blendende Entertainerin zu werden – in *Funny Girl* gelingt es ihr so gut, wie es überhaupt einer Darstellerin gelingen kann, das Gelächter und das Vergnügen in Erinnerung zu rufen, das Fanny Brice verkörperte . . . Der Abend steht und fällt mit Fanny und Barbra.«

»Wenn New York Paris wäre«, schrieb der Kritiker der *Time*, »könnte sich der Broadway zeitweilig den neuen Namen Rue

Streisand geben. Manche Stars schaffen es kaum, auf einer Anzeigetafel zu stehen: Barbra Streisand steckt ein ganzes Theater in Brand.«

Cue war sogar noch euphorischer: »Großartig, überragend, blendend, außergewöhnlich, spannend – wie kläglich diese kleinen Adjektive klingen, will man Barbra Streisand beschreiben. Sie ist einfach die talentierteste Künstlerin, die es in den Sechzigern auf den Musicalbühnen gibt.« Aber solche Worte waren von geringem Trost für Barbra. Es war fast so, als würden sie jemand anders beschreiben. Statt dessen zog sie es vor, in den insgesamt positiven Kritiken den wenigen negativen Bemerkungen größere Bedeutung beizumessen. Besonders beunruhigend waren Norman Nadels Kommentare im *New York World Telegram;* »*Funny Girl* ist ziemlich umwerfend«, lobte er sie, um dann zu Barbras Ärger hinzuzufügen: »Ein bißchen mehr Herz, ein bißchen mehr Pfiff, ein bißchen mehr Fanny Brice (*besser: viel mehr Fanny Brice*), dann hätte das Musical, das gestern abend im *Winter Garden* Premiere hatte, wirklich einen Star gehabt.« Auch wenn eine Kritik gar nicht unbedingt negativ gemeint war, dann legte Barbra sie so aus.

Anstatt sich in der angenehmen Erinnerung ihres Triumphes zu aalen, machte sich Barbra, die von Natur aus mißtrauisch ist, auf das drohende Verhängnis gefaßt, das eigentlich folgen mußte. Irgend jemand, so fürchtete sie, würde versuchen, ihr alles kaputtzumachen. Vielleicht ist das der Grund, warum sie in der Öffentlichkeit niemals auch nur im entferntesten gezeigt hätte, daß sie über ihren Erfolg glücklich war. Vielleicht hatte sie Angst, daß sie dann bestraft werden und sich alles auf einen Schlag in Luft auflösen würde.

Gleich nach ihrer Broadway-Premiere klagte sie: »Jetzt, wo man davon ausgeht, daß ich Erfolg habe, mache ich mir über die Verantwortung Sorgen. Die Leute werden jetzt nicht mehr kommen, um ein neues Talent zu sehen, von dem sie gehört haben. Ich muß jetzt ihrer Idee von einer tollen Erfolgsdarstellerin gerecht werden. Ich bin nicht mehr die Verliererin, das unscheinbare Mädchen aus Brooklyn, dem man die Daumen halten konnte. Ich bin jetzt Freiwild.«

Am schwierigsten war es für sie, dieses letzte Wort zu akzeptieren. Vermutlich hat sie es nie getan.

Jetzt, wo keine anstrengenden, täglichen Veränderungen in der Show mehr ihre Aufmerksamkeit und Zeit beanspruchten, begann Barbra, sich mit der Gestaltung ihrer luxuriösen Penthouse-Wohnung zu beschäftigen, die sie mit Elliott teilte. Prachtvolle Eleganz schwebte ihr vor, ließ sie, in etwa, ihren Innenarchitekten Charles Murray wissen, aber sie wollte, daß sich darin auch ihre individuelle, noch immer kindliche Persönlichkeit widerspiegelte. Selbst in ihrer Inneneinrichtung war sie widersprüchlich. Das Vorzeigestück der Wohnung war ein prunkvolles, dreihundert Jahre altes Himmelbett, das sie wie ein Heiligtum der Verführungskunst auf ein Podium gestellt hatte. Das Bett war mit oliv-goldenem Damast drapiert und mit Damastvorhängen versehen, die von Messingstäben herunterhingen, um, wie Barbra es beschrieb, einer »Schlafwagenkoje« zu ähneln. Das war nicht schlecht für ein Mädchen, das niemals ein richtiges eigenes Bett gehabt hatte, und auch nicht für eine junge Frau, die noch ein paar Jahre früher auf einem tragbaren Feldbett geschlafen hatte. Das einzige, was nicht in die allgemeine Atmosphäre des Zimmers paßte, war ein kleiner Kühlschrank neben dem Bett, der mit Breyer's Mokkaeis am Stiel gefüllt war.

Für Barbra bedeutete Erfolg nicht Glück. Er bedeutete, daß sie ihre nächtlichen Gelüste befriedigen konnte, ohne aus dem Bett steigen zu müssen.

So begann Barbra, sich mit Begeisterung und vollem Geldbeutel für die Welt der Inneneinrichtung zu interessieren. »Natürlich ist es teuer«, erklärte sie dem Kolumnisten Earl Wilson. »Alles, was gut ist, ist teuer.« Sie kaufte ein, überlegte, kaufte wieder ein ... Sie lernte auch, soviel sie konnte, über Stilarten, Epochen, Muster, Farben, Stoffe und die Unterschiede zwischen Frank Lloyd Wright und Gustav Stickley.

Das Ergebnis ihres Debüts als Innenarchitektin waren ein zart malvenfarbener Flur, eine türkisch gemusterte Küche, ein formelles Eßzimmer, ein Badezimmer in rotem Lackleder, ein weinrotes Arbeitszimmer mit einem Flügel (auf dem ein Kopftuch und darauf ein Kindheitsphoto von ihr lagen) und mit goldenen Platten und Nacktporträts an den Wänden, und in der ganzen Wohnung, auch im Badezimmer, hingen *sechs* Kronleuchter. Besonders letztere, und auch das extravagante Bett, führten dazu, daß Besucher oft abfällige und immer hinter ihrem Rücken geäußerte Kommentare darüber machten, daß der tolle neue Star wohl ein bißchen zu sehr von sich selber eingenommen und mehr als nur ein bißchen protzig geworden sei.

Dieser Eindruck erhärtete sich, als Barbra einen Rolls-Royce kaufte und einen uniformierten Chauffeur engagierte. Aber das Auto ging kaputt oder explodierte, je nach Version, und die Goulds ersetzten es durch einen beinahe genauso pompösen, cremefarbenen Bentley, Baujahr 1961. Sie entließen den Chauffeur, aber Elliott setzte sich manchmal aus Spaß dessen Hut auf.

Wie es sich für ihr neues Image gehörte, stellte Barbra auch eine Sekretärin sowie eine Köchin und Hausangestellte namens Mary ein, deren kulinarische Spezialität mit Lachs gefüllte Seezunge in Sahnesoße mit Mandeln war. Trotzdem gingen die Goulds oft aus zum Essen. Während Barbras Geschmack in anderen Dingen entschieden luxuriös geworden war – einmal bot sie einem Gast eine Kostprobe Kaviar an, wobei sie den Besucher wissen ließ, daß ein Pfund davon zweiundvierzig Dollar kostete –, mochte sie ihre chinesischen Take-away-Restaurants und die Fast-food-Burgers immer noch. Zu ihrer Freude machte während der Spielzeit von *Funny Girl* in der sechsundvierzigsten Straße ein die ganze Nacht geöffnetes Fast-food-Restaurant auf, so daß Elliott Barbra manchmal nach der Vorstellung im Bentley abholte und sie Hamburger und Pommes frites essen gingen.

Um ein bißchen für Abwechslung zu sorgen, gingen sie manchmal auch zu *Snacktime* auf der vierunddreißigsten Straße, wo sie Hot dogs und Maiskolben aßen, oder in einen kleinen Schuppen in der Second Avenue auf ein nächtliches Zitroneneis.

Normalerweise bestand Barbra darauf, im Auto auf Elliott zu warten, und wenn er mit dem Essen zurückkam, schlugen sie sich auf den Rücksitzen die Bäuche voll. Barbra *haßte* es inzwischen, erkannt zu werden, besonders während sie aß. Die Frage, die sie in der englischen Sprache am meisten haßte, war ohne Zweifel: »Entschuldigung, ich will Sie nicht stören, aber . . .«

»Eines Abends hatte ich unheimliche Lust, ins *Leone's* zu gehen«, erzählte Barbra damals Liz Smith. »Da sitzt man an Tischen mit riesigen Mengen von Käse, Obst, rohem Gemüse und Brot. An einem Festivalabend mußte ich einfach dahin gehen. Das Lokal war brechend voll, und obwohl das Essen toll war – wir aßen heiße Maronen, die hervorragend schmeckten –, kamen die Leute ununterbrochen während des ganzen Essens zu mir rüber und sagten immer wieder dasselbe: ›Entschuldigung, ich will Sie nicht stören, aber könnten Sie das unterschreiben?‹ Ich hatte Lust, denen zu sagen: ›Wenn Sie mich nicht stören wollen, warum tun Sie es dann? Warum geben Sie nicht einfach zu, daß Sie wissen, daß Sie mich stören und es Ihnen aber egal ist?‹ Gestört zu werden, wenn man versucht zu essen – das ist schrecklich.«

Mit Ausnahme der Garbo gab es wahrscheinlich keinen anderen Star, der sich mit seinem Ruhm offensichtlich so unwohl fühlte. Die Gründe waren zum Teil die Art der Fans, die sie anzog. Mit *Funny Girl* erweiterte Barbra die Gruppe ihrer Stammbewunderer, vor allem weiße, homosexuelle Männer, auf einen größeren Teil der Bevölkerung: auf die Außenseiter. Ob es einem gefällt oder nicht – und *ihr* gefiel es nicht –, sie war das Gesicht und die Stimme der Entrechteten, die von manchen Leuten als gesellschaftliche Verlierer gebrandmarkt werden. Barbra selber bezeichnete die Leidenschaftlicheren unter ihnen als »die Verrückten«.

Sie hatte wirkliche Angst vor diesen Fans und versuchte sie um jeden Preis zu meiden. Anstatt das Theater abends durch die seitliche Bühnentür zu verlassen, vor der sich ihre eifrigsten Bewunderer versammelten, durchquerte Barbra normalerweise das ganze Haus und ging dann durch die Haupteingangstür.

»Sie fühlte sich sehr, sehr unwohl mit Fans«, erinnert sich Blair Hammond. »Sie konnte einfach nicht mit ihnen umgehen. Es lag ihr nicht.«

Eines Abends holte Ashley Feinstein sie ab, und zusammen wagten sie sich bis zu dem »bedrohlichen« Seitenausgang vor. »Draußen standen die Leute«, erinnert sich Feinstein, »und ich konnte sehen, daß Barbra fürchterliche Angst hatte. Sie war nicht der Typ, der zugibt: ›Ich habe Angst‹, aber es war offensichtlich so. Sie hielt meine Hand fest umklammert.«

Besonders beunruhigten sie die unterwürfigen und die fanatischen Fans. Wenn sie sie so sehr »liebten«, argumentierte sie, dann konnten sie sie auch leicht aus einer Laune heraus mit der gleichen Leidenschaft hassen. Einmal stand sie in einer verregneten Straße von Manhattan und hielt ein Taxi an. Als sich das Taxi näherte, schoß ein Junge im Teenageralter aus dem Nichts hervor und warf ihr seine Jacke zu Füßen, um damit eine Pfütze zu bedecken, in die Barbra beinahe getreten wäre. Barbra war gleichzeitig überrascht und peinlich berührt, für den Jungen und auch für sich selber.

»Bitte, heb deinen Mantel auf«, sagte sie zu dem Jungen. »Du darfst so etwas nicht für mich tun. Für niemanden.«

Sie hatte Schwierigkeiten damit, die unverhohlenen Zeichen der Zuneigung ihrer Fans zu akzeptieren. Am Abend vor ihrem zweiundzwanzigsten Geburtstag, am 24. April 1964, kam sie wie üblich zur Vorstellung. Während des Schlußapplauses standen die 1524 Menschen im Publikum auf und brachten ihr in Begleitung des Orchesters ein Geburtstagsständchen. Anstatt dankbar oder in irgendeiner Weise berührt zu reagieren, war Barbra nur verblüfft.

»Was bedeutet es, wenn die Leute applaudieren?« überlegte sie. »Ich weiß nicht, wie ich darauf reagieren soll. Ihnen Geld geben? Mich bedanken? Mein Kleid lüften? Auf *fehlenden* Applaus kann ich wenigstens reagieren – das wühlt mich auf!«

The Third Barbra Streisand Album erschien am 10. Februar 1964, und obwohl es den fünften Platz der Hitliste erreichte, erwiesen sich die Verkaufszahlen als enttäuschend, besonders im Vergleich zu ihrer vorherigen Platte. Die relativ bescheidenen Verkaufszahlen hingen damit zusammen, daß die Platte gezwungenermaßen mit der Originalaufnahme von *Funny Girl* in Konkurrenz stand. Diese war von Capitol Records veröffentlicht worden und erreichte am 2. Mai die Top-Forty. Die Columbia hatte eine erste Option gehabt, aber darauf verzichtet. Das erwies sich als eine demütigende Fehlentscheidung. Die *Funny-Girl*-Platte kletterte bis auf den zweiten Platz, wo sie drei Wochen lang bleiben würde. Die Spitzenposition versperrte ihr, wie den meisten Musikerscheinungen dieses Jahres, ein schlecht frisiertes Quartett aus England, das unter dem Namen *The Beatles* bekannt war.

Barbra, die sich in der Routine ihrer acht Auftritte pro Woche bereits langweilte, unterhielt sich mit einer Fülle von Projekten,

Auftritten und Preisen, die sie gnädig annahm oder höflich ablehnte. Sie beschäftigte sich nebenbei mit Italienisch und nahm bei Shirley Rhoads, die ihr Leonard Bernstein empfohlen hatte, Klavierunterricht. Sie erschien auf den Titelseiten von *Time* und *Life*, die sie als »großen neuen Star« ankündigten. Während eines Gastauftrittes in dem Fernsehquiz »What's my line?«, das am 12. April gesendet wurde, sprach sie zusammen mit Arlene Francis und Dorothy Kilgallen über das Thema Schlaftabletten.

Und mit Nominierungen in drei Kategorien war sie am 12. Mai bei der Verleihung der Grammy-Auszeichnungen dabei. »Happy Days Are Here Again« verlor in der Kategorie »Lied des Jahres« gegen Henry Mancinis »The Days of Wine And Roses«.

Barbra wurde aber als die Plattensängerin mit der besten weiblichen Stimme des Jahres geehrt. Sie gewann außerdem den angesehensten Preis der Musikindustrie – die beste Platte des Jahres – für ihre erste Veröffentlichung *The Barbra Streisand Album*.

Bei zwei wichtigen Ehrungen der Unterhaltungsbranche war sie allerdings weniger erfolgreich. Am 25. Mai lag sie für einen Emmy mit ihrem erstaunlichen Gastauftritt in der »Judy Garland Show« im Rennen. Gegen sie traten Danny Kaye, Burr Tillstrom, Andy Williams und die Garland selber an. Kaye, der Star der »Danny Kaye Show«, wurde der Gewinner, worauf Barbra sich berechtigterweise beschwerte, man hätte sie in einer anderen Kategorie nominieren sollen. »Es war dumm«, sagte sie, »mich gegen Leute antreten zu lassen, die pro Woche eine Show machen.«

Am Abend zuvor war die gesamte Theaterszene zur achtzehnten jährlichen Tony-Verleihung zusammengekommen. *Funny Girl* war mit acht Nominierungen, darunter dem Tony für das beste Musical und dem für die beste Musicaldarstellerin, gut vertreten. Die Verleihung bedeutete Barbra ziemlich viel, da sie seit Jahren davon träumte, zum Gewinnerpodium zu schreiten. Gegen sie traten Carol Channing mit *Hello, Dolly!*, Beatrice Lillie mit *High Spirits* und Inga Swenson mit *110 in the Shade* an.

Man ging grundsätzlich von einem Kopf-an-Kopf-Rennen zwischen Barbra und der Channing aus. Als Carol Channing dann als Gewinnerin angekündigt wurde, tat die am Boden zerstörte Barbra so, als mache es ihr nichts aus. Ironischerweise verlor Ray Stark die

Auszeichnung des Produzenten des Jahres an David Merrick mit seiner Arbeit an *Dolly*. Das Musical überrannte an diesem Abend alles, was in Sichtweite war, eine Leistung, die Barbra erst einmal zu den Akten legte. Denn während Carol Channing ein Regal für ihre glänzende Statuette räumte, hatte Barbra ihren Blick schon auf einen viel größeren Preis gerichtet.

Im Sommer führte Barbra ihr Engagement über acht Vorstellungen pro Woche weiter, während sie gleichzeitig am *nächsten Projekt* arbeitete. »Ich erinnere mich, daß sie für ihre schnellen Kostümwechsel einen Raum gleich hinter der Bühne hatte«, sagt der Tänzer Blair Hammond, »und an ihrem Spiegel klebten immer Liedtexte. *Nicht* die Texte der Show, sondern von den neuen Sachen, die sie vorbereitete. Immer wenn sie sich umzog, lernte sie Texte auswendig.«

Einen Auftritt, für den sie übte, war ein Freiluftkonzert im Forest-Hills-Tennis-Stadion. Für die zweiundzwanzigjährige Barbra bedeutete dieses Konzert ziemlich viel. Schließlich war Forest Hills *der* Beverly-Hills-Traum ihrer Brooklyner Kindheit gewesen. Alle Freunde und Feinde ihrer Kindheit waren dorthin gezogen, wenn ihre Familien das große Geld machten. Forest Hills verkörperte für Barbra – und das würde immer so bleiben – den Inbegriff der Mädchen, die es sich leisten konnten, in der Schule echte Kaschmirpullover zu tragen. Das Konzert war für sie eine Gelegenheit, diesen Leuten, von denen manche sie früher gemieden hatten, zu *zeigen*, wie weit sie es gebracht hatte.

Es war der Abend des 12. Juli 1964. Es fegte ein heftiger Wind, und der Himmel war von Wolken bedeckt. Es hatte an diesem Tag geregnet, so daß man damit rechnete, daß Barbra das Konzert vielleicht im letzten Moment absagen würde. Statt dessen trug sie ein wogendes Abendkleid in Lila-, Blau- und Grüntönen und betrat unter dem donnernden Applaus von fünfzehntausend Menschen die Bühne.

Zunächst einmal waren die äußeren Bedingungen amüsant. Sie kämpfte mit dem Kabel ihres Mikrophons. Ihr Kleid wirbelte im Wind. Der Stuhl, auf dem sie saß, stürzte beinahe um. Das Publikum sah, wie weit sie entfernt war.

»Komm näher, Barbra!« riefen sie im Sprechchor.

»Wie soll ich denn näher kommen?« schrie sie. »Wenn ich über das nasse Gras laufe, bekomme ich noch einen Schlag!«

Auch die meisten Mitglieder der *Funny-Girl*-Truppe waren da.

»Eines Tages kam Barbra hinter die Bühne«, erinnert sich Blair Hammond, »und sagte: ›Hört mal, wenn ich schon arbeiten soll, dann sollt ihr auch da sein.‹ Das Konzert fand an einem Sonntag statt, unserem freien Abend. Ich fand, daß es wirklich eine tolle Geste von ihr war. Denn die Eintrittskarten waren schon Wochen im voraus ausverkauft.«

Blitze zuckten über den Himmel, es regnete mit unverminderter Heftigkeit weiter, aber das Forest-Hills-Konzert wurde ein Riesenerfolg, deswegen wurde sogar für ein späteres Datum, während der Spielzeit von *Funny Girl*, eine Wiederholung angesetzt.

Mehr als fünf Monate nach seiner Veröffentlichung war »People« am 23. Mai 1964 endlich in die Top-Forty-Hitliste der Singles gekommen und stetig bis auf den fünften Platz gestiegen. Jetzt, wo Barbra ihren ersten Single-Hit hatte und die Platte mit den Originalaufnahmen von *Funny Girl* ebenfalls in den Hitlisten stieg, drängte die Columbia sie, eine *People*-LP zu machen. Die Platte wurde Ende Juli aufgenommen, zwei Wochen nach dem Forest-Hills-Konzert, und kam im September heraus. Sie war sicherlich weniger draufgängerisch als ihre erste, aber mit ihrem vollen Gesang auch weniger schrill und letzten Endes kommerzieller. Barbra machte aus ihrem besonderen, überemotionalen Stil ein Markenzeichen, für das sie bekannt wurde.

People sprang sofort in die *Billboard*-Hitliste der Schallplatten und war am 31. Oktober auf den ersten Platz hochgeschnellt, wo sich die Platte vier Wochen lang hielt. Es war Barbras erste Erfolgsplatte und keine schlechte Leistung, wenn man bedenkt, daß die britische Invasion dieser Branche sich noch auf ihrem Höhepunkt befand. Es waren die Beatles mit *A Hard Day's Night*, die Barbra aus der Spitzenposition verdrängten. Unterdessen kämpfte Barbra im *Winter Garden* damit, der Langeweile zu widerstehen. Jeden Abend verschaffte sie sich Adrenalinstöße, indem sie ihre Auftritte durch kleine Improvisationen oder einen Wechsel in ihrem Tonfall ein bißchen veränderte.

Lee Allen, der den Part von Fannys platonischem Freund Eddie Ryan spielte, erzählt: »Sie versuchte sich in verschiedenen Interpretationen und bemühte sich, ihnen unterschiedliche Bedeutungen zu geben, solche, die keinen Bezug zum Stück hatten. Es gab Momente, in denen sie, anstatt lässig mit mir umzugehen [wie es das Buch vorsah], plötzlich so wirkte, als würde sie mit mir flirten.« So oder so weckte es sein Interesse. »Es war viel interessanter [es so zu spielen]«, sagt Allen. »Ich meine für mich als Mann. Ich dachte: ›Mensch, die kommt ganz schön auf mich zu.‹ Deswegen fragte ich sie einmal hinter der Bühne danach, und sie sagte: ›Weißt du, es hilft mir [Dinge zu verändern]. Ich kann nicht immer alles mit genau den gleichen Gefühlen spielen.‹ ›Ist schon gut.‹ Ich verstand sie. Man kann nicht wie eine Maschine arbeiten.«

Manchmal trieb sie im Namen der Spontaneität das Improvisationstalent ihrer Kollegen bis an seine Grenzen. »Es war eine Szene, die mit mir und Sydney anfing«, erinnert sich Marc Jordan, der Mr. Renaldi spielte. »Während ich mir einen Martini einschenkte und ihn trank, wollte Barbra hereinkommen und mich an einem bestimmten Moment unterbrechen. Aber eines Abends unterbrach sie mich *nicht*. Also ließ ich mir irgend etwas einfallen. Es dauerte ganze *zwei* Minuten, bis sie schließlich auf die Bühne kam. Ich erinnere mich, daß ich hinterher zu ihr sagte: ›Wo zum Teufel warst du?‹ Sie antwortete: ›Ich war nur zehn Sekunden zu spät, aber es klang so vernünftig, was du sagtest, daß ich dachte, sie hätten dir einen zusätzlichen Text gegeben und vergessen, es mir zu sagen.‹«

Nachdem Barbra glücklich die hundertste Show hinter sich hatte, wurde sie von einigen Leuten beschuldigt, ihre Vorstellungen nur noch auf mechanische, gelangweilte Weise zu absolvieren. Aber sie konnte sich immer noch »hochkriegen«, wenn die Situation es wert war. »An manchen Abenden«, erzählt Lee Allen, »immer wenn irgendeine wichtige, wirklich einflußreiche Persönlichkeit im Publikum saß, die gut für Barbra [und ihre Karriere] sein konnte, gab sie eine *phantastische* Vorstellung.«

Allen fügt hinzu, daß Barbra ihm an manchen Abenden, wenn sie zusammen auf der Bühne standen, zuflüsterte: ›Kannst du sehen, wer auf meinen reservierten Plätzen sitzt?‹ Ich fragte:

›Warum? Mit wem rechnest du denn?‹ Sie sagte: ›Ich habe gehört, daß *Brando* in der Stadt ist und nach meinen Plätzen gefragt hat.‹ Ich blickte ins Publikum und sagte: ›Na ja, es sieht so aus, als *könnte* es Brando sein.‹«

Die Bühnendirektoren lernten, *wie* sie Barbra motivieren (und manipulieren) konnten, indem sie sich manche Besuche von Berühmtheiten ausdachten. »Sie legten ihr nur ein kleines Sätzchen hin«, erinnert sich Allen. »›Wissen Sie, wer heute abend im Publikum ist, Barbra?‹ Oder: ›Der-und-der kommt heute abend, Barbra.‹«

Ein Star, der sie beeindruckte, war Ava Gardner. Für Barbra die frühere Mrs. Sinatra, der Inbegriff des *Filmstars* ihrer Kindertage. »Ich erinnere mich nicht daran, daß irgend jemand Barbra beeindruckt hat«, erzählt Ashley Feinstein, »außer Ava Gardner.«

Die Gardner war nach ihren Dreharbeiten von *The Night of the Iguana* mit Ray Stark eingeladen worden, sich *Funny Girl* anzusehen. Nach der Vorstellung ging die Gardner hinter die Bühne und machte Barbra Komplimente über ihren Auftritt.

Die beiden Frauen verstanden sich gut, und ihr Gespräch drehte sich bald um Inneneinrichtungen. Barbra lud Ava Gardner ein, sich einmal anzuschauen, was sie aus ihrer Penthouse-Wohnung gemacht hatte. Am gleichen Abend kamen auf Barbras Einladung auch Ashley Feinstein, und Arthur Laurents.

»Als wir in die Wohnung gingen«, erinnert sich Feinstein, »saß da Ava Gardner. Barbra sagte so etwas wie: ›Das hier ist meine Freundin Ava.‹ Aber so sehr Barbra auch von Ava Gardner beeindruckt war, die Gardner war noch mehr beeindruckt von ihr.«

Auch Vizepräsident Hubert Humphrey tauchte hinter der Bühne auf, um über Barbras Auftritt bei der Lyndon-Johnson-Inaugural-Eve-Feier zu sprechen. Dieses Ereignis fand am Montag, dem 18. Januar 1965, statt und hatte die besondere Auszeichnung, zwei Broadway-Shows lahmzulegen. Sowohl *Funny Girl* als auch *Hello, Dolly!* fielen an diesem Abend aus, damit Barbra und Carol Channing bei den Feierlichkeiten dabei sein konnten. Andere Namen der wirklichen Starbesetzung waren: Dame Margot Fonteyn, Rudolf Nurejew, Alfred Hitchcock, Julie Andrews, Carol Burnett,

Harry Belafonte, Bobby Darin, Woody Allen, Johnny Carson und Ann-Margret.

Für Barbra wurde der Abend zu einem Fiasko. Der Beleuchter der Show verpaßte seinen Einsatz, was ihren Auftritt durcheinanderbrachte. Infolgedessen war sie *nicht* die einhellig herausragende Nummer des Abends, ein Status, an den sie sich schon ziemlich gewöhnt hatte. Hinter der Bühne beschimpfte sie fuchsteufelswild den Leiter der Show, Richard Adler, und drohte damit, sie würde dafür sorgen, daß man den Beleuchter hinausschmisse.

Trotz all dieser äußerlichen Wut war Barbra den ganzen Abend über unterschwellig traurig. Sie war kein besonderer Fan von Johnson, und sie beklagte immer noch den Verlust ihres geliebten Kennedy. Johnson war nach Barbras Ansicht nur ein schaler Ersatz.

Am Broadway suchten sich hinter der Bühne weiterhin Berühmtheiten ihren Weg in Barbras jetzt kunstvoll dekorierte Garderobe, mit ihren türkisch gemusterten Wänden, dem türkisch gemusterten Ruhebett im Stil Ludwig des XIV. und dem krassen, unpassenden Kristallüster.

Auch Andy Williams ging zu ihr. Da sie nicht vergeben und vergessen wollte, daß Williams sie als Gast bei einer NBC-Fernsehshow abgelehnt hatte, zeigte Barbra ihm, als sie sich begrüßten, eine ziemlich kalte Schulter. »Ich hasse alle jungenhaften Sänger«, soll sie zu Williams gesagt haben. »Ich kann sie wirklich nicht leiden. Aber von allen, die ich je gehört habe, sind Sie der schlechteste.«

Ihre Dreistigkeit rührte vielleicht daher, daß sie Williams nicht länger brauchte. Am 22. Juni 1964 kündigte die CBS nach monatelangen Verhandlungen an, daß Barbra einen Vertrag über eine Serie von Unterhaltungsspecials bei dem Sender unterzeichnet habe. Der Gründer und der Präsident des Sendernetzes, W. Paley und James Aubrey, waren bei der Studioaufnahme von Barbras Auftritt in der »Judy Garland Show« dabeigewesen. Zu dieser Zeit wetteiferten die CBS und die NBC darum, Barbra fürs Fernsehen zu gewinnen. Die »Garland Show« überzeugte jedenfalls die Verantwortlichen der CBS, daß sie die Streisand um jeden Preis bekommen mußten.

Sie verlangte und erhielt die komplette künstlerische Aufsicht (wogegen der Sender sich bis zum Schluß zur Wehr setzte) sowie eine Summe von fünf Millionen Dollar – um die es einen großen Rummel gab – für ein Special pro Jahr über eine Dauer von zehn Jahren.

»Wir wissen, daß das Talent da ist«, sagte Mike Dann, der Vizepräsident des Sendernetzes. »Wir wissen, daß sie das explosivste, dynamischste Talent ist, das es überhaupt in einem Jahrzehnt geben kann.« Er fügte hinzu, daß dieser Kauf »das wichtigste Ereignis [sei], das die CBS seit Jahren erlebt habe«.

Man wußte jedoch *nicht*, was man mit ihr machen würde, sobald man sie unter Vertrag hätte, oder wie sie zu ihren bereits verpflichteten Stars passen würde, zu denen Carol Burnett, Mary Tyler Moore und Lucille Ball zählten. Man dachte daran, daß sie sich vielleicht die vertrauliche Atmosphäre bei Danny Kaye zum Vorbild nehmen sollte, der einfach auf einem Hocker saß und zu seinem Publikum sprach, aber niemand war sich wirklich sicher.

Als sie den Vertrag unterzeichnete, seufzte Barbra und zuckte mit den Schultern. »Es wird schon okay sein«, stellte sie öffentlich fest. »Aber von 50 000 Dollar kann man genauso gut leben wie von 300 000, verstehen Sie? Ich meine, wie viele Autos kann man denn besitzen?«

Allerdings war sie von den vielen Nullen, die man ihr hinwarf, doch beeindruckter, als sie zugab. Blair Hammond erinnert sich an den Tag, an dem die Vertragsbedingungen festgelegt wurden:

»Es war während einer Mittwochsmatinee. Barbra ging zu einem ihrer schnellen Kostümwechsel von der Bühne, und als sie zurückkam, strahlte sie. Sie sagte: ›Mein Gott! Ich habe gerade einen irren Vertrag bekommen! Rate mal, wieviel Geld! Ich bekomme tausend Dollar pro Sekunde!‹«

Die Proben für das erste Special begannen im Januar 1965. Gleich zu Beginn gab es eine Meinungsverschiedenheit zwischen Barbra und den Vertretern des Senders. Da ihr Name außerhalb New Yorks nicht so geläufig war, wollte das Fernsehen ihr allerhand Größen als Gaststars an die Seite stellen. Barbra weigerte sich. Das Special sollte *ihr allein* gehören, es sollte eine Ein-Frau-Show sein.

»Gaststars?« sagte Barbra voller Abneigung. »Warum ich keine

Gaststars will? Wegen dieses unnützen, dummen Geredes, das man in Fernsehshows ertragen muß. Es interessiert mich nicht. Ich möchte etwas Wesentliches machen. Etwas Wichtiges. Eine Bombensache! Ich vertraue auf meinen kreativen Instinkt.«

Die Proben wurden auf die Tage gelegt, an denen Barbra keine Matinees hatte. Wie in den Voraufführungen zu *Funny Girl* verblüffte Barbra den Regisseur Dwight Hemion und den Choreographen Joe Layton (Elliotts alter Chef bei *On the Town*) mit ihrer scheinbar grenzenlosen Energie. Sie beeindruckte sie auch mit ihrem Talent.

»Sie hatte ein tadelloses Ohr für die Musik und für den Klang des Orchesters – und auch für alles andere«, sagt der Produzent der Show, Richard Lewine. Er erzählt außerdem, daß Barbra keinerlei Probleme damit hatte, sich dem neuen Medium anzupassen, was nicht überraschend ist, wenn man an ihre während der vergangenen vier Jahre zahlreichen Gastauftritte im Fernsehen denkt. Lewine dazu: »Sie war eine geborene Frau für Shows. Sie wußte, wie man sich in Szene setzt.«

Das Special sollte in drei verschiedene Abschnitte unterteilt werden, was drei getrennte und teure Aufnahmen bedeutete (für einen einzigen Teil allein wurden 139 Musiker benötigt). Am Sonntag, dem 21. März, Barbras freiem Tag im *Winter Garden*, lud die CBS ihre Ausrüstung vor dem Eingang von *Bergdorf-Goodman* ab, einem luxuriösen Kaufhaus auf der Fifth Avenue, wo gedreht werden sollte. Barbra hatte am Samstag zwei Vorstellungen von *Funny Girl* gegeben, war nach Hause gegangen, hatte ein paar Stunden geschlafen und war um zwölf Uhr mittags wieder bereit, sich vor die Kameras der CBS zu stellen. Die Dreharbeiten dauerten bis in den frühen Montagmorgen hinein, was sie nicht daran hinderte, am selben Abend zu einer weiteren Aufführung von *Funny Girl* im *Winter Garden* zu erscheinen. Die beiden anderen Teile, eine musikalische Phantasiesequenz und ein traditionelles Konzert, in dem sie »The Music That Makes Me Dance« und »My Man« sang, wurden am 12. und 14. April im CBS Studio 50 in New York gedreht.

Am 28. April 1965 präsentierte die CBS um neun Uhr abends »My Name is Barbra«. Es war eine Glanzstunde in der Geschichte des Fernsehens, wie man sie selten erlebt. Zu den wenigen vergleichbaren Shows zählen »An Evening With Fred Astaire« (1958), »Julie and Carol at Carnegie Hall« (1962), »Liza With a Z« (1972) und »Baryshnikov on Broadway« (1980).

Time nannte es die »bezauberndste, prickelndste Stunde Fernsehen der Saison«. Der *Hollywood Reporter* pries es als »einen kolossalen Triumph für Barbra Streisand«.

Der Kritiker Rick de Brow von der United Press International schrieb eine regelrechte Lobeshymne: »Gestern abend trat Barbra Streisand, 23, aus Brooklyn, in ihrem ersten Fernsehspecial auf – es war einer der größten Momente des amerikanischen Showbusineß überhaupt ... Sie ist möglicherweise der talentierteste und beliebteste Entertainer, den unser Land je hervorgebracht hat. Zeitgenössische Stars wie Julie Andrews, Elizabeth Taylor, Judy Garland und Carol Burnett wirken neben ihr wie Zwerge.«

Ebenso wichtig war für Barbra die Tatsache, daß die Show in den Nielsen-Einschaltquoten ein Hit war. Vor der Ausstrahlung hatte sie mit ihrem typischen Pessimismus vorhergesagt: »Männer mit Hosenträgern werden es nie im Leben sehen.« Natürlich sollte sie nicht recht behalten. Nicht nur die »Männer mit Hosenträgern« waren dabei, sondern auch die Männer in Militäruniformen, die sich die Show im Radio der Streitkräfte anhörten. Sie wurde außerdem in siebzehn Ländern im Fernsehen ausgestrahlt.

Nach Barbras Erfolg veröffentlichte die CBS eine Zeitungsreklame (die sich vor allem an die schwer zu überzeugende Barbra richtete), in der behauptet wurde, daß mehr als 30 Millionen Zuschauer sich eingeschaltet hatten, »mehr Leute«, verkündete die Werbung, »als diese dreiundzwanzigjährige Zauberin je erfreuen könnte, selbst wenn sie bis zu ihrer Rente mit fünfundsechzig weiter im *Winter Garden* spielen würde.«

Das Fernsehen war für Barbra eine regelrechte Offenbarung. Anders als das Theater, gab es ihrem charakteristischen Perfektionismus eine Chance. Sie konnte Dinge so lange wiederholen, bis sie ihr akzeptabel erschienen. Sie merkte auch, daß sie genausogut ohne richtiges Publikum zurechtkam, mit dem sie ohnehin immer unzufriedener wurde.

»Ich habe meine Meinung geändert«, sagte sie. »[Im Fernsehen] gibt es die Techniker. Die sind schon abgestumpft, deswegen weiß man, daß man gut ist, wenn es ihnen gefällt.«

Außerdem war das Fernsehen, anders als das Theater, etwas *Bleibendes*. Denn Barbra Streisand war und ist in erster Linie eine *Arbeiterin*, aber sie kennt nicht die Befriedigung, die zum Beispiel ein Bauarbeiter hat, wenn er für seinen Schweiß ein fertiges Haus vor sich stehen sieht. Alles, was sie hatte, war das schwache Echo des Applauses, und sie begriff schnell, daß ihr das *nicht* genügte. Das Fernsehen gab ihr etwas Substantielleres, Greifbareres, Dauerhafteres für ihre Arbeit, auch wenn es nur ein Stück Film war.

Barbra gelang mit diesem ersten Special noch etwas: An einem Abend, innerhalb einer Stunde, schaffte sie es, ihr Image zu verändern. Sie war jetzt nicht mehr der ungekämmte Spaßvogel, der in Secondhandklamotten herumlief, sondern sie hatte sich plötzlich in eine kultivierte, schicke Trendsetterin verwandelt. Sie hatte sich die Haare schneiden und neu frisieren lassen, nicht um den Beatles zu ähneln, wie man damals annahm, sondern dem Tänzer Nurejew. Barbra hatte ihn auf Johnsons Galaveranstaltung kennengelernt und über seine Frisur beinahe ebenso gestaunt wie über seinen Tanz. Trotz seiner Herkunft wurde der Schnitt überall »Streisand-Look« genannt. Nach der Ausstrahlung des Specials wurden Friseure im ganzen Land von Kunden bestürmt, die den gleichen Schnitt haben wollten.

Nicht nur ihr Haarstil wurde vereinnahmt. Genauso wie zwanzig Jahre später plötzlich alle wie Madonna sein wollten, hörte man 1965 in allen ländlichen und auch städtischeren Gegenden nicht nur den Streisand-Sound, sondern auch die Gesten, der Gang, die Art zu reden, die Kleidung und die *Nase* der Streisand waren allgegenwärtig.

In der Kosmetikbranche begann man, sich einen Witz zu erzählen: »Eine Frau kam rein und fragte mich nach dem ›Barbra-Streisand-Look‹«, sagt ein Friseur zum anderen. »Da habe ich ihr mit meiner Haarbürste auf die Nase geschlagen.«

Aber zu dem Gelächter war jetzt eine Portion Neid gekommen. Denn in ihrem neunminütigen Auftritt im *Bergdorf-Goodman* (den einige Spaßvögel »Frühstück bei Bergdorf's« nannten) verkörperte Barbra die Créme de la Créme der Modeindustrie – mit

Hüten von *Halston*, Pelzen des berühmten Hausdesigners des Kaufhauses *Emeric Partos* und mit einem 15 000 Dollar teuren Leopardenpelz von *Somali*. Darüber hinaus machte sie sich den extravaganten neuen Stil auch für ihre persönliche Garderobe zu eigen.

Sie war mit dem Traum großgeworden, einmal ihre Hände auf einen Pelzmantel legen oder sich darin einhüllen zu können – ganz wie in den glamourösen Bildern, die sie auf den Kinoleinwänden sah. Und jetzt hatte sie selbst all das im Wandschrank ihrer Penthouse-Wohnung in der Central Park West, wobei »all das« nicht ein, sondern *zehn* Pelzensembles und acht Pelzhüte meinte. Sie besaß einen Pelz, um ins Restaurant essen zu gehen, und einen für spektakuläre Auftritte in der Öffentlichkeit. Sie besaß einen langen, 12 000 Dollar teuren Skunkmantel, dessen Ärmel man an- und abknöpfen konnte; eine Jaguarkombination, die wie ein Herrenanzug geschnitten war und nach Barbras eigenem Entwurf von Reiss & Fabrizio hergestellt worden war; ein schwarzes Skunkcape, das mit dem kastanienbraunen Stoff gefüttert war, den sie auch für die Polster des Sofas im Eingangsflur ihrer Wohnung benutzt hatte, einen russischen Fuchsschwanz (»Es ist der allerschönste Pelz – aber er ist furchtbar empfindlich, und ich trage ihn kaum, weil er so kalt ist«); und ein von Jacques Kaplan entworfenes Robbencape mit Silberfuchsapplikationen. Sie trug ihn mit einem passenden Silberfuchshut. Das war Barbras Lieblingsoutfit. Es erinnerte, wie sie gerne sagte, an die »Eleganz der Dreißiger«.

Barbra nahm ihre neue Rolle als Trendsetterin ernst und wechselte ihre modischen Vorlieben im Tempo ihrer silbrig schimmernden Augenaufschläge. Kurz nach der Ausstrahlung des Fernsehspecials kündigte sie an, daß ihre Leidenschaft für Pelz vorbei sei. Ferner erklärte sie, daß sie ihre Pelzmäntel zerschneiden und in Pelzaufschläge verwandeln werde. »Ein Stoffmantel mit Zobelaufschlägen wäre wunderbar«, sagte sie dazu. Sie begann auch, den modisch weniger Begabten Ratschläge zu geben. »Eine Boa kann toll aussehen, wenn der gesamte Stil schlicht bleibt«, sagte sie und klang dabei fast wie ihr alter Freund Bob Schulenberg. »Zum Beispiel mit grauem Flanell und einer sehr dezenten, eng anliegenden Frisur. Locken und Boas passen nicht zusammen.«

Sie erschien in Modemagazinen und als Modell für die neueste

Strickmode von *Rudi Gernreich*. Es war eine totale Verwandlung, über die aber nicht alle glücklich waren. Die Pelze, die Lüster, der Bentley – es war alles zu viel, zu schnell, und es stank nach der Protzerei der Neureichen, die sich abrackerte, um jemand zu sein, der sie gar nicht war. Am beunruhigtsten waren jene Fans, die sie mit »PM East« ins Herz geschlossen hatten, als Barbra noch eine linkische, gar nicht raffinierte junge Frau war, die einfach sang, wozu sie Lust hatte.

»Vorher war es so, als würde sie für uns alle rebellieren«, sagte einer von ihnen. »Und jetzt kommt sie mit all ihren Perücken und Juwelen daher, und viele von uns fühlen sich verraten.«

So kam es zu einer Gegenreaktion. »Für *wen* hält sie sich eigentlich?« fragten sich ihre früheren Fans, wobei sie traurig den Kopf schüttelten.

Die traurige Antwort war, daß sie es selber nicht wußte.

16. KAPITEL

Ihr Name ist Barbra

Sie schuf Distanz. Distanz zwischen sich und ihren Fans. Distanz zwischen sich und ihrer Vergangenheit. Während der Spielzeit von *Funny Girl* fühlten sich Leute, die sie gekannt hatten, als sie noch herumkrebste und ihre Hilfe brauchte, von Barbra vor den Kopf gestoßen – dafür wurde sie immer berüchtigter. Manche Leute nahmen es persönlich, während sich andere behutsam und dezent aus ihrem Leben entfernten, weil sie einfach glaubten, daß Barbra »zu beschäftigt« wäre, um ihre Freundschaft aufrechtzuerhalten. Natürlich stand mehr dahinter. Ein früherer Freund berichtet: »Sie verzichtete auf jeden, der irgendwie glaubhaft nahelegen konnte, daß sie nicht alles alleine geschafft hatte.«

Zu diesen Leuten gehörte Elaine Sobel, die Barbra kennengelernt hatte, als beide sich als junge Schauspielerinnen durchschlugen. Elaine hatte der Teenagerin Barbra mit ihrem tragbaren Feldbett ihre enge Ein-Zimmer-Wohnung und ihr Herz geöffnet. »Sie hat mich ausgenutzt«, erinnert sich Elaine Sobel, die als Kellnerin in einem russischen Teesalon arbeitete, während Barbra am Broadway Karriere machte. »Ich mochte sie sehr, und das wußte sie. Wir unterhielten uns oft stundenlang bis in die frühen Morgen hinein, aber es drehte sich immer nur um ihre Probleme. Ich hatte auch Schwierigkeiten, aber sie interessierte sich nie besonders dafür.«

Sobel fügt hinzu: »Es tut weh, so über jemanden zu sprechen, dem man einmal nahegestanden hat, aber ich empfinde das sehr stark. Ich bin stolz auf das, was Barbra geschafft hat, aber ich nehme ihr die Art übel, wie sie mich und andere aus ihrem Leben gestrichen hat.«

Rick Sommers war ein anderer noch erfolgloser Schauspieler, der als Kellner arbeitete, um sich und seine vier Kinder durchzubringen. Sommers sagt: »Man darf nicht vergessen, daß Barbra Erfolg hat und wir nicht und daß das, was zwischen uns passiert ist, insofern eine alte Geschichte ist. Aber trotzdem haben wir sie gemocht, und es tut weh. Barbra hat mich benutzt, aber ich war mir dessen vollkommen bewußt. Sie war furchtbar naiv und ziemlich ängstlich, aber sie war unglaublich wissensdurstig. Ich war ihr Vater-Tutor und Vertrauter, und wir hatten eine enge Beziehung. Aber als sie erfolgreich wurde, brauchte sie mich immer weniger und schob mich langsam, aber sicher aus ihrem Leben. Es machte mich traurig, aber es war ein Teil des Spiels.«

Sommers fährt fort: »Barbra braucht die offene, ungehemmte Liebe der ganzen Welt. Zu jenen Zeiten konnten nur ich und ein paar andere ihr diese Liebe geben. Aber wir haben gemerkt, daß sie dermaßen abhängig davon ist, daß sie sie nicht erwidern kann. Barbra ist unfähig, irgend jemand anderes zu lieben als sich selber.«

Burke McHugh gab Barbra ihr erstes, professionelles Engagement als Sängerin, begleitete sie persönlich ins *Bon Soir* und ermunterte die Besitzer, sie zu engagieren. Auch McHugh wurde ohne viel Federlesens fallengelassen. Dreißig Jahre später erinnert er sich: »Als *Funny Girl* nach Boston kam [wo er zu dieser Zeit lebte], rief ich bei der Theaterkasse an und sagte: ›Wissen Sie, wo Barbra wohnt? Ich bin ein guter Freund von ihr.‹ Man gab mir den Namen ihres Hotels. Ich rief dort an, weil ich sie darum bitten wollte, mir Karten zu besorgen, damit ich mir mit Hilda Coppage, die eine ihrer Preisrichterinnen im *The Lion* gewesen war, die Show ansehen konnte. Barbra war nicht da, und ich hinterließ eine Nachricht. Aber sie hat *nie* zurückgerufen. Also rief ich wieder bei der Kasse an und habe selber Karten reserviert.«

McHugh fährt fort: »Eine andere Schauspielerin in der Show war eine sehr gute Freundin von mir, und nach der Vorstellung ging ich zu ihr in ihre Garderobe. Sie sagte zu mir: ›Du willst bestimmt Barbra sehen, oder?‹ ›Ich glaube nicht‹, antwortete ich und erzählte ihr von der Geschichte mit den Eintrittskarten. Sie sagte: ›Burke McHugh, du gehst jetzt zu ihr, oder ich werde nie mehr mit dir reden.‹ Also klopfte ich an Barbras Tür, ging rein, und sie sagte: ›Du lieber Himmel, warum hast du mir nicht gesagt, daß du kommen würdest?‹ Ich sagte: ›Ich habe bei dir im Hotel angerufen und eine Nachricht hinterlassen.‹ Sie dachte einen Moment darüber nach und sagte dann: ›Ich dachte, daß diese Nachricht mit der Frage nach Eintrittskarten vom *Women's War Daily* war.‹«

McHugh fügte hinzu: »Sie ist ein Gauner. Ein wirklicher Gauner.« Seitdem hat er nie wieder etwas von ihr gehört.

Barry Dennen, der einmal Barbras Geliebter und Mentor war, wurde ebenfalls abgewiesen. Da er als Schauspieler immer noch zu kämpfen hatte, konnte es sich Dennen nur leisten, ein paar von Barbras Nachtclubauftritten zu sehen. Sie besorgte ihm nicht ein einziges Mal eine Eintrittskarte. Deswegen war er überrascht, als er eine Einladung für *Funny Girl* von ihr erhielt. Nach der Vorstellung ging Dennen hinter die Bühne, wo er den *wirklichen* Grund für diese überraschende Nettigkeit erfuhr. Nachdem sie oberflächliche Begrüßungsfloskeln ausgetauscht hatten, fragte sie ihn nach einer Tonbandaufnahme ihrer Stimme, die er vor beinahe vier Jahren in seiner Wohnung gemacht hatte.

»Hast du sie noch?« fragte Barbra.

Dennen bejahte.

»Ich würde sie gerne zurückhaben«, sagte sie.

Dennen weigerte sich mit der Begründung, sie hätte einen emotionalen Wert für ihn. Er bot Barbra an, die Aufnahme zu hören, wann immer sie es wolle, aber ihm war klar, daß mit seiner Weigerung ihr Treffen und damit auch ihre Freundschaft beendet war.

Während dieser Zeit verbannte sie auch Bob Schulenberg, dem sie ihre Kleopatra-Augen verdankte und der bei ihr zum ersten Mal einen wirklichen Sinn für Eleganz erweckt hatte, aus ihrem Leben. Seine Theorie ist, daß Barbra sich nicht mit Freunden umgeben wollte, die sie vor ihrem Erfolg gekannt hatte. Er glaubt auch, daß Barbra seine Freundschaft nicht mehr suchte, um Elliott zu beruhigen, der immer unsicherer über *seine* Rolle in ihrem Leben geworden war.

Schulenberg erinnert sich: »Als ich aus Europa zurückkam, war Barbra der Star von *Funny Girl*. Sie war für mich eine so enge Freundin, daß sie die erste war, die ich bei meiner Rückkehr nach New York wiedersah. Ich besuchte sie nachmittags in ihrer Wohnung in der Central Park West. Sie führte mich durch die Penthouse-Wohnung. Elliott war nicht da. Während sie sich für eine Bill-Blass-Modenschau vorbereitete, an der sie teilnahm, saß ich in ihrem Schlafzimmer. Wir haben nur geredet. Sie machte eine Pause und trank einen Tee, um sich zu sammeln. Dann rief Elliott an und sagte: ›Barbra, ich komme jetzt rüber.‹ Ich sagte zu ihr: ›Ich glaube, ich gehe jetzt lieber, denn es ist bestimmt besser für euch, wenn ich nicht der Grund bin, warum du zu spät bist, oder?‹ Sie sagte: ›Ja.‹ Sie hatte verstanden. Ich brauchte nicht mehr zu sagen. Also ging ich, als Elliott kam, und wir tauschten nur kurz ›Hallo, Bob‹, ›Hallo, Elliott, schön, dich zu sehen‹ aus.«

Schulenberg ist unsicher, warum Elliott sich unwohl dabei fühlte, daß er Barbras Freund war. »Ich bilde mir ein, daß ich einen Einfluß auf Barbra hatte und ihr sagen konnte, was sie tun sollte. Sie sagte wiederum Elliott, was er tun sollte, und deswegen hatte es etwas von ›zwei gegen einen‹. Ich weiß nicht, ob sie ihm jemals erzählt hat, was ich für sie getan habe, aber man sah bestimmt Spuren meines Einflusses.«

Schulenberg fügt hinzu: »[Elliott] war ungeheuer eifersüchtig.« Auf die Frage, ob Elliott vielleicht dachte, daß er und Barbra einmal eine *intime* Beziehung gehabt hätten, vermutet Schulenberg: »Ich glaube, seine Eifersucht richtete sich auf *alles*, jede Art von Phantasie war möglich.« Er selber sagt dazu: »Ich denke, daß ich vielleicht die Rolle eines Ersatzbruders für sie gespielt habe.«

Was Schulenberg sicher weiß, ist, daß er irgendwann einfach nichts mehr von Barbra, seiner einst so engen Freundin, gehört hat. »Vor ungefähr acht Jahren habe ich Elliott an einem Drehort gesehen«, erzählt Schulenberg. »Er hätte nicht freundlicher sein können. Er sagte: ›Weiß Barbra, daß du in der Stadt bist?‹ Ich sagte: ›Mein Gott, Elliott, ich weiß nicht, ob sie überhaupt etwas von mir hören will.‹ Elliott nahm mich mit in seine Garderobe und wählte ihre Nummer. Ich stieß auf einen Anrufbeantworter. Ich sagte: ›Hier ist Bob Schulenberg. Ich rufe für Barbra an. Ich rufe aus Elliotts Garderobe an. Elliott hat die Nummer gewählt.‹ Ich wollte, daß sie wußte, wie ich an ihre Nummer gekommen war. ›Ich rufe nur an, um hallo zu sagen, und hoffe, daß es dir gutgeht.‹ Ich habe darauf nie mehr etwas von ihr gehört. Ich habe nicht mal ein paar Zeilen bekommen, überhaupt nichts.«

Ein anderer Freund von Barbra, den Elliott nicht mochte, war Don Softness. Vermutlich beruhte die Abneigung auf Gegenseitigkeit. »Ich war nie ein Fan von Elliott«, sagt Softness. »Für mich hat er überhaupt nicht gezählt.« Über Barbra, die seine Freundin und kostenlose Mieterin seiner Büro-Wohnung war, sagt er: »Sie wurde sehr erfolgreich, und wir lebten uns irgendwie auseinander. Es war eine dieser Geschichten.« Auf die Frage, ob Barbra sich jemals irgendwie revanchiert hat oder zumindest seine und die Hilfe seines Bruders anerkannt hat, antwortet John Softness mit einem einfachen Nein. Er fügt hinzu: »Sie hat einmal in der Eingangshalle des *Plaza* ›hallo‹ zu mir gesagt, aber ich weiß nicht, ob sie sich wirklich daran erinnerte, wer ich war. Das war vor fünfzehn Jahren.« Terry Leong, der Barbras Kleider entwarf und nähte, wenn sie kein Geld hatte, zählt sich auch zu den Freunden, die Barbra sitzengelassen hat. »Ich *glaubte*, daß wir Freunde waren«, sagt Leong, eher wehmütig als verbittert. »Wir standen uns sehr, sehr nahe, als sie nicht viel Geld hatte. Das veränderte sich irgendwie, als sie mit *Funny Girl* anfing. Als sie bei *Funny Girl* mit namhaften Leuten zusammenkam, hatte sie wirklich nicht mehr besonders viel Zeit für mich. Außerdem waren da alle möglichen Designer, die sich darum rissen, Kleider für sie zu machen. Also ging sie zu den neuen Designern.«

»Ich weiß bis heute nicht«, erinnert sich Ashley Feinstein, einer der gemeinsamen Freunde von Elliott und Barbra, »warum ich immer noch nicht mit Barbra befreundet bin, denn wir hatten nie irgendeinen Streit oder so etwas.«

Harold Rome, der Barbra zu ihrem ersten Broadway-Engagement verholfen und das Lied geschrieben hat, mit dem wohl ihre Karriere begonnen haben dürfte, ist ambivalent, was das Thema Streisand angeht. Nach dem Erfolg mit *Funny Girl* und mit ihren Schallplatten schickte Rome Barbra eine Zusammenstellung seiner Lieder, die sie sich vielleicht einmal im Hinblick auf ihre Plattenaufnahmen anhören sollte. Als sie nicht antwortete, rief Rome sie an. Eine Sekretärin ging an den Apparat.

»Wer spricht da?« fragte sie.

»Harold Rome«, antwortete er.

Die Sekretärin bat ihn zu warten, während sie Barbra von seinem Anruf unterrichtete. Aber es war nicht Barbra, sondern die Sekretärin, die die Leitung wieder aufnahm.

»In welcher Angelegenheit möchten Sie mit Miss Streisand sprechen?« erkundigte sich die Sekretärin.

Rome war zu schockiert, um zu antworten. Er legte den Hörer auf und schimpfte vor sich hin, daß er zu alt und zu reich sei, um sich solch einen egozentrischen Unsinn gefallen zu lassen.

Auf die Frage, ob er für seine Hilfe bei ihrer Karriere je ein Zeichen der Dankbarkeit erhalten habe, antwortet Rome lachend: »Nicht daß ich wüßte. Sie hat mich und meine Frau zum Mittagessen eingeladen, aber das war's auch. Sie ist eine knallharte Frau, aber eine verdammt gute Künstlerin.«

Bei einer anderen Gelegenheit gibt Rome zu bedenken: »Im Showbusineß wird das Wort Dankbarkeit ausgesprochen klein geschrieben.«

Allan Miller war Barbras Ersatzvater und Lehrer gewesen und hatte sie dreizehn Wochen lang auf der Tournee begleitet, um ihren Auftritt in *Funny Girl* vorzubereiten. Er hatte sie in seinem Haus aufgenommen, als sie nicht wußte, wohin sie gehen sollte. Auch er wurde aus ihrem Leben verbannt.

Miller sagt: »Nach der Premiere war ich bei Barbra *persona non grata*. Im wesentlichen war sie die erste, die versuchte, alle Aspekte ihres Lebens vor *Funny Girl*, die irgendwie nahelegen würden, daß sie nicht alles alleine geschafft hatte, zu beseitigen. Sie wollte nicht, daß irgend jemand wisse, daß man ihr geholfen hatte. Darum wurde aus mir so ein Geheimnis gemacht. Ungefähr sechs Wochen, nachdem die Show begonnen hatte, setzte ich eine Anzeige in die Fachzeitschriften, weil ich dreizehn Wochen lang weg gewesen war und die Leute sich wunderten, wohin ich verschwunden war. Ich wollte alle Theaterleute in New York wissen lassen, wo ich gewesen war. Ich dachte, daß es eine verdammt tolle Erfahrung und ein Pluspunkt für mich sei. Deswegen setzte ich eine kleine Anzeige in die Fachzeitschriften, die ungefähr lautete: ›Allan Miller nimmt seinen Unterricht wieder auf.‹ Und ziemlich klein gedruckt hieß es: ›Er hat bis vor kurzem mit Barbra Streisand an *Funny Girl* gearbeitet‹.

Zwei oder drei Tage, nachdem die Anzeige herausgekommen war, erhielt ich einen Anruf von Barbras Sekretärin, die sagte: ›Mr. Miller? Ehm, Barbra möchte gerne mit Ihnen sprechen.‹ Ich wußte sofort, worum es ging. Und tatsächlich kam sie ans Telefon und sagte, ohne irgendwelche Begrüßungsworte wie ›Wie geht's deiner Frau?‹ oder ›Was machen die Kinder?‹ voranzuschicken: ›Hör mal zu, diese Anzeige, die du in die Zeitung gesetzt hast, hat mich wirklich aufgeregt. Warum hast du das getan? Warum machst du das jetzt mit *Funny Girl?*‹ Ich sagte: ›Barbra, ich war nicht in New York. Niemand hat gewußt, wo ich war.‹ Sie sagte: ›Ja, aber du mußtest nicht unbedingt *mich* als *Referenz* benutzen!‹ Ich war ein bißchen betroffen von der Heftigkeit ihres Angriffs, obwohl es mich nicht wirklich überrascht hat.«

Miller weiter: »Sie sprach davon, wie beleidigend diese ›verdammte Sache‹ sei und daß sie wolle, daß ich das ›verdammte Ding‹ wieder aus den Zeitungen nähme, worauf ich sagte: ›Barbra, darf ich dir einmal etwas sagen? Wenn wir eine Liste machen mit all den negativen Dingen, die ich dir angetan habe, und eine mit all den positiven Dingen, die ich *für* dich getan habe, und wenn wir sie dann mit der Liste von negativen und positiven Dingen vergleichen, die du mir oder anderen Leuten gegenüber, an denen mir etwas liegt, getan hast, was glaubst du, wessen *positive* Liste wesentlich länger sein wird?‹

Sie sagte: ›Allan, ich will doch nur, daß du dieses *Ding* aus der Zeitung nimmst!‹ Ich sagte: ›Okay, dann will ich dir jetzt eines einmal ganz klar sagen. Ich wollte diese Anzeige nur zweimal erscheinen lassen.‹ Sie sagte: ›Oh.‹ Und ich: ›Ich hatte nicht die Absicht, daraus einen wesentlichen Teil meiner Werbung zu machen, weil ich nicht das Gefühl habe, daß ich das brauche. Aber jetzt, wo du mir *befiehlst*, sie herauszunehmen, werde ich dir nicht sagen, was ich tun werde. Du brauchst nur die Fachzeitschriften zu lesen, dann wirst du schon sehen.‹ Darauf legte ich den Hörer auf. Es war für eine ziemlich lange Zeit das letzte Mal, daß ich mit ihr gesprochen habe.«

Auf die Frage, warum er nicht überraschter über Barbras plötzlichen Angriff und Verrat war, antwortet Miller: »Weil sie zu dieser Zeit schon so viele andere frühe Freunde hatte fallenlassen. Sie hatte mit fast allen mir bekannten Leuten, die ihr eine Wohnung gegeben hatten, den Kontakt abgebrochen. Sie hat sie alle fallenlassen. Ich wußte also, daß sie das mit allerhand Leuten getan hatte. Aber ich hatte mir nie ausgemalt, daß sie es auch mit mir machen würde.«

Nach mehr als einjähriger Spielzeit hatte Barbra auch nicht viele neue Freunde gefunden. »Sie hatte nicht gerade viel Kontakt mit den anderen«, erinnert sich Royce Wallace, ein Mitglied der Truppe. »Einige Leute beschwerten sich. Sie sagten immer: ›Royce, du bist *immer* mit ihr zusammen. Mit dir redet sie ständig.‹ Sie fanden, daß ich der einzige war, zu dem sie freundlich war. Sie nahm sich nicht die Zeit, nett zu den anderen zu sein.«

In einem Versuch, die wachsenden Spannungen zwischen Barbra und dem Rest des Ensembles zu mildern, plante Royce Wallace mit Elliott heimlich eine Überraschungsparty zu Barbras dreiundzwanzigstem Geburtstag. Die Absicht dieser Feier lag darin, dem Rest des Ensembles eine Gelegenheit zu geben, Barbra besser kennenzulernen. Statt dessen erfuhr die Presse irgendwie von der Party, und was als vertrauliches Zusammensein gedacht war, wurde zu einem Medienereignis. Barbra wurde von vielen Journalisten bedrängt, daß sie weder die Gelegenheit noch die Lust hatte, neue Freundschaften mit ihren Kollegen zu schließen.

Die einzig erwähnenswerte Sache, die auf der Feier passierte, war, daß Barbra ein Geschenk bekam, daß ihr viel bedeuten würde. Interessanterweise glaubte Barbra, und glaubt es vielleicht heute noch, daß das Geschenk als ein Zeichen der Zuneigung seitens der Funny-Girl-Truppe gedacht war. Statt dessen kam es vom Besitzer der Bar.

»Er hatte einen von diesen Wagen, in denen man Hot dogs verkauft«, erinnert sich Royce Wallace, »und er sagte zu Barbra: ›Wollen Sie einen Hot dog?‹ Sie sagte: ›Ja.‹ Aber anstelle von einem Hot dog gab er ihr einen echten Hund. Sie nahm nun an, daß der Hund [den sie Sadie taufte] von uns war, weil wir es waren, die die Party gegeben hatten.«

Barbra fühlte sich ohne Zweifel auch mit ihrer zweiten Besetzung, Lainie Kazan, wie sie eine ehemalige Erasmus-Schülerin, nicht sehr verbunden. Lainie Kazan, die auf konventionellere Weise attraktiver war als Barbra, war ursprünglich als Chormädchen für »His Love Makes Me Beautiful«, die Nummer der schwangeren Braut, engagiert worden, die von den Ziegfeld Follies gespielt wurde. Kazan, die eine starke, volle Stimme besaß, arbeitete sich bis zur zweiten Starbesetzung hoch. Unglücklicherweise – für Kazan – hatte Barbra eine unverwüstliche Gesundheit und nicht die Absicht, sie jemals zum Zuge kommen zu lassen. Aber dann bekam sie am 3. Februar 1965, nachdem sie ungefähr 350 Vorstellungen ohne Zwischenfall gespielt hatte, eine Virusinfektion. Der Tänzer Blair Hammond erinnert sich: »Ich glaube, daß es das erste Mal war, daß die asiatische Grippe umging, und Barbra wurde geraten, eine Zeitlang frei zu nehmen.

Aber Barbra bestand darauf aufzutreten. Kurz bevor die Show begann, verschlimmerte sich jedoch ihr Zustand. Es heißt, daß sie hinter der Bühne ohnmächtig wurde. Jedenfalls wurde sie nach Hause in ihr dreihundert Jahre altes Bett geschickt, während Lainie in aller Eile ihre Fanny-Brice-Aufmachung anlegte. Damit wäre die Sache erledigt gewesen, hätte es nicht hinter der Bühne verschwörerische Aktivitäten gegeben, die aus dem Drehbuch des Films *All About Eve* hätten entsprungen sein können.

»Wir waren alle total erstaunt«, sagt Hammond. Es scheint so, als habe die tatkraftige Lainie zwischen ihrer Matinee- und ihrer Abendvorstellung zum Telefon gegriffen, sich als einen neuen aufsteigenden Star angepriesen und damit die Kritiker der Stadt dazu überredet, die abendliche Vorstellung zu besuchen.

Aber an diesem Punkt nahm Kazans Eve-Harrington-Margo Channing-Inszenierung eine unerwartete Wendung. »Lainie war einfach nicht *Funny Girl*«, sagt Blair Hammond. »Sie war eine totale Fehlbesetzung. Von ihrer Stimme her konnte sie es bei den Liedern der Show überhaupt nicht mit Barbra aufnehmen.«

Auch wenn die Kritiken nicht gerade überschwenglich waren, so waren sie auch *nicht* unfreundlich. Was man von Barbras Verhalten Lainie gegenüber nicht gerade sagen konnte. Sie erholte sich sehr schnell von ihrer Krankheit und kam für die Vorstellung am Donnerstagabend wieder zurück. Obwohl die Gefahr, die von Lainie Kazan auszugehen schien, sich gar nicht wie geplant realisiert hatte, verhielt sich Barbra so, als sei dies doch geschehen. Von nun an war sie entschieden kalt, wenn nicht sogar feindselig gegenüber ihrer zweiten Besetzung.

Das Verhältnis zwischen den beiden Frauen verschlimmerte sich noch, weil Lainie eine Affäre mit Peter Daniels hatte, dem Probenpianisten und Assistenten des Dirigenten, der auch seit langem Barbras musikalischer Begleiter war. Aus der Affäre wurde eine ernste Beziehung, und die beiden heirateten später. Für Barbra bedeutete diese Bindung einen Akt des Verrats, und Daniels wurde sowohl aus ihrem persönlichen als auch beruflichen Leben entfernt.

Was Lainie betraf, so wurde das Leben in der Show unerträglich für sie, und kurz darauf »ermutigte« man sie zu kündigen, was sie auch tat. Ihre Nachfolgerin Linda Gerard hatte angeblich Barbra selber ausgesucht. Linda Gerard hatte in *ihrem* Vertrag eine Klausel, die festlegte, daß sie – falls sie für Barbra auf die Bühne ging – dies *nicht* der Presse ankündigen dürfte. Falls sie es dennoch täte, wäre das allein ein ausreichender Grund, den Vertrag zu beenden.

Außer zum Dirigenten Milt Rosenstock, zu Royce Wallace, Grace Davidson (ihrer Garderobiere), ihrem Friseur und ein paar anderen hatte Barbra zu den Mitgliedern des Ensembles rein geschäftliche Beziehungen. Selbst diejenigen, die sie bevorzugte, hielt sie emotional und körperlich auf Distanz. »Sie hatte eine Aversion dagegen, angefaßt zu werden«, erinnert sich Blair Hammond. »Man konnte sie nie umarmen. Sie *haßte* es.«

Sie vermied jegliche Art von Kontakt. »Barbra sah nie jemandem direkt in die Augen«, erzählt Buzz Miller »Selbst Sydney Chaplin sagte mir, daß sie ihn auf der Bühne nicht ansähe. Sie sah stets über seine Schulter.« Man kann das Argument anführen, daß die Streisand eine Frau ist, die keine Vorliebe und auch nicht die Begabung für gesellschaftliche Feinheiten hat. Sie ist immer ausschließlich auf ihre augenblickliche Arbeit konzentriert. Deswegen ist es typisch für sie, den gesellschaftlichen Umgang mit den meisten ihrer Kollegen zu scheuen. In ihrem Wortschatz gibt es keinen Small talk und kein Geschwätz. Das erweckt bei manchen Leuten den Eindruck, daß sie sich für etwas Besseres hält. Manche nehmen es persönlich. »Die Chormädchen meckerten dauernd, daß Barbra nicht mit ihnen herumalberte«, erinnert sich Blair Hammond. »Sie waren typische professionelle Chormädchen, die schon ewig dabei waren, zu viel Make-up trugen und darauf brannten, einen Ehemann zu bekommen.«

Diejenigen, die ihre Arbeit gut machten und Barbras Distanz verstanden und respektierten, hatten bessere Chancen, gut mit ihr zurechtzukommen. Einer davon war Lee Allen – Eddie Ryan in der Show. Er erinnert sich: »Ich hatte *über die Arbeit* hinaus eine gute

Beziehung zu Barbra. Ich glaube nicht, daß viele Leute ihr so nahe kamen. Aber ich glaube, daß sie sich sicher bei mir fühlte. Sie wußte, daß ich nie umkippen würde. Sie konnte sich auf der Bühne auf mich verlassen. Ein paarmal passierten während einer Vorstellung kleinere Sachen. Ein falscher Ton, ein Ausrutscher oder eine Fehleinschätzung. Dann war ich für sie und sie für mich da.«

»Sie *war* distanziert«, sagt Blair Hammond, »aber ich glaube, das lag einfach in ihrem Charakter. Sie schützte sich. Sie war überhaupt kein Mensch der Öffentlichkeit. Die Leute sagten immer: ›Hinter der Bühne achtet sie überhaupt nicht auf mich.‹ Das ist Unsinn. Sie redete nicht besonders gern. Sie war immer zu beschäftigt mit der Show, um sich irgendwo hinzusetzen und zu plaudern. Und sie übte. Die Show lag auf ihren Schultern, was eine ziemlich große Verantwortung mit sich brachte. Und zu dieser Zeit war sie erst dreiundzwanzig.

Ich kam mit ihr zurecht, weil ich enormen Respekt vor ihr hatte«, fährt Hammond fort. »Und ich habe *nie* diese Grenze der Vertrautheit überschritten. Bei manchen großen Stars ist das anders. Mary Martin zum Beispiel. Mit Mary Martin kann man in ihrer Garderobe sitzen und herumalbern, so als würde man sie schon sein ganzes Leben lang kennen. [Mit] Barbra ist das einfach nicht so.«

Außerdem steht Barbra in dem Ruf, »schwierig« zu sein. Selbst diejenigen, die die Streisand nur bewundern, erkennen an, daß es nicht »einfach« ist, mit ihr zu arbeiten, wobei »einfach« mit *entgegenkommend* gleichzusetzen ist.

»Sie war ein wundervoller Mensch«, erklärt Royce Wallace, »und wir sind gute Freunde geworden. Aber sie war ein bißchen – wie soll ich sagen –, sie hatte ihre eigenen Ansichten darüber, wie die Dinge zu sein hatten. Und wenn sie etwas nicht mochte, dann wurde sie lautstark.«

Abgesehen davon, daß sie über ihre eigenen Standpunkte verfügte, besaß sie einen unstillbaren Wissensdurst. Wie in ihrer Kindheit erforschte sie alles bis ins kleinste Detail. »Aber sag mir *warum*« ist eine gängige Streisand-Frage. Natürlich bringt diese Eigenschaft viele ihrer Kollegen, die mit der Arbeit, die getan werden muß, vorankommen wollen, zur Verzweiflung. »Sie macht einen verrückt mit ihren andauernden Analysen«, erklärt Ray Stark. »Es ist keine Arroganz, sondern Zweifel. Sie ist wie ein *Barrakuda*. Jedes kleinste Stückchen an Information verschlingt sie bis aufs letzte.«

»Schwierig« zu sein heißt auch, nicht zu wissen, wann man aufhören sollte. Barbra macht die Dinge immer wieder von vorne, bis sie ihr richtig erscheinen, ohne auf das Geld anderer Leute oder – was noch wichtiger ist – auf die Leute selber, mit denen sie zusammenarbeitet, Rücksicht zu nehmen: auf *deren* Zeit, auf *deren* Pläne, auf *deren* Familien, die zu Hause sitzen und warten. Sie handelt auch, ohne sich um den Begriff der menschlichen Begrenztheit im allgemeinen zu kümmern.

»Sie kann etwas hundertmal wiederholen, bis es *genau so* ist, wie sie es will«, sagt Sid Ramin, der die Orchesterbearbeitung von *I Can Get It for You Wholesale* gemacht und mit Barbra auch im Studio an einer ihrer Platten gearbeitet hat. »Die wenigsten Leute haben so eine Ausdauer. Ich denke, daß ein großer Teil Verzweiflung dabei ist. ›*Was* kann sie nur wollen? *Wonach* sucht sie?‹«

Sie nennt es »Perfektionismus«.

Barbra würde zwar von niemandem verlangen, härter oder länger zu arbeiten als sie selber, aber es stimmt auch, obwohl ihr das nicht aufzufallen scheint, daß sie meistens *hundertmal* mehr Geld verdient als die Männer und Frauen, mit denen sie zusammenarbeitet. Proportionell gesehen wird sie für ihre Zeit und die gewaltige Anstrengung entschädigt; die anderen nicht. Sie ist auch nicht gerade geduldig mit ihren Kollegen.

»Ich denke, daß sie sich schnell ärgert«, sagt Ramin. »Aber zu mir war sie immer extrem freundlich. Ich weiß, daß sie den Ruf hat, schwierig zu sein, und ich bin sicher, daß sie schwierig *ist*, aber immer, wenn ich mit ihr gearbeitet habe, hat sie ihr bestes Verhalten an den Tag gelegt. Aber ich habe gehört, und es auch manchmal selber gesehen, daß sie sehr kleinlich ist.«

Abgesehen von ihrer Ungeduld kann sie sehr undiplomatisch sein. Sie weiß nicht, *wie* man um etwas bittet. Sie nimmt es einfach, und meist auf kurz angebundene Weise.

Wenn man die Leute fragt, die mit der Streisand zusammengearbeitet haben, dann sagen sie, daß sie *anspruchsvoll* sei. Daß sie *un-*

flexibel sei. Und eine Frau mit wenig Taktgefühl. Sie *nimmt* sich, was sie will. Aber es ist nicht richtig, darin eine Art von Starallüren zu sehen. Sie war schon *immer* so. Wenn sie ein Make-up wollte, das sie sich als Teenager nicht leisten konnte, dann ließ sie es in einem Brooklyner Kaufhaus mitgehen. Aus demselben Motiv gewöhnte sie sich während der Spielzeit von *Funny Girl* an, zu Saks auf der Fifth Avenue zu gehen, um sich ein Kleid zu »kaufen«, es einmal zu irgendeinem wichtigen öffentlichen Anlaß zu tragen und es dann am nächsten Tag zurückzugeben. Sie nahm alles, was sie nur nehmen konnte.

Barbra sieht ihre Grenzen nicht. Im *Winter Garden* machte sie es sich zur Gewohnheit, kleine Briefe an die anderen Mitglieder der Besetzung und an alle Mitarbeiter auszuteilen, in denen sie sich darüber beschwerte, daß sie ihre Arbeit nicht ordentlich machten. Vielleicht hatte sie ja recht, aber darum ging es nicht. Sie war der Star der Show. Aber sie war *nicht* der Regisseur oder der Produzent.

»Diese Bemerkungen hätten vom Regisseur oder vom Inspizienten kommen sollen«, sagt Lee Allen.

Die meisten dieser berüchtigten Briefe richtete Barbra an Sydney Chaplin. Seine Beziehung zu ihr war schon seit langem problematisch geworden. Chaplin war verständlicherweise verärgert über die umfangreichen Kürzungen, die an seinem Part vorgenommen worden waren und allesamt Barbra begünstigten.

Chaplin beschwerte sich mit überraschender Offenheit: »Ich bin für Barbra Streisand ein Niemand, ein Mann eben. Ich bin ein Typ im weißen Frack, ein Snob. Das Publikum hält nicht zu mir. Und man kann keinen guten Part schreiben, wenn der Charakter nicht irgend etwas im Stück *will*. Was kann man sich für Arnstein wünschen, außer daß er sich sein weißes Hemd nicht zerknittert?«

Es war zwar nicht Barbras Schuld, aber für Chaplin war es eine demütigende Entwicklung gewesen. Und nun waren ihre Briefe das sprichwörtliche Salz in seinen Wunden. Oft lieferten sich die beiden Stars vor sprachlosen Zuschauern verbale Schlagabtausche. Mit feuriger Überzeugung wurden, vor allem von Chaplins Seite, saftige Schimpfwörter über die Bühne des *Winter Gardens* gebrüllt.

Barbra wollte, daß man Chaplin feuerte. Aber er hatte einen

bombenfesten Vertrag für die gesamte Spielzeit und weigerte sich, aus der Show herausgedrängt zu werden. Schließlich handelte Ray Stark auf Barbras Geheiß Chaplins Weggang aus. Chaplin, dessen letzter Auftritt am Samstag, dem 19. Juni 1965, stattfand, bestand darauf, weiterhin jede Woche sein volles Gehalt zu beziehen, angeblich bis zum Ende der Spielzeit. Für eine kurze Übergangszeit wurde er von seiner zweiten Besetzung, George Reeder, ersetzt, bis der definitive Nachfolger Johnny Desmond, den Barbra für gut befand, eingestellt wurde.

Sicherlich war Eifersucht ein Grund für den alles andere als schmeichelhaften Ruf, der die Streisand umgab. Wenn *Funny Girl* einen Broadway-Star aus ihr machte, so geschah das wohl auf Kosten von Sydney Chaplin, Dany Meehan und anderen, deren Rollen zugunsten *ihres* Auftritts drastisch gekürzt wurden.

»Allen Darstellern wurden Szenen gestrichen – außer Barbra«, erinnert sich Lee Allen. »Ganz egal, was sie tat, sie machte es gut. Ganz egal, was man ihr vorgab, sie kam damit zurecht und übertraf sich sogar selber.«

Außerdem war sie zu dem Zeitpunkt, als die Show begann, erst zweiundzwanzig Jahre alt, und manche Mitglieder des Ensembles, von denen viele alte Profis waren, ärgerten sich darüber, daß sie so früh so viel erreicht hatte. Barbras Erfolg unterstrich *ihren* Mißerfolg und *ihre* unerfüllten Träume.

Zur Freude einiger Mitglieder des *Funny-Girl*-Ensembles verlor Barbra zwar den Tony an Carol Channing, aber dafür gewann sie 1965 mit dem Lied »People« zum zweiten Mal innerhalb von zwei Jahren einen Grammy für die beste weibliche Stimme. (Barbra war mit dem Lied und mit der Platte *People* auch in den Kategorien »Platte des Jahres« und »Bestes Lied des Jahres« nominiert, verlor aber beide an Stan Getz mit »The Girl from Ipanema«.) Am 12. September 1965 erhielt sie im New Yorker Hilton für ihr erstes Fernsehspecial »My Name Is Barbra« *fünf* Emmys, darunter die Auszeichnungen für die herausragendste Sendung und für die herausragendste individuelle Leistung. »Aber der Applaus, die Preise und der Ruhm provozierten nur noch mehr Gerede hinter der Bühne«, erzählt Buzz Miller. »Sie hat all das bekommen, jetzt soll sie mal lernen, wie man *schauspielert!*«

Sicherlich war Barbras immer schlechter werdendes Verhältnis zur Presse ein Grund für ihren Ruf, eine launische Furie zu sein. Die meisten Journalisten empfing sie mit einem kurz angebundenen: »Ich habe nur fünf Minuten für Sie.« In ihrem Ärger über diese Abfuhr suchten und fanden einige Journalisten Vergeltung in ihren Artikeln.

Was Barbra betraf, so wurde sie beim leisesten Zeichen von Kritik zornig. Darin schlug sie ihrer Mutter nach, die dafür innerhalb der New Yorker Presse bekannt war. Scheinbar schickte Diana Kind jedesmal, wenn ein Kolumnist, Journalist oder Kritiker etwas Negatives über ihre Tochter gesagt hatte, einen wütend zusammengekritzelten Protestbrief an den Übeltäter, den sie in der Regel mit »Barbra Streisands Mutter« unterzeichnete.

Für Barbra war das peinlich. Im Grunde war beinahe alles, was Diana Kind tat, ihrer Tochter peinlich. Sie hatte nie richtig in Barbras altes Phantasieleben in Brooklyn gepaßt, und in Barbras neuem protzigen Leben mit Pelzmänteln, Kronleuchtern und Penthouse-Wohnungen hatte sie schon gar nichts verloren. Sie wurde auch von Barbras nun schicken, oft berühmten Freunden und Bekannten nicht akzeptiert. Doch Diana ließ sich dadurch keineswegs entmutigen, sondern hörte oft ein bißchen früher mit ihrer Arbeit in Brooklyn auf, nahm einen Zug nach Manhattan und stapfte dann die Treppe zum Bühneneingang hoch, um unerwartet in Barbras Garderobe aufzutauchen. Immer hatte sie für ihre Tochter ein Paket mit Hühnersuppe und ein paar kleine Überraschungen zum Nachtisch dabei. Barbra machten diese unangekündigten Besuche wütend, da sie sie als ein Eindringen in ihr Privatleben empfand. Schließlich sagte sie ihrer Mutter, sie solle mit ihrer Hühnersuppennummer aufhören. Sie sei alt und reich genug, um sich selber zu ernähren. Außerdem erklärte sie ihrer Mutter, daß sie ohnehin chinesisches Essen lieber möge.

Aber *endlich* sah Diana Kind ausnahmsweise einmal in ihrer ältesten Tochter, was andere schon vor vier Jahren erkannt hatten: nicht nur ein großes Talent, sondern einen *Star*.

»Eines der größten Erlebnisse meines Lebens«, sagte sie später über Barbra, »war für mich, ihre Premiere von *Funny Girl* in Philadelphia zu sehen. Ich war so aufgeregt, daß ich mich erst einmal hinter das Theater flüchten mußte. Dort traf ich eine Dame, die ich kannte, und sie hat mich den ganzen Leuten vorgestellt, die mir gratulierten.«

Sie sonnte sich im Erfolg ihrer Tochter, auch wenn sie in der hintersten Reihe saß. Diana Kind sagte später über ihre Gefühle, ihre Tochter in *Funny Girl* auf der Bühne zu sehen: »Das war wirklich so – ich kann das gar nicht so ausdrücken, wie ich es empfunden habe –, so als würde es mir in der Brust weh tun.«

Verständlicherweise war es für Barbras Ehemann wesentlich schwieriger als für ihre Mutter, sich mit ihrem Erfolg zurechtzufinden. Während seine Frau Zehntausende von Dollars damit verdiente, lediglich ihre Stimmbänder zu dehnen, stand Elliott gedemütigt Schlange, um jede Woche seine fünfzig Dollar Arbeitslosenhilfe abzuholen. Während sie sich in ihre zukünftigen Fernsehspecials und Plattenaufnahmen vertiefte, beschäftigte er sich mit mickrigen Wetten und mit Basketballspielen zu dritt, die normalerweise in einem benachbarten Schulhof stattfanden. Und während sie nach wie vor jeden Abend *Standing ovations* im *Winter Garden* bekam, tobte er auf den Tribünen des Madison Square Garden herum und feuerte die New York Knicks an. »Es ist offensichtlich, daß ich Barbra liebe«, erzählte Elliott zu dieser Zeit. »Sonst könnte ich das gar nicht aushalten. Ich kenne die Fallen und die Verletzungen, und ich habe entschieden, daß es sich lohnt, den Kampf aufzunehmen.« Er fügte hinzu: »Ich muß darüber [über Barbras Ruhm] stehen, denn wenn ich das nicht tue, werde ich zu Tode getrampelt.«

Was er *nicht* zugab – vielleicht nicht aus Unehrlichkeit, sondern aus bloßer Selbstverleugnung – war, daß er diesen Kampf *verlor*. Sein Ego – oder was davon übrigblieb – wurde ziemlich brutal zusammengeschlagen.

Während bei seiner Frau *alles* zu klappen schien, schien bei Elliott alles, was er anfaßte, zu mißlingen. Er trat mit Carol Burnett in einem Fernsehspecial von *Once Upon a Mattress* auf und wurde kaum zur Kenntnis genommen. Es hatte den Anschein, als wäre er dazu bestimmt, im Schatten von angeblich talentierten Schauspielerinnen zu stehen. Er arbeitete hinter der Bühne an der Inszenierung einer Nachtclubnummer für Anna Maria Alberghetti, die kurz zuvor mit der Hauptrolle in *Carnival* am Broadway aufgetreten war. Er nahm Gesangs- und Tanzunterricht und arbeitete auch selber an einer Nachtclubnummer, bekam aber nie ein Engagement.

Schließlich fuhr er nach Jamaica, um einen Film namens *The Confession/Das Geständnis* mit Ginger Rogers, Ray Milland und Barbara Eden zu drehen. In einer leicht verherrlichten Rolle spielte er einen Stummen und exerzierte ein ganzes Repertoire an lächerlichen Gesichtsausdrücken durch, bis er am Ende des Films die Neuigkeit seiner plötzlichen und unerwarteten Heilung herausschreit. Es war ein Glück für Elliott, daß der Film ein absolutes Desaster war und jahrelang nicht in die Kinos kam, bis er 1971 unter dem Titel *Seven Different Ways* herausgebracht wurde und auch gleich wieder verschwand. Das einzig Bemerkenswerte daran war, daß es der letzte Film von William Dieterle war, der selber schon bessere Tage gesehen hatte (*The Life of Emile Zola, The Hunchback o Notre Dame, Portrait of Jennie*).

Zurück in New York, war es eine niederschmetternde Erfahrung für Elliott, seine Frau in der Öffentlichkeit zu begleiten. Er war kaum von einer engagierten Eskorte zu unterscheiden. In der Öffentlichkeit hielt Barbra an der Idee fest, daß Elliott ein amerikanischer Belmondo war. Zu Hause, in ihrer kunstvoll eingerichteten, oft neu dekorierten Wohnung, in *ihrer* Wohnung, fand sie sich einer immer unausweichlicheren Tatsache gegenüber. Sie war mit einem Mann verheiratet, vor dem sie mehr und mehr den Respekt verlor. Er *war* talentiert, das wußte sie und hatte es nie bezweifelt. Aber er schien nicht ihren Ehrgeiz, ihre Hartnäckigkeit, ihr Engagement zu haben.

Und was noch schlimmer war, die ganzen »Mr. Streisand«-Geschichten begannen, ihn zu irritieren. Am Anfang versuchte Elliott, einfach darüber zu lachen, mit der Zeit hatte es aber doch eine Wirkung auf ihn.

»Der Druck war einfach zu gegenwärtig«, sagt Ashley Feinstein.

Elliott fühlte sich immer unsicher und voller Selbstzweifel. Und Barbra hatte an diesem Punkt ihres Lebens wenig Interesse und Geduld für einen Mann, den sie nun als schwach empfand. Sie unterstützte Elliott finanziell – was er schrecklich fand –, aber nicht emotional.

Elliott sagte später über seine Frau: »Barbras Lieblingsthema ist Barbra. Das nervt mich sehr, und manchmal langweilt es mich auch. Da hat man nun ein Mädchen, das ein Riesenstar ist, ein Vermögen verdient, und trotzdem ist sie unglücklich. Es tut weh, ihre dauernden Klagen zu hören.«

Sie war beinahe ausschließlich mit sich selbst beschäftigt. Ein Krieg hätte stattfinden können (ein Krieg *fand* statt); eine Revolution hätte ausbrechen können (es *brach* eine Revolution aus), aber so lange das nicht *ihre* Platten, *ihre* Fernsehspecials, *ihre* abendlichen Auftritte im *Winter Garden* berührte, nahm sie keine Kenntnis davon. Man könnte sagen, daß sie, so sehr Elliott für sie da war, unfähig war, selber auch für ihn da zu sein; in dieser Phase ihres Lebens war sie emotional nicht dafür gerüstet, für *irgend jemanden* da zu sein.

Anstatt ihren Mann in seinem Selbstwertgefühl zu bestärken, machte sie ihn nieder. Sie trafen beide Stellen beim anderen, von denen nur zwei Menschen, die sich einmal so nahe gewesen waren wie sie, überhaupt wissen konnten.

Elliott verriet später: »Meistens bat ich um Verzeihung und fühlte mich schuldig, Barbra meine Probleme spüren zu lassen. Ich fand, daß es meine Schwäche auch als Mann zeigte.« Er fügte mit einem Seitenhieb auf Barbra hinzu: »Eine Frau sollte die Probleme ihres Mannes verstehen, anstatt auch noch draufzuschlagen, um ihn aus dem Gleichgewicht zu bringen. Als Paar sollte man die Fehler des anderen verstehen.«

Gefangen in seinen Selbstzweifeln, ordnete sich Elliott seiner Frau unter, stellte sich auf *ihre* Bedürfnisse ein und gab ihr alles, was er hatte, auch den Respekt vor sich selber.

Obwohl sie in der Öffentlichkeit das Gegenteil behauptete, war sich Barbra der Situation als neugeborener Star und aller damit verbundenen Probleme voll bewußt. Elliott, der Star von *I Can Get It for You Wholesale*, stand nun im Schatten seiner Frau.

»Er ist ein wunderbarer Mensch«, hatte Barbra gesagt, als die Proben für *Funny Girl* begannen, »sehr mitfühlend und liebevoll.«

Aber selbst da konnte sie der Ironie nicht widerstehen: »In dem Stück – ist das nicht komisch – war ich die häßliche Sekretärin. Und jetzt ist es beinahe umgekehrt.«

Es gab auch Momente der Selbsterkenntnis: »Er geht so wunderbar mit mir um, aber ich schaffe es nicht, es ihm wiederzugeben.«

Die ganze Dynamik ihrer Beziehung hing von einer wesentlichen Voraussetzung ab: Trotz ihres Wagemuts hatte Elliott in Barbra eine zerbrechliche junge Frau gesehen, ein zartes Wesen, um das man sich kümmern mußte; sie sah in ihm ein Prachtexemplar von einem Mann, der verantwortlich für sie sein würde. Barbra brauchte Elliott. Es sollte nicht anders herum sein. »Barbra mißtraut jedem, der etwas von ihr braucht«, sagte Elliott später.

Sie versuchten, das Problem zu lösen. Sie gründeten zwei Produktionsfirmen, die, als sichtbares Zeichen ihrer Solidarität, jeweils mit einer Mischung aus ihrer beider Namen betitelt wurden – Barbell und Ellbar Productions. Im Namen ihres Gemeinschaftsunternehmens arbeitete Elliott daran, Projekte fürs Fernsehen zu entwickeln, darunter eine Serie von halbstündigen Dokumentarfilmen. Aber die Fernsehdirektoren, die Elliott als »einen Haufen verdammter Schweine« bezeichnete, waren überaus deutlich: Elliotts Beiträge interessierten sie *nicht*, es sei denn, Barbra träte darin auf.

Unterdessen hatte er weitere Vorspieltermine am Broadway. Eine Zeitlang sah es so aus, als hätte er endlich eine Erfolgsshow an der Hand. Es gab ziemlich viele Gespräche darüber, daß er einer der Hauptdarsteller in einer Musicalversion von *Roman Holiday / Ein Herz und eine Krone* werden könnte, einem Film mit Audrey Hepburn und Gregory Peck von William Wyler. Aber das Projekt realisierte sich nicht, und Elliott setzte seine Suche nach einer Show und nach seiner Selbstachtung fort.

Einen weiteren Versuch, Erfolg zu haben, unternahm Elliott mit *Drat! The Cat!* »Ich habe wirklich um diesen Job gekämpft«, erinnert sich Elliott. »Das Vorspielen und die Schufterei, um ihn zu bekommen, haben drei Monate gedauert. Man hatte sich intensiv darum bemüht, jemand anderes zu bekommen, aber es klappte nicht.«

Die Goulds steckten große Hoffnungen und ein bißchen von *ihrem* Geld in diese Produktion. Aber ihre Träume wurden bei der Premiere der Show, im Oktober 1965 im *Martin Beck Theater*, zunichte gemacht. Die Show wurde von den Kritikern zerrissen, und die Produzenten kündigten nach einer sechstägigen Spielzeit den Abbruch an.

Ironischerweise schien Barbra trotz ihrer guten Absichten Elliotts ohnehin schon angeschlagenem Ego nur noch weiter zu schaden. Die Presse machte abfällige Bemerkungen darüber, daß sie *Drat!* nur mitfinanziert habe, um ihrem Gatten etwas zu tun zu geben. Außerdem war eines von Elliotts Solos in der Show eine Nummer mit dem Titel »*She* Touched Me«. Barbra mochte das Lied und entschloß sich, es vor der Premiere der Show als Single zu produzieren, in der Hoffnung, damit den Kartenverkauf anzukurbeln. Unglücklicherweise wurde die Show abgebrochen, und das Lied wurde unter dem Titel »*He* Touched Me« ein kleinerer Erfolg für Barbra. Heute erinnert man sich an das ursprünglich von Elliott gesungene Lied vor allem deswegen, weil es von seiner Frau aufgenommen worden ist.

Die plötzliche und beinahe einstimmige Einstellung der Show deprimierte Elliott zutiefst. »Nach *Drat! The Cat!*«, gestand er, »bin ich erwachsen geworden. Ich habe eine Woche lang geweint, weil ich diesen Abbruch nicht ertragen konnte.«

Elliott begann eine Therapie. Barbra ebenfalls. Trotz ihres Reichtums, ihres Ruhms und der dauernden Bestätigung ihrer Fähigkeiten war sie schrecklich unglücklich. Ihre Ehe brach auseinander, aber es war mehr als das. Sie war im zarten Alter von zweiundzwanzig Jahren berühmt geworden – zufälligerweise dasselbe Alter, in dem Brando mit *A Streetcar Named Desire / Endstation Sehnsucht* mit einem Schlag am Broadway berühmt wurde –, aber es steckte noch mehr dahinter. Ihre Probleme reichten weit in ihre Kindheit zurück.

Während sie aufwuchs, bedeutete Überleben für Barbra, aus dem *herauszukommen*, wo sie drinsteckte. Ein Ziel zu haben: Ruhm, Erfolg, Bewunderung, Reichtum. Jetzt, wo sie all das hatte, merkte sie, daß die Leere, von der sie gehofft hatte, daß sie auf wundersame Weise verschwinden würde, immer noch da war und an ihr nagte. Jetzt, wo sie sich an keine Träume mehr klammern konnte, war sie gezwungen, sich vielleicht zum ersten Mal in ihrem Leben der Wirklichkeit zu stellen. Sie beneidete die Menschen, die noch ihre Träume hatten.

Es gab auch andere, tiefsitzende Probleme. Sie wollte attraktiv sein, aber da immer noch die Stimme von Louis Kind in ihren Ohren widerhallte, war sie überzeugt davon, es nicht zu sein. Aufgrund des frühen Todes ihres Vaters, von dem sie sich verlassen fühlte, und aufgrund des emotionalen Mißbrauchs ihres Stiefvaters betrachtete sie die meisten Männer mit Mißtrauen. Sie war voller Selbsthaß. Sie war unglücklich über ihre Geschichte. Sie war unglücklich über ihr Gesicht. Sie war sogar unglücklich über ihre ethnische Herkunft. Einer der Gründe, warum sie sich mit einem so extravaganten Prunk umgab, war, daß sie glaubte, dadurch weniger jüdisch zu sein.

»Ich wollte Nichtjüdin sein«, gab sie später zu. »Zu Beginn meines Erfolgs wollte ich Dinge haben, die alle Nichtjuden haben . . . wie zum Beispiel bedeutende Kunst. Ich glaubte immer, es sei nichtjüdisch, französische Möbel und Kunst zu besitzen.«

Sie war auch unglücklich und beschämt über ihre fehlende höhere Bildung. Da sie singen konnte, fand sie sich in der Gesellschaft der kultiviertesten Menschen des Landes wieder.

»Ich bin ununterbrochen deprimiert über mein mangelndes Wissen«, erinnerte sie sich. »Dinge, die ich so dringend wissen möchte und nicht weiß. Deswegen lese ich dann zehn Bücher gleichzeitig und beende nicht ein einziges, weil ich so viel auf einmal wissen will. Dann bin ich deprimiert über meine Unwissenheit und lese überhaupt nichts mehr.«

Manche fanden sie versucht charmant, andere machten sich über ihre ungeschickten Bemühungen um Intelligenz und Achtbarkeit lustig.

Sie gehörte nicht mehr nach Brooklyn, aber sie schien auch nicht in die Welt des Ruhms zu passen. Mit Ashley Feinstein ging sie zu einer Silvesterparty und verbrachte fast den gesamten Abend zusammengekauert in einer Ecke. »Barbra war sehr scheu, wenn sie unter vielen Leuten war«, sagt Feinstein. Unter den berühmten Persönlichkeiten war Lena Horne, mit der Barbra oft verglichen worden war. »Sie war sehr beeindruckt von Lena Horne«, sagt Feinstein.

Nichtsdestotrotz bemerkte Barbra nach ein paar Minuten, daß sie der Horne nichts zu sagen hatte. Das gleiche geschah, als sie bei einer Benefizveranstaltung Marlon Brando vorgestellt wurde. Er war das Idol ihrer Kindheit gewesen, und durch ihre Angst und Unsicherheit und die enormen Erwartungen in Brando fehlten ihr einfach die Worte.

Auf einer Party, die Joshua Logan im Herbst 1965 in seiner Wohnung in Manhattan für Prinzessin Margaret gab, wurde Barbra wieder mit ihrer gesellschaftlichen Unzulänglichkeit konfrontiert. Sammy Davis Jr. und Rosalind Russell unterhielten die glanzvolle Versammlung. Barbra kam zu spät und versteckte sich im hinteren Teil des Raumes, wo sie sich am kostenlosen Essen gütlich tat. Auf Ersuchen des Ehrengastes baten die Logan und eine Reihe anderer Leute Barbra zu singen. Sie weigerte sich. Die Zeiten, in denen sie für ein Abendessen sang, waren vorbei.

Als sie der Prinzessin, die während der Empfangszeremonie von der Schauspielerin May Britt und dem Sänger Tommy Steele flankiert war, vorgestellt wurde, beschloß Barbra, auf die übliche Form der königlichen Anrede zu verzichten. »Sie ist nicht *meine* Königliche Hoheit«, erklärte sie später. Statt dessen entschied sich Barbra für ein einfaches »Hallo«, das die normalerweise distanzierte Prinzessin eine halbe Sekunde lang sichtlich aus der Fassung brachte. Dann gewann Margaret ihre königliche Beherrschung wieder und erzählte Barbra, daß sie ein Fan von ihr sei und all ihre Schallplatten besitze. Barbra, die nicht wußte, was sie sonst sagen sollte, antwortete mit einem eigentlich kaum dankbaren »Ja?«, das von manchen als ein eher beleidigendes »Ja, und?« verstanden wurde. May Britt versuchte die Situation zu entkrampfen und fragte Barbra, warum sie so spät gekommen sei. Barbra antwortete wie aus der Pistole geschossen: »Weil ich Scheiße gebaut habe!«

Tommy Steele erbleichte. Die Prinzessin war entgeistert. Und als wolle sie die Situation noch verschlimmern, plapperte Barbra weiter. »Ach so«, sagte sie zu Margaret und nickte zu Steele herüber, »dann kennen Sie beide sich aus London, was?«

»Ich habe auch für *Ihre Majestät* und [für] *Prinzessin* Margaret eine Vorstellung gegeben«, erwiderte Steele.

»Ja«, sagte Barbra, »das meine ich ja.«

Selbst wenn sie zu ähnlichen gesellschaftlichen Anlässen nicht mit berühmten Persönlichkeiten zusammenkam, schien Barbra sich unwohl zu fühlen. Ein Teil des Problems hatte damit zu tun, ihren Namen zu artikulieren. »Ich kann nicht sagen: ›Ich bin Barbra Streisand‹«, erklärte sie. »Es ist sehr schwer, den eigenen Namen zu sagen, wirklich. Ich bin entweder sehr direkt, oder ich bin nicht funktionsfähig. Bei Leuten, die ich nicht kenne, weiß ich überhaupt nicht mehr weiter.«

Sie wollte gemocht werden, aber es fiel ihr schwer, sich den Leuten zu nähern. Die anderen wiederum waren zu unsicher, um sie richtig kennenzulernen, und gingen meistens an ihr vorbei, ohne ein Wort von sich zu geben. »Ich weiß, daß mir klar sein müßte, daß jemand vielleicht zu nervös ist, [um den ersten Schritt zu tun]. Statt dessen glaube ich, daß er absolut keine Lust hat, mich anzugucken.«

Was ihre Probleme noch verschlimmerte, war das Gefühl, daß alle etwas von ihr wollten. Manchmal waren solche Gefühle sicherlich berechtigt, aber meistens grenzte ihre Sorge an Verfolgungswahn. Sie glaubte zum Beispiel so fest daran, daß *Trans World Airlines* sie ausbeutete, daß sie die Fluggesellschaft vor Gericht brachte. TWA hatte, um für seine Stereoanlagen in den Flugzeugen Reklame zu machen, ein Werbeplakat herausgebracht und einen Fernsehspot produziert, in dem es einfach hieß: »Barbra Streisand singt auf TWA.« Für diese »illegale« Verwendung ihres Namens forderte Barbra eine Entschädigung von 2,25 Millionen Dollar. Sie klagte darauf, daß die Werbung sie »in hohem Maße erschüttert und gedemütigt« und »öffentlich der Lächerlichkeit und Mißachtung« ausgesetzt habe. Außerdem beschrieb sie die Werbung als charakteristisch für die »parasitären Geschäftspraktiken« der TWA. Der Fall wurde 1968 außerhalb des Gerichts beigelegt. Er gibt einen kleinen Einblick darein, wie unsicher sich Barbra ihrer Selbst und ihrer Berühmtheit war.

Sie schwankte immerzu zwischen Zweifeln, Verzweiflung und Entschlossenheit – ihr Leben lief wie ein sprunghaftes Getriebe:

Sie tat einen Schritt nach vorn. Dann zog sie sich zurück. Dann tat sie wieder einen Schritt nach vorn. Sie konnte Selbstvertrauen ausstrahlen, manchmal mit dem breitesten Lächeln im Gesicht – und einen Moment später hatte sie fürchterliche Angst und zog sich wie ein verwundetes Hündchen in eine Ecke zurück.

Die Bühnenauftritte waren ihr einziger Trost gewesen, der einzig sichere Ort, an dem sie sich intakt und völlig wohl in ihrer Haut fühlte. Aber während der Spielzeit von *Funny Girl* begann selbst dieses Gefühl sich zu verändern. Jeden Nachmittag gegen fünf Uhr spürte sie einen stechenden Schmerz im Magen, der nicht aufhörte, bis sich der Vorhang hob. Bei jeder Vorstellung hatte sie das Gefühl, vor Gericht zu stehen und abgeurteilt zu werden. Ihre Sinne konzentrierten sich ganz extrem auf das Publikum. Kein Gähnen entging ihr, und sie hörte jedes einzelne Husten. Ihre Fans waren ihre Feinde geworden. Sie war davon überzeugt, daß alle gegen sie waren.

»Die meisten von ihnen kommen mit dem Gedanken ›Ach, so toll kann die nicht sein‹«, gestand Barbra. »Ich habe das Gefühl, daß sie die Monster sind und ich ihr Opfer.«

Verzweifelt sehnte sie das Ende ihres abendlichen anstrengenden Gangs ins *Winter Garden* herbei. Einige Monate zuvor hatte sie damit gedroht, ihren Vertrag zu kündigen, sich aber schließlich doch dagegen entschieden. Statt dessen zog sie nun für jeden abgeleisteten Tag einen Strich in ihrem Wandkalender, wie ein Häftling, der auf seine Freilassung wartet. Am Samstag, dem 25. Dezember 1965, gab Barbra Streisand im Alter von dreiundzwanzig Jahren ihre letzte Broadway-Vorstellung von *Funny Girl*. Als sie »People« sang, spürte sie zum ersten Mal die Bedeutung des Textes. Überwältigt von ihren widersprüchlichen Gefühlen brach sie auf der Bühne zusammen. Während des Schlußapplauses hielt ihr das Publikum ein Ständchen mit »Nehmt Abschied, Brüder«. Nach der Vorstellung gab es keine großartigen, feierlichen Abschiedsszenen.

Trotz ihres großen Erfolges war sie immer noch eine Außenseiterin. Der immense Ruhm, den sie mit *Funny Girl* erlangte, hatte weder, wie sie es sich erhofft hatte, ihr Gefühl der Leere beseitigt noch eine Antwort auf all ihre Fragen gegeben, sondern sie statt dessen mit einer Reihe zusätzlicher und noch schwierigerer Fragen konfrontiert. Fragen wie: »Warum behaupten alle diese Leute, daß sie mich so mögen, wenn ich mich doch nicht einmal selber leiden kann?«

»Wenn ich nicht auftrete«, sagte Barbra ein paar Monate später, »dann bin ich mir gar nicht sicher, daß ich eine Persönlichkeit habe.« Dann fügte sie traurig und mit ergreifenden Worten hinzu: »Ich denke dann, daß ich vielleicht gar nichts besitze.«

17. KAPITEL

Atempause

»Sag dem Publikum, es soll gehen. Ich hasse es. Ich hasse es.« Diese verurteilenden Worte richtete Barbra an Marty Erlichman, als sie 1966 das zweite Fernsehspecial aufnahm.

Das ahnungslose Publikum saß auf seinen Sitzen und wartete geduldig, daß die Aufzeichnung fortgesetzt wurde. Barbra hatte bereits fünf Lieder gesungen, als der Regisseur Dwight Hemion sie bat, zwei davon noch einmal zu wiederholen. Barbra willigte ein, wollte aber, daß das ausgewählte Publikum, das man aus einem ihrer lokalen Fanclubs zusammengesucht hatte, aus dem Studio verbannt würde. Wenn sie arbeitete, haßte sie es – damals wie heute –, beobachtet und beurteilt zu werden, besonders von Leuten, deren Anwesenheit sie als unwesentlich empfand. Dreißig Minuten verstrichen, in denen Hemion und Erlichman sie anflehten weiterzumachen und ihr erklärten, daß das Publikum unter anderem wichtig dafür sei, der Show einen normalen Tonhintergrund zu geben. Schließlich kapitulierte sie und ging auf die Bühne zurück. Sie lächelte den Zuschauern zu, die sie erneut mit einem schallenden Applaus begrüßten. »Danke, daß Sie geblieben sind«, sagte sie in angemessener Aufrichtigkeit. Und sie tobten noch mehr.

In Übereinstimmung mit ihrer Theorie, daß »sie mir alle nur an den Kragen wollen«, war sie fest entschlossen, es das zweite Mal besser zu machen, um jene bevorstehende Attacke abzuwenden. Nachdem alle Nummern aufgezeichnet worden waren, warf sie sich in einen riesigen Stuhl. »Sie sah sich die Aufzeichnung mit unglaublicher Aufmerksamkeit an«, erzählt Ray Diffen, der Kostümbildner der Show, »und wenn sie etwas nicht mochte [was nur allzuoft der Fall war], dann machte sie es noch einmal, und noch einmal und noch einmal.« Irgendwann warnte Erlichman sie besorgt: »Du bist morgen heiser.« Barbra antwortete. »In *Funny Girl* habe ich achtmal pro Woche fünfundzwanzig Lieder gesungen. Ich werde nicht heiser.«

Wie ihr erstes Special war »Color Me Barbra« eine »Ein-Frau-

Show« in drei Teilen, die diesmal allerdings in Farbe (von daher der Titel) ausgestrahlt wurde – eine Technik, die noch in den Kinderschuhen steckte. Wie bei der vorangegangenen Show war der letzte Teil (derjenige, bei dem sie das Publikum nicht haben wollte) eine reine Konzertsequenz. Der Rest der Show war ein sehr viel komplizierteres Unterfangen. Für *Bergdorf-Goodman* sprang das dem Showbusineß zugetane *Museum of Art* in Philadelphia ein, in dem später unter anderem auch *Rocky* und *Dressed to Kill* gedreht werden sollten. Barbra wollte die Museumsszenen eigentlich im *Metropolitan Museum of Art* drehen, doch man verweigerte ihr den Zugang.

Das Hauptproblem in Philadelphia waren der Mangel an Zeit und die bei Fernsehproduktionen generell verbreitete Hektik. Da die Finanzierung des Specials von der Ellbar-Produktionsfirma übernommen wurde, war alles genau geplant, um Geld zu sparen. Außerdem hatte das Museum dem Fernsehteam nur eine Nacht zum Drehen zugebilligt. Nachdem fast die gesamte Musik am Vorabend aufgenommen worden war – die Session hatte nicht wie geplant von 7 bis 22 Uhr, sondern bis vier Uhr morgens gedauert –, erschien Barbra an einem Samstagmittag, es war Ende Januar, im Museum. Die Dreharbeiten sollten um 18 Uhr beginnen und am nächsten Morgen um 10 Uhr beendet sein.

Sofort entstand ein einziges Chaos. Als der Dreh begann, gaben zwei der drei neuen Marconi-Farbbildkameras der Firma ihren Geist auf. Ohne verfügbaren Ersatz (das Farbfernsehen war derart neu) mußte sich das Team mit der verbleibenden Kamera begnügen. Das nahm natürlich eine ganze Menge mehr Zeit in Anspruch. Barbra überwachte das Licht, den Drehort, den Ton, die Kostüme, einfach alles. Sie hatte wie immer Probleme damit, Verantwortung abzugeben. Die Inkompetenz anderer machte sie wütend. »Man muß 90 Prozent von allem selbst machen«, sagte sie. »Wirklich.«

Es gab auch Probleme, die schwerfällige Ausrüstung und die fünfundzwanzig Crewmitglieder um die teuren Kunstwerke herum zu bewegen, die von den eifrigen Sicherheitsleuten des Museums bewacht wurden. Zwischen den Drehs stopfte sich eine völlig angespannte Barbra Brezeln, Kartoffelchips und Pfefferminzbonbons in den Mund. Sie saß zusammengekauert in einer Ecke und regte sich über die allgemeine Verwirrung, die Langsamkeit des Drehens und über das Ticken der Uhr auf. Elliott saß neben ihr, hielt ihre Hand und massierte ihr den Rücken. Diana Kind, die inzwischen in Manhattan lebte, reiste ebenfalls an, doch es ist kaum wahrscheinlich, daß ihre Anwesenheit auf irgend jemanden beruhigend wirkte, am wenigsten auf ihre Tochter. Barbras Teenagerfans versammelten sich vor dem Tor in der Hoffnung, einen Blick auf ihr Idol werfen zu können. Sie kamen mit Geschenken, einem Plakat, auf dem »Welcome Barbra« stand, und einem Topf Hühnersuppe, beides als Zeichen ihrer Zuneigung. »Haltet mir diese widerlichen Leute vom Hals«, soll Barbra einem der Wachleute befohlen haben. »Diese Trottel folgen mir überall hin. Manchmal bekommen sie mein Autogramm drei- bis viermal in einer Nacht. Was meinen Sie wohl, was die mit all diesen Autogrammen machen?«

Trotz ihrer Anspannung kam Barbra einigermaßen gut mit ihrem Team aus. »Ich bewunderte sie«, sagt Ray Diffen. »Ich bewunderte ihr Talent und ihre Energie. Ich respektierte sie, was merkwürdig war, weil sie ja noch ein Kind war. Und ich sah, daß sie Geschmack hatte. Sie übernahm es, mit den Tontechnikern zu reden«, fährt Diffen fort, »mit den Beleuchtern, den Maskenbildnern, den Friseuren. Sie kam einer Menge Leute zuvor, aber mich kränkte sie nicht. Ich dachte nur, daß sich alles lohnen würde, was wir sie machen ließen.« Auf die Frage nach den Interviews, in denen sie behauptete, daß sie es gewesen sei, die die Kostüme für die Show entworfen habe, antwortet Diffen treuherzig: »Ich denke, man *könnte* sagen, daß sie die Kleider entworfen hat. Sie mochte es, wenn man das sagte.« Er fügt hinzu: »Ich habe nicht das Gefühl, daß sie mich als Künstler herabsetzen will.« Und: »Sie machte auch einige Zeichnungen für mich.«

Das Drehen dauerte die ganze Nacht und den folgenden Morgen, und es war allen klar, daß man mehr Zeit dafür hätte einplanen sollen. Marty Erlichman verhandelte mit der Geschäftsführung des Museums und teilte widerwillig Dollars aus, während er redete. Die Firma bekam eine Verlängerung. Man drehte den ganzen Sonntag und war schließlich nach sechsunddreißig Stunden ohne Pause am Montagmorgen um sechs Uhr fertig. Der Druck ging weiter, als das Team nach New York zurückkehrte. Der zweite Teil, eine Zirkussequenz, sollte Barbra als Zirkusdirektorin zeigen, die mit einer Anzahl von exotischen und wilden Tieren herumtollte, während sie ein Potpourri aus sorgfältig ausgewählten Liedern sang. Für Barbra war der Dreh, der zermürbende zweiunddreißig Stunden dauerte, alles andere als ein Vergnügen. Ein Löwe brach aus einem Käfig aus, und sie zitterte vor Angst. Ein Affe verschlang beinahe einen ihrer Finger, und als ein Pinguin, der an arktische Kälte gewöhnt war, starb, da weinte sie.

Der einzige neue Freund, den sie während dieser Aufzeichnung gewann, war ein Ameisenbär namens Izzy. Aufgrund der Ähnlichkeit ihrer Gesichtsprofile empfand Barbra eine gewisse Affinität zu dem Tier. Es teilte diese Zuneigung, und so schmiegten die beiden ihre Nasen gegeneinander. »Er muß Jude sein«, witzelte Barbra.

Ein anderes Mal explodierte Barbra – erschöpft und völlig aufgelöst – am Drehort. »Hier sind zu viele Leute, die nichts mit der Show zu tun haben!« schrie sie. »Zu viele Leute, die mich anstarren!«

Sie stand unter dem gleichen Druck und befand sich in der gleichen Geistesverfassung, als sie der Presse in Philadelphia Interviews gab. Warum man die Presse überhaupt eingeladen hatte, der Aufzeichnung beizuwohnen? Natürlich sollte die Show eine hohe Einschaltquote erzielen, aber zu welchem Preis? Interviews sind eigentlich dazu da, einen Star von seiner besten Seite zu zeigen. Wenige Stars hätten sich unter dem Streß, in dem sich die Streisand während dieser intensiven Produktionsphase befand, vorteilhaft darstellen können. Die Katastrophe war vorauszusehen. Nachdem sie die Journalisten drei Stunden lang hatte warten lassen, erschien Barbra endlich an dem vereinbarten Ort. Ohne eine einleuchtende Entschuldigung abzugeben und an einer Banane herumkauend, gab sie wirre Begrüßungsworte von sich, die alles andere als beschwichtigend wirkten. »Okay«, verkündete sie ihren Gästen. »Sie haben zwanzig Minuten. Was wollen Sie wissen?«

Die Journalisten stellten die Fragen, die sie hatten stellen wollen, aber ihre Stifte waren bereits vergiftet. Am tödlichsten war der Artikel von Rex Reed, einem jungen Spitzenjournalisten der

New York Times, der sich mit seinem sehr provokativen Stil einen Namen gemacht hatte. Sein Sonderbericht über das, was sich bei der Produktion von »Color Me Barbra« hinter den Kulissen abspielte, trug auf unverschämte Weise Geschichten über Barbra in die Öffentlichkeit, die man sich bisher nur hinter vorgehaltener Hand erzählt hatte und in denen sie als dreist, egoistisch und rücksichtslos erschien.

Als sie Reeds Artikel las, der auch noch zeitgleich mit der Ausstrahlung des Specials veröffentlicht wurde, war Barbra zuerst schockiert und dann wütend. Sie sprach niemals wieder mit Reed und wurde bei der bloßen Nennung seines Namens zornig. Noch wichtiger jedoch war, daß ihr Verhältnis zur Presse nie wieder so wie vorher sein würde.

Seltsamerweise fühlte sich Barbra betrogen. Sie glaubte offenbar, daß Reed als eingeladener Gast der Aufzeichnung des Specials unter einer gewissen Geheimhaltungspflicht stand. Er war da, um ihr kultiviertes Image weiterzuverbreiten, und nicht, um es zu zerstören. Sie ärgerte sich jedoch am meisten darüber, daß sie hier keine Kontrolle hatte. Anders als bei allem anderen in ihrer Karriere hatte sie keine Macht über ihn und keinen Einfluß auf seine Worte. Sie vergaß, daß Reed als Reporter zunächst einmal die Pflicht hatte, seinen Lesern das zu berichten, was er sah. Und es war nicht seine Schuld, daß das, was er sah, nicht besonders positiv war. Wenn man Reed irgendeiner Sache beschuldigen wollte, dann nicht des Betrugs, sondern des Zynismus. Sein Ton war vorsätzlich gehässig und ließ eine faire Betrachtung der Ereignisse im Kontext vermissen. Reed schien Barbras wirkliche Bemühungen und auch den Druck, unter dem sie stand, nicht ernst zu nehmen. Sie war erst dreiundzwanzig Jahre alt und trug beinahe alleine die Verantwortung für eine extrem ambitionierte und ziemlich kostspielige Fernsehsendung. Und sie tat dies, ohne viel zu schlafen. Momente von Launenhaftigkeit, Angst und Taktlosigkeit mußten einfach vorkommen. Sie waren nur gegenüber Journalisten fehl am Platz. Und besonders gegenüber jemandem, der Einfluß bei der *New York Times* besaß.

Am 30. März 1966 erzielte »Color Me Barbra« extrem hohe Einschaltquoten und bekam außergewöhnlich positive Kritiken.

Höhepunkt des Specials waren »Free Again« (in französisch gesungen) und die Museumssequenz und ihr altes Harold-Arlen-Lied aus dem *Bon Soir* »Any Place I Hang My Hat«, das sie in der Konzertsequenz singt. Anders als in ihrem ersten Special hatten die Kritiken diesmal aber auch unterschiedliche Töne: *Time* nannte es »zu niedlich, zu kompliziert und erdrückend in seinem Konzept«. Weiter hieß es: »Wenn die Show etwas gezeigt hat, dann, daß eine Stunde Barbra Streisands nasaler Stimme genau 45 Minuten zuviel sind.« Der Artikel schloß mit den Worten: »Streisands Talent ist beträchtlich, doch es beginnt, sich in einen Mythos zu verlieren.«

In der ersten Februarwoche brach Barbra zu einem Urlaub auf, den sie dringend brauchte. Typischerweise fand sie einen Weg, wie sie diese Reise teilweise umsonst bekommen konnte. Sie hatte gerade die Aufzeichnung ihres zweiten Fernsehspecials beendet und plante bereits ein drittes. Die neu stilisierte, bewußt unjüdische Barbra hatte den Wunsch, der Frühjahrsmodenmesse in Paris beizuwohnen, und entschied aus diesem Grund, daß ihr nächstes Special sich hauptsächlich um dieses Ereignis drehen sollte. Chemstrand, der Sponsor ihrer Specials, willigte ein, nicht nur diese Reise zu bezahlen, sondern auch für die Designermode aufzukommen, die Barbra auswählen würde, um sie bei ihrer nächsten Sendung, die später im Jahr aufgezeichnet werden sollte, zu tragen.

Das Thema war ausgesucht worden, um ihrem Status als modischer Trendsetterin auf dem internationalen Markt weitere Nahrung zu geben. Ironischerweise wollte Barbra, von der alle jungen Mädchen in Amerika träumten, so jemand wie Jacqueline Kennedy, mit guter Erziehung, Schönheit und Intelligenz, sein. Und sie war auf dem Weg, dies zu erreichen. Ein paar Wochen vorher war Barbra zu den zehn bestangezogensten Frauen Amerikas gewählt worden. Dieses Jahr zählte Jackie Kennedy nicht mehr dazu. Für Barbra, die auf den dritten Platz kam, war es das erste Mal, daß sie auf dieser Liste stand. Sie sagte: »Ich hoffe, daß mich die Leute nun nicht mehr ›verrückt‹ nennen werden. Vor zwei Jahren begann ich, Fuchspelz zu tragen. Jetzt tragen alle, die ich kenne, Fuchs.«

Die Reise war eine komplizierte Angelegenheit, die von Joan

Glynn organisiert wurde. »Die Reise bestand darin«, sagt Glynn, »Kleider in Paris einzukaufen, die noch keine Konfektionsware waren, sondern zur Designermode gehörten. Ich hatte oft Messen besucht. Ich kannte die Leute dort. Ich wußte, wen man kontaktieren mußte. Ich fuhr zwei Wochen früher als Barbra nach Paris, um alles zu arrangieren. Wir wohnten in dem einzigen damals akzeptablen Hotel, dem Plaza Athenée. Barbra hatte fast eine ganze Etage für sich. Wir organisierten außerdem, daß das Magazin *Life* sie überallhin begleitete. Die Journalistin war Diana Lurie. Zusätzlich handelte ich mit der Zeitschrift *Vogue* eine Berichterstattung aus.«

Barbra wurde sofort von den Couturiers hofiert. Sie wollten nicht nur in Verbindung mit ihrem Ruhm und der zu erwartenden Publicity gebracht werden, sondern auch den lukrativen Auftrag bekommen, ihre Kleider für das Special zu entwerfen. »Wir wurden mit Geschenken, Blumen und Champagner umworben«, erinnert sich Glynn. »Cardin hatte eine Eskorte zum Flughafen geschickt, um Barbra abzuholen. Es war außergewöhnlich. Sie fuhr sofort zu Cardin. Sein Haus war voll von Pariser Berühmtheiten. Jeanne Moreau war da, und es gab eine Willkommensparty für Barbra. Es war die erste Party, bei der ich sah, daß jemand Drogen nahm. Wir sahen uns die Kollektionen und Vorführungen an«, fährt Glynn fort, »und beanspruchten die *place d'honneur*, die Ehrenplätze, die sonst für die Prinzessin von Windsor reserviert war. Die Reihe dahinter war für die Presse bestimmt. Dahinter saßen die Besitzer der größten Modehäuser der Welt. Eine Frau mit einer Liste in der Hand paßte wie eine Löwin darauf auf, daß nichts schiefging. Bei ihr mußte man sich anmelden, und Barbra bekam den Ehrenplatz. Sie wußte nicht, was das bedeutete, aber ich sagte ihr, daß sie ihn einfach haben *müsse*.« Es begann das Defilee der Frühjahrskollektion 1966. Chanel zeigte Anzüge. Grès führte ein zeltartiges Abendkleid vor. Yves Saint Laurent präsentierte ausgefallene Seemannsanzüge und transparente Organzakleider. Nachdem sie die Cardin-Kollektion gesehen hatte (zwei Jahrzehnte, bevor Sharon Stone sie in Mode brachte), machte Barbra sie schlecht: »Was soll das, daß man keine Unterwäsche trägt? Die Mädchen hatten rein gar nichts unter ihren Kleidern an. Ich konnte alles sehen. Ich finde das peinlich.« Barbra, die sich gerne in der Rolle der Vorreiterin des guten Geschmacks der Zeit sah, zeigte sich von der Show nicht sonderlich beeindruckt. Öffentlich sagte sie: »Nett, aber nichts für mich.« Privat meinte sie: »Das sieht furchtbar aus.«

Viele empfanden dasselbe bei den Kleidern, die Barbra trug. Sie erzählte jedem, der es wissen wollte, daß sie ihr Kostüm aus Jaguarpelz mit dem Männerhemd, der Krawatte und dem auffallenden Homburg-Hut persönlich entworfen hatte. Sie verkündete außerdem, daß sie dieses Kostüm für 3500 Dollar bei einem Manhattaner Kürschner hatte machen lassen. Die meisten der bei den Modenschauen anwesenden Frauen, unter ihnen auch Marlene Dietrich, Elsa Martinelli und unzählige Gräfinnen, trugen konventionelle Kostüme, so daß sie die Aufmerksamkeit nicht von den ausgestellten Designerstücken ablenkten. Barbras Outfit wurde jedoch allgemein als im positiven Sinne »skandalös« bezeichnet und zog die Kameras auf sich.

»Cardin war sehr zuvorkommend«, erinnerte sich Joan Glynn, »er wollte den Auftrag unbedingt. Es standen viele Fotojäger vor Cardins Salon. Er hatte sie [von Barbras Anwesenheit] in Kenntnis gesetzt. Sie kam über eine Stunde zu spät. Die Vorführungen fanden auf der zweiten Etage in einem wunderschönen Salon statt. Ich mußte die Treppe ungefähr dreißigmal rauf- und runterlaufen, um zu fragen: ›Sind die Autos angekommen?‹ Und man antwortete mir: ›Die Autos sind noch nicht angekommen.‹ Die gesamte Reise«, fährt Glynn fort, »war ein dauerndes ›Wie spät wird Barbra heute sein?‹ Sie hatte einen Marilyn-Monroe-Komplex«, mutmaßte Glynn. »Wenn man wichtig ist, dann *müssen* sie auf einen warten. Sie war immer unpünktlich. Vielleicht schminkte sie ihr Gesicht zum dritten Mal, wie es Marilyn Monroe getan hatte. Wir wußten es nicht. Alles, was wir wußten, war, daß sie immer mindestens eine Stunde zu spät war. Das führte zu einer Reihe von Problemen. Bei den Vorführungen mußte ich mich zum Beispiel immer auf fünf bis sechs Sitzen breitmachen, um diese für sie freizuhalten, da man sie in der Zwischenzeit anderen wichtigen Leuten geben wollte. ›Sie kommt nicht‹, sagte man zu mir. ›Doch, sie kommt‹, antwortete ich.« Auf die Frage, wie es war, mit Barbra vor dem scheinbar glamourösen Hintergrund der Pariser Haute Couture zu arbeiten, deutet Glynn an, daß es eine Art Herausforderung gewesen sei. »Ihre Forderungen hießen: ›Ich kann dort nicht zu dieser Zeit sein‹, und ›Ich werde nicht fertig‹ und [wenn etwas schiefließ] ›Bringen Sie es in Ordnung‹. Es war sehr anstrengend, weil ich mit den Modeleuten arbeitete, die daran gewöhnt waren, die Könige zu sein. Sie verstanden nicht, wie Barbra funktionierte.«

Glynn zufolge hatte Barbra trotz ihres neu entdeckten Gespürs für Mode keine Ahnung von Haute Couture. »Sie sagte immer zu mir: ›Sag es mir noch mal: Wer sind die größten Designer?‹ Oder: ›Bekommen wir die *richtigen* Designer?‹ Sie war außerdem sehr verunsichert, was ihr eigenes Aussehen und Benehmen anging.

Bei der Chanel-Modenschau wurde Barbra eine der seltenen Audienzen mit Madame Chanel gewährt. Glynn erinnert sich: »Chanel saß am Ende einer langen geschwungenen Treppe und wies uns mit dem Finger an, zu ihr heraufzukommen. Barbra konnte kein Französisch, aber sie konnte es nachahmen und hatte ein gutes Gehör. So war sie in der Lage, mit Chanel zu kommunizieren. Lustigerweise«, erinnert sich Glynn amüsiert, »konnte Chanel englisch sprechen, aber sie sagte es nicht. Barbra sprach mit ihr über eine halbe Stunde, aber wir entschieden uns nicht für diese Modelle. Chanel war zu knausrig.«

Die Vorführung bei Dior wurde verschoben, um Barbras verspätetem Erscheinen Genüge zu tun. »Sie zeigten ihre Kollektion an verschiedenen Orten«, erinnert sich Glynn. »Sie wußten, daß wir über Geld verfügten. Ich hatte bereits angekündigt, daß wir, falls wir uns für Dior entscheiden, zwölf bis fünfzehn Stücke kaufen würden.«

Im Salon von Dior wartete unter anderem auch die Prinzessin von Windsor auf das verspätete Mädchen aus Brooklyn. »Kein Wunder, daß die Prinzessin so griesgrämig aussah«, kommentierte Barbra später. Schließlich ging der Auftrag an Dior. »Zu dieser Zeit«, sagt Glynn, »war es das feinste französische Modehaus.« Barbra wählte neun Modelle für ihr neues Special.

Manchen Berichten zufolge kosteten die Kleider ungefähr 20 000 Dollar. Joan Glynn sagt hingegen, daß der eigentliche Preis sehr viel höher lag. »Ich mußte ständig das Budget erneuern, da es sich sprunghaft erhöhte. Ich war einen Monat dort, und Barbra zwei Wochen. Ich mußte das Budget verwalten, weil ich die Rechnungen unterschrieb. Die Kleider alleine lagen bei 150 000 Dollar. Die gesamte Reise kostete ungefähr 200 000 Dollar, was damals enorm war.«

»Während sie in Paris war, wollte Barbra unbedingt das Schloß von Versailles sehen, also arrangierte ich einen Ausflug dorthin. Zum einen bekamen wir eine Privatführung durch das Schloß. Zum anderen hatte das kleine Theater, das Marie Antoinette in Versailles bauen ließ, geöffnet, welches bis dahin niemandem zugänglich war. Dort hatte die Königin kleine Privatvorstellungen veranstaltet. Barbra stieg auf die Bühne, wanderte darauf herum und drehte Pirouetten. Sie fand, daß es das Beste sei, was sie seit langem gesehen habe. Es war ein tolles Erlebnis.

Ein anderer wunderbarer Abend mit Barbra war, als Ray Stark für sie ein Abendessen im *Maxims* arrangierte. Er war extra für diesen Abend hergeflogen. Ich glaube, das Abendessen war für neun Uhr geplant. Der mittlere Tisch war für Barbra, Elliott, Marty Erlichman und für Ray Stark und seine Frau reserviert. Ich saß an einem Nebentisch. Es war alles sehr elegant. Wie immer kam Barbra eine Stunde zu spät. Ich ging draußen auf und ab, weil das *Life Magazin* ein Foto von Barbra machen wollte, sobald sie den Eingang betrat. Als sie schließlich erschien, sah sie zum ersten Mal aus wie Nofretete. Um ihren Kopf hatte sie einen weißen Turban mit einem Edelstein geschlungen. Sie war ganz in Weiß gekleidet und trug sehr teuren Schmuck, den sie sich irgendwo geliehen haben mußte. Ich glaube, daß sie die Bedeutung von Ray Stark richtig einschätzte und sich dementsprechend zurechtgemacht hatte. Ich hatte sie noch nie so schön gesehen.«

Nachdem die Kleider gekauft und umgeändert worden waren, brachen Barbra und Elliott zu einer dreiwöchigen Reise nach Rom, Marseille, Nizza und Florenz auf. Joan Glynn sagte Barbra auf dem Pariser Flughafen auf Wiedersehen. Die beiden Frauen versprachen sich ein Wiedersehen, wenn das Special gedreht werden würde. Glynn blieb wegen der »Schadenskontrolle« noch ein paar weitere Tage in Paris, »um sich bei allen Designern zu entschuldigen«.

Barbra hatte ihren *Funny-Girl*-Vertrag am *Winter Garden* aus dem gleichen Grund aufrechterhalten, aus dem sie zugestimmt hatte, ihre Vorstellung am *Prince of Wales Theatre* in London wiederaufzunehmen. Sie wollte den Film machen, und Ray Stark hatte sich sehr klar ausgedrückt: ohne London kein Hollywood. Stark bestand darauf, daß Barbra die Show in Europa spielen solle, weil er glaubte, daß ihr Auftritt eventuelle Vorverkäufe sichern und die Verkaufszahlen an den Kinokassen stützen könnte.

Und so stieg sie am 20. März 1966 in London Heathrow aus dem Flugzeug. Sie wurde von ihrem Friseur, ihrer Sekretärin und Marty Erlichman begleitet. Der Presseagent, der engagiert war, um Barbra zu repräsentieren, schickte eine Limousine und eine Nachricht, in der er seine Abwesenheit erklärte: Ihre Ankunft fiel mit seiner Hochzeit zusammen. Trotz der Pläne des Bräutigams zitierte sie ihn in ihr Hotelzimmer, um mit ihm die Werbekampagne für ihre Show zu besprechen.

Während der arme, ausgenutzte Presseagent es versäumt hatte, sie am Flughafen zu begrüßen, hatte dort aber Elliott gestanden. Er war Wochen vorher nach London geflogen, um eine angemessene Unterkunft für seine Frau zu finden. Der Mieter des Hauses, das er schließlich gefunden hatte, Cary Grant, war noch nicht bereit auszuziehen. So mußten sich die Goulds in der Zwischenzeit mit einer Suite im Savoy begnügen.

Monate zuvor war Elliott, auf Barbras Drängen, die Rolle von Nicky Arnstein in der Londoner Show angeboten worden. Er hatte die Rolle gewollt, als das Stück für den Broadway besetzt wurde, doch wurde er damals noch nicht einmal zu einem Vorsprechen eingeladen. Weil er spürte, daß jeder glauben würde, daß er die Rolle dem Einfluß seiner Frau zu verdanken habe, entschloß er sich trotz seiner guten Chancen, den Part zu bekommen und ihn auch gut zu spielen, nicht in der Londoner Show aufzutreten. »Ich habe mehr Talent für die Rolle von Nicky als alle anderen zusammen«, sagte er später ohne gespielte Bescheidenheit.

Als Cary Grant das Haus schließlich räumte, zogen die Goulds in ihr neues Heim ein, das im vornehmen Ennismore Gardens lag.

Gäste des Hauses wurden schon bald darüber informiert, daß die Miete 1600 Dollar pro Monat betrug, ein Preis, der Barbra zutiefst beeindruckte, und daß das Haus einen Butler und einen Koch hatte, aber keine Dusche. Ihre Unterbringung im *Prince of Wales Theatre* war weitaus weniger üppig. Als sie zum ersten Mal ihre Garderobe betrat, ließ Barbra ihre Augen über die neue Umgebung wandern, machte dann eine abrupte Kehrtwendung und verließ den Raum. Ihr Manager soll sofort die Geschäftsleitung des Theaters darüber informiert haben, daß seine Klientin nicht zurückkehren werde, bis sie eine Garderobe habe, die einem Star ihres Formats entspreche. Außerdem forderte sie, daß niemand sonst auf ihrem Flur eine Garderobe habe und daß eine eigene Hintertreppe für sie reserviert werde.

Als das Garderobenproblem gelöst war (es sollen dabei Köpfe gerollt, Wände abgerissen worden und der Raum mit einem völlig neuen Mobiliar ausgestattet worden sein), begannen die Proben im *Prince of Wales*, und Barbra konzentrierte sich wieder voll auf ihre Arbeit. Sie hatte wenig Interesse daran, Fanny Brice neu zu proben, aber ihre Angst, zu versagen, war stärker. Sie versuchte, ihren Enthusiasmus zu steigern, in dem sie sich einredete, daß das britische Publikum schwieriger zu befriedigen sei als das am Broadway. »Sie gehen hier ernsthafter mit Theater um«, warnte sie die Mitglieder des Ensembles. Außerdem war ihre Ankunft von der britischen Presse wie eine zweite Entdeckung von »fish-and-chips« gepriesen worden. Barbra fürchtete, daß sie diesen hohen Erwartungen nicht entsprechen könnte.

Mit dem gleichen Elan, mit dem sie es geschafft hatte, Brooklyn zu verlassen, ging sie auch hier an die Sache. Auch wenn sie Lawrence Kashas Rolle als Regisseur nicht gänzlich übernahm, so nahm sie doch großen Anteil daran. Sie mochte weder die Beleuchtung noch die Musik noch den Ton. Überall auf der Bühne befanden sich versteckte Mikrophone, die die Tendenz hatten, das schwere Atmen von Michael Craig aufzunehmen, der mit ihrer Zustimmung die Rolle von Nicky Arnstein bekommen hatte. Vom Broadway waren Key Medford und Lee Allen mitgekommen. »Ich hatte nicht gedacht, daß ich soviel Zeit mit dieser Show zubringen würde«, sagt Allen über seine Beteiligung an *Funny Girl*. »Schuld daran war teilweise Barbra. Sie sagte, ich solle bleiben, als ich die Show aufgeben wollte. Und dann bat sie mich, mit ihr nach London zu gehen.«

Als er nach den Problemen gefragt wurde, die während der Vorbereitungen der Show im *Prince of Wales Theatre* auftraten, antwortet Allen: »Barbra machte es niemandem leicht in London.« Sie ließ den Dirigenten feuern, und auf ihren ausdrücklichen Wunsch hin wurde Milton Rosenstock aus New York eingeflogen, um die Proben zu übernehmen. »Sie hatte auch ihre Probleme mit der Tontechnik«, erzählt Allen, »und ließ ihre eigenen Techniker aus New York nachkommen.«

»Sie war ein ›Do-it-yourself-Typ‹«, sagt er. »Bei Barbra hieß es immer: ›Wenn du es nicht machst, dann sorge *ich* dafür, daß es gemacht wird.‹ Oder: ›Ich mag die Tonqualität des Orchesters nicht, was machen wir damit?‹ Und wenn der Regisseur sagte: ›Ich weiß es nicht.‹ Dann sagte sie: ›Aber ich.‹ Und sie rief die Leute an, auf die sie sich verlassen konnte. Ich hatte immer das Gefühl«, fügt Allen hinzu, »daß Barbra eine Lokomotive ist, die volle Fahrt macht und auch vor einem Bahnübergang nicht abbremst.«

Ihre Bemühungen machten sich offenbar bezahlt. Nach der Premiere am 13. April 1966 bekam die Show gemischte Kritiken, aber Barbra wurde jubelndes Lob zuteil. Später verlieh man ihr den britischen *Variety Poll Award* für die beste ausländische Darstellung. Obwohl sie sechs Vorhänge bekommen hatte, war sie enttäuscht. Sie hatte sich an trampelnde und laut jubelnde Ovationen gewöhnt. Statt dessen saßen die Briten in ihren Stühlen und applaudierten höflich, aber nicht enthusiastisch. Nach der Vorstellung beklagte sich Barbra: »Ich fand nicht gerade, daß es sehr aufregend da draußen zuging. Die waren so ruhig, daß ich immer nur das spürte, was schiefging.«

In kürzlich veröffentlichten Berichten wurde fälschlicherweise behauptet, daß Barbra mit ihren britischen Schauspielerkollegen in Fehde gelegen habe. Sie hielt lediglich Distanz, was verstanden und akzeptiert wurde. Sie schien eine Zuneigung zu Michael Craig zu entwickeln, die jedoch strikt platonisch war. Sie machte sich über seine Gesundheit Gedanken. Es heißt, daß er einmal während einer Vorstellung auf der Bühne in Ohnmacht gefallen sei.

Eine Woche, bevor *Funny Girl* in London Premiere hatte, wurde verkündet, daß Barbra gegen Ende des Jahres zu einer fünfwöchigen Tournee mit Auftritten in zwanzig verschiedenen Städten Amerikas aufbrechen würde. Der Komiker Alan King und sein Partner, Walter A. Hyman, sponserten die Tournee. Sie kamen überein, Barbra für jeden ihrer zwanzig Auftritte ein Honorar von 50 000 Dollar oder für die gesamten fünf Wochen eine Pauschalsumme von einer Million Dollar zu zahlen. Das Honorar galt als das höchste, was je ein Künstler für ein Konzert bekommen hatte. Die bis dahin höchste Summe von 45 000 Dollar war an Frank Sinatra gegangen. Darüber hinaus sah ihr fünfundsechzig Seiten langer Vertrag vor, daß sie über die Säle, in denen die Konzerte abgehalten werden sollten, und über die Eintrittspreise entscheiden konnte, daß sie nicht länger als zweieinhalb Stunden pro Tag fliegen mußte und daß sie jeden Tag für 500 Dollar frische Blumen bekam. Der Vertrag legte außerdem fest, daß die Sponsoren die Gehälter von Barbras fünfunddreißig Mann starkem Orchester übernehmen sollten, während Frank Sinatra beispielsweise seine musikalische Begleitung, das *Oscar Peterson Trio*, aus eigener Tasche zahlen mußte. Barbras Management und Barbra selbst machten in der Öffentlichkeit viel Lärm um dieses lukrative und »beispiellose« Geschäft. Später würde sie behaupten, daß es der Gipfel von Taktlosigkeit sei, über Geld in der Öffentlichkeit zu reden. Doch bevor sie diese Lektion der Showbusineß-Etikette gelernt hatte, prahlte sie mit dem, was sie schon verdiente und noch verdienen würde. Auf die Frage, wer der höchstbezahlte Künstler der Welt sei, antwortete Barbra, ohne mit der Wimper zu zucken. »Ich bin es.« Wenn sie nach den Beatles gefragt wurde, behauptete sie: »Ich bekomme mehr. Ich kriege für mich als Einzelperson so viel wie die vier Beatles zusammen.« Und so protzte sie auch mit dem Honorar von einer Million Dollar, die sie für ihre Fünf-Wochen-Tournee bekommen sollte. »Das ist so viel, wie Elizabeth Taylor bekommt«, prahlte sie, »aber sie muß dafür drei bis fünf Monate an einem Film arbeiten.«

Und dann brach alles in sich zusammen. Besser gesagt, ihr Bauch verhinderte alles weitere. Am 18. April 1966, fünf Tage nach der Premiere in London, verkündete Barbra, daß sie mit ihrem ersten Kind schwanger sei, das voraussichtlich im Dezember zur Welt kommen würde. Barbra wurde bewußt, daß sie viele ihrer geplanten Verpflichtungen im Laufe des Jahres würde absagen müssen, einschließlich fast aller Konzerte ihrer geplanten Ein-Million-Dollar-Tournee. In der Presse konnte man Schlagzeilen lesen wie: BARBRA ERWARTET EIN EIN-MILLION-DOLLAR-BABY. Daß ihre Schwangerschaft mit einem Preisschild versehen wurde, irritierte Barbra sehr. »Warum müssen alle immer über Geld reden?« fragte sie.

Zusätzlich zu ihren abgesagten Konzerten mußte Barbra auch von ihrem Haute-Couture-Fernsehspecial für Chemstrand zurücktreten. All die Arbeit, die Zeit und das Geld, das man für die Reise nach Paris und für die Kleider ausgegeben hatte, waren umsonst. Es machte keinen Sinn, das Special auf das nächste Jahr zu verschieben, weil dann die teuer eingekauften Diorkleider aus der Mode sein würden. Barbra bestand nichtsdestotrotz darauf, die Kleider zu behalten. Joan Glynn erinnert sich: »Ein Absatz in ihrem Vertrag sah vor, daß sie die Kleider *nach* der Show behalten dürfte. Aber Barbra sagte: ›Ich bekomme die Sachen so oder so.‹ Ob sie die Kleider jemals getragen hat? Ich weiß es nicht. Ob sie sie ihrer Schwester oder ihren Freunden gegeben hat? Ich weiß es nicht. Auf jeden Fall behielt sie alle.«

Barbra informierte den Regisseur Lawrence Kasha, daß ihre Tanznummern in *Funny Girl* sowie alle heftigeren Bewegungen gestrichen werden müßten. Sie erzählte der erstaunten Geschäftsleitung außerdem, daß sie weniger auftreten würde. Sie weigerte sich, die Mittwochs-Matinee und, zum Ärger ihrer Geldgeber, die Samstagabend-Vorstellung zu geben. »Als sie feststellte, daß sie schwanger war«, sagt Lee Allen, »war das eine gute Entschuldigung für sie, die Matinee nicht zu machen und nur noch eine Vorstellung pro Tag zu geben.« Er fügt hinzu, daß es ihr auch einen unbestreitbaren Grund lieferte, ihre Spielzeit nicht zu verlängern, wozu sie Ray Stark und andere hatten überreden wollen. »Sie mochte London nicht«, sagt Lee Allen. »Sie konnte es nicht abwarten, endlich wieder abzureisen.«

Barbra war froh darüber, schwanger zu sein, und wurde glücklicherweise von keiner Morgenübelkeit geplagt, die ihre Freude hätte trüben können. Eine Woche nach ihrer Ankündigung kämpfte sie bereits mit Stricknadeln, um eine rosa Babydecke herzustellen. »Mein Kind bekommt die verrückteste Decke«, verkündete sie. »Ich mache sie aus allen existierenden Rosatönen.« Aber sie erwies sich als zu ungeduldig fürs Stricken, und die Decke wurde von ihrer Garderobiere fertiggestrickt. Am Ende setzte sie sich aus rosa, orangen und dunkelroten Farbtönen zusammen. Auf die Frage, wie sie ihr Baby nennen wollte, schwelgte Barbra in unterschiedlichsten Theorien. »Wenn es ein Mädchen ist«, sagte sie, »dann heißt sie Samantha. Man muß an die Persönlichkeit seines Kindes denken. Der Name Samantha hat viele Möglichkeiten. Wenn sie ein Wildfang wird, können ihre Freunde sie Sam nennen. Oder sie kann einfach Samantha heißen. Das klingt exotisch und würdevoll.« Sie fügte hinzu: »Ich mag Namen, die zwei verschiedene Bedeutungen haben.

Und wenn es ein Junge ist, dann nenne ich ihn Jason Emanuel. Emanuel war der Name meines Vaters. [Jason wählte sie vermutlich zu Ehren des Künstlers Jason Monet, der in London mit den Goulds befreundet war.] Ich mag den Klang und – wie heißt das noch – die Alliteration. Jason Emanuel Gould. Ich dachte daran, ihn Gideon zu nennen, doch in der Schule könnten sie daraus den Spitznamen Giddy machen. Das kann ich nicht zulassen. Eine andere Möglichkeit wäre Gabriel.«

Viele, sogar einige Mitglieder des Ensembles, spekulierten damals, daß Barbra schon vor der Premiere zu *Funny Girl* von ihrer Schwangerschaft wußte. Wahr ist, daß sie die letzte war, die es erfuhr. Elliott hatte sich mit ihrem Frauenarzt verabredet, ihr die Nachricht erst zu übermitteln, wenn die Show Premiere gehabt hatte. Dies wurde damit begründet, daß sie bis dahin den Kopf voll hatte mit anderen Dingen. Nachdem sie sechs Vorhänge bekommen hatte, küßte Elliott sie, beglückwünschte sie zu ihrem Erfolg und zu ihrer bevorstehenden Mutterschaft.

Das Savoy Hotel war der Ort der Empfängnis gewesen. Elliott hatte alles ganz genau geplant. Das Baby war ein Geschenk an seine Frau. Er dachte, daß ein Kind Barbra von den höheren Sphären, in denen sie sich befand, wieder auf die Erde bringen, sie aus ihrer Selbstbezogenheit wachrütteln und zu ihrer eigenen Weiblichkeit führen würde. Letztendlich, so hoffte er, würde es sie dazu bringen, ihre Karriere aufzugeben. In jener Nacht im Savoy beschwatzte Elliott sie liebevoll, und Barbra gab schließlich nach, weil sie ohnehin glaubte, daß daraus nichts würde.

Als man ihr sagte, daß sie schwanger sei, war sie zunächst erstaunt und dann unsicher. »Aber was ist mit . . .?« wurde zu ihrem geflügelten Satz. Als sie sich jedoch mit der Idee angefreundet hatte, begrüßte Barbra ihre Schwangerschaft als eine Möglichkeit, sich von ihrem anstrengenden Leben etwas auszuruhen. Sie war es leid, eine Sklavin ihres Zeitplans zu sein und einer großartigen Verpflichtung nach der anderen nachzukommen. »Diese Schwangerschaft ist ein Geschenk des Himmels«, erklärte sie, »und das Timing hätte nicht besser sein können.« Außerdem sagte sie, und dies klang sehr nach Elliott: »Es ist das einzige, das mir wieder festen Boden unter die Füße gibt.« Sie fügte hinzu: »Ich bin so in mich selbst verstrickt, zu sehr auf meine Probleme konzentriert. Aber wenn ich an das denke, was in mir wächst, dann ist es ein Wunder, der Gipfel weiblicher Kreativität. Ich habe davon geträumt, ein Kind zu bekommen, aber es schien mir unmöglich, daß es wirklich passieren könnte.«

Nach ungefähr neunhundert Vorstellungen in London, New York, Philadelphia und Boston trat Barbra zum letzten Mal am 16. Juli 1966 in *Funny Girl* auf. Pläne, die Show mit Barbras zweiter Besetzung, Lisa Shane, weiterzuführen, wurden aufgegeben, als einfach keine Karten mehr verkauft wurden. Eigentlich hätte diese Tatsache weder Lisa Shane noch die Theatergeschäftsführung verwundern dürfen. Denn als Barbra am 28. April aufgrund einer Grippe nicht spielen konnte, stürmten *vierhundert* Zuschauer aus dem Saal und wollten ihr Geld zurück. Diejenigen, die geblieben waren, buhten die arme Lisa Shane kräftig aus, die die Show tapfer bis zum Ende durchhielt.

Barbra kehrte am 17. Juli nach New York zurück. Sie machte sich sofort, obwohl sie (sichtbar) im vierten Monat schwanger war, an die Ausarbeitung ihrer verkürzten Tournee. Zunächst nahm sie an der Columbia-Verkaufstagung teil, wo sie einige Lieder aus »Color Me Barbra« sang.

Am 30. Juli flog sie nach Newport, Rhode Island, wo sie wie geplant auf dem Newport-Musikfestival sang. Indem sie sich in Anspielung auf ihre Schwangerschaft wieder einmal als typische Verliererin darstellte, sagte sie selbstironisch: »Danke, daß Sie gekommen sind, um so eine Tonne zu sehen.« Und dann sang sie in anderthalb Stunden zwanzig Lieder.

Für das Newportkonzert bekam sie 121 000 Dollar brutto, was die letzte Höchstgage von 80 000 Dollar, die Frank Sinatra ein Jahr zuvor bekommen hatte, bei weitem überschritt. Barbra fühlte sich in einer merkwürdig realen Konkurrenzsituation mit Sinatra und fand großes Vergnügen daran, seinen Rekord zu brechen. Dennoch war Sinatra immer noch im Vorteil. Sein Fernsehspecial »Frank Sinatra: A Man and His Music« schlug »Color Me Barbra« bei der Jahresvergabe der Emmys und Grammys.

Am 2. August sang Barbra im *John F. Kennedy Stadion* in Philadelphia, dann im *Atlanta Stadion* in Atlanta und schließlich am 9. August auf dem *Soldier Field* in Chicago. Und dann flog sie mit dem Versprechen, ihre nicht gehaltenen Konzerte 1967 mit einer Siebenundzwanzig-Städte-Tournee nachzuholen, nach New York zurück, um sich in ein gemietetes Strandhaus am Sainds Point auf Long Island zurückzuziehen. Der Urlaub währte nicht lange. Im September setzte Barbra die Aufnahme ihrer französischen Platte *Je m'appelle Barbra* fort, die schon seit einem Jahr in Arbeit war. Obwohl sie die Sprache nicht beherrschte, wollte sie eine Platte auf französisch aufnehmen, das sie als die »klassischste« Sprache bezeichnete. Außerdem hatte sie den französischen Komponisten Michel Legrand getroffen, als sie sich nach einem Ersatz für Peter Daniels umsah, und die beiden verstanden sich ausnehmend gut. Ihre Beziehung war turbulent, aber produktiv und gipfelte Jahre später in ihrer Zusammenarbeit für *Yentl*.

1965 hatte sich Legrand mit Barbra nach ihren Auftritten in *Funny Girl* oft auf der praktisch leeren Bühne des *Winter Garden* getroffen. Er saß am Klavier, sie stand am Mikrophon. Stundenlang tauschten sie ihre musikalischen Ideen aus. »Sie war sehr glücklich«, erzählte Legrand später. »An manchen Abenden lachten wir viel zusammen.« Es gab Spekulationen, daß die beiden eine Affäre hatten, und dies ist auch gut möglich. Sicherlich war Elliott alles andere als glücklich, wenn sie um fünf Uhr morgens in ihr gemeinsames, dreihundert Jahre altes Bett zurückkehrte. Wahrscheinlich war es Legrands Einfluß, daß Barbra französisch zu singen begann. Aber trotz ihrer offensichtlichen Zuneigung lief die Aufnahme von *Je m'appelle Barbra* nicht immer harmonisch ab. Als Barbra die Aufnahme von »Autumn Leaves« zum achtundzwanzigsten Mal wiederholen ließ, verzweifelte Legrand. »Diese Frau«, sagte er später, »ist nicht flexibel.«

Legrand erinnert sich an ihr vielzitiertes Temperament: »Ich beobachtete sie während verschiedener Proben, in denen sie manchmal unglaublich wütend wurde, weil jemand vergessen hatte, seine Zigarette auszumachen, oder weil sie jemanden in einer Ecke hatte stehen sehen, dessen Anwesenheit sie als unnötig empfand. Wenn Barbra wütend war, konnte aus der zarten Frau eine zornige Furie werden, die das unflätigste Vokabular benutzte . . . [Sie ist] auf der einen Seite der Inbegriff von Charme und Höflichkeit und auf der anderen Seite eine Art Quälgeist aus Brooklyn, aggressiv, intolerant und ungehobelt.«

Je m'appelle Barbra kam im Oktober 1966 heraus. Für eine zweisprachige Platte verkaufte sie sich zwar gut, aber im Vergleich zu dem, was die Streisand sonst gewöhnt war, blieb es enttäuschend. Es war ihre erste Platte, die nicht mit Gold ausgezeichnet wurde.

In den letzten Monaten ihrer Schwangerschaft war Barbra das erste Mal in ihrem Leben wirklich rundherum glücklich. Sie konnte sich ausruhen, ohne sich um eine Vorstellung oder um Kritiken Sorgen zu machen. Sie konnte essen, ohne sich um ihre Figur zu kümmern. Sie konnte sich hinsetzen und nichts tun, ohne sich unproduktiv zu fühlen. Die Schwangerschaft war auf ihre Weise Barbras höchste Vorstellung vom Paradies. Sie konnte etwas Großes vollbringen, ohne mit der Außenwelt in Kontakt zu treten. Die Schöpfung fand im wahrsten Sinne des Wortes in ihr selbst statt. Sie konzentrierte sich am meisten auf ihre Vorbereitungsübungen auf eine natürliche Geburt (Elliott überwachte ihre Atemübungen).

»Ich möchte kein Kind, das nur komplizierte, aufwendige Spielsachen hat«, sagte sie zu Gloria Steinen. »Kinder mögen es, mit einfachen Dingen zu spielen; mit einem Blatt Papier oder einer

Walnußschale. Sie sollen sich schmutzig machen können, wenn sie es wollen. Ich möchte kein Kind, das mit Hilfe eines Buches erzogen worden ist.« Sie betonte auch, daß sie ihrem Kind viel Liebe geben wolle und daß es, anders als sie selber, mit beiden Eltern aufwachsen würde.

Am 29. Dezember 1966 kam um drei Uhr morgens Jason Emanuel Gould, sieben Pfund schwer, mit verschlafenen Augen im Mount Sinai Hospital in New York auf die Welt. Barbra bestand auf einer natürlichen Geburt, doch wurde die in letzter Sekunde unterbunden, als der Arzt feststellte, daß das Baby sich in Steißlage befand. Es wurde nach neunstündigen Wehen mit einem Kaiserschnitt geboren. Für Barbra war der Moment, als das Baby da war, die reinste und absolute Erfüllung. »Mein Sohn«, sagte sie. »Was für ein wunderbares Wort: ›Mein Sohn‹.«

Jason Emanuel würde sein Leben mit einer Art Identitätskrise beginnen. Besucher hatten große Mühe, ihn durch das Glasfenster unter all den anderen Neugeborenen zu erkennen. Von einem Schildchen mit dem Namen »Streisand« oder »Gould« war weit und breit keine Spur. Was jedoch zu sehen war, zeigte nicht nur Barbras Sinn für Ironie und Humor, sondern auch ihre Sentimentalität: scheinbar trug das Schildchen auf Jasons Bett einen Decknamen. Er lautete: »Angelina Scarangella«.

18. KAPITEL

Der rote Teppich

Barbra warf sich in ihre Mutterschaft, als gäbe es nichts anderes auf der Welt. Jeden Donnerstag, dem Tag von Jasons Geburt, photographierte sie ihn, um seine Entwicklung zu dokumentieren. Sie staunte über seinen Körper und vergötterte seine runde Gestalt.

»Er hat das Grübchen seines Vaters, das wunderschön ist«, rief sie aus. »Du meinst das Grübchen am Kinn?« fragte ein Besucher. »Wo hat man denn sonst ein Grübchen?« gab sie kämpferisch zurück. Sie nahm jedes Lachen und Glucksen auf Band auf. Sie überschüttete ihn mit süß klingenden Kosenamen: »Jacy« oder »Kleiner Frosch«. Sie badete ihn in einer kleinen gelben Badewanne. Sie machte ein Kinderzimmer aus der Küche ihres Penthouses. Sie richtete ein elektrisches Warnsystem in seinem Zimmer ein, damit sie hörte, wenn er aufwachte. Sie fütterte ihn und stibitzte dabei auch immer einen Löffel für sich. »Mmm, ich liebe Babynahrung«, erklärte sie zwischen zwei Happen Apfelkompott. Sie freute sich sogar über seine sämtlichen körperlichen Funktionen. »Ist er nicht ein Rülpserchen«, schwärmte sie, wenn ihr beständiges Auf-den-Rücken-Klopfen bei ihm den erwünschten Laut zur Folge hatte.

Sie hatte die Absicht, *nicht* die Fehler ihrer Mutter zu machen. Es ärgerte sie sehr, wenn jemand zu ihr sagte: »Ich hoffe, er hat deine Stimme.« Auch wenn dies wahrscheinlich ein Kompliment sein sollte, gab sie ein entschieden scharfes »Warum?« zurück. Ihr Kind hatte die Freiheit, das zu werden, was es wollte. Sie wollte ihn nicht ins Showbusineß bringen, ihn aber auch nicht davon abhalten, wenn er es wirklich wollte. Ihr Sohn würde mit elterlicher Unterstützung und Ermutigung seinen eigenen Weg gehen.

Sie machte aus sich den Inbegriff der aufgeklärten Mutter. »Ich bin wie neu«, rief sie aus. »Normal.« Elliott hatte gehofft, daß Jasons Geburt Barbra weniger selbstbezogen machen würde. Statt dessen beschäftigte sie sich mit einer anderen, bisher unbekannten Facette ihrer selbst. Es war nicht so sehr Jason, vielmehr sie selbst. »Wenn ich Königin wäre«, verkündete sie, »hätte niemand mir etwas vorzuwerfen. Ich hätte einen Thronfolger produziert.« Natürlich mit einer gewissen Hilfe von ihrem Mann. »Das erste, was ich für das Baby möchte, sind zwei Brüder und zwei Schwestern«, kündigte Elliott vielleicht etwas zu optimistisch an. »Der Grund, warum man verheiratet ist, ist Kinder zu haben.« Doch seinen Traum, daß Barbra ihre Karriere aufgeben würde, um zu Hause zu bleiben und für die Kinder Plätzchen zu backen, gab es nur in seiner männlichen Phantasie. Es war nicht Barbras Art, Grenzen zu akzeptieren, und sie hatte nicht vor, ihre Karriere aufzugeben, sicherlich nicht an diesem Punkt ihres Lebens. Nach Jasons Geburt und nach einigen Monaten intensiver Mutterschaft war sie mehr als bereit, sich in ein neues Projekt zu stürzen.

Als ihre Spielzeit am Broadway als Fanny Brice zu Ende war und sie zugesagt hatte, die Rolle in London wiederaufzunehmen, kündigte Ray Stark an, daß Barbra ihr Hollywood-Debüt mit der Filmversion von *Funny Girl* geben würde. Anders als man denken sollte, stand nicht von vornherein fest, daß sie die Rolle bekommen würde. Columbia wollte die Filmrechte kaufen, aber nicht Barbra in der Hauptrolle haben. Sie war zu unattraktiv. Zu unerfahren. Zu jüdisch. Und zu sehr aus Brooklyn. Im Grunde waren es dieselben alten Argumente, die Barbra schon vor Jahren gehört und widerlegt hatte. Statt dessen dachte die Columbia an einen bereits etablierten Kinostar. Sie wollten Shirley MacLaine. Doch Ray Stark blieb hartnäckig. Er kannte den Stoff, und er wußte um Barbras Fähigkeiten besser als jeder Produzent in Hollywood. Stark blieb seinem Entschluß treu, und die Columbia gab schließlich nach. Privat war Barbra ebenso glücklich als auch erschrocken über diese Aussicht. Öffentlich beklagte sie sich: »Ich werde in Hollywood Probleme mit den Zeiten haben. Ich stehe nie vor halb eins auf und verlasse das Haus nie vor zwei Uhr.«

Am 17. Dezember 1965 verkündete der stellvertretende Produktionsleiter der Columbia Pictures, Mike Frankovich, daß das Studio den Film machen würde. Der Kaufpreis wurde zwar nicht veröffentlicht, aber es war klar, daß dieser Schritt für die Columbia eine große Investition bedeutete. Gleichzeitig verkündete Ray Stark, daß seine eigene Firma Seven-Arts der Columbia die gesamten Rechte an dem Film abtreten würde und daß er außerdem an einer Filmversion von *The Man Who Would Be King* arbeiten würde. (Ein Projekt, daß er später wieder aufgab.)

Am 27. Juli 1966 verkündete Stark, daß er Sidney Lumet als Regisseur unter Vertrag genommen habe. Barbra war beeindruckt. Immerhin hatte Lumet bis zu diesem Zeitpunkt bereits *Twelve Angry Men / Die zwölf Geschworenen* (1957) mit Henry Fonda, *Long Day's Journey Into Night / Eines langen Tages Reise in die Nacht* (1962) mit Katharine Hepburn und *The Pawnbroker / Der Pfandleiher* (1965) mit Rod Steiger gedreht. Lumet machte sich sofort daran, daß Drehbuch auszuarbeiten.

Ray Stark war, was für einen Produzenten ungewöhnlich ist, an jeder Entwicklungsstufe von *Funny Girl* beteiligt. Niemand weiß genau, ob Stark über Lumets Arbeit ernüchtert war oder ob es Lumet satt hatte, daß Stark ihm über die Schulter guckte. Als Lumet nach den Gründen der Trennung von ihm und Stark gefragt wurde, antwortete er nur: »Die Angelegenheit ist in den Händen meines Anwalts.« Sidney Lumet schied am 16. Januar 1967 zwei Wochen nach Jasons Geburt aus der Produktion aus. Stark kämpfte darum, einen Ersatz zu bekommen. Außerdem hätte er beinahe ein anderes Studio finden müssen, da die Columbia, die unsicher über Barbra und das Budget war, zu schwanken begann. Doch Stark war begierig darauf, endlich anzufangen.

Columbia und Stark fanden eine Lösung für ihre Probleme. Es wurde entschieden, daß das Budget des Films 8,5 Millionen Dollar nicht übersteigen dürfte, und jemand aus dem Studio schlug William Wyler als Regisseur vor. Zunächst war Stark zurückhaltend. Er fürchtete, daß Wyler, der im Ruf stand, große Autonomie zu verlangen, versuchen würde, die gesamte Kontrolle über den Film zu bekommen. Aber nachdem sich die beiden getroffen hatten, gab Stark dem legendären Regisseur voller Enthusiasmus seine Einwilligung. Wer konnte wohl besser die dramatischen Elemente des *Funny-Girl*-Stoffes zur Geltung bringen als Wyler, der unter anderem *Ben Hur* (1957) und *Wuthering Heights* (1939) gedreht hatte. Die Columbia hatte allerdings einige Vorbehalte gegen Wyler. Er war zu dieser Zeit fünfundsechzig Jahre alt und auf einem Ohr taub. Das war nicht unbedingt eine gute Voraussetzung für jemanden, der ein millionenschweres Musical inszenieren sollte.

Der größte Vorbehalt war jedoch, daß Wyler noch nie ein Musical gemacht hatte.

Offiziell hieß es, daß Wyler zugestimmt hatte, den Film unter folgenden drei Bedingungen anzugehen: erstens würde im Titel stehen »eine William-Wyler-Ray-Stark-Produktion« und zweitens müßte der Film rechtzeitig beendet werden, damit er seinen nächsten Film *Patton* mit der Twentieth Century-Fox beginnen konnte. Es ist möglich, daß die dritte und letzte Auflage eigentlich von der Columbia und von Stark kamen. Wyler bestand laut Pressemeldungen, die das Studio veröffentlichte, darauf, daß der Choreograph Herb Ross, der mit Barbra in *I Can Get It for You Wholesale* gearbeitet hatte, die volle Verantwortung für die musikalischen Nummern in dem Film tragen sollte. Das hieß mit anderen Worten, daß er Wylers Koregisseur war, auch wenn das nie so formuliert wurde.

Und so ging *Funny Girl* im Frühjahr 1967 mit einem alternden, halb tauben Regisseur, der sein erstes Musical machte (wenn auch mit Unterstützung eines jüngeren Herb Ross, der gut hörte), einem Produzenten, der sein erstes Filmmusical produzierte, und einer dickköpfigen, fünfundzwanzigjährigen Darstellerin, die ihren ersten Film überhaupt drehte, in die Vorproduktionsphase.

Barbras Ankunft in Hollywood am 2. Mai 1967 wurde größer angekündigt, als dies jemals zuvor bei einer anderen Schauspielerin der Fall gewesen war. Trotzdem fühlte sie die Abneigung, die ihr entgegenschlug. »Ich konnte spüren, daß ich hier nicht willkommen war«, sagte sie später. Es war sicherlich kein besonders günstig gewählter Zeitpunkt. Noch in derselben Woche ihrer Ankunft erklärte die Twentieth Century-Fox, daß Barbra und nicht die geliebte Carol Channing, die die Rolle auf dem Broadway gespielt hatte, den Part der Dolly Levi in der Filmversion von *Hello, Dolly!* übernehmen sollte. Diese Besetzung rief in Hollywood einen Sturm der Empörung hervor. »Was denkt sie eigentlich, wer sie ist?«

Zu einer Zeit, in der Schauspielerinnen mit großen Namen über die Rollenknappheit klagten, waren drei der großen Studios an Barbra als Dolly interessiert, was einen Gesamtwert ihrer Person von 35 Millionen Dollar ausmachte, und dies, ohne daß sie jemals vor der Kamera gestanden hatte. Darüber hinaus, und dies war fast so, als wolle man mit ihrem Glück protzen, verkündeten die Studios, daß sie mit *Funny Girl* mindestens 250000, mit *Hello, Dolly!* eine Million und mit *An einem Sonntag ohne Wolken* 350000 Dollar machen würde.

Barbra hätte ihre Kritiker mit ihrem Charme und ihrem selbstironischen Humor ohne viel Mühe beschwichtigen können. Statt dessen zog sie sich in sich zurück, als sie die Feindseligkeit spürte. Wenn sie in den dreißiger oder vierziger Jahren Schauspielerin gewesen wäre, dann hätte sich das Studio um sie gekümmert, damit sie mit den Schwierigkeiten und Kompliziertheiten, die der Ruhm mit sich brachte, fertig würde. Statt dessen überließ man Barbra im Hollywood von 1967 sich selbst. Man riet ihr lediglich, irgendwo Schutz zu suchen und um sich zu schlagen, wenn es notwendig sei.

Sie machte noch andere Fehler. Sie mietete sich – vielleicht, ohne darin die Ironie des »Ich will alleine sein« zu sehen – die Greta-Garbo-Villa in Beverly Hills. Auf die Frage, warum sie sich gerade dieses Haus ausgesucht habe, erzählte Barbra einem Journalisten: »Es hat Klasse und Stil, was für Hollywood sehr ungewöhnlich ist.« Sie hatte gerade erst das Flugzeug verlassen und war schon dabei, die Leute und die Stadt schlechtzumachen. »Die Menschen in Hollywood sind selbstbezogen«, erklärte sie, »vollkommen auf sich konzentriert. Es ist langweilig.« Sie fügte hinzu: »Ich möchte nicht, daß mein Sohn unter Leuten aufwächst, die sich gegenseitig nach der Größe ihrer Swimmingpools beurteilen.« Man gab eine Party, um sie in Hollywood einzuführen. Sie fand am späten Nachmittag des 14. Mai im vornehmen Haus von Ray und Fran Stark statt. Der Garten der Starks war von einem dekorativen Plastikzelt überspannt, was damals in Hollywood ein Statussymbol war. Im Haus spielte eine Frauenband, und es gab ein üppiges Buffet sowie eine Menge Mitglieder der High-Society Hollywoods. John und Pilar Wayne, Marlon Brando, Steve McQueen, Vittorio de Sica, um einige zu nennen.

Barbra kam mit anderthalb Stunden Verspätung zu der Party. Viele der anwesenden Gäste faßten dies als einen Affront auf. Allerdings kannten sie nicht den Grund für ihre Verspätung. Sie hatte Stunden damit verbracht, sich aus- und anzuziehen und ein Kleid nach dem anderen zu probieren. Sie war besorgt darüber, daß sie unpassend aussehen könnte, besonders wenn sie daran dachte, für welche Ansammlung von Starkalibern sie den Mittelpunkt des Interesses bilden würde. Und als sie dann endlich die Eingangshalle des Starkschen Hauses betrat, trug sie ein kurzes dunkelgraues Kleid und machte Späße über die Nachmittagssonne. »Was haben Sie sich dabei gedacht«, witzelte sie Stark gegenüber, »mich in diesem furchtbaren Licht vorzustellen?«

Als die Geschichte schließlich in der Stadt die Runde gemacht hatte, lautete sie ungefähr so: Barbra stolzierte in das Haus der Starks und forderte, daß das Licht geändert werden solle. Auch ihr angeblicher Snobismus wurde zitiert. Nach ein paar gezwungenen Versuchen, sich unter die Leute zu mischen und einem beunruhigenden Fünf-Minuten-Gespräch mit Brando zog sich Barbra in einen privateren Raum zurück, um nur noch Gespräche zu zweit zu führen. Dieses Verhalten brachte einige dazu, ihr anzulasten, »daß sie sich für jemand Besseren halte«. Andere beschuldigten sie, sich wie eine Königin aufzuführen, die eine Privataudienz abhalte. »Ich war bei der Party«, sagt David Dworski, Ray Starks Assistent bei *Funny Girl.* »Barbra machte sich offenbar in die Hosen vor Angst. Jeder, der irgend etwas repräsentierte, war auf der Party zugegen. Das war Hollywood. Jeder kannte jeden. Jeder hatte mit jedem schon mal geschäftlich zu tun gehabt oder wenigstens mit ihm geschlafen. Und da stand nun Barbra und kannte niemanden.«

Ihre anfänglichen sozialen Verpflichtungen waren auf ein Minimum reduziert worden und liefen dennoch schief. Unter der Bedingung, daß es sich um ein intimes Abendessen handelte, akzeptierte Barbra eine Einladung von Rock Hudson. Als sie ankam, entdeckte sie sowohl Reporter als auch Fotografen. Nachdem sie sich kurz gezeigt und ein paar Worte mit dem Gastgeber gewechselt hatte, drehte sie sich auf dem Absatz um und ging. Die Geschichten solcher gesellschaftlichen Verfehlungen häuften sich. Für die Leute in Hollywood, die diese Eskapaden weitertrugen und daran glaubten, waren sie eine süße Rache an Barbras offensichtlicher Verachtung für ihre Stadt. Sie mochte ihre langweiligen und selbstbezogenen Persönlichkeiten und ihre übergroßen Swimmingpools nicht? Gut, sie mochten dafür weder ihr zwischen Zurückhaltung und Aggressivität schwankendes New Yorker Verhalten noch ihr übergroßes Ego.

Wenn sie nur gewußt hätten, daß Barbra, wenn sie in den Spiegel sah, sich gerade wünschte, so auszusehen wie sie. »Mein Gesicht? Darum habe ich mir niemals Sorgen gemacht«, log sie in der Öffentlichkeit und sah dabei tapfer aus. »Es ist wirklich komisch«, fuhr sie fort, »mein Gesicht hat sich immer gut fotografieren lassen. [Eine weitere Lüge.] Außerdem haben die meisten erfolgreichen Stars ungewöhnliche Gesichter: Claudette Colbert, Marlon Brando und Humphrey Bogart.« Zu einer Zeit, in der Elizabeth Taylor, Faye Dunaweye, Ann-Margret, Jane Fonda, Katharine Ross, Julie Andrews, Candice Bergen und Raquel Welch das weibliche Schönheitsideal repräsentierten, war Barbra zutiefst darum besorgt, daß sie mit ihrem unkonventionellen Gesicht und ihrer flachen Brust nicht mithalten könnte.

Auch die Columbia, Ray Stark, William Wyler und Herb Ross machten sich Sorgen um ihr Aussehen, selbst wenn sie dies nicht öffentlich aussprachen. Sie war ein Star am Broadway und hatte es geschafft, im Fernsehen attraktiv auszusehen (was sogar ihre Freunde verblüffte), dennoch blieb die Frage, wie sie durch eine Filmkamera wirken würde. Und wie würde ihr Gesicht, dessen Mängel auf der zwanzig Fuß hohen Leinwand besser sichtbar wären, wirken? Barbra war so unsicher darüber, daß sie eines ihrer Fernsehspecials auf Leinwandgröße brachte. Sie war zufrieden mit dem Resultat, das ihre Kritiker jedoch nur geringfügig beruhigte. Die Columbia und Ray Stark wollten, daß sie sich einem Leinwandtest unterzieht, nur »um sicherzugehen«. Stark soll ihr dafür mehrere zehntausend Dollar angeboten haben, doch sie weigerte sich. In Wahrheit machte Barbra den Test schließlich doch – unter strengster Geheimhaltung –, was sie jedoch bis heute bestreitet.

Zwei Monate vor Drehbeginn begann Barbra am 4. Mai 1967 mit den Musikproben zu *Funny Girl*. Gleichzeitig wurde, wie es bei Hollywood-Musicals üblich ist, die Musik des Films unter Anweisung des musikalischen Leiters Walter Scharf vorher aufgezeichnet. Diese Aufnahmen begannen Anfang Mai und waren in der ersten Augustwoche beendet.

Zu dieser Zeit wurden in Hollywood musikalische Nummern in der Regel auf Vinyl aufgezeichnet. Beim Drehen des Films wurde dann die Platte auf einen Phonograph gelegt, und die Schauspieler bewegten ihre Lippen zu den vorher aufgezeichneten Liedern. Schon bald war klar, daß Barbra ihre Lieder immer wieder auf andere Weise singen wollte.

Mit Rücksicht auf diese Eigenheit entwickelte Scharf eine neue Technik, die danach häufig benutzt wurde. Statt die Nummern auf Platte aufzunehmen, zeichnete er sie auf Band auf. Auf einer Spur nahm er die Stimmen zusammen mit dem Orchester auf, und auf der anderen zeichnete er nur das Orchester auf. Diese Technik erlaubte es den Schauspielern und besonders Barbra, ihre Liedinterpretationen noch zu verändern und zu verbessern, wenn die Voraufzeichnungen bereits lange beendet waren. Die Proben waren sehr umfangreich und dauerten zwölf Wochen, in denen Barbra sehr intensiv mit Herb Ross an den musikalischen Nummern arbeitete. Sie beeindruckte jeden durch ihre Professionalität, sie kam früher und ging später als alle anderen.

Zur Belohnung für ihren Einsatz gab Stark Barbra ein drei Tage langes Wochenende, damit sie sich ausruhen konnte. Sie nutzte die Zeit allerdings nicht, um sich von den Strapazen der Proben zu *Funny Girl* zu erholen, sondern um an einem für das Fernsehen aufgezeichneten Konzert teilzunehmen, einem »Happening«, wie es damals hieß. Am Freitagnachmittag des 16. Juni 1967 flog sie nach New York, wo sie direkt zum Central Park hastete, in dem die Proben stattfanden. »Wir hatten Probleme mit dem Regen«, erzählt Bob Scheerer, der Regisseur der Show. »Alle hatten Angst, daß das Konzert nicht stattfinden könnte.«

Wegen des Regens endete die bereits verkürzte Probenzeit schon um Mitternacht. Regisseur Scheerer hatte nicht einmal ein Drittel von Barbras Nummern gehört, als sie sie am nächsten Abend sang. Der Höhepunkt der Proben fand am Samstagnachmittag statt. Einige hundert Menschen hatten sich im Park versammelt und standen vor der Bühne. Als Barbra die ersten Takte von »Second Hand Rose« sang, fiel die ganze Menge in ihren Gesang mit ein. Freudig überrascht hörte Barbra, die die Menschen wahrscheinlich in diesem Moment erst richtig bemerkte, zu singen auf, um ihnen zuzuhören.

»Ihr Kinn lag auf ihrer Brust«, erinnert sich Scheerer. »Wir standen da und sahen zu, wie die Menschen sangen. Barbra versuchte das gleiche am Abend noch einmal zu erreichen, doch es war kein Vergleich zum Nachmittag, der einfach ungemein überwältigend war.

»Sie war ein Schatz«, sagt Scheerer über Barbra, die offen und zugänglich für Vorschläge zu sein schien. »Das Ganze wurde noch einmal gedreht«, erklärt Scheerer. »Sie konnte nicht dasitzen und noch einmal alles überdenken. Sie mußte es einfach bringen. Es war ganz anders als ihre Fernsehspecials. Ich hatte mit solchen Aufnahmen oft schlechte Erfahrungen gemacht, aber nicht mit Barbra.«

Am Samstagabend, dem 17. Juni, nach weniger als zwei Tagen Vorbereitung, trat Barbra auf die großzügige Plexiglasbühne, die man im Central Park aufgestellt hat. Über ihr war klarer Himmel, und der Mond leuchtete. Eine überwältigende Formation von Felsen und Bäumen ragte hinter ihr auf. Ihr Haar war hoch auf ihrem Kopf toupiert. Sie trug ein langes rosafarbenes Chiffonkleid, das in der kühlen Sommerluft flatterte. Und dann sang sie zweieinhalb Stunden lang fast drei Dutzend Lieder.

Noch nie hatten sich so viele Menschen im Central Park versammelt. Das Publikum zählte 135 000 Zuschauer, darunter Manhattans Großmütter und Teenager, Finanzleute von der Wall Street und Schwule aus Greenwich Village. Tausende von Leuten sollen am Eingang abgewiesen worden sein und tummelten sich auf den Straßen. Andere, die in der nächsten Umgebung wohnten, blieben zu Hause und öffneten ihre Fenster. Und Autofahrer, die im Verkehr um den Park herum steckengeblieben waren, machten ihre Radios aus und hörten zu hupen auf.

Sechs Fernsehkameras nahmen das Ereignis für die Nachwelt auf. Das kostenlose Konzert war als Werbekampagne für Barbras Heimkehr nach New York gedacht, als Beweis dafür, daß sie ihre Fans dort nicht im Stich ließ. Es war ein raffinierter kommerzieller Schachzug. Aus dem aufgezeichneten Konzert wurde eine Fernsehsendung für CBS-TV produziert, Columbia Records machte daraus eine Platte, und außerdem diente es dazu, Werbung für *Funny Girl* und die Columbia Pictures zu machen.

Was die Kamera nicht einfing und was die Zuschauer an diesem Abend nicht sehen konnten, war Barbras Angst davor, in dieser Art öffentlich zur Schau gestellt zu werden. Bob Scheerer erinnert sich: »Sie hatte furchtbare Angst, daß die Scheinwerfer sie zum Ziel für einen Verrückten aus dem Publikum machen würden. Meine Ex-Frau mußte sie regelrecht auf die Bühne schubsen.« Weder Scheerer noch andere Mitglieder des Teams, mit Ausnahme von Marty Erlichman, wußten, daß Barbra vor Konzertbeginn eine Morddrohung erhalten hatte, die angeblich von der Palästinensischen Befreiungsorganisation kam. Der arabisch-israelische Sechs-Tage-Krieg war gerade vor zwei Wochen beendet worden, und Barbra war eindeutig Jüdin.

Hätte sie das Konzert zu diesem späten Zeitpunkt noch abgesagt, wären vermutlich Tumulte ausgebrochen. Und so trat sie auf, wenn auch fünfundvierzig Minuten zu spät. Als sie das Publikum vor sich hatte, sah sie nicht die Menge von 135 000 bewundernden Fans, sondern nur den einen potentiellen Mörder, der in der Nacht umherschlich. Sie ging heftig auf der Bühne hin und her und schwang ihr rosa Chiffonkleid, damit, falls ein Heckenschütze dort im Publikum auf sie lauerte, er ein sehr bewegliches Ziel vor Augen hatte. An diesem Abend vergaß sie den Text von einigen ihrer Lieder, doch ihren Zuhörern machte das nichts aus. Sie schrien und applaudierten und versuchten zwischen den wogenden Chiffonbahnen einen Blick auf Barbras berühmtes Gesicht zu erhaschen. Niemand hatte auf sie geschossen, und das Konzert wurde als ein durchschlagender, sogar historischer Erfolg bewertet.

Barbra gab in den nächsten fünf Jahren mehrere öffentliche Konzerte, aber sie trat live seitdem immer mit der gleichen schrecklichen Angst auf, die sie an jenem Abend gespürt hatte. Daß ihre Angst begründet war, zeigte sich zwei Wochen später auf einem Konzert in der *Hollywood Bowl*. Die Sicherheitsleute entdeckten einen potentiellen Attentäter, der mit einer Waffe herumfuchtelte. Barbras Angst vor Live-Auftritten manifestierte sich auf diesen beiden Konzerten im *Central Park* und in der *Hollywood Bowl*, und sie ist nie darüber hinweggekommen.

19. KAPITEL

Licht, Kamera und Perfektion

Das Team von *Funny Girl* reiste am 10. Juli 1967 von Los Angeles nach Newark, New Jersey. Die fünfundzwanzigjährige Barbra wurde von Elliott und dem siebeneinhalb Monate alten Jason begleitet. Die Außenaufnahmen begannen am folgenden Tag im Bahnhof von New Jersey City, der im Film den Bahnhof in Baltimore darstellen sollte.

In ihrer Eingangsszene wollte Barbra, während sie aus dem Zug stieg, in eine große Dampfwolke gehüllt werden, so wie es die Garbo Jahrzehnte früher in einem ihrer Filme gemacht hatte. Es war Barbras erste Einstellung, und schon war sie dabei, Vorschläge zu machen und jene Grenzen zu übertreten, die in Hollywood lange Tradition hatten. William Wyler hörte sich ihren Vorschlag an, ließ ihn aber sofort fallen. Die Szene wurde wie ursprünglich geplant gedreht. Von Jersey aus fuhr das Team weiter nach New York, wo die Nummer »Don't Rain on My Parade« im New Yorker Hafen gedreht werden sollte. Herb Ross führte bei dieser Sequenz Regie, die im Winter 1915 spielte. Diese Szene verlangte von Barbra ein hohes Maß an körperlichem Einsatz. Sie mußte mit Stökkelschuhen und einem langen, bis zu den Füßen reichenden Wollkleid in der Hitze des New Yorker Sommers den Pier 36 am East River entlanglaufen und dabei einen Koffer in der einen, einen Schminkkoffer und einen Strauß gelber Rosen in der anderen Hand tragen. »Wenn mich Freunde fragen, was ich in dem Film *Funny Girl* gemacht habe«, sagte sie nach Luft schnappend, »sage ich ihnen, daß ich Kofferträger war, vermutlich der einzige, der jemals einen Hut aus Zobelpelz trug.«

»Mein Rücken tut weh«, jammerte sie Ross gegenüber. »Meine Füße tun weh. Du solltest es dieses Mal lieber richtig hinkriegen.« Ross antwortete darauf nicht, murmelte aber in seinen Bart, daß Barbra wohl nicht der »athletische Typ« sei. »Na, na«, tröstete Ray Stark Barbra, der den Dreh beobachtete. »Du bist jung, gesund und stark.« – »Was meinst du damit?« gab Barbra ihm zurück. »Ich bin eine arbeitende Mutter.« Einem Besucher gegenüber schimpfte sie: »Sie haben mir einen Stuhl mit meinem Namen gegeben. Wann werde ich ihn benutzen können?« Als Ross ihr verkündete, daß er fertig sei, um die Einstellung nochmals zu wiederholen, nahm Barbra ihren Koffer, ihr Schminkköfferchen und den lästigen Rosenstrauß und schaute Ray Stark böse au. »Junge«, sagte sie, »ich werde dich verklagen!«

So sah Barbras nicht gerade glamouröse Einführung ins Filmemachen aus. Das Drehen der Szene erwies sich als schwierig. Man benutzte einen Helikopter, der Barbra von oben aufnehmen sollte, während sie sich aus dem Zugfenster lehnen und auf einem Schlepper stehend die Freiheitsstatue passieren würde. Dies alles mußte synchron zu der bereits aufgenommenen Musik ablaufen. Nach dem, was sich Ross ausgedacht hatte, war es eine schwindelerregende, beinahe tänzerische Sequenz, eine Choreographie aus Erde, Luft und Wasser und für einen noch unerfahrenen Filmemacher ein ziemlich gewagtes Unternehmen. Die Szene wurde zu einem der wirklichen Highlights des Films.

Nach neun Tagen Außenaufnahmen kehrte das Team nach Hollywood zurück, wo in den Columbia Gower Studios am 7. August die Dreharbeiten beginnen sollten. Um Barbra entgegenzukommen, die es haßte, früh aufzustehen, richtete Wyler den Drehplan so ein, daß man um 10 Uhr morgens begann und um 7 Uhr abends aufhörte. Barbra war begeistert, als sie hörte, daß Frank Sinatra der einzige andere Schauspieler in Hollywood war, dem man dies auch zugestanden hatte. Die schwierigeren Musiknummern wurden zuerst gedreht. Einige davon wurden zum Leidwesen von Jule Styne aus dem Programm genommen. Sie wurden durch neue Nummern ersetzt, unter anderem durch eine Parodie auf »Schwanensee«. Barbra mußte sich als Primaballerina mit Tutu und Krone verkleiden. Die Szene sah vor, daß sie durch die Luft fliegen und im Hof einer mondbeschienenen Burg wieder abgesetzt werden sollte, wo gerade eine Bande in Trikots gekleidete Männer ihre geliebten Schwäne erschoß.

Der Experte Peter Foy, der schon Mary Martin in *Peter Pan* über die Bühne hatte fliegen lassen, wurde aus England geholt, um diese Einstellung zu überwachen. Für Barbra war es eine harte Erfahrung. Erstens mußte sie sich mit den unbequemen Riemen und

Gummis abfinden, die man ihr unter ihrem Ballettkostüm befestigte; zweitens ließ man sie zwischen den einzelnen Aufnahmen bei beinahe 40 Grad Hitze in der Luft hängen und dort ausharren; und drittens drohte ihr in der Hektik der Flugaktivitäten beständig das Diadem vom Kopf zu rutschen. Sie beklagte sich auch, daß die Federn ihres Tutu zu lang seien. Und daß die Straßsteine, die ihre falschen Wimpern zierten, zu nahe an ihren Augenlidern seien. »Was hat sie denn jetzt schon wieder?« wurde ein geflügeltes Wort unter den Teammitgliedern, die den Dreharbeiten unten zusahen.

Die »Schwanenseeszene« nahm unmäßig viel Zeit in Anspruch und brachte den Drehplan gleich zu Beginn in Verzug. Dennoch zog Barbra aus dieser Szene eine große Befriedigung. Anders als die anderen Nummern der Show, war dies hier neu für sie und eine Herausforderung. Außerdem versetzte es sie in die Zeit zurück, als sie mit fünf Jahren Schülerin in Miss Marshs Tanzklasse in Brooklyn gewesen war. Die Nummer erfüllte in gewisser Weise ihren Traum, eine Primaballerina zu werden, den sie trotz der düsteren Vorahnungen ihrer Mutter, sie würde sich die Beine brechen, hatte. Somit nahm sie den Tanz im »Schwanensee« ernst, vielleicht sogar zu sehr, denn die Nummer sollte schließlich komisch sein.

Das Drehen der »His Love Makes Me Beautiful«-Nummer, in der sie als schwangere Braut auftritt, erwies sich ebenfalls als problematisch. In Anlehnung an Busby Berkeley und Ziegfeld war sie als eine großzügige Shownummer angelegt, in der achtunddreißig Frauen aus Las Vegas ihre schönen Beine zeigen und Ziegfeldmädchen verkörpern sollten. Batterien versagten. Lichter gingen aus. Ziegfeldmädchen brachen unter dem Gewicht ihrer üppigen Haarpracht zusammen. Das Budget bereitete Probleme. Herb Ross wollte das Produktionsniveau eines Florence Ziegfeld zu Woolworth-Preisen, was keine leichte Angelegenheit war. Eines Tages, die Nummer wurde gerade gedreht, besuchten ein paar von den echten Ziegfeldmädchen die Studios. Als sie die Bouquets weißer Plastiklilien und ein Zellophangesteck sahen, schrie eine von ihnen auf: »Zellophan! Ziegfeld würde sich im Grabe umdrehen.«

Zwischen den Einstellungen lehnte Barbra sich an ein schräges Brett, um ihr Hochzeitskleid, das aus Satin, Spitze und Tüll bestand, nicht in Unordnung zu bringen. Unter dem Kleid hatte man ein Kissen befestigt, das sie so aussehen ließ, als sei sie schwanger. Trotz ihrer ungemütlichen Position beruhigte Barbra ihre Nerven und kämpfte gegen die Langeweile, in dem sie Rommé und Scrabble spielte. Sie mochte letzteres besonders, weil es half, ihr Vokabular zu erweitern. Ihre langjährige Freundin Cis Corman war ihr häufigster Gegner. Auf Barbras Anfrage hin hatte man Corman als eines der Ziegfeldmädchen engagiert.

Anfänglich frustrierte Barbra das ständige Warten am Drehort und die abgehackte Weise, mit der man einen Film realisierte. Sie hatte Probleme, sich an das neue Medium zu gewöhnen. Es fiel ihr schwer, sich für einen Gesichtsausdruck und einen bestimmten Tonfall ihrer Stimme zu entscheiden, wenn eine Szene definitiv gedreht wurde. Sie hatte die Rolle bereits neunhundertmal gespielt und hatte ein Repertoire an verschiedenen Ausdrucksmöglichkeiten zur Verfügung. Dem Filmkritiker Charles Champlin sagte sie: »Es gibt sieben Möglichkeiten, eine Sache zu machen, eine Szene zu spielen oder einen Satz zu sagen, und dann macht man es auf die fünfte Art, sieht es sich an und weiß, daß die dritte oder vierte Möglichkeit besser gewesen wäre. Aber«, fügte sie im Hinblick auf die außerhalb New Yorks stattfindenden Probevorstellungen für Broadway-Shows hinzu, »[im Film] gibt es kein New Haven oder Philadelphia. Was gemacht ist, ist gemacht.«

Die Dauerhaftigkeit des Films machte ihr angst. Sie fürchtete sich zwar nicht vor der Kamera, hatte aber doch großen Respekt vor ihr. Anders als das Theaterpublikum konnte die Kamera ihr sagen, wenn sie etwas besonders gut und – was noch wichtiger war – wenn sie etwas besonders schlecht gemacht hatte. Die Kamera log nie. Wenn überhaupt, dann unterstrich sie nur die Mängel.

Im Gegensatz zu einem oft wiederholten Gerücht bestand Barbra nicht darauf, daß man einen Spiegel über der Kamera anbrachte. Sie hatte allerdings ihren eigenen Schminktisch gestaltet. Er stand auf einem Wagen wie auf einem Stativ und wurde von hinten beleuchtet. Er besaß unten Rollen, so daß er leicht von einem Set zum nächsten transportiert werden konnte. Barbra machte niemals eine Szene, bevor sie nicht in den Spiegel gesehen hatte. Den anderen am Set war diese primitive Erfindung lästig. Barbra benutzte das Gerät auch bei ihren späteren Filmen. Einer der Maskenbildner erinnert sich: »Das Team sagte immer: ›Wann stellst du dieses Scheißding endlich hier weg? Es steht die ganze Zeit im Weg!‹« Er fügt hinzu: »Das stimmte, aber Barbra brauchte es.« Wie die Garbo benutzte auch sie ihre eigene Schminke. »Als sie das erste Mal in die Studios kam, um mich zu besuchen«, sagt Ben Lane, der mit der Garbo an *Camille* gearbeitet hatte und der Leiter der Maskenbildabteilung bei der Columbia war, »fragte mich Barbra, ob es mich stören würde, wenn sie ihre eigene Schminke benutzte, und ich sagte: ›Das ist kein Problem.‹ Ich erklärte ihr, was sie falsch und was sie richtig machte. Das einzige Problem, das wir miteinander hatten, war, daß ich ihr sagte, sie solle ihren Kleopatra-Lidstrich entfernen.«

Eigentlich verhielt sich Barbra bei *Funny Girl* nicht anders als sonst. Sie wußte, was sie wollte, und sie wußte, wie es zu sein hatte. Als sie Irene Sharaff, eine berühmte Kostümbildnerin, traf, die die Kostüme für die Show und später für den Film entwerfen sollte, hat Barbra Sharaffs Zeichnungen angeblich überflogen und eine Litanei von Beurteilungen heruntergerattert: »Das mag ich nicht.« »Das mag ich.« – »Das will ich, das nicht.«

»Ich war bei der ersten Besprechung zwischen Barbra und Irene Sharaff dabei«, erinnert sich der Modedesigner Ray Diffen. »Sie fand in meinem Laden statt. Barbra kam mit zwei Säcken voll Schuhen und alten Kleidern an, die sie gesammelt hatte. Sie hatte ziemlich klare Vorstellung davon, wie Fanny Brice auszusehen habe, ohne sich darum zu kümmern, daß die Sharaff eine der hervorragendsten Kostümbildnerinnen war, die es in der Branche gab. Mit anderen Worten, Barbra wollte von Anfang an für jeden Aspekt ihres Aussehens selbst verantwortlich sein.« Diffen fügt hinzu: »Ich denke, daß sie das auch am besten konnte.« Am Set des Films trieb Barbra das Team damit zur Verzweiflung, daß sie sich ständig Sorgen über Details ihres Aussehens machte. »Ich glaube, sie war sehr unsicher, was ihr Äußeres betraf«, sagte Libby Dean während der Dreharbeiten. »Sie erzählte mir, daß sie sich lieber selber schminke, weil sie es nicht ertragen könne, daß jemand ihr Gesicht berühre. Ich sagte ihr, wie wunderbar sie in den *Funny-Girl*-Kostümen aussah. Sie antwortete, daß sie sie alle hasse.«

Sie brauchte Ewigkeiten, um zu entscheiden, welchen Ohrring sie in einer Szene tragen sollte, und ebensolange, um sich zu einer ihrer Haarschleifen durchzuringen. Für die Szene, in der sie den Diamantring, den ihr Nicky Arnstein gegeben hatte, mit der Hand herumschwenkte, brauchte sie Stunden, bis sie sich für einen Ring entschied. Währenddessen warteten die anderen auf sie. Sie wollte gerne einen Ring, den Fanny Brice selbst getragen hätte, nicht zu auffällig, aber sichtbar teuer. Sie ließ auch alle warten, als die »Roller Skate Rag«-Nummer gedreht werden sollte, da sie wollte, daß die Schuhriemen an ihren Rollschuhen durch hübsche kleine Bänder ersetzt wurden, obwohl man sie im Film später nicht sehen würde.

Barbra nannte es Perfektionismus. Die anderen Schauspieler empfanden es als eine Quälerei, die bei vielen Ressentiments auslöste. Die meisten waren alte Profis, die in einem Studiosystem gearbeitet hatten, wo man Filme in fünf Wochen und nicht in fünf Monaten machte und wo Disziplin und Sparsamkeit oberstes Gebot waren. Wenn Barbras Credo Perfektionismus hieß, dann lautete das der anderen Professionalismus, und das paßte nicht immer zusammen. In der Presse wurden Geschichten über die Dreharbeiten veröffentlicht, in denen Barbra unter anderem als »unerfahrener Grünschnabel« bezeichnet wurde. Anstatt dieses zu widerlegen, weigerte sich Barbra, mit Journalisten zu sprechen, da sie immer noch an der beißenden Kritik von Rex Reed zu knacken hatte. Dementsprechend wurden die Reporter noch feindseliger.

Barbra hatte zwar von Kameratechnik keine Ahnung, sie wußte aber, wie sie durch die Kamera aussehen wollte, und war diesbezüglich nicht immer einer Meinung mit dem Kameramann Harry Stradling. Sie ging sogar so weit, Stradling die Ausleuchtung zu erklären. »Ich fühle so etwas wie Beleuchtung. Ich weiß, daß das Licht zwei Zentimeter mehr von links kommen sollte.« Dies war nicht allein Intuition. Sie hatte unzählige Stunden vor unzähligen Spiegeln zugebracht und jede Erhebung, jeden Knochen und jede Pore in ihrem Gesicht studiert. Sie wollte *ihr* Gesicht und seine

Darstellung nicht einem völlig fremden Menschen anvertrauen, auch wenn er Harry Stradling hieß.

Er war damals sechzig Jahre alt und als Profi in Hollywood mit allen Staralüren bestens vertraut. Er hatte unter anderem *Pygmalion* (1938), *The Picture of Dorian Gray / Das Bildnis des Dorian Gray* (1944), *A Streetcar named Desire / Endstation Sehnsucht* (1951), *My Fair Lady* (1964) und *Who's Afraid of Virginia Woolf? / Wer hat Angst vor Virginia Woolf?* (1966) gemacht. Schon kurz nach Beginn der Dreharbeiten brachten Barbras Forderungen, Vorschläge und Fragen Stradling so auf die Palme, daß er drohte, den Film hinzuschmeißen. Schließlich entwickelten die beiden jedoch ein freundliches und enges Arbeitsverhältnis.

Wichtig dafür war, daß Barbra lernte, Stradling zu vertrauen. Sie bat den Kameramann, sie von der linken Seite zu filmen (ihre Nase sah von dieser Seite schmaler aus), und die meiste Zeit tat er das auch. Wenn er Barbra filmte, dann installierte er ein leichtes Diffusionsglas vor der Kameralinse. Normalerweise wird dieses Gerät in Hollywood für ältere Stars gebraucht, damit man ihre Falten nicht sieht. In Barbras Fall wurde es jedoch benutzt, um ihre Gesichtszüge weicher erscheinen und sie weiblicher aussehen zu lassen. Stradling sagte über Barbra: »Sie ist jung, aber es ist sehr schwierig, sie zu fotografieren.« Barbra vertraute Harry Stradling auch ihre leicht schielenden Augen an. Lee Allen, der die Rolle von Eddie Ryan im Film übernahm, erinnert sich: »Barbra hatte ein Auge, daß ihr Probleme bereitete, wenn sie müde war. Es rutschte dann etwas zur Seite weg. Der Kameramann wußte das. Und deshalb war es oft Harry, der eine Einstellung beendete, und nicht Willie [Wyler]. Er sagte dann: ›Barbra, du bist müde. Einstellung fünf.‹«

Viele Jahre lang wurde behauptet, Barbra und Stradling hätten sich nicht verstanden. So verfestigte sich die Legende, daß sie dem Kameramann Anweisungen gegeben habe, wie sie ausgeleuchtet und fotografiert werden sollte. Als Stradling 1970 starb, blieben diese Geschichten, egal, was Barbra zu ihrer Verteidigung sagte, bestehen. Von denen, die an der Produktion eng beteiligt waren, wurden diese Gerüchte jedoch dementiert. Marshall Schlom, der das Drehbuch überwachte, sagt: »Ihr Verhältnis zu Stradling war ungewöhnlich. Er war derjenige, der ihr beibrachte, wie man einen Film macht. Barbra respektierte ihn sehr.«

David Dworski sagt dazu: »Harry Stradling war ein New Yorker [er war aber in England geboren], der sein Handwerk in Paris gelernt hatte. Er sprach Französisch mit diesem wundervollen New Yorker Akzent. Und er nahm sich die Zeit, Barbra Objektive zu erklären. Alles, was man so hört – daß Barbra Harry angeblich gesagt hat, was er zu tun habe –, ist Quatsch. Sie fragte ihn: ›Wofür sind diese Objektive? Wie wirke ich in diesem Licht? Was ist das?‹ Er war ein freundlicher Mann, der an der Spitze seines Ruhms angelangt war und über viel Erfahrung verfügte; er zeigte ihr alles. Sie saß hinter der Kamera und beobachtete, was dieses oder jenes Objektiv bewirkte.«

Der Maskenbildner Ben Lane erinnert sich: »Harry Stradling war ein sehr ruhiger Kameramann. Er war einer der besten in seinem Bereich, und meines Erachtens fotografierte er Barbra besser, als sie tatsächlich aussah. Er wußte, mit welchem Licht und von welcher Seite er sie filmen mußte. Er war sehr sorgfältig und hatte die Situation unter Kontrolle. Ich stand Harry sehr, sehr nahe, und er und Barbra mochten sich. Ich erinnere mich daran, daß sie eine Wette über den Academy Award abschlossen. Und sie sprachen davon, sich ihn zu teilen, falls einer von beiden ihn gewinnen würde.«

Barbras Wunsch, bei einem Film die Regie zu führen, ist bei *Funny Girl* unter der Obhut von Harry Stradling entstanden. Sie war neugierig und wollte alles wissen, und als Stradling einmal verstanden hatte, daß sie aufrichtig (und unsicher) war, beantwortete er ihre Fragen gerne. Andere fühlten sich eingeschüchtert durch ihren unermüdlichen Wissensdrang. Lee Allen erinnert sich: »Ich erinnere mich, daß Ray Stark im ersten Monat, den wir in Hollywood waren, zu mir sagte: ›Ich kann dieses Mädchen einfach nicht fassen. Sie ist mehr daran interessiert, was *hinter* der Kamera passiert.‹ Was er nicht wissen konnte, war, daß sie selber Produzentin und Regisseurin werden würde.« Allen fügt hinzu: »Sie machte ihm angst.«

Stark war irritiert durch Barbras Interesse an Dingen, die eigentlich nicht ihre Aufgabe waren. Sie wurde bezahlt, um *einen* Job zu

machen, und ihre laienhafte Fragerei, ihre allgemeine Pingelig-
keit und ihr Wunsch nach sogenanntem Perfektionismus hielten
die Produktion auf und kosteten Stark und die Columbia Geld.
Als Stark hörte, daß man Barbra die Muster zeigte, wurde er wütend. Als sie das Material des letzten Tages sah, zuckte sie an
bestimmten Stellen zusammen und bestand darauf, daß diese
Szene noch einmal gedreht werden müsse. Konsequenterweise
verbot Stark Barbra, die Muster zu sehen. Sie revanchierte sich
dafür, indem sie das Set verließ. Danach erlaubte man ihr immer,
das Material des vorherigen Tages anzusehen.

Barbra ärgerte sich über Starks öffentliche Herabsetzung. Und
Stark selber war, wie viele vor ihm, verletzt und entsetzt über
Barbras Mangel an Dankbarkeit. Immerhin war er der Mann, der
aus ihr einen Star gemacht hatte. Doch abgesehen davon hatte
all das auch etwas mit Sexismus zu tun, und das Hollywood von
1967 war entschieden und unbestreitbar sexistisch. Schon bevor
der Feminismus in Mode gekommen war, übernahm Barbra die
Verantwortung für ihre Karriere und ihre Kunst. Da sie das Medium Film unbedingt beherrschen wollte, fragte sie jeden über
alles aus. Sie begriff, daß Wissen auch Macht bedeutete. Sie weigerte sich, sich nur um ihr Aussehen Sorgen zu machen, wie das
von Schauspielerinnen und Starlets zu dieser Zeit verlangt
wurde. Sie würde nicht einfach tun, was das Studio, der Produzent und der Regisseur von ihr verlangten, ohne eine Erklärung
dafür zu bekommen. Sie bestand darauf, ihre Ideen und Vorschläge äußern zu können. Sie tat das nicht im Namen des Feminismus, sondern in ihrem eigenen Namen. Aber beides, so
könnte man sagen, lief Hand in Hand.

Ebenso wie ihr Verhältnis zu Harry Stradling unter angespannten
Bedingungen begonnen hatte, geschah dies auch bei William
Wyler. »Ich weiß nicht, ob Barbra sich daran noch erinnert«,
sagt Lee Allen, »aber am ersten Tag mußten wir uns alle zu einer
bestimmten Zeit zurückmelden, alle außer William Wyler. Als er
schließlich eine Stunde später auftauchte, stand Barbra auf und
verkündete: ›Falls diese Unpünktlichkeit sich fortsetzen sollte,

bin ich morgen ebenfalls eine Stunde zu spät.‹ Mit anderen Worten sagte sie: ›Ich bin der Chef hier.‹«

Außerdem verscherzte sie es sich mit Wyler, weil sie ihn dauernd mit Vorschlägen bombardierte, wie der Film aussehen sollte. Es war nicht so – wie man in der Presse damals lesen konnte –, daß sie den legendären Regisseur nicht respektiert oder nicht gewußt hätte, wer er war. Sie wußte sehr wohl von seinen drei Oscars und fünfzehn Nominierungen. Sie wollte sich von ihm nicht einschüchtern lassen und war statt dessen aggressiv, eine typische Streisand-Eigenschaft. Rückblickend ist ihr Standpunkt sehr verständlich. Es fiel ihr schwer zu akzeptieren, daß Wyler oder irgendwer anderes den Stoff besser kannte als sie.

Es kursierten Geschichten, daß Barbra Wyler wie ihren »Butler« behandelte und daß sie die Regie übernahm. »Seid nicht so hart zu Barbra‹, so ging der Witz um. »Sie führt Regie in ihrem ersten Film.« Am Anfang ihrer Beziehung gab es Spannungen zwischen ihr und Wyler. Aber die Behauptung, daß Barbra den armen Wyler rücksichtslos überrannt hätte, ist nicht wahr. Die meiste Zeit hatten sie füreinander Respekt. Außerdem war es kein Kinderspiel, mit Wyler umzugehen. In seiner über vierzig Jahre währenden Hollywood-Karriere hatte er den Ruf, hart zu sein, vor allem mit Schauspielern. »Es gibt nur eine Primadonna in meinen Filmen«, wurde Wyler zitiert, »und das bin ich.« Schauspieler zitterten in seiner Gegenwart und verließen den Set mit Schamgefühlen oder Wut, aber nur, um dann gehorsam und voller Respekt wiederzukommen. Bette Davis, Charlton Heston, Greer Garson, Audrey Hepburn, Walter Brennan, Fredric March und Oliva de Havilland waren nur einige der Schauspieler, die unter seiner Regie einen Oscar gewonnen hatten. Nachdem Bette Davis sich mit Wyler während ihres Films *The Little Foxes* (1941) bekriegt hatte, schwor sie, daß sie nie wieder einen Film mit ihm machen würde. Trotzdem sprach sie von Wyler als dem besten Regisseur, mit dem sie jemals zusammengearbeitet habe.

Außerdem war Wyler, schon bevor sie zusammenarbeiteten, ein Streisand-Fan. Der Hauptgrund, warum er zugestimmt hatte, bei *Funny Girl* Regie zu führen, war der gewesen, daß er Barbra zum ersten Mal in London in der 1966 gespielten Version gesehen hatte und sie seitdem als musikalisches Talent betrachtete. Er wollte ihre Ausstrahlung und ihre Fähigkeiten im Film einfangen und hielt sie trotz ihrer nicht gerade konventionellen Erscheinung für einen Filmstar. So gingen seine Bemühungen hauptsächlich dahin, Barbra im besten Licht erscheinen zu lassen. Wyler sagte später: »Ich hätte den Film ohne sie nicht gemacht.«

Obwohl er ihre Fähigkeiten bewunderte, begriff Wyler auch, daß Barbra nicht gerade die umgänglichste Schauspielerin war, mit der er je gearbeitet hatte. »Sie war am Anfang etwas aufsässig«, erinnert er sich. »Aber das ließ nach, als sie begriff, daß einige von uns wußten, was sie taten.« Er fügt hinzu: »Sie machte großes Aufheben um die Dinge, machte sich immer furchtbare Sorgen um ihr Aussehen, über das Drehen, die Kamera, die Maske, die Garderobe, die Art, wie sie sich bewegte oder einen Satz aussprach. Sie sagte dem Kameramann, daß eine der Lampen hoch oben auf dem Gerüst ausgegangen sei. Wenn das Licht, das auf sie fallen sollte, nicht da war, dann bemerkte sie das sofort. Sie ist nicht einfach, sie ist schwierig im besten Sinne dieses Wortes. Auf die gleiche Weise, wie ich schwierig bin. Ich erwarte nicht nur Gehorsam.«

In vieler Hinsicht erinnerte Barbra Wyler an Bette Davis, mit der er drei Filme gemacht hatte und die er beinahe geheiratet hätte. Wie Bette so liebte es Barbra auch, in ihrer Arbeit zu experimentieren. Sie war unermüdlich und eifrig dabei, verschiedene Möglichkeiten auszuprobieren. Sie war eine Schauspielerin, die Grenzen bei sich und bei ihren Mitarbeitern nicht respektierte. Sie war auch eine Schauspielerin, die man von der Fähigkeit eines Regisseurs überzeugen mußte. Sie vertraute nicht blindlings. Letztendlich wurde sie von ihrer Arbeit genauso aufgefressen wie Bette. »Sie ist dermaßen in ihre Arbeit eingebunden«, erinnert sich Wyler. »Manchmal war sie es zu sehr. Ich meine, im Hinblick auf sich selbst und ihr eigenes Leben. Sie ist so engagiert, daß sie kein Leben neben ihrer Arbeit hat.«

Wyler beobachtete die Szene, die gerade gedreht wurde, von einem Stuhl aus, der unter der Linse der Kamera stand. »Wenn sie Nahaufnahmen drehten«, erinnerte sich Lee Allen, »war Willie sofort zur Stelle.« Um seine Schwierigkeiten beim Hören zu kompensieren, trug Wyler einen Ohrstöpsel, der ihm erlaubte, den

Dialog, der am Set gesprochen wurde, über Band zu hören. Unglücklicherweise löste seine Nähe zum Geschehen auch einige kleine Probleme aus. »Wenn Barbra etwas Komisches machte«, erinnert sich Allen, »fing Willie laut zu lachen an, und der Tonmann brüllte dann: ›Schnitt! Ich höre das Gelächter von Willie!‹« Allen fügt hinzu: »Barbra brachte ihn immer zum Lachen.«

Wylers Art Schauspieler anzuweisen, bestand in gewisser Weise darin, sie *nicht* anzuweisen. Er weigerte sich, eine Szene auseinanderzunehmen oder vorzumachen, was er wollte. Wyler wußte, was er wollte und was er nicht wollte, wenn er es sah. Normalerweise ließ er seinen Schauspielern freien Lauf in dem, was sie taten. In dieser Hinsicht verwöhnte Wyler Barbra. Einige der Regisseure, mit denen sie später arbeitete, sagten oder zeigten ihr sogar, wie sie sich die Szene vorstellten, ohne ihr erst die Gelegenheit zu geben, ihnen zu zeigen, was sie selber im Sinn hatte.

Wyler war nicht der Typ, der seine Schauspieler nach einer Einstellung mit Lob überschüttete. Wenn Wyler die Kamera in eine andere Position schob, dann war das Lob genug. Natürlich bekümmerte es Barbra, daß er seinen Enthusiasmus nicht ausdrücken konnte, da sie ein konstantes Feedback von ihrem Regisseur brauchte. Es nährte darüber hinaus ihre Unsicherheit.

Wyler erzählte: »Sie kam eines Morgens zum Set, nachdem wir am vorherigen Nachmittag eine Einstellung nach der anderen gedreht hatten, und sagte: ›Kannst du dich noch an die Szene gestern erinnern? Ich kann sie heute besser machen.‹ Ich sagte darauf: ›Nein, Barbra, sie ist fertig.‹«

Ihre Zusammenarbeit entwickelte sich weiter. Lee Allen erinnert sich: »Barbra sagte: ›Willie, laß es mich einmal so versuchen.‹ Ich weiß, daß sie das ein paarmal gemacht hat. Und nachdem sie es vier- oder fünfmal gesagt hatte, meinte Willie: ›Okay, Barbra, versuchen wir es einmal auf deine Weise.‹«

»Sie mußte davon überzeugt werden, daß wir nur auf die bestmögliche Art arbeiten wollten«, erklärte Wyler später. »Manchmal stritt sie darum, ihre Idee durchzusetzen. Doch wenn ich davon überzeugt war, daß meine Sichtweise richtig war, dann machten wir es auch so. Sie war in dieser Hinsicht nicht schwierig. Sie war sehr kooperativ.« Dennoch gab es einige am Set, die sein nachgiebiges Verhalten – als solches empfanden sie es – gegenüber einem verwöhnten Neuling nicht verstehen konnten. »Willie war sehr stark, und er war hart«, erinnert sich Vivienne Walker, »aber Barbra bekam normalerweise, was sie wollte. Sie hatte jeden am Wickel. Jeden Tag gab es Auseinandersetzungen darüber, wer sich durchsetzen würde. Barbra sagte: ›Ich möchte es noch einmal machen.‹ Willie sagte: ›Nein, es ist gut so.‹ Und sie sagte: ›Aber ich möchte es noch einmal machen.‹ Barbra wollte es immer noch einmal und noch einmal machen. Und Willie sagte schließlich: ›Gut, Darling, einmal noch.‹ Sie nannten sie alle Darling und klopften ihr auf den Rücken, doch niemand mochte sie wirklich.«

Entgegen Walkers Aussage empfanden sowohl William Wyler und Harry Stradling als auch andere des Teams eine aufrichtige Zuneigung für Barbra. Doch sie verhielt sich, wie es ihrem Charakter entsprach, gegenüber den meisten Mitgliedern zurückhaltend, Wyler eingeschlossen. Wyler sagt dazu: »Sie gab sich überhaupt keine Mühe [freundlich zu sein]. Es ist nicht ihre Art, besonders liebenswürdig zu sein. Das liegt nicht in ihrer Natur.«

Eines der Teammitglieder, mit dem Barbra wirklich nicht zurechtkam, war Anne Francis. Francis wurde für die zweite Hauptrolle der Georgia engagiert, der Freundin von Fanny Brice und einem der schönsten Ziegfeldmädchen. Sie war siebenunddreißig und hatte mit einer Fernsehserie großen Erfolg gehabt. »Ich wartete Monate auf eine geeignete Rolle, die ich nach meiner Fernsehserie spielen konnte«, sagte Francis. »Ich wollte nicht nur irgendeinen Part. Diese [Rolle der Georgia] schien ideal, als man mir davon erzählte.« Schon zu Beginn der Dreharbeiten stellte Francis fest, daß ihr Part gnadenlos und methodisch gekürzt wurde, obwohl ihre Arbeit im allgemeinen gut ankam. Sie hatte zu Anfang drei starke Szenen zu spielen, einschließlich einer, in der sie nach zu großem Alkoholgenuß einen Zusammenbruch erleidet. Diese Szene wurde mit Francis Worten »auf eine Einstellung auf meinen Rücken auf einem Sofa« reduziert. Alle ihre Nummern mit den Ziegfeldmädchen wurden herausgeschnitten, ebenso wie der Text ihres Liedes »Sadie, Sadie«. Am Ende blieben von Francis’ Rolle nur noch »zwei Minuten Off-Stimme auf einem Bahnhof von New Jersey«. Sie machte eindeutig Barbra dafür verantwortlich. »Jeden Tag sah Barbra sich die Muster an«, berichtete Francis, »und am nächsten Tag war mein Part oder irgendein anderer herausgeschnitten. Barbra bestimmte, was gemacht wurde.«

Anders als ihre Gegenspielerin, die zu sehr mit ihrer Arbeit beschäftigt war, um sich mit irgendwelchen Nettigkeiten abzugeben, war Francis freundlich zu den Mitgliedern der Crew, bei denen sie beliebt war und die sie unterstützten. »Anne Francis war eine wunderbare Frau«, erinnert sich Vivienne Walker, »und eine verdammt nette Mitarbeiterin. Aber es ging ihr überhaupt nicht gut. Barbra behandelte sie auf eine erbärmliche Weise. Wenn Barbra bemerkte, daß Francis' Kostüme schön waren, dann sah sie zu, daß sie sie nicht tragen konnte. Auch war es Anne Francis nicht erlaubt, irgendwelche Frisuren zu tragen, die ihr zu gut standen.«

Zu ihrer Verteidigung behauptete Barbra, sie sei gar nicht autorisiert gewesen, solche Entscheidungen zu treffen, besonders nicht solche, die das Hereinnehmen oder das Herausschneiden von Szenen betrafen.

Dennoch behauptet Vivienne Walker: »Barbra hatte alle Macht der Welt. Sie konnte bestimmen, ob Anne Francis die wunderschönen Kostüme, die extra für sie gemacht wurden, tragen durfte. Niemand anderes hätte das verhindern können, außer Barbra.« Bevor der Film herauskam, kontaktierte Anne Francis Ray Stark und bat darum, daß man ihren Namen aus dem Vorspann herausnehme. Stark lehnte dies ab. Später zirkulierte ein Witz in Hollywood: »Habt ihr Anne Francis in *Funny Girl* gesehen?« »Anne Francis spielt in *Funny Girl*?« war die Antwort. »Wen hat sie denn gespielt? Barbra Streisands *Mutter*?«

Es gab auch noch andere im Team, die angeblich unter Barbra litten. Vivienne Walker erzählt: »Viele der Mädchen in der Show kamen aus Vegas und hatten dort einen Job aufgegeben, um in dem Film mitmachen zu können. Eines der Mädchen war absolut phantastisch und schön. Eines Tages saß ich während der Begutachtung der Muster hinter Barbra und Willie Wyler. Sie sagte zu ihm: ›Siehst du das Mädchen? Schmeiß sie raus. Sie ist zu hübsch.‹ Und das Mädchen wurde gefeuert! Ich habe es selbst gehört. Darauf basiert Barbras Ruf. Was sie anderen Leuten antat, ärgerte mich so sehr, daß ich sie nicht leiden konnte«, fährt Walker fort. »Als der

Film beendet war, schenkte sie mir eine komplette Sammlung ihrer Platten. Ich schickte sie ihr zurück. Ich wollte ihre Platten nicht. Dann kamen sie von ihr zurück. Und ich schickte sie erneut los. Dieses Spiel ging noch einmal hin und her, bis sie die Sammlung beim dritten Mal behielt. Ich werde Barbra nie verzeihen, was sie diesen beiden Mädchen angetan hat.«

»Trotzdem, sie war eine brillante Frau«, räumt Walker ein. »Man mußte sie bewundern. Mit ihr ist es wie mit einem Kind. Man kann sie als Kind lieben, aber als Mensch haßt man sie. Ich bewundere ihr Talent, aber nicht ihre Persönlichkeit. Ich kann sie nicht ausstehen.« Es ist jedoch festzuhalten, daß an anderer Stelle behauptet wurde, daß das Mädchen nicht entlassen, sondern von Barbra in den Hintergrund gedrängt worden sei. Außerdem gibt es keinen unbestreitbaren Beweis, daß es Barbra war, die Francis aus dem Film geschnitten hat. Es ist möglich, daß Barbra in einem ihrer Gespräche mit Wyler darüber sprach, daß man am Broadway als erstes den Part der Georgia gestrichen habe. Aber auch wenn Barbra den Vorschlag gemacht hat, Francis aus dem Film zu schneiden, lag die Entscheidung letztendlich bei William Wyler und Ray Stark. Und rückblickend gesehen, war es eine notwendige Entscheidung. Der Film war zu lang. Und alles – jede Figur und jedes Lied –, was Barbra nicht direkt dienlich war, mußte herausgenommen werden. Wie im Fall der Broadway-Show stand und fiel der Film mit Barbra Streisand.

20. KAPITEL

Die Affäre mit Omar Sharif

Von den Mitgliedern des *Funny-Girl*-Teams gelang es Omar Sharif, zu Barbra die größte Nähe aufzubauen. Ihm gegenüber ließ sie jede Reserve und auch ihre Kleider fallen, obwohl beide verheiratet waren. Anfangs war Sharif für die Rolle von Nicky Arnstein gar nicht vorgesehen. Barbra wollte Marlon Brando oder Gregory Peck, die aber beide die Rolle ablehnten. Frank Sinatra war ein anderer Favorit, aber Ray Stark soll entschieden haben, daß er zu alt sei und zuviel Geld verlange.

Nachdem Wyler Omar Sharif in der Cafeteria der Columbia Pictures gesehen hatte, schlug William Ray Stark vor, die Rolle doch mit Omar Sharif zu besetzen. Er erfüllte auf jeden Fall die richtigen Bedingungen, vielleicht mit Ausnahme seiner Nationalität. Er war in Ägypten geboren und war dem amerikanischen Publikum zum ersten Mal in dem 1962 gedrehten Film *Lawrence of Arabia* bekannt gemacht worden. 1965 ließ er die Frauenherzen mit seinem Kinohit *Dr. Schiwago* höher schlagen. Er sah in einem Smoking entsprechend gepflegt aus und war von Natur aus ein Spieler wie auch ein As im Kartenspiel. Als der fünfunddreißigjährige, dunkelhäutige und sinnliche Sharif auf Barbra traf, bemühte er sich, allen kontinentalen Charme auszustrahlen, den er aufbringen konnte. In einem Leinwandtest, den sie zusammen hatten, sprühten die Funken. Zwei, die völlig verschieden waren, trafen aufeinander und ergänzten sich. Durch sie schien Sharif erreichbarer zu werden. Und Barbra wurde durch ihn verletzlicher und schöner. Es war das gleiche, was Robert Redford Jahre später in dem Film *So wie wir waren* mit Barbra gelang.

Kurz nachdem Sharif seinen Vertrag für *Funny Girl* unterzeichnet hatte, bekämpften sich die Araber und die Israelis im Sechs-Tage-Krieg. Zunächst wurden der Krieg und die Besetzung von Barbra und Sharif in keinen Zusammenhang gebracht, doch dann wurden Fotos veröffentlicht, die die beiden zusammen zeigten. Man sah, wie sie sich bei einer Probe umarmten. Sharif küßte Barbras Nacken, während sie auf seinem Schoß lag. »Hollywood ignoriert die Krise im Mittleren Osten« stand in großen Lettern unter den Fotos.

Ray Stark und die Columbia gerieten in Panik. Es wurden dringende Sitzungen einberufen. Die Columbia wollte, daß Sharif nicht mehr an der Produktion teilnahm, die zu großen Teilen von jüdischem Geld finanziert worden war. In Hollywood leben viele Juden, und man ist dort pro-israelisch eingestellt. Das Studio wollte keine politische Aussage machen. Es fürchtete nur die finanziellen und werbetechnischen Auswirkungen, die durch Sharifs Beteiligung entstehen konnten.

Barbras Mutter soll erklärt haben: »Meine Tochter wird nicht mit einem Ägypter arbeiten!« Barbra selbst verhielt sich sehr zurückhaltend. Sie fürchtete eine Gegenreaktion der jüdischen Gemeinde, falls sie Sharif unterstützte.

Es war William Wyler, ebenfalls Jude, der Sharif zu Hilfe kam. »Wir sind in Amerika, und dies ist ein freies Land«, sagte Wyler. »Wollt ihr euch wirklich genau der Dinge schuldig machen, die wir für falsch halten? Es ist empörend, einen Schauspieler nicht zu engagieren, weil er Ägypter ist. Wenn Omar den Film nicht macht, dann mache ich ihn auch nicht!« Danach gab auch Barbra Sharif ihre Unterstützung. Die Columbia gab ihren Widerstand auf, und Sharif durfte spielen. Die Angelegenheit hatte damit ein Ende, was aber hauptsächlich daran lag, daß auch der Krieg bereits von den Israelis gewonnen war.

Sharif sah in Barbra erst eine unattraktive Frau. Ehrgeizige und aggressive Frauen reizten ihn nicht sonderlich, und Feministinnen schreckten ihn ab. Für Sharif war es absolut notwendig, daß ihn eine Frau brauchte. Doch er war begeistert von Barbras Talent, und mit der Zeit entdeckte er, daß ihr hartes Äußeres nur Fassade war. Sie war, so begriff er, eine äußerst unsichere und zerbrechliche junge Frau, der man sagen mußte, daß sie schön sei. Sharif sagte es ihr. Und mit der Zeit glaubte er es auch. »Barbras Villa war unser Treffpunkt«, berichtete er später. »Zu dieser Zeit wohnte meine Familie bei mir. Wir verbrachten die Abende und die Wochenenden bei ihr.« Er fügte hinzu: »Wir genossen das einfache Leben von Verliebten . . . Wir kochten meistens, gingen selten aus zum Essen.« Aber sie machten den Fehler, gemeinsam zu einer Modenschau zu gehen. Ein anderes Mal sah man, wie sie sich in einem Restaurant umarmten. Als Elliott davon in New York hörte, wurde er wütend. Er rief Barbra an, die, wie vorauszusehen war, die Schuld auf die Eifersüchteleien in Hollywood schob.

Über die Modenschau erzählte sie ihrem halbwegs beschwichtigten Ehemann, daß sie Sharif begleitet habe, weil das Ticket sie selber »250 Dollar gekostet hätte«. Danach legten sie mehr Diskretion an den Tag. Sharifs Freund und Barbras Jugendidol Gregory Peck war einer der wenigen, die über ihre Affäre Bescheid wußten. William Wyler war auch einer von ihnen. Als man ihn später fragte, ob die beiden Stars zueinander paßten, antwortete Wyler: »Wenn alle Juden und Araber so miteinander auskämen wie Barbra und Sharif, dann gäbe es keinen Krieg.«

Die Affäre dauerte so lange, bis der Film fertig war. Es war Sharif, der sie abbrach. Er war an diese kurzen Romanzen gewöhnt. Sophia Loren, Julie Christie, Anouk Aimée und Barbara Parkins, mit denen Sharif zusammen gespielt hatte, kannten dies bereits. »Ich habe so viele Frauen«, sagte er, »weil ich nicht eine habe.« Frauen in sich verliebt zu machen, war nie ein Problem für Sharif. Einmal in Dallas stand er in seinem Hotelzimmer plötzlich einer Frau gegenüber, die ihn mit einem Gewehr in der Hand aufforderte, mit ihr zu schlafen. »Ich würde das gerne tun, Madame, aber wie Sie sehen können«, sagte Sharif und bezog sich dabei auf seine unerigierte Männlichkeit, »ist dies im Moment nicht möglich.«

»Frauen zu bekommen ist harte Arbeit«, sagte Sharif nach der Fertigstellung von *Funny Girl*, »aber sie wieder loszuwerden, ist [der eigentliche Reiz].« Barbra würde sich nicht so einfach loswerden lassen. Schließlich bekam sie meistens das, was sie wollte. Darüber hinaus war sie, anders als Sharif, nicht an diese Hollywood-Affären gewöhnt, für die man die Leidenschaft einer Beziehung in die kurze und intensive Zeit eines Drehplans preßte.

Am 1. Dezember 1967 waren die Dreharbeiten zu *Funny Girl* beendet. Das Team wurde nach Hause geschickt, um zu schlafen und sich auszuruhen. Nachdem Barbra jedoch die Muster des vorherigen Tages und das Material der letzten Drehtage gesehen hatte, bestand sie darauf, daß die Nummer »My Man« neu gedreht werden müsse. Sie war überzeugt, daß ihre Interpretation des Liedes zu glatt, zu gekünstelt und nicht mit der ausreichend dramatischen Authentizität von ihr vorgetragen worden sei. Sie wollte die Nummer nicht einfach nur wiederholen, sondern sie auch ohne das vorher aufgenommene Playback machen. Sie wollte das Lied live singen, was für ein Musical mit einem großen Budget sehr ungewöhnlich war. Die Lippensynchronisation war ihr während der Dreharbeiten sehr schwergefallen, und weil man von ihr, während sie »My Man« singt, hauptsächlich Nahaufnahmen gemacht hatte, sah man dies auch. Außerdem, so argumentierte sie, habe sie ihre ganze Aufmerksamkeit der Lippensynchronisation gewidmet, so daß sie sich zuwenig auf die Bedeutung und die Gefühle, die das Lied ausdrücken sollte, konzentriert habe. William Wyler willigte ein. Herb Ross, der bei der Nummer Regie geführt hatte, sagte ebenfalls zu. Auch Ray Stark, der die Kosten des Nachdrehs abwog, war einverstanden.

Der Nachdreh fand am nächsten Tag statt. Omar Sharif, der sich bereits von Barbra verabschiedet hatte, war gerade dabei, seine Koffer zu packen, als das Telefon klingelte. Es war das Studio. Ob er zum Set kommen könnte? Barbra bäte darum.

Die Idee für die Inszenierung der Nummer kam angeblich von Barbra. Sie hatte sich ganz in Schwarz gekleidet und sollte vor einem schwarzen Hintergrund aufgenommen werden. Nur ihr Haar, ihr Gesicht, ihr Ausschnitt und ihre Hände waren zu sehen. In dem Film geht dieser Nummer die endgültige Trennungsszene zwischen Fanny und Nick voran. Fanny sagt ihm, daß sie sich an all die guten Dinge erinnern wolle, die er für sie getan habe. Nick fragt sie daraufhin, was er für sie getan habe, was sie nicht selbst hätte tun können. Fanny sagt ihm, daß er ihr ein blaues Marmorei gegeben habe und daß »du mir sogar das Gefühl gegeben hast, irgendwie schön zu sein«.

Im wirklichen Leben war es eigentlich Elliott, der Barbra das blaue Marmorei gegeben hatte, aber es war Sharif gewesen, der ihr das Gefühl gegeben hatte, schön zu sein. Als Omar zum Set gekommen war, gingen er und Barbra hinter den schwarzen Vorhang, wo sie ihre Abschiedsszene im Privaten spielten. Die Worte gehörten den Figuren, die sie spielten, aber die Gefühle waren die ihren. »Du hast mir sogar das Gefühl gegeben, irgendwie schön zu sein«, sagte sie zu ihm. Er fixierte sie mit seinen braunen Augen und sagte, als er ging: »Du bist schön.« Tränen stiegen ihr in die Augen. Barbra hob den Vorhang hoch und sang dreizehnmal herzzerreißend das Lied »My Man«. Der wahre Grund, warum sie die Nummer wiederholen wollte, lag darin, daß das Singen ihr helfen konnte, über den Schmerz ihrer abgebrochenen Beziehung zu Sharif hinwegzukommen. Das Gefühl während des Drehens war nun nicht mehr gekünstelt. Die Dramatik des Liedes und ihre Beziehung zu Sharif wurden vollständig ausgelebt. Das Lied, die Liebe und der Film waren zu Ende.

21. KAPITEL

Und Streit mit Walter Matthau

Es sollte zehn Monate dauern, bis der Film *Funny Girl* in die Kinos kommen und sich sein Erfolg oder Mißerfolg herausstellen würde. In der Zwischenzeit verreiste Barbra, traf Leute und focht weiter Kämpfe aus.

Sie kehrte für die Ferien nach New York zurück. Elliott beendete gerade mit dem Regisseur William Friedkin die Dreharbeiten an seinem Film *The Night They Raided Minsky's / Die Nacht als Minsky aufflog*. Sein Wiedersehen mit Barbra war kurz und angespannt. Sie war mit ihrem Kopf noch in Hollywood und mit ihrem Herzen in Europa.

Eines Tages besuchte Barbra ein Mann namens Valentine Sherry in ihrem Penthouse. Er brachte eine Kurzgeschichte, die Barbra lesen sollte. Er sagte ihr, daß man daraus einen guten Film machen könnte. Die Geschichte hieß »Yentl, the Yeshiva Boy« und war von Isaac Bashevis Singer. Barbra las sie und war begeistert. Ihre Antwort war spontan und instinktiv. Sie dachte an ihren Vater und an die Beziehung, die sie zu ihm hätte haben können, wenn er gelebt hätte. Fanny Brice und andere Musicalkomödien waren vergessen. Es war genau die Art von Geschichte, die sie erzählen, und die Art von Film, die sie machen wollte.

Barbra rief Marty Erlichman und ihren Agenten David Begelman an und schickte ihnen aufgeregt Kopien von der Geschichte. Sie gab auch Kopien an Freunde und Bekannte weiter. Da Barbra unbedingt die Meinung anderer hören wollte, sagten ihr die meisten, daß die Geschichte zwar anrührend sei, man daraus aber keinen Film machen könne. Und seit wann betrachtet Hollywood einen Stoff, in dem sich ein Mädchen als Junge verkleidet, um den Talmud zu studieren, als kommerziell? Davon unberührt, kaufte Barbra die Filmrechte und schwor sich, daß sie aus »Yentl, the Yeshiva Boy« einen Film machen würde. Das war im Januar 1968.

Noch im gleichen Monat flog Barbra mit Elliott nach Europa, um dort die Ferien zu verbringen. Dort hatte sie ein kurzes Rendezvous mit Omar Sharif, der in Wien und in Rom *Mayerling* drehte. Ihre Bemühungen, ihre Affäre wieder anzufachen, waren jedoch umsonst. Seinen Gewohnheiten zufolge ist es wahrscheinlich, daß sich Sharif um seine neue Partnerin, Catherine Deneuve, bemühte. Vielleicht hatte er sich auch in die ältere, aber immer noch attraktive Ava Gardner verliebt, die in dem Film seine Mutter spielte.

Zurück in Hollywood, geriet Barbra in einen besonders heftigen und widerlichen Streit mit ihrem Mentor Ray Stark, der für sie eine Vaterfigur darstellte. Seit dem 28. Dezember 1967 hatte Stark gegen Barbra beim Obersten Gerichtshof eine Klage laufen. Sie betraf einen Vertrag von 1965, in dem sich Barbra bereit erklärt hatte, mehrere Filme mit Starks Firma Rastar zu machen. Barbra hatte sich angeblich nur für einen Film verpflichten wollen. Stark bestand auf vier Filmen, und Barbra gab schließlich nach.

Im November 1967, noch während der Dreharbeiten zu *Funny Girl*, gab ihr Stark zwei Texte zur Lektüre, die beide für eine Musicalverfilmung gedacht waren. Der eine war *Wait Till the Sun Shines, Nellie* von Audrey Gellen Maas. Der andere hieß *Two for the Seesaw*, ein Broadway-Stück von 1958, geschrieben von William Gibson. Den Gerichtsdokumenten zufolge hatte Barbra zehn Tage Zeit, Rastar bezüglich der Projekte zu antworten. Als sie die Vorschläge erhielt, ließ sie über ihren Rechtsanwalt Richard Roemer mitteilen, daß sie die Stoffe in Betracht ziehen würde, wenn sie über Drehbuch und Regie entscheiden dürfe. Ein paar Tage später lehnte sie jedoch beide Projekte ab, da sie ihr nicht ordnungsgemäß vorgelegt worden seien. Der eigentliche Grund ihrer Ablehnung war jedoch, daß Barbra beide Projekte nicht mochte. Sie wollte keine Musicalkomödien mehr machen, sondern Sarah Bernhardt sein und Medea, Hedda Gabler und Yentl spielen, den jüdischen Jungen.

Stark nahm die Ablehnung als persönlichen Affront auf. »Ich liebe Barbra Streisand als Schauspielerin«, wurde er zitiert, »aber ich hätte sie nicht gerne als Schwiegermutter.«

Barbra war gewissermaßen seine Tochter und sein Protegé geworden. Wie konnte sie, nach allem, was er für sie getan hatte, seinen Geschmack und seinen Sinn für Geschichten in Frage stellen? Stark sah jedoch einen Weg, wie man zu einer Einigung kommen könnte. Barbras Vertrag über ihre Mitarbeit an der Filmversion zu *Funny Girl* gab Stark schriftlich die Erlaubnis, über Barbra bis zur Beendigung der Produktion am 4. Mai 1967 exklusiv zu verfügen.

Barbra hatte diese Klausel entweder vergessen oder ignoriert, als sie im Sommer ihre Konzerte in Hollywood und im Central Park gab. Vielleicht hatte sie sich auch Starks mündliche Zusage erkämpft und geglaubt, damit sei es getan. Was die Situation verschlimmerte, war die Tatsache, daß das Konzert im Central Park als Special für den Fernsehsender CBS gedacht war und auch als Platte bei Columbia Records erscheinen sollte. Starks Klage ging nicht nur dahin, die Ausstrahlung des Specials und die Veröffentlichung der Platte zu verhindern, sondern außerdem die Erlöse, die Barbra aus den zwei Konzerten und allem, was damit in Verbindung stand, erwirtschaftet hatte, zu bekommen. Mit anderen Worten wollte Stark – und war dazu auch noch berechtigt – einen großen Teil von Barbras Einnahmen. In den nächsten Monaten wechselten böse Anwaltsschreiben die Seiten. Schließlich kam man zu einer Einigung, und die Klage wurde aufgehoben. Barbra konnte ihre Einnahmen behalten, die Stark im Grunde gar nicht wollte. Als Gegenleistung würde sie ihren Vertrag über vier Filmprojekte einhalten und mit der Verfilmung des 1965 geschriebenen Stückes *Die Eule und das Kätzchen* beginnen. *Yentl* würde warten müssen, außerdem mußte Barbra in der Zwischenzeit noch viel dringenderen Verpflichtungen nachgehen.

Am 16. Januar 1964 hatte das Musical *Hello, Dolly!*, das auf dem 1955 geschriebenen Stück von Thornton Wilder *The Matchmaker* basiert, Premiere im *St. James Theatre*. Der relativ simple Plot und die einfache, eingängige Musik von Jerry Herman drehen sich um die etwas nichtssagenden Abenteuer der Ehevermittlerin Dolly Levi, die, nachdem sie jahrelang Witwe gewesen ist, ein Auge auf den erfolgreichen Geschäftsmann Horace Vandergelder wirft. Die Show würde zehn Tonys gewinnen, was noch nie zuvor vorgekommen war, und eines der erfolgreichsten Musicals in der Geschichte des Broadway werden.

Aus diesem Grund waren die Rechte an dem Stück nicht gerade

billig. Richard Zanuck, der Vizepräsident der Produktionsabteilung der Twentieth Century-Fox, kündigte am 9. März 1965 an, daß das Studio die Rechte erworben habe. Die Vereinbarung beinhaltete, daß die Fox Merrick zwei Millionen Dollar plus einen Anteil von 25 Prozent der an den Kinokassen erzielten Bruttoeinnahmen zahlen mußte. Außerdem mußte die Fox der Paramount eine nicht unerhebliche Gegenleistung bezahlen, weil diese die Rechte an Wilders *The Matchmaker* besaß, das sie 1958 verfilmt hatte. Darüber hinaus mußten Zanuck und die Fox sich bereit erklären, daß die Filmversion von *Dolly* nicht herausgebracht wurde, solange die Show am Broadway lief. Somit konnte der Film frühestens im Juni 1970 in die Kinos kommen.

Die Besetzung der Filmversion von *Hello, Dolly!* zeigt, was in Hollywood alles möglich ist. Thornton Wilder beschreibt seine Dolly Levi als eine Frau »unbestimmten Alters«. Damit meinte man im allgemeinen eine Frau mittleren Alters, nicht zu alt, aber auch nicht zu jung, und normalerweise besetzte man den Part dann auch so. Ruth Gordon war neunundfünfzig, als sie in *The Matchmaker* am Broadway auftrat. Und Shirley Booth war einundfünfzig in dem gleichnamigen Film.

Hello, Dolly! war ursprünglich für Ethel Merman geschrieben worden, die 1964 sechsundfünfzig Jahre alt war. Als Merman die Rolle ablehnte, besetzte man sie mit Carol Channing, die mit ihren dreiundvierzig Jahren eigentlich als zu jung eingestuft wurde. Aber sie spielte die Rolle gut und gewann einen Tony. Als Channing die Rolle nicht mehr spielen wollte, wurde sie von einer Reihe von Schauspielerinnen abgelöst, die fast alle in die Fünfzig gingen.

Als Richard Zanuck am 8. Mai 1967 erklärte, daß die fünfundzwanzigjährige Barbra Streisand die Rolle in dem Film übernehmen würde, waren natürlich viele sehr verwundert. Die Skepsis mischte sich bei manchen mit Verachtung, weil sie in der Wahl der Twentieth Century-Fox einen offensichtlichen Affront gegen ihre geliebte Carol Channing sahen. Wenn man irgendeine andere *große* Schauspielerin für die Rolle ausgesucht hätte, wie Elizabeth Taylor (die ein Musical machen wollte), Doris Day, Julie Andrews oder Shirley MacLaine, dann hätte man zumindest verstanden, daß die Fox eine bereits etablierte Schauspielerin engagieren wollte. Aber sie mit einem Neuling in Hollywood zu besetzen machte die Beleidigung gegenüber der Channing nur noch schlimmer.

Channing war für unzählige Theaterbesucher der Inbegriff der großherzigen, lebensfrohen Dolly. Richard Coe von der *Washington Post* faßte am 11. Mai 1967 zusammen, was viele fühlten: »Kann man sich Barbra in *Hello, Dolly!* auf der Leinwand vorstellen?! Zumindest ist das die schwer zu glaubende Tatsache ... bei allem Respekt für die junge Miss Streisand – die traurige Nofretete entspricht einfach nicht der lebendigen, schwungvollen Irin, deren Vitalität Thornton Wilders reife und lebensbejahende Dolly Gallagher-Levi versinnbildlicht. Die Perversität, nicht die Version der Musicalkomödie mit Carol Channing auf den Film zu übertragen, ist schwer zu verstehen.«

Es war nicht so, als ob sich die Channing nicht für den Part beworben hätte. »Ich hatte mich so sehr darum bemüht«, sagte sie. »Ich spielte gerade *Hello, Dolly!* bei der Expo '67, als sie den Star für den Film bekanntgaben. An diesem Tag hatte ich das Gefühl, ein Mark Twain zu sein, der gerade gestorben ist und an seinem Begräbnis teilnimmt.« Daß sie die Neuigkeiten aus der Morgenausgabe der *Daily Variety* erfuhr, machte die Sache nur noch schlimmer. An diesem schicksalhaften Tag schickte Thornton Wilder mehrere Telegramme an Carol Channing, um ihr seinen Trost anzubieten.

Ernest Lehman, der Produzent des Films, machte der Kontroverse ein Ende, indem er sagte: »Ich bin unsicher, was Carol Channing angeht. Ich glaube, ich ziehe sie auf der Bühne dem Film vor.«

Obwohl es nicht Barbras Fehler war, daß man sie für die Rolle wollte und nicht Carol Channing, nahmen es ihr dennoch viele übel. Sicherlich hätte sie sich in der Sache diplomatischer verhalten können. Trotz ihrer Enttäuschung schickte die Channing Barbra sofort gelbe Rosen. Barbra zeigte keine entsprechende Gegenleistung. Statt dessen bezeichnete sie die Broadway-Version öffentlich als »aufgeblasen«. Zu der Kontroverse, die ihre Besetzung ausgelöst hatte, sagte sie: »Ich denke, daß Carol jeden Film machen kann, den sie dieses Jahr machen möchte, und sie wird sogar einen Oscar dafür bekommen.«

»Das einzige, was sie noch nicht gelernt hat«, sagte Ray Stark über Barbra, »ist Takt.« An beiden Küsten Amerikas machte ein Witz die Runde: »Hast du gehört, daß Katharine Hepburn [zu dieser Zeit war sie Anfang Sechzig] Coco Chanel am Broadway spielen soll?« »Ja«, war die Antwort, »und ich habe gehört, daß Barbra Streisand der Star in der Filmversion sein wird.« Was die Leute noch mehr gegen die Streisand aufbrachte, war die Neuigkeit, daß sie ganze 750000 Dollar für die Rolle bekommen sollte. Wenn man dies zu den anderen Anteilen an dem Film – ihre Profitbeteiligung und ihr Anteil am Soundtrack – hinzurechnete, dann würde sie ungefähr eine Million Dollar verdienen, und dies zu einer Zeit, in der das Einkommen einer Durchschnittsfamilie bei 8000 Dollar im Jahr lag. Ihr Gehalt für den Film wurde als das höchste bezeichnet, das jemals ein Künstler für einen Film bekommen hatte. Andere Leute glaubten zu wissen, daß sie ihren Chefs alle möglichen zusätzlichen Konzessionen abgerungen habe, was Barbras Kommentare auch noch zu untermauern schienen. »Ich mache den Film noch nicht«, berichtete Barbra im August, drei Monate nach der Bekanntgabe ihres Vertragsabschlusses. »Man hat mich für die Rolle ausgesucht. Aber einige Dinge müssen noch geklärt werden.«

Barbras öffentliche Kommentare und ihre generell herausfordernde Haltung irritierten Zanuck und Lehman. Nachdem Lehman Barbras Bemerkungen gelesen hatte, kontaktierte er Zanuck, um seine Besorgnis auszudrücken. »Wir haben das erwartet«, gab ihm Zanuck zurück. In bezug auf die anscheinend schlechte Presse fügte er hinzu: »Wenn man ein derart ›heißes Eisen‹ für eine umstrittene Rolle hat, dann ist es immer ein gefundenes Fressen für Spinner. Wenn wir einen guten Film machen, dann ist das Schnee von gestern.« Mehr Sorgen machten sich die beiden um die Horrorgeschichten, die man vom Columbia-Gelände hörte. In einem Bericht hieß es, daß *Funny Girl* »gefährlich hinter dem Drehplan zurück«liege und daß Barbras »Empfindlichkeiten« die Hauptursache für diese Verspätung seien. Ihr Beharren auf der Wiederholung von Einstellungen, die von »William Wyler bereits als gut befunden worden« waren, soll das Studio 200000 Dollar gekostet haben. In dem Bericht wurde das als die »›Streisand-Haltung‹ gegenüber dem Filmemachen« bezeichnet. »[Dolly ist jetzt] eine sehr junge Witwe«, sagte Kelly. »Ihr Mann ist erst kürzlich gestorben, und sie liebt ihn in ihrer Erinnerung mehr, als sie es in der Realität getan hat. Das bedeutete, daß alle Leute [in der Besetzung] jünger sein mußten. Um junge Schauspieler mit Erfahrung zu bekommen, habe ich mit ungefähr 1000 bis 2000 Bewerbern gesprochen.« Aus diesem Grund begannen Lehman und Kelly, heimlich auch andere junge Schauspielerinnen für die Rolle der Dolly zu testen, nur für alle Fälle.

Nichtsdestotrotz betrat Barbra, nach vielen Aufregungen und Überlegungen, am 13. Februar 1968 das Studio, um eine Kostümprobe zu machen. Sie diskutierte außerdem mit Irene Sharaff über die Kostümskizzen. Wie schon bei *Funny Girl* gab es zwischen den beiden Frauen Dinge, über die sie sich nicht einig waren.

In den nächsten Monaten ärgerte sich Barbra konstant über ihre Kostüme. Sie wollte weniger Pailletten hier und mehr Federn da. Courtney Haslam, der in der Kostümabteilung arbeitete, berichtete, daß Barbra »an fast allen Kostümen außergewöhnliche Änderungen« vornehmen ließ. Sie war besonders über ihr Aufgebot an Hüten unglücklich und nahm auch an ihnen im Verlauf der Produktion Änderungen vor. »Sie bestand darauf, breitkrempige Hüte zu tragen«, erzählt Barbara Westerland, »die eigentlich nicht in die Zeit paßten.«

Die Manager der Fox hatten von den Problemen gehört, die die Columbia [mit Barbra] hatte«, erinnert sich Westerland, »und weil sie eine Produktion wollten, die glatt lief, sagten sie sich: ›Geben wir ihr, was sie will.‹«

Sie bekam auch für *Dolly* ein sanfteres, zeitgemäßes Aussehen. »1890«, berichtet Ernest Lehman, »benutzten respektable Frauen kein Make-up. Der Begriff ›angemalte Frau‹ war ein Synonym für Hure.« Sie trug zwar wieder selber ihre Schminke auf, ihr Aussehen wurde aber prinzipiell von Dan Striepeke, dem Leiter der Maske, gestaltet. Striepeke erinnert sich: »Was wir erreichen wollten, war ein Frauentyp, wie ihn John Singer Sargent in seinen Bildern dieser Epoche geschaffen hat. Sie waren ganz weiß im Gesicht. Das war im Grunde der Tenor der Maske im gesamten Film. Ich arbeitete sehr eng mit Harry Stradling und dem Labor zusammen. Wir machten ausführliche Versuche und waren damit sehr erfolgreich.«

Ihr Make-up wurde besonders um die Augen weich gehalten, und ihre Perücken waren laut Striepeke von einem »zarten, schimmernden Rot«, das »die Schönheit ihrer blauen Augen« noch mehr zur Geltung bringen sollte. Über seine Arbeitsbeziehung zu Barbra sagte Striepeke: »Barbra und ich arbeiteten sehr eng zusammen. Für mich war sie ein perfekter Profi.«

Murray Spivack, ein alter Hollywood-Spezialist, wurde für den Film als Tonmeister engagiert. Die Art, wie er Barbra begegnete, zeigte ein wenig, wie man am besten mit ihr zusammenarbeitet. Laut Spivack liegt alles darin, wie man sich ihr nähert. »Sie kam zu mir ins Theater, als ich, ich glaube, an *Doctor Dolittle* arbeitete. Sie machte gerade einen Film bei der Columbia, und ich hatte gehört, daß sie unzufrieden über die Qualität ihrer Stimmaufnahmen war. Sie war es so sehr, daß sie sich für *Funny Girl* aus New York ihr eigenes Mikrophon schicken ließ. Ich stellte mich ihr vor und sagte: ›Wenn Sie sich auf dem Gelände eingerichtet haben, dann würde ich gerne mit einer Reihe von Mikrophonen testen, welches Mikrophon am besten zu Ihrer Stimme paßt.‹ Ich hätte es nicht besser treffen können«, fügt Spivack hinzu, »und hatte nie mit Barbra Probleme.«

Der Film war anfänglich von Lehman auf 10 Millionen Dollar kalkuliert worden, eine beachtliche Summe, die aber nicht erschreckend war

Hello, Dolly! würde bereits bei Produktionsbeginn 17 bis 20 Millionen Dollar erreichen und bis zu seiner Fertigstellung sogar die 24-Millionen-Dollar-Grenze überschreiten und damit das teuerste Musical der Filmgeschichte werden. Allein der Nachbau einer New Yorker Straße, die auf dem Studiogelände der Fox errichtet wurde, kostete zwei Millionen Dollar. Lehman, der versuchte diese kostspielige Ausgabe zu rechtfertigen, sagte: »Ich denke, daß diese New Yorker Straße zu einem neuen Disneyland werden kann. Wir werden sie auf dem [Gelände der Fox] stehen lassen.« Auf jeden

Fall stand die Dekoration noch lange nach der Beendigung von *Hello, Dolly!* dort und wurde auch noch in anderen Filmen benutzt. Für eine andere Sequenz, eine riesige Parade außerhalb des Fox-Geländes auf dem Pico Boulevard, brauchte man dreitausend Komparsen und 106 Pferde, die eine Woche lang bezahlt und versorgt werden mußten.

Die Dreharbeiten begannen am 15. April 1968 im Fox-Studio 16. Zu der ausgewählten Truppe gehörten unter anderem Mitglieder des alten, bekannten Arthur-Freed-Teams von den Metro-Goldwyn-Mayer-Studios, der Regisseur Gene Kelly, der Mitproduzent Roger Edens, der Choreograph Michael Kidd und der Dirigent Lennie Hayton. Auf Barbras Anfrage wurde Harry Stradling als Kameramann engagiert. Alle waren am Anfang sehr höflich, wie das zu Beginn der Dreharbeiten meistens der Fall ist. Kelly verbreitete großzügig Charme und gute Laune. Wenn ein Schreiner am Set während einer musikalischen Nummer anfing zu hämmern, schrie Kelly: »Wenn das Hämmern sein muß, dann bitte im Takt.«

Wenn sie sich nicht über die Kostüme oder über den sechzehn Monate alten Jason Emanuel ärgerte, den man ihr ab und zu zum Set brachte, dann amüsierte sich Barbra über die Geschichten, die ihr ihr Double Marie Rhodes über Marlon Brando erzählte. Maries Mann hatte für Brando lange als Maskenbildner gearbeitet.

Aber trotz dieser anfänglich angenehmen Atmosphäre stand die Produktion unter einem schlechten Stern. Kurz nach Beginn der Dreharbeiten hatte Barbra bereits ernsthafte Zweifel, ob die Entscheidung, den Film zu machen, richtig war. Sie spielte eine Rolle, die sie gar nicht wirklich wollte, und das auch noch auf Kosten von Carol Channing, die sich nichts sehnlicher gewünscht hatte, als diesen Part zu bekommen.

Barbras Zweifel waren ein paar Wochen nach Unterzeichnung des Vertrages aufgetaucht. Sie war nicht darauf vorbereitet gewesen, daß die Öffentlichkeit ihr die Channing vorzog, und sie begann sich darüber Sorgen zu machen, ob sie wirklich die richtige Besetzung war. Sie hatte furchtbare Angst zu versagen und ihren Kritikern am Ende recht geben zu müssen. Oft wurden Lehman und/oder Kelly mitten in der Nacht von Barbras panischer Stimme aufgeweckt. Sie faßte es jedes Mal in andere Worte, aber ihre Frage lief im Grunde immer auf das gleiche hinaus: »Was verdammt noch mal tue ich in diesem Film?!«

Lehman und Kelly beruhigten sie, so gut sie konnten. Sie sagten ihr immer wieder, daß es gar keinen Grund gebe, warum sie die Rolle nicht spielen sollte, denn Dolly sei trotz kontroverser Meinungen eine Frau »unbestimmten Alters«. Barbra hielt sich an diesem Satz verzweifelt fest. Schon zu einem frühen Zeitpunkt der Produktion war offensichtlich, daß sie keinen Zugang zu der Rolle hatte. Anders als die Filmrolle Fanny Brice, für die sie mit Miller dreizehn Wochen lang intensiv geprobt und die sie neunhundertmal auf der Bühne gespielt hatte, stellte Dolly Levi Barbra vor eine völlig neue und fast unmögliche Herausforderung. Bei allem Optimismus war sie zu jung für die Rolle. Außerdem hatte sie nicht Dollys Reife, Selbstvertrauen und Wärme. Sie versuchte diese Mängel damit zu kompensieren, daß sie eine buntschillernde Persönlichkeit spielte, aber sie wirkte einfach nur geschmacklos. Sie versuchte alle Spuren ihrer jüdischen Abstammung zu beseitigen, wurde dadurch jedoch nur ausdruckslos und nichtssagend. Sie schlüpfte in die Figur hinein und wieder heraus und änderte ihren Akzent so oft wie ihre Kostüme. Einen Moment lang war sie Fanny Brice, dann Mae West und dann Barbra Streisand.

Ernest Lehman beurteilte Barbra allerdings nur nach ihrer Stimme. Ihr Vortrag von »Before the Parade Passes By« verschlug ihm die Sprache. Barbra konnte die letzte Note des Liedes eine erstaunlich, fast schon lächerlich lange Zeit halten. »Wartet, bis ihr hört, was sie aus diesem Lied macht!« sagte Lehman zu jedem, der ihm zuhörte. »Als ich hörte, wie sie dieses Lied sang, bekam ich eine Gänsehaut. Es war ein großer Moment.« Was er meinte, war natürlich der Titelsong. Um die Kinobesucher zu überraschen, arrangierte es Lehman so, daß Louis Armstrong die Nummer zusammen mit Barbra sang. Armstrong, der nicht in der Broadway-Show aufgetreten war, hatte mit dem Lied 1964 einen großen Hit gelandet.

Als Barbra erfuhr, daß Armstrong mit ihr in dem Film auftreten würde, war sie streng dagegen. Sie argumentierte, daß der Auftritt

Armstrongs nach Sensationslust schmecken und die Qualität des Filmes schmälern würde. In diesem Punkt wurde sie überstimmt. Ihre Abneigung gegen Armstrong hatte vielmehr mit ihrem Ego zu tun. Sie wollte die Nummer alleine singen und nichts anderes. Als Armstrong am Set auftauchte, überraschte er jeden durch seine schlanke Erscheinung. Er hatte in der Vorbereitung auf den Film achtundzwanzig Pfund abgenommen.

Die Nummer wurde im Studio 14 der Fox gedreht. Die üppige Dekoration des Harmonia Gardens mit seinen schwungvollen, mit roten Teppichen ausgelegten Treppen kostete die Produktion 350 000 Dollar. Zweimal trat Barbra während der Proben auf die lange Schleppe ihres goldenen, 8000 Dollar teuren Kleides, das mit schweren Perlen bestickt war und ungefähr vierzig Pfund wog. Ein anderes Mal verhedderten sich die Tänzer darin. Zwischen Irene Sharaff und Michael Kidd brach ein Kampf darüber aus, was geändert werden müßte, die Schleppe oder die Choreographie. Marvin Laird sagte dazu: »Irene Sharaff kämpfte ständig um jede Schleppe, die sie gemacht hatte.«

Das Praktische setzte sich durch, und die unglückselige Schleppe wurde entfernt. Aber bei genauem Hinsehen kann man sie in der Szene noch sehen, und zwar in dem Moment, als Barbra hereinkommt. Erst später, als der Tanz beginnt, verschwindet die Schleppe auf mysteriöse Weise. Die Filmemacher hofften natürlich, daß diese Inkohärenz niemandem auffallen würde.

Es war eine Szene, die äußerst schwierig zu drehen war, besonders aufgrund der anstrengenden, aber ausgezeichnet konzipierten Tanzschritte des Choreographen Michael Kidd. »Ein Großteil der Aktion fand auf der großen Treppe statt. Die Tänzer mußten dort Schrittkombinationen tanzen, die sehr kompliziert waren. Einige von ihnen hatten sich verletzt und standen auf Krücken daneben. Auch Sheila, Michaels Assistentin, die heute seine Frau ist, verletzte sich und saß in einem Rollstuhl. Und einen Tag davor war auch Michael etwas zugestoßen, und er humpelte an Krücken. Ein Journalist des *Time* Magazins besuchte das Set, und als er dem Choreographen und seiner Assistentin vorgestellt wurde, sah der Drehort aus wie ein Lazarett.«

Die Szene zeigte Dolly, wie sie nach vierzehn Jahren Abwesenheit wieder nach Harmonia Gardens kommt, wo sie früher oft mit ihrem Mann gewesen war. Wenn man bedenkt, daß Barbra gerade während der Dreharbeiten ihren sechsundzwanzigsten Geburtstag feierte, läßt sich leicht ausrechnen, daß sie zwölf gewesen sein mußte, als man sie das letzte Mal an der Seite ihres Mannes in Harmonia Gardens gesehen hatte. Nichtsdestotrotz war Dolly Levi eine Frau »unbestimmten Alters«, und die Produktion schleppte sich weiter

Barbra machte zum großen Teil die Regie von Gene Kelly dafür verantwortlich, daß ihre Charakterdarstellung unzureichend war. »Er war nicht gerade ein Regisseur, der die Schauspieler führen konnte«, erzählt Marvin Laird. »Er war mehr mit Dingen beschäftigt, wo die Kamera stehen sollte, als damit, seine Schauspieler zu guten Leistungen hinzuführen. [Als Schauspieler] mußte man diese schon mitbringen.« Er fügte hinzu: »Offen gesagt denke ich, daß Kelly überfordert war.«

Kelly hatte nach Barbras Ansicht auch kein visuelles Vorstellungsvermögen. Schon zu Beginn der Dreharbeiten fragte Barbra ihn, wie er das Musical filmisch umsetzen wolle. »Er hatte darauf keine Antwort«, sagte Barbra später. »Ich konnte das nicht verstehen, weil es so viele Möglichkeiten gab. Ich dachte, daraus könnte ein toller Film werden.«

Angesichts seines legendären Status als *der* Musicalspezialist in Hollywood erwartete Kelly von Barbra, daß sie ihn schon allein deswegen respektierte. Doch da lag er falsch. Auch wenn Kelly sich darum bemühte, daß die Beziehung zwischen ihm und Barbra nach außen hin harmonisch wirkte, waren die beiden doch alles andere als Freunde. Ernest Lehman zufolge war es sogar so: »Die beiden waren einfach nicht dafür gemacht, sich miteinander zu verständigen.«

Dasselbe konnte man von Barbra und dem männlichen Hauptdarsteller sagen. Barbra war, das muß man einräumen, von Anfang an im Nachteil. Walter Matthau, der die Rolle des Horace Vandergelder spielte, dem Objekt von Dollys leidenschaftlicher Liebe, hatte gerade einen Film mit großem Erfolg herausgebracht. Er hieß *A Guide for the Married Man / Leitfaden für Seitensprünge*, und Gene

Kelly hatte die Regie geführt. Somit kannten sich Kelly und Matthau bereits und hatten eine enge Beziehung. Matthau vertraute auf seinen Regisseur und seine Karriere. Einen Tag, bevor Dolly in Produktion ging, gewann er den Oscar für die beste Nebenrolle in Billy Wilders *The Fortune Cookie*.

Barbra hingegen war unglaublich unsicher, was ihre Rolle in *Dolly* betraf, und wartete ängstlich darauf, daß *Funny Girl* herauskam. Im Gegensatz zu ihrem ersten Film hatte sie hier nicht das Recht gehabt, über die Besetzung der männlichen Hauptrolle mitzuentscheiden. Sie mochte Matthau auf Anhieb nicht.

Anders als Omar Sharif, der sich mit braunen Augen und Süßholzgeraspel ihre Gunst erkämpft hatte, war Matthaus Stil grob und abrupt. Während der Dreharbeiten zu *Dolly* behandelte er Barbra mit schroffer Indifferenz. Man kann darüber streiten, ob es Matthau gestört hat, daß man im Studio und während des Drehens Barbra allgemein mit Respekt behandelte oder daß man ihm, obwohl er eine Anzahl erfolgreicher Filme aufzuweisen hatte, nur 500 000 Dollar zahlte, was sehr viel weniger war als das, was Barbra verdiente.

Eines Tages, als sie gerade nicht drehten, ging Matthau zu Jason, der mit Barbra spielte, und begann, in Babysprache mit ihm zu reden. Barbra, die dafür nichts übrighatte, sagte nichts. »Kinder kann man nur erziehen«, erklärte Matthau verächtlich, »indem man in Babysprache mit ihnen spricht und sie schlägt.« Barbra wurde zornig. Sie stand auf und verkündete, daß sie mit Jason eine Spazierfahrt in ihrem Auto machen wolle. Obwohl ihm bewußt war, daß er Barbra verletzt hatte, hörte Matthau nicht auf. »Du machst pfui-pfui im Auto, stimmt's Jason?« fragte er mit einem konspirativen Lächeln. Barbra nahm den verängstigten Jason auf ihre Arme und marschierte davon, während sie wütend vor sich hin schimpfte. Ein anderes Mal kam Matthau nach einem seiner Joggingläufe total verschwitzt zu den Dreharbeiten. Er trug einen Trainingsanzug. »Darunter habe ich nichts an«, sagte er zu Barbra. »Erregt dich das nicht?«

Doch ihr großer Streit brach erst aus, als sie Los Angeles verließen. Am 1. April 1968 fuhr ein Teil des Teams nach Garrison, New York, um die Stadt zu erheblichen Kosten in das Yonkers von 1890 zu verwandeln. Anfang Juni trafen Barbra und Matthau mit dem Rest des Teams in der nachgebildeten Stadt ein, um dort die Außenaufnahmen zu drehen. Die Hitze in New York war unerträglich. Die schweren historischen Kostüme und Perücken brachten die Schauspieler zur Verzweiflung. Die heftigen Regenfälle in Garrison erschwerten die Situation. Als der Regen weniger wurde und schließlich ganz aufhörte, hatte sich das enorme Budget der Produktion noch um 200 000 Dollar erhöht.

In dieser angespannten Situation konnte es leicht zu Wutausbrüchen kommen. Am 6. Juni, einem Donnerstag, entbrannte ein heftiger Streit zwischen Barbra und Matthau. Matthau litt seit Wochen unter Migräne und Magenschmerzen, was offen gesagt wohl an seiner Zusammenarbeit mit Barbra lag. Ihre ständige Forderung, Einstellungen zu wiederholen, machte ihn wahnsinnig. Er hatte kein Verständnis dafür, wie sie – aus seiner Sicht – permanent ihre Grenzen als Schauspielerin übertrat und Kelly »Vorschläge« machte. Und er war wütend über Kelly, der ständig versuchte Barbra zu beschwichtigen, anstatt sie zurechtzuweisen.

Er war entsetzt, als er sie eines Tages im Studio zu Lennie Hayton, dem erfahrensten musikalischen Leiter für Musicals, sagen hörte, daß die Flöten zu früh einsetzten und die Violinen zu schnell im Tempo seien. Als sie dann zu Kelly ging, um sich darüber zu beklagen, daß er ihr die Stichwörter nicht richtig gebe, geriet er erst recht in Rage. Darüber hinaus erklärte sie Kelly ganz genau, wie Matthau zu arbeiten habe. Am Tag ihres Streits in Garrison soll sich Barbra Kelly gegenüber wieder über dieses leidige Thema ausgelassen haben. Sie hatte außerdem eine Idee für eine Szene, die in einem Wagen spielte. Schließlich explodierte Matthau. »Hör endlich auf, bei diesem verdammten Film die Regisseurin zu spielen!« schrie er. Barbra war zunächst schockiert. Doch sie erholte sich rasch und gab Matthau zurück, daß er nur eifersüchtig sei, weil sie talentierter sei als er.

»Nun mal langsam, Mädchen«, antwortete Matthau. »Du magst die Sängerin in diesem Film sein, aber ich bin der Schauspieler.« Das Wortgefecht ging weiter. Er nannte sie »Winzling« und »Giftspritze« und sagte ihr, daß sie keinen Funken Talent besitze. Er hingegen habe ein »dreckiges Mundwerk«, und sie überreichte ihm angeblich sogar einmal ein Stück Seife. Er sagte ihr, daß sie vielleicht eine gute Schauspielerin würde, wenn sie endlich ihr Handwerk richtig lernen würde, anstatt weiterhin eine »anormale Attraktion« zu sein. Sie soll daraufhin scharf erwidert haben: »Der Titel des Filmes ist nicht ›Hallo, Walter‹« – oder so etwas Ähnliches. Dann holte Matthau zum eigentlichen Schlag aus. »Niemand aus dem Team kann dich leiden«, erklärte er ihr. Barbra fing an zu weinen und verließ das Set. »Okay, geh nur«, schrie ihr Matthau hinterher, »aber erinnere dich daran, daß auch Betty Hutton von sich glaubte, sie sei unentbehrlich.«

Die Dreharbeiten verschoben sich um ein paar Stunden, in denen sich Matthau beruhigte und Barbra ihre Fassung wiedererlangte. Danach bemühten sich beide Stars, für den Rest der Produktion höflich miteinander umzugehen, und es gelang ihnen auch größtenteils. Sie beklagten sich nur noch vor dem Regisseur. Sie jammerte, daß sie nicht genügend Nahaufnahmen bekomme, und er beklagte sich, daß sie ihm in die Sätze falle.

Ihre gegenseitige Abneigung dauerte auch noch nach den Dreharbeiten an. Jahre später äußerte sich Matthau gegenüber einem Journalisten: »Ich bin der zehntbeliebteste Schauspieler, direkt hinter der Streisand? Können Sie sich das vorstellen, hinter Barbra Streisand zu stehen? Einen Beutel, bitte, ich muß kotzen.« Auf die Frage, ob er mit Barbra je wieder einen Film machen würde, sagte Matthau: »Ich würde gerne wieder mit Barbra zusammenarbeiten, vielleicht in einem Film wie *Macbeth*.«

Die Anwesenheit des achtzehn Monate alten Jason lockerte die Dreharbeiten etwas auf. Marvin Laird, der Tanzchoreograph, erinnert sich: »Das erste Mal, daß ich Barbra wirklich näherkam, war, als wir in Garrison drehten. Wir sollten eigentlich anderthalb Wochen dortbleiben, aber es regnete die ganze Zeit. Jason war toll. Er kannte jeden Tanzschritt von Barbra. Er stand abseits des Sets und beobachtete sie, besonders bei der Nummer ›Sunday Clothes‹. Er kannte jede Bewegung, die sie machte, und er stand da und machte sie nach.«

»Er war ein Engel von einem Kind«, fährt Laird fort, »und Barbra war eine gute Mutter, soweit sie das unter den Umständen sein konnte. Ich meine, wenn man bedenkt, daß sie sich den ganzen

Tag mit ungefähr zwanzig Leuten herumärgern mußte, von der Garderobiere bis hin zum Friseur. Und daß sie sich die meiste Zeit des Tages an ein schräges Brett anlehnen mußte, weil sie sich in ihrem Kleid nicht hinsetzen konnte. Sie konnte nicht einfach ihr Kind nehmen, es mit sich herumschleppen und eine echte Mutter sein. Aber Barbra war sehr lieb zu ihm. Natürlich war auch seine Kinderfrau da.« Am 4. Juli, nach den Dreharbeiten in Garrison, Cold Springs und West Point, New York, kehrte das durchnäßte Team einschließlich Barbra in drei gecharterten Flugzeugen nach Los Angeles zurück.

Die Dreharbeiten wurden in den Studios der Fox am nächsten Tag wiederaufgenommen. Bevor sie Garrison verließ, vertraute Barbra einem Reporter an: »Ich habe Angst, daß die [Öffentlichkeit] denkt, daß ich eine Art Monster bin. Ich möchte nicht, daß die Leute glauben, ich sei ein furchtbarer Mensch. Das bin ich nicht.«

Die Dreharbeiten verliefen auch weiterhin naß, heiß und unerfreulich. Harry Stradling, dessen Gesundheit schon von Anfang an instabil war, mußte sich vor der Fertigstellung des Filmes eine Woche freinehmen. Seine Beziehung zu Barbra war weiterhin von Vertrauen und gegenseitigem Respekt geprägt.

Gene Kelly versuchte durch seine fröhliche Ausstrahlung die Stars bei Laune zu halten, aber dennoch gab es wie bei den meisten Filmen weiterhin Probleme. Sogar der Komponist Jerry Herman wurde beschimpft. Herman war scheinbar von Richard Zanuck beauftragt worden, eine Originalballade zu schreiben, die Barbra im Film singen sollte. Allen gefiel das Lied, das Herman vorlegte. Es hieß »Love Is Only Love«. Doch dann erfuhr Zanuck durch einen Zufall, daß das Lied alles andere als ein Original war, sondern schon einmal für die Musik von *Mame* abgewiesen worden war. Zanuck war wütend und schimpfte mit dem Komponisten.

Es gab zwei Dinge, die Barbra an der Produktion mochte. Zum einen ihren Honorarscheck und zum anderen die Tage, an denen ihre Anwesenheit am Set, anders als bei *Funny Girl*, wo sie praktisch in jeder Einstellung auftrat, nicht erforderlich war. Sie hatte auch das Gefühl, daß *Dolly* das Ende eines Kapitels ihrer Karriere, und zwar ihrer Musicalkarriere war. Barbra beendete ihren Teil der Dreharbeiten am 16. August. Trotz Matthaus Vorwürfen hatte sie Kelly weiterhin mit ihren Vorschlägen behelligt. Für die Nummer »Before the Parade Passes By« machte Kelly eine Nahaufnahme von Barbra, wie sie die letzte Note anhielt. Barbra wollte, daß die Kamera dann von ihr wegging und sie als kleinen Punkt in der Menge zeigte. Kelly gab schließlich nach und machte die Einstellung auf Barbras Wunsch hin. Diese Einstellung sieht man auch in dem fertigen Film.

Nachdem Barbra ihre Arbeit beendet hatte, ging die Produktion noch zwei Wochen weiter und endete schließlich nach 121 aufreibenden Drehtagen. Überraschenderweise war die Produktion trotz ihres gewaltigen Umfangs und ihres hohen Budgets, besonders dank des Einsatzes von Ernest Lehman, sehr gut organisiert und konnte ohne große Zwischenfälle beendet werden. Dennoch hinterließ sie bei mehreren Mitgliedern des Teams einen bitteren Nachgeschmack. »Einige Dinge, die passiert sind, waren einfach furchtbar«, berichtete Lehman Gene Kellys Biograph Clive Hirschhorn. »Die Intrigen, die Verbitterung, die Lästereien, Betrügereien, Kümmernisse und die ganze gedrückte Atmosphäre. Alles sehr unerfreulich.« Er fügte in einem Kommentar über das Filmemachen im allgemeinen hinzu: »Es ist erstaunlich, was die Leute alles durchmachen, um etwas zu produzieren, was andere unterhält.«

22. KAPITEL

Elliott geht, Oscar kommt

»Auf nach Chicago, wo wir gewinnen werden!« verkündete Robert F. Kennedy, und seine Worte hallten durch das Ambassador Hotel in Los Angeles. Minuten später wurde er von seinem Mörder niedergeschossen. Es war der 5. Juni 1968. Zwei Monate vor dem Mord an Robert Kennedy hatte man Martin Luther King Jr. in Memphis erschossen.

In den Straßen brachen Studenten- und Rassenunruhen aus, die sich tief in das Bewußtsein der amerikanischen Bevölkerung einprägten. Hollywood befand sich wie der Rest des Landes in einem Schockzustand. Einige Gruppierungen innerhalb der Unterhaltungsbranche, die nicht willens waren, in Apathie zu verharren, mobilisierten ihre Kräfte, was am 26. Juli 1968 in einer Veranstaltung im *Hollywood Bowl* gipfelte. Angekündigt als »The Entertainment Event of the Year« versammelten sich dort 18000 Menschen, die Geld für Kings Initiative zugunsten sozial Schwacher spendeten.

Die Show wurde von Bill Cosby geleitet, und der Starauftritt war für Barbra Streisand reserviert. Sie kam in einem grünen Chiffonkleid auf die Bühne und begeisterte das Publikum mit ihrer Stimme, die in der Sommernacht widerhallte. Aufgrund ihrer beängstigenden Konzerterfahrungen im vergangenen Jahr wollte sie eigentlich nicht öffentlich auftreten. Diesmal aber fühlte sie sich dazu verpflichtet. Diesen Unterschied würde sie im Lauf ihrer ganzen Karriere oft machen müssen.

Die Show soll 140000 Dollar eingespielt haben und war der Vorläufer für die Lebenshilfeaktion »We Are the World« und viele andere in Hollywood stattfindende Wohltätigkeitsveranstaltungen.

Abgesehen von dem bevorstehenden Kinostart von *Funny Girl* hatte Barbra noch andere Karrieresorgen. Sie war nervös wegen ihres vierten CBS-Fernsehspecials »A Happening in Central Park«. Ihr letztes Special »The Belle of 14th Street«, das an vier aufeinanderfolgenden Tagen aufgezeichnet wurde, hatte schlechte

Kritiken und geringe Einschaltquoten bekommen, als es während der Dreharbeiten zu *Funny Girl* am 11. Oktober 1967 gesendet wurde. Rückblickend waren die Gründe für diesen Flop offensichtlich. Die Show war falsch konzipiert, zu prätentiös und in ihrer Ausführung zu kompliziert. Zu dieser Zeit befürchtete man, daß nach den ersten beiden erfolgreichen Specials Barbras Anziehungskraft nachgelassen haben könnte und das Fernsehpublikum ihre übliche Inszenierung satt hatte.

Ihre Sorgen waren unnötig. »A Happening in Central Park«, das ein bewußt einfaches Konzept hatte – Barbra steht auf der Bühne und singt unter den Sternen –, bekam exzellente Kritiken und eine gute Sendezeit im Fernsehen. Das Special wurde am 15. September 1968 ausgestrahlt, fiel dadurch fast mit dem lang erwarteten Kinostart von *Funny Girl*, der drei Tage später stattfand, zusammen und diente so dem Film sogar als Werbung.

Barbra machte sich bis zum Schluß Sorgen um *Funny Girl*. Sie bettelte William Wyler und Ray Stark an, ihre geliebte »Schwanensee-Nummer« ungeschnitten zu lassen. Sie stritt sich allerdings umsonst. Der Film war mit seinen hundertfünfzig Minuten sowieso schon viel zu lang.

Ray Stark veranstaltete von *Funny Girl* keine Voraufführungen in Los Angeles, sondern in Milwaukee und Dallas. Er wollte sehen, ob das Jüdische des Filmes auch im konservativen Mittleren Westen von Amerika verständlich sein würde. In Milwaukee ergaben die Umfragen nach der Vorstellung 334mal »exzellent«, 52mal »gut« und nur eine Handvoll »schwach« und »schlecht«. In Dallas war das Resultat ebenfalls außerordentlich positiv. Die Bewertungen der schauspielerischen Leistung von Barbra waren sogar noch besser als die für den Film an sich. »People« wurde als das beste Lied des Musicals bezeichnet, dicht gefolgt von »My Man«. Omar Sharif wurde von vielen abgelehnt, die ihn als Fehlbesetzung einstuften. Manche von ihnen mochten seinen Akzent nicht und waren der Ansicht, daß er vom Aussehen her zu dunkel sei. »Schwanensee« war die Nummer, die am wenigsten ankam, und einige Zuschauer beklagten sich über Barbras Sprechstimme und über ihre langen Fingernägel.

Gestärkt durch eine 1,6 Millionen Dollar teure Werbekampagne und durch den größten Vorverkauf, den es in der Geschichte des Kinos je gab, hatte *Funny Girl* am 18. September 1968 im *Criterion Theatre* in New York Premiere. Mit Elliott am Arm nahm Barbra in einem zarten Scaasi-Kleid mit Cape an der Veranstaltung teil. Ihr Haar trug sie hoch auf dem Kopf toupiert.

Nach der Vorstellung nahmen sie und zwölfhundert geladene Gäste an der riesigen Party teil, die mitten auf dem Times Square auf der Seite des Astor Hotels in einem Zelt stattfand. Die Party wurde als »der größte im Freien stattfindende Star-Zirkus« bezeichnet, den »New York je gesehen hat«. Barbra erschien spät und verabschiedete sich zeitig. Sie nahm nicht an dem Mitternachtsmahl teil und trank keinen Tropfen Alkohol. Marty Erlichman vertraute einem der Gäste an: »Ich garantiere Ihnen, sie wäre jetzt lieber in einem Restaurant.« Unter den anwesenden Berühmtheiten befanden sich: Johnny Carson, Rod Steiger, George Segal und Senator Jacob Javits.

In Hollywood fand die Premiere am 9. Oktober im berühmten *Egyptian Theatre* statt (dem Ort, an dem 1921 *Robin Hood* mit Douglas Fairbanks Sr., der allererste Film Hollywoods, seine Premiere hatte).

Wieder fand die Premierenfeier in einem Zelt statt, das man gegenüber dem Kino aufgebaut hatte. Im Innern war ein Teil der Lower East Side von Manhattan nachgebaut. Barbra trug diesmal ein rotes Scaasi-Kostüm aus Satin, mit einem passenden Pagenkäppi. Sie kam spät, blieb aber lang. Jedoch wurde die allgemeine Aufmerksamkeit auch ein wenig auf Ursula Andress gelenkt. Sie erschien mit Jean-Paul Belmondo an ihrer Seite, dem französischen Elliott Gould, und brachte die Fotojäger mit ihrer prallen Figur in Aufruhr, da sie sich nur in ein kurzes Minikleid gehüllt hatte. Unter den Berühmtheiten waren Gene Kelly, Garson Kanin, Bob Fosse, Raquel Welch, Natalie Wood, Nancy Sinatra, Vincente Minnelli, Jack Warner und ein überglücklicher Ray Stark, der voraussagte, daß der Film mehr als 100 Millionen Dollar einspielen würde. Stark meinte: »Die Jungs begeistern sich für den ersten Teil, die Frauen für den zweiten.«

An beiden Küsten Amerikas waren die Kritiken gemischt, aber meistens positiv. Barbra wurde zum Star gekürt. Die Kritiker priesen sie euphorisch. James Bacon vom *Los Angeles Herald Examiner* erklärte begeistert, daß »man sie zu den großen Superstars des Films zählen muß«. Joseph Morgenstern kündigte sie als »den vollendetsten, originellsten und amüsantesten Auftritt in einer Musicalkomödie« an, »den man je im Film eingefangen hatte«. Hollywood, das seit Jahrzehnten kein derartig spektakuläres Debüt mehr erlebt hatte, lag Barbra zu Füßen. Walter Scharf, der musikalische Leiter von *Funny Girl*, sagte: »In all den Jahren und in den zweihundert Filmen, die ich gemacht habe, habe ich nie ein größeres Talent gesehen als dieses Mädchen. Sie wird in die Musikgeschichte eingehen.«

Ihr Erscheinen in Begleitung von Maurice Chevalier bei der Premiere in Paris am 17. Januar 1969 löste einen Aufruhr aus. Hundertfünfzig Fotografen aus fünf Ländern belagerten sie von allen Seiten, als sie darum kämpfte, die Stufen der Pariser Oper hochzusteigen. Irgendwann gelang es ihnen, die Sicherheitskette zu durchbrechen, das Theater zu stürmen und Fotos von ihr zu machen, wie sie sich selbstbewußt in ihren Sitz sinken ließ.

Die königliche Premiere in London, die zwei Tage zuvor am Leicester Square stattgefunden hatte, war ein sehr viel würdigeres Ereignis gewesen. Bei dem Abendessen, nach der Aufführung mit Ihrer Königlichen Hoheit, Prinzessin Margaret, saß Barbra, die in einen Nerz gehüllt war, nicht neben ihr (vielleicht wollte sie einen weiteren Fauxpas in der königlichen Etikette vermeiden), sondern neben Marty Erlichman. Als sie der Prinzessin erneut vorgestellt wurde, brachte Barbra kein Wort heraus, und Omar Sharif mußte ihr zu Hilfe eilen. »Ich sehe, daß ihre männliche Besetzung erneut hilft«, lachte Prinzessin Margaret. An dem Abendessen nahmen auch noch Ray Stark, William Wyler, David Frost, Cecil Beaton, der britische Produzent Lionel Chetwynd und seine Frau und Cis Corman, Barbras beste Freundin, teil.

Elliott Gould war nirgendwo zu entdecken, und das war auch gut so. Barbra hatte nämlich ein Auge auf einen der anderen Gäste geworfen, und es war nicht Omar Sharif, sondern der achtundvierzigjährige Premierminister von Kanada, Pierre Elliott Trudeau. Sie fühlten sich sofort zueinander hingezogen. Barbra war begeistert von der Kraft und dem Selbstvertrauen, das Trudeau ausstrahlte.

Und er war von ihrem Humor angetan. Aber ihr Interesse füreinander war nur vorübergehend. Er mußte ein Land regieren, und sie mußte ihren Geschäften nachgehen, sowohl beruflich als auch privat.

Im Oktober 1968 hatte Barbra bei Paramount mit den Vorbesprechungen und Proben für ihren neuen Film *An einem Sonntag ohne Wolken* von Alan Jay Lerner und Burton Lane begonnen. Man hatte ihr eine Rolle in dem Film angeboten, nachdem Audrey Hepburn sie abgelehnt hatte. Sie sollte dort eine verunsicherte, leicht neurotische Frau namens Daisy Gamble spielen, deren außerordentliche Fähigkeiten unter anderem darin bestanden, Blumen mit dem bloßen Klang ihrer Stimme wachsen zu lassen. Sie war ein weibliches, botanisches Pendant zu Doktor Dolittle. Um vom Rauchen »geheilt« zu werden, geht sie zu einem Psychiater namens Dr. Marc Chabot. Unter Hypnose regrediert sie in eines ihrer früheren Leben, als sie noch Lady Melinda Tentrees war, eine englische Dame aus dem 19. Jahrhundert. Zunächst nur fasziniert von dieser hypnotischen Entdeckung, verliebt sich Chabot schließlich in seine Patientin.

Paramount kaufte die Filmrechte des Broadway-Musicals für 750 000 Dollar. Der Erwerb wurde am 25. April 1966 bekanntgegeben. Zu dieser Zeit lief die einigermaßen erfolgreiche Show noch am Broadway, mit Barbra Harris in der Hauptrolle.

Vincente Minnelli sollte bei dem Film die Regie führen, hauptsächlich deswegen, weil er Alan Jay Lerners und Frederick Loewes Gigi 1959 zu einem enormen, oscargekrönten Musicalerfolg gemacht hatte. Minnelli unterschrieb den Vertrag, obwohl er seit fünf Jahren kein Studio mehr betreten und seit zehn Jahren kein Musical mehr gemacht hatte.

Die Besetzung der männlichen Hauptrolle war problematisch. Zunächst hatte man sich Richard Harris, der zu dieser Zeit König Arthur in *Camelot* spielte, für die Rolle auserkoren. Harris lehnte jedoch ab. Auf Barbras Empfehlung hin, was ein Zeichen für ihre Beharrlichkeit ist, wurden Gregory Peck und Frank Sinatra angesprochen, die ebenfalls ablehnten. Die Rolle ging schließlich an Yves Montand, der seinen europäischen Charme in Amerika noch nicht erprobt hatte.

Für die filmische Umsetzung wurde die Geschichte aktualisiert, um zeitliche Veränderungen deutlich zu machen, und ein zweiunddreißigjähriger Schauspieler namens Jack Nicholson spielte die Rolle von Barbras Stiefbruder. Er sollte eine Solonummer mit dem Titel »Who Is There Among Us Who Knows« singen. Barbra entschied sich jedoch, das Lied mit ihm zu singen, und so wurde aus Nicholsons Solo ein Duett. Dennoch hegte er keine Ressentiments gegenüber Barbra und sagte später: »Die Streisand war toll zu mir.« Er fügte hinzu: »Sie versuchte mir bei Szenen zu helfen und sagte mir immer, was ich machen sollte.«

Zu dieser Zeit kannte man Nicholson, wenn überhaupt, als Rokker aus den Filmen von Roger Corman. Als *An einem Sonntag ohne Wolken* herauskam, wurde er jedoch bereits mit *Easy Rider* als antibürgerliche Kultfigur berühmt. Dennoch beeindruckte er seine Schauspielerkollegen in *An einem Sonntag ohne Wolken* nicht, da er, ganz egal, wie oft man die Einstellung wiederholte, den gleichen Gesichtsausdruck, die gleichen Bewegungen und die gleiche tiefe, nasale und monotone Stimme beibehielt.

Montand war jedoch noch schlechter. Seine Szenen mit Barbra sollten knistern vor Spannung, so wie es manchmal passiert, wenn zwei sehr gegensätzliche Menschen aufeinandertreffen. Montand war jedoch mit seinem Hundeblick und seiner nichtssagenden Art zu unbeweglich. Um dies zu kompensieren, übertrieb Barbra ihrerseits. Seine musikalischen Nummern waren fast peinlich, besonders »Come Back to Me«. Der Anfang des Films spielt auf dem Dach des PanAm-Gebäudes in New York, und es wirkt so, als hätte Minnelli diese Szene geradewegs der Schleppersequenz aus *Funny Girl*, »Don't Rain on My Parade«, von Herb Ross abgeguckt.

Um für den Start von *An einem Sonntag ohne Wolken* Werbung zu machen, veranstaltete die Paramount einen Reinkarnationsball mit dem zum Film passenden Motto: »Verkleiden Sie sich als der Mensch, der Sie in einem vergangenen Leben hätten sein wollen.« Raquel Welch kam als Katharine Hepburn zum Ball. Omar Sharif erschien als Che Guevara (den er gerade in seinem letzten Film *Che!* gespielt hatte). Barbra, die als letzte kam, war Colette.

Im Gegensatz zu Gene Kelly bei *Dolly* fand Barbra in Vincente Minnelli einen kooperativen Geist. Anders als Wyler war Minnelli ein ruhiger und bescheidener Mann, der kein großes Ego besaß. Er war begeistert von Barbras Fähigkeiten und unterstützte ihre Ideen voll. Interessanterweise wurde ihre Beziehung in der Presse, die hungrig nach Streitereien war, überhaupt nicht erwähnt.

Barbra verstand sich nicht mit Montand, aber es gab auch keine nennenswerten Auseinandersetzungen. Ihre gegenseitige Abneigung kam verhalten zum Ausdruck und blieb immer hinter der Maske professioneller Höflichkeit versteckt. Als er danach gefragt wurde, ob er Barbra persönlich gemocht habe, antwortete Montand – was sehr aufschlußreich war –, daß sie eine großartige Sängerin sei. Er weigerte sich, mehr zu sagen, mit der Begründung, daß sie nicht hier sei, um sich zu verteidigen, und er wollte nicht garstig sein.

Die Dreharbeiten verliefen jedoch friedlich. Barbra verbrachte die meiste freie Zeit mit ihrem Freund Howard Jeffrey, den sie als Choreographen hatte engagieren können. Sie befriedigte außerdem andere Gelüste, indem sie einige Mahlzeiten aus ihrem chinesischen Lieblingsrestaurant in New York einfliegen ließ.

Meistenteils mochte sie das, was sie in dem Film zu tun hatte, besonders die fantastischen Elemente der Rückblenden. Eine der Szenen verlangte von ihr, daß sie sich im Alter von acht Jahren spielen sollte. Um einen besseren Effekt zu erzielen, vergrößerte Paramount den Set und engagierte mehrere über zwei Meter große Schauspieler und das größte Pferd, das man finden konnte.

Barbra kam auch gut mit Cecil Beaton, dem bekannten englischen Fotografen und Designer, zurecht. Beaton, der mit Minnelli an *Gigi* gearbeitet hatte, entwarf Barbras historische Kostüme für den Film. Ray Diffen, der mit Beaton an *Coco* mit Katherine Hepburn gearbeitete hatte, sagt dazu: »Wir sprachen über Barbra, und er bewunderte sie. Was sehr merkwürdig war, weil er so ein verkrampfter Ästhet war, daß niemand geglaubt hätte, daß sie sich verstehen würden. Ich denke, er bewunderte sie, weil sie einen phantastischen Geschmack hatte.«

Aber auch Beaton gab zu, daß die Arbeit mit Barbra sehr anstrengend war. »Sie akzeptiert nie etwas, bis sie sich selber hundertprozentig davon überzeugt hat, daß es richtig für sie ist. Sie würde niemals einfach sagen: ›Okay, es ist gut so, laß uns essen gehen.‹ Man führt eine ständige, zermürbende Schlacht gegen sie und ihren Geschmack, was sehr aufreibend ist.«

Auch die Werbeabteilung der Paramount litt unter Barbras Drang nach Perfektion. Wenn man die vorgeschlagenen Werbefotos mit ihr durchging, dann war sie unglaublich streng. Die meisten Bilder landeten auf einem Haufen, der in den Müll wandern sollte. Die, die sie akzeptierte, wurden zum Retuschieren ins Labor gebracht. Bei *An einem Sonntag ohne Wolken* beliefen sich die Retuschierkosten auf fünfundzwanzigtausend Dollar.

Als die Drehzeit überschritten war, begann Howard Koch mit Barbras Repräsentanten Verhandlungen über eine Verlängerung ihres Vertrages. Er konnte es sich allerdings nicht leisten, ihr mehr Geld zu bezahlen. Barbras Bedingungen, die mit Koch vereinbart wurden, waren einfach. Zu Beginn des Filmes hatte sie von der Paramount einen großen, üppig ausgestatteten Wohnwagen verlangt, der dem ähnelte, den ihr die Fox gegeben hatte. Barbra erklärte sich bereit, Überstunden zu machen, wenn sie folgendes bekäme: den Wohnwagen und dessen Inneneinrichtung, ihre gesamte Garderobe einschließlich der teuren Cecil-Beaton-Kreationen sowie einige der farbigen Glasfenster vom Set.

Während der Dreharbeiten erfuhr Minnelli, daß ihn seine dritte Ehefrau Denise wegen eines anderen Mannes verließ. Seine persönlichen Probleme verschlimmerten sich, als seine Tochter Liza ihm am 22. Juni 1969 telefonisch mitteilte, daß seine Ex-Frau, Judy Garland, an einer versehentlichen Überdosis Schlaftabletten verstorben war. Makabrerweise war er, als ihn der Anruf erreichte, gerade dabei, sich Filmmaterial der Streisand anzusehen, die von vielen schon als die »nächste Garland« gefeiert wurde.

Am letzten Tag der Dreharbeiten überreichte Barbra ihrem Regisseur ein antikes Kaffeeservice aus Silber. Da sie wußte, daß Minnelli seinen Kaffee ohne Zucker trank, sparte sie das Zuckerdöschen aus. Auf der Kaffeekanne stand geschrieben: »Für Vincente, den ich bewundere.« Auf dem Sahnekännchen stand: »Du bist die Sahne in meinem Kaffee.«

Nachdem sie nun drei Filme gemacht hatte, wurde Barbra zunehmend unzufrieden mit ihrer Stellung als Schauspielerin in Hollywood. Sie hatte Macht, aber sie wurde ihr mißgönnt. Sie bekam ihren Willen, weil sie eine »fordernde Schauspielerin« war, die man beschwichtigen mußte. Es war gar nicht so, daß ihre Ideen unbedingt besser gewesen wären als die ihrer Chefs, obwohl das manchmal der Fall war Die Macht, die sie besaß, brachte ihr Verachtung ein. Barbra weigerte sich jedoch, sich diesen Zwängen zu beugen.

Anfang 1969, im Alter von sechsundzwanzig Jahren, begann sie mit Paul Newman und Sidney Poitier ernsthafte Verhandlungen über die Gründung einer eigenen Produktionsfirma zu führen, um mehr Kontrolle über ihre Filme zu haben. Zu dieser Zeit waren Poitier und Newman die beiden beliebtesten Kinostars, und Barbra, die gerade erst vor ein paar Monaten ihren ersten Film herausgebracht hatte, war eindeutig auf dem Vormarsch.

Die Gründung einer eigenen Produktionsfirma war im Grunde nichts Neues in Hollywood – das einzige wirklich vergleichbare Unternehmen dieser Größenordnung war jedoch United Artists, bei der sich 1919 vier der größten Stars der Filmindustrie – Mary Pickford, Douglas Fairbanks, Charlie Chaplin und D. W. Griffith – zusammengeschlossen hatten. Bei der Gründung von United Artists sagte Richard Rowland, Leiter der Metro, voller Verachtung: »Nun haben die Verrückten die Leitung der Anstalt übernommen.«

Grundidee war, daß jeder der drei Partner – Streisand, Poitier und Newman – insgesamt drei Filme mit der geplanten Firma machen sollte. Jeder konnte seine eigenen, persönlichen Projekte auswählen, die jedoch nicht teurer als drei Millionen und bei Musicals nicht teurer als fünf Millionen Dollar sein durften. Jeder war dann für die Entwicklung, die Herstellung und den Schnitt selber verantwortlich. Die Entscheidung über den so wichtigen Endschnitt würde bei *ihnen selber* liegen.

Als Gegenleistung würden sie keinen Vorschuß auf ihr Gehalt bekommen, was das Budget unweigerlich senken würde, sondern eine Beteiligung von 25 bis 33,3 Prozent am Gewinn. Das finanzielle Risiko war natürlich hoch. Sie würden entweder besonders reich werden oder sich nichts als beträchtliche Einbußen einholen, was ihre Selbstliebe, ihren Ruf und ihre Konten betraf. Darum würden sie sich nur für Filme einsetzen, von denen sie persönlich sehr überzeugt waren.

Als die First Artists Production Company am 11. Juni 1969 offiziell gegründet wurde, kündigte die *Variety* sie als ein Unternehmen an, das »ohne Zweifel eine Bedrohung für den sowieso schwierigen Zustand der Filmlandschaft Hollywoods« bedeutete. Später schlossen sich Steve McQueen und Dustin Hoffman dem mächtigen Triumvirat an.

»Ich weiß, daß meine Partner den gleichen Drang nach künstlerischer Freiheit und völliger Hingabe haben wie ich«, sagte Barbra, als sie die Papiere für die Firma unterschrieb. »Diese Firma wird unser Bedürfnis nach Individualität befriedigen. Aber gleichzeitig werden wir mit gegenseitigem Respekt und Verständnis im Team arbeiten.«

Während Barbra neue Beziehungen knüpfte, beendete sie eine alte oder definierte sie zumindest neu. Im Oktober 1968, während sie mit den Proben zu *An einem Sonntag ohne Wolken* beschäftigt war, reiste Elliott in Hollywood an, um dort die Arbeiten an seinem neuen Film zu beginnen. Im darauffolgenden Monat kam *The Night The Raided Minsky's / Die Nacht, als Minsky aufflog* heraus, der ein Kritiker-, aber kein Publikumserfolg sein würde. Sein neuer Film war *The Piano Sport* für MGM. Das Projekt wurde jedoch plötzlich und unerklärlicherweise in der Entwicklungsphase abgebrochen. Glücklicherweise bekam Elliott sein volles Honorar und eine Rolle in einem anderen Film mit der Columbia. Der Film hieß *Bob and Carol and Ted and Alice*. Für Hollywood war es ein gewagtes Unternehmen, in diesem Film das Thema offener Beziehungen innerhalb der Ehe und des gesellschaftlichen Sexualkodexes zu behandeln.

Während seines Aufenthaltes in Los Angeles lebte Elliott selbstverständlich mit Barbra in ihrem gemieteten Haus in Holmby Hills, das dem Autor George Axelrod gehörte. Es war ihr erstes längeres Zusammensein seit Monaten. Sie hatten die Hoffnung, daß sie ihre Leidenschaft füreinander wieder entfachen und etwas von dem Wir-gegen-den-Rest-der-Welt-Gefühl wiederfinden würden, auf dem ihre Beziehung gründete.

In den vergangenen vier Jahren hatten sie damit gekämpft, ihre komplexe Beziehung zu vereinfachen und die darin enthaltenen Probleme zu lösen. Beide hatten mit einer Psychoanalyse begonnen. Während der Dreharbeiten zu *Funny Girl* hatte Elliott eine Zeitlang seine eigene Karriere vernachlässigt, um Barbra zu helfen. »Ich hatte mit einigen verblüffenden Tatsachen zu kämpfen«, sagte er zu dieser Zeit. »Wir haben sieben Firmen. Ich bin Barbras Ehemann und derjenige, der die Verantwortung trägt. Soll ich für mich selbst arbeiten oder versuchen, Barbras Karriere voranzutreiben?«

Es endete in einem Streit, und Elliott ging zurück nach New York, um *Minsky's* zu machen, während Barbra in Hollywood blieb. Es war entweder reine Boshaftigkeit oder ein Gefühl von Verlorenheit, das Barbra dazu veranlaßte, eine Affäre mit Omar Sharif zu beginnen. Als Elliott von dieser Beziehung hörte, fühlte er sich erniedrigt. Es war wie auch andere Aspekte ihrer Beziehung (hauptsächlich die Tatsache, daß sie als Frau die Ernährerin war) ein Affront gegen seine Männlichkeit. Es war außerdem der Gipfel des Betrugs. Man könnte sagen, daß sich ihre Beziehung danach nie wieder vollständig erholt hat.

Ihre Probleme lagen jedoch viel tiefer. Konfrontiert mit dem enormen Erfolg seiner Frau, zog sich Elliott in ein Schneckenhaus zurück und unterdrückte zugunsten Barbras alle eigenen Ideen, Gefühle und Hoffnungen. Alles in ihrer Beziehung drehte sich um sie. In den Augen der Öffentlichkeit existierte er nicht, außer in der Position ihres ständigen Begleiters oder Händchenhalters. Noch schlimmer war, daß er sich nicht dagegen auflehnte. Doch durch seine Analyse lernte Elliott, daß er sich nicht für Barbras Triumphe und nicht für seinen fehlenden Erfolg entschuldigen mußte.

Er konnte auch seine Verachtung einzelner Seiten von Barbras Persönlichkeit ausdrücken, ohne Angst zu haben, daß seine Kommentare als Eifersucht oder Neid ausgelegt würden. Er hatte genug von Barbras offensichtlicher Unfähigkeit, glücklich zu sein. Und er konnte ihre ständige Sorge um ihr Image sowie ihr Bedürfnis nach der Anerkennung anderer nicht ausstehen, weil er fand, daß seine ermutigenden Worte (oder ihre eigene Einschätzung) hätten ausreichen sollen.«Barbra lebt in der ständigen Sorge darüber, was andere von ihr halten«, sagte er, »nicht nur von ihren Auftritten, sondern auch von ihrem Aussehen.« Er hatte es auch satt, sich ständig beweisen und immer wieder ihr Vertrauen gewinnen zu müssen. »Barbras eine Seite brauchte mich«, gestand Elliott. »Die andere Seite verachtete Männer und lebte in ständiger Konkurrenz zu ihnen. Barbra hat ambivalente Gefühle, was Männer angeht. Sie möchte, daß sie sich von ihr angezogen fühlen, und hat Angst davor, daß dem nicht so sein könnte. Das ist ein Problem, das sie nicht lösen kann – Männer sind nicht gut, und man kann ihnen nicht vertrauen.«

Jason sollte ihre Ehe festigen, was natürlich für ein Kind eine zu große Aufgabe ist. Auch wenn die Liebe zu ihrem Kind immens groß war (»Meine größte Schöpfung«, hatte Barbra gesagt), war es doch auch eine Sache mehr, über die sie sich streiten konnten. »Meine Frau ist eine typisch jüdische Mutter, immer besorgt«, sagte Elliott. »Wenn Jason niest, dann bricht sie zusammen.« Elliott war der Ansicht, daß es Jason erlaubt sein sollte, sich dreckig zu machen, zu stolpern, zu fallen und sich zu prügeln. In Barbras Haushalt jedoch war Jason immer feingemacht und gut behütet. Entweder paßte die Sekretärin auf ihn auf oder Barbras Köchin, Grace Maddrell, oder Barbras Garderobiere, Grace Davidson, oder seine Kinderfrau, die Schottin Barbara Howden.

Zwischen Barbra und Elliott gab es noch einen weiteren Streitpunkt. Er wollte, daß sie mehr an Jasons Leben teilnahm. Sie wollte Mutter und Filmstar sein und war davon überzeugt, daß sie beides schaffen würde. Viele ihrer Auseinandersetzungen drehten sich also gar nicht um Jason, sondern um ihre *Karriere*. Vielleicht hätte ihre Ehe funktioniert, wenn sie nicht so talentiert gewesen wäre. »Ich bin viel glücklicher mit meiner Karriere, als sie es mit ihrer ist«, sagte Elliott während der Dreharbeiten zu *The Night They Raided Minsky's*. »Ich hätte es lieber, wenn sie Hausfrau wäre anstatt ein Star, aber sie hat nun mal dieses enorme Talent.«

Am 28. Oktober 1968 geschah etwas, das das Faß zum Überlaufen brachte. Die Goulds waren mit Freunden zum Abendessen ausgegangen. Als sie das Restaurant verließen, wurden sie von den unermüdlich aufflackernden Blitzlichtern der Fotojäger geblendet.

Einer der Fotografen war besonders penetrant. Barbra, die erschreckt über diesen Überfall war, bedeckte ihr Gesicht mit einer Hand und tastete sich mit der anderen an der Wand entlang.

Die Auseinandersetzung, die dann folgte, wurde schließlich in einem Gerichtssaal in Los Angeles ausgetragen. Barbras Aussage zufolge hatte sie den Fotografen Rizzo, der sie weiterhin mit seiner Kamera verfolgte, wütend angefleht: »Haben Sie nicht genug?«

Er hatte darauf geantwortet: »Wenn Sie höflich wären wie alle anderen, dann würden Sie stehenbleiben und uns ein Foto machen lassen.«

»Sag ihnen, sie sollen weggehen!« bat sie ihren Ehemann. Rizzo aber setzte seine Verfolgungsjagd fort. Schließlich stürzte sich Elliott auf den Fotografen. Barbra und ihre Freundin, eine Mrs. Leff, rannten panisch zu ihrem Auto.

Elliott entlud in den folgenden Minuten seine seit Jahren aufgestauten Frustrationen. Er wollte finanziell für seine Frau aufkommen und sie beschützen. Da er ersteres nicht tun konnte, wollte er wenigstens letzteres erfüllen, auch wenn er dafür mit seinen Fäusten auf die Kamera eines Fotografen losgehen mußte.

Der Anklage zufolge hatte Elliott den Kläger »tätlich angegriffen und ihm in den Nacken, auf die Schulter und in den Oberkörper geschlagen«. Der Angriff war laut Rizzo nicht provoziert worden. Der Fall wurde erst am 26. Juni 1972 entschieden, als Richter Parks Stillwell Elliott zu einer Geldstrafe von 6501 Dollar verurteilte.

Bis zum Schluß beteuerte Elliott seine Unschuld. »Ich habe ihn nicht geschlagen«, protestierte er gegenüber einem Reporter. »Ich habe ihn nicht geschubst. Ich habe ihn irgendwie gegen ein Auto gedrängt. Ich kann Ihnen nicht sagen, wie sehr ich diese Kerle angefleht habe, mit den Fotos aufzuhören, weil es Barbra nervös machte.« Rizzo hatte ursprünglich behauptet, daß Barbra »Mr. Gould dazu angestiftet und gedrängt hatte, irgend etwas zu tun, um zu verhindern, daß die Fotografen und der Kläger weitere Fotos von ihr machten«. Diese Behauptung wurde jedoch vom Gericht abgelehnt, und Elliott war der einzige Angeklagte.

Auf die Frage, wie sie sich gefühlt habe, als Elliott, ihr siegreicher Held, zum Auto zurückkam, sagte Barbra: »Ich war sehr nervös und unglücklich, und ich . . . ach, ich hatte unterschiedliche Gefühle. Ich war sehr stolz auf ihn, weil er sich, als dieser Mann mich angriff, auch angegriffen fühlte und wie ein Beschützer reagierte. Das fand ich sehr gut.«

Dann fragte man sie: »Insofern waren Sie also einverstanden?« Sie antwortete: »Ja.«

Am 12. Februar 1969 ließ Barbra über ihren Presseagenten Lee Solters, mit dem sie seit *I Can Get It for You Wholesale* zusammenarbeitete, bekanntgeben, daß Elliott und sie sich getrennt hatten.

Ashley Feinstein, den die Neuigkeit in New York erreichte, erinnert sich, wie traurig er darüber war. »Als *Funny Girl* am Broadway Premiere hatte, gab es ein Foto von Barbra und Elliott in der *Newsweek* oder der *Time*. Sie waren in einem Swimmingpool, und sie verdeckte sein Gesicht mit ihrer Hand. Sie sahen so verliebt aus.«

Nach ihrer Trennung schworen sich Barbra und Elliott, daß sie weiterhin an ihrer Beziehung arbeiten würden, auch aus der Distanz heraus. Sie vermieden es, von einem endgültigen Bruch zu sprechen. Scheidung bedeutete für beide, sich eine Niederlage einzugestehen. Barbra redete davon, wie sie ihre Geschäftsbeziehung weiter fortführen würden und daß Elliott nicht nur ein großer Star, sondern auch ein »wichtiger Produzent« werden würde.

Die ersten Monate des Jahres 1969 waren für Barbra sehr turbulent. Im Februar, ungefähr zur Zeit ihrer Trennung von Elliott, wurde sie für den Oscar in der Kategorie »Beste Schauspielerin« nominiert. Ihre Konkurrentinnen waren ebenfalls hervorragend: Katharine Hepburn für *The Lion in Winter / Der Löwe im Winter*, Patricia Neal für *The Subject Was Roses / Rosen für die Lady*, Vanessa Redgrave für *Isadora* und Joanne Woodward für *Rachel, Rachel / Die Liebe eines Sommers*.

In der Geschichte der Academy war dies einer der härtesten Wettbewerbe. Vom Werberummel einmal abgesehen, gab es in diesem Jahr fünf herausragende Schauspielerinnen. Jede von ihnen hätte gewinnen können. Der Golden Globe, der oftmals ein Indikator für den Oscar ist, ging an Joanne Woodward in der Kategorie »Drama« und an Barbra in der Kategorie »Musical und/oder

Komödie«. Das schien ein gutes Zeichen für die Woodward zu sein. Die Kategorie »Drama« wird als das wichtigere Genre angesehen, und deshalb wird der Gewinner des Golden Globe in dieser Kategorie als Favorit für den Oscar betrachtet. Außerdem war die Woodward, obwohl sie in Connecticut lebte, in Hollywood hoch angesehen. Darüber hinaus hatte sie für ihren Auftritt in *Rachel, Rachel*, bei dem ihr Mann Paul Newman die Regie geführt hatte, aufgrund ihres künstlerischen Engagements auf ihr Honorar verzichtet, was von den Mitgliedern der Academy zweifelsohne mit Wohlwollen betrachtet wurde.

Joanne Woodward gewann auch den New Yorker Filmkritikerpreis. Die einzige Schauspielerin, die es bei den anderen wichtigen Preisen mit ihr aufnehmen konnte, war die schwedische Newcomerin Liv Ullmann, die für ihre schauspielerische Leistung in *Shame / Schande* und *Hour of the Wolf / Die Stunde des Wolfs* nicht für den Oscar nominiert worden war.

Die Sympathien waren allerdings auf der Seite der altgedienten Schauspielerin Patricia Neal, die durch einen Schlaganfall seit 1965 halbseitig gelähmt war. Ihre Leistung in *The Subject Was Roses* – das Stück hatte den Pulitzer-Preis gewonnen – zeigte ein allseits beachtetes Comeback an. Falls sie einen Oscar gewann, würden sicherlich Tränen fließen – und für eine sentimentale Dankesrede ist die Academy immer zu haben.

Für Katharine Hepburn sprachen unterschiedliche Dinge. Zunächst ihre erstaunliche Leistung in der Rolle der Eleonore von Aquitanien. Außerdem hatte man Mitleid mit ihr, weil Spencer Tracy kurz zuvor gestorben war. Obendrein galt der Film *The Lion in Winter*, den man in der Filmindustrie hoch einschätzte, als Favorit für die Kategorie »Bester Film«.

Vanessa Redgraves schauspielerische Leistung in *Isadora* hatte großen Beifall gefunden, aber verschiedene Faktoren machten es ihr schwer. Zunächst einmal hatte der Film keinen Erfolg an den Kinokassen. Außerdem befremdete ihr heftig betriebener Antikriegsaktivismus die Konservativen in der Academy. Und schließlich war sie auch noch von Franco Nero, mit dem sie in *Camelot* zusammen gespielt hatte und mit dem sie nicht verheiratet war, schwanger. 1968 erwartete man von einem weiblichen schwangeren Star noch, daß er entweder schnell heiratete oder schnell abtrieb.

Was Barbra anging, so fanden einige, daß sie eine spektakuläre schauspielerische Leistung erbracht hatte. Außerdem hatte sie nicht nur die Unterstützung der Columbia, auch die Fox und Paramount standen hinter ihr. Jeder hatte ein Interesse daran, daß Barbra gewann. Außerdem liebt Hollywood es beinahe genauso, einen ungewöhnlichen jungen Newcomer mit Fanfarenstoß anzukündigen, wie die Leistung eines Schauspielers zu würdigen, der bereits ein Veteran des Showgeschäfts ist und den letzten Höhepunkt seiner Karriere erlebt.

Diesen positiven Faktoren stand allerdings das zweifelhafte Bild gegenüber, das man von ihr in der Filmindustrie hatte. Berichte über ihr fragwürdiges Verhalten bei den Dreharbeiten zu *Funny Girl* und *Hello Dolly!* hatten sich bereits in den Köpfen breitgemacht. Ihr einen Oscar zu verleihen, so meinten einige, würde sie in ihrem egoistischen Verhalten, das ohnehin stark ausgeprägt war, nur noch unterstützen. Was sie brauchte, war eine Ernüchterung, und eine Niederlage, die von Millionen von Fernsehzuschauern in der ganzen Welt gesehen würde, wäre ein Anfang.

»Ich habe mich entschlossen, einfach nicht über den Preis nachzudenken«, erzählte Barbra der Kolumnistin Dorothy Manners. »Ich kann mir nicht erlauben zu zittern, bis der Urteilsspruch gefallen ist. Aber irgendwie glaube ich nicht, daß ich ihn bekommen werde. Das ist das Jüdische in mir, denke ich, der Pessimismus. Dieses alte Gefühl: ›Ich kann nicht gewinnen, nicht ich‹ – sitzt unheimlich tief in mir.«

Nach ihrem letzten, mißlungenen Auftritt bei einer Oscar-Verleihung war Barbra diesmal besonders besorgt um ihr Aussehen. Sie wollte gut, glamourös und sexy aussehen, aber es sollte noch mehr sein. Sie wollte, daß ihr Aussehen irgendwie eine etwas respektlose Egal-Haltung demonstrierte, obwohl es ihr alles andere als egal war, wie der Abend verlief. Ihr Lieblingsdesigner zu dieser Zeit, Arnold Scaasi, hatte eine Idee: ein transparenter, pyjamaartiger Hosenanzug aus schwarzem Tüll und hellen Pailletten mit einem weißen Kragen, weißen Ärmeln und weitgeschnittenen Hosenbeinen. Er war glamourös, ließ genügend Sicht auf die bloße

Haut und würde demonstrieren, daß sie sich selbst nicht so ernst nahm, obwohl sie es natürlich tat.

Montagabend, 14. April 1969. Der *Dorothy Chandler Pavilion* in Los Angeles. Elliott saß auf Barbras Wunsch an ihrer Seite. Er trug einen Smoking, sah ungeheuer selbstbewußt aus und war high von Marihuana. Als die Kamera über das Publikum glitt und die beiden ins Bild nahm, zog Elliott zweimal an seinem Ohrläppchen. Es war ein Zeichen, mit dem er einen seiner Freunde zu Hause wissen ließ, daß er stoned war.

Als Ingrid Bergman die Namen der nominierten Schauspielerinnen vorlas, drückte Barbra Elliotts Hand. Woodward, Neal und Redgrave saßen ebenfalls im Publikum. Die Hepburn war nicht gekommen. Ingrid Bergman öffnete den Umschlag und verkündete: »Die Gewinnerin heißt . . . es sind zwei!« Das Publikum holte tief Luft. In der Geschichte der Oscar-Preisverleihung hatte es erst ein einziges Mal, im Jahre 1931–32, zwei Gewinner gegeben. Es waren Wallace Beery und Frederic March. »Die Gewinnerinnen«, sagte Bergman, »sind Katharine Hepburn für *The Lion in Winter* und Barbra Streisand für *Funny Girl!*«

Barbra war fassungslos und bewegte sich kaum. Anthony Harvey, der in dem Film *The Lion in Winter* die Regie geführt hatte und den Preis für die Hepburn entgegennehmen wollte, beugte sich über seinen Sitz zu Barbra und schlug ihr vor, zusammen mit ihm zum Podium zu gehen.

Als Harvey seine kurze Rede für die Hepburn beendet hatte, trat Barbra zum Podium. Sie machte eine Pause. Während sie die Statuette, von der sie seit ihrer Kindheit geträumt hatte, aufmerksam anblickte, stieß sie plötzlich überschwenglich hervor: »Hello, gorgeous!« Das Publikum verstand. Sie sprach nicht nur ihre neue, leblose Errungenschaft mit einer Zeile aus ihrem Film an. Dieser Satz war auch an sie selbst gerichtet und sagte etwas über sie selber aus. *Das* war ihre Ankunft.

»Ich fühle mich sehr geehrt, mich in dieser überwältigenden Gemeinschaft mit Katharine Hepburn zu befinden«, fuhr sie mit offensichtlicher Ernsthaftigkeit fort. »Menschenskinder, das ist schon ein irres Gefühl. Als ich heute abend hier saß, dachte ich daran, daß die erste Version des Drehbuches von *Funny Girl* ge-

schrieben wurde, als ich elf Jahre alt war. Gott sei Dank hat es so lange gedauert, bis es fertig war.« Nachdem sie sich bei Ray Stark, Jule Styne, Bob Merril, Isobel Lennart, Herb Ross, Harry Stradling und William Wyler bedankt hatte, beendete Barbra ihre Rede mit folgenden Worten:

»Jemand hat mich mal gefragt, ob ich glücklich sei, und ich sagte: ›Bist du verrückt? Ich wäre verzweifelt, wenn ich glücklich wäre.‹ Ich möchte den Mitgliedern der Academy dafür danken, daß sie mich wirklich verzweifelt gemacht haben. Danke.«

Vor Mißerfolgen nicht geschützt

Am 21. April 1969, eine Woche nachdem Louis Kind im Fernsehen gesehen hatte, wie seine »häßliche« Stieftochter vor Millionen von Zuschauern den Oscar bekam, starb er in Brooklyn. Auf seine Weise war er sogar teilweise verantwortlich für ihren Erfolg, aber natürlich nicht so, wie er sich das dachte. Es war seine schlechte Behandlung gewesen, die Barbra so sehr mit diesem Gefühl »Ich werde euch schon zeigen« erfüllt hatte. Als sie von seinem Tod hörte, war Barbra weder glücklich noch traurig. Sie fühlte gar nichts.

Ungefähr zur gleichen Zeit begann Kinds leibliche Tochter Roslyn eine eigene Gesangskarriere. Da sie erst acht Jahre alt war, als Barbra von zu Hause auszog, lernte Roslyn ihre Halbschwester niemals wirklich kennen. Statt eine wirkliche Beziehung zu Barbra zu haben, wurde Roslyn ihr größter Fan. Während *Funny Girl* am Broadway lief, war sie Präsidentin des Barbra-Streisand-Fanclubs. Als sie in der High-School einen Aufsatz schreiben mußte, entschied sie sich, ein Buch über die Karriere ihrer Schwester zum Broadway-Star zu schreiben. Handgeschrieben und mit Illustrationen, die von einer Freundin namens Debbie Choy gezeichnet wurden, trug das Buch den Titel *A Star Is Born*. Im ersten Kapitel hieß es: Als die Eltern sie in der Wiege liebevoll anschauten, wußten sie noch nicht, daß der Name ihres kleinen Mädchens eines Tages in Leuchtschrift erscheinen würde.

Es begann alles auf der Schulbühne der Public-School in Brooklyn. Sie hatte sich freiwillig gemeldet, um bei der Schulweihnachtsfeier zu singen. Bei Barbra gab es nicht viel zu entdekken, so dünn wie sie war, und man kann nicht gerade sagen, daß sie eine Schönheit war!

Roslyn stand im *Winter Garden Theater* und sah ihrer Schwester zu, wie sie in *Funny Girl* spielte, bis sie jede Bewegung, jede Interpretation eines Liedes in ihr Gedächtnis eingegraben hatte. Sie sah das Stück ungefähr vierzigmal. In Brooklyn hörte sie sich

immer wieder die Originalplatte von *Funny Girl* an, stand vor dem Spiegel und imitierte ihre Schwester.

Ihre Stimme war ebenfalls gut. Sie wurde die beste Barbra-Streisand-Imitatorin der Welt. Selbst Diana Kind war beeindruckt. Nachdem sie alles in ihrer Macht Stehende versucht hatte, um Barbra an einer Karriere im Showbusineß zu hindern, ermutigte sie nun Roslyn dazu. Warum sollte ihre Familie nicht zweimal oder sogar dreimal mit Glück beschert werden? Diana selbst nahm auch zweimal in der Woche Gesangsunterricht und machte sich Gedanken über eine eigene Karriere. Sie sagte zu ihren Töchtern: »Vergeßt nicht, daß ihr es von mir habt. Es ist nicht vom Himmel gefallen.«

Unglücklicherweise war Roslyn fast zweimal so dick wie Barbra. Bei der Premierenfeier zu *Funny Girl*, die in New York stattfand, näherte sich ihr ein Reporter und fragte sie: »Sind Sie nicht Barbra Streisands Tante?« Roslyn, die dreizehn Jahre alt war, fuhr nach Brooklyn zurück und weinte. Und dann wurde sie noch dicker. Später erklärte sie: »Ich wog bereits 189 Pfund, da machten ein paar mehr auch nichts mehr.«

Ted Brooks, der Manager von Barbras Plattenfirma, hörte Roslyns Stimme und achtete nicht auf das Fett. Er wurde ihr Manager und beschrieb sie als jemanden, der ebenfalls vier Oktaven beherrsche, »kraftvoller und tiefer« singen könne und einen »größeren Bezug« zu einem Lied habe als ihre berühmte Schwester. Roslyn fügte zu Barbras Ärger hinzu: »Ich habe weder die nasale Qualität noch das Vibrato meiner Schwester.«

»Mein Hauptproblem«, sagte Roslyn, »war, daß ich eine glühende Verehrerin des Stils meiner Schwester war. Ich kannte ihn aus dem Effeff. Aber das genügte nicht. Wir haben ein ganzes Jahr damit zugebracht, um meinen eigenen Stil zu finden.« Währenddessen verlor sie auch an Gewicht.

Es heißt, daß Brooks sie zu RCA gebracht und dort einen Plattenvertrag über 100 000 Dollar für sie unterschrieben hat, ohne daß die Firma wußte, daß Roslyn Barbras Halbschwester war. Leider hörten nur wenige Leute Roslyns 1968 erschienenes Album *Give Me You*. Als Barbras Schwester bekam Roslyn allerdings ihren Auftritt in der »Ed Sullivan Show«. Sie schaffte es auch, ein zwei-

wöchiges Engagement im *Hungryi* in San Francisco zu bekommen, in dem Barbra sechs Jahre zuvor Triumphe gefeiert hatte. »Warum all diese Aufmerksamkeit«, fragte die *Newsweek*, um gleich darauf zu antworten: »Hauptsächlich deshalb, weil Roslyn Kind, achtzehn Jahre, zufällig Barbra Streisands Halbschwester ist.«

Auch wenn sie vielleicht die Stimme ihrer Schwester hatte (oder zumindest eine große Ähnlichkeit mit ihr), so besaß sie doch nicht deren Hartnäckigkeit. »Ich bin nicht so mutig wie Barbra«, sagte Roslyn. »Ich kann nicht auf die Leute zugehen und sagen: ›Hallo, ich bin Roslyn. Würden Sie mich gerne singen hören?‹ Ich bin zu schüchtern, um von zu Hause wegzuziehen. Mein Manager sagt, daß ich mich nicht einmal gegenüber einem Vermieter behaupten könnte.«

Roslyns Kontakt zu ihrer Schwester war minimal. 1969, als Barbra in Los Angeles war, um an *An einem Sonntag ohne Wolken* zu arbeiten, hielt sich Roslyn ebenfalls für ein paar Tage in der Stadt auf, um Interviews zu geben. Die Schwestern trafen sich nicht ein einziges Mal. Barbra war nicht nur unzufrieden über Ted Brooks Abtrünnigkeit, sondern auch über die öffentlichen Bemerkungen, die Brooks und Roslyn machten.

Obwohl die beiden dies zweifelsohne abstreiten würden, gab es unterschwellige Spannungen zwischen den Schwestern. Roslyn war immerhin die »Schöne« und Barbra das »Biest« gewesen. Roslyn bekam das Lob und Barbra den Tadel. Hinter der oberflächlichen Fassade und dem Lächeln der gestellten Familienfotos waren immer gewisse Vorbehalte zu spüren gewesen.

Drei Tage nachdem sie den Oscar gewonnen hatte, flog Barbra nach New York, um dort die Außenaufnahmen für *An einem Sonntag ohne Wolken* zu machen. Als sie sich in ihren Erste-Klasse-Sitz setzte, war sie sprachlos, als ihr die anderen Schauspieler und die Crew des Films, die ebenfalls im Flugzeug saßen, ein Geburtstagsständchen brachten. Die Idee für eine Überraschungsparty hoch in den Lüften kam vom Produzenten Howard Koch. Die Stewardessen teilten chinesisches Essen von Pearls, Barbras Lieblingsrestaurant in New York, und Eis von ihrem bevorzugten Hersteller in Los Angeles aus. Das Geburtstagskind schwebte im siebten Him-

mel, zumindest beinahe. Es war der 24. April 1969, und sie wurde siebenundzwanzig Jahre alt.

Elliott, der gerade in Hollywood arbeitete, flog an den Wochenenden nach New York, um sie mit Jason verbringen zu können. Für Elliott war das Schlimmste an der Trennung, daß er sein Kind *besuchen* mußte. »Es ist unnatürlich, seinen Sohn zu besuchen«, sagte er, »und es ist unnatürlich für ein Kind dieses Alters, daß seine Mama und sein Papa keine Beziehung miteinander führen.«

An einem Wochenende im Jahre 1969 gingen Elliott und Barbra zum ersten Mal mit Jason ins Kino. Sie sahen weder *Funny Girl* noch *Tschitti Tschitti Bang Bang*, sondern Arthur Hillers *Popi*, eine Geschichte über Armut im Ghetto. Jason war ein ungewöhnliches Kind. Ausgesprochen intelligent. Temperamentvoll. Kreativ. Das erste Wort, das er sagte, an das sich Ashley Feinstein erinnert, war nicht »Mama« oder »Papa«, sondern »Hut«, was wahrscheinlich damit zu tun hatte, daß er in diesen Tagen die meiste Zeit am Set von *Hello, Dolly!* zubrachte.

Am 16. Mai 1969 ernannte der *Friars Club* von New York Barbra zum »Entertainer des Jahres«. Der Club hatte diese Auszeichnung erst einer anderen Frau zukommen lassen: Sophie Tucker. Der Höhepunkt der Zeremonie, die im großen Ballsaal des Waldorf-Astoria stattfand, war ein Ständchen, das die Komponisten Harold Arlen, Jerry Herman, Jule Styne, Richard Rodgers, Harold Rome, Cy Coleman und Burton Lane ihr überbrachten.

William Wyler, der gerade bei einem anderen Film Regie führte, konnte nicht kommen. Er schickte einen Brief: »Als dein Co-Regisseur bei *Funny Girl* habe ich mich so daran gewöhnt, mich auf deine Vorschläge zu verlassen, daß ich mich nun ziemlich alleine fühle, wo ich alles selber machen muß. Herzlichen Glückwunsch. Der Titel ›Entertainer des Jahres‹ ist eine Auszeichnung, die du verdient hast, und außerdem solltest du meiner Meinung nach auch zur ›Regisseurin des Jahres‹ ernannt werden.«

1969 eröffnete Kirk Kerkorian sein riesiges, 60 Millionen teures *International Hotel* in Las Vegas. Mit 1519 Zimmern und dreißig Etagen war es das größte Ferienhotel und Kasino der Welt. Sein

Swimmingpool war der zweitgrößte von Menschen erbaute Wassercontainer des Staates Nevada.

Der Geschäftsführer des Hotels, Alex Shoofey, wollte, daß Elvis Presley einen Comeback-Live-Auftritt gab, um den Veranstaltungsraum des Hotels einzuweihen. Presleys Manager, Colonel Tom Parker, lehnte ab. Elvis würde sein Comeback geben, aber nicht, um ein Hotel zu eröffnen. »Auf keinen Fall«, erklärte Parker. »Es ist zu riskant. Soll jemand anderes seinen Hals hinhalten.«

Diejenige, die bei der Eröffnung am 2. Juli ihren Hals hinhielt, war Barbra Streisand. Das Hotel befand sich immer noch im Bau und in Unordnung, und ohne ein Bühnenbild, Sänger, Tänzer und Lichtkegel und selbst ohne Vorprogramm stand Barbra mit ihrem wuscheligen Lockenkopf einfach da und sang.

Es war ein eindeutiger Flop. Ihr charakteristischer Instinkt hatte sie im Stich gelassen. Sie hatte Las Vegas versehentlich für New York gehalten. Und dieses Mal war sie die Hauptattraktion und nicht irgendein Protegé von Liberace. Sie hatte es nicht geschafft, den hohen Erwartungen zu entsprechen, »der aufregendste Star der Welt« zu sein, wie es das Hotel angekündigt hatte. Trotz ihrer ersten Nummer »I've Got Plenty of Nothing«, die eigentlich komisch sein sollte, konnte sie nicht beweisen, daß sie das enorme Honorar, das man ihr offenbar gab, wert war. Für ihr vierwöchiges Engagement bekam Barbra Berichten zufolge 125 000 Dollar pro Woche. Außerdem war es ihr erlaubt, einen großen Anteil an den Hotelaktien zu einem sehr günstigen Preis zu erwerben.

Vor ihrem Auftritt hatte sie noch Streit mit der Hotelgeschäftsführung, die es versäumt hatte, alle Presseeinladungen zu verschikken und Richard Zanuck, den Leiter der Twentieth Century-Fox, einzuladen, wie Barbra es gewünscht hatte. Sie haßte darüber hinaus das Dekor und besonders die lebensgroßen Kopien von George und Martha Washington, die beide Seiten der Bühne schmückten.

Doch es war nicht der Ärger oder die mangelnde Ästhetik, die die Eröffnung trübte. Es war auch nicht so, daß Barbra schlecht sang. Zusätzlich zu einigen strukturellen Fehlplanungen war es für Barbra der reine Terror. Die Bühne war riesenhaft, während der Raum selber eher höhlenartig und unpersönlich war. Ohne eine Vortruppe mußte Barbra das Publikum sofort erst einmal mit ver-

trauten Liedern anheizen. Sie mußte einen Kontakt zu den Zuschauern herstellen. Doch das tat sie nicht. Statt dessen war ihr Programm unkonventionell, und sie richtete nicht das Wort ans Publikum, ehe sie die ersten fünf Lieder gesungen hatte.

»Ich war am Eröffnungsabend zurückhaltend, da ich mich in einer Art Schockzustand befand«, erzählte sie dem Kritiker Charles Champlin von der *Los Angeles Times*. »Man konnte die Feindseligkeit des Publikums förmlich spüren. All diese Spieler, die da waren, weil sie für das Hotel wichtig sind, und all die Schauspieler, die es mir übelnehmen, daß ich Dinge tue, von denen sie denken, daß sie sie auch tun sollten. Das macht einem angst. Ich trete nicht gerne vor einem Haufen fremder Leute auf. Es ist mir egal, ob ich einer bestimmten Gruppe gefalle. Einige Künstler finden es toll, ein abweisendes Publikum zu besiegen. Ich sprach gestern abend mit Elvis Presley darüber. Er kann das, ich nicht. Mich lähmt es.« Um die Sache noch schlimmer zu machen, verlangte das Hotel fünfzehn Dollar Eintritt, und dann mußte jeder Gast auch noch drei Drinks zu jeweils fünf Dollar konsumieren. Als sich ein Zuschauer bei einer Kellnerin beschwerte, sagte diese: »Sie bekommt eine Million. Das muß doch irgendwo herkommen, oder?«

Eines Abends sah sich Elvis die Show an, um sich auf seinen eigenen Auftritt vorzubereiten. Auf einmal drehte er sich zu dem Mann um, mit dem er am Tisch saß, und sagte: »Sie ist Scheiße!« Nach der Show ging er zu Barbra in ihre Garderobe und überschüttete sie mit Lob.

»Dieses Hotel ist noch nicht einmal fertiggestellt«, beklagte sie sich beim König des Rock 'n 'Roll. »Es würde mich nicht wundern, wenn eines Abends, während ich da oben singe, irgend so ein Bekloppter mit einer Leiter auf seiner Schulter vorbeikäme.«

Elvis soll sie auch gefragt haben: »Was haben Sie in Elliott Gould gesehen?« Bevor sie antworten konnte, fügte er hinzu: »Ich konnte ihn nicht ausstehen.« Barbra, die diese Art von Vertraulichkeit besonders bei einem ihr fast völlig Fremden nicht leiden kann, antwortete, daß Elliott der Vater ihres Kindes sei. Damit war das Thema beendet.

Es hieß, daß die erste Woche ihres Engagements ein langweiliges Fiasko war, abgesehen von ein paar anderen bemerkenswerten

Höhepunkten, wie zum Beispiel dem Abend, an dem Rita Hayworth auftauchte und mit ihrer Handtasche auf einen Fotografen einschlug.

Artie Butler, ein Dirigent, der mit Barbra an ein paar Filmen gearbeitet hatte, war zufällig während ihres Engagements in Las Vegas. Er erinnert sich: »Marty Erlichman lud mich ein, die Show zu sehen. Ich erinnere mich, wie ich den Raum betrat und man immer noch dabei war, die Kronleuchter aufzuhängen.«

Auf die Frage, wie er ihren Auftritt beurteile, sagt Butler, obwohl er ein großer Bewunderer ihrer Musik ist: »Um ehrlich zu sein, hatte ich nicht das Gefühl, als wäre Barbra voll bei der Sache. Ich bin der Ansicht, daß Live-Auftritte nicht unbedingt ihre Stärke sind. Peggy Lee trat zur gleichen Zeit unten in der Eingangshalle auf. Nach Barbras Show bin ich dorthin gegangen, um sie zu sehen. Sie bekam Standing ovations. Von ihr kann man wirklich als Live-Künstlerin sprechen.«

Barbra verbesserte sich während der vier Wochen ihres Engagements. Sie änderte ihr Repertoire und schaffte es sogar, ihrem Publikum gegenüber Witze über den unfertigen Zustand des Hotels zu machen. Eines Abends unterbrach sie ihr Lied »Jingle Bells« – mitten im Sommer »Jingle Bells« zu singen war schon schwer verdaulich für das konservative Publikum in Las Vegas –, um eine Wolke von weißen Flocken mit dem Blick zu verfolgen, die von der Decke niederfiel. »Das ist kein Schnee«, verkündete Barbra ihrem Publikum. »Das ist Gips!«

Dennoch konnte sie es nicht erwarten, daß ihr Engagement zu Ende ging, und wie sie es damals am Broadway gemacht hatte, strich sie auch hier in einem in ihrer Garderobe hängenden Wandkalender die verbleibenden Tage durch. Am 30. Juli hatte sie zu ihrer großen Erleichterung ihren letzten Auftritt.

Offensichtlich paßte sie nicht zu dem älteren Las-Vegas-Publikum, aber nun schien sie nicht einmal mehr das jüngere zu begeistern, was der dramatische Rückgang ihrer Plattenverkäufe zeigte. In den letzten drei Jahren hatte sich die Musikszene in Amerika drastisch verändert. 1966 zählten zu den bestverkauften Musikern des Landes Frank Sinatra, Simon and Garfunkel, The Beatles, Petula Clark und Herb Alpert und die Tijuana Brass. Ab 1969 trat an

die Stelle dieser Namen eine ganz andere Gruppe von Musikern: Namen wie Led Zeppelin, Creedence Clearwater Revival, Blind Faith, Blood, Sweat and Tears, und Sly and the Family Stone. Die Musikszene wurde fast völlig von diesen und anderen jungen Männern beherrscht, die eine offensichtliche Aversion dagegen hatten, sich zu rasieren, sich zu waschen und sich die Haare schneiden zu lassen. Barbra war von ihnen entsetzt.

Seit Mitte 1964 »People« herausgekommen war, war jede Streisand-Single, die von der Columbia auf den Mark gebracht wurde, ein Flop. »Second Hand Rose«, die einzige, die es noch in die *Billboard*-Top-40-Charts gebracht hatte, schaffte es lediglich auf Platz 32. Noch verzweifelnswerter war der Rückgang bei ihren Langspielplattenverkäufen. *Je m'appelle Barbra, Simply Streisand, Funny Girl* (der Filmsoundtrack) und *A Happening in Central Park* blieben mit dem Verkauf weit hinter den Erwartungen zurück.

Es war ein ziemlicher Absturz, wenn man bedenkt, daß zwischen April 1963 und April 1966 acht Streisand-Alben in die Top-Ten aufgestiegen und mit Gold ausgezeichnet worden waren. Darüber hinaus waren fünf von ihnen für die Platte des Jahres nominiert worden. Sie hatte außerdem in vier aufeinanderfolgenden Jahren den Preis für die bestverkaufte weibliche Stimme der National Association of Record Merchandisers (NARM) verliehen bekommen. Eine Erfolgskette, die 1967 zu Ende ging.

Es war die Zeit von Woodstock, *Hair* und dem »Wassermann«, und Barbra, die zwar erst siebenundzwanzig war, schien vollkommen aus der Mode gekommen und trotz ihres Alters hinter ihrer Zeit zurückgeblieben zu sein. »Sie fing an, den Anschluß zu verlieren«, sagte Clive Davis, der Geschäftsführer der Columbia Records, später. »Sie interessierte sich zunehmend für den Film und hatte keinen Kontakt mehr zur Musikwelt, die sich schnell veränderte.« Als Davis mit den Verkaufszahlen konfrontiert wurde, besuchte Davis Barbra am Set von *Hello, Dolly!*, um ihr seine Besorgnis auszusprechen. Sie argumentierte mit ihrer Individualität, ihrem Instinkt und ihrer kreativen Freiheit. Sie behauptete, daß er versuche, sie zu »kommerzialisieren«. »Deine Plattenverkäufe werden weiter sinken, bis sich etwas ändert«, warnte er sie. Seine Abschiedsworte waren: »Du mußt dein Image der Zeit anpassen.«

Sie protestierte, hörte aber auch zu. Nicht nur das: Sie legte tatsächlich ihre künstlerische Integrität beiseite und fügte sich. Das Resultat war *What about Today?*, eine Platte mit zeitgemäßen Liedern von zeitgemaßen Liedtextern. Sie kam im September 1969 heraus, hatte nur mittelmäßigen Erfolg und schaffte es gerade bis auf Platz 31 der Charts. Robert Christgau schrieb in der *New York Times*: »Miss Streisand vergeudet mit derart langweiligem Material nicht nur ihre emotionale Kraft, es erweist sich darüber hinaus als eine äußerst willkürliche Übung.« Nichtsdestotrotz wollte Barbra unbedingt zeitgemäß sein, was auch immer es koste. Bei ihrem nächsten Versuch in diese Richtung sollte sie wesentlich mehr Erfolg haben.

Nach ihrer Trennung von Elliott traf sie sich wieder mit anderen Männern. Sie hatte eine Affäre mit Charles Evans, dem millionenschweren Bruder des Produzenten von Paramount Pictures, Robert Evans, und mit Warren Beatty. Dieser war zu dieser Zeit mit Julie Christie zusammen und traf Barbra auf einer Filmparty. Die beiden steckten stundenlang in einer Ecke zusammen. Er hatte *Funny Girl* gesehen, war ein Fan und wollte Barbra auf seine berüchtigt lange Liste sexueller Eroberungen schreiben. Er sagte ihr, daß sie schön sei. Außerdem schmeichelte es ihr, daß er sich für sie interessierte. »Stell dir vor«, soll sie zu einem Freund gesagt haben, »Warren Beatty findet mich toll!« Für Barbra war dieser Umgang in Hollywood berauschend.

Eines Freitag abends, Julie Christie war nicht in der Stadt, war Barbra Warrens Gast in seiner Penthouse-Suite im Beverly Wilshire Hotel. Er hatte gekühlten Champagner, eine Kleinigkeit zu essen und sanfte Musik bereitgestellt. Die beiden begannen dann die Szene aus *Funny Girl* nachzuspielen, »You Are a Woman, I Am Man«. Zwei Tage später kam Julie Christie nach Los Angeles zurück, und Barbras kurze Affäre mit Beatty war vorbei.

Ihre Beziehung zum kanadischen Premierminister Pierre Trudeau war wichtiger. Im November 1969 flog der fünfzigjährige Trudeau nach New York, um Barbra für ein Wochenende zu treffen. Freitagabend saßen sie im *Casa Brasil*, einem kleinen intimen Lokal an der East Side, und gingen dann zu *Raffles*, einer Discothek,

um dort zu tanzen. Sonntag gingen sie ins *Polish Lab Theater*. Am Samstag blieben sie in Barbras Wohnung im Central Park West. Auf die Frage, wie lange er Barbra gekannt habe, sagte Trudeau: »Nicht lange genug.«

Am 28. Januar lud Trudeau Barbra nach Kanada ein, damit sie an der Feier des *National Arts Center* teilnehmen konnte, bei der der einhundertjährige Geburtstag von Manitoba gefeiert wurde. Sie kamen getrennt zu der Party. Trudeau schlich sich aus seiner Limousine, verschwand blitzschnell hinter dem königlichen kanadischen Polizeiaufgebot und öffnete ihr eigenhändig die Autotür. Barbra sagte später über diese Erfahrung: »Es war überwältigend.«

Später war sie sein Gast im Parlament. Sie saß auf der Besuchertribüne und beobachtete jeden Schritt Trudeaus. Er beobachtete sie auch. Während der Debatte witzelte ein Abgeordneter von der konservativen Opposition: »Ich würde dem Premierminister gerne eine Frage stellen, falls er seine Augen von der Besuchertribüne abwenden kann.«

Trudeau zeigte ihr die Sehenswürdigkeiten von Ottawa und lud sie an einem Abend zu einer Ballettvorführung und zu Büffelhamburgern ein. Sie war auch Gast im Sussex Drive 24, dem Haus des Premierministers, zu einem Abendessen bei Kerzenschein.

Barbra war absolut begeistert von Trudeau. Obwohl er so viel im Leben geschafft hatte, wollte er nur noch mit ihr reden. Er liebte chinesisches Essen und flirtete auf intensive, lustige, charmante und schamlose Weise. Anders als Elliott, war er selbstsicher und strahlte Macht aus. Für Barbra war das eine berauschende Mischung. Sie träumte von einem Leben mit ihm als Kanadas First Lady. Sie hatte sich alles in ihrem Kopf zurechtgelegt. Sie würde für ihn politische Kampagnen organisieren, Reden halten, für seine Ziele werben wie auch für ihre eigenen, und sie würde in Kanada Filme machen.

Aber es sollte nicht sein. Trudeau war auf der Suche nach einer Ehefrau, und Barbra war an diesem Punkt ihres Lebens zu sehr mit sich und ihrer Karriere beschäftigt, um sich einem Mann unterzuordnen, besonders einem, der so sehr mit einem Land verbunden war. Außerdem war er überzeugter Katholik, und Barbra wollte nicht konvertieren. Seine Religion ließ ihn auch an bestimmten

Punkten ihres Lebensstils und an einigen ihrer Überzeugungen zweifeln.

Während Trudeau mit Barbra zusammen war, traf er auch andere Frauen, ob sie dies nun wußte oder nicht, darunter eine Professorin für französische Literatur namens Madeleine Gobeil. Er sah auch ein hübsches junges Mädchen namens Margaret Sinclair. Während Barbras Reise durch Kanada rief Trudeau Margaret mehrmals an, doch sie legte jedesmal den Hörer auf und rief: »Geh doch zu deiner amerikanischen Schauspielerin!«

Margaret Sinclair wurde später seine Frau und die First Lady von Kanada. Barbra mußte sich mit ihrem Leben in der sechsundzwanzigsten Etage in New York begnügen.

Sie wollte aus ihrer Wohnung ausziehen. Jedes Zimmer erinnerte sie an Elliott und an ihr gemeinsames Leben. Sie fand eine Wohnung in der Park Avenue 1021 zwischen der fünfundachtzigsten und der sechsundachtzigsten Straße, die sie mochte. Barbra bot den mehr als angemessenen Preis von 200000 Dollar, wurde aber aus unerklärlichen Gründen abgelehnt. Eine kleine Recherche einer Londoner Zeitung konnte die Gründe aufdecken. Laut eines Verantwortlichen der Hausgenossenschaft war sie nicht »geeignet«. Weitere Untersuchungen ergaben, daß dieser Begriff meinte, daß sie eine Schauspielerin war, und nicht etwa eine angesehene Theaterschauspielerin, sondern ein »Hollywood-Typ«. Barbra war überzeugt davon, daß man sie nicht akzeptiert hatte, zumindest teilweise, weil sie Jüdin war.

Es war das zweite Mal in einem Jahr, daß sie bei einem Wohnungskauf abgelehnt wurde. Wütend überlegte Barbra, von Manhattan wegzuziehen. Sie konnte nicht in einer Stadt leben, in der sie keiner mochte, erklärte sie jedem, der ihr zuhörte. Was als nächstes passierte, zeigte, daß sie recht hatte.

Für viel Geld gestattete David Merrick der Twentieth Century-Fox schließlich, die Filmversion von *Hello, Dolly!* früher zu starten, obwohl das Stück immer noch am Broadway lief. Merrick willigte ein, weil die Show sogar *My Fair Ladys* Rekord von 2717 Aufführungen gebrochen hatte.

Der Film hatte am 16. Dezember 1969 Premiere im *Rivoli* in

New York. Obwohl es eiskalt war, hatten sich eintausend Fans vor dem Kino versammelt, um einen Blick auf ihre geliebte Barbra zu erhaschen. Als sie in ihrem von einem Chauffeur gefahrenen Mercedes-Benz ankam, verwandelte sich die Menge in eine wilde Horde. Sie fielen über das Auto her und schaukelten es von einer Seite zur anderen. Barbra saß wie in einer Falle und war erstarrt vor Angst.

Die Polizei stürmte durch die Menge und zerrte die Menschen vom Auto weg. Die Polizei brauchte ganze fünfzehn Minuten, um die blasse und zitternde Barbra aus ihrem Auto zu befreien und in das Theater zu lotsen. Auf dem Weg dorthin griff man weiter nach ihr, so daß sie mehrmals beinahe hingefallen wäre.

Die Polizei schaffte es gerade noch, sie in das Theater zu geleiten, bevor die Sicherheitsabsperrungen durchbrochen wurden. Einigen Fans und Fotografen gelang es, sich einen Weg in die Eingangshalle zu erkämpfen. In seinem Versuch, Barbra zu verteidigen, geriet Marty Erlichman in einen Streit mit dem Fotografen eines Nachrichtendienstes, was damit endete, daß sie sich in den Gängen regelrecht prügelten. Der Fotograf schlug Erlichman so fest auf die Wange, daß dieser zu bluten begann. Schließlich schritt die Polizei ein.

All dies passierte vor Filmbeginn, den man extra ein wenig nach hinten verschoben hatte, um der verspäteten Barbra entgegenzukommen. Schließlich, nachdem man eine Stunde gewartet hatte, stand Daryl F. Zanuck persönlich von seinem Sitz auf und rief: »Beginnt mit dem Film!«

Vielleicht hat er sich später gewünscht, er hätte dies nicht getan. *Hello Dolly!* war ein kolossaler Flop. Der Film bekam hauptsächlich schlechte Kritiken. Pauline Kael schrieb: »Es ist wirklich schwer zu glauben, daß sich diesen unglaublich einfallslosen Film überhaupt Leute angesehen haben.« Der Film spielte fünfzehn Millionen Dollar an den Kinokassen ein, was einen Verlust von neun Millionen Dollar bedeutete.

Hello, Dolly! zeigte nicht nur das Ende der altmodischen, teuren Hollywood-Musicals an, sondern es war auch für Barbra die schlimmste Niederlage ihrer Karriere.

Ironischerweise wurde Barbra von Carol Channing, die zu der

schrecklichen Premiere in New York gekommen war, verteidigt. Zumindest ein bißchen: »Barbra hat eine eigene Persönlichkeit [in dem Film], die zumindest nicht *meine* ist. Als Marilyn Monroe meine Rolle für die Verfilmung von *Gentlemen Prefer Blondes / Blondinen bevorzugt* bekam, saß sie ganze achtzehn Abende lang im Zuschauerraum in der dritten Reihe und studierte jede meiner Gesten. Sie wiederholte sie auf der Leinwand. *Das* hat mir wirklich weh getan, aber nicht dies hier.« Über Barbras schauspielerische Leistung sagte sie, was viele dachten: »Ich bin der Meinung, daß sie alles gegeben hat, was sie konnte.«

Was die Channing aber eigentlich meinte, war, daß Barbra die Rolle niemals hätte spielen dürfen.

Das Ende der Hochfrisuren

Die Zeit der wogenden Chiffonkleider und der Hochfrisuren war vorbei. Barbra war siebenundzwanzig und sah bereits alles andere als wie ein Hippie aus. Aufgrund ihrer Kostümfilme, ihrer Engagements im Las-Vegas-Stil und ihres für ihr Alter beinahe lächerlich langen und vielseitigen Lebenslaufs wurde sie als ein saturiertes Mitglied des Establishments angesehen. Sie war an einem schwierigen Punkt angekommen; sie war zu jung, um Dolly Levi zu spielen, und zu alt, um ein Mädchen ihres Alters darzustellen. Die Zeit war reif, daß die Streisand ihr Haar herunterließ, ihre Kleider auszog und sich ihrer Generation anpaßte. Dafür schien die Rolle der als Nutte und Model arbeitenden Doris Wilgus in Bill Manhoffs Broadway-Komödie *Die Eule und das Kätzchen* ein guter Anfang zu sein.

Der Part wurde am Broadway von Diana Sands, einer farbigen Schauspielerin gespielt, mit der Barbra bereits 1961 in der Revue *Another Evening with Harry Stoones* aufgetreten war. Barbra hatte das Stück in London gesehen und fand es gut. Als Ray Stark Ende 1967 eine Klage gegen Barbra erhob, löste diese den Streit teilweise dadurch, daß sie einwilligte, einen weiteren Film mit ihm zu machen. Sie wollte *Die Eule und das Kätzchen* drehen. Ihr Hindernis war Elizabeth Taylor.

Stark hatte die Rolle für die Taylor nach ihrer gefühlsmäßigexplosiven und hochdramatischen Rolle in Edward Albees *Who's Afraid of Virginia Woolf?* als eine willkommene Abwechslung vorgesehen. Der männliche Part sollte, so wie sie es sich vorstellte, von Rod Taylor gespielt werden. Als Rod Taylor nicht mehr in Betracht kam, sprang William Holden für ihn ein.

Aus welchen Gründen auch immer, das Projekt kam, so wie Stark es ursprünglich vorgesehen hatte, nicht zustande, und im November 1968 kündigte man zwei Monate nach dem Start von *Funny Girl* an, daß Barbra und nicht Elizabeth Taylor die Rolle übernehmen würde. Sofort kamen Zweifel auf. *Barbra Streisand* als Nutte? Herb Ross, der Regisseur des Films, wurde später über jede

skeptische Bemerkung wütend. »Sie war die perfekte Besetzung für *Die Eule und das Kätzchen*«, sagte er. »Das ganze Projekt war wie für sie gemacht.«

Da die Rollen ursprünglich von einem schwarz-weißen Paar gespielt wurden, war Barbras erster Impuls, die Hautfarbe der Protagonisten einfach umzudrehen und Sidney Poitier, einen ihrer Partner bei First Artists, die Rolle des Felix Sherman übernehmen zu lassen. Poitier, der bereits einen Oscar gewonnen hatte, war zu dieser Zeit einer der Kinokassenstars. Aber aus persönlichen Gründen trat Barbra von der Idee zurück, auf der Leinwand einen Schwarzen zu lieben. Sie wollte eine Änderung ihres Images, aber dies, so fürchtete sie, war doch zu viel.

Öffentlich versuchte sie, ihren Standpunkt rational zu begründen, indem sie sagte: »Was ich falsch fand, als ich das Stück am Broadway und in London sah, war, die Rolle von einem schwarzen Mädchen spielen zu lassen, ohne sich auf dieses Problem zu beziehen, . . . das ist idiotisch.«

Anscheinend glaubte sie, daß das Problem der Rassendiskriminierung im Drehbuch thematisiert werden mußte, wenn diese Besetzung funktionieren sollte. »Toll! Das ist ein Schritt nach vorne«, fügte sie ein wenig sarkastisch hinzu. »Wir lassen den Weißen von einem Schwarzen spielen, und dann wird man ja sehen, daß wir alle gleich sind!« Was natürlich wirklich der Punkt war. Die Tatsache, daß eine der Figuren schwarz war, war für die Geschichte nicht wichtig – das hätte sie nicht groß betonen müssen. Statt dessen hätte sie die ideale Gelegenheit gehabt, ein äußerst wichtiges, gesellschaftliches Zeichen zu setzen, doch sie gab klein bei.

Nichtsdestotrotz begannen die Dreharbeiten zu *Die Eule und das Kätzchen* am 6. Oktober 1969 in einem kleinen Studio, das man von der Twentieth Century-Fox auf der sechsundfünfzigsten Straße West in Manhattan gemietet hatte. Mit Außenaufnahmen im *Central Park*, bei *Doubleday*, in *Rikers Restaurant* und im *Club 45* ist es bis heute der erste Film, den Barbra ausschließlich in New York drehte.

Da die Künstlergarderobe in dem von der Fox geliehenen Studio nicht einem Star von Barbras Format entsprach, sollte der Szenen-

bildner des Films, John Robert Lloyd, etwas daran ändern. »Ich war zu dieser Zeit sehr beschäftigt«, erinnert er sich, »und die Produzenten kamen auf mich zu und sagten: ›Wollen Sie Barbras Garderobe neu gestalten?‹ Sie erzählten mir, daß sie bei *Hello, Dolly* einen ziemlichen Aufruhr ausgelöst hatte. Sie hatte versucht irgendwie hartnäckig zu sein, weshalb schließlich Tausende und Abertausende von Dollars in die Neugestaltung ihrer Garderobe gesteckt werden mußten.«

»Ich räumte ihre Garderobe einfach vollständig aus«, fährt Lloyd fort, »brachte überall Spiegel an, legte einen dicken weißen Teppich aus und stellte ein paar witzige Dinge rein wie einen Sitzsack oder andere ausgewählte Teile. Und ich machte ihr einen speziellen Frisiertisch mit so einem dreiteiligen Klappspiegel und Lämpchen drumherum, wie man sie früher in den Garderoben hatte. An ihrer Tür befestigte ich einen Stern. Ihre Leute sagten zu mir: ›Das wird sie nie im Leben leiden können.‹ Aber als ich sie hereinführte, freute sie sich wie ein Kind. Es war nicht viel an Veränderung, aber es gefiel ihr, daß jemand sich die Mühe gemacht hatte, darüber nachzudenken.«

Zwischen ihr und Ray Stark kam es schnell zu einer Machtprobe. Bevor sie den Vertrag unterschrieb, hatte Barbra ihrem Mentor klargemacht, daß dies ihr erster Part sei, in dem sie nicht singen würde, weder im Film noch während des Vorspanns noch sonstwo. Sie wollte nicht, daß man sie nur mit Musicals in Verbindung brachte, sondern daß man sie als ernsthafte Schauspielerin anerkannte.

Stark behauptete, daß ein Streisand-Film ohne ein Streisand-Lied kein Geld einspielen würde. Er verkündete der Presse, daß er den Part der Doris als halber Nutte und halbem Model zu dem einer halben Nutte und halben Folksängerin umschreiben wolle. Man schrieb schließlich das Jahr 1969. Stark überlegte, daß Barbra auf diesem Weg die Gelegenheit hätte, in dem Film ein paar Lieder zu singen.

Barbra wurde fuchsteufelswild. Die Idee, daß Doris als Model arbeitete, hatte ihr gerade gefallen, da sie hoffte, dadurch die Vorstellung beseitigen zu können, sie sei unattraktiv. Außerdem war sie wütend darüber, daß Stark sie nun in die Position des launen-

haften Stars brachte (»Nein, ich *weigere* mich zu singen«), wo es doch von Anfang an anders vereinbart worden war.

Sehr früh schon spielte man mit der Idee eines erotischen Films, was in Hollywood seit dem Erfolg von *Midnight Cowboy* / *Asphalt Cowboy* in Mode gekommen war. George Segal, der einige Jahre zuvor einen sensationellen Erfolg in *Who's Afraid of Virginia Woolf?* hatte, bekam die Rolle des Felix Sherman. Die Rolle verlangte von ihm, daß er sich vollkommen nackt zeigte und dabei von Doris (Barbra) beobachtet wurde. Die Szene wurde gedreht, doch im Endschnitt des Films wird sein Geschlechtsteil von einer sorgfältig plazierten Requisite verdeckt.

Während des Drehens von Segals Nacktszene waren alle Beteiligten peinlich berührt, als man jedoch Barbra oben ohne filmte, herrschte eine spannungsgeladene Atmosphäre. Der Regisseur Herb Ross brauchte eine Stunde, bis sie sich ihres Bademantels entledigte. »›Herbie‹ nennt sie mich nur, wenn sie nervös ist«, erinnert sich Ross. »Sonst bin ich Herbert. Als ich sie bei dieser Szene sagen hörte: ›Herbie, ich muß mit dir reden‹, da wußte ich, daß sie große Vorbehalte hatte, obwohl ich der Ansicht war, wir hätten sie alle aus dem Weg geräumt. Sie zog mich in eine Ecke und sagte: ›Herbie, ich kann nicht. Ich bekomme eine Gänsehaut, und das wird man sehen. Herbie, ich kann einfach nicht. Was wird meine Mutter denken?‹«

Während Ross geduldig versuchte, Barbra aus ihrem Bademantel zu locken, schlief Segal, der im Bett auf sie wartete, ein. Schließlich rief sie in einem plötzlichen mutigen Moment aus: »Ach, was soll's. Ich mache es einfach einmal!« Sie warf den Bademantel weg und durchquerte den Set barbusig. Erleichtert, daß er es endlich geschafft hatte, brüllte Ross: »Schnitt und fertig! Wunderbar.« Aber Barbra bat zum großen Entsetzen und Gelächter der Anwesenden um eine weitere Einstellung. Sie ging zu ihrer Startposition zurück und wiederholte ihre erste Nacktszene auf Zelluloid; später wollte sie, daß die Szene herausgeschnitten wurde. Anstatt dies mit ihrem Schamgefühl oder der ablehnenden Haltung ihrer Mutter zu begründen, behauptete sie, daß die Nacktheit die Komik der nächsten Szene zerstöre. »Der Produzent und der Regisseur flehten mich beide an, sie wieder in den Film zu nehmen«,

sagte sie, »doch ich werde das nicht tun. Sie ist draußen, und da wird sie auch bleiben.«

Barbra bestand darauf, daß man ihr das Negativ der Nacktszene gab, was man auch tat. Was sie jedoch nicht bekam, waren die Standfotos, die man gemacht hatte. 1979 wurden einzelne davon vergrößert und in High-Society-Magazinen veröffentlicht. Barbra strengte eine Klage gegen die Veröffentlichung an und gewann, zumindest teilweise. Sie hatte fünf Millionen Dollar Schadenersatz verlangt. Statt dessen wies der für den Fall verantwortliche Richter die Herausgeberin Gloria Leonard an, an ihre fünfhundert Großhändler Telegramme mit der Anordnung zu verschicken, die Bilder aus den Magazinen zu reißen, die zu diesem Zeitpunkt schon ausgeliefert oder bereits an den Ständen waren. In ihrer Klage hatte Barbra auch darauf bestanden, daß man das Inhaltsverzeichnis änderte. Ursprünglich hieß es dort: »Klasse Auftritt, klasse Hintern: Barbra Streisand nackt.« Interessanterweise wollte Barbra nur, daß man das Wort »nackt« wegließ.

Eines Tages besuchte Diana Kind, die gerade von ihrer Arbeit als Sekretärin in einer New Yorker Schule beurlaubt war, überraschend den Set und war entsetzt über das, was sie vorfand. Barbra steckte gerade in einem hauchdünnen, knappen Negligé, das wie ein Badeanzug aussah. Ihren Kopf schüttelnd, verkündete Diana: »Ich bin wirklich schockiert, was eine Schauspielerin heutzutage alles tun muß.«

Vielleicht war es wegen ihrer Mutter, daß Barbra einen Satz im Drehbuch änderte. Eigentlich sollte sie einmal ausrufen: »Verpißt euch!« Barbra schrieb die Zeile um in »Raus hier«. Aber auch so würde es das Streisand-Publikum aus seiner tugendhaften Selbstgefälligkeit reißen. Ebenso wie die Worte von Doris: »Ich bin vielleicht eine Prostituierte, aber ich lebe nicht in der Promiskuität.«

Unglücklicherweise nutzte Barbra ihren Einfluß nicht, um ein paar andere noch anstößigere Dialogzeilen aus dem Drehbuch, das von Buck Henry geschrieben worden war, herausnehmen zu lassen. In den ersten zehn Minuten des Films erging sie sich in einer Reihe unverschämter Äußerungen über Homosexuelle. Wenn man Barbras Erfahrungen und Freundschaften mit Homosexuellen bedenkt, dann ist ihre verächtliche Haltung ihnen gegenüber in

dem Film bestürzend und irritierend zugleich. Außerdem gibt es keinen Grund, warum Doris Felix für schwul halten könnte, abgesehen davon, daß sie ihn grundsätzlich widerwärtig findet, was wiederum ganz nach Männerhaß schmeckt. Es ist auch nicht klar, wann und warum sie schließlich bemerkt, daß er nicht schwul ist.

Während der Dreharbeiten wurde ihr Kameramann Harry Stradling krank und wurde von Andrew Laszlo ersetzt, der 1968 *The Night They Raided Minsky's* gemacht hatte. Stradling ging nach Los Angeles zurück, wo er im Alter von zweiundsechzig Jahren, am 14. Februar 1970, an einem Herzanfall starb. Für Barbra war es ein großer Verlust. *Die Eule und das Kätzchen* war der vierte Film, den sie zusammen erarbeitet hatten. »Mit Harry Stradling Sr. hatte sie den besten Kameramann, der jemals in der Filmindustrie gearbeitet hat«, behauptete Jack Solomon, ein alter Veteran der Tontechnik, der mit Barbra an vier Filmen gearbeitet hat, einschließlich *Funny Girl* und *Hello Dolly!* »Sie hatte großen Respekt vor ihm. Sie liebte ihn und nannte ihn Onkel Harry.«

Die Dreharbeiten zu *Die Eule und das Kätzchen* wurden am 19. Januar 1970 beendet. Ungefähr zur gleichen Zeit bekam Barbra den *Golden-Globe*-Preis für die Kategorie »Beliebteste weibliche Schauspielerin der Welt«. Eine Auszeichnung, die sie im nächsten Jahr noch einmal erhalten sollte.

Auch wenn sie keine Oscar-Nominierung für *Hello, Dolly!* bekam (was auch nicht zu erwarten war), nahm Barbra dennoch am 7. April 1970 an der Zeremonie teil, um den Oscar für den besten Schauspieler zu überreichen. Sobald sie das Podium betreten hatte, fragte sie nach dem Umschlag, der den Namen des Gewinners enthielt, wozu sie erklärend sagte: »Für den Fall, daß ich es später vergesse.« Sie öffnete ihn, las, lachte und drückte das Papier an ihre Brust. »Ich sage es Ihnen nicht«, nahm sie das Publikum auf den Arm. Aber sie sagte es natürlich doch. Der Gewinner war John Wayne für seine schauspielerische Leistung als alter einäugiger Revolverheld in *True Grit / Der Marshall*.

Als er die Statuette von Barbra überreicht bekam, wisperte

Wayne ihr ins Ohr: »Anfängerglück.« Er sagte dann zum Publikum: »Wenn ich das gewußt hätte, dann hätte ich die Augenklappe fünfunddreißig Jahre früher aufgesetzt.«

In den Monaten nach Beendigung von *Die Eule und das Kätzchen*, ihrem vierten Film, machte Barbra Urlaub, um sich auszuruhen, sich zu erholen und die Wohnung neu zu gestalten. Sie ging einkaufen, sah Freunde und verbrachte Zeit mit Jason, der bereits mit seinen dreieinhalb Jahren begann, seiner Mutter zu ähneln.

Einmal nahm Barbra Jason zu einer Sonntagsmatinee im *Joffrey Theater* mit. In der Pause fielen Autogrammjäger über Barbra und Jason her, die in der vierten Reihe saßen. Während Barbra zu feige war, stand Jason auf und erklärte autoritär: »Keine Autogramme heute! Keine Autogramme heute!«

Am 31. März 1970 kaufte Barbra ein fünfstöckiges Haus auf der achtzehnten Straße East 49, das sie 420 000 Dollar kostete. Aber als das Geschäft endlich stand, wollte sie es schon wieder verkaufen. Sie wollte ein mehr horizontales und weniger vertikales Zuhause und konnte sich nicht an ihre neue Umgebung gewöhnen. Sie verkaufte das Haus kurz danach mit großen Verlusten. Barbra kehrte in ihre Penthouse-Wohnung am Central Park zurück und kaufte später ein riesiges Haus in Holmby Hills in Los Angeles. Beide besitzt sie heute noch.

Sie ging ins Theater und ins Kino. Als Folge der kulturellen Revolution hatte sich Hollywood seit ihrer Ankunft im Mai 1967 sehr verändert, doch Barbra war damals zu sehr damit beschäftigt gewesen, das Licht und die Kamera zu prüfen und in ihre sperrigen historischen Kostüme zu steigen, um ihre Umgebung wirklich wahrzunehmen. Nun hatte sie die Zeit, dies nachzuholen. Sie sah *Easy Rider*, *Midnight Cowboy* und *They Shoot Horses, Don't They* und andere Filme, die die Filmindustrie mit ihrer weniger aufwendigen, aber mutigeren Machart revolutioniert hatten und die an ein jüngeres, ausgeflippteres und sozial bewußteres Publikum gerichtet waren.

An einem Sonntag ohne Wolken war im Vergleich dazu vollkommen unmodern, und Barbra wußte das. Das Vincente-Minnelli-Musical kam im Juni 1970 heraus, bekam gemischte Kritiken und

brachte nicht sehr viel Geld ein. Hätte sie ihr Image nicht bereits in *Die Eule und das Kätzchen* vollständig überholt, dann hätte Barbra jetzt allen Grund zur Sorge gehabt. In *An einem Sonntag ohne Wolken* begann sich abzuzeichnen, daß sie wie ein kostümierter Dinosaurier mit einer albernen Frisur aussah, der vom Aussterben bedroht war.

Ironischerweise war gerade Elliott Gould, Barbras entfremdeter Ehemann, der Schauspieler, an dem die sich wandelnden Werte und Sitten der späten sechziger und der frühen siebziger Jahre am besten deutlich wurden. Nominiert für den Oscar in der Kategorie »Beste männliche Nebenrolle« für *Bob and Carol and Ted and Alice* (1969), hatte Elliott endlich mit einem eigenen Erfolg den Durchbruch geschafft. Das *Time Magazin* bezeichnete ihn als »den städtischen Don Quijote«. Dieser Sieg entschädigte ihn für die Jahre, die er im Schatten seiner berühmten Ehefrau verbracht hatte. Als man ihn später fragte, wann er das Mannesalter erreicht habe, nannte Elliott den Tag, an dem man ihn für den Oscar nominierte.

Am 13. Dezember 1970, nachdem sie im *Riviera* aufgetreten war, kehrte Barbra für ein zweiwöchiges Engagement ins *International Hotel*, das spätere *Las Vegas Hilton* zurück.

Verglichen mit ihrem vorherigen, weniger erfolgreichen Engagement in Las Vegas war Barbras Auftritt diesmal deutlich entspannter und deshalb auch wirkungsvoller. Der Hauptgrund dieser Verbesserung hatte nichts mit dem Auftritt einer Vorgruppe oder mit einer Veränderung ihres Repertoires zu tun, sondern mit dem angenehmen Hochgefühl, das sie vom Inhalieren einer lustig aussehenden Zigarette hatte. Um ihre Angst vor den Auftritten zu überwinden, begann sie, auf der Bühne oder hinter den Kulissen Marihuana zu rauchen.

»Ich nehme einen Joint und zünde ihn an«, gestand sie später. »Erst tat ich nur so. Dann begann ich, richtige Joints anzuzünden, und gab sie an die Musiker der Band weiter. Es war toll. Es löste alle meine Verspannungen.« Sie hatte schließlich »den größten Vorrat an Gras, den es jemals gegeben hat«, wie sie es beschreibt. Es scheint, als ob die anderen Künstler am *Las Vegas Strip* von Barbras Hang, Hasch zu rauchen, gehört hatten und ihren Vorrat als Ausdruck ihrer Bewunderung immer wieder auffüllten.

Aber dieses Jointrauchen auf der Bühne war eigentlich eine List, ein Spezialeffekt. Es befreite Barbra von ihrer Angst. Zum Teil war es aber auch ein kalkulierter Versuch, ihr Image zu ändern. Teil dieser Kampagne war ein Interview für die Zeitschrift *Rolling Stone*. »Sehen Sie, ich werde als eine Art Institution betrachtet«, sagte Barbra in der damals wohl ausgeflipptesten Publikation. »Aber ich frage Sie: achtundzwanzig, ist das alt? Ist achtundzwanzig so alt?«

Ein anderer wichtiger Schritt in Barbras »Modernisierung« bestand darin, ihre Plattenaufnahmen an die Zeit anzupassen und kommerzieller zu machen. Auf Anfrage des Präsidenten der Columbia Records, Clive Davis, ließ sie die Plattenaufnahme von *The Singer* zugunsten eines zeitgemäßeren Projekts fallen, das die Arbeiten von Laura Nyro, Randy Newman, Joni Mitchell und anderen jungen Liedschreibern aufgreifen sollte. Mitte Dezember 1970 nahm Barbra Nyros schnellen Popsong »Stoney End« auf, der die *Billboard*-Top-40 erreichte. Sie hatte das Stück mit großer Zurückhaltung aufgenommen. Es verlangte von ihr, daß sie beim Singen dem Takt folgte, eine Technik, die sie haßte. Außerdem war sie nicht vom Erfolg des Liedes überzeugt. Zu ihrer großen Überraschung kam es jedoch auf Platz sechs der Charts und wurde nach »People«, was schon sechs Jahre zurücklag, zu ihrer bestverkauften Platte. Eine Langspielplatte mit demselben Titel kam Ende Februar 1971 in die *Billboard*-Top-40. Es erreichte Platz zehn und wurde mit Platin ausgezeichnet, was besonders erfreulich war, wenn man bedenkt, daß ihr letztes Album, der Soundtrack von *An einem Sonntag ohne Wolken*, nur Platz 108 erreicht hatte.

Die Eule und das Kätzchen, Barbras erster »kleiner« Film und ihre erste richtige Komödie ohne Musik, kam landesweit am 20. November 1970 heraus. Die Werbung für den Film zeigte eine neue Barbra, die mit offenem Haar, das ihr über die Schultern fiel, Doris' skandalöses hauchdünnes Negligé trägt. Der begleitende Text regte die Phantasie weiter an. »*Die Eule und das Kätzchen*. Kein Film für Kinder.« Um auch die jungen Kinogänger anzusprechen, gehörten zum Soundtrack des Filmes Lieder von Blood, Sweat and Tears, einer der beliebtesten Rockgruppen zu dieser Zeit.

Die in allen Medien laufende Kampagne hatte Erfolg. Das Publikum nahm Barbra Streisand wieder auf. Das erste Mal in ihrer Karriere und vielleicht sogar das erste Mal in ihrem Leben wurde sie als eine atemberaubende attraktive und erotische junge Frau mit dem gewissen Etwas betrachtet. Der Film bekam fast nur gute Kritiken, spielte 11,5 Millionen Dollar allein in Nordamerika ein und wurde einer der erfolgreichsten Filme des Jahres hinter *Ryan's Daughter*, *Summer of '42*, *Little Big Man* und dem Hit des Jahres, *Love Story*.

Von Is' was Doc? zu Sandkastenspiele

Basierend auf dem spannenden, anrührenden Roman von Erich Segal, wurde *Love Story* zu einem der finanziell erfolgreichsten Filme jener Zeit. Er machte die beiden jungen Schauspieler, Ali MacGraw und Ryan O'Neal über Nacht zu großen Filmstars. O'Neal hatte fünf Jahre lang Rodney Harrington, einen Sexprotz in einer Serie namens »Peyton Place«, gespielt. Über seine Aufgabe bei der Serie witzelte O'Neal mit selbstironischem Humor: »Meine Hauptaufgabe in dem Drehbuch bestand darin, alle Frauen zu schwängern.«

Seine eigene Liebesgeschichte ist komplizierter. Von der Schauspielerin Joanna Moore geschieden, die auch die Mutter seiner beiden Kinder, Tatum und Griffen, ist, heiratete Ryan die Schauspielerin Leigh Taylor-Young, mit der er in »Peyton Place« zusammengearbeitet hatte. In Hollywood mehr für seine Leistungen im Bett als auf der Bühne bekannt (zumindest zu diesem Zeitpunkt seiner Karriere), hatte O'Neal ein hübsches Gesicht, einen guten Körper und ein sicheres draufgängerisches Auftreten, das die Frauen unwiderstehlich fanden. Unter seinen Eroberungen waren Anouk Aimée, Ursula Andress und Barbara Parkins, eine andere Schauspielerin aus »Peyton Place«.

Ungefähr zur selben Zeit, als O'Neal anfing, sich mit Barbra zu treffen, trennte er sich von Leigh Taylor-Young, die ihren Sohn Patrick mitnahm und nach New Mexico zog. Zunächst waren Ryan und Barbra diskret, was die Natur ihrer Beziehung betraf. Später zeigten sie sich händchenhaltend in der Öffentlichkeit. Am 18. Juni 1971 nahmen sie beide an der Premiere von Ryans Film *The Wild Rovers / Missouri* teil.

Es schien so, als würden sie sich ergänzen. Er war sicher, wo sie es nicht war, und umgekehrt. Ryan zweifelte seine Fähigkeiten als Schauspieler an, und Barbra haderte mit ihrem Aussehen. Daß sie Hollywoods begehrtesten Mann zu diesem Zeitpunkt an ihrer Seite und in ihrem Bett hatte, kräftigte ihre ungefestigte Meinung von sich selbst.

Sie mochte seine lebensbejahende Art und beneidete ihn um sein sonnengebräuntes, kalifornisches Gesicht. Außerdem zog seine Männlichkeit sie an und die Tatsache, daß er ein Ex-Amateurboxer war, der nicht zu schüchtern war, seine Fäuste zu gebrauchen. Ryan war sich sicher in seiner Sexualität und half Barbra, sich fallenzulassen.

Vor allem war Ryan in der Filmindustrie aufgewachsen und kannte sie in- und auswendig. Er half Barbra, einige ihrer weniger schönen Mechanismen zu verstehen, und brachte ihr bei, sich anzupassen, sich zu entspannen und nicht immer alles gleich persönlich zu nehmen.

Sie waren auch durch ihre gemeinsamen Ziele verbunden. Zusammen arbeiteten sie daran, ihr Vokabular zu vergrößern. Im Bett, hinter verschlossenen Türen, fragten sie einander die Orthographie oder Definitionen von Wörtern ab.

Sie bemühten sich außerdem, ihre Karriere voranzutreiben. Keiner von ihnen wurde als Schauspieler ernstgenommen, und sie hatten Mitgefühl füreinander. Sie diskutierten darüber, wie ihr Image sie eingeschränkt und wie man sie mißverstanden hatte. Sie sprachen über ernsthafte Ideen und über die Dinge, die sie in ihrer Arbeit erreichen wollten.

Es gab einen Punkt, den Barbra an *Is' was, Doc?* haßte. »Wovon handelt der Film?« fragte sie rhetorisch. »Ich sag' es Ihnen, von rein gar nichts!« Die Ursprünge des Films sind in die Annalen Hollywoods eingegangen. Das Projekt wurde zuerst von Barbras zukünftigem Ex-Ehemann ins Rollen gebracht. Mit seinem Partner Jack Brodsky produzierte Elliott *Little Murders* / *Kleine Mörder* für die Twentieth Century-Fox, in dem er auch selber mitspielte. Die zweite Sache, die sie zusammen machen wollten, war *A Glimpse of Tiger* nach einem Stück von Herman Raucher. Die Warner Brothers begannen am 26. Februar 1971 mit den Dreharbeiten zu *Little Murders* in New York. Während der ersten Woche erlitt Elliott einen Nervenzusammenbruch, wie es hieß. Er soll sich mit dem Regisseur Anthony Harvey gestritten und sogar beinahe seine Partnerin Kim Darby geschlagen haben. Die Verantwortlichen der Warner beendeten die Produktion. Der Film, der ja ei-

gentlich noch gar nicht existierte, ließ Elliott schnell in Ungnade fallen. Er würde weitere Filme machen, aber sein Ruf war in Hollywood für die nächsten zehn Jahre angegriffen, wenn nicht sogar zerstört.

Das Projekt ging dann an Warner zurück, die nur verlauten ließen, daß sie die Geschichte in einen Film mit Barbra umändern wollten. John Calley, der Chef der Produktionsabteilung der Warner, bat Peter Bogdanovich, einen jungen hoffnungsvollen Regisseur, der gerade einen Film mit dem Titel *The Last Picture Show* beendet hatte, die Produktion zu übernehmen. Barbra hatte eine Vorführung des Films gesehen, der große Anerkennung gefunden hatte, und war sehr beeindruckt.

Doch als Bogdanovich das Drehbuch las, zog er sich von dem Projekt zurück. »Ich las das Drehbuch und wollte es nicht machen«, sagte er, »aber ich sagte ihm [Calley], daß ich gerne einen Film mit Barbra machen wollte.« Bogdanovich war ein großer Fan der rasanten Dialogkomödien der dreißiger Jahre, und in Barbra sah er die perfekte Schauspielerin, um dieses Genre neu zu beleben. »So sah ich Barbra«, fügte er hinzu. »Als eine Art Carole Lombard.«

Barbra verstand sich jedoch als dramatische Schauspielerin mit großer Tiefe. Sie hatte kein Interesse an klischeehaften Komödien. Aber sie wollte gerne mit Bogdanovich zusammenarbeiten. Die Vorankündigung von *The Last Picture Show* pries ihn als den neuen jungen Genius der Filmindustrie. Noch wichtiger war, daß sie mit Ryan zusammensein und mit ihm arbeiten wollte. In A *Glimpse of Tiger* sollten sie, dazu war Barbra entschlossen, beide spielen.

Bogdanovich wollte Ryan jedoch nicht. Auf Barbras Bitten und Sue Mengers Drängen, die alle drei vertrat, sah er sich *Love Story* an, traf O'Neal und willigte schließlich ein, ihn zu nehmen.

Überraschenderweise unterschrieb Barbra ihren Vertrag, ohne daß ihr darin ein Einfluß auf das Drehbuch zugebilligt wurde. Vielleicht war sie so begeistert von O'Neal, daß sie darauf nicht achtete. Oder sie hatte zu großes Vertrauen zu Mengers gehabt, die den Vertrag aushandelte. Oder aber sie war durch die Tatsache geblendet, daß der Vertrag ihr einen zehnprozentigen Anteil am Film zusicherte.

Eines der ersten Dinge, die das junge Produktionsteam tat, war,

sich bei Barbra in Holmby Hills Howard Hawks Klassiker von 1938, *Bringing Up Baby / Leoparden küßt man nicht*, anzusehen, auf dessen Idee *Is' was, Doc?* basierte. Während sie an dem Popcorn knabberten, das Barbra gemacht hatte, wurde viel gelacht. Alle lachten, außer Barbra und Ryan, die nervös nebeneinander auf einer Couch saßen und unsicher darüber waren, ob sie den komödiantischen Fähigkeiten von Katharine Hepburn und Cary Grant das Wasser reichen konnten.

Bogdanovich stellte David Newman und Robert Benton ein, die das brillante Drehbuch für *Bonnie and Clyde* (1967) geschrieben hatten, um *Is' was, Doc?* zu entwickeln. Die erste Version war schon nach zwei Wochen fertig. Bogdanovich war unzufrieden und forderte eine weitere. Als er auch die zweite Version nicht mochte, sah er sich nach einem anderen Autor um. John Calley schlug Buck Henry vor, der mit Barbra bereits erfolgreich an *Die Eule und das Kätzchen* gearbeitet hatte.

Während in Hollywood an einer weiteren schnellen Version des Drehbuchs geschrieben wurde, gab es in der Dominikanischen Republik eine schnelle Scheidung. Barbra hatte gemeinsam mit Elliott in Santo Domingo ihre Scheidung eingereicht, die am 30. Juni 1971 vollzogen wurde. Barbra, die sich auf ihren Film vorbereitete, war nicht anwesend. Elliott wurde von seiner sehr jungen und schwangeren Freundin, Jenny Bogart, begleitet. Als sie den Gerichtssaal verließen, verkündeten sie, daß sie ohne Trauschein leben wollten und bekräftigten unisono: »Wir glauben nicht an die Ehe!«

Elliott lebte ein sogenanntes Hippie-Dasein in seiner Wohnung in Greenwich Village, die er mit Jenny teilte. Sein Haar war lang, er trug einen Bart und war meistens ungekämmt. Wenn Gäste seine Wohnung betraten, wurden sie von dem durchdringenden Geruch von Marihuana begrüßt, das Elliott offen rauchte. Ein Poster an seiner Wand verkündete: »Fuck you.«

Über seine Freundin sagte Elliott mit offensichtlicher Anspielung auf Barbra: »Sie ist nicht ehrgeizig. Sie ist sehr an den ursprünglichen, organischen und einfachen Dingen des Lebens interessiert, von denen ich bisher fast nichts wußte. Es ist eine wunderbare Erfahrung für mich, daß sie nicht materialistisch ist.«

Er fügte hinzu: »Nichts Materielles ist wirklich bedeutend.« Seiner Ex-Frau gegenüber hat Elliott ambivalente Gefühle. »Ich bin Barbras Freund«, sagte er, »aber sie kann eigentlich gar keine Freundin für mich sein. Sie versteht mich nicht.« Er fügte hinzu: »Sie hat ihre eigenen Probleme.«

Molly Gould wurde im November 1971 geboren. Elliott und Jenny trennten sich im folgenden Jahr, vertrugen sich dann aber wieder. Ihr Sohn Sam wurde am 9. Januar 1973 geboren. Und obwohl sie kein Vertrauen in diese Institution hatten, heirateten sie im Dezember 1973 in Las Vegas.

Die Dreharbeiten zu *Is' was, Doc?* begannen am 16. August 1971 in San Francisco. Während der Außenaufnahmen wohnten Barbra und Ryan in einer Suite des *Huntington Hotels* in Nob Hill. Jason war bei ihnen. Eines Tages ging Jasons Kinderfrau ans Telefon. Am anderen Ende war ein erklärter »Bewunderer« Barbras, der die Kinderfrau darüber informierte, daß er Jason kidnappen würde, wenn er Barbra seine »tiefe Liebe« nicht persönlich mitteilen dürfte.

Barbra hatte Angst um ihren Sohn und um sich selbst. Ryan handelte. Er rief den Sicherheitsdienst des Hotels an und versicherte Barbra, daß alles in Ordnung sei. Er war ihr Beschützer, was dazu beitrug, ihre Beziehung noch mehr zu festigen. Barbra gestand Ryan, daß sie Angst davor habe, sich in der Öffentlichkeit zu zeigen. Die brutale Ermordung der Schauspielerin Sharon Tate durch die Charles-Manson-Gang hatte Hollywood erschreckt und in Angst versetzt.

Am Set hatte Ryan Schwierigkeiten mit seiner Rolle als Howard Bannister. »Ich hatte vorher noch nie in einer Komödie gespielt«, sagte er. »Jeder Tag war hart. Ich bin mit nervösem Magen ins Studio gegangen. Ich hatte dieses Problem nicht mehr gehabt, seit ich dreizehn Jahre zuvor anfing.«

Dabei konnte Barbra nun Ryan Selbstvertrauen geben. »Ich hatte Glück«, bekannte Ryan, »weil ich sie schon lange kannte, mehrere Jahre, und sie ist eine gute Freundin von mir. So arbeiteten wir fast als Team zusammen.«

Peter Bogdanovich half Ryan ebenfalls. Als ehemaliger Schauspieler, der bei Stella Adler gelernt hatte, spielte er die Rolle prak-

tisch vor, Szene für Szene, Zeile für Zeile, und Ryan mußte ihn nur noch nachahmen. O'Neal sagte über seinen Regisseur: »Er forderte Dinge von mir, die nicht meinen Instinkten als Schauspieler und als Mensch entsprachen, doch ich tat sie.«

Bogdanovichs Stil, jede Rolle vorzumachen, der ein bißchen bei Ernst Lubitsch abgeguckt war, machte Barbra wütend. Einmal, nachdem Bogdanovich ihr vorgemacht hatte, wie sie ihren Text zu lesen hatte, griff ihn Barbra an: »Geben *Sie* mir Unterricht, wie man einen Text liest?«

Während der Dreharbeiten sagte Barbra oft zu Ryan: »Ryan, wir sind in der Scheiße gelandet. Wir sind richtig in Schwierigkeiten. Ich weiß, was lustig ist und was nicht.«

Normalerweise fragte Barbra ihren Regisseur, wenn sie eine Szene vorbereitete, wie er es haben wollte. Er sagte es ihr oder machte es ihr vor, und sie sagte dann: »Glauben Sie, das ist lustig?« Anders als Herb Ross hatte Bogdanovich wenig Geduld mit Barbra. Er gab seine Befehle fast wie ein Diktator. Einmal mußte er Barbra auf ihren Platz verweisen und befahl ihr: »Sing etwas.« Und sie tat es.

»Sie hat eine Tendenz«, sagte Bogdanovich später, »über alles unsicher zu sein außer über ihren Gesang. Sie glaubt, daß man wirklich *spielen* muß, wenn man ein ernsthafter Schauspieler sein will.«

Als Bogdanovich die Dachszene vorbereitete, in der Barbra für Ryan »As Time Goes By« singen sollte, rief sie empört Sue Mengers an, damit diese durchsetzte, daß *sie* in dem Film zu sehen war. Als der Kameramann Laszlo Kovacs die Kamerawinkel der Szene einstellen wollte, hatte Bogdanovich als Barbras Double agiert. Er kletterte auf das Klavier und fing an »You must remember this . . .« vor dem verwirrten Ryan zu singen. Am Ende der Nummer lehnte sich Bogdanovich aus Witz hinunter und küßte Ryan, der vom Klavierstuhl fiel. Die Crew fing an zu lachen. Bogdanovich wußte jedoch nicht, daß Kovacs die ganze Probe gedreht hatte. Sie wurde später im Filmtrailer benutzt.

Das andere Lied, das Barbra für den Film sang, war ein alter Cole-Porter-Song mit dem Titel »You're the Top«. Es war von Artie Butler für den Film bearbeitet worden, der Barbra noch von der Erasmus-High-School her kannte.

»Sie würde es nicht zugeben«, erinnert sich Butler, »aber ich bin einmal sogar mit ihr ausgegangen. Sie sagte mir, daß dies nie der Fall gewesen sei, aber ich bin sicher, daß sie sich nur nicht daran erinnert. Wenn ich mich recht erinnere, dann sind wir zusammen in eine Cafeteria namens *Garfield* gegangen und dann ins Kino. Wir sprachen über alles, von Musik bis zu unseren Pickeln. Es gab eine Menge Leute, die schlecht über sie sprachen«, fährt Butler fort. »Ich denke, weil sie ziemliche Wutanfälle bekommen konnte. Aber ich habe das niemals erlebt. Als wir an ›You're the Top‹ arbeiteten, rief sie mich einmal nachts an und sagte: ›Ich bin wirklich begeistert von dieser Bearbeitung.‹ Und wir sprachen über die verschiedenen Stimmen. Das Lied wurde, als es fertig war, nicht nur mit einer Stimme gesungen. Es setzt sich aus mehreren Stimmen zusammen.

Es war wirklich schwierig. Barbra war diejenige, die die Liedauswahl traf. Sie rief mich an und sagte: ›[Wir nehmen] ‚You're the Top‘, Stück 6; ‚You're Mahatma Ghandi‘, Stück 7; ‚Nile‘, Stück 10‹, und so weiter. *Sie* machte die Aufteilung. Sie wußte hundertprozentig, über was sie redete.« Butler fügt hinzu: »Ich finde nicht, daß irgend jemand das Recht hat, wütend zu werden, wenn sie so pingelig ist, weil man sich einfach bewußt sein muß, mit wem man es zu tun hat. Ich bin in diesem Geschäft und arbeite mit großen Künstlern. Es gibt eine Menge berühmter Leute, aber es gibt nur wenige wirklich große Künstler. Sie ist eine große Künstlerin, und da liegt der Unterschied.«

Der Film zeigte Barbra in einer erneut veränderten Aufmachung. Ihre Haut war gebräunt, ihr Haar war lang, hing glatt herunter und hatte goldene Strähnchen. Ryans Einfluß und der seines Strandhauses in Malibu waren offensichtlich.

»Sie war, glaube ich, in der besten physischen Verfassung, in der ich sie jemals gesehen habe, was ihr Gewicht und ihre Hautfarbe anging«, erinnert sich Don Cash Jr., ihr Maskenbildner in fünf ihrer Filme. »In den Kostümfilmen wird alles unter den Kleidern versteckt. In *Is' was, Doc?* sieht sie hübsch und sexy aus. Sie war unheimlich scharf. Ich machte mich ein- oder zweimal über [ihre Figur] lustig, und sie sagte nur: ›Oh, es reicht, Don!‹ Und ich sagte: ›Na ja, sie ist einfach da, das ist alles.‹«

Sie wollte außerdem besonders natürlich in dem Film aussehen.

Bogdanovich pflichtete bei: »Wir arbeiteten fast ohne Schminke. Sie fand, daß eine Seite von ihr besser aussah als die andere, aber das ist nicht wahr. Ich filmte sie aus jedem beliebigen Winkel, und die Leute sagten, daß sie großartig aussah.«

Madeline Kahn, die als Barbras Rivalin um die Gunst Ryans mit diesem Film zum ersten Mal die Aufmerksamkeit der Kritiker und des Publikums auf sich zog, war zunächst nicht sicher, ob sie die Rolle annehmen sollte. »Ich wußte, daß die Streisand Anne Francis aus *Funny Girl* geschnitten hatte«, sagte die Kahn später. »Und ich wollte den Film nicht machen.« Zu Kahns Überraschung mochte sie Barbra, auch wenn sich die beiden nicht nahe kamen. »Ich bekam einen Einblick, was es heißt, ein großer Superstar zu sein. Ich glaube nicht, daß mir das gefallen würde.«

Unterdessen belastete Barbras Beziehung zu Ryan die Produktion. Zu ihrem Kummer war Ryan oft auf Bogdanovichs Seite, wenn sie mit ihm eine ihrer Diskussionen hatte. Ryan kam so gut mit Bogdanovich aus, daß er sogar in seinem nächsten Film *Paper Moon* mitspielte. Zusammen mit ihm engagierte man seine neun Jahre alte Tochter Tatum, die für ihre Rolle sogar einen Oscar gewann.

Barbra war sicherlich auch nicht besonders glücklich darüber, als Peggy Lipton Ryan während einer Pause ihrer Fernsehserie *Mod Squad* besuchte. Um sich zu rächen, ging Barbra mit dem Regisseur Milos Forman aus, der ein paar Jahre später große Anerkennung mit dem Film *One Flew Over the Cuckoo's Nest / Einer flog über das Kuckucksnest* bekam. Es gab auch Spekulationen darüber, daß sie eine kurze Affäre mit Bogdanovich hatte. Ryan wiederum konterte, indem er mit seiner alten Flamme Barbara Parkins ausging.

Einmal hatte Ryan während der Dreharbeiten eine Rückenverletzung und mußte sich einer größeren Operation unterziehen. Aber es war weder Barbra, die ihn pflegte, noch Barbara Parkins oder Peggy Lipton, sondern seine Frau, Leigh Taylor-Young, die aus New Mexico zurückkam, um ihm an seinem Krankenbett beizustehen. Sie versöhnten sich wieder, und es war dann auch Leigh und nicht Barbra, die ihn zu einer Probevorstellung von *Is' was, Doc?* begleitete. Barbra und Ryan blieben Freunde, aber ihre sexuelle Beziehung war vorüber.

Bogdanovich hatte Schwierigkeiten mit der Schlußszene des Films. Die Zuschauer der Probevorstellungen hatten Ryans letzten Satz nicht verstanden, weil sie zu sehr über Barbra hatten lachen müssen.

Unterdessen war Barbra immer noch mit dem Film unzufrieden. »Sie fand, daß Is' was Doc? das Schlimmste war, was sie jemals hatte machen müssen«, bekannte Bogdanovich und fügte hinzu: »Sie klagte über alles. Ich lachte nur darüber, was sie völlig fertig machte. Sie sagte: ›Das ist furchtbar, verdammt noch mal.‹«

Barbras Unzufriedenheit dauerte bis nach dem Kinostart des Films an. »Ich haßte ihn von ganzem Herzen«, sagte sie. »Es war mir peinlich, diesen Film zu machen. Ich fand, daß er einen kindlichen Humor hatte und daß man an keiner einzigen Stelle des Films sehen konnte, daß er eigentlich versuchte [Bringing Up Baby] nachzueifern. Ich habe mich nur bereit erklärt, mit Bogdanovich zu arbeiten, weil ich seinen Film The Last Picture Show so mochte. Es war jedoch eine enttäuschende Erfahrung.«

Als Is' was, Doc? herauskam, bekam er zum größten Teil positive Kritiken und spielte an den Kinokassen 35 Millionen Dollar ein.

Barbra war jedoch der Ansicht, daß sie nun nach der Dummheit mit Is' was, Doc? endlich frei war, ein neues Projekt zu beginnen, das ihr wirklich etwas bedeutete. Aber welches sollte es sein?

Sie zog zwei Projekte ernsthaft in Betracht. Das eine würde ihre langgehegte Leidenschaft erfüllen, Sarah Bernhardt zu porträtieren, die legendäre französische Schauspielerin und Star des Stummfilms, die trotz einer Beinamputation im Jahre 1915 ihre Karriere fortgesetzt hatte. Greta Garbo hatte die Bernhardt in ihrer ersten Hauptrolle in dem Stummfilm The Divine Woman / Das göttliche Weib schon einmal 1927 gespielt. 1969 hatte Barbra die Gelegenheit gehabt, am Broadway in The Divine Sarah das gleiche zu tun. Doch da sie mit Filmprojekten eingedeckt und nicht besonders wild darauf war, wieder nachts auf einer Bühne aufzutreten, hatte sie abgesagt.

1971 begann Barbra, mit dem britischen Filmemacher Ken Russell Verhandlungen über eine Filmbiographie der Schauspielerin zu führen. Russell war nach seinem unerwarteten Erfolg mit Woman in Love / Liebende Frauen, für den Glenda Jackson einen Oscar

gewann, in Hollywood sehr gefragt. Er war erpicht darauf, den Film zu machen. Barbra war nicht nur durch *Women in Love* auf Russell aufmerksam geworden, sondern auch durch seinen Dokumentarfilm *Deleus*, den er für die BBC gemacht hatte.

Barbra und Russell kamen überein, den Film zu realisieren und schlossen das Geschäft ab. Der Film sollte von Russells Firma und von Barbras First Artists koproduziert werden. Russell würde sein eigenes Drehbuch schreiben. Die Dreharbeiten sollten im Frühjahr 1972 mit Außenaufnahmen in Paris und England beginnen. Dann brach plötzlich nach monatelangen Verhandlungen alles zusammen. Barbra wollte, daß Russell in seinem Drehbuch Änderungen vornahm, doch er weigerte sich, Kompromisse einzugehen und das zu tun, was sie wollte. Später sollte es zwar eine Filmbiographie von Sarah Bernhardt geben, jedoch ohne Beteiligung von Barbra Streisand oder Ken Russell. 1976 kam unter der Regie von Richard Fleischer mit Glenda Jackson in der Hauptrolle *The Incredible Sarah / Die unglaubliche Sarah* heraus.

Ein anderes Projekt war ein Remake von *The Merry Widow / Die lustige Witwe*. Dieser Stoff war bereits in verschiedenen Filmen mit dem gleichen Titel behandelt worden: 1925 von Erich von Stroheim mit Mae Murray in der Hauptrolle, dann 1934 von Ernst Lubitsch mit Jeanette MacDonald und schließlich 1952 von Curt Bernhardt mit Lana Turner. Barbra wollte, daß Ingmar Bergman ihre Version machte.

Sie führte zahlreiche Telefongespräche mit dem legendären schwedischen Filmemacher, und man plante, das Projekt irgendwann 1972 anzugehen. Barbra war jedoch mit der zweiten Hälfte des Drehbuchs, das Bergman geschrieben hatte, unzufrieden und bat ihn, es nochmals zu überarbeiten. Der Regisseur, der uneingeschränkte Autonomie bei seinen Filmen verlangte, weigerte sich. Barbra, die nicht bereit war, gegen ihren Instinkt Kompromisse zu schließen, zog sich zurück, und der Film wurde niemals realisiert.

In den vergangenen Jahren hatte man in Hollywood versucht, die Frustrationen einer ganz normalen Hausfrau zu thematisieren, die zwischen ihrer Liebe zu ihrer Familie und ihren Träumen von einem Leben außerhalb der Küche hin- und hergerissen ist. Der prominenteste Film dieses neuen »Genres« war *Diary of a Mad*

Housewife (1970) unter der Regie von Frank Perr. Die Newcomerin Carrie Snodgress bekam für ihre Hauptrolle in dem Film eine Oscar-Nominierung. Ironischerweise war es ein Film, den man Barbra angeboten und den sie abgelehnt hatte. Nach dem Erfolg von *Diary of a Mad Housewife* überboten die Produzenten Robert Chartoff und Irwin Winkler den Regisseur und Produzenten Robert Altman beim Erwerb der Filmrechte an Anne Richardsons Roman *Sandkastenspiele*. Barbra war an dem Projekt interessiert, da sie sich mit der Figur Margaret Reynolds identifizieren konnte, einer typischen WASP, einer weißen, angelsächsischen Protestantin, die als unterdrückte Gattin eines Professors der Columbia Universität und als Mutter von zwei Kindern in ihren Phantasien ihrer banalen Existenz entflieht. In ihren Träumen reist Margaret nach Afrika, sprengt die Freiheitsstatue in die Luft, fordert Fidel Castro zu einer Debatte heraus und stellt sich ihrer eigenen Mutter.

Barbra kannte sich mit Träumen aus. Sie hatte auch Phantasien entwickelt, um ihrer eintönigen Kindheit in Brooklyn zu entfliehen.

Sie kannte auch den Sexismus und den Widerstand, der Frauen entgegengebracht wurde, wenn sie davor zurückschreckten, ihre vorbestimmte Rolle zu spielen, das heißt, wenn sie sich weigerten, in die strenge gesellschaftliche Definition einer guten, gefälligen Ehefrau und Mutter zu passen. »Beim Film, wo alle Macht in den Händen von Männern liegt, werden teuflische Machtkämpfe ausgetragen«, gab Barbra zu. Als Beispiel erklärte sie: »Wenn eine Frau den Dreh unterbricht, um sich die Nase zu pudern, dann ist man ungeduldig und rollt mit den Augen. Wenn ein männlicher Schauspieler die Dreharbeiten unterbricht, um sich die Haare zu kämmen, dann ist das in Ordnung. Ich spüre diese unterschiedliche Betrachtungsweise andauernd.

Ich hatte Ideen, und ich habe sie ausgedrückt«, fuhr sie fort, »aber weil ich eine Frau war, wurde ich mißachtet. Es gibt dieses Vorurteil gegenüber Schauspielerinnen. Sie sollen hübsch aussehen und ihren Text aufsagen, dann ihren Mund halten und nach Hause gehen.«

Allerdings glaubte sie auch, daß Frauen nicht nach einem Le-

ben außerhalb des Hauses streben sollten, wenn sie es nicht wirklich wollten. Zur Überraschung einiger schien sie der Frauenbewegung der frühen Sechziger ambivalent gegenüberzustehen. Sie fühlte sich von der Idee, Büstenhalter zu verbrennen, abgestoßen, und sie brachte Feministinnen mit ihren öffentlichen Äußerungen zu diesem Thema zur Verzweiflung. Eines von Barbras oft wiederholten Zitaten dieser Zeit war ein paraphrasierter Satz Voltaires: »Wenn wir Gleichheit verlangen«, warnte sie, »dann müssen wir die Überheblichkeit aufgeben.«

Aus dem Zusammenhang genommen, war dieses Zitat verwirrend. Barbras Sichtweise war komplexer und deutete sogar den Weg an, den die Frauenbewegung schließlich einschlagen würde. »Gleiche Arbeitsmöglichkeiten ... ja«, verkündete Barbra 1972. »Kampf gegen die traditionelle Rollenverteilung ... ja. Abtreibung ... ja. Frauen sollen das Recht haben, sagen zu können, ob sie ein Baby haben wollen oder nicht. Aber sie sollten auch Zeit dazu haben, Mutter zu sein. Viele Frauen sind heute im Konflikt mit ihrer Rolle in der Gesellschaft. Sie haben das Gefühl, daß man ihnen erlauben sollte, mehr zu tun. Dennoch haben sie auch dieses ursprüngliche Bedürfnis, Mutter zu sein. Vor allem soll es den Frauen erlaubt sein, das zu tun, was sie tun wollen.«

Für Barbra waren die Dreißig ein Wendepunkt in ihrem Leben, der zufällig mit der erstarkenden Frauenbewegung zusammenfiel. »Plötzlich wurde mir bewußt, daß ich kein Kind mehr war«, sagte sie, »und daß die Entschuldigungen, die ich mir selber gegeben hatte, um nicht erwachsen zu werden, nicht mehr funktionierten. Ich hatte das Gefühl, keine Alternative mehr zu haben. Ich meine, wenn man dreißig ist, dann ist man dreißig. Und muß beginnen, Verantwortung zu übernehmen. Man ist zu alt, um noch ein kleines Mädchen zu sein.«

Sie begriff, daß sie in ihrem jungen Erwachsenenleben hauptsächlich ihre Karriere verfolgt hatte. Sie hatte es zugelassen, daß ihre Arbeit zur Obsession auf Kosten ihres Privatlebens wurde. »Es war eine wunderbare Methode, mir selbst aus dem Weg zu gehen«, bekannte sie. »Man arbeitet den ganzen Tag, geht nach Hause und schläft vor lauter Erschöpfung ein. Keine Zeit nachzudenken oder zu reden. Das ist es. Aber früher oder später kom-

men deine Dämonen und verfolgen dich, und ich fand das sehr beängstigend.«

Die Arbeit an *Sandkastenspiele* war für Barbra eine Art, sich mit sich selber auseinanderzusetzen und Verantwortung für ihr Leben zu übernehmen. Der Film spiegelte ihre Kraft als Frau und Künstlerin wider. Es hieß jetzt, sich mutig zu zeigen, auch auf die Gefahr hin, daß man ihr öffentlich den Kopf abriß. Aber es war etwas, was sie einfach tun *mußte*. Auf die Frage, warum sie diesen Film mache, antwortete sie einfach: »Weil ich eine Frau bin. Weil ich etwas tun möchte. *Is' was, Doc?* handelte eigentlich von nichts. Ich wollte etwas machen, das etwas aussagt.«

Sandkastenspiele sollte der erste der drei Filme sein, die Barbra mit First Artists machen wollte. Er war außerdem der erste Film, in dem sie offiziell das Sagen hatte. Die erste Tat in ihrer neuen Position als Geschäftsfrau war, ihren Manager Marty Erlichman als Mitproduzenten einzusetzen und ihre Freundin Cis Corman als Leiterin für die Besetzung einzustellen. Für Corman begann mit dieser Aufgabe eine vollkommen neue Karriere. Und sie würde sich als gut in ihrem Job erweisen, wenn man die Liste der Talente betrachtet, die sie für *Sandkastenspiele* auftrieb. Unter ihren Entdeckungen, die danach alle noch größere Erfolge feiern würden, waren Paul Bendedict (*The Jeffersons*), Isabel Sanford (*The Jeffersons*), Conrad Bain (*Maude*), Paul Dooley (ein Charakterdarsteller, der in mehreren Robert-Altman-Filmen mitspielte), Anne Ramsey (die Hauptdarstellerin in *Throw Momma from the Train*) und Stockard Channing (*The Fortune*).

Die Dreharbeiten begannen im März 1972 in Los Angeles. In Übereinstimmung mit ihrer neuen, erwachsenen Einstellung dem Leben gegenüber entschied sich Barbra, ihre Beziehung zu ihrem ärgsten Widersacher zu verbessern: der Presse. Als der Kolumnistin Dorothy Manners ein Preis der Publizisten-Gilde verliehen wurde, willigte Barbra ein, an der Veranstaltung teilzunehmen. Während einer Mittagspause von *Sandkastenspiele* hastete sie zu der Zeremonie, überreichte Manners den Preis und kehrte sofort zum Drehort zurück. Trotz ihrer guten Absichten schalten Journalisten sie später für ihren hastigen Aufbruch. Barbra sagte mit einem Seufzer der Verzweiflung: »Mit der Presse und mir ist das

einfach so: Ich werde verdammt, wenn ich etwas tue, und ich werde verdammt, wenn ich es nicht tue.«

Im Mai siedelte die Crew von *Sandkastenspiele* nach New York über. Die Schauplätze für die Außenaufnahmen waren Harlem, der Hudson River, ein kleiner Spielplatz abseits der Riverside und der hundertdreiundzwanzigsten Straße. Auf diesem Spielplatz hatte der fünfjährige Jason Gould sein Filmdebüt. Man sieht im Film, wie er eine Schaukel anstößt, sich daraufsetzt und schaukelt, während seine lockigen Haare im Wind wehen.

Die Dreharbeiten in New York waren am Freitag, dem 19. Mai 1972 beendet. Von da aus wurde die Crew direkt nach Nairobi geflogen, wo eine andere Traumsequenz gedreht wurde. Zu ihrer Überraschung entdeckten die Produzenten Chartoff und Winkler, daß es billiger war, in Afrika zu drehen (8000 Dollar pro Tag) als in Los Angeles (13 000 Dollar pro Tag) oder in New York (19 000 Dollar pro Tag). Während ihres Afrikaaufenthalts sammelte Barbra einige Schminktips. Sie erzählte später: »Ich fragte ein eingeborenes Mädchen, ob sie mir etwas von ihrem blauen Lidschatten auftragen könnte. Sie brach einen Zweig vom Baum, riß einen Streifen vom Rock ihres Mannes ab, machte daraus eine Art Q-tip, brach ein Stück von einem weichen blauen Stein ab, spuckte darauf und tat mir etwas davon mit dem Q-tip aufs Auge. Jetzt trage ich meinen Lidschatten immer mit einem Q-tip auf.«

Barbra nutzte ihren großen Einfluß, um bei der Dramaturgie einiger Charaktere zu helfen. Besonders lag ihr hier die Figur der Mutter am Herzen, die sich in alles einmischt. Für Barbra war diese in vieler Hinsicht ihrer eigenen Mutter ähnlich. Diana war empört, als sie erfuhr, daß Barbra nach Afrika fuhr, und das Schlimmste war, daß sie Jason mitnehmen wollte. Barbra befand sich wieder in einer unlösbaren Situation, denn wenn sie Jason *nicht* mitnahm, dann beklagte sich Diana, daß sie eine nachlässige Mutter sei, die mehr an ihre Karriere dachte als an ihren Sohn.

Jahrelang versuchte Barbra die unerbetenen pädagogischen Ratschläge ihrer Mutter zu unterbinden, doch hatte sie damit nur wenig Erfolg. Barbras Ansichten bezüglich gewisser Erziehungs-

themen standen sicherlich in direktem Gegensatz zu denen ihrer Mutter. Auf die Frage nach ihren Grundsätzen bei der Kindererziehung antwortete Diana mit glänzenden Augen: »Den Hintern versohlen. Das spart die Kosten eines Psychotherapeuten. Es gibt ein jüdisches Sprichwort, das sagt, daß bei einem Kind, wenn es versohlt wird, der Schmerz am Ende immer bis in den Kopf hochsteigt, und das macht den Kopf frei.« Bei ihrer Tochter löste sie mit diesen Sprüchen Entsetzen aus. Sie fügte auch noch hinzu: »Man soll sein Kind auch nicht zuviel loben. Ich versuche, sie zu mäßigen, wenn ich sehe, daß sie eine zu hohe Meinung von sich haben.«

Jason Emanuel, ein Kind mit vielen Interessen, war von der Archäologie fasziniert. Vor ihrer Abreise war er kurz über Leakeys Entdeckungen in Afrika informiert worden, und er war freudig erregt bei der Aussicht, selber »Ausgrabungen« zu tätigen. Ihrer mütterlichen Psychologie folgend, packte die immer vorausblickende Barbra einige Hühnerknochen ein, die sie dann im Boden vergrub, damit ihr Sohn auch sicher etwas entdecken würde. Sie wollte nicht, daß Jason Afrika enttäuscht verließ.

Ungefähr zur gleichen Zeit begann Jason, Zeichen von Rebellion zu zeigen. Er bestand sogar auf eine Änderung seines Namens. »Mein Name ist Jason Streisand. Mein Name ist Jason Streisand!« sang er mit Begeisterung. Barbra korrigierte ihn jedes Mal. »Gould, Liebling. Dein Name ist Jason Gould.« Jason schlug einen Kompromiß vor: »Mein Name ist Jason Gould Streisand.«

Nachdem sie Nairobi Ende Juni 1972 verlassen hatten, fuhr Barbra mit ihrem Sohn nach Tel Aviv, wo sie Gäste des Israelischen Touristenverbandes waren. Am Tag nach ihrer Ankunft war Barbra bei dem Vize-Premierminister Ygal Alon eingeladen. Sie wurde während ihres sechstägigen Aufenthalts im Land überallhin von jemandem begleitet. Um sich für die Gastfreundlichkeit der Israelis zu bedanken, versprach Barbra vage, daß sie noch im gleichen Jahr in Israel zwei Konzerte geben würde. Barbra hatte jedoch, und das wußte man zu dieser Zeit noch nicht, ihre letzten kommerziellen Live-Auftritte vom 24. Dezember 1970 bis zum 13. Januar 1971 im *Las Vegas Hilton* gegeben. Für Barbra

hatten Live-Auftritte nicht nur etwas, vor dem sie sich fürchtete, sie fand sie inzwischen auch »vulgär« und »exhibitionistisch«. (Erst 1993, am Neujahrsabend, konnte man Barbra im MGM-Grand Hotel von Las Vegas wieder live erleben.)

Zurück in Los Angeles, erwies sich die Endproduktion von Sandkastenspiele als mühsam. Im Oktober war eine Rolle Negativfilmmaterial verschwunden und auch nach einer einwöchigen Suche nicht wieder aufgetaucht. Dennoch wurde kein Nachdreh angesetzt, weil man der Überzeugung war, daß mit den nicht verwendeten Filmsequenzen genug Material zur Verfügung stand, um den Verlust zu kompensieren.

Barbra kam jede Nacht gegen halb drei in ihr Haus in Holmby Hills zurück und rief dann den Regisseur, Irvin Kershner, oder den Cutter, Robert Lawrence an, um sie über weitere Dinge zu informieren, über die sie nachgedacht hatte. Manchmal war es der Komponist, Billy Goldenberg, der die nächtlichen oder frühmorgendlichen Anrufe über sich ergehen lassen mußte. Für ihn waren ihre Gute-Nacht-Worte: »Summ mir die Musik für morgen vor!«

Barbra setzte große Hoffnungen in den Film. Abgesehen von seiner sozialen und politischen Aussage hoffte sie auf einen Kassenerfolg. Außerdem hoffte sie, daß er endlich ihre Fähigkeiten als Schauspielerin beweisen würde. Marty Erlichman sagte ein paar Tage vor dem Kinostart am 21. Dezember 1972: »Wenn ein nettes jüdisches Mädchen aus Brooklyn eine fantasierende WASP spielen kann, dann weiß man, daß sie eine gute Schauspielerin ist. Wissen Sie, daß wir nicht in einer der Umfragen, die wir während der Probevorstellungen gemacht haben, darauf gestoßen sind, daß man Barbra als WASP ablehnte?«

Die folgenden schlechten Kritiken und geringen Zuschauerzahlen waren für Sandkastenspiele ein vernichtender Schlag. Kurz nachdem der Film herausgekommen war, nahm Barbra einen Freund mit in ein Kino in Westwood, um ihn anzusehen. Es waren noch vier andere Leute im Kino. Für Barbra Streisand war das eine erniedrigende Erfahrung und eine harte Lektion. Ihr Name und ihre Macht als Star reichten für einen Erfolg nicht aus. Auch nicht ihre guten Absichten, die, wie sie jetzt erfuhr,

manchmal ihren Preis hatten. Sie lernte außerdem, daß nicht immer, wenn man etwas mitzuteilen hat, andere dies unbedingt hören wollen. Barbras weitere Filmprojekte in den siebziger Jahren würden kommerzieller orientiert sein als *Sandkastenspiele*, und sie selber würde sehr viel weniger darüber reden, daß sie die Bernhardt spielen und mit Bergman arbeiten wollte.

Barbra Streisand und Robert Redford – So wie wir waren

Nach dem Erfolg von *Die Eule und das Kätzchen* war Ray Stark sehr daran interessiert, Barbra wieder in den Schoß seiner Produktionsfirma Rastar zu holen. Er schickte ihr ein fünfzigseitiges Exposé von *So wie wir waren* von Arthur Laurents, der zehn Jahre zuvor ihr Regisseur bei *I Can Get It for You Wholesale* gewesen war. Sie las es, zählte die Szenen, die darin interessant für sie sein könnten – es waren fünf – und akzeptierte das Angebot. Per Telefon verkündete sie Stark: »Ich will, daß *dies* mein nächster Film wird.« Laurents Drehbuch *So wie wir waren* spielt von den Dreißigern bis in die fünfziger Jahre, die Zeit nach den McCarthy-Verhören und Kommunistenverfolgungen in Amerika. Es ist die Geschichte von Katie Morosky, einer engagierten linken Aktivistin, die sich durch ihr politisches leidenschaftliches Engagement fast allen Freunden und Bekannten und schließlich auch dem Mann entfremdet, den sie liebt.

Als Barbra den Vertrag unterzeichnet hatte, konnte auch Sydney Pollack, der für seine Regie von *They Shoot Horses, Don't They?* großen Beifall geerntet hatte, im April 1972 verpflichtet werden. Dann galt es, die männliche Hauptrolle zu besetzen. Selten war die Besetzung für einen Film so wichtig. Die Rahmenhandlung war politisch, trotzdem war es im Grunde genommen eine Liebesgeschichte, in deren Mittelpunkt Katie Morosky und Hubbell Gardiner standen, die sich trotz ihrer großen Gegensätzlichkeit und Widersprüche unweigerlich zueinander hingezogen fühlen. Mehr als in Barbras anderen Filmen war diesmal entscheidend, wie sie sich mit ihrem Partner verstehen würde. Hubbell Gardiner war die Verkörperung des WASP, des weißen, angelsächsischen Protestanten – blond, blauäugig und mit hellem Teint, der sich unter der Sonne goldbraun färbte. Er war der Typ von Mann, dem alles zufiel – auch die Frauen. Denis Cole, für die Rolle vorgesehen, traf sich mit Barbra, die ihn umgehend ablehnte. Das gleiche erlebte Ken Howard, der nicht im Studio vorsprach, sondern auf einem Tennisplatz.

Ryan O'Neal war ein weiterer Kandidat für Hubbell Gardiner. Pollack vertrat jedoch die Ansicht, daß Barbra O'Neal in *Is' was Doc?* untergebuttert hatte. »Sie neigt dazu, einen Film durch ihr großes Talent und durch ihre Präsenz, die das reale Leben noch übertrifft, an sich zu reißen«, verkündete der Regisseur. »Für einen anderen Hauptdarsteller ist es schwierig, sich ihr gegenüber zu behaupten.« Pollack suchte nicht nur einen Schauspieler, der sich Barbra gegenüber würde behaupten können, sondern hoffte auch, einen männlichen Hauptdarsteller zu finden, der der völlig undifferenzierten Figur Hubbell Gardiners mehr Tiefe verleihen könnte.

Pollack wollte Robert Redford. Monate zuvor hatte Stark das Treatment an Robert Redford geschickt, der es als »alten Plunder« ablehnte. Nichtsdestotrotz begann Pollack eine Kampagne, die sechs Monate dauern würde, um Redford für das Projekt zu gewinnen. Die beiden waren befreundet, seit sie 1961 gemeinsam als Schauspieler in Redfords Filmdebüt *War Hunt* aufgetreten waren. Pollack hatte außerdem in *This Property Is Condemned* (1966) und in dem kurz zuvor fertiggestellten *Jeremiah Johnson*, beide mit Redford, die Regie geführt.

Redford hatte unter anderem Einwände gegen Hubbells schalen Charakter. Er war ein Sexobjekt, ein Mann ohne Überzeugungen oder Ziele und hatte damit genau die Eigenschaften, die Redford verachtete. Pollack versuchte, ihn davon zu überzeugen, daß Hubbell gerade der interessantere der beiden Charaktere sei. Das war ein schwer zu beweisendes Argument, aber Pollack bestand darauf. Er behauptete, daß Hubbells Kämpfe sich in seinem Inneren abspielten, aber dennoch packend und voller Bedeutung seien; Katies Kämpfe dagegen seien offensichtlich und vorhersehbar.

Redford schwankte. Mal wollte er die Rolle spielen, dann wieder nicht. Am 6. Juni 1972 kündigte der *Hollywood Reporter* an, daß Redford nun offiziell zur Besetzung gehöre. Am Tag darauf wurde die Nachricht widerrufen – die Rolle sei immer noch zu besetzen, und Redford werde den Film definitiv nicht machen. Am 8. Juni gab schließlich Ray Stark, der bereit war, Ryan O'Neal zu engagieren, Pollack eine Stunde, um Redford endlich zu engagieren – oder zu vergessen. An diesem Abend wurde um halb zwölf der Vertrag mit Robert Redford abgeschlossen.

Redford verabscheute nach wie vor das Drehbuch und die Rolle, die er spielen sollte. Er hatte im Grunde nur zugestimmt, um Pollack einen Gefallen zu tun, der so darauf gedrängt hatte, daß er den Part übernehmen solle. Falls Redford sich geweigert hätte, wäre Pollack – so seine Absicht – aus seinem eigenen Regievertrag ausgestiegen. So sicher war er sich, daß Redford der Richtige für die Rolle war. Was Redford außerdem zu seiner Entscheidung bewegte, war sein Vertrauen darin, daß Pollack sein Versprechen erfüllen würde, das Drehbuch zu überarbeiten und Hubbell eine wirkliche Aufgabe zuzuordnen. Ein anderer entscheidender Faktor war, daß man Redford eine namhafte Gage *und* einen Anteil am Gewinn des Films anbot (es war das einzige Mal in Barbras Karriere, daß ihre Gage von der ihres Partners überboten wurde).

Arthur Laurents hatte das Drehbuch mit der Absicht geschrieben, Katie in den Mittelpunkt zu stellen, und nahm es nun Redford übel, daß dieser – so empfand er es – seine Macht und seine Freundschaft zu Pollack ausnutzte, um die Geschichte mehr zu Hubbells Gunsten umzugestalten. Laurents weigerte sich, einen Kompromiß einzugehen, und wurde von dem Projekt ausgeschlossen. Später holte man ihn zurück, angeblich auf Barbras Drängen. In der Zwischenzeit wurden zwölf Autoren engagiert, um das Buch zu überarbeiten, unter anderem Datton Trumbo, Francis Coppola, Judith Rascoe, David Rayfiel (mit dem Barbra nach ihrer Trennung von Elliott befreundet war) und Alvin Sargent. Das Ergebnis war unter anderem eine zusätzliche Szene, in der Hubbell die Gelegenheit hat, seine Wut zu zeigen und zumindest einmal eine Art Standpunkt zu vertreten. Pollack wollte den Film auch mit einer Szene beginnen, in der Hubbell im Zeugenstand vor dem Ausschuß für unamerikanische Aktivitäten aussagte. Dies sollte die dunkle Seite des blondschöpfigen Märchenprinzen zeigen, der zum Informanten wird. Katie sollte im Verhandlungsraum sitzen und zuhören, wie er unter dem Druck des Ausschusses nachgibt. Während sie hört, wie er seine Freunde denunziert, kommen ihr Erinnerungen an Hubbell und an ihr Zusammensein hoch. Der restliche Film sollte aus einer Reihe von Rückblenden bestehen.

Pollack argumentierte, daß durch dieses dramatische Element die Figuren selber in den Mittelpunkt der Kontroverse rückten.

Katie und Hubbell seien nicht mehr nur bloße unbeteiligte Außenstehende und Beobachter der ganzen Farce. Statt dessen spiegele sich das politische Anliegen des Films nun auch im Inneren der Charaktere wider. Dies mache auch Katie glaubwürdiger, weil es jetzt Hubbells politische Ansichten und Moralvorstellungen seien, die bei ihr Erinnerungen auslösten, und nicht sein blondes Haar oder sein beeindruckender Knochenbau.

Es war eine brillante Idee, aber Stark lehnte sie ab. Er hatte nichts gegen differenziertere Charaktere, aber in diesem Fall wollte er vermeiden, daß das Publikum gegen Hubbell aufgebracht werde. Es sollte keine politische Geschichte sein und auch kein Moralstück, sondern ein jahrhundertealtes Drama über Liebe und deren Verlust.

Während seiner Entscheidung, ob er den Film machen sollte oder nicht, hatte sich Redford dagegen gesträubt, Barbra zu treffen. Sie wollte mit ihm zusammenkommen und mit ihm sprechen, um festzustellen, ob es zwischen ihnen funken würde. Er verschob den Termin einmal und dann ein zweites Mal. Sein Widerwille, sie zu treffen, war merkwürdig. Ihm waren ohne Zweifel Gerüchte zu Ohren gekommen: Sie sei anspruchsvoll. Sie sei eine Perfektionistin. Sie neige dazu, ihren Regisseuren ungefragt Verbesserungsvorschläge zu machen. Er hatte mit Sicherheit auch von ihrer Fehde mit Matthau und von ihrer Liebesgeschichte mit Omar Sharif gehört.

Barbra begann, Redfords Weigerung, sie zu sehen, persönlich zu nehmen. Schließlich griff Sydney Pollack ein und bestand darauf, daß Redford mit seiner zukünftigen Partnerin sprechen solle. Redford stimmte zu, aber nur unter der Bedingung, daß Pollack ihn begleite. Die beiden gingen zu einem Abendessen zu Barbra. Bei ihrem ersten Treffen war Barbra fasziniert von Redfords Attraktivität.

Mit einem auf 5 Millionen Dollar angesetzten Budget begannen endlich, Ende September 1972, in Schenectady, New York, die Außenaufnahmen für den Film. Das Union College, eines der ältesten des Landes, diente als Kulisse für die Cornell Universität des Jahres 1937. Amüsanterweise hatte die Produktionsfirma ein unerwartetes Problem damit, männliche Statisten einzustellen, die die

Studenten darstellen sollten. Dem Stil der Zeit entsprechend liefen die meisten Männer mit langen Haaren herum. Um sie dazu zu bringen, sich die Haare schneiden zu lassen, bot die Columbia ihnen fünfzehn Dollar und ein Mittagessen pro Tag an, und selbst dann war das Interesse nicht gerade umwerfend.

Sowohl Barbra als auch Redford begannen die Dreharbeiten mit Zurückhaltung. Trotz der Veränderungen, die man vorgenommen hatte, um ihm entgegenzukommen, war Redford nach wie vor unzufrieden mit seiner Rolle. »Was *will* er eigentlich?« fragte Redford in bezug auf Hubbell Gardiner oft. Die scheinbar unausweichliche Antwort war, daß er nichts wollte. Genau das war natürlich der springende Punkt. Was Barbra betraf, so machte sie sich wie Laurents Sorgen, daß sich das Drehbuch zu sehr auf Redford konzentrierte.

Weder Redford noch Barbra wußten wirklich, was sie an *So wie wir waren* hatten. Cash sagt: »Man bekam eben mit, daß keiner von beiden den Film mochte und daß sie ihn beide nur hinter sich bringen wollten.« Niemand in der Produktion hätte ahnen können, was für ein enormer Kassenerfolg er schließlich werden würde.

Wie üblich hielt sich Barbra während der Produktion meistens abseits. »Für Barbra ist der gesellschaftliche Umgang eine sehr, sehr schwierige Sache«, sagt Bradford Dillman, der die zweite männliche Hauptrolle spielte. »Wenn sie mich am Set ankommen sah, dann drehte und wendete sie sich und machte ein Hin und Her, bis sie sich endlich überwinden konnte, zu mir zu kommen und zu sagen: ›Äh . . . wie geht's den Kindern?‹« Er fügt hinzu: »Sie arbeitete so hart, daß ich mich wirklich fragte, ob sie an irgend etwas Spaß hatte. Ich glaube, ich habe sie in all den Monaten, die wir zusammen verbracht haben, zweimal lachen gesehen.« »Barbra hält immer eine Distanz aufrecht«, erzählt Don Cash. »Damit muß man rechnen.« Aber trotz dieser Distanz ist sie zu netten Gesten fähig. An dem Tag, an dem Barbra eine Szene drehte, in der Redford betrunken mit ihr das Bett teilt, wurde Cashs zweiter Sohn geboren. Eine Woche später wurde ihm ein Geschenk ins Haus geliefert. Es war teure Babykleidung aus einer Boutique in Beverly Hills. Als Cash den beigelegten Umschlag öffnete, stellte er überrascht fest, daß das Geschenk von Barbra kam.

Trotz der üblichen künstlerischen Meinungsverschiedenheiten kam Barbra gut mit Pollack aus. Anders als manche seiner Kollegen, die sich mehr um die Kameraführung als um die Charaktere kümmerten, interessierte sich Pollack, der selber Schauspieler war, sehr für seine beiden Protagonisten. In gewisser Weise verliebte er sich in sie. »Ich betrachte diese beiden Figuren als Komponenten einer einzigen Person«, sagte er. »Ich glaube, daß Katie glücklicher wäre, wenn sie ein bißchen mehr von Hubbell hätte, und daß er glücklicher wäre, wenn er ein bißchen mehr von ihr hätte. Die beiden sind von unschätzbarem Wert füreinander.«

Während es zwischen Redford und der Streisand keine Streitereien gab, kämpften sie doch jeder für sich darum, welche Figur in der Geschichte dominieren würde. Barbra kämpfte mit Pollack; Pollack kämpfte mit Redford. Aber es waren freundschaftliche Auseinandersetzungen, die niemals persönlich wurden, sondern sich immer um die Arbeit drehten.

»Es ist schwierig, etwas über Pollack zu sagen, weil man nicht weiß, wo er steht«, sagt Don Cash Junior. »Man hatte immer das Gefühl, daß er bei allem, was er tat, noch etwas anderes im Sinn hatte, wie ein gewiefter Politiker. Er hörte sich Barbras Standpunkte an, und er hörte sich Bobs Standpunkte an. Es war wie ein heikler Balanceakt.«

Pollack behandelte Barbra sicherlich mit Samthandschuhen. Er wollte nicht, daß sie schimpfend und tobend durch die Gegend lief, wie sie es bei einigen ihrer vorherigen Filme getan hatte. Er wollte sie von vornherein mäßigen. Redford half ihm dabei. Denn durch seine eigene Art zu spielen, brachte er Barbra Finesse bei.

Während der Dreharbeiten schmachtete Barbra nach ihrem Partner. Man könnte fast sagen, daß ihr Begehren für Redford auf der Leinwand so überzeugend ist, weil es von ihr so gut wie keine Schauspielkunst verlangte. Redford war jedoch ein glücklich verheirateter Familienvater, der im Ruf stand, seine Hose anzubehalten und auf seine Gefühle aufzupassen. Mit der Zeit wurde Barbras Begeisterung für Redfords Aussehen von ihrer Bewunderung für sein Talent verdrängt. Sie wurde immer überzeugter davon, daß er so gut war, daß er ihr im Film die Show stahl. Redford glaubte übrigens dasselbe von Barbra.

Die beiden verstanden sich gut, obwohl man ihnen nachsagte, sie seien beherrschend, und obwohl sie völlig unterschiedliche künstlerische Methoden hatten, sich auszudrücken.

Diese unterschiedliche Arbeitsauffassung zeigte sich auch am Set. »Sie ist wißbegierig, ungemein neugierig, enthusiastisch und arbeitet sehr, sehr hart«, sagte Pollack. »[Aber] manchmal würde ich ihr gerne sagen: ›Kannst du dich nicht einmal einfach entspannen?‹«

Barbra wollte Präzision und Redford Spontaneität. Barbra bevorzugt ausgedehnte Proben und möchte mehrmals drehen. Meistens ist sie bei den letzten Einstellungen besser. Redford ist bei den ersten Drehs besser. Danach fängt er an, sich zu langweilen. Mit der Streisand zu arbeiten, ist für Redford nichts anderes als *Arbeit*, ganz egal, wie sehr er ihr Können bewundert und wie gut er sie persönlich leiden kann. Und es bedeutete mehr Arbeit, als er gerne in die Schauspielerei investiert, was vermutlich erklärt, warum sie trotz ihres Geredes, »nicht das richtige Projekt zu finden«, in den über zwanzig Jahren seit *So wie wir waren* keinen Film mehr zusammen gemacht haben.

Redford und Pollack brachten Barbra nicht nur bei, sich zu beherrschen, sondern beeinflußten sie auch in anderer Hinsicht. Während der Dreharbeiten erzählten sie ihr begeistert von Sundance, in Utah, wo sie beide Besitztümer hatten. Sie sprachen von den Bergen, der frischen Luft und vom Skifahren. Redford gehörte Sundance Lodge, ein Skiort. »Andere Leute haben analytischen Verstand. Ich habe Utah.«

Wahrscheinlich waren es vor allem Redfords und Pollacks Einfluß, der Barbra nach Abschluß der Dreharbeiten dazu bewegte, in Aspen ihren ersten Skiurlaub zu verbringen. Pollack sagt: »Man muß sich klarmachen, was für einen großen Schritt das für sie bedeutete.«

»Als ich im Sessellift hochfuhr, wußte ich, daß ich irgendwie wieder runterkommen mußte«, erinnert sich Barbra, »und ich dachte, das war's dann wohl, jetzt kriege ich einen Herzanfall.« Nach vier Tagen fuhr sie bereits auffallend sicher die Pisten hinunter. »Ich habe so viel gelernt: Wie es ist, wenn man hinfällt, daß der Schnee weich ist, daß man dabei nicht umkommt, daß man

überlebt. Das war sehr aufregend für mich. Während dieses ganzen Jahres bin ich so oft wie möglich Ski gefahren.«

Eine Meinungsverschiedenheit bezüglich ihrer Rolle, die Barbra mit Pollack hatte, drehte sich um ihre Angst, daß Katie zu sehr als Schwächling, als Opfer dargestellt würde. Da ihr Verständnis für die Frauenbewegung und ihr eigenes feministisches Bewußtsein immer stärker wurden, fürchtete Barbra, daß der Eindruck entstehen könne, Katies Glück hinge vor allem von Hubbell ab. Deswegen bat sie Pollack, einige der Szenen zu streichen, in denen Katie weint. Angeblich ging sie sogar zu der Cutterin Margaret Booth, die im Filmgeschäft Pionierarbeit für Frauen geleistet hatte, und fragte sie, ob sie die tränenreichen Szenen herausschneiden könne. Aber Pollack sprach ein Machtwort, und die Tränen blieben im Film. Als Barbra den Endschnitt gesehen hatte, war sie außerordentlich wütend auf Pollack. In den folgenden Jahren gab sie immer wieder zu verstehen, daß *So wie wir waren* besser geworden wäre, wenn sie, wie bei einigen ihrer anderen Filme, Entscheidungsgewalt gehabt hätte.

Auch wenn Barbra unzufrieden über Katies Tränen war – der Film *So wie wir waren* ist unterschätzt und viel zu wenig erwähnt worden, was seine Männer- und Frauenporträts und sein feministisches Anliegen betrifft. Er brachte eine Wende der Rollenklischees, die seit Jahrzehnten in Hollywood vorherrschten. In diesem Film ist zum ersten Mal die Frau die begehrende, während der Mann passiv bleibt; die Frau ist es, die Blumen kauft; *sie* nimmt *ihn* mit zu sich nach Hause; und sie ist es, die davon profitiert, daß er betrunken ist. Natürlich geht *sie* nicht zu weit, weil sie ihren Stolz hat. Lust und Anstand bekämpfen sich in ihrem Inneren. Aber trotzdem ist sie eine Frau, die den uralten Männer-Satz von sich gibt: »Ich verspreche Ihnen, daß ich Sie nicht berühren werde.« Ganz offensichtlich ist in *So wie wir waren* die Frau aktiv und der Mann passiv. Und diese Situation war damals ganz neu.

Als der Verlust von Hubbell Katie am Ende des Films beinahe das Herz bricht, ist trotzdem klar, daß sie darüber hinwegkommen wird. Der Film erweckt aber auch den Eindruck, daß eine Frau nicht gleichzeitig ihre Karriere *und* einen Mann haben kann, ein Thema, mit dem sich Barbra zum ersten Mal in *Funny Girl* ausein-

andergesetzt hat. Ein Thema, das sich in Barbra Streisands Film-karriere und in ihrem Leben wiederholen sollte.

Bei einer ersten Testvorführung, der sie gemeinsam mit Alan und Marilyn Bergman beiwohnte, war Barbra wie hypnotisiert von Redfords Darstellung. »Redford ist der beste männliche Partner, den sie je hatte«, erinnert sich Marilyn. »Und das wußte sie. Wir saßen bei ihr, als sie den Film zum ersten Mal sah. Sie stieß mich andauernd an, um mir zu sagen, wie phantastisch er sei.«

Als Marvin Hamlisch (der Barbra während der Proben zur Büh-nenversion von *Funny Girl* auf dem Klavier begleitet hatte) die Musik für die letzte Szene auswählte, entschied er sich dagegen, nochmals das gleiche Thema einzusetzen. Er argumentierte, daß es wiederholt an anderen Stellen des Films auftaucht und daß die Szene auch ohne diese zusätzliche Untermalung emotional genug sei. Als er jedoch eine Vorführung gesehen hatte, bei der das Publi-kum am Ende *nicht* weinte, ging Hamlisch nochmals zur Columbia und bat um eine neue Aufnahme mit fünfundfünfzig Musikern. Als das Studio ihm dieses kostspielige Arrangement verweigerte, entschloß sich Hamlisch, die Musiker aus seiner eigenen Tasche zu bezahlen. Er wurde dafür belohnt: Bei der nächsten Voraufführung flossen die Tränen.

Für das Titellied waren zwei völlig verschiedene Versionen von Barbra aufgenommen worden. Als er die erste Version beendet hatte, von der er begeistert war, gab er sie an die Bergmans weiter, die 1968 für einen Liedtext aus dem Film *The Thomas Crown Affair* einen Oscar bekommen hatten.

Als Barbra das Ergebnis der Zusammenarbeit hörte, gab sie ihren Urteilsspruch ab: Sie haßte es. »Ich mußte sie anflehen, es zu singen«, sagte Hamlisch später. Sie erklärte ihm, daß das Lied zu einfach sei. Er antwortete: »Das ist ›My Funny Valentine‹ auch«, worauf Barbra sagte: »Ich hasse ›My Fanny Valentine‹.«

Barbra bestand auf einem anderen, komplizierteren Lied. Als es fertig war, gefiel es ihr sehr, und sie wollte es für den Film haben. »Ich habe die zwei Versionen gehört«, erinnert sich Don Cash Ju-nior, »und ehrlich gesagt habe ich dieses Mal gefunden, daß Barbra sich irrte. Denn in der ersten Version drückte sie wirklich die Stimmung des Films aus.«

Pollack entschied in weiser Voraussicht, zunächst beide Lieder für die gleiche Szene aufzunehmen. Dann mußten alle darüber abstimmen, welches Lied sie lieber mochten. Zu Hamlischs großer Befriedigung wurde Barbra überstimmt. Das Lied wurde Barbras erste goldene Single und der erste Riesenhit ihrer Karriere. Es würde sogar einen Oscar gewinnen, wie die Musik von Hamlisch. Trotzdem würde sich die Beziehung zwischen ihr und Hamlisch nie wieder richtig von der Aufregung um die beiden konkurrierenden Versionen von *So wie wir waren* erholen. »Ich traue mich nicht, mit einem neuen Lied auf sie zuzugehen«, sagte Hamlisch 1977 zu Rex Reed. »Ich habe eine Höllenangst vor ihr.«

Als ihre Platte *So wie wir waren* herauskam, erhielt Barbra einen offiziellen Brief von Ray Stark. Er erhob Anspruch auf das Copyright des Titels und drohte Barbra mit einem Prozeß, falls sie ihn nicht in *Barbra Streisand*, was sie schließlich tat, umändere. Die Platte war jedoch mit ihrem Originaltitel an die Spitze der *Billboard*-Charts geklettert und gewann schließlich Platin. Es war seit dem zehn Jahre zuvor veröffentlichten Album *People* Barbras erster großer Plattenerfolg. Gleichzeitig kam die Filmmusik, ebenfalls unter dem Titel *So wie wir waren*, unter die Top-Twenty. Barbras Comeback als Plattensängerin war besiegelt.

Mit großen Werbesprüchen wie »*Streisand & Redford, Together!*« wurde das Kinokassengeschäft von *So wie wir waren* eingeleitet. Schon bald hieß es, der Film habe in einem wichtigen New Yorker Kino den seit 1970 von *Love Story* gehaltenen Rekord gebrochen. Der Film spielte alleine im Inland 25 650 000 Dollar ein, womit er beinahe den Erfolg aller Zeiten von 26 325 000 Dollar erreichte, den die Columbia mit *Funny Girl* aufgestellt hatte.

Er war ein solcher Hit, daß manche Berichte aus der Zeit es dem Film als Verdienst anrechneten, das Studio vor dem sicheren Ruin gerettet zu haben. Nichtsdestotrotz mußten Robert Redford und Sydney Pollack ein Verfahren gegen die Columbia und Ray Stark einleiten, um ihren Anteil am Film zu erhalten, den sie 1976 auf 5,3 Millionen Dollar schätzten. Keine schlechte Leistung, wenn man bedenkt, daß es ein Film war, den Redford gar nicht hatte machen wollen und aus dem Pollack beinahe ausgestiegen wäre. Der Film machte Robert Redford zusammen mit *The Sting*, der

noch im gleichen Jahr herauskam, zum größten Filmstar der Welt. Am 2. April 1974 wurde Redford für einen Oscar als bester Schauspieler des Jahres in *The Sting* nominiert, und Barbra lag als beste Schauspielerin in *So wie wir waren* im Rennen.

Man rechnete damit, daß bei der Oscar-Verleihung in diesem Jahr Barbra und Joanne Woodward miteinander konkurrieren würden, letztere für ihre Darstellung in *Summer Wishes, Winter Dreams*. Die Ironie des Schicksals wollte es, daß die Woodward auch 1968, bei Barbras erster Teilnahme am Wettbewerb, als ihre größte Konkurrentin betrachtet worden war. Da Barbra bei dieser Oscar-Verleihung gewonnen hatte (gemeinsam mit Katharine Hepburn), schien es nur gerecht zu sein, daß der Preis diesmal an Joanne Woodword ging. Ray Stark befand sich in einer prekären Situation, da er beide Filme produziert hatte. Die Woodward hatte den Preis der New York Film Critics gewonnen, aber es schien so, als habe sie ihre Chancen auf den Oscar geschmälert, als sie sich mit folgendem Satz über die Preise lustig machte: »Der Oscar ist inzwischen zu einer politischen oder kommerziellen Geste geworden.«

Am Abend der Preisverleihung saßen die Woodward, Marsha Mason (*Cinderella Liberty*) und Ellen Burstyn (*The Exorcist*) im Publikum, als ihre Namen angekündigt wurden. Glenda Jackson, die für ihre Darstellung in der Komödie *A Touch of Class* nicht gerade im Rennen lag, war gar nicht erst gekommen. Barbra war jedoch trotz ihrer Drohung erschienen, weigerte sich aber, den Kameras von Jack Haley zuliebe im Publikum zu sitzen. Statt dessen versteckte sie sich hinter der Bühne, während die Kandidaten angekündigt wurden. Als Glenda Jackson, die den Preis erst drei Jahre zuvor für *Women in Love* bekommen hatte, zur überraschenden Gewinnerin ernannt wurde, war Barbra gleichzeitig erstaunt und entsetzt. »Ich hatte das Gefühl, daß ich den Preis verdiente«, sagte sie später. »Ich fand [daß meine Darstellung], die beste von den fünf des Jahres war.« Sie war überzeugt davon, daß sie den Oscar nicht gewonnen hatte, weil Hollywood sie nicht leiden konnte.

Jahre später erinnert sich Glenda Jackson: »Während ich mir die Verleihung in meiner Hotelsuite im Fernsehen ansah, sagte ich mir die ganze Zeit, daß ich es ausmachen und ins Bett gehen sollte.

Ich ekelte mich vor mir selber, so als würde ich einer öffentlichen Hinrichtung beiwohnen.« Sie fügt hinzu: »Niemand sollte das zu sehen bekommen – dieses Verlangen, diese Sehnsucht nach einem Preis, und dann den Schmerz, wenn er jemand anderem gegeben wird.«

Am 2. November 1973, eine Woche, nachdem *So wie wir waren* gestartet war, wurde Barbras fünftes und letztes Fernsehspecial von der CBS gesendet. Fünf Jahre waren seit der Ausstrahlung ihres Konzertes im Central Park vergangen, und ihre Gastauftritte im Fernsehen waren sehr sporadisch gewesen: »Don Rickles' Brooklyn« (18. September 1968), die Tony-Preisverleihung (19. April 1970, wo sie als Star des Jahrzehnts ausgezeichnet wurde), »A World of Love« (22. Dezember 1970) und »The Burt Bacharach Special« (14. März 1971).

Für das Special »Barbra Streisand and Other Musical Instruments«, das im Mai 1973 innerhalb von acht Tagen in den Elstree Studios in London gedreht wurde, tat sich Barbra wieder mit Dwight Hemion zusammen, der bei ihren ersten beiden höchst erfolgreichen Produktionen die Regie geführt hatte. Hemion ist wie Barbra in der Branche als Perfektionist bekannt. Eine Nummer konnte erst nach *dreiunddreißig* Aufnahmen abgeschlossen werden. Zwischen zwei Aufnahmen pfiff sie ihn an: »Dwight, du wirst dich mir anpassen müssen, denn ich werde mich nicht auf dich einstellen.«

Trotz des günstigen Sendetermins war »Barbra Streisand and Other Musical Instruments« zu kompliziert und erhielt gemischte Kritiken. Auch die Einschaltquoten waren nur mittelprächtig. Im Jahr darauf lief Barbras Exklusivvertrag mit der CBS aus, und sie entschloß sich, ihn nicht zu verlängern. Sie hatte das Fernsehen satt. Es bedeutete zu viel Arbeit für ein zu geringes Entgelt.

Falls es noch irgendwelche Zweifel an Barbras schauspielerischem Können gab, so hatte *So wie wir waren* diese mit überwältigender Überzeugungskraft aus dem Weg geräumt: Barbra Streisand war ein Filmstar. Sie hatte mit Redford gespielt und ihre Persönlichkeit behauptet. Selbst Diana Kind war nun endlich überzeugt. Sie hörte auf, den Erfolg ihrer Tochter für einen Traum zu halten, packte ihre Koffer und zog nach Kalifornien.

Barbra, so schien es, hatte alles. Oder beinahe alles. »Ich errichtete Mauern um mich herum«, erzählte sie später. »Beziehungen waren schwierig für mich. Ich hatte so viele Phantasien über andere Menschen, daß ich jemanden, der nicht perfekt war, sofort abtat. Mir war damals nicht bewußt, wie schwer es ist, Fehler bei den anderen zu akzeptieren, wenn man sie nicht einmal bei sich selber akzeptiert.«

Wie Katie Morosky hatte sie, als der Film vorbei war, alles außer einem Mann. Aber auch das sollte sich bald ändern.

Eine ganz normale Liebesgeschichte

Sie hatte ihn zu ihrem Haus auf den Holmby Hills zitiert, weil er an ihrer Perücke arbeiten sollte. In seinem roten Ferrari jagte er den Carolwood Drive hoch. Es war ein Treffen, auf das er seit langem gewartet hatte. Monate zuvor hatte er verkündet, daß er Gott weiß wohin gehen und alles tun würde, um einmal Barbra Streisands Haar berühren zu können. Er fuhr durch ihr imposantes Eingangstor, parkte und sprang aus dem Auto. Anderthalb Stunden später schritt Barbra schließlich die große Treppe hinunter, mit der besagten Perücke in der Hand. »Tun Sie das *nie* wieder«, befahl er mit einer Stimme, die Respekt einflößte. »*Niemand* hat das Recht, mich warten zu lassen.«

Sein Name war Jon Peters. Er war halb Indianer, halb Tscherokese, achtundzwanzig Jahre alt, ein dunkelhäutiger und gutaussehender Typ, der vor Männlichkeit strotzte. Er sprach mit großspuriger, frecher Selbstsicherheit, und wenn er ging, dann war es so, als würde zwischen seinen Beinen das Gewicht der ganzen Welt baumeln. Er trug enganliegende Jeans und keine Unterwäsche.

»Haben Sie das Tor da vorne gesehen?« fragte Barbra ihren Besucher. Peters, den dies nicht beeindruckte – oder der dies zumindest nicht zeigte –, nickte. »Haben Sie Angst davor?« wollte sie wissen. Es war eines ihrer informellen Persönlichkeitsfragespiele.

»Nein«, gab er zurück. »Ich möchte auch so eins.«

John Pagano Peters war ein nervöser, unruhestiftender Junge gewesen, der in der 8. Klasse die Schule hinschmiß. Er war sehr aufgeweckt, hatte ein freches Mundwerk und ließ gerne seine Fäuste spielen. Mit fünfzehn heiratete er und wurde Amateurboxer. Mit gerade zwanzig Jahren eröffnete er mit dem Geld seiner Familie (Pagano war in der Friseurbranche von Los Angeles ein bekannter Name) seinen eigenen Kosmetikladen.

Nach der Scheidung von seiner Frau begann Peters mit zweiundzwanzig eine Liebesbeziehung mit einer seiner Kundinnen, der Schauspielerin Lesley Warren, die 1966 mit einer CBS-Produktion von »Aschenputtel« berühmt geworden war. Die beiden heirate-

ten im Mai 1967, im gleichen Monat, in dem Barbra nach Hollywood kam, um *Funny Girl* zu drehen.

Beziehungen zwischen Schauspielerinnen und ihren Friseuren haben immer eine sehr intime Seite, besonders, wenn letzterer attraktiv, heterosexuell und männlich ist.

Jon Peters hatte *nicht* Warren Beattys Film *Shampoo* aus dem Jahre 1975 inspiriert, aber abgesehen davon, daß er einen Ferrari und kein Motorrad fuhr, hätte er es tun können. Durch die brancheninternen Beziehungen seiner Frau wurde Peters bald zum Lieblingsfriseur in Beverly Hills. Zu den berühmten Kundinnen, mit denen er angeblich eine Affäre hatte, zählten Jacqueline Bisset und Leigh Taylor-Young.

Hinter ihrem Eingangstor oberhalb des Carolwood Drive drehte sich Barbra um und bot ihrem Gast einen ausgedehnten Blick auf ihr Hinterteil. »Sie haben einen tollen Hintern«, sagte Peters zu ihr, ohne mit der Wimper zu zucken. Einen Moment lang überraschte sie das Kompliment. Zunächst begriff sie den Grund für ihre Überraschung nicht. Dann ging es ihr mit einem Mal auf. Er behandelte sie nicht wie ein *Ding*, eine Ware, ein Idol, das man verehrt, oder ein Monster, vor dem man Angst hat. Seine Worte und Peters selbst erinnerten sie daran, daß sie vor allem eine Frau war.

Die Perücke, die Barbra Streisand und Jon Peters zusammenbrachte, sollte sie in *Bei mir liegst du richtig* tragen, ihrem neuen Film für Columbia/Rastar. Die Regie führte Peter Yates (*Bullitt*, *John and Mary*). Die Dreharbeiten begannen am 24. September 1973 in Manhattan. Während sie dort war, ließ Barbra Peters nach New York einfliegen und im Plaza Hotel logieren. Offiziell wurde seine Anwesenheit damit begründet, daß er ihr als Kostümberater zur Seite stand. Sie mochte unter anderem seinen Sinn für Ästhetik. Peters arbeitete zu dieser Zeit jedoch nicht nur an Barbras Perücken und Kostümen. Ein großer Teil seiner Beratertätigkeit fand in seinem oder ihrem Bett statt oder im Whirlpool seiner Ranch in Malibu.

Bei mir liegst du richtig war von Stanley Shapiro und Maurice Richlin geschrieben worden, die in den sechziger und fünfziger Jahren mehrere erfolgreiche Doris-Day-Renner verfaßt hatten.

Das für Barbra gemachte Drehbuch bot ihr zwar reichlich Gelegenheit, abwechselnd dreist und charmant zu sein, aber es war auch offensichtlich sehr anstößig.

Der Plot war so angelegt, daß es ihre Rolle war, die geschäftlichen Perspektiven ihres Mannes zu verbessern, was unter anderem bedeutete, Geld von der Mafia zu leihen, gestohlene Rinder zu transportieren und ihren Körper zu verkaufen. Wie Barbra diese Aktionen mit ihren eigenen, feministischen Ansichten in Einklang brachte, die sich immer mehr verfestigten, ist und bleibt schleierhaft. Merkwürdig ist auch, wie sie einem lispelnden Verkäufer in einem Lebensmittelgeschäft verächtlich eine Abfuhr erteilt, weil sie ihn für schwul hält. Und obwohl sie an die Gleichheit der Rassen glaubte, ließ sie es zu, daß ein schwarzes Dienstmädchen als faul und übellaunig dargestellt wurde, eine Charakterisierung, die im Hollywood der sechziger und erst recht der siebziger Jahre aus der Mode gekommen war, wenn sie nicht sogar unangenehm auffiel. Das Ganze war um so unverständlicher, da ihr Manager Marty Erlichman den Film produzierte und sie sicherlich einigen Einfluß auf die Produktion hatte. Der Film wirkte sich für Barbra auch in anderer Hinsicht schädigend aus. Seit der Broadway-Version von *Funny Girl* hatte man sie beschuldigt, ihre männlichen Partner zu kastrieren, indem sie sie mit ihrer Präsenz erdrückte und/oder ihre Parts kürzen und reduzieren ließ. Man kritisierte auch, daß sie sich absichtlich schwache Schauspieler aussuche, die leicht zu dominieren seien, genauso wie Bette Davis dreißig Jahre zuvor ihre männlichen Partner, zum Beispiel George Brent, zu bloßen Requisiten degradierte.

So wie wir waren lag schon eine Weile zurück. Mit dem Film hatte Barbra zeigen können – trotz aller Machenschaften hinter der Bühne –, daß sie sehr wohl bereit war, die Leinwand mit einem großartigen, männlichen Star zu teilen, der eine Rolle spielte, die ebenso bedeutend war wie ihre eigene. *Bei mir liegst du richtig* bestätigte aufgrund der Bedeutungslosigkeit von Michael Sarrazins Titelrolle erneut die Meinung, daß sie an Größenwahn und unter dem Zwang leide, ihren Partnern die Show stehlen zu müssen.

Die Dreharbeiten des Films waren am 11. Dezember 1973 beendet. Der Höhepunkt der Produktion war ein Ritt auf einem Stier.

Die Studioarbeiter versammelten sich, um dieses Novum, diesen *Spezialeffekt* zu sehen: Barbra Streisand, die versuchte einen Stier zu bändigen.

Bei mir liegst du richtig kam am 26. Juni 1974 in die Kinos. Er wurde beinahe einhellig verrissen und stellte Barbras vielzitierten Instinkt in Frage, immer das zu tun, was »für sie richtig« war. Ihre Entscheidung, *Bei mir liegst du richtig* zu machen, war um so bedauerlicher, wenn man an die Filme denkt, die sie in den vorangegangenen Jahren abgelehnt hatte. Darunter waren *Klute* und *Cabaret* (mit denen Jane Fonda und Liza Minnelli 1971 und 1972 jeweils den Oscar für die beste Schauspielerin gewannen), *The Devils* und *The Exorcist*. Sie hatte auch *They Shoot Horses, Don't They?* abgelehnt, weil sie die Tanzszenen nicht machen wollte, die das Drehbuch vorsah. Letzten Endes bekam Jane Fonda den Part, der einen Umschwung in ihrer Karriere bedeutete. Barbra hatte es auch abgelehnt, mit Martin Scorsese an dem Film *Alice Doesn't Live Here Anymore* aus dem Jahre 1974 zu arbeiten. Sie argumentierte, daß die Rolle von ihr verlange, eine *schlechte* Nachtclubsängerin zu spielen, und daß sie mit dreiunddreißig Jahren zu jung sei, die Mutter eines Zwölfjährigen darzustellen. Ellen Burstyn übernahm die Rolle und gewann einen Oscar für ihre Darstellung.

Barbra hielt ihre nächtlichen Stelldicheins auf Jon Peters' Ranch in Malibu geheim. Selbst vor Freunden gab sie nur zu, daß sie einen »Geschäftsmann« sehe. Am 1. November 1973 trennten sich Jon und Lesley Ann Peters. Lesley Ann gab Barbra nicht öffentlich die Schuld am Scheitern ihrer Ehe, aber Tatsache ist, daß Barbra ihre Affäre mit Peters begann, als er noch verheiratet war. Lesley Ann blieb mit Christopher, ihrem fünfjährigen Sohn, im Haus der Familie in Encino, Kalifornien, während Peters in seine Ranch in Malibu zog.

Jon und Barbra begannen langsam, ihre Beziehung öffentlich zu machen. Zehn Tage lang, vom 3. bis zum 13. Dezember, begleitete er sie jeden Abend in die Aufnahmestudios der United-Western in Hollywood, wo sie ihre Platte *So wie wir waren* machte. Er war bei jeder Aufnahme dabei. Nur einmal kam er nicht, weil sie sich kurz zuvor gestritten hatten. An diesem

Abend brach Barbra im Studio in Tränen aus und rief in Hörweite der Techniker Jon an, um ihn zu bitten, ihr zu verzeihen.

Er stellte sie bei einer Weihnachtsfeier, die er im Dezember in einem Restaurant auf dem Sunset Boulevard gab, seinen Freunden vor. Diese waren weniger überrascht über diese Beziehung als über das widersprüchliche Bild einer spröden und nun über beide Ohren verliebten Barbra Streisand.

Die Presse begann, sich über Barbra Streisand, einunddreißig, und ihren achtundzwanzigjährigen »Shampoo Boy« lustig zu machen. Es war von Anfang an eine unfaire Charakterisierung. Jon Peters war schließlich kein simpler Friseur. Er *besaß* drei erfolgreiche Salons in Beverly Hills, Encino und Woodland Hills, die ihm angeblich insgesamt 100 000 Dollar pro Woche einbrachten. Und selbst wenn er »nur ein Friseur« war, so konnte das in sich wohl kaum ein ausreichender Grund für all die Beschimpfungen sein, mit denen man ihn in den kommenden Jahren überschüttete.

Außerdem schien sie sich immer in zwiespältige Menschen zu verlieben, und Jon Peters war ein wandelnder Widerspruch. Einerseits Boxer und andererseits Kosmetiker; einerseits Geschäftsmann und andererseits Ästhet; harter Macho und sensibler kleiner Junge. Barbra sagte später voller Bewunderung: »Jon ist ein richtiger Macho. Seine Hände sind übersät von Narben, die er sich in Prügeleien zugezogen hat, aber er kennt sich sehr gut mit Frisuren und Kleidern aus.«

Sie liebte es, daß er keine Angst kannte. Anders als sie, fürchtete er sich weder vor den Bergen noch vor dem Meer, und auch nicht vor den Barrakudas Hollywoods. Jahrelang war sie dazu gezwungen gewesen, sich gefühllose Härte zuzulegen und ihre Drachen selber zu töten. Mit Jon Peters jedoch konnte sie ihren Schutzschild ablegen und wieder die freie, unabhängige, in Billigläden einkaufende Verrückte aus ihrer Zeit in Greenwich Village werden. Sie liebte Jons Spontaneität und seine dreiste Mißachtung von höflichen Umfangsformen. Es gelang ihm nicht nur, ihre einstige verrückte Seite wiederaufleben zu lassen, sondern auch wieder das kleine unterdrückte Mädchen aus ihr zu machen, das sie inzwischen verdrängt hatte. Zusammmen erlebten beide die Kindheit, die keiner von ihnen je gehabt hatte. Jon hatte wie Barbra

seinen Vater sehr früh verloren. Er erzählte ihr, daß er im Alter von neun Jahren zugesehen habe, wie sein Vater vor seinen Augen starb.

Er brachte sie zum Lachen. Und dazu, die freie Natur zu mögen. Sie gingen reiten und Skifahren in Vail. Er lockte sie aus ihrer Märchenwelt von Filmsets und Aufnahmestudio zurück in die Wirklichkeit. Auf seine Ermutigung hin machte sie sich die Hände schmutzig. Buchstäblich. Denn sie pflanzte Gewürze und Kräuter und schuf den englischen Garten ihrer Mädchenträume. Für sie, die als Mädchen Angst davor gehabt hatte, sich aufs Land zu wagen, weil sie allergisch gegen frische Luft war, war das ein großer und wichtiger Schritt.

Im Januar 1974 nutzte Barbra, um Jon einen Gefallen zu tun, ihren Einfluß und brachte Teddy Brenner, den Präsidenten des Madison Square Garden, dazu, ihr die letzten zwei Eintrittskarten für den Kampf zwischen Muhammed Ali und Joe Frazier zu geben. Es waren Karten, die Brenner für seinen eigenen Schwager reserviert hatte. Jon und Barbra nahmen ein Flugzeug nach New York und tauchten in beinahe identischen Cowboy-Outfits bei dem Boxkampf auf. Von ihrem Platz in der ersten Reihe aus erklärte Barbra glücklich allen, die sie danach fragten, daß sie hier sei, weil ihr Freund den Kampf habe sehen wollen. Jon verbesserte sie vorsichtig. Sie seien da, weil sie *beide* den Kampf sehen wollten. Er wollte selbst in diesem Moment nicht den Eindruck erwecken, daß er irgendwie Nutzen aus seiner berühmten Freundin schlug.

Freunden erzählte Barbra, daß sie noch nie zuvor so verliebt gewesen sei »wie dieses Mal«. Sie verbrachte ihre Zeit abwechselnd in Jons und in ihrem eigenen Haus. Mit gemusterten Stoffen, Pastellfarben und dekorativem Krimskrams aus ihrem Haus in Carolwood machte Barbra sein Heim gemütlicher. Nach und nach schaffte sie zusätzliche Möbel an. Gäste waren vorher vor allem am Whirlpool empfangen worden. Peters selber meint dazu: »[Es war ein Ort, wo] sich die Leute ihre Kleider auszogen.«

Unter Jons Einfluß begann Barbra, sich von Reformkost zu ernähren. Sie aß zwar immer noch ihre geliebten Hot dogs, aber nur noch auf Vollkornbrötchen. Sie kochte für ihn und benutzte dabei Kräuter aus ihrem Garten. Sie machte für ihn sauber. Sie wusch

und fönte *sein* Haar. Sie ließ ihn *ihre* Anziehsachen aussuchen. Freunde machten sich Sorgen darüber, daß sie ihm »wie ein liebeskrankes Hündchen« hinterherlief.

Später würde Barbra alle Vermutungen, daß Peters in ihrer Beziehung die dominantere Rolle gespielt habe, von sich weisen, obwohl dieser Eindruck unter anderem durch ihre eigenen Äußerungen entstanden war: »Es macht mir tatsächlich Spaß, mich ihm unterzuordnen«, sagte sie. »Für das Ego eines Mannes ist es wesentlich wichtiger, eine Karriere zu haben, als für eine Frau. Ich brauche die Arbeit nicht mehr, um mein Ego zu nähren. Alles, was ich für mein Ego brauche, bekomme ich von ihm.«

Peters war sein Leben lang von Frauen bedient worden, und er erwartete von Barbra das gleiche. Er glaubte, daß eine Beziehung zu neunzig Prozent vom Mann und zu zehn Prozent von der Frau bestimmt sein müsse. Für Barbra war es erfrischend, jemand anderem die Kontrolle und die Entscheidungen zu überlassen. Eine Zeitlang zumindest. Im Laufe ihrer Beziehung verlagerte sich diese Prozentverteilung jedoch langsam aber sicher von 80/20 auf 70/30, 60/40, 50/50 . . .

In der Zwischenzeit wurde es Zeit für Barbra, sich wieder an die Arbeit zu machen, so sehr sie sich auch davor fürchtete.

Erlichman wollte, daß Barbra in einem weiteren Film die Hauptrolle spielte: *With or Without Roller Skates*, nach der unveröffentlichten Kurzgeschichte von George Slavin. Der Film hätte Barbra in der Rolle einer Krankenschwester eines Veteranenkrankenhauses gezeigt, die sich bei ihren Vorgesetzten für die Rechte der Patienten einsetzte.

Interessanterweise zog Barbra auch die Rolle der Mörderin Ruth Snyder in Erwägung, einer zweiunddreißigjährigen, wasserstoffblonden Hausfrau, die eines Nachts im Jahre 1927 ihrem Ehemann den Schädel zertrümmerte. Im Gefängnis erhielt Ruth 164 Heiratsanträge von Männern, die darum baten, von ihr dominiert zu werden. Am 12. Januar 1928 kam sie auf den elektrischen Stuhl. Am Tag darauf veröffentlichte die *New York Daily News* auf ihrer Titelseite ein Foto, das Ruth Snyder auf dem elektrischen Stuhl zeigte, als der Strom in ihren Körper gejagt wurde. Mehr als fünf-

unddreißig Jahre später war Barbra von diesem Foto immer noch fasziniert.

Aber Barbra suchte einen verläßlicheren Stoff. In mehreren Streitgesprächen mit Ray Stark hatte sie wiederholt gesagt, daß sie die Rolle der Fanny Brice nicht noch einmal spielen wolle. »Als Ray Stark mir sagte, daß er mit mir eine Fortsetzung von *Funny Girl* machen wolle«, erinnert sich Barbra, »habe ich zu ihm gesagt: ›Du mußt mich vor Gericht schleppen, wenn du diesen Film machen willst.‹« Anscheinend war das eine leere Drohung. Es lohnt sich, auf die Gründe ihrer letztlichen Kapitulation einzugehen. Zunächst einmal war sie darauf aus, sich ihrer belastenden vertraglichen Verpflichtungen zu entledigen. Sie sehnte sich danach, mehr Zeit in ihrem Garten und in ihrem neugefundenen, häuslichen Glück mit Jon Peters zu verbringen. Außerdem wollte sie, daß die Filme, die sie machte, auch die Ansichten widerspiegelten, die sie und Jon teilten.

Barbras ursprünglicher Vertrag mit Stark hatte sie dazu verpflichtet, vier Filme zu machen, was sie auch getan hatte (*Funny Girl, Die Eule und das Kätzchen, So wie wir waren* und *Bei mir liegst du richtig*). Stark muß jedoch bei der außergerichtlichen Schlichtung seiner 1967 eingereichten Klage Barbra dazu genötigt haben, einen fünften Film zu machen. Vielleicht hatte Barbra auch, als sie den Vertrag für *Funny Girl* unterzeichnete, zugestimmt, eine potentielle Fortsetzung zu machen – unabhängig von ihrer Vier-Filme-Verpflichtung. Wie es sich nun auch abgespielt haben mag, 1974 schuldete sie ihrem Mentor einen letzten Film und war erpicht darauf, diese Schuld zu begleichen.

Was außerdem ihre Entscheidung motivierte, wieder auf Fanny Brice zu setzen, mit der sie ihre Karriere begonnen hatte, war die klare Bedrohung, die sie in Liza Minnelli sah. Sie hatte schon vor Jahren von der Minnelli gehört. Nachdem Barbra den Tony für *Funny Girl* nicht bekommen hatte, gewann ihn Liza ein Jahr später mit neunzehn Jahren für das Musical *Flora, the Red Menace*. Liza hatte auch als Schauspielerin Erfolg in Hollywood und wurde 1969 für ihre Darstellung in *The Sterile Cuckoo* für einen Oscar nominiert. Nach ihrem enormen Erfolg mit *Cabaret* im Jahre 1972, wofür sie den Oscar gewann, und mit »Liza with a Z«, wofür sie den

Emmy erhielt, wurde Liza Minnelli in ganz Hollywood als Nachfolgerin auf dem Streisand-Thron gefeiert. Sie war vier Jahre jünger als Barbra, die jegliches Interesse am Musical verloren zu haben schien. Liza streute außerdem Salz in die Wunden – zumindest schien es so –, indem sie ihre Freunde mit einer humoristischen Nachahmung von Barbra Streisands »People« erfreute.

Aber Barbra war noch nicht bereit aufzugeben. Sie entschloß sich, *Funny Lady* zu spielen und daraus ihr *Cabaret* zu machen. John Kander und Fred Ebb, die sowohl *Cabaret* als auch »Liza with a Z« komponiert hatten, wurden für die Musik engagiert. Jay Presson Allen, der das Drehbuch für *Cabaret* geschrieben hatte, sollte es auch für *Funny Lady* verfassen. Es gelang ihr zwar nicht, Bob Fosse für das Projekt zu gewinnen (Herb Ross war daran beteiligt), aber sie konnte dennoch den Stil seiner Choreographie in den Film einbringen. Sie sicherte sich auch die Dienste von Ben Vereen für eine Nebenrolle. Vereen, ein Protegé von Fosse, wurde vom erfolgreichen Broadway-Musical *Pippin* beurlaubt, um in dem Film mitzuspielen.

In der ersten Aprilwoche 1974 begannen die Dreharbeiten zu *Funny Girl* mit einem Budget von 7,5 Millionen Dollar, das überraschenderweise unter dem Budget von *Funny Girl* lag. Während der ersten sechzehn Tage wurde der Film in den MGM-Studios gedreht, bis man dann für den Rest des vierzehnwöchigen Drehplans Anfang Mai in die Burbank-Studios umzog.

Nach den ersten zwei Drehtagen wurde der Kameramann Vilmos Zsigmond gefeuert. Anscheinend gefiel Barbra nicht, wie sie ausgeleuchtet wurde. Zsigmond gab dem Film einen grobkörnigen, realistischen Anstrich, während Barbra, Stark und Ross den glamourösen Stil beibehalten wollten, den Harry Stradling für das Original geschaffen hatte. Der vierundvierzigjährige Zsigmond war von einer relativ neuen Filmschule beeinflußt, in der eine einzelne Sequenz mit dem Ziel gefilmt wurde, die Atmosphäre einer ganzen Szene auszudrücken, was im Gegensatz zur Methode der Studioveteranen stand, die sich mehr auf das Aussehen der einzelnen Darsteller konzentrierten.

Zsigmond sollte mit seiner Arbeit (*Close Encounters of the Third Kind, The Deer Hunter, Blow Out*) großen Erfolg haben. Er wurde

von dem fünfundsiebzigjährigen James Wong Howe abgelöst, der seit den zwanziger Jahren in Hollywood drehte. Während der Produktion von *Funny Lady*, seinem letzten Film, bevor Howe 1976 starb, versorgte er die nun sehr häusliche Barbra mit Rezepten seiner chinesischen Lieblingsgerichte.

Am 13. und 14. April lieferte Barbra den Klatschkolumnen Stoff, indem sie das Osterwochenende ohne Jon Peters in Palm Springs verbrachte, während er in Encino versuchte, seine Familienprobleme zu lösen. Barbra war in Palm Springs Gast von Herbert Allen Junior, dem Neffen des Multimillionärs Charlie Allen. Ihr Sohn Jason und ihr langjähriger Freund Rick Edelstein begleiteten Barbra auf dem Ausflug. Der siebenjährige Jason nahm Tennisstunden, während Barbra am Swimming-pool des Racquet Club herumlag und das Drehbuch zu *Funny Lady* las.

Wie bei ihren ersten gemeinsamen Filmen ging das Gezänk zwischen Barbra und Ray Stark weiter. Eine Szene, die in einem großen Schwimmbad von Los Angeles gedreht werden sollte, verlangte von Barbra, als Clown verkleidet im Wasser herumzutollen. »Barbra ist nicht gerade verrückt auf diese Szene«, sagte ein Verantwortlicher des Studios dazu. »Sie hat gestern abend fünfzehn Minuten gebraucht, um ihren großen Zeh ins Wasser zu tauchen.« Anscheinend paßte ihr die Wassertemperatur nicht. Stark ließ das Wasser auf 30 Grad erwärmen, aber Barbra wollte die Temperatur auf 33 Grad haben. Stark weigerte sich und sagte: »Hast du überhaupt eine Vorstellung, wie viele Tausende von Dollar es kostet, Millionen Liter von Wasser zu erwärmen?«

Stark hatte aber auch Meinungsverschiedenheiten mit dem männlichen Hauptdarsteller James Caan. Scheinbar hatte sich der sensationshungrige Caan während der Produktion davongemacht, um an einem Seilziehen beim Rodeo von Palm Springs teilzunehmen. Zu Starks Verärgerung brach er sich den Daumen und mußte einen Verband tragen. Caan hatte einige Wochen lang ziemliche Schmerzen. Herb Ross gelang es meistens, um Caans Verband herumzufilmen, aber für die Liebesszenen mußte er ihn abnehmen.

Als bei einer anderen Gelegenheit Caan am Set vermißt wurde, sagte Stark schleppend und voll triefendem Sarkasmus:

»Habt ihr schon die Alligatorfarmen in der Umgebung abgecheckt? Wahrscheinlich kämpft er gerade mit einem.«

Dem großen, gutaussehenden Caan die Rolle des kleinen, unattraktiven Broadway-Impresarios Billy Rose zu geben, war selbst für Hollywood-Verhältnisse eine ziemlich weit hergeholte Idee. Aber Ray Stark war entschlossen, den Erfolg des Streisand-Redford-Paares in *So wie wir waren* zu wiederholen. Für den Part hatten Schauspieler wie Dustin Hoffman, Robert Blake, Richard Dreyfuss und Robert De Niro vorgesprochen. Daß Caan körperlich so unpassend für die Rolle war, glich er damit aus – oder versuchte es zumindest –, daß er Rose als eine Art Mischung zwischen Peter Falk und Don Rickles darstellte.

Entgegen den Vermutungen, daß Barbra während der Produktion von *Funny Lady* ein wahrer Engel gewesen sei, weil sie ein befriedigendes Sexualleben führte, hatte Barbra ihr typisch unzufriedenes Selbst während der Produktion nicht abgelegt. Sie wollte *Funny Lady* im Grunde nicht spielen, hielt aber nichts davon, das publik zu machen. Besonders schwer machte sie es Herb Ross. In den zwanzig Jahren seit Fertigstellung von *Funny Lady* haben die beiden nie wieder zusammengearbeitet. Ein Teil von Barbras Verachtung hatte zweifelsohne etwas mit Jon Peters zu tun, der fand, daß die Rolle als »Ray Starks Schwiegermutter« und überhaupt der ganze Film für Barbra an diesem Punkt ihrer Karriere nicht das Richtige sei. Es mache sie alt, argumentierte er, und verstärke den Eindruck, daß sie eine Außenseiterin ihrer eigenen Generation war. Aus diesen Gründen, zu denen sicherlich auch ihre Eitelkeit hinzukam, hatte die zweiunddreißigjährige Barbra Vorbehalte, eine mindestens fünfunddreißigjährige Fanny zu spielen, wie es das Drehbuch vorsah. Sie tat es, aber nur auf das unermüdliche Drängen ihres Regisseurs hin.

Wie üblich kam Barbra mit allerhand eigenen Ideen zum Set. Jack Solomon, ein erfahrener Tontechniker, der an *Funny Lady* und an drei anderen Streisand-Filmen mitgewirkt hatte, hält Barbra zugute, daß sie wenigstens ehrlich ihre Vorschläge vortrug. »In diesem verdammten Geschäft spielen die Leute nicht gerade mit offenen Karten«, sagt Solomon. »Die Leute gehen hinter die Bühne und taktieren herum [um zu bekommen, was sie wollen].

Ich habe auch für John Ford gearbeitet. Wenn ein Schauspieler zu John Ford ging und einen Vorschlag für eine Szene machte, dann bekam er einfach keine Antwort. Ford sagte: ›Was, du bist Regisseur? Du willst den Film schneiden? Was zum Teufel weißt denn *du*?‹ Diese Leute [Regisseure wie Ford] waren rundherum Chefs.« Solomon fügt hinzu: »Die Zeiten haben sich verändert, aber nicht zum Guten.«

Dem Autor Jay Presson Allen zufolge mußte Herb Ross seine Energien wegen Barbras Vorbehalten und Unsicherheiten bezüglich ihrer Rolle vollständig auf die einzelnen Szenen konzentrieren, was auf Kosten der musikalischen und humoristischen Nummern ging. Von den beiden großen komischen Nummern wurde die eine beinahe ganz herausgeschnitten und die andere für filmtechnisches Ödland verwendet: unter den Titeln. Verärgert über die Kosten, die das Drehen dieser Szenen verursacht hatte, richteten Stark und die Verantwortlichen der Columbia ihre Wut auf Ross. »Herbie bekam die Schuld zugeschoben«, berichtet Allen, »aber meiner Meinung nach trug die junge Dame auch einiges an Verantwortung.«

Vielleicht, weil er sich für die musikalischen Sequenzen keine Zeit lassen konnte, ließ sich Ross von Fosse inspirieren – zum Beispiel in der Nummer »Clap Hands, Here Comes Charley« – und sogar von seinem eigenen Repertoire. Die Hubschrauberaufnahmen in »Let's Hear It for Me« stammen aus »Don't Rain on My Parade«, nur daß sie hier weniger schwärmerisch und gezwungen wirken; und anstatt im Zug, Taxi oder Schlepper zu reisen, wie sie es in *Funny Girl* tat, steigt Fanny aus einem Rolls-Royce und geht zu einem Flugzeug. Was das betrifft, so mußte die verängstigte Barbra mit einem Doppeldecker, Baujahr 1937, mit offenem Cockpit über Santa Monica fliegen. Als ein Stau den Pilot zwang, die Landung zu verschieben, geriet Barbra in Panik und war überzeugt davon, das Opfer einer wohlüberlegten Entführung zu sein.

Wer auch in dem Film mitspielte, wieder in der Rolle von Nicky Arnstein war Omar Sharif. Doch dieses Mal gelang es ihm nicht, Barbra mit seinem kontinentalen Charme und dem samtenen Augenaufschlag zu verführen. Statt dessen gab sie ihm einen Korb. Es wirkt fast ironisch, daß auch Fanny im Film, nachdem sie jahre-

lang nach Nick geschmachtet hat, bewußt wird, daß sie nicht mehr in ihn verliebt ist. Die ganze Situation erinnerte an *Vom Winde verweht*, als Scarlett nach Jahren der Sehnsucht nach Ashley Wilkes realisiert, daß sie eigentlich Rhett Butler liebt.

Jon Peters war ein häufiger Gast am Set, wo er alles, was er nur konnte, über das Filmemachen in sich aufnahm und sicherlich auch ein Auge auf Jimmy Caan und Omar Sharif hatte.

Als die letzten Szenen von *Funny Lady* gedreht wurden, war Barbra nicht in der Lage zu weinen, wie es das Drehbuch verlangte. »Es ist schwierig, Tränen zu produzieren, wenn man glücklich ist«, gab sie zu. »Um das zu schaffen, muß man in sich herumwühlen, um irgend etwas Schmerzliches zu finden. Nach diesem Film werde ich eine Zeitlang nicht arbeiten. Ich habe ein ganz neues Leben abseits des Showbusineß entdeckt, und das gefällt mir.«

Die Dreharbeiten zu *Funny Lady* wurden am 9. Juli 1974 beendet. Als Abschiedsgeschenk überreichte Barbra Ray Stark einen antiken Spiegel, womit sie vielleicht in ihrer nicht gerade dezenten Art andeutete, daß er sich selbst mal gut anschauen sollte. Auf das Glas hatte sie angeblich mit rotem Lippenstift geschrieben: »Voll bezahlt«. Ein zweiter Spruch, der in einer Plakette eingraviert war, machte die widersprüchlichen Gefühle deutlich, die sie dem Mann, der ihr Mentor, Produzent, Vater und Feind war, entgegenbrachte: »Auch wenn ich manchmal vergesse, es zu sagen: Danke, Ray. In Liebe, Barbra.«

Jetzt, wo sie ihren Vertrag mit Stark erfüllt hatte, fühlte sie sich wie ein junges Mädchen, das von zu Hause weggeht. Aber anstatt alleine loszuziehen, tat sie sich mit Jon Peters zusammen. Der erste Punkt in ihrem Terminkalender war die Fertigstellung einer Schallplatte, an der sie zusammen gearbeitet hatten.

Peters war eines Tages mit einem Geschenk für Barbra am Set von *Funny Lady* aufgetaucht. Es war ein Schmetterling aus Diamanten und Saphiren. Eine Woche später schenkte er ihr einen hundert Jahre alten, indianischen Schmetterling. Scheinbar erinnerte Barbra Jon an einen Schmetterling. So erklärt sich der Name ihres ersten gemeinsamen Projektes: *ButterFly*.

Das Konzept für das Plattencover stammte von Jon. Kein Foto von Barbra, kein ausgefallenes Logo. Nichts als ein Stück ausge-

packter Butter, auf dem eine Fliege saß. Auf der Rückseite war ein Gemälde von Barbra zu sehen, das sie als eine Art goldene Göttin der Schmetterlinge darstellte. Es war Jons persönlicher Kommentar zu Barbras Ruhm. Die Butter symbolisierte ihr Talent (es mußte *süße* Butter sein, ließ er die Werbeagentur wissen, die sich um die Aufnahme kümmerte); die Fliege stellte die Presse und ihre parasitären Fans dar; und Barbra war – wie der Schmetterling – immer noch in der Lage, in ihrem Ruhm zu erstrahlen.

Natürlich waren die Leiter der Columbia nicht gerade erfreut, als Barbra sie wissen ließ, daß ihr Geliebter, der überhaupt keine Erfahrung mit Aufnahmestudios hatte, die Platte produzieren würde. Als die Columbia zurückschreckte, bestand Barbra auf Jon, indem sie ihren Vertrag mit der Klausel über ihre »vollständige künstlerische Kontrolle« hervorholte. »Glauben die etwa, ich würde Jon eine Platte produzieren lassen, wenn ich nicht absolut sicher wäre, daß er dazu in der Lage ist?« sagte sie zu ihrer Verteidigung. »Ich glaube an die Phantasie. Ich glaube an die Vorstellungskraft. Das sind die wichtigsten Voraussetzungen, und ich glaube, daß er sie hat.«

Die Aufnahme von *ButterFly* begann im März 1974, noch bevor *Funny Lady* in Produktion ging. Aber es sollte ein problematisches Projekt werden, daß noch Monate nach der Fertigstellung des Films weiterlief. Nachdem Peters lange Zeit an der Platte gearbeitet hatte, wurde Kathy Kasper, eine »Musikmonteurin«, eingestellt, um den bereits entstandenen Schaden zu bemessen und zu reparieren. Ihr folgte der erfahrene Tontechniker Al Schmitt, der an der So-wie-wir-waren-Platte mitgearbeitet hatte. »Sie hatten sieben oder acht Lieder für diese neue LP aufgenommen«, sagt Schmitt. »Die Columbia hörte sie sich an und war unglücklich über das Ergebnis ... Diese Lieder hatten einen flachen, eindimensionalen Klang.« Er fügt hinzu: »Peters ist ein netter Mann, aber er ist kein Plattenproduzent.« Einige Tage, nachdem man ihn engagiert hatte, wurde Schmitt wieder aus dem Projekt entlassen. »Im wesentlichen sah es so aus«, sagt er, »daß Peters das ganze Geld wollte, und ich die ganze Arbeit machen sollte.« Angeblich waren Schmitts Abschiedsworte zu Peters: »Ich bin seit fünfundzwanzig Jahren in dieser Branche. Und sie seit fünfundzwanzig Minuten.«

»Ich kenne diesen Schmitt nicht einmal«, sagte Barbra wütend

zu Jons Verteidigung. Und im Hinblick auf ihre gemeinsamen Bemühungen um *ButterFly* sagte sie: »Ich habe wahrscheinlich nie besser gesungen. Ich habe nie so offen, so frei und so glücklich gesungen.«

Das endgültige Resultat ihrer Zusammenarbeit war eine höchst ausgefallene Mischung, die auch Lieder wie »Grandma's Hands« von Bill Withers, »Crying Time« von Buck Owens und »Guava Jelly« von Bob Marley einschloß. In einer Erklärung sprach man von der gewagten Vielfalt des Materials. So wie Barbra Schauspielerin sein wollte, als alle ihr sagten, sie sei Sängerin, und so wie sie in dramatischen Spielfilmen mitwirken wollte, als alle ihr sagten, die Musicalkomödie sei ihr Gebiet, weigerte sich Barbra jetzt, nur die Lieder zu singen, die man von ihr erwartete. Sie würde sich nicht auf das einschränken lassen, was die anderen ihr aufdrängten. Das traf auch auf Peters zu, der ohne Unterlaß und mit allen Mitteln nach *mehr* strebte. Er wollte ein Mike Todd sein, als die Welt ihn nur als Vidal Sassoon wahrnahm – wenn überhaupt.

Bei der Veröffentlichung im Oktober 1974 erhielt *ButterFly* vernichtende Kritiken. Robert Kemnitz vom *Los Angeles Herald Examiner* sah darin Barbras »größtes musikalisches Tief aller Zeiten«.

Selbst David Bowie, der Barbras Interpretation seines Liedes »Life on Mars« beurteilen sollte, sah sich gezwungen, es als »grauenvoll« zu bezeichnen. »Tut mir leid, Barb«, erklärte Bowie, »aber es ist schrecklich.«

Nichtsdestotrotz erreichte das Album im Fahrwasser des Knüllers *So wie wir waren* Platz dreizehn der *Billboard*-Charts und wurde innerhalb von drei Monaten mit Gold ausgezeichnet. Jahre später, mit größerem Abstand und größerer Objektivität, würde Barbra zugeben, daß *ButterFly* die Platte war, die sie am wenigsten mochte.

Im Hollywood der Jahre 1974–75 war es eine gängige Überzeugung, daß Jon Peters' Einfluß auf Barbra ihr Urteilsvermögen beeinträchtige. »Jon Peters scheint einen absolut eisernen Griff auf Barbra zu haben«, berichtete der Kolumnist Robin Adams Sloan. Diese Theorie erschien noch glaubwürdiger, als Barbra sich auf Jons Drängen dazu entschloß, sich von Marty Erlichman zu trennen, der seit fünfzehn Jahren ihr Manager, Vertrauter und enger Freund gewesen war.

Es war eine qualvolle Entscheidung für Barbra, zu der sie erst nach mehreren heftigen Streitereien mit Peters kam. Ihr Argument für Erlichman war dessen Loyalität. Sie wußte, daß sie Marty längerfristig vertrauen konnte. Aber woher sollte sie wissen, ob das auch auf Peters zutraf? Jons Argument gegen Erlichman war sein Urteilsvermögen. Er zog die Hirnverbranntheit von *Bei mir liegst du richtig*, wozu Marty Barbra überredet hatte, als Beispiel heran und behauptete, es sei Zeit für Barbra, mehr Kontrolle über ihre eigene Karriere zu übernehmen.

In gewisser Weise liebte Barbra ihre Diskussionen mit Jon. Sie fand sie anregend und bewußtseinserweiternd. Er konfrontierte sie mit metaphysischen Problemen und mit dem Gedanken, daß es nicht nur *eine* Wahrheit gab, sondern daß jeder seine eigene Realität besaß. Es war eine Theorie, die sie annahm, wenn sie sie auch nicht immer in die Praxis umsetzte. Irgendwann begann Barbra, zu Jons Psychoanalytiker zu gehen, und viele ihrer Gespräche waren von da an gespickt mit Anspielungen auf die Gestalttherapie.

Peters war der erste Mann in ihrem Leben, der ebenso hartnäckig um seine Position kämpfte, wie sie es tat. Sie stritten sich oft und manchmal auch in der Öffentlichkeit. Einmal gingen sie zu einer Party, die von David Geffen im Beverly Wilshire Hotel gegeben wurde. Unter den Gästen waren Mel Gibson, Jane Fonda, Jack Nicholson, Joan Rivers und Diane von Furstenberg. Barbra geriet in einen Streit mit Jon, den sie jedoch plötzlich abbrach, um zu versuchen Diane von Furstenberg den Diamantring an ihrem Finger abzukaufen.

Aber während sie Jons Überzeugungen bewunderte, so fürchtete sie seine Wutanfälle. Bei einem ihrer Kämpfe schlug Jon mit seiner Faust eine solide Toilettentür kaputt. Bei einer anderen Gelegenheit brach er sich den rechten Fuß, als er nach einem Journalisten trat, der versuchte die beiden zusammen zu fotografieren. Jons Jähzorn würde ihm in späteren Jahren Probleme mit dem Gesetz einhandeln. Einmal zielte er mit einer 45er auf zwei Gärtner, die vor seiner Tür standen und Geld verlangten, das er ihnen schuldete. Und einmal, am 5. März 1978, durchbrach Peters eine polizeiliche Straßensperre in Malibu. Er wollte zurück zu dem Haus fahren, das

er mit Barbra bewohnte und auf das in den vergangenen Tagen heftige Regenfälle niedergeprasselt waren. Als der Beamte ihn nicht in das abgesperrte Gebiet hineinlassen wollte, weil er sich nicht ausweisen konnte, durchbrach Peters die Sperre und jagte davon. Nach drei Meilen hatte ihn der Polizeibeamte eingeholt. Dem Polizeibericht zufolge kam Jon »in aggressiver Weise« auf den Polizisten zu. In angeblicher Notwehr schlug der Beamte Jon mit seinem Knüppel aufs Bein, drängte ihn gegen das Auto, legte ihm Handschellen an und brachte ihn ins Büro des Sheriffs. Jon durfte einmal telefonieren, worauf Barbra ihm in Panik mit einer Kaution von fünfhundert Dollar zu Hilfe eilte.

»Ich werde keine Rollen mehr spielen, in denen ich mich selber abwerte«, verkündete Barbra, als *Funny Lady* anlief.

Am 9. März 1975 hatte der Film im *Kennedy Center for the Performing Arts* in Washington Premiere. Die Einnahmen der Vorführung, der ein paar Lieder von Barbra vorangingen, sollte der von der Joseph P. Kennedy Jr. Foundation organisierten Behindertenolympiade zugute kommen. Barbra wohnte dem Ereignis am Arm von Jon Peters bei. Unter den Gästen waren auch Präsident Gerald Ford mit seiner Tochter Susan sowie einige Mitglieder des Kennedy-Clans. Die Matriarchin der Familie, Rose Kennedy, achtundfünfzig, war auch anwesend. Sie unterhielt die Zuschauer damit, daß sie auf einige Gäste und selbst auf den Barkeeper zuging und lebhaft sagte: »Mein Name ist Rose Kennedy, und ich bin die Mutter des früheren Präsidenten, Jack.«

Nach der Premiere in Washington flogen Barbra und Jon nach England zur königlichen Vorführung. Als sie Queen Elizabeth vorgestellt wurde, fühlte sich Barbra auf den Schlips getreten, weil das Protokoll Jon daran hinderte, neben ihr in der Empfangsreihe zu stehen, und sie sagte: »Warum müssen die Frauen Handschuhe tragen und die Männer nicht?«

Die Königin erwiderte: »Darüber werde ich einmal nachdenken müssen. Ich denke, es ist eine Tradition.«

Funny Lady bekam gemischte, aber meist negative Kritiken. Wie viele Fortsetzungen wurde der Film mit dem Original verglichen und als schlechter befunden. Das zeigte jedoch, daß Barbra in ge-

wisser Weise über die Qualität – oder die fehlende Qualität – ihrer Filme erhaben war. Obwohl *Bei mir liegst du richtig* als Schund abgetan wurde, hatte der Film im Inland beeindruckende zehn Millionen Dollar eingespielt. Und obwohl auch *Funny Lady* als Schund abgetan wurde, sollte der Film den doppelten Betrag einspielen. Außerdem war Barbra 1973, 1974 und 1975 der Quigley-Poll-Hitliste zufolge der bestverkaufte weibliche Star. 1975 erhielt sie sowohl die Golden-Globe-Auszeichnung als beliebteste Filmdarstellerin als auch die People's-Choice-Auszeichnungen als beliebteste Filmschauspielerin und weibliche Sängerin. Sie konnte tun, was immer sie wollte, zumindest schien es so.

Was sie sich schließlich zu tun entschloß, war typisch für die Streisand. Da die negativen Kritiken über ihre Schauspielerei in *Bei mir liegst du richtig* und *Funny Lady* sie erschüttert hatten, begann der größte weibliche Filmstar der Welt im stillen, Schauspielunterricht im Actors Studio West in Los Angeles zu nehmen. Ihre erste Tat bestand darin, in einer Szene aus *Romeo und Julia* für sich selbst und Sally Kirkland die Regie zu führen. Die Szene wurde für Lee Strasberg aufgeführt, der im Mai 1975 aus New York zu Besuch kam. Barbra fand, daß ihre Darstellung der Julia, die sie als verwöhnte Göre porträtierte, die beste schauspielerische Leistung sei, die sie je geliefert hatte. Auch Strasberg war begeistert – soweit er jemals über irgend etwas begeistert gewesen ist.

Barbra war so angetan von ihrer Darstellung und von ihrem ersten Versuch, Regie zu führen, daß sie ihre Agentin Sue Mengers anrief und ihr mitteilte, sie wolle in einem Fernsehspecial von *Romeo und Julia* die Rolle der Julia spielen. Barbra ging natürlich davon aus, daß alle drei Fernsehsender sich auf die Gelegenheit stürzen würden, sie überhaupt für irgend etwas zu bekommen. Es stellte sich aber heraus, daß sie gar nicht so erpicht darauf waren. »Wer soll den Romeo spielen?« fragten sie. »Und was wird sie singen?«

So visierte Barbra ein anderes Projekt an, das Jon bereits für sie entwickelt hatte. Es war nicht *Romeo und Julia*, aber es war auch eine Liebesgeschichte, nämlich ihre eigene.

Mitte 1974 hatte Barbra während der Produktion von *Funny Lady* einen ungewöhnlichen Fanbrief bekommen. Es war eigentlich

eine Sammlung von Fanbriefen. Als Teil ihrer Hausaufgaben hatten fünfzehn Erstklässler aus New Jersey Barbra geschrieben: »Liebe Miss Streisand: Ich bin in der ersten Klasse, und wir nehmen berühmte Leute durch.« Auf ebenso breit liniertem Papier und in der gleichen großen Schrift schrieb sie zurück: »Liebe Schüler: Ich bin ein berühmter Mensch und nehme Erstklässler durch. Eure Briefe haben mich sehr gefreut. Herzlichst, Barbra Streisand.«

Rock and Roll mit Hindernissen

Auf ihrem Weg zum Flughafen fuhren John Gregory Dunne und seine Frau Joan Didion durch die Innenstadt von Honolulu. Als sie am Wahrzeichen, dem Aloha Tower, vorbeikamen, sagte John in einem plötzlichen Anfall von Inspiration: »James Taylor und Carly Simon in einer Rock-and-Roll-Version von *A Star Is Born / Ein neuer Stern am Himmel*.« In den folgenden Monaten würden Dunne und Didion diese scheinbar harmlosen sechzehn Worte bedauern. Sie würden sich auch an diesen Tag und an die Uhrzeit erinnern: 1. Juli 1973, ein Uhr mittags.

Nach ihrer Rückkehr aufs Festland riefen Dunne und Didion ihren früheren Agenten Dick Shepherd an, der Geschäftsführer der Produktionsabteilung der Warner Brothers geworden war. Shepherd war begeistert von der Idee. Es stellte sich heraus, daß die Warners die Rechte besaßen, da sie 1954 den Film, in dem Judy Garland und James Mason unter der Regie von George Cukor die Hauptrollen spielten, produziert hatten. Die Geschichte war bereits 1937 mit Janet Gaynor und Fredric March verfilmt worden. Und diese Version wiederum basierte auf einem 1932 gedrehten Film namens *What Price Hollywood?*. Trotz ihrer vielen Unterschiede beruhten alle Versionen auf der gleichen Grundidee: Ein niedergehender, selbstzerstörerischer männlicher Star (in *What Price Hollywood?* ein männlicher Regisseur) verhilft einer jungen, am Hungertuch nagenden Frau dazu, berühmt zu werden, und verliebt sich dabei in sie. Ihr Ruhm überschattet den seinen und treibt ihn schließlich dazu, sich auf tragische Weise das Leben zu nehmen.

Um sich mit dem Rock'n'Roll-Milieu der geplanten neuen Version vertraut zu machen, begleiteten Dunne und Didion drei Wochen lang die Rockgruppen Jethro Tull und Uriah Heep auf ihren Tourneen, wobei sie eine ohrenbetäubende und scheinbar endlose Reihe von Vorstellungen hinter sich brachten. Sie brauchten sechs Monate, um daraufhin den ersten Entwurf mit dem Titel *Rainbow Road* zu schreiben.

Dunne und Didion hatten zunächst Warren Beatty als Regisseur haben wollen. Beatty, der 1967 *Bonnie and Clyde* produziert hatte, war damit beschäftigt, *Shampoo* (1975) zu schreiben und zu produzieren. Mit siebenunddreißig war er jung und ausgeflippt genug, um einen Bezug zur Welt des Rock'n'Roll zu haben, was Dunne und Didion als eine Grundvoraussetzung ansahen. Falls sie Beatty nicht bekommen konnten, wollten sie Mike Nichols. Zu ihrem Kummer wurde das Drehbuch auch Peter Bogdanovich zugeschickt, dessen Arbeit sie verachteten. Außerdem interessierte sich Bogdanovich für die Rechte, weil seine Freundin Cybill Shepherd darauf hoffte, ein Musical zu machen. Das tat sie auch – *At Long Last Love* (1975) –, und es hätte beinahe ihre Karriere sowie die von Bogdanovich ruiniert, der die Regie führte.

Aber schließlich wurde Mark Rydell – wenn auch inoffiziell – für das Projekt engagiert. Der Regisseur war so begeistert von Dunnes und Didions harter, schonungsloser Beschreibung des Rock'n'Roll-Milieus, daß er sich bereit erklärte, an der Entwicklung des noch unausgereiften Projekts mitzuwirken. Rydell legte das Drehbuch der Agentin Sue Mengers vom International Creative Management (ICM) vor. Die wiederum zeigte es ihrer wichtigsten Klientin, Barbra, die es ablehnte. Sie erklärte Mengers, daß sie sich nicht für Rock'n'Roll interessiere. Außerdem sah sie in einem dritten Remake keinen Sinn.

In der Zwischenzeit schwankte das Paar, das ursprünglich das Projekt angeregt hatte, in seiner Entscheidung. Seit ihrer Hochzeit im November 1972 war es mit James Taylors Karriere systematisch bergab gegangen, während Carly Simon mit dem Riesenhit »You're So Vain« mit einem Schlag berühmt geworden war. Anfang 1974 begann das Paar, gemeinsame Plattenaufnahmen zu machen, und man nahm generell an, daß Simon nun ihren Mann stützte. Letztendlich lehnten sie *Rainbow Road* jedoch ab, angeblich, weil es zu sehr ihren eigenen Biographien ähnelte.

Der Part von Norman Maine, der in der neuen Version John Norman Howard hieß, wurde dem Liedschreiber Kris Kristofferson angeboten. In dem Film von 1954 war Maine ein kultivierter, gepflegter Schauspieler, der Alkoholprobleme hatte. Um sich der neuen Zeit anzupassen, war er in der aktualisierten Version ein hei-

serer Rockstar, der ein Alkohol- und Drogenproblem hatte. Kristofferson hatte eine Reihe von Filmen gemacht, darunter *Cisco Pike* (1972), *Blume in Love* (1973), *Pat Garrett and Billy the Kid / Pat Garrett jagt Billy the Kid* (1973) und *Alice Doesn't Live Here Anymore / Alice lebt hier nicht mehr* (1974). Obwohl er bereits einige gute Kritiken bekommen hatte, war er noch kein Star geworden. Als er *Rainbow Road* gelesen hatte, zeigte er begeistertes Interesse für den Part, sträubte sich aber zunächst zu unterzeichnen. Zuerst wollte er einen weiteren Entwurf des Drehbuchs sehen, und er wollte herausfinden, wer an seiner Seite spielen würde.

Der Produzent von *Rainbow Road*, John Foreman, legte das Drehbuch unter anderem Diana Ross, Liza Minnelli und Cher vor. Von den dreien war Cher die einzige, die zumindest eine entfernte Verbindung zum Rock'n'Roll hatte. Sie war achtundzwanzig, war dabei, sich von Sonny Bono zu trennen und hatte gerade mit »Half-Breed« und »Dark Lady« hintereinander zwei Hits gelandet. Sie las das Drehbuch und war begeistert von der Geschichte des sterbenden und des aufsteigenden Stars. Ihr Interesse war verständlich. Schließlich hatte sie in ihrer Ehe mit Bono diese Rolle praktisch am eigenen Leibe erfahren. Cher wollte verzweifelt ein Filmstar und darüber hinaus eine respektierte Schauspielerin werden, was viele in der Filmbranche amüsierte. Sie sah in *Rainbow Road* eine Gelegenheit. So war sie bereit, ein Vorsprechen nach dem anderen über sich ergehen zu lassen. Im weiteren Verlauf hätte Cher wahrscheinlich den Vertrag bekommen, wenn nicht ein unvorhersehbarer Orkan auf die Produktion niedergegangen wäre.

Während Barbra im April 1974 an *Funny Lady* arbeitete und Jon Peters *ButterFly* produzierte, »entdeckte« Peters das *Rainbow-Road*-Drehbuch und vernarrte sich darin. Angesichts des Enthusiasmus ihres Freundes erklärte sich Barbra bereit, das Drehbuch, das nun in seiner zweiten Fassung vorlag, noch einmal anzusehen. Sie war immer noch nicht begeistert von dem Rock'n'Roll-Aspekt der Geschichte. Außerdem fand sie, daß der männliche Part der stärkere von den beiden sei. Nichtsdestotrotz gab Barbra ihre Einwilligung, den Film zu machen, unter der Bedingung, daß Jon Peters ihn produzieren würde, und dies trotz der Tatsache, daß John Fore-

man seit fast einem Jahr als Produzent an dem Film gearbeitet hatte. Außerdem hatte Peters bisher weder einen Film produziert, noch war er jemals in irgendeiner Funktion an einer Produktion beteiligt gewesen. Die einzige Erfahrung, die er – abgesehen von Barbras Perücken – je mit dem Film gemacht hatte, bestand in einer Statistenrolle in Cecil B. DeMilles *The Ten Commandments* (1956), die er als Kind gespielt hatte.

Die Verantwortlichen der Warner willigten in alle ihre Forderungen ein, da sie sich von einem Streisand-Musical Berge von Dollarnoten erhofften, und so erhielt *Rainbow Road* grünes Licht. Eine von Jons und Barbras ersten beruflichen Entscheidungen bestand darin, den Film wieder *A Star Is Born* zu nennen.

Anfang Juli 1974 kündigte der Kolumnist Joyce Haber an, daß Barbra in einem Remake von *A Star Is Born* die Hauptrolle spielen würde. Ein paar Tage später, am 8. Juli, brachte Haber die Neuigkeit heraus, daß John Foreman »nach oben gekickt« worden sei, nämlich in die Position eines ausführenden Produzenten, und daß nun Jon Peters den Film produzieren würde. Später, am selben Tag, reichte Lesley Ann Peters die Scheidung ein.

Mittlerweile fühlte sich Cher verraten. Der Part war ihr sicher versprochen worden. »Barbra Streisand und Jon Peters kamen und übernahmen einfach das Projekt«, sagte sie vor Wut kochend, als der Film herausgekommen war. Sie war verbittert darüber, daß man ihr die Rolle nicht nur abgenommen hatte, sondern daß dies obendrein jemandem gelungen war, der mit Rock'n'Roll überhaupt nichts zu tun hatte. Cher, die 1987 für *Moonstruck* den Oscar als beste Schauspielerin bekommen sollte, erklärte: »Barbra hat nicht den leisesten Dunst von Rock'n'Roll.« Aufgrund der Machenschaften hinter den Kulissen von *A Star Is Born* wurde die Beziehung zwischen den beiden Frauen, die nie besonders eng war, ein für allemal zunichte gemacht.

Im Sommer 1974 trafen sich Didion und Dunne mehrmals mit Barbra und Jon. Sie lachten zusammen, tranken eine Menge Wein und schienen sich gut zu verstehen. Didion und Dunne bereiteten eine dritte Version des Drehbuchs vor, das vermutlich auf Barbras genaue Angaben zugeschnitten war. Sie bat darum, die Geschichte gefühlvoller zu gestalten. Sie war zu hart, zu dokumenta-

risch. Sie wollte »mehr Herzschmerz«, »mehr Schmalz«, »mehr Lovestory« und weniger Rock'n'Roll-Ambiente. Sie wollte mal wieder, daß ihre Figur, Esther Hoffman in dieser Version, größere Bedeutung innerhalb der Geschichte bekäme.

Zwei Wochen, nachdem Barbra zu dem Projekt gestoßen war, gingen Dunne und Didion zu ihrem Rechtsanwalt und baten darum, den Vertrag aufzuheben. Sie waren nicht mit der Version einverstanden, die Barbra jetzt von ihnen geschrieben haben wollte. Nichtsdestotrotz sagte man ihnen, daß eine solche Abtrünnigkeit als regelrechter Vertragsbruch betrachtet würde. So blieben sie erst einmal.

Als Barbra und Jon jedoch den dritten Entwurf lasen, verlangten sie, daß Dunne und Didion von dem Projekt ausgeschlossen würden. Sie hatten nicht die Version geliefert, um die Barbra sie gebeten hatte. Dieses Mal drohten jedoch Dunne und Didion damit, einen Prozeß wegen Vertragsbruchs anzustrengen. Jon traf sich mit John Calley, der Ted Ashley in der Präsidentschaft der Warner Brothers abgelöst hatte. Peters erklärte Calley, daß Barbra, die noch keinen Vertrag unterzeichnet hatte, dabei sei, es sich mit dem Projekt anders zu überlegen. Peters fügte hinzu, daß sie das Drehbuch »ungeeignet« finde. Entweder erlaube man ihnen – Barbra und Jon –, das Projekt auf ihre Weise und mit ihren Autoren zu entwickeln, oder Barbra würde gehen und mit ihr die voraussichtlich 50 Millionen Dollar Einnahmen.

Warner gab unter diesem Druck nach, überschrieb First Artists das Projekt und handelte mit Didion und Dunne einen Verzicht aus. Das Ehepaar würde nicht nur seinen Namen im Vorspann behalten, sondern bekam darüber hinaus eine Summe von 125 000 Dollar sowie ganze 10 Prozent der Einnahmen zugesprochen. So würden sich für John Gregory Dunne und Joan Didion, längerfristig gesehen, die in Honolulu ausgesprochenen sechzehn Worte reichlich bezahlt machen.

Das Drehbuch von *A Star Is Born* wurde nun dem noch unerfahrenen Autor Jonathan Axelrod übergeben, einem Stiefsohn des Drehbuchautors George Axelrod und Freund von Jon Peters. Er wurde beauftragt, Barbras und Jons Wünsche zu erfüllen, deren oberste Priorität darin lag, Barbras Part zu verbessern. Axelrod

fand eine Lösung: Er drehte die Rollen um, so daß aus der Frau der niedergehende und aus dem Mann der aufsteigende Star wurde.

Diese Umkehrung gab nicht nur Barbra die aussagestärkere Rolle, sie entsprach auch mehr der Situation zwischen Barbra und Jon im wirklichen Leben. Mit Barbras Karriere ging es zwar kaum bergab, aber sie hatte Peters »entdeckt« und seine Karriere als Filmproduzent in die Wege geleitet. *Er* wurde mit diesem Film als Star geboren und nicht sie. Barbra und Jon waren zunächst begeistert von dieser Umkehrung. Dann änderten sie jedoch ihre Meinung, und die Figuren nahmen wieder ihre ursprüngliche Form an. Trotzdem arbeiteten sie mit Axelrod daran, aus *A Star Is Born* die Geschichte ihrer eigenen Begegnung zu machen. »You and Me Against the World« von Helen Reddy wurde in diesem Sommer ohne Unterlaß im Radio gespielt. Es hätte die Ballade von Barbra und Jon sein können. Es schien so, als ob alle dagegen seien, daß sie – auch noch als Paar – mit dem Film Erfolg hatten. Anstatt angesichts dieser Feindseligkeit zusammenzubrechen, reagierten sie darauf mit dem typischen »Euch-werd'-ich's-schon-zeigen-Verhalten« aus Barbras Vergangenheit.

»Die Welt wartet darauf, Barbras und meine Geschichte zu sehen«, erklärte Peters mit der für ihn charakteristischen Unbescheidenheit. Und so griffen sie auf ihre eigenen Unterhaltungen oder Fragmente ihrer Unterhaltungen zurück, um sie wortwörtlich in das Drehbuch von *A Star Is Born* einzufügen. »Sie haben einen tollen Hintern«, sagt John Norman Howard zu Esther Hoffman am Abend ihrer ersten Begegnung.

Das Drehbuch thematisiert auch Barbras Beziehung zur Presse, die ihr kriminell erschien. »Wann habt ihr endlich genug, verdammt noch mal!« bellt Esther einen Fotojäger an. Auch ihre Gefühle gegenüber ihren Fans tauchten auf, nämlich in der Nachtclubszene, in der man sie zum ersten Mal singen hört. John Norman Howard kommt völlig unschuldig in den Club und wird von einem widerwärtigen sogenannten Fan zu einer Schlägerei gezwungen. »Wer will bei solchen Fans noch berühmt sein?« scheint John Norman zu sagen. Daß nirgendwo im Drehbuch eine positive Beschreibung eines Fans oder eines Mitglieds der Presse zu finden ist, ist kein Versehen. Die Aussage scheint dahin zu gehen,

daß die einzigen Probleme zwischen John Norman und Esther (sprich: Jon und Barbra) durch Fans und/oder die Presse verursacht werden.

Das Drehbuch enthielt auch eine kurze Andeutung auf Barbras Beziehung zu Elliott Gould, die in *A Star Is Born* zu einer lebensgetreuen Situation verarbeitet wurde. »Ich liebe dich, Johnny«, sagt Esther zu John Norman – in einer Szene, die Barbra Jahre zuvor mit Elliott durchgespielt hatte, »aber das ist doch nicht genug, oder?«

Jon Peters wollte der Welt mit dem Film eine ganz neue Barbra vorstellen; die Barbra, die *er* kannte und liebte, die *richtige* Barbra, intim, sexy und ohne Büstenhalter – eine Barbra, die verliebt war. Er versprach eine »schöne, sinnliche Barbra – die Barbra, die ich erlebt habe«. Es würde keine Fanny-Brice-Perücken geben und auch keine Bob-Mackie-Kostüme. Einfach Barbra in engen Jeans, mit unnötigen Aufnahmen ihres Hinterteils. »Jon sieht mich auf seine Weise«, gestand sie. »Er kennt mich als Frau, als sexuelles Wesen, und ich bin es satt, immer nur *Funny Girl* zu sein, ein armes kleines Ding, das sich selber nicht leiden kann.«

In der Zwischenzeit bemühte sich Peters auch um die Charakterisierung von John Norman, dessen Charakter schließlich weitgehend auf Jons Person basierte. »[Er ist] ein Mann, mit dem ich mich sehr identifiziere«, sagte Peters. »Da werden Tatsachen aus meinem eigenen Leben berührt – der Straßenkämpfer und der Erfolgsmensch. Ich bin ein ziemlicher Macho. Ich kämpfte für das, woran ich glaubte, und ich war auch nie zimperlich, Gewalt anzuwenden.«

Weil er sich so mit der Figur identifizierte, war das Ende des Films nicht in seinem Sinne. Er wollte nicht, daß John Norman zum Selbstmord griff. Das war aus Peters Sicht feige und unmännlich. Wenn er sterben mußte, dann wollte Jon, daß er durch einen Unfall ums Leben kam. Es war ein Problem, das bis zum Schluß an Peters nagte, aber es war ein Kampf, den er nicht gewinnen würde und konnte. Die Geschichte schrieb vor, daß sich John Norman selber zerstörte und daß sein Tod den letzten Akt dieser Selbstzerstörung bedeuten würde. Wenn er und sein Sportwagen (abseits der Kamera) in Flammen aufgehen, ist er nicht mehr nur John Norman Howard, sondern James Dean.

Während sich Barbra mit Peters unter anderem darüber stritt, wo

ihre Namen erscheinen würden (Barbra wollte nicht, daß sein Name zusammen mit ihrem vor dem Filmtitel erschien), stieg der Schauspieler, der John Norman spielen sollte, Kris Kristofferson, aus der Produktion wieder aus.

Es gab kurze Spekulationen darüber, daß Jon selber den Part übernehmen würde. »Kann er singen?« fragten alle entgeistert. »Nein«, kam die Antwort. Peters meinte, daß man seine Stimme synchronisieren oder daß seine Unfähigkeit zu singen irgendwie vom Regisseur ausgebügelt werden könnte.

Die Idee wurde schnell verworfen, aber schon war sie den Klatschkolumnisten zugespielt worden, denen diese sichtliche Vermessenheit von Jon Peters einen großen Tag bescherte. »Die Situation ist unmöglich geworden«, verriet jemand aus der Produktion Marilyn Beck. »Jon Peters ist ein furchtbarer Egozentriker.«

Nachdem der Regisseur Jerry Schatzberg darüber mit Jon Peters heftigste Diskussionen geführt hatte, verabschiedete er sich von der Produktion. Vielleicht war es vorhersehbar, daß Jon Peters daraufhin ankündigte, *er* würde die Regie übernehmen. Barbra gefiel der Gedanke anfangs, zumindest schien es so. In den folgenden Monaten erfüllte sie diese Idee jedoch mit immer größerem Mißtrauen.

In der Zwischenzeit setzten sich die Probleme mit dem Drehbuch fort. Jon feuerte Jonathan Axelrod, mit dem er nun gar nicht mehr so befreundet war. Jon zufolge war Axelrod nur seine Marionette gewesen. Es wurde Zeit, erklärte Peters, einen *richtigen* Drehbuchautor zu engagieren. So betrat das Ehepaar und Autorenteam Bob und Laurie Dillon die Szene. Die beiden hatten kurz zuvor das Drehbuch für *The French Connection II* beendet, und Barbra war von der Idee begeistert, daß eine Autorin beteiligt sein würde.

Die Dillons begannen ihre Arbeit im Januar 1975 und verwarfen prompt Axelrods fünfmonatige Arbeit. Statt dessen nahmen sie das Drehbuch aus dem Jahre 1937 von Dorothy Parker, Alan Campbell und Robert Carson als Ausgangspunkt. Als die Dillons ihr Drehbuch im April 1975 beendeten, waren Barbra und Jon zutiefst enttäuscht, und die Suche nach einem Autor, der ihre Vorstellungen umsetzen konnte, ging weiter. Insgesamt kamen und

gingen in den verschiedenen Entwicklungsstadien des Projekts vierzehn Autoren, darunter Jay Presson Allen, Buck Henry, Arthur Laurents und Alvin Sargent.

Dann wurde Renée Taylor, mit der Barbra beinahe fünfzehn Jahre zuvor im *Bon Soir* gearbeitet hatte, mit ihrem Schreibpartner und Ehemann Joseph Bologna ins Haus am Strand von Malibu zitiert. Trotz ihrer unbefriedigenden Erfahrung mit den Dillons glaubte Barbra immer noch, daß ein Mann-Frau-Team dem Drehbuch das Gleichgewicht bezüglich der Geschlechterrollen geben könne, das sie suchte.

»Barbra kochte chinesisch für uns«, erinnert sich Taylor. »Und sie fragte uns, ob wir einen Film für sie schreiben wollten. Eine Liebesgeschichte. Sie und Jon erzählten uns von einer Idee, die sie hatten. Ich schlug vor, es anders zu schreiben. Barbra gefiel mein Vorschlag nicht.«

Bevor auch sie ihren Abgang hatten, waren die Bolognas Gäste bei Barbras Party zu ihrem dreiunddreißigsten Geburtstag. Jon hatte auf seine Ranch in Malibu geladen. Die Party wurde von einer Bäckerei in Westwood beliefert und servierte als Höhepunkt ein Menü armenischer Spezialitäten. Neben den Bolognas waren Alan und Marilyn Bergman, Diana Kind und Ryan O'Neal eingeladen, der seine zwölfjährige Tochter Tatum im Schlepptau hatte.

Im Juni wurde Lesley Ann Peters mit Vollzug der Scheidung wieder zu Lesley Ann Warren. In der Beilegung erhielt sie die Vormundschaft für ihren Sohn Christopher (offiziell teilten sie und Jon sich die Vormundschaft), ihr Haus in Encino sowie alles, was sich darin befand, ihren 1970er Mercedes-Benz und bis zum 1. Januar 1983 einen Unterhalt von 1000 Dollar pro Monat. Jon mußte außerdem seinem Sohn 400 Dollar pro Monat bezahlen, bis Chris einundzwanzig sein würde. Und er war verpflichtet, für die gesamte Schulausbildung und, falls nötig, für medizinische und zahnärztliche Behandlungen seines Sohnes aufzukommen. Außerdem mußte er eine Versicherungspolice in Höhe von 100000 Dollar abschließen, deren einzige Nutznießer Lesley Ann und Christopher waren. Als sie später nach ihrem Verhältnis zu Barbra gefragt wurde, erwiderte Lesley Ann: »Es ist sehr wackelig. Ich glaube, daß sie eine phantastische Frau ist, aber sie hat allen Grund, sich vor

der Frau, mit der Jon sechs Jahre lang verheiratet war, in acht zu nehmen.«

Als Teil ihrer Werbekampagne für *Funny Lady* war für Mittwoch, den 9. Juli 1975, Barbras Auftritt in der »Tonight Show Starring Johnny Carson« vorgesehen. Die NBC machte eine Woche lang Reklame für Barbras Auftritt, denn es war ihr erster in dieser Show beziehungsweise überhaupt in einer Fernsehshow, seit ihr Carson im Jahre 1963, als sie noch eine am Hungertuch nagende Sängerin war, eine Chance gegeben hatte und sie innerhalb von fünf Monaten siebenmal auftreten ließ.

Eine Woche vor der Show rief Marty Erlichman (der zu diesem Zeitpunkt noch mit Jon Peters darum kämpfte, Barbras Karriere zu managen) den Produzenten der Show, Freddie DeCordova, an. DeCordova erinnert sich an folgendes Gespräch:

Marty: Sie macht sich Sorgen um die Beleuchtung.

Freddie: Ich werde extra für sie einen zusätzlichen Beleuchter einstellen.

Marty: Kann sie vorbeikommen und sich die Sache anschauen?

Freddie: Ja.

Marty: Sie will einen extra Maskenbildner und einen extra Friseur.

Freddie: Okay.

Einen Tag vor der Show ließen jedoch Barbras Vertreter DeCordova wissen, daß sie nicht wie geplant auftreten würde. Als Carson das erfuhr, war er wütend. In seiner Dienstagabend-Show kündigte er den Zuschauern an: »Vor der Sendung bin ich darüber informiert worden, daß wir für morgen abend eine Absage bekommen haben. Barbra Streisand wird *nicht* bei uns sein. Wir wissen nicht, warum. Niemand hat sie erreichen können.«

Er fügte hinzu: »Sie hat zwar keine besondere Verpflichtung der Show gegenüber, aber wir fanden es nur fair, es Ihnen vorher mitzuteilen, damit Sie nicht wütend auf uns werden, wenn Sie die Sendung einschalten. Mir jedoch wäre es lieber, Sie wären wütend auf *sie*. Die Streisand wird am Mittwochabend nicht hier auftreten – und sie wird auch in Zukunft nicht bei mir auftreten.«

Carsons Vorwarnungen waren mehr als harte Sprüche, was sich in den folgenden Jahren zeigen würde. Er würde diesem Groll

selbst noch bei seinem Nachtclubengagement in Las Vegas Ausdruck verleihen. Auf der Bühne des *Caesars Palace* witzelte Carson: »Ich habe draußen auf der Straße Frisbee gespielt . . . mit Barbra Streisands Platten.«

Inzwischen wurde auf der Ranch in Malibu entschieden, daß Jon Peters *nicht* die Regie bei *A Star Is Born* führen würde. Auf die Frage, warum er damit einverstanden sei, die Funktion nicht zu übernehmen, wurde Peters wie folgt zitiert: »Wie soll ich ihr Regisseur sein und gleichzeitig unsere Beziehung erhalten? Ich mußte mich entscheiden, was wichtiger war: unsere Beziehung oder der Film.«

So sehr sie Jon auch liebte, Barbra wollte ihn nicht in dieser Position haben, sie hatte kein Vertrauen zu ihm. Dennoch wurde ihm ein Trostpflaster zugesprochen: Während *A Star Is Born* sich weiter durch die Vorproduktion schleppte, wurde er von Barbras Firma First Artists für *The Life and Times of Bruce Lee* als Produzent engagiert. Barbra demonstrierte, daß sie zu ihm hielt, indem sie sich beim Vorsprechen für den Film in Hollywood zeigte.

Aus rechtlichen Gründen mußten die Dreharbeiten zu *A Star Is Born* vor dem oder spätestens am 2. Januar 1976 starten, und im Juli 1975 hatte der Film immer noch keinen Regisseur, keinen Autor und keinen männlichen Hauptdarsteller. Unter dem wachsenden Druck sprachen Barbra und Jon eine Reihe von Regisseuren darauf an, das Projekt zu übernehmen. Auf die Frage, warum sie selber nicht die Zügel in die Hand nehme, soll die angehende Regisseurin Streisand gesagt haben: »Ich konnte nicht einfach für Jon die Regie übernehmen, oder? Aber ich konnte ihn auch nicht die Regie führen lassen. Können Sie sich Jon Peters als Regisseur vorstellen?«

Zu den kontaktierten Regisseuren zählten Bob Fosse, Arthur Hiller, Hal Ashby, Sidney Lumet und Robert Altman, die alle ablehnten. Altman, der mit dem Knüller *Nashville*, der im Juni desselben Jahres herausgekommen war, gut beschäftigt war, hatte Barbra ihr Verhalten während der Vorführung einer seiner Filme nicht verziehen. Barbra behauptet, die Vorführung verlassen zu haben, weil der Film zu brutal war. Altman behauptet, daß *er* Barbra aus

der Vorführung herausgeworfen habe, weil sie zu sehr von sich selbst eingenommen sei und sich wie ein »unverschämtes Miststück« verhalten habe.

Am 4. August 1975 kam eine überraschende Nachricht aus dem Lager der First Artists/Warner Brothers: Frank Pierson, dreißig Jahre alt, war der neue Autor und Regisseur von *A Star Is Born*. Pierson hatte das Drehbuch des meisterhaften Films *Dog Day Afternoon* geschrieben, der im Oktober desselben Jahres in die Kinos kommen sollte. Er hatte auch die Drehbücher zu *Cat Ballou* (1960) und *Cool Hand Luke* (1967) geschrieben. Regie hatte er bis dahin erst in dem britischen Spielfilm *The Looking Glass War* (1970) geführt.

Barbra und Jon würden später behaupten, daß ihre Vereinbarung eine »Zusammenarbeit« mit Pierson vorsah. Das bedeutete, daß Pierson als Regisseur beinahe wie eine Marionette ihre eigenen Vorstellungen von dem Film umsetzen würde. Falls das stimmt, versteht sich von selbst, warum sie damit einverstanden waren, mit ihm einen Vertrag zu unterzeichnen. Wenn einer von den beiden offiziell die Regie geführt hätte, dann wären sie als Team die einzige Zielscheibe geworden, auf die sich alle Kritik am Film gerichtet hätte. Mit Pierson hatten sie nicht nur einen »Mitarbeiter«, sondern auch ein Aushängeschild und – falls nötig – einen Sündenbock.

Als er sich dem Projekt anschloß, kündigte Pierson an, daß er »sechzig Pfund eines absolut nicht produzierbaren Drehbuchs« am Hals habe. Er verwarf das Drehbuch der Dillons und einige von Axelrods Entwürfen und griff wieder auf dasjenige zurück, das er für das beste hielt: den dritten Entwurf von Dunne und Didion. Er hatte eine sehr gute Rock'n'Roll-Atmosphäre und mit der Figur des John Norman Howard eine gut entwickelte männliche Hauptrolle. Es fehlte jedoch, wie Barbra schnell herausstellte, eine starke Liebesgeschichte und eine weibliche Rolle, die einem Star ihres Formats entsprach.

Pierson lernte die Unsicherheiten seines Stars gründlich kennen. Einmal griff Barbra ihn an: »Ich habe nicht das Gefühl, daß du mich wirklich lieben willst. Alle meine Regisseure wollten, daß ich schön aussehe.« Sie ließ ihn wissen, daß er ihre linke Seite fil-

men müsse, außer in komischen Szenen, in denen es auch in Ordnung sei, sie von rechts aufzunehmen. Außerdem wies sie ihn an, sie mit sehr viel Licht von hinten zu filmen, was Pierson schließlich auch tat, so daß Barbra oft ätherisch und sogar engelgleich wirkte, wo sie doch eigentlich eine natürliche, bodenständige, junge Frau spielen sollte.

Nachdem sie Pierson gewonnen hatten, konzentrierten Barbra und Jon ihre beachtlichen Energien auf die Besetzung der Rolle des John Norman Howard. Sie suchten einen männlichen Künstler, der singen und schauspielern konnte, ein der Rolle entsprechend gezeichnetes Gesicht hatte, aber auch Frauenherzen höher schlagen ließ. Die andere Grundvoraussetzung bestand darin, daß der Schauspieler in der Lage sein mußte, Barbra liebevoll anzuschauen. Zunächst hatte Barbra mit dem Gedanken gespielt, daß der damals einundfünfzigjährige Brando die Rolle spielen solle. Sie hatte schon immer mit ihrem Idol zusammenarbeiten wollen, und er hatte eine gewisse verbrauchte Ausstrahlung, die passend zu sein schien.

Auch Mick Jagger war eine Möglichkeit, aber Barbra fürchtete, daß er sie in vielen Szenen von der Leinwand fegen würde. Er war zu stark, zu dynamisch, als daß man ihm die Rolle eines ehemaligen Rockers abgenommen hätte. Außerdem gefiel Barbra nicht, wie sie als Paar aussahen. Im April 1975 waren Barbra und Jon nach Las Vegas geflogen, um Elvis Presley zu treffen, der zu dieser Zeit im *Las Vegas Hilton* auftrat. Barbra erklärte ihm, sie habe schon immer gefunden, daß man ihn als Schauspieler unterschätzt habe und daß *A Star Is Born* die Chance für ihn sei, dies unter Beweis zu stellen.

Während der folgenden Monate dachte Elvis über den Vorschlag nach, lehnte ihn aber letzten Endes ab. In seiner ganzen Filmkarriere hatte er nur einmal mit einem großartigen weiblichen Musikstar zusammengespielt: Ann-Margret in *Viva Las Vegas* (1964). Sie stahl ihm die Show, und Elvis schwor, sich kein zweites Mal mit jemandem zusammenzutun. Und so wandten sich Barbra und Jon wieder an Kris Kristofferson. Dieses Mal boten sie ihm an, daß sein Name separat vor dem Filmtitel erscheinen würde, und zu ihrer großen Erleichterung erklärte er sich einverstanden.

Er war der perfekte John Norman Howard. Wie die Figur im Film

kannte er sich ein bißchen mit Alkohol, Drogen und mit selbstzer-
störerischem Verhalten im allgemeinen aus. Einmal sagte Kristofferson seinem gesamten Publikum, es solle »sich verpissen«. Außerdem wirkte er glaubwürdig neben Barbra und sah wie ein
ausgelaugter Rocksänger aus. Außerdem hatte Kristofferson eine
Affäre mit Janis Joplin, der Patin aller selbstzerstörerischen Rocksänger, mit der er zusammenlebte. Während sich Jon Peters in der
Figur des John Norman Howard wiedererkannte, sah Kristofferson
darin eine Mischung aus Janis Joplin und Jimmi Hendrix. Witzigerweise hatte Kristofferson auch ein Verhältnis mit Carly Simon
gehabt, die die allererste Inspiration für das Projekt gegeben hatte.
Er hatte auch einmal – zur Bestürzung und Eifersucht von Jon Peters – ein Verhältnis mit Barbra nach ihrer Trennung von Elliott
Gould gehabt. Als später die Szene in der Badewanne gedreht
wurde – die übrigens wegen der Unmengen brennender Kerzen
versehentlich eher religiös als sexuell wirkt –, rutschte Kris in die
Wanne, um auf Barbra zu warten – total nackt. Als Peters davon
erfuhr, bestand er darauf, daß Kris eine fleischfarbene Badehose
anzog.

Kristoffersons Vertragsunterzeichnung wurde am 19. September
1975 bekanntgegeben. »Nach diesem Film wird er einer der größten Filmstars sein«, meinte Jon Peters, »weil sich Barbra und Kris
absolut phantastisch verstehen, sowohl, was das Musikalische als
auch das Schauspielerische angeht.«

Im März 1975 wurde Rupert Holmes als musikalischer Leiter des
Films engagiert. Er löste Jack Nitzche (*The Exorcist*) ab, der wie-
derum für Richard Perry eingesetzt wurde. Holmes hatte schon an
einigen Liedern von Barbras Platte *Lazy Afternoon* gearbeitet, wo-
bei ihre Beziehung harmonisch gewesen war. Da ihn die laufenden
Veränderungen des Drehbuchs irritierten, kam Holmes mit der
Filmmusik regelrecht ins Schwimmen. Nachdem er schließlich ein
Dutzend Lieder komponiert hatte, von denen Jon die meisten in
einem Wutanfall für inakzeptabel erklärte, kehrte Holmes nach
New York zurück und verließ die Produktion für immer.

Es waren nur noch drei Monate bis zum Drehbeginn, und man
hatte immer noch keine Filmmusik. Sie hatten ein einziges Lied,
»Queen Bee«, das von einem Gespräch zwischen Holmes und Bar-

bra über einen Imker herrührte, und eine Melodie, »Everything«, beide von Holmes geschrieben. Es gab auch eine komplizierte Melodie von Kenny Loggins, die später mit dem Text von Alan und Marilyn Bergman zu »I Believe in Love« wurde. Der Film enthielt auch ein Lied, an dem Barbra und Leon Russell gearbeitet hatten, mit dem Titel »Lost Inside of You«. Die Nummer kam zustande, als Russell Barbra auf dem Klavier klimpern hörte. Er war so begeistert von der Melodie, die sie spielte (und selber komponiert hatte), daß er eine Begleitmusik und einen Text improvisierte. Frank Pierson war so gerührt von der Szene, daß er sie später in den Film übernahm.

Immer noch auf der Suche nach einem neuen musikalischen Leiter zitierten Barbra und Jon Paul Williams auf die Ranch. »Sie hatte bereits einige meiner Melodien aufgenommen, aber wir hatten uns vor *A Star Is Born* noch nie getroffen«, erinnert sich Williams. »Sie rief mich an, aber offensichtlich hatte ich nicht richtig zugehört. Sie wollte nur *ein* Lied für das Ende des Films – so etwas wie ›You and Me Against the World‹ [das Williams geschrieben hatte]. Was *ich* aber verstand, und ich weiß nicht mehr, ob es an meinem eigenen Größenwahn lag, war, daß sie von mir wollte, ich solle alle Lieder für den Film schreiben.

Mit dieser Vorstellung ging ich also zu Barbra und Jon. Die beiden sahen mich an, während ich ungefähr eine Dreiviertelstunde lang herumschwafelte und ihnen meine Ideen für den gesamten Film vortrug. Anschließend fragten sie mich, ob sie sich für eine Minute entschuldigen dürften; also verließ ich für einen Augenblick das Zimmer. Als ich zurückkam, sagten sie: ›Diese ganze Situation schüchtert Sie wohl nicht ein, oder?‹ Und ich sagte: ›Nein, nein, tut es nicht. Ich bin wirklich ein guter Liedschreiber.‹«

Barbra und Jon waren beeindruckt von der gewagten Arroganz des unbedeutenden Williams. »Man muß das verstehen«, erklärt er fast zwanzig Jahre nach diesem Treffen. »Ich hatte mich auf die Stärke ihrerseits vorbereitet, so daß ich mich in der Situation genauso schrullig und aggressiv verhielt, wie ich mir die beiden vorgestellt hatte.«

Überraschenderweise – bedenkt man Barbras Neigung, alles

kontrollieren zu wollen – gestand Williams Vertrag, was seine Musik betraf, ihm das letzte Wort zu. Mit anderen Worten, niemand, nicht einmal Barbra, konnte einen Liedtext ohne seine Einwilligung verändern. »Der einzige, der bezüglich Veränderungen einen gewissen Spielraum bekam«, erzählt Williams, »war Kris. Er nahm kleinere Änderungen an Melodien und Texten vor, und ich war damit einverstanden. Ich habe großen Respekt vor ihm. Ich meine, er ist schließlich *Kristofferson*.«

Die Beziehung zwischen dem Liedschreiber und seiner Chefin ließ sich sehr positiv an: »Was immer Sie brauchen, um es beim Schreiben bequem zu haben – lassen Sie es mich wissen.«

Williams antwortete: »Wenn ich schreibe, dann muß ich, ganz egal an welchem Punkt ich gerade bin, Weißwein und Nüsse in meiner Reichweite haben.« Es sollte ein Witz sein. »Als ich das nächste Mal zu ihr nach Hause kam«, erinnert sich Williams lächelnd, »da standen auf allen Tischen Schälchen mit Nüssen herum. Sie riß sich wirklich fast ein Bein aus.«

Rückblickend jedoch war ihr Arbeitsverhältnis von Anfang an zum Scheitern verurteilt. Zu dem Zeitpunkt, als Williams und Kenny Ascher in die Produktion einstiegen, sollten die Dreharbeiten zu *A Star Is Born* nur zehn Wochen später beginnen. Aber nur zehn Wochen, um fast die gesamte Musik für einen Film zu komponieren, das war ein unmöglicher Zeitplan.

»Kenny und ich legten zusammen drauf los und schrieben«, erzählt Williams, »und dann gingen wir zu Barbra und spielten ihr alles vor. Ich erinnere mich, wie ich ihr den Text für eine der Melodien vorsang. Ich hatte den Text aufgeschrieben, und manche Zeilen waren unterstrichen, weil sie noch nicht fertig waren. Jedenfalls sang ich ihr den ganzen Text vor, und sie sagte: ›Da sind zwei Zeilen, die könnten besser sein.‹ Sie hatte meine Notizen nicht gesehen, aber es waren genau jene zwei Zeilen, die ich unterstrichen hatte und verändern wollte. Sie reagierte sofort. Sie mußte nicht groß darüber nachdenken. Sie wußte es einfach. Ich war fast immer einverstanden mit ihrer Auswahl der Texte und Melodien. Nur einmal waren wir uns uneinig – über ›Morning Glory and the Midnight Sun‹ – ich glaube, sie hat das Lied nie begriffen.«

In der Zwischenzeit rasten die Wochen vorbei. Frank Pierson berichtete später, Williams habe ihm gesagt: »Wie kann ich schreiben, wenn ich die ganze Zeit mit ihr reden muß und nichts zu Ende führen kann, weil sie, bevor ich das verdammte Lied überhaupt fertiggeschrieben habe, schon Veränderungen von mir verlangt?«

Was die Situation noch verschlimmerte, war, daß Barbra ihre Wochenenden damit verbrachte, kistenweise die neuesten Schallplatten zu hören, um sich auf den letzten Stand der Musikszene zu bringen. Als Bruce Springsteen gleichzeitig auf den Titelseiten von *Time* und *Newsweek* erschien, nahm Barbra am Wochenende des 27. Oktober 1975 Springsteens *Born to Run* auf. Am Montag erklärte sie jedem, der es wissen wollte: »Wir brauchen mehr Springsteen!« »Das war *jeden* Montag so: Nachdem sie das Wochenende mit einer Menge Platten verbracht hatte, kam sie mit einer grundsätzlich neuen Idee an«, sagt Williams.

Daß die musikalischen Anweisungen dauernd wechselten, war angesichts des Zeitdrucks für Williams und Ascher besonders ärgerlich. »Ein Charakteristikum der Arbeit mit Barbra war dieses Übermaß an Anweisungen«, erklärt Williams. »Ihre eigene Beteiligung war immens.«

Doch manchmal war diese Beteiligung auch erwünscht. Williams erinnert sich daran, wie er zum ersten Mal Barbras Komposition des späteren »Evergreen« hörte: »Sie sagte: ›Ich will dir eine Melodie vorspielen und wissen, was du davon hältst. Vielleicht können wir sie ja verwenden.‹ Weil ich noch nie etwas gehört hatte, was sie geschrieben hatte, regte sich sofort etwas in mir, das sagte: ›Oh, mein Gott, bitte nicht!‹ Aber sie spielte mir eine wundervolle Melodie vor. Sie war wie ein kleines Mädchen. Ich habe sie noch nie so charmant gesehen. Sie war fast ein bißchen schüchtern. Sie hatte Gitarrenunterricht genommen und sah auf ihre Finger, um sicher zu gehen, daß sie die richtigen Griffe erwischte.«

»Das ist das Liebeslied!« rief Williams, als sie fertig war. »Das ist es!«

In den folgenden Wochen fragte Barbra Williams ununterbrochen: »Wann wirst du ihn schreiben?« womit sie natürlich den Text für ihre Melodie meinte.

Williams sagte ihr, sie solle sich keine Sorgen machen, er wisse schon, was er mit dem Lied machen wolle. »Ich werde es ›Evergreen‹ nennen«, erklärte er ihr, »denn als ich es hörte, da dachte ich an: ›Love ageless and ever, ever, ever green‹.« Er sagte ihr auch, daß er sich auf die restliche Musik konzentrieren wolle. »›Evergreen‹ war das allerletzte Stück, das ich geschrieben habe«, sagt Williams, »und das kotzte sie total an.«

Während der Termin des Drehbeginns immer näher rückte, begann sich der Druck auch auf Paul Williams auszuwirken. »Manchmal habe ich geweint«, erinnert er sich. »Ich fragte mich: ›Mein Gott, wo habe ich mich nur hineinmanövriert? Wir werden das niemals rechtzeitig hinkriegen.‹«

Die Leute waren mit ihren Nerven am Ende. Paul geriet in einen Streit mit Jon Peters, der zu einer Schlägerei ausartete. Angeblich war Williams derjenige, der zuschlug. Heute gibt Williams lediglich zu: »Jon und ich hatten unsere Meinungsverschiedenheiten. Wir hatten ein kleines Gerangel und haben miteinander gekämpft. Auf die Frage nach den Gründen für diesen Vorfall erwidert er: »Es war eine Sache zwischen Jon und mir, die wir klären mußten. Wir verhielten uns beide wie neunjährige Jungens, und jetzt sind wir elf, so daß wir nicht mehr darüber sprechen müssen.«

Er fügt hinzu: »Vor kurzem habe ich Jon seit langem wieder einmal getroffen. Wir haben uns ganz fest umarmt. Das letzte Mal, als ich ihn gesehen hatte, hatten wir uns angebrüllt.«

Nach dieser Auseinandersetzung mit Jon Peters ging Paul Williams nach Hause und hängte die Telefone aus. »Ich brauchte Ruhe, um zu schreiben. Ich glaube, das letzte, was ich zu den anderen sagte, war: ›Ich nehme meine Lieder und gehe nach Hause.‹« Während der folgenden drei Tage schloß sich Paul Williams mit Kenny Ascher in seinem Haus ein und machte sich daran, die Musik für A Star Is Born zu überarbeiten. In der Zwischenzeit gerieten Barbra und Jon in Panik. Sie wußten schließlich nicht, was los war. Sie konnten nicht sicher sein, ob Paul nicht abgesprungen war oder ob er sich nur zu beruhigen versuchte. »Als wir sie wiedersahen«, erinnert sich Williams, »war alles fertig.«

Auf die Frage, wie er Barbras Verhalten während der ganzen Zeit beschreiben würde, meint Williams: »Ich glaube, daß sie von allen

erwartet, so gut zu sein, wie sie selber. Ich habe immer einen Witz darüber erzählt, wie Barbra an einem Baum arbeitete – nur Gott und Barbra Streisand können einen Baum *erschaffen*. Sie hörte nie auf, Barbra zu sein. Barbra mit ihren Ansprüchen, die sie immer vollständig und am besten sofort erfüllt haben wollte.«

Williams erinnert sich aber auch: »Sie gab sich Mühe, damit ich mich wohlfühlte. Sie hat mich wirklich gut behandelt . . . besser eigentlich als ich sie behandelt habe.«

Der Endschnitt

Mit einem Budget von sechs Millionen Dollar, einem Zeitplan von sechzig Tagen, einem Produzenten und einem ausführenden Produzenten, von denen keiner jemals produziert hatte, und mit einem Regisseur, der erst einen Spielfilm vorzuweisen hatte, begann am 2. Februar 1976 die Produktion von *A Star Is Born*. (Der obligatorische Beginn am 2. Januar war um einen Monat verzögert worden.)

Für Barbra war die Produktion dieses Films eine Gelegenheit, die Beziehungen zwischen Mann und Frau im allgemeinen und im besonderen ihre Beziehung zu Jon auszuleuchten. Der Film hatte für ihr Leben als Paar eine ungeheure persönliche Bedeutung gewonnen. Wenn er mißlang, dann würde das nicht nur öffentliche Diffamierungen nach sich ziehen, sondern aller Wahrscheinlichkeit nach auch das Ende ihrer Beziehung bedeuten. Frank Pierson zufolge sagte Barbra: »Wenn der Film den Bach hinuntergeht, dann ist es zwischen Jon und mir gelaufen.« Barbra war überzeugt davon – vielleicht, weil sie immer noch versuchte, und sei es bloß vor sich selber, das Remake zu rechtfertigen –, daß der Film ihr die Gelegenheit gab, etwas über Sexismus zu sagen und etwas zum Feminismus beizutragen. Die Geschichte des untergehenden Rocksängers war für sie zu der Geschichte einer Frau geworden, die einer männlichen Gesellschaft gegenübertritt, einer Frau, die sich ihrer eigenen Stärke bewußt wird. Das Lied »The Woman in the Moon« war dafür besonders bedeutend. »Ich bin für die Befreiung der Frau«, sagte sie zu dieser Zeit. »Wer weiß denn, *wer* eigentlich da oben ist? Warum muß es immer heißen ›der Mann im Mond‹?«

Es gab in dem Film zahlreiche Anspielungen auf solche gutgemeinten, wenn auch überdeutlichen Rollenumkehrungen. Zum Beispiel bestand sie in der Bettszene mit Kristofferson darauf, daß sie als erste ihre Hosen auszog. Sie konnte nicht verstehen, warum im Film immer der Mann als derjenige dargestellt wurde, der sich als erster entkleidete. Während des Drehens der Szene fühlte sich Barbra, während sie ihren Gürtel abnahm, als siegreiche Verführe-

rin, als weiblicher Clint Eastwood. Auch das rührte von ihrer Beziehung zu Jon Peters her. In seinem Bett hatte sie gelernt, in ihrer Sexualität fordernder zu werden.

In einer anderen Szene war es wichtig für Barbra, daß Esther diejenige war, die John Norman einen Heiratsantrag machte, und daß sie in dieser Szene einen Anzug trug. Wieder war die Rollenumkehrung überdeutlich. Noch bezeichnender war, daß Barbra darauf bestand, daß Esther *nicht* vorschlug, ihre Karriere abzubrechen, um John Normans geschwächtem Ego entgegenzukommen, wie es in den vorherigen Versionen der Fall gewesen war. Außerdem weigerte sich Barbra zuzulassen, daß Esther am Ende des Films ihren eigenen Namen aufgab, wie es ebenfalls in den früheren Versionen geschehen war. Statt dessen greift sie in der Schlußszene zu einem perfekten, gesellschaftlich korrekten Symbolismus (fünfzehn Jahre, bevor Hillary Rodham Clinton ins Bewußtsein der Nation eindrang) und gibt sich den Namen Esther Hoffman *Howard*.

Für Barbra lag die größte Herausforderung darin, das ihr fremde Milieu des Rock and Roll kennenzulernen und zu begreifen. In Diskussionen während der Vorproduktionsphase fragte Barbra Kristofferson, ob er bereit sei, sich als Schauspieler das Äußerste abzuverlangen. Er antwortete: »Bist *du* bereit, bis zum Äußersten zu gehen? Wenn du das tust, dann werde ich mir auch das Äußerste abverlangen.«

In der zentralen Konzertszene im *Sun Devil Stadium* in Arizona fragt Barbra das junge, Bier trinkende und kiffende Publikum: »Hey, ihr Saftsäcke! Geht's euch gut?« Sie trug ihre neue, von Jon Peters konzipierte Afro-Frisur (»Als ich groß wurde, wollte ich immer Locken haben. Jetzt habe ich welche.«), von der ihr alle, auch ihre Mutter, sagten, sie mache sie um Jahre jünger. Dann informierte sie die Menge, daß sie in dem Film, den sie gerade drehten, schmutzige Ausdrücke benutzen und Haschisch rauchen würde, womit sie wie auf Kommando jubelnden Beifall bekam.

Einen Tag vor dem Drehen der Konzertszene organisierten Barbra, Kris und Jon in der mörderischen Wüstenhitze, mitten im *Sun Devil Stadium*, das diesen überaus treffenden Namen trug, eine gigantische Pressekonferenz. Auf der 100-Meter-Ziellinie wurde ein

Lunch serviert, und das Trio unterhielt sich mit den verschiedenen Pressevertretern. Es war natürlich keine Sache, die Barbra tun *wollte*, sondern sie tat sie nur, um die Finanzleute der First Artists und der Warner in Hollywood zu beruhigen.

Die eingeladenen Presseleute – ungefähr 150 – verschlangen das kostenlose Essen, tranken die freien Getränke und hörten den dummen Werbesprüchen zu, die ihnen hingeworfen wurden. Manche waren pikiert über das Spiel gegenseitiger Benutzung. Andere akzeptierten ihren Auftrag einfach als einen dreitägigen Urlaub auf Geschäftskosten.

Keiner von ihnen hatte mit der brillanten Vorführung temperamentvollen Stargezänks gerechnet, die sie zu ihrer voyeuristischen Freude geliefert bekommen sollten: Während der Proben gerieten Barbra und Kristofferson auf der Bühne in eine Streiterei. Da sie nicht wußten, daß die Techniker gerade dabei waren, den Ton zu kontrollieren, und deswegen die Mikrophone angestellt waren, hallten ihre vulgären Schimpfwörter über das Tonsystem im ganzen Stadion wieder. Die eingeladenen Schreiberlinge kritzelten wie wild, wobei sie sich den Schweiß von der Stirn wischten, um diesen Wortwechsel zur Veröffentlichung und für die Nachwelt festzuhalten. Ihre Berichte gaben einen Einblick in die wirklichen Beziehungen zwischen den berühmten Persönlichkeiten, die im Kreuzfeuer der Öffentlichkeit standen.

Barbra schrieb Kristofferson vor, wie er eine Zeile zu sprechen habe. In seiner Wut darüber, daß sie, wie er fand, immer wieder die Spielregeln verletzte, bellte Kristofferson: »Wer ist hier der Regisseur?!«, worauf er eine Reihe von Schimpfwörtern auf sie niederhageln ließ.

»Du tust einfach nicht, was ich dir sage«, fuhr Barbra fort, ohne sich entmutigen zu lassen. »Hör mir zu, wenn ich mit dir rede, verdammt noch mal!«

»Verpiß dich!« erwiderte Kristofferson. »Ich werde dir überhaupt nicht mehr zuhören, verdammte Scheiße!«

In diesem Moment schaltete sich Jon Peters in den Streit ein und bot Kristofferson die Stirn: »Du schuldest meiner Alten eine Entschuldigung«, sagte er, und es klang halb wie eine Forderung und halb wie eine Drohung. Dennoch kam es nicht zu Handgreif-

lichkeiten zwischen den beiden Faustkämpfern. Statt dessen versprachen sie sich, ihre Kraftprobe bis zum Produktionsschluß aufzuschieben. Schließlich konnte der Produzent schlecht das Gesicht seines Stars übel zurichten. Und gleichzeitig konnte der Star schlecht den Mann arbeitsunfähig machen, der seine wöchentlichen Gehaltsschecks unterschrieb.

An diesem Tag auf der *Sun Devil*-Bühne behielt Kristofferson das letzte Wort: »Wenn ich irgendeine Scheiße von dir brauche«, informierte er seinen Produzenten, »dann zerquetsch' ich dir den Schädel!«

Es war nicht die erste größere Konfrontation zwischen Streisand und Kristofferson. Während der Proben waren die beiden über die Band aneinandergeraten, die Kristofferson für den Film haben wollte. Kris wollte unbedingt Mitglieder seiner eigenen Band nehmen. Barbra fand sie jedoch nicht rockig genug. Sie wollte einen härteren Klang, der stärker in Richtung Springsteen ging. Außerdem erhob Kristofferson Einwände gegen seine Kostüme. Barbra hatte entschieden, für den Film keinen Kostümbildner zu engagieren, sondern die Kleidungsstücke selber auszusuchen.

»Barbra, du versuchst uns so anzuziehen wie Leute, die entweder schon seit langem tot sind oder gerade in einem Salon in Las Vegas vor sich hinvegetieren«, erklärte er ihr. »Ich bin vielleicht nicht rockig genug, aber mit diesem Look schon gar nicht, da kannst du Gift drauf nehmen!«

Der Streit ging weiter, bis Kristofferson schließlich davonstolzierte, wobei er brüllte: »Ich werde meine Karriere nicht einer Las-Vegas-Sängerin und einem Friseur in die Hände legen!«

Es war eine enorm schwierige Produktion für Kristofferson, und er konnte sie nur halbwegs ertragen, indem er schon zum Frühstück Tequila und Bier in sich hineinschüttete. Abgesehen von den Konflikten mit Barbra und Jon nahm er es auch Frank Pierson übel, Barbras Einmischungen, die Kristofferson als diktatorisch empfand, nicht zu unterbinden.

Auf die Bitte, seine Partnerin zu beschreiben, antwortet Kristofferson: »Ich habe eine Höllenangst vor ihr. Die beste und kürzeste Beschreibung von Barbra ist wohl ›furchterregend‹.« Zur Produktion selber meint er: »Es ist das Schlimmste, was ich erlebt habe,

seit ich in der Rangerausbildung aus Flugzeugen springen mußte.« Er fügt hinzu, daß er gerade ein Lied über diese Erfahrung schreibe, mit dem Titel: »It's Never Gonna Be the Same Again.« Auf die Frage, was niemals wieder wie vorher sein wird, antwortet Kristofferson: »Mein verdammter Kopf!«

Das Team hatte die Dreharbeiten in Arizona auf drei Wochen angesetzt. Trotz dieses relativ kurzen Aufenthalts ließ Barbra die Einrichtung ihrer Suite im *Ramada Inn* in Tempe abtransportieren und statt dessen ihre eigenen Möbel und persönliche Habe aus Beverly Hills herbeischaffen. Auch der neunjährige Jason Gould war Teil dieses Exodus, auch wenn er getrennt reiste. Da er auf der Ranch in Malibu unglücklich war, überredete er seine Mutter, zu ihr nach Arizona kommen zu dürfen. Das Filmemachen faszinierte ihn. Mit sechs Jahren hatte er seinen ersten kleinen Film zu Hause gedreht. Bei einer dieser Unternehmungen zwang er seinen Vater dazu, eine Hauptrolle zu spielen. Elliott wurden für neun Wochen Arbeit 121 Dollar ausbezahlt. Als sie ihren Vertrag unterschrieben, gab Elliott seinem Sohn ein Geschenk: »Ich habe ihm eine Zigarre gegeben«, erzählte der stolze Vater, »und er weiß, wenn wir Zigarren rauchen, dann geht's ums Geschäft.« Als Jason neun war, arbeitete er mit seinem siebenjährigen Freund Christopher Peters, der sozusagen auch sein Stiefbruder war, an Acht-Millimeter-Monsterfilmen.

In der Zwischenzeit wurde die Beziehung zwischen Barbra und Frank Pierson immer gespannter. Er hatte, was Barbra betraf, die inoffiziellen Bedingungen seines Vertrages gebrochen, da er sich nicht strikt an ihre Vorstellung bezüglich des Films hielt. Streisand und Peters beschuldigten Pierson, daß er sich aus einer Stillhaltetaktik heraus mit ihrer Sichtweise einverstanden erkläre, um dann doch davon abzuweichen und einfach *seine* Idee weiterzuverfolgen.

»Hör mal zu«, sagte sie einmal mißtrauisch zu ihm, »wo sind eigentlich die Nahaufnahmen? Es gibt überhaupt keine Nahaufnahmen in diesem Film. Als ich mit Willie Wyler gearbeitet habe, gab es in jeder Szene Nahaufnahmen.«

»Als ich mit Willie Wyler gearbeitet habe . . .«, war ein Refrain, den Streisands Regisseure oft zu hören bekamen.

Der Cutter von *A Star Is Born* war Peter Zinner, der an Francis Ford Coppolas beiden Meisterwerken *The Godfather / Der Pate I* (1972) und *The Godfather Part II / Der Pate II* (1974) mitgearbeitet hatte und 1978 einen Oscar für Michael Ciminos *The Deer Hunter / Die durch die Hölle gehen* gewinnen würde. Zinner, der *A Star Is Born* schon während der Dreharbeiten in seinem Motelzimmer schnitt, erinnert sich: »Frank war wirklich sehr nett. Sehr gelassen. Aber ich weiß, daß Barbra frustriert war. Sie hat mit mir darüber gesprochen. Sie war aufgebracht darüber, daß sie keine wirkliche Kontrolle hatte, und ich vermute, daß sie glaubte, es selber besser machen zu können.«

Barbra und Jon hatten die Sequenz der Wüstenoase in ihrer Ranch in Malibu drehen wollen. Statt dessen wählte Pierson einen Drehort in Tucson aus. Barbra wollte in der Szene mit Schlamm bespritzt werden. Pierson war gegen diese Idee, von der er sagte, sie würde abgeschmackt und wie ein Klischee wirken und gehöre nicht in den Film. Barbra bestand jedoch darauf und setzte sich durch. Aber als es daran ging, die Szene zu drehen, hatte jemand aus dem Team den Schlamm durch Exkremente ausgetauscht, die dann auf Barbras gesamtem Hosenanzug verschmiert wurden. Als sie gegen den Geruch protestierte, erklärte ihr jemand, daß es ein Konservierungsstoff sei, den man dem Schlamm beigemischt habe. Sie wußte, daß es nicht stimmte. Man sollte Barbra zugute halten, daß sie den Vorfall als Witz betrachtete oder dies zumindest versuchte und einfach darüber lachte.

Um den 15. April herum kehrte das Team von *A Star Is Born* nach Los Angeles zurück. Ein paar Tage später, kurz nach Mitternacht auf dem Lankershim Boulevard im Tal von San Fernando, machte Esther Hoffman John Norman Howard einen Heiratsantrag, und ohne daß die verschiedenen, sich bekämpfenden Fraktionen größeren physischen Schaden genommen hätten, wurde die Produktion zur großen Erleichterung aller Beteiligten abgeschlossen. Die First Artists brachte in den Fachzeitschriften Hollywoods eine zweiseitige Werbung heraus, in der man Jon Peters dazu gratulierte, *A Star Is Born* fertiggestellt zu haben, und dies »innerhalb des Dreh- und Budgetplans«! Im *Mandarin*, einem

teuren chinesischen Restaurant in Beverly Hills, wurde zum Drehschluß eine Party gegeben, mit der Barbra gleichzeitig ihren vierunddreißigsten Geburtstag feierte. Vierhundert Gäste waren anwesend.

Für einige aber ging die Arbeit jetzt erst los.

Frank Pierson hatte laut Vertrag sechs Wochen, um als Regisseur seinen Schnitt durchzuführen. Der Endschnitt oblag jedoch Barbra. »Sie und Frank gingen nicht im Guten auseinander«, erinnert sich Peter Zinner. »Ich wußte, daß sie versuchte Frank loszuwerden, um ihre eigene Sache durchzuziehen. Sie konnte es gar nicht erwarten, den Film in die Hände zu bekommen.

Sie ist sehr machtgierig«, fährt Zinner fort. »Sie war auf ihrem Gebiet, der Musik, schon so erfolgreich, daß sie automatisch weiterkommen wollte. Sie sprach davon, daß sie Regie führen wolle. Sie erzählte mir von der *Yentl*-Geschichte. Dieser Film [*A Star Is Born*] hatte in ihr die Lust erweckt, selber Regie zu führen, und sie begann sich zu fragen: ›Warum brauche ich eigentlich einen Regisseur? Ich kann es doch selber machen.‹«

Nachdem Pierson ihr seinen Schnitt vorgeführt hatte, wünschten Jon und die kleine Gruppe von Gästen ihm eine gute Nacht – und auf Wiedersehen. In Nullkommanichts ließ Barbra für 500 000 Dollar in ihrer Ranch ein Schnittstudio einrichten. Sie engagierte ein Team von Cuttern, dessen Leitung Peter Zinner übernahm, der in den folgenden Monaten zwölf bis vierzehn Stunden pro Tag arbeiten würde.

»Ich arbeitete im Billardzimmer«, erinnert sich Zinner. »Ich erinnere mich, daß Barbra eine polnische Köchin hatte, deren Mann als Gärtner arbeitete. Sie kochte für uns. Ich habe dort sehr zugenommen. Ich war schließlich ununterbrochen anwesend.«

Auf die Frage, was Barbra an Piersons Version verändern wollte, sagt Zinner: »Zunächst einmal fand sie, daß ihre Figur längere Zeit auf der Leinwand zu sehen sein sollte. Sie fand, daß in einigen Szenen Kristofferson zu viel Gewicht hatte. Ich würde sagen, daß sie weniger an der eigentlichen Geschichte als an den Figuren größere Veränderungen vornahm. Ihr Charakter wurde immer relevanter.« Zinner ist nachdenklich, was seine Erfahrung angeht, mit der Streisand zu arbeiten. »Ich mochte Barbra sehr. Sie ist ein einzig-

artiges Beispiel für Professionalität. Aber«, fügt er hinzu, »sie ist wirklich schwierig.«

Auf die Frage, wie er das Wort »schwierig« definiere, erklärt Zinner: »Sie ist schwierig, weil sie ihre Meinung ändert. Sie war nie zufrieden. Die Zeit war knapp, und wir mußten den Kram für die Toneffekte und die Musik fertigkriegen. Als wir endlich zum Endschnitt kamen, es war Freitag, ließ ich die Spule durchlaufen, und Barbra sagte: ›Okay, das wär's.‹ Ich fragte sie: ›Bist du sicher, Barbra?‹ Und sie sagte: ›Ich bin sicher.‹ Ich sagte: ›Okay, dann gib mir deine Hand. Keine weiteren Veränderungen.‹ Und wir schüttelten uns die Hand.

Dann kam der Montagmorgen«, sagt Zinner, der siebzehn Jahre später über diese Erfahrung lachen kann, »und sie sagte: ›Weißt du, Peter, da ist noch so eine kleine Sache . . .‹«.

Genauso wie Barbra ihre Wochenenden damit verbracht hatte, sich Schallplatten anzuhören, verbrachte sie nun ihre Wochenenden damit, sich die Schnitte der vergangenen Woche anzusehen. Anscheinend hatte sie gelernt, mit dem KEM-Schneidegerät umzugehen, so daß sie vor- und rückspulen und Standbilder erzeugen konnte. Entgegen umlaufenden Gerüchten tat sie nichts am eigentlichen Schnitt selber. »Mein Gott«, sagt Zinner. »Ich wäre davongelaufen.«

Barbra lud an den Wochenenden Freunde ein, sich das geschnittene Material anzugucken. Zu den Leuten, die regelmäßig kamen und ihr Urteil abgaben, gehörten Alan und Marilyn Bergman, Cis Corman und Sue Mengers. »Ich glaube, daß sie ziemlich von ihren Freunden beeinflußt wurde«, sagt Zinner, »weil sie jedesmal montags ankam und sagte: ›Da ist nur noch eine kleine Sache, die ich gerne machen würde.‹ Ich sagte dann: ›Aber wir hatten das bereits ausdiskutiert.‹ Und sie sagte: ›Na ja, ich weiß, aber . . .‹. Sie sagte, daß sie unbedingt eine Veränderung haben wollte, und so mußte ich es natürlich tun. Unser freitägliches Händeschütteln wurde fast zu einem Scherz.«

Als besonders problematisch erwies sich der Schnitt von Barbras siebeneinhalbminütiger Konzertsequenz, die die Schlußszene des Films bildet. Die Sequenz selber war eine Idee von Paul Wil-

liams und Kenny Ascher. Barbra hatte *ein* Lied gewollt, das auf der Zeile »You and Me Against the World« aufbaute. Aber natürlich wurde wesentlich mehr daraus.

»Als Kenny und ich ›With One More Look at You‹ schrieben, hatten wir schon für Kris ›Watch Closely Now‹ geschrieben«, erklärt Williams, »und wir waren noch nie auf die Idee gekommen, die beiden Lieder zusammenzutun. Aber dann saßen wir da und spielten ›I want one more look at you . . .‹, und plötzlich sahen wir uns an und sangen: ›Are you watching me now . . .‹ Ich sagte: ›Oh, verdammt!‹ Es paßte zusammen. Es war perfekt. Es gab ihr die Gelegenheit *sein* Lied wiederaufzunehmen. Barbra mochte es sehr. Ich erinnere mich, daß es wie ein Volltreffer bei ihr landete. Aber sie sagte nur«, Williams lacht, »›das ist eine gute Idee‹.« Während der Nachproduktion fiel es Barbra schwer zu entscheiden, wie ihre Darstellung geschnitten werden sollte. Frank Pierson hatte sich entschieden, sie sehr stark zu kürzen. Barbra wollte jedoch, daß die gesamte Sequenz intakt blieb, ohne einen einzigen Schnitt. Die Tage vergingen, und sie schwankte hin und her. Schneiden. Nicht schneiden. Schneiden. Doch nicht schneiden . . .

»Es war ihre große Nummer«, erinnert sich Peter Zinner. »Für die verdammte Szene hatten wir sieben oder acht Kameras. Wir haben den Film zweimal vorgeführt, um zu entscheiden, welches Ende wir nehmen sollten. Die Vorführungen fanden am gleichen Tag in Arizona statt. Am Nachmittag sahen wir den Schluß mit den vielen Schnitten und am Abend ihren ungekürzten Schluß. Ich fand das geschnittene Ende überzeugender. Das andere war zu lang. Es schoß übers Ziel hinaus. Siebeneinhalb Minuten sind einfach zu viel für eine einzige Person, ganz egal, wie gut sie ist.

Hinterher haben wir auf das Ergebnis der Umfragen bei den Voraufführungen gewartet«, fährt Zinner fort. »Alle warteten irgendwie ängstlich darauf zu sehen, welcher Schluß besser angekommen war. Als alles vorbei war, sagte Barbra: ›Tja, Peter, ich denke, du hast gewonnen.‹«

Aber nachdem das Ergebnis der Vorführungen ihre Meinung verändert hatte, überlegte Barbra es sich *noch einmal* anders und entschloß sich, doch auf ihre ursprüngliche Wahl der ungeschnittenen Version zurückzukommen: siebeneinhalb Minuten purste,

unverfälschte Barbra Streisand. Bedenkt man die kurze Konzentrationsspanne der meisten jungen Kinogänger, die der Film als Zielgruppe hatte, so war dies eine gewagte Sache. Peter Zinner drückt es so aus: »Sie hat ziemlichen Mut, wissen Sie, und ich bewunderte sie sehr«, sagt Zinner. »Sie ist ziemlich sensibel. Sie ist ein bemerkenswerter, einzigartiger Mensch. Sehr begabt. Sie ist in gewisser Weise neurotisch, aber das sind wir natürlich alle in gewissem Maße.«

Auf die Frage, ob er wieder mit ihr arbeiten würde, gibt Zinner eine klare Antwort: »Auf jeden Fall. Aber ich glaube, daß sie mich wahrscheinlich mit Frank [Pierson] in einen Topf wirft.«

Im Sommer 1976, während Barbra voll mit dem Schreiben ihres Films beschäftigt war, verbrachte Jason mehr Zeit mit seinem Vater. Elliott nahm Jason während der Ferien mit nach Holland und London, was für die beiden hieß, daß sie zum ersten Mal seit Jahren längere Zeit alleine miteinander verbrachten.

Als sie nach Malibu zurückkamen, machte Barbra eine Pause und gab ein Fest anläßlich des »Tages der Arbeit«. Diana Kind kam und brachte Spinatpfannkuchen und einen Biskuitkuchen, den sie für Barbra gebacken hatte. Sie freute sich über die Gelegenheit, Jason zu sehen. Diana war seit Jahren frustriert darüber, daß ihre Bemühungen, mit ihrem Enkel zusammenzusein, immer wieder vereitelt wurden.

»Manchmal lassen mich die Hausangestellten nicht einmal hochgehen«, sagte sie. »›Oh, Sie stören hierbei, Sie stören dabei, es ist Zeit für die Badewanne, jetzt ist Abendbrotzeit‹ und so weiter. Man hätte Lust, sie einfach zu ignorieren. Aber man kann sie ja auch nicht verärgern, wenn sie so hartnäckig darauf bestehen.«

Diana freute sich auch darüber, daß Jason mehr Zeit mit seinem Vater verbrachte. An diesem Abend nahm Elliott Jason mitten während der Party mit zu sich nach Hause, um ein Basketballspiel mit ihm anzusehen. Barbra arbeitete fieberhaft mit Peter Zinner an ihrem Film. Ihre erste Version dauerte dreieinhalb Stunden. Sie schnitt sie schließlich auf eine akzeptable Länge von 140 Minuten herunter. »Sie ist voll dabei, zu schneiden, zu synchronisieren, zu tun und zu machen«, berichtete Jon Peters Anfang November.

»Frank Pierson ist schon seit zwei oder drei Monaten weg, und Barbra arbeitet immer noch sechzehn Stunden pro Tag an diesem Film.«

Bevor sie die Beziehung zu Pierson abbrach, hatte Barbra angeblich von ihm verlangt, mit ihm zusammen als Regisseurin genannt zu werden. Er weigerte sich. Sie mußte sich damit zufriedengeben, als ausführende Produzentin, Star und Mitkomponistin im Vorspann zu erscheinen (was sie, entgegen allen Gerüchten, auch verdiente). Ihr wurde im Vorspann auch zuerkannt, die »musikalischen Konzepte« für den Film geliefert, sowie Kleider aus ihrer eigenen Garderobe zur Verfügung gestellt zu haben.

Zur Vorbereitung der Uraufführung des Films nahm der berühmte Fotograf Francesco Scavullo Werbefotos auf. Während der Aufnahmen zeigte sich Barbra, die sich vielleicht noch immer mit ihrer Rolle als Esther Hoffman Howard identifizierte, dem hemdlosen Kristofferson gegenüber sexuell sehr angriffslustig. Scavullo nahm Kristofferson im Studio beiseite und sagte ihm, er müsse Barbra gegenüber aggressiver werden und ihr »zeigen, wer der Mann« sei. Barbra bemühte sich, ihre geflüsterte Unterhaltung zu verstehen. Als sie zurückkamen, um die Arbeit wiederaufzunehmen, ließ Barbra sie wissen: »Ich habe alles gehört, was ihr gesagt habt – auf daß der bessere *Mann* gewinne!«

Für die Promotion des Films wurden zwei größere Werbeereignisse vorbereitet. Am 16. Dezember sollte Barbra ihre Hand- und Fußabdrücke im Vorhof des berühmten *Mann's Chinese Theater* in Zement verewigen. Zur gleichen Zeit sollte sie ihren Stern auf der *Hollywood-Straße des Ruhms* bekommen. Es wäre das erste Mal in der Geschichte Hollywoods gewesen, daß ein Star gleichzeitig beide Auszeichnungen erhalten hätte. Im letzten Moment sagte Barbra jedoch – aus unerklärlichen Gründen – ihr Erscheinen bei der ersten Veranstaltung ab. Für die zweite sagte sie nicht ab, aber sie fühlte sich sehr unwohl dabei.

Da sie in der »Carson Show« nicht mehr willkommen war, die *das* werbestrategische Ereignis für Spitzenstars war, ließ sich Barbra von Sue Mengers dazu überreden, ein Interview mit Barbara Walters zu machen. Es war die allererste Folge der heute bekannten Interview-Show. Jimmy und Roslyn Carter sollten die anderen

Gäste des Specials sein. Bevor Barbra ihre Teilnahme zusicherte, verlangte – und erhielt sie das Recht, den Endschnitt der Aufzeichnung zu machen. Noch am selben Abend, an dem das Interview auf der Ranch in Malibu aufgenommen worden war, wurde es Barbra zur Genehmigung vorgelegt. Jon Peters, Sue Mengers und Marty Erlichman sahen es sich mit Barbra an und gaben ihr kritisches Urteil ab. Nachdem Barbras Interview am 14. Dezember gesendet worden war, schwor sich Barbara Walters, nie wieder *irgendeinem* Gast die Kontrolle über das Material zu geben. »Ich habe zwei Interviews mit der Streisand gemacht«, sagte Walters später. »Das erste Mal bin ich beinahe verrückt geworden. Beim zweiten Mal kannte ich sie besser und wußte, daß sie bis zum Sendetermin fast jeden Tag anrufen würde, weil sie so eine Perfektionistin ist. Sie wird sich buchstäblich Sorgen darüber machen, ob zum Beispiel die Blumen so aussehen sollten, wie sie sind, oder ob die Knospen nicht besser geöffnet wären.«

Die Warner Brothers mußten den Endschnitt von A *Star Is Born* Barbra regelrecht entlocken. Als der fertige Film an die Kinos im ganzen Land versandt wurde, schrieb Barbra wie eine Mutter, die ihr Kind zum ersten Mal in die weite Welt hinausschickt, einen Begleitbrief an die Kinobesitzer. Wenn sie in jedem Kino und in jeder Stadt die Projektoren selber hätte bedienen können, dann hätte sie es getan. Sie instruierte sie, wie sie mit dem Film umgehen sollten. »Wenn Sie ihre normale Tonstärke einstellen«, schrieb sie, »dann achten Sie bitte darauf, daß Spule 1 und Spule 2 so laut wie möglich spielen.« Sie fügte hinzu: »Die Farbqualität ist am besten bei 14½ Fuß Lichtstärke . . .«

Als Barbra am 18. Dezember 1976 in Westwood, Kalifornien, der Premiere von A *Star Is Born* beiwohnte, lagen ihr Ruf, eine enorme Geldsumme (die Barwood Productions waren einer der wichtigsten Geldgeber) und ihre Beziehung zu Jon Peters in der Waagschale.

Sie hatte fürchterliche Angst und war sich sehr unsicher, ob ihr das, was sie beabsichtigt hatte, gelungen war. Anstatt sich zu Kristofferson auf den roten Teppich zu begeben, der über die kurze Strecke zwischen Kino und der *Dillon's Discothek*, in der die Premierenfeier stattfand, ausgelegt worden war, ließ sich Barbra in

einer Limousine zum Hintereingang des Clubs fahren. Dort angekommen, wurde sie zu ihrer eigenen Privatfeier geleitet, die in einem völlig separaten Stockwerk stattfand.

Tausende von Fans, die sich in der Hoffnung, einen Blick auf ihr Idol erhaschen zu können, vor dem Theater versammelt hatten, gingen enttäuscht nach Hause. Viele der Gäste auf dem Fest, die für die Gelegenheit, einmal mit der Streisand zusammenzukommen, einiges an Geld hingelegt hatten, kochten vor Wut, als man ihnen erklärte, daß *ihre* Party in *ihren* Räumen nicht zugänglich sei. So blieb ihnen nichts anderes übrig, als weiter in ihrem formellen Disco-Outfit herumzulaufen und mit den Händen chinesische Gerichte zu futtern. Auf den Einladungen war weiße Kleidung verlangt worden, damit sich die Aufmerksamkeit auf Barbra konzentrieren konnte, die sich ganz in Schwarz kleiden würde. Natürlich ist es paradox, daß der Star, der alleine gelassen werden wollte, gleichzeitig dieses Bedürfnis hatte aufzufallen. Witzigerweise war einer der Gäste, der die Kleiderordnung ignorierte, William Wyler. »Ich habe keinen weißen Anzug«, sagte Wyler auf die Frage, warum er gegen die Anordnung aufbegehrt habe, »aber meine *Unterwäsche* ist weiß.«

A *Star Is Born* sollte der finanziell erfolgreichste Film in Barbras Karriere werden. Die meisten Kritiken waren jedoch vernichtend. Was besonders bemäkelt wurde, war Barbras fragwürdiger Versuch, als Rocksängerin aufzutreten.

Die einflußreiche Kritikerin Pauline Kael, die in der Vergangenheit eine glühende Anhängerin der Streisand gewesen war, schrieb: »Die Streisand hat sich in zu viele unglaubwürdige Situationen gebracht: Ihr Gesang ist kein Rock, wie es gedacht war, sondern Popmusik à la Showbusineß, deren Broadway-Las-Vegas-Intonationen nur allzu hörbar sind. Man hat niemals ein wirklich gutes Gefühl bei ihr, weil sie sich, selbst, wenn sie singt, nicht ganz auf die Musik einläßt, da sie versucht, unsere Reaktionen zu steuern.«

Mit ihrem profanen Gehabe war es Barbra zwar gelungen, fünfzigtausend Leute im *Sun Devil Stadium* kurzfristig zu täuschen, aber unter dem strengen Blick der Kamera gelang es ihr nicht, ins Rock-

milieu »runterzukommen«, ohne daß dieser Versuch sich in krasse-ster Weise als das entlarvte, was er wirklich war: eine Strategie.

Heute sagt Paul Williams über diese Kritik an dem Versuch, die Streisand in eine Rock 'n' Roll-Sängerin zu verwandeln: »Wir haben keinen Rock and Roll für sie geschrieben. Kristofferson war der Rocker in diesem Film. Ich meine, ›Watch Closely Now‹ ist purer, harter Rock. Ich finde, daß Kenny Ascher und ich es dafür, daß wir zwei Männer mittleren Alters waren, die bis dahin Lieder wie ›You and Me Against the World‹ schrieben, ziemlich gut gemacht haben. Wenn wir dieses Gespräch zehn Jahre früher geführt hätten«, sagt Williams über die Musik, die er damals für Barbra geschrieben hat, »dann wäre ich wahrscheinlich viel defensiver gewesen. Ich hätte wahrscheinlich gesagt: ›Es *war* Rock and Roll!‹ Aber wenn ich jetzt darüber nachdenke, dann ist mir ganz klar, daß es das nicht war. Ich bin kein Rock-and-Roll-Schreiber.«

Trotz der zum Großteil negativen Reaktionen, gewann *A Star Is Born* drei Golden-Globe-Preise: für den besten Film (Musical/Komödie), die beste Schauspielerin (Musical/Komödie) und das beste Lied. Außerdem war Barbra in der Quigley-Poll-Hitliste zum fünften Mal seit 1976 der Star mit dem größten Kassenerfolg. Bei der jährlichen Oscar-Wahl wurde der Film jedoch in den Kategorien, die generell als die »bedeutenden« betrachtet werden, völlig übersehen. Allerdings wurde er in den Kategorien »Kamera«, »Ton« und »Musik« nominiert. Er erhielt auch eine Nominierung für die Kategorie »Bestes Lied« für den Song »Evergreen«.

»Evergreen«, dem nur Bill Contis »Gona Fly Now« aus *Rocky* eine leise Konkurrenz bot, galt als Favorit für den Oscar für das beste Lied. Im Gegensatz zur Preisverleihung einige Jahre zuvor, bei der sie für *So wie wir waren* nominiert worden war, erklärte sich Barbra dieses Mal einverstanden, das nominierte Lied zu singen. Sie wurde von Jane Fonda vorgestellt, die sagte: »Dies ist das erste Mal, daß eine Produzentin darum gebeten wird zu *singen!*«

Nach Barbras Auftritt, bevor die Gewinner angekündigt wurden, erlaubte sich Neil Diamond einen kurzen persönlichen Kommentar: »Bevor ich den Gewinner ankündige – vor ungefähr drei Wochen habe ich mit Barbra gesprochen und ihr gesagt: ›Dein Lied gefällt mir so gut, daß ich deinen Namen auf jeden Fall vorle-

sen werde, ganz egal, wer der Gewinner ist.‹ Aber ich muß meine Worte rückgängig machen, Barbra. Wenn ich also deinen Namen ausrufe, dann hast du tatsächlich gewonnen. Und wenn ich deinen Namen nicht ausrufe, dann hast du wenigstens ein phantastisches Lied geschrieben. Warten wir's also ab.«

Als Neil den Umschlag mit dem Gewinner geöffnet hatte, lächelte er, um dann laut zu verkünden: »Der Gewinner ist . . . ›Evergreen‹!«

»In meinen wildesten Träumen«, sagte Barbra sichtlich bewegt, als sie den Preis empfing, »habe ich nie daran gedacht, daß ich einmal einen Oscar dafür gewinnen werde, ein Lied geschrieben zu haben.«

Paul Williams, der sich durch Neil Diamonds Kommentar herabgesetzt fühlen mußte, begleitete sie auf die Bühne. »Ich erinnere mich, wie ich [zum Podium] ging«, sagt Williams, »und mir innerlich so etwas wie ›Nett, daß man *mir* auch einen gegeben hat‹ sagte, aber ich glaube, daß ich meinen Mund gehalten habe.« Williams sagt allerdings: »Ich wollte mich gerade bei den kleinen Leuten bedanken, als mir einfiel, daß ich ja selber zu den kleinen Leuten gehöre.«

»Ich war alles andere als nüchtern an diesem Abend«, gibt Williams offen zu. »Ich muß an diesem Abend fix und fertig gewesen sein. Und das bestimmt schon vor Ende des Abends. Ich besuchte alle Partys. Und dann ging ich nach Hause und legte mich mit einer Flasche Dom Perignon und wahrscheinlich einer Menge Kokain in den Whirlpool, wo ich einige Stunden verbrachte.«

Wie es ist, einen Oscar zu gewinnen, kommentiert Williams mit den Worten: »Es war so, als würde ein Kindheitstraum in Erfüllung gehen.«

Auf die Frage, ob er und Barbra gemeinsam die Oscar-Verleihung gefeiert hätten, antwortet Williams einfach: »Nein.«

Nach vier Jahren Drogen- und Alkoholentzugstherapie ist Paul Williams heute nachdenklich, was seine Erfahrung mit A *Star Is Born* und besonders seine Beziehung zu Barbra betrifft.

»Wieder zu sich zurückzufinden ist ein Prozeß«, erklärt er, »und kein Ereignis. Aber mir ging ganz plötzlich ein Licht auf,

und ich sagte mir: ›Du mußt das ganze Erlebnis, mit Barbra Streisand gearbeitet zu haben, mit anderen Augen betrachten.‹

Ich begriff, daß im Mittelpunkt [dieser Erfahrung] meine eigene Angst stand, nicht dem entsprechen zu können, was man von mir erwartete. Und ich reagierte wie ein richtiger Trinker. Ich trank *noch* einen und nahm noch mehr Kokain – ich war ja auch kokainsüchtig. Ich bekämpfte meine eigene Angst mit Grandiosität. Und es kommt mir im nachhinein so vor, als ob ich nicht immer fair zu ihr gewesen wäre.«

»Evergreen« war in vier Kategorien nominiert. Barbra gewann den Preis als beste weibliche Schlagersängerin (es war das vierte Mal, daß sie in dieser Kategorie gewann, das letzte Mal war es 1965 gewesen), und sie und Paul Williams wurden dafür ausgezeichnet, das beste Lied des Jahres geschrieben zu haben (zusammen mit Joe Brooks, der den Debby-Boone-Schlager »You Light Up My Life« geschrieben hatte).

Um seine reuige Haltung zu erklären, zitiert Williams einen Satz, den er bei der Grammy-Preisverleihung 1977 gesagt hat. »Als wir den Grammy gewannen«, erinnert sich Williams, »sagte ich: ›Ich möchte Barbra dafür danken, daß sie eine wunderbare Melodie geschrieben hat, und Dr. Jack Wallstader danke ich für das Valium, das mich durch die ganze Sache durchgebracht hat.‹ Damit gab ich zu verstehen, daß ich Valium nehmen mußte, um mit Barbra Streisand fertigzuwerden.«

Nachdem ihm der zeitliche Abstand, eine größere Objektivität und natürlich sein Drogenentzug geholfen haben, mehr Verständnis aufzubringen, sieht Paul Williams seine Erfahrung mit Barbra mit freundlicheren, gnädigeren Augen. »Sie hat nicht gerade mit Lob um sich geworfen«, sagt er. »Bei ihr hieß es nicht: ›Oh, das ist wunderbar, aber da sind ein paar Zeilen, die könnten besser sein.‹ Den Teil ›Oh, das ist wunderbar‹ übersprang sie, aber ich glaube, daß diese Frau das Beste aus mir und Kenny herausgeholt hat. Und ich glaube, daß ich wie viele Leute auf die Gerüchte über die Streisand reagierte, bevor ich sie überhaupt kennenlernte. Ich halte sie nicht für eine Mutter Theresa, dafür ist sie zu hart«, sagt er abschließend, »aber nur so ist sie Barbra Streisand geworden.«

»Evergreen« wurde als Single veröffentlicht, kam am 8. Januar

1977 in die *Billboard*-Pop-Charts und sprang auf den ersten Platz, wo das Lied drei Wochen blieb. Zu diesem Zeitpunkt war es erst Barbras vierte Single, die es bis in die *Billboard*-Top-Thirty schaffte. Es war ihr zweiter Spitzenhit und ihre zweite goldene Single. Inzwischen wurde die Filmmusik zum Knüller. Mit einem Listenpreis von 8,98 Dollar hatte es niemals eine teurere Pop-LP gegeben. Trotzdem kam sie am 25. Dezember 1976, eine Woche, nachdem der Film herausgekommen war, in die Top-Forty, kletterte auf Platz eins hoch und blieb dort *sechs* Wochen lang. Es wurde Barbras bis dahin meistverkaufte Platte.

Ein Star langweilt sich

Erschöpft und ausgebrannt von der langen, ermüdenden Produktion mit all den Streitigkeiten hinter den Kulissen, zog sich Barbra in die entspannte Häuslichkeit ihres Lebens in Malibu zurück. Dank ihrer prallen Bankkonten wurde sie zu einer Art Landbaronin. Anfang Oktober 1974 machte sie sich daran, unter Verwendung verschiedener Namen (Barbra Gould, Barbra Streisand Gould, Barbra Streisand) den Rancho-Topanga-Besitz zu kaufen, der die Ramirez-Canyon-Ranch umgab, die sie mit Jon Peters teilte. Interessanterweise kaufte sie das Grundstück alleine, ohne Peters Beteiligung. Sie bauten zusammen das erste von fünf Häusern, die später auf dem Grundstück stehen würden. Während sie das Haus und seine Inneneinrichtung entwarfen, hatten die beiden so viele Streitereien, daß sie sich entschlossen, anschließend getrennte Häuser zu bauen, »seine« und »ihre«. Mehrere Häuser zu bewohnen hatte den Vorteil, daß sie nach einem Streit nicht nur in getrennten Zimmern, sondern in getrennten Häusern schlafen konnten. Eins war im Art-déco-, eins im viktorianischen und eins im pfirsichfarbenen, zeitgemäßen Stil Kaliforniens gestaltet. Zu jedem Haus gehörte meilenweites freies Land; das kleinste Grundstück umfaßte einen Quadratkilometer. »Noch nie ist etwas in dieser Größenordnung versucht worden«, verkündete Peters.

Der Besitz verfügte über einen Tennisplatz, Pferde (darunter auch eins mit dem Namen Amor, das Jon Barbra geschenkt hatte), Reitwege, Katzen, einen jungen Löwen und einen Swimmingpool. Der Bau des Swimming-pools wurde am 4. Februar 1976 begonnen und am 17. Juni fertiggestellt und kostete 10 634 Dollar. Als Barbra sich weigerte, die Rechnung zu bezahlen, erhob die Atlas Swimming Pool Company ein Zurückbehaltungsrecht auf den Besitz.

Da der überwältigende, kraftspendende und kommerzielle Erfolg von A Star Is Born ihre Beziehung wieder stabilisiert hatte, wurde Jon Peters im Juni 1977 Mitbesitzer des Guts. Ein zweieinhalb Meter hoher, fünf Millionen Dollar teurer Metallzaun, mit

versteckten Fernsehscannern und elektronischen Türen, schützte ihre Festung. Außerdem waren rund um die Uhr ein Leibwächter und eine Reihe von Wachhunden beschäftigt, die von einem Trainer namens Michael Kamer versorgt wurden.

Warnschilder wurden rings um das Gut herum aufgestellt, mit der Aufschrift: »Gefahr. Vorsicht: auf Angriff abgerichtete Wachhunde«. Ein bedrohlicher Dobermann war besonders aggressiv. Als der Fotograf Francesco Scavullo das Gehege besichtigte, wurde er von einem Dobermann gebissen und mußte in aller Eile ins Krankenhaus gebracht werden. Bei ihrer nächsten Fotositzung mit Scavullo war Barbra besonders kooperativ. Der Fotograf hatte den Verdacht, daß Barbra Angst vor einem Prozeß hatte.

Am 16. Januar 1977 kam Muriel Harris auf eine Einladung hin zu einem Treffen auf die Ranch. Plötzlich wurde sie von einem Hund gebissen. Schreie hallten auf der ganzen Rauch wider, als man angestrengt versuchte den Dobermann von der Besucherin zu trennen. In dem darauffolgenden Prozeß, der außergerichtlich beigelegt wurde, lautete Harris' Anklage, daß das Tier »von seinem Wesen und seiner Veranlagung her bösartig« sei und »daß die Beklagten es fahrlässig unterlassen haben, besagten Hund eingesperrt zu halten oder andere Vorkehrungen zu treffen, um den Hund daran zu hindern, die Klägerin anzugreifen«. In ihrer Klage forderte Harris für die Körperverletzung, den schweren Schock, den Schmerz und den durch den Unfall bedingten Einkommensverlust Entschädigung.

Barbra und Jon fuhren fort, Häuser zu bauen und zu kaufen. Am 7. Juni 1978 erwarben sie gemeinsam für einen Preis von 564 000 Dollar ein Strandhaus im Malibu Colony Drive 72. Später im gleichen Jahr, am 14. November, kaufte Barbra für 200 000 Dollar eine Apartmentwohnung auf dem Burton Way in Los Angeles. Sie blieb Eigentümerin, erlaubte aber ihrer Mutter Diana Kind, die bis dahin eine Wohnung in der Nähe gemietet hatte, dort einzuziehen.

Diana Kind, die auf die Siebzig zuging, hatte sich in den letzten Jahren als Schauspielerin versucht. Sie nahm Unterricht in der Fairfax-High-School in West Hollywood. Sie bekam auch einen

Job als Statistin in einem Film der Paramount, für den sie pro Tag fünfundzwanzig Dollar, plus Essen, bekam.

Mit der Erklärung, sie hasse Thriller, lehnte Barbra es ab, in Jons Produktion von Irvin Kershners *Eyes of Laura Mars / Die Augen der Laura Mars* (1978) die Hauptrolle zu spielen. Statt dessen übernahm Faye Dunaway die Rolle der Modefotografin, die von erschreckenden Vorahnungen schauriger Morde heimgesucht wird.

Während der Produktion des Films in New York wurde für die dreihundert Mitarbeiter im Studio 54, das damals *das* Zentrum des New Yorker Nachtlebens war, eine Party veranstaltet. Um Gerüchte zu widerlegen, daß er eine Affäre mit der Dunaway habe, sang Jon auf der Party ein Loblied auf Barbra. »Sie ist die aufregendste Frau der Welt«, sagte er, »und für mich die einzige Frau auf der Welt.« Barbra begrüßte Jons Gäste, darunter die Dunaway, Karen Black und Margaret Trudeau. Der elfjährige Jason Gould war auch da und überredete seine Mutter im Laufe des Abends dazu, mit ihm auf die Tanzfläche zu kommen.

Barbras Ruhepause vom Filmemachen gab ihr mehr Zeit für ihren Sohn. Sie konnte nun Dinge für und mit Jason tun, zu denen sie vorher keine Zeit gehabt hatte. Ihr Sohn, so erfuhr sie, war ein großer Fan eines Films, der zu dieser Zeit Hollywood-Geschichte machte: *Star Wars*. Barbra rief den Lizenzinhaber der Twentieth Century-Fox, Don Post, an, der jede Woche viertausend *Star-Wars*-Masken herstellte, die pro Stück vierzig Dollar kosteten. Sie erzählte Post, daß sie Jason mit einer Darth-Vader-Maske überraschen wollte. Konnte er etwas für sie tun? Post, der verwundert darüber war, daß Barbra Streisand persönlich so einen Anruf tätigte, kam ihrer Bitte sofort nach.

Obwohl sie die Rolle in *Eyes of Laura* abgelehnt hatte, erklärte sich Barbra einverstanden, »Prisoner« zu singen, die Liebesmelodie aus *Laura Mars*. Das Lied sollte jedoch den Erfolg von »Evergreen« nicht wiederholen und es nicht einmal bis in die *Billboard*-Top-Twenty schaffen. Nichtsdestotrotz wurde es in den Mittelpunkt der Marketingkampagne für den Film gestellt, was vermutlich Faye Dunaways Zorn erregte.

In dieser Zeit bot sich Barbra freiwillig an, eine weitere Filmme-

lodie zu singen. Sie kontaktierte den Regisseur Richard Brooks und sagte ihm, sie würde gerne »Love Comes from Unexpected Places« im Vorspann von *Looking for Mr. Goodbar* singen, seiner Filmadaption des Romans von Judith Rossner. Brooks lehnte jedoch ab. Später überlegte er es sich anders, kontaktierte Barbra und fragte sie, ob sie das Lied statt dessen im Abspann singen würde. Und Barbra weigerte sich.

Unterdessen zog Barbra eine Menge anderer Projekte in Erwägung. Eines davon war die langerwartete Fortsetzung von *So wie wir waren*. Sydney Pollack hatte die Geschichte noch nicht aufgeschrieben, sie aber bereits im Kopf vollständig ausgearbeitet: Katies und Hubbells Tochter Rachel ist groß geworden und geht nach Berkeley. Die Geschichte spielt in den sechziger Jahren, und Rachel vertritt zu Katies großem Stolz politisch radikale Ansichten. Zu Katies Bestürzung hat sie jedoch auch schwere Drogenprobleme. So gesteht sich Katie ausnahmsweise einmal ein, daß sie mit ihrer Tochter alleine nicht fertig wird und ruft Hubbell an, um seine Hilfe zu erbitten. Er stellt sich ein und in der gemeinsamen Sorge um ihre Tochter finden die beiden schließlich wieder zueinander.

Aus verschiedenen Gründen, zu denen auch der Drehplan und die Zustimmung zum Drehbuch zählten (von den astronomischen Gagen, die Streisand und Redford verlangten, einmal ganz zu schweigen), wurde der geplante Film jedoch immer wieder aufgeschoben. In den folgenden Jahren würde Barbra Pollack jedes Mal, wenn sie ihn zufällig traf, fragen: »Na, wann machen wir denn diese Fortsetzung – wenn ich fünfundsechzig bin?«

Später begannen Pollack, Redford und Barbra nicht mehr über eine Fortsetzung, sondern über eine »Wiedervereinigung« zu sprechen, die den Titel *After Love* tragen sollte. Aber auch dies wurde schließlich aus ähnlichen Gründen aufgegeben.

Nach seiner einzigartigen Broadway-Sensation mit *Chorus Line* sah man in Michael Bennett »den nächsten großen Renner« in Hollywood. Er wurde von den Studios umworben und zu einer Reihe von Treffen an die Westküste geflogen. Bei all den Möglichkeiten, die er hatte, wollte er einen Film mit dem Titel *Roadshow* realisieren, der von einer Tourneeproduktion der Broadway-Show

Two for the Seesaw handelte. Für die Hauptrollen stellte sich Bennett Robert Redford und Bette Middler vor.

Middler, die am Broadway und mit ihren Schallplatten für Aufsehen gesorgt hatte, hatte noch nie als Hauptdarstellerin in einem Film mitgespielt. In manchen Kreisen wurde sie jedoch bereits als »die nächste Streisand« gefeiert, besonders nachdem klar geworden war, daß Liza Minnelli die Erwartungen, die man nach ihren spektakulären und frühen Erfolgen auf der Leinwand in sie setzte, doch nicht erfüllen würde.

Der Vergleich zwischen Streisand und Middler lag nahe. Beider Karriere hatte in der Schwulenszene von New York ihren Anfang genommen. Beide waren trotz ihres unkonventionellen Äußeren erfolgreich geworden. Streisand war eher eine Sängerin, die auch lustig sein konnte; Middler war eher eine Komikerin, die auch singen konnte. Beide hatten ihre Karriere mit einer herausfordernd jüdischen und provokativen Haltung begonnen. Und diejenigen, die in Streisands Auftritten die Schärfe vermißten, wandten sich in den siebziger Jahren in Scharen Bette Middler zu.

Ein Manager der Universal sagte zu Michael Bennett: »Sie ist zu häßlich.« Universal wollte, daß Bennett den Film mit Barbra machte. Bennett war dagegen und auch der Drehbuchautor Jerome Kass, der darauf bestand, daß Barbra zu alt für die Rolle sei, obwohl sie mit sechsunddreißig nur zwei Jahre älter war als die Middler. Er fügte hinzu: »Man macht keinen Film mit Barbra Streisand: *Sie* macht einen Film mit Barbra Streisand!«

Dennoch ließ die Universal nicht locker. Bennett weigerte sich mit dem Argument, er wolle keinen Film mit Barbra Streisand machen. Als die Universal ihr letztes Wort sprach, daß sie einen Film mit der noch unerprobten Middler *nicht* finanzieren werde, ging Michael Bennett, und das Projekt wurde nie realisiert.

Auch ein anderes Projekt, bei dem Barbra die Regie führen wollte, zerschlug sich. Sie wollte Sean Connery als Hauptdarsteller. Aus persönlichen Gründen sträubte sich Connery dagegen, wie Robert Redford vor ihm, Barbra alleine zu treffen. Sie löste das Problem, indem sie Connery zusammen mit seinem Freund und Filmpartner Michael Caine zum Abendessen in ihr Haus einlud. Caine realisierte erst, als er ankam, daß er nur eingeladen worden

war, um Connerys Anwesenheit sicherzustellen. Später sagte er: »[Barbra] wußte, daß Sean kommen würde, wenn ich kam, daß er aber niemals alleine gekommen wäre.«

Beim Essen machte Barbra Sean Connery ihren Vorschlag: Kam es für ihn in Frage, in einem Film die Hauptrolle zu spielen, in dem sie die Regie führen würde? Ohne mit der Wimper zu zucken, antwortete Connery: »Lieber Gott, *nein*. Warum sollte ich? Ich habe mehr Filme gemacht als Sie.«

Dann drehte Connery den Spieß um und fragte eindringlich: »Würden *Sie* unter *meiner* Regie spielen?«

Barbra erwiderte niedergeschlagen: »Nein.«

Connery behielt das letzte Wort: »Warum stellen Sie mir dann um Himmels willen diese Frage?«

An einem Sonntagnachmittag im Jahre 1978 ging Gary Guthrie, ein Diskjockey des Senders WAKY-AM in Louisville, Kentucky, voller Ideen ins Studio. Guthrie, der gerade in einer gütlichen Scheidung mit seiner Frau lag, wollte ihr ein Abschiedsgeschenk machen, das seine Gefühle ausdrücken sollte. Neil Diamond hatte ein Lied mit dem Titel »You Don't Bring Me Flowers« aufgenommen, das er zusammen mit Alan und Marilyn Bergman für ein letztlich gescheitertes Fernsehprojekt geschrieben hatte. Als Barbra das Lied hörte, nahm sie ihre eigene Version auf, die sie in ihre Platte *Songbird* einbrachte. Guthrie mochte zwar beide Versionen, aber er spürte, daß in beiden etwas fehlte.

An diesem Tag im Studio hatte er plötzlich die Idee, die beiden getrennten Aufnahmen zusammenzufügen. Plötzlich schien das Lied ein Ganzes zu bilden. Es war nicht nur Ausdruck *seiner* gescheiterten Ehe, sondern ein Klagelied aller Männer und Frauen. Weil es etwas ganz Neues war, sendete die Station das elektronische Duett am folgenden Morgen.

Das Lied wurde beinahe sofort in das turnusmäßig wechselnde Programm des Senders aufgenommen. Guthrie sagt dazu: »Ganz plötzlich drehten die Telefone durch.« Die Anrufe kamen nicht nur von Zuhörern, sondern auch von Plattenläden der ganzen Stadt. Allein in den Geschäften in und um Louisville gab es fünfundzwanzigtausend Anfragen nach dieser Single.

Am 17. Oktober 1978 wurden Barbra Streisand und Neil Diamond, ausgelöst durch Gary Guthries improvisierte Produktion des Liedes, dazu überredet, in einem Aufnahmestudio in Hollywood zusammenzukommen. Beide waren bei der Columbia unter Vertrag und hatten zusammen die Erasmus-Hall-Schule besucht. Beide hatten im Schulchor gesungen, kannten sich jedoch nicht.

Jon Peters war bei der Aufnahme dabei, und auch Alan und Marilyn Bergman, die auf Barbras Wunsch gekommen waren. Im Verlauf der Aufzeichnung nahmen sie hier und da kleine Veränderungen am Liedtext vor. Es brauchte sieben Aufnahmen, bis alle Beteiligten zufrieden waren. Dann wurden die Teile der Aufnahmen, die Barbra und Diamond sich als die besten heraussuchten, zusammengeschnitten.

Am 4. November erreichte das Lied die *Billboard*-Top-Forty und sprang auf den ersten Platz. Diamond ärgerte sich angeblich darüber, daß Barbra das Duett sofort an ihre Platte *Greatest Hits, Volume II* dranhängte, die ebenfalls ganz oben in den Hitlisten stehen würde, während er es für seine letzte Studioplatte mit dem neuen Titel *You Don't Bring Me Flowers* benutzte. Schließlich hatte er an dem Lied mitgeschrieben und fand natürlich, daß *seine* Platte als erste die Chance haben sollte, die Gewinne aus diesem Erfolg abzuschöpfen.

Seit der Mitte der siebziger Jahre wurde das Drehbuch für *Knockout*, eine Boxerkomödie, in Hollywood herumgereicht. Die Geschichte drehte sich um Hillary Kramer, eine Geschäftsfrau in Beverly Hills, die von ihrem Buchhalter um ihr Vermögen betrogen worden ist. Als einziger Vermögenswert ist ihr ein Vertrag mit einem ausgelaugten Preiskämpfer namens Eddie »Kid Natural« Scanlon geblieben. Entschlossen, sein Comeback zu verwirklichen und als sein Manager aufzutreten, zwingt sie »The Kid« wieder in den Ring.

Anfang 1978 wurde das Drehbuch unter dem neuen Titel *WAS, Du willst nicht?* als ein Projekt für Diana Ross entwickelt, deren Filmkarriere sich seit ihrem beeindruckenden Debüt in *Lady Sings the Blues* im Jahre 1972 dahingeschleppt hatte. Die männliche Hauptrolle des Films sollte James Caan spielen. Als Caan ausstieg,

wurde das Drehbuch an Sue Mengers geschickt, damit sie es für ihren Klienten Ryan O'Neal prüfte.

Über Mengers las Jon Peters, ein Boxfan, das Drehbuch, und es gefiel ihm. Er wollte es produzieren, mit Barbra in der Hauptrolle. Obwohl sie sich das Drehbuch ansah und für mittelmäßig befand, ließ Peters nicht locker, und Barbra willigte schließlich ein. Diana Ross war »out«, jetzt war Barbra »in«.

Barbras Entscheidung, den Film zu machen, war merkwürdig. Wie er zu ihrem wachsenden Bewußtsein als Frau, Feministin und Künstlerin paßte, die ernst genommen werden wollte, schien unerklärlich, außer man betrachtet die ganz oberflächliche Ebene des Stoffes: Es war die Geschichte einer Frau, die einen Mann buchstäblich *besaß*.

Barbras wirkliche Gründe waren selbstverständlich weniger edel. Genauso wie sie *Funny Lady* gemacht hatte, um ihren Vertrag mit Ray Stark zu erfüllen, erklärte sie sich zu *WAS, Du willst nicht?* bereit, um ihren Vertrag mit First Artists zu erfüllen. Außerdem lockte sie nach A *Star Is Born* wahrscheinlich der Gedanke, eine einfache, frivole, unstrapaziöse Komödie zu machen (sofern überhaupt ein Projekt unstrapaziös für Barbra sein kann). Und nach A *Star Is Born* hatte sie ohne Zweifel enormes Vertrauen in Jon Peters' kommerziellen Instinkt. *WAS, Du willst nicht?* schien mit Sicherheit eine Unmenge Geld zu versprechen.

Mit einem Budget von sieben Millionen Dollar begannen am Montag, dem 2. Oktober 1978 die Dreharbeiten zu dem Film. Howard Zieff (*Hearts of the West, House Calls*) war der Regisseur. Zieff war, wie zuvor Frank Pierson, größtenteils deswegen ausgesucht worden, weil er nachgiebig und willens war, sein eigenes Ego hintanzustellen und Barbras Vorstellungen von dem Film zu erfüllen. Für sie war dies wieder eine ganz passable Lösung: Genauso wie in A *Star Is Born* konnte sie als Regisseur fungieren, ohne vollständig die Verantwortung für diese Position zu übernehmen. Selbst Barbra würde später zugeben, daß Zieffs Funktion, wie auch Piersons, darin bestanden habe, als ihr »Mittelsmann« zu agieren.

Die Dreharbeiten begannen, ohne daß eine endgültige Version des Drehbuchs vorlag. Die Drehbuchautoren Gail Parent und An-

drew Smith schrieben mit Beteiligung von Barbra, Ryan O'Neal und Zieff immer wieder ganze Szenen neu oder änderten andere um, unmittelbar bevor diese vor den Kameras gespielt wurden.

O'Neal war angeblich nur unter der Bedingung, daß Barbra seine Partnerin sein würde, damit einverstanden, den Film zu machen. Da er sich mit seiner Karriere in Schwierigkeiten befand, brauchte er einen Knüller. Er wußte, daß seine frühere Freundin an den Kinokassen erfolgreich sein würde. Außerdem hatte er früher selber geboxt und war begeistert von der Idee, sein Können auf der Leinwand vorzuführen.

Die Boxszenen wurden in der Main-Street-Turnhalle in Santa Monica und auf der Bühne 7 der Hollywood-General-Studios gedreht. Einmal während der Proben lieferte sich Ryan drei Runden Boxkampf mit Jon Peters. Obwohl Gerüchte das Gegenteil behaupteten, war es bloßer Spaß. *Glove Story* wurde der ironische zweite Titel des Films.

Angesichts des ungeheuren Erfolges von Sylvester Stallones *Rocky* produzierte Hollywood, wie immer darauf aus, sich auf einen Trend zu stürzen und ihn bis zum letzten auszuschlachten, ein ganzes Aufgebot an Boxfilmen – darunter *The Champ / Der Champ* (den Ryan an Jon Voight verlor), *Rocky II und WAS, Du willst nicht?* Der beste von diesen Filmen, *Raging Bull / Wie ein wilder Stier* von Martin Scorsese, befand sich noch in der Entwicklungsphase und kam 1980 heraus.

Barbra arbeitete am Drehbuch, am Set (sie ließ die Art-déco-Türen aus ihrem Haus ins Studio transportieren) und an ihrem Körper, wobei sie sich von ihrer Privattrainerin Gilda Marx unterweisen ließ. In *WAS, Du willst nicht?* brachte Barbra schon zwei Jahre, bevor Jane Fonda mit ihren Trainingsaufnahmen eine Goldmine entdeckte, Aerobic ins nationale Bewußtsein. Unglücklicherweise war die Art, in der diese Szenen gezeigt wurden, eindeutig anstößig und in sich sexistisch. Howard Zieffs Kamera scheint wie magnetisch von Barbras Hinterteil angezogen zu sein. Aber man kann nicht ihm allein die Schuld geben. Schließlich machte Barbra den Endschnitt des Films und hätte die unnötigen Nahaufnahmen ihrer verschiedenen Körperteile leicht herausnehmen können.

Am 15. Dezember kehrte das Team nach achttägigen Außenaufnahmen am Cedar Lake in der Nähe von Big Bear, Kalifornien, nach Los Angeles zurück, und die Produktion war beendet.

Wie zu erwarten, war der Film, der am 22. Juni 1979 in New York Premiere hatte, ein Kassenerfolg, der über 40 Millionen Dollar einspielte. Aber auch er wurde von den Kritikern angegriffen, unter denen sich viele überzeugte Streisand-Anhänger befanden. Vielen kam es so vor, als sei sie von ihrem Weg abgekommen. Entweder war dies der Grund, oder sie langweilte sich einfach nur.

Bette Middler dagegen gelang einige Monate später in Mark Rydells vielgelobter Filmbiographie *The Rose*, in der sie einen Rockstar à la Janis Joplin spielte, ein erstaunliches Filmdebüt. (Die Middler hatte ihr offizielles Filmdebüt 1966 in einer kleineren Rolle in *Hawaii*.) Ihre Rose besaß das Temperament, die Leidenschaft, das Pathos und den Mut, die Barbras Esther Hoffman Howard fehlten. Die Middler wurde besonders wegen ihrer gefühlvollen Darstellung für einen Oscar für die beste Hauptrolle nominiert und zeichnete sich als eine ernsthafte Bedrohung des Streisand-Throns ab.

Der in Brooklyn geborene Paul Jabara schrieb zusammen mit Bob Esty den Titelsong »The Main Event/Fight« für *WAS, Du willst nicht?*, der am 7. Juli 1979 in die *Billboard*-Charts kam und den dritten Platz erreichte. Jabara hatte 1978 für den Film *Thank God It's Friday* die oscargekrönte Disco-Hymne »Last Dance« geschrieben. Das Lied wurde von Donna Summer gesungen, die zuvor mit Jabara und Diane Keaton in dem erfolgreichen Broadway-Musical *Hair* aufgetreten war. Paul Jabara träumte davon, die Streisand und die Summer in einem Aufnahmestudio zusammenzubringen. Aber es gelang ihm nicht.

Barbra, angeblich kein besonderer Disco-Fan, war Donna Summers Musik fremd. Mit einer ganzen Reihe von Superhits – »MacArthur Park«, »Hot Stuff« und »Bad Girls« – war Donna Summer die bestverkaufte Schallplattensängerin dieser Zeit.

Jabara hatte auch »Enough Is Enough« für Barbras Platte *Wet* geschrieben. Der LP sollte das Konzept zugrunde liegen, daß alle Lieder etwas mit Wasser zu tun hatten. Barbra lehnte »Enough Is Enough« ab, weil das Lied nicht »naß« genug sei. Aber als ent-

schlossener und zäher Streisand-Fan gab Jabara dem Song eine neue Anfangszeile: »Es regnet, es gießt in Strömen . . .«

Hinterhältig fragte Jabara seine Freundin Donna, die gerade von einer Tournee zurückgekommen war, ob sie ihn zum Mittagessen zu Barbra begleiten wolle. Sie wolle gerne mitkommen, wenn Barbra damit einverstanden sei. Jabara griff zum Telefon. Der zwölfjährige Jason ging an den Apparat. »Ich sagte ihm, daß er seine Mutter wegen des Mittagessens fragen solle«, erinnerte sich Jabara. Jason schrie: »Donna Summer! Donna Summer!« »Es stellte sich heraus, daß Jason der größte Donna-Fan der Welt war.«

Jabara und Donna Summer fuhren zur Ranch in Malibu. Sie bekamen kein Mittagessen, aber Jabara spielte Barbra sein überarbeitetes Lied vor. Jason verstand sich gut mit dem Liedschreiber, scharwenzelte um die Disco-Queen herum, war begeistert von dem Lied und drängte seine Mutter, den Titel zu machen. Barbra war zwar unsicher über das Stück, aber sie ließ sich von der Begeisterung ihres Sohnes mitreißen und erklärte sich einverstanden.

»Enough Is Enough« wurde im August 1979 in einem Studio in Los Angeles aufgenommen. Auch wenn sich eine kleine Palette an obligatorischem Gezänk und üblichen Eifersüchteleien nicht vermeiden ließ, lieferten sich die beiden »Divas« im Duett alles andere als ein Duell. Seite an Seite brachten sie sich ganz im Gegenteil beiderseitigen Respekt entgegen. Stundenlang sangen die beiden Frauen mit- und füreinander. Einmal hatte Donna Schwierigkeiten damit, einen Ton so lange zu halten wie Barbra. Völlig außer Atem verlor sie das Gleichgewicht und fiel von ihrem Stuhl.

Um besser in Barbras Nässe-Konzept zu passen, erhielt das Lied den neuen Titel »No More Tears / Enough Is Enough«, und es war ein Riesenerfolg, bei dem sich beide Sängerinnen künstlerisch behaupten konnten. Am 27. Oktober kam es in die Top-Forty und erreichte sofort Platz eins. Barbras *wirkliche* Belohnung war jedoch, daß Jason, der niemals irgendeine ihrer Platten zu mögen schien, das Lied ununterbrochen in seinem Zimmer laufen ließ.

Am 14. Dezember 1979 wurde Paul Zimmerman, fünfunddreißig, von einem Auto überfahren, als er in Santa Monica an der Ecke Ocean Avenue / Colorado Avenue stand. Anscheinend war das

Auto mit dem Bus zusammengestoßen, außer Kontrolle geraten und hatte dann Zimmerman niedergemäht. Die Fahrerin des Wagens war Ruth Lozoya, eine von Barbras und Jons Angestellten auf der Ranch.

Zimmerman wurde ins Santa-Monica-Krankenhaus eingeliefert, wo er neun Monate lang im Koma lag, bis er starb. Da Ruth Lozoya keine Autoversicherung besaß und da sie den Wagen geschäftlich benutzt hatte (kurz vor dem Unfall hatte Lozoya mit Barbras Kreditkarte getankt), wandte sich Zimmermans Familie an Barbra und Jon und forderte Hilfe bei der Bezahlung der Krankenhauskosten. Barbra weigerte sich mit der Behauptung, keinerlei Verantwortung für den Unfall zu tragen.

Daraufhin wandte sich Zimmermans Familie an die Stadt Santa Monica, die den Bus besaß, der an dem Unfall beteiligt gewesen war. Die Stadt erklärte ihnen jedoch, sie mögen sich mit Barbra und Jon besprechen, die sich weiterhin von jeder Schuld freisprachen.

Da sie keine anderen Mittel hatten, klagten die Zimmermans auf Schadenersatz, um die steigenden Krankenhauskosten tragen zu können. Der Fall wurde 1985, lange nach Paul Zimmermans Tod, beigelegt. In einem außergerichtlichen Vergleich mußten die Stadt Santa Monica 50000 Dollar, Barbra 30000 Dollar und Jon Peters 7500 Dollar zahlen.

Es war nicht das erste Mal, daß Streisands Angestellte ihr rechtliche Probleme bereiteten. Yvonne Paulin fuhr Barbras Rambler, Baujahr 1973, als sie mit William MacNeil zusammenstieß, der nach dem Unfall eine bleibende Behinderung zurückbehielt. MacNeil strengte daraufhin einen Prozeß gegen Barbra an, der ebenfalls außergerichtlich beigelegt wurde.

Am 27. Februar 1980 trat Barbra gemeinsam mit Neil Diamond bei der im Fernsehen übertragenen Grammy-Preisverleihung auf, die im *Shrine Auditorium* in Los Angeles stattfand. Barbra hatte Diamond telefonische Instruktionen über ihr Verhalten während der Show gegeben, bis hin zum Kuß, den er zum Abschluß des Auftritts auf ihre Hand drücken sollte.

Obwohl der Song von der Preisverleihung, die in diesem Jahr von den Doobie Brothers bestimmt wurde, ausgeschlossen war, bil-

dete Barbras und Neils Live-Darbietung von »You Don't Bring Me Flowers« den Höhepunkt der Show. Sie stellte nicht nur die Doobie Brothers, sondern auch einen der seltenen Fernsehauftritte von Bob Dylan in den Schatten. Man sprach sogar davon, daß Barbra und Diamond in einer Filmversion des Liedes auftreten würden. Verschiedene Drehbücher wurden entwickelt, aber keines stellte Barbra zufrieden. Diamond startete dann seine Filmkarriere mit *The Jazz Singer*, der bei seinem Erscheinen im Jahre 1981 von den Kritikern zunichte gemacht wurde.

In den Jahren nach ihrem 1969 groß angekündigten Start im Showbusineß schien es mit Roslyn Kinds Karriere nicht weit her zu sein. Trotz ihrer Bemühungen, einen eigenen Stil zu finden, schnitt sie, als der Reiz des Neuen einmal verflogen war, ihren Kritikern zufolge immer noch wie eine anders verpackte Imitation ihrer berühmten Schwester ab.

Als ihr Plattenvertrag aufgelöst war und sie keine weiteren Engagements finden konnte, nahm Roslyn einen Job in einer Bäckerei in Westwood an, die ironischerweise »Schmetterling« hieß. Sie gehörte Liz Brooks, der Frau von Roslyns Manager Ted. Die Brooks waren Roslyns Ersatzeltern geworden, und Roslyn war zu Diana Kinds großem Kummer bei ihnen eingezogen.

In der Bäckerei versuchte Roslyn es zu vermeiden, mit den Kunden Kontakt zu haben. Liz Brooks erinnert sich. »Sie wollte nie hinter dem Ladentisch arbeiten, weil sie fand, daß es unter ihrer Würde war.« Leute, die herausfanden, was Roslyn tat, um ihren Lebensunterhalt zu verdienen, hatten in der Regel zwei Reaktionen parat. Die einen machten sie lächerlich: »Ihre Kuchen gehen auf, aber ihre Karriere nicht« oder gaben andere Kommentare ähnlicher Art zum Besten. Die anderen fragten sie mit unverhohlener Ungläubigkeit: »Warum hat Ihre Schwester nichts für Ihre Karriere getan?«

Als Barbra 1969 erfahren hatte, daß Ted Brooks Roslyns Karriere managen wollte, entließ sie ihn aus seiner Position in ihrer Plattenvertriebsfirma. Vielleicht fürchtete sie einen Interessenkonflikt, vielleicht aber auch eine Konkurrentin.

In jedem Fall hat Barbra im Laufe der Jahre jämmerlich wenig

getan, um ihrer Schwester zu helfen, was sie vor sich selbst vielleicht damit rechtfertigte, daß *sie* es alleine geschafft hatte, warum dann nicht auch Roslyn? Sie organisierte ein Engagement für Roslyn in einem Nachtclub in Las Vegas. Nach dem Engagement trug Roslyn in einem seltenen Moment der Offenheit ihre Enttäuschung und Gekränktheit an die Öffentlichkeit. »Es war das schlimmste Lokal, das man sich vorstellen kann«, sagte sie. »Niemand, aber wirklich niemand wußte, daß es überhaupt existierte.« Über die weniger als wohlwollende Unterstützung ihrer Schwester, was ihre Karriere anging, gestand Roslyn: »Wenn Barbra wenigstens etwas Nettes über mich sagen würde, wenn man sie fragt. Ich habe sie als Mensch und als Künstlerin immer angebetet, aber jetzt habe ich das Gefühl, daß sie meinen Erfolgschancen schadet.«

»Barbra hat Roslyn Kind *nie* geholfen«, stellt Richard Gordon, ein Freund der Familie und Kollege von Roslyn, fest. »Sie hat niemals einen Finger gerührt. Tatsache ist, daß Barbra Streisand eine der mächtigsten Frauen in Hollywood ist. Sie bräuchte nur ein oder zwei Telefonate mit einem Fernsehsender, einer Plattenfirma oder einem Studio zu führen. Warum kann sie ihrer Schwester nicht einmal eine kleine Rolle in einem ihrer Filme geben! Roslyn war Statistin in *WAS, Du willst nicht?* Sie taucht am Anfang des Films in der Aerobic-Klasse auf. Sie war auch Statistin in *A Star Is Born*. Sie sitzt in der Szene der Grammy-Preisverleihung mit Barbra am Tisch. Aber sie hatte keinerlei Text und mußte überhaupt nicht agieren.«

Den Gedanken, daß Roslyn Barbras Hilfe vielleicht nicht *wollte*, weist Gordon als lächerlich zurück. »Dieses ganze ›Ich will es alleine schaffen und um meiner selbst willen bekannt werden‹ ist doch totaler Quatsch. Sie machen mir Spaß! Roslyn wäre *begeistert* gewesen, wenn Barbra ihr geholfen hätte.

Ich organisierte für Roslyn ein Engagement im New Yorker Nachtclub *Grand Finale*, einem beliebten schwulen In-Club in Upper West Side«, fährt Gordon fort. »Das war 1977–78. Chita Rivera, Bernadette Peters, Jane Oliver, Julie Budd und all diese Leute spielten dort. Barbra kam nicht zum Eröffnungsabend, weil sie, wie sie sagte, die Aufmerksamkeit nicht von Roslyn ablenken wollte.

Sie kam schließlich, nachdem das Engagement schon vier oder fünf Tage lief. Barbras PR-Beauftragter erklärte mir, daß ich den

Presseleuten nichts von Barbras Kommen sagen dürfe, sonst würde sie sich nicht blicken lassen. Tja, da stand ich nun als junger Pressesprecher, frisch vom College, und bekam vorgeschrieben, daß ich ihren Auftritt nicht bekanntmachen durfte. Dennoch mußte ich, als mich Earl Wilson, ein Kolumnist der *New York Post*, anrief und sagte: ›Ich habe gehört, daß Barbra Streisand heute abend dasein wird‹, lügen.

Barbra ließ sich an diesem Abend blicken, aber sie tat es nicht gerade auf diskrete Weise. Sie kam nicht im Taxi an, sondern in einer Limousine, hatte sich in ein kastanienbraunes Kostüm mit Turban gehüllt und sah ganz wie der Star des Abends aus. Jason war bei ihr, und Jon Peters kam später. Das Engagement war ein Erfolg, und ich bekam Roslyn in alle Fernsehshows. Ich glaube wirklich«, sagt Gordon mit einer Spur von Wehmut, »daß diese Zeit der Höhepunkt von Roslyns Karriere war.«

Kurz darauf löste Roslyn ihre persönliche und berufliche Beziehung zu Ted und Liz Brooks. »Sie hatte das Gefühl, daß mein Mann in ihr persönliches Leben eingreifen wollte«, sagt Liz. »Und mein Mann hatte das Gefühl, daß sie mehr wie ihre Schwester hätte sein sollen. Barbra hatte ihre Karriere weiterverfolgt, und sie tat nichts dergleichen. Roslyn hatte nicht Barbras Elan. Teddy sagte ihr das immer, und Roslyn wollte davon eigentlich nichts hören.«

Liz zufolge hatte der Bruch auch etwas mit Barbra zu tun. »Roslyn bekam Kontakt zu Freunden, die ihr sagten, daß sie selbständig sein sollte. Sie sagten ihr, daß Barbra ihr mehr helfen würde, wenn sie auf eigenen Füßen stehen würde.« Liz fügt hinzu: »[Aber] ich glaube nicht, daß sie das je getan hat.«

Auf die Frage, warum Barbra ihrer Schwester im Laufe der Jahre nicht hilfreicher entgegengekommen ist, antwortet Richard Gordon: »Ich bin sicher, daß Barbra sich darüber ärgerte, daß Roslyn sich gar nicht in Schwulen-Clubs abstrampeln mußte. Sie fing gleich mit der »Sullivan Show« an! Sie begann im Persischen Saal im *Plaza Hotel*, einem sehr eleganten, schicken Nachtclub. *Stars* traten dort auf. Niemand fing dort seine Karriere an.

Und vergessen Sie nicht«, fügt Gordon hinzu, »daß Barbra Roslyns Vater haßte.«

Mit dem enormen Erfolg der Filmmusik von *Saturday Night Fever* und *sechs* Erfolgsplatten hintereinander – eine Leistung, an die selbst Elvis Presley oder die Beatles nicht herankamen – waren Barry Gibb und die Bee Gees die umwerfendste Band der Plattenindustrie. In Fortsetzung ihrer Arbeit mit Neil Diamond und Donna Summer suchte sich Barbra geschickt die Brüder Gibb für die nächste Zusammenarbeit aus.

Die Verhandlungen darüber schleppten sich über zwei Jahre hin. Daran beteiligt waren Charles Koppelman von der Entertainment Company, eine Anzahl von Managern der Columbia Records und Robert Stigwood, Manager der Bee Gees. Letzten Endes wurde entschieden, daß Barry Gibb eine Platte für Barbra schreiben, produzieren und die kompletten Veröffentlichungsrechte für die Lieder erhalten würde (Barbra hatte eine Einschränkung gefordert, aber nicht durchsetzen können) sowie das volle Produzentenhonorar (das er mit seinen Partnern Karl Richardson und Albhy Galuten teilte) und für seine Duette mit Barbra die Hälfte der Tantiemen.

Als der Vertrag abgeschlossen war, erklärte Gibb dreist, er würde Barbra jetzt »kommerzieller machen«.

Am Anfang gab es einen Machtkampf um das Material. Barbra mochte die Lieder, wollte jedoch Veränderungen an einigen Liedtexten. Sie möchte generell, daß ihre Texte genau das meinen, was sie auch sagen. Gibb dagegen hat eine Tendenz, weniger wörtliche, abstraktere Texte zu schreiben. Es gab Kompromisse auf beiden Seiten, aber angesichts Gibbs ungeheuren Rufs war Barbra diejenige, die meistens nachgab.

Gibb hatte alle Lieder der Platte ausdrücklich für Barbra geschrieben oder mitgeschrieben, mit Ausnahme von »The Love Inside«. Die Musik wurde in den Criteria Recording Studios und in Gibbs eigenen Middle Ear Studios in Miami aufgenommen, ohne daß Barbra überhaupt dabeigewesen wäre. Es war das erste und einzige Mal in ihrer Karriere, daß sie einem Kollegen eine solche Macht übertrug.

Guilty wurde die meistverkaufte Platte in Barbras Kreisen, die selbst die Filmmusik von *A Star Is Born* übertraf. Nachdem das Album am 11. Oktober 1980 die *Billboard*-Top-Forty erreicht hatte,

kletterte es auf Platz eins und hielt sich dort drei Wochen. Auch auf dem internationalen Markt ein Knüller, entstanden daraus die Hitsingles »Woman in Love« (Barbras erstes und einziges Solo auf Platz eins, das nicht mit einem Film in Verbindung stand) und die beiden Duette mit Gibb, »Guilty« und »What Kind of Fool«.

Bei der Grammy-Preisverleihung, die am 25. Februar 1981 in der *Radio City Music Hall* stattfand, war Barbra in fünf Kategorien nominiert, darunter für die Platte des Jahres, für das Lied des Jahres (»Woman in Love«) und für die weibliche Popsängerin des Jahres. Doch räumte in diesem Jahr Christopher Cross mit »Sailing« die Auszeichnungen ab, und Bette Middler wurde für »The Rose«, das Titellied ihres Erfolgsfilms, zur besten Popsängerin des Jahres gekürt. Barbra und Barry gewannen einen Preis, nämlich den für das beste Poplied einer Gruppe oder eines Duos mit der Single »Guilty«.

Bei der Feier im kleinen Kreise, die die Columbia Records nach der Preisverleihung im Restaurant *Four Seasons* veranstaltete, fragte man sich, ob Barbra sich angesichts all der verlorenen Grammys überhaupt zeigen würde. Ein Journalist formulierte es eher schnodderig: »War Barbra in heller Aufregung? Würde sie sich zeigen? Und wenn ja, würde sie allen das Leben schwermachen?« Zur Überraschung vieler, und zur Enttäuschung einiger, erschien Barbra an diesem Abend. Sie mischte sich unter die Leute, lächelte ohne Unterlaß und blieb sogar bis 1 Uhr 40. Inzwischen bereitete in Hollywood Gene Hackman nach einer zweijährigen Pause im Anschluß an *Superman* seine Rückkehr zum Film vor. Er lehnte den Film *Ordinary People / Eine ganz normale Familie*, bei dem Robert Redford die Regie führen sollte, ab und entschloß sich statt dessen, sein Comeback mit einer unkonventionellen Komödie mit dem Titel *Night People* zu starten, die das amerikanische Regiedebüt von Jean-Claude Tramont sein sollte.

Die Dreharbeiten begannen am 14. April 1980 bei der Universal. Gleich zu Beginn änderten die Verantwortlichen des Studios den Titel in *Jede Nacht zählt*.

Am 13. Mai kündigte die Universal an, daß Barbra die achtundzwanzigjährige Lisa Eichhorn in *Jede Nacht zählt* ablösen würde. Diese unvorbereitete Ankündigung erschütterte Hollywood. Man

fragte sich zunächst einmal, was Eichhorn getan hatte, wenn sie überhaupt etwas getan hatte, um unter so erbärmlichen Bedingungen entlassen zu werden. Und *warum* war Barbra Streisand damit einverstanden, eine Nebenrolle in einem »kleinen« Film zu spielen? Und nicht einmal einen schillernden Part, sondern die Rolle einer Hausfrau aus San Fernando Valley, die sich in einen Drugstoreleiter verliebt.

Obwohl bereits vier Wochen des zehnwöchigen Drehplans des Films abgelaufen waren, hatte Eichhorn eigentlich nur eine Woche wirklicher Arbeit hineingesteckt, als die Ankündigung erfolgte. Am 19. Mai wurde der Film für zwei Wochen unterbrochen, um »Barbras Ankunft vorzubereiten«. Das bedeutete im Klartext, daß das Drehbuch zu Gene Hackmans Bestürzung umgeschrieben wurde, um Barbras Forderungen entgegenzukommen. Hackman befürchtete verständlicherweise, daß Barbra versuchen würde, ihm seinen Film zu stehlen. »Es ist in erster Linie *mein* Film«, sagte er. »Sie hat fünf oder sechs gute Szenen, und damit hat sich die Sache.«

Der Streit um Eichhorns Entlassung setzte sich fort. Hatte Barbra die Rolle erzwungen? Tramont sagte dazu nur, daß »der Part zu viel für Lisa« gewesen sei. Jemand am Set beschrieb die Eichhorn als jemanden, der »am Set sehr schwierig [war] und Einwände gegen Dinge wie Kamerawinkel hatte, als ob sie – verzeihen Sie mir das Wortspiel – ein Star wie die Streisand sei«.

Eichhorn verteidigte sich, oder versuchte es zumindest, indem sie in einer offensichtlichen Anspielung auf Barbra sagte: »Man weiß doch, wie es in diesem Geschäft zugeht. Wenn man eigene Meinungen vertritt und keine Millionen verdient, dann gilt man als schwierig. Wenn man aber Millionen verdient, dann ist man willensstark.«

Nach ihren vielversprechenden Leistungen in *Yanks* und *Cutter's Way* wußte Lisa Eichhorn zu diesem Zeitpunkt noch nicht, daß ihre Entlassung bei *Jede Nacht zählt* ihr für ihre weitere Filmkarriere ernsthafte Schwierigkeiten bereiten würde.

Die Eichhorn und die Streisand begegneten sich kurz darauf in einem Café in Beverly Hills. »Sie wollte gerade rausgehen« erinnert sich Eichhorn, »so daß ich das Gefühl hatte, nicht zu auf-

dringlich zu sein. Ich sagte: ›Entschuldigen Sie, ich wollte Ihnen nur sagen, wie sehr ich Ihre Arbeit schon immer bewundert habe.‹ Sie wollte nichts davon wissen. Sie sah zu mir hoch, als wolle sie sagen ›Bitte, geh weg‹ und nickte mir ziemlich unhöflich ein ›Danke‹ zu. Also drehte ich mich um und ging. Sie wußte natürlich nicht, wer ich war, obwohl das keinen großen Unterschied gemacht hätte.«

Eichhorn fügt hinzu: »Ich nehme an, es ist lästig, wenn Leute so auf einen zukommen, aber es ist doch nicht schwer, liebenswürdig zu sein. Ich glaube, ich habe das nur getan, weil ich sie in *Funny Girl* gesehen habe, als ich zur Schule ging, und mich das dazu gebracht hat, Schauspielerin zu werden.«

Trotz gegensätzlicher Behauptungen läßt sich die Frage, wie Barbra zu dem Projekt kam, einfach beantworten. *Jede Nacht zählt* konnte Jean-Claude Tramont den Durchbruch bringen, doch war es für ihn ein riskantes Spiel. Sollte der Film ein Kassenerfolg werden, würde dies viel für seine Zukunft in Hollywood bedeuten. Zufälligerweise war Tramonts Frau, Sue Mengers, seit langem Barbras Agentin. Als Mengers von den Problemen hörte, die ihr Mann am Set mit der Eichhorn hatte, griff sie zum Telefon und rief ihre wichtigste Klientin an.

Doch obwohl Streisands Name auf allen Anzeigetafeln zu lesen war, wurde *Jede Nacht zählt* von den meisten Kritikern verrissen und brachte einen kommerziellen Mißerfolg. Mit seinem Budget von 14 Millionen Dollar spielte der Film im Inland nur 4 Millionen Dollar ein. Vielen der Beteiligten schadete ihre Mitarbeit an dem Projekt. Gene Hackman hatte den Film *Ordinary People* verpaßt, der einen Oscar für den besten Film gewinnen würde; Lisa Eichhorns Karriere begann ins Stocken zu geraten; Jean-Claude Tramont verlor seine Zukunft in Hollywood – der Film sollte sein erster und letzter Spielfilm in englischer Sprache sein; und Sue Mengers verlor Barbra als Klientin. Die beiden Frauen hatten während der Produktion einen Streit. Als der Film in New York seine Premiere hatte, sprachen sie nicht mehr miteinander und taten alles, um sich aus dem Weg zu gehen.

Der einzige Mensch, der *nicht* angeschlagen aus der Erfahrung mit *Jede Nacht zählt* herausging, war Barbra Streisand. Denn es war

nicht nur ihre Loyalität oder Freundschaft zu Mengers gewesen, die sie zu der Entscheidung gebracht hatte, den Film zu machen, sondern – schlicht und ergreifend: *Geld*. Lisa Eichhorn sollte 250000 Dollar bekommen, die ihr dann auch trotz ihrer Entlassung ausbezahlt wurden. Im Gegensatz dazu erhielt Barbra für bloße fünfundzwanzig Drehtage die astronomische Summe von 4 Millionen Dollar, plus einen fünfzehnprozentigen Anteil an allen Gewinnen, die es natürlich nicht geben würde. Barbra beschwerte sich nicht. Und das Geld floß.

»Nach dem Tod ihres Vaters . . .«

»Ich möchte etwas sein und etwas tun. Es ist mir egal, was. Schauspielern und Singen ist nicht genug. Man kann es nicht greifen, es ist so flüchtig. Ich möchte etwas produzieren, das ich anfassen kann. Ich habe eine Nähmaschine von Singer gekauft; ich möchte damit etwas machen können.«

– Barbra Streisand, 1963, einundzwanzig Jahre alt –

Barbra Streisand war nicht die erste Frau in Hollywood, die bei einem Film Regie führte. Lois Weber hatte *Hypocrites* (1915), *Where Are My Children?* (1916) und *The Blot* (1921) gemacht und war nur eine von mehreren Filmemacherinnen während der Stummfilmzeit. Im Laufe der Jahrzehnte machten Frauen, wenn auch nicht viele, sich hinter der Kamera bemerkbar. Dorothy Arzner machte in den Dreißigern *Merrily We Go to Hell* / *Joan und Jerry*, *Christopher Strong* / *Ihr großes Erlebnis*, *Nana* und *Craig's Wife*. Neben anderen Frauen schrieb und führte Ida Lupino in den fünfziger Jahren die Regie bei den Filmen *Outrage*, *The Bigamist* / *Der Mann mit zwei Frauen* und *The Hitch-Hiker*. Stephanie Rothman machte in den sechziger und siebziger Jahren eine Reihe von experimentellen Filmen, darunter *Student Nurses* (1970) und *Terminal Island* / *Männer wie Tiger* (1973, ein Film, in dem der junge, noch unbekannte Tom Selleck mitspielte). Joan Micklin Silver schrieb und führte in den Siebzigern Regie bei *Hester Street* und *Head over Heels* / *Hals über Kopf*. Claudia Weill machte *Girlfriends* (1978) und Lee Grant *Tell Me a Riddle* / *Liebe – ein Leben lang* (1980).

Aber keine dieser Pionierfrauen hat wohl mehr Hindernisse überwunden und mehr für die Frauen getan als Barbra Streisand mit *Yentl*.

Seit sie zum ersten Mal die Geschichte »Yentl, der jüdische Junge« von Isaac Bashevis Singer gelesen hatte, wußte Barbra, daß sie daraus einen Film erarbeiten wollte. Außerdem gab es für sie keinen zwingenderen Satz als den, der mit den Worten »Nach dem

Tod meines Vaters« begann. In einer Odyssee, die sich über sechzehn Jahre hinziehen sollte, wurde Barbra mit enormen Herausforderungen konfrontiert. Eine davon war die unkonventionelle Geschichte selbst. »Yentl, der jüdische Junge« spielt im Polen des 19. Jahrhunderts und erzählt die Geschichte der Tochter eines Rabbis, deren Bedürfnis, etwas zu lernen, so groß ist, daß sie sich den Gesetzen des Talmuds widersetzt, ihr Haar abschneidet, ihren Busen plattdrückt, ihr Geschlecht und ihren Namen in Anshel umwandelt und die jüdische Universität besucht. Weitere Komplikationen ergeben sich, als sie sich in Avigdor, einen ihrer männlichen Kommilitonen verliebt. Auf Avigdors Drängen hin und um ihre Männlichkeit zu beweisen, heiratet sie Hadass, eine andere Frau, mit der sie auch schlafen muß.

Der erste Regisseur, der sich diesem Projekt angeschlossen hatte, war der aus der Tschechoslowakei stammende Ivan Passer. Er trat schließlich zurück, weil er fand, daß Barbra zu berühmt und zu alt sei, um die Rolle zu spielen. In Singers Geschichte soll Yentl ungefähr sechzehn sein. Als man ihr die Geschichte 1968 vorstellte, war Barbra sechsundzwanzig.

Während ihres ersten Wochenendes, das sie 1973 zusammen verbrachten, las Barbra Jon Peters die Geschichte vor. Sie erzählte ihm, daß es ihr Traum sei, aus der Geschichte später einmal einen Film zu machen. Peters war begeistert, weniger von der Geschichte als von Barbras leidenschaftlicher Entschlossenheit. Er war außerdem von der Größe ihrer Träume beeindruckt.

Aber wie Ivan Passer war Peters der Überzeugung, daß Barbra zu alt für diese Rolle sei. Er drückte auch seine Sorge aus, daß Barbra zu weiblich sei, um überzeugend einen männlichen Studenten zu spielen. Mit der Zeit stimmte sie ihm zu. 1976 gab die vierunddreißigjährige Barbra zu, daß sie zu alt sei, um Yentl zu spielen. Da sie das Projekt aber nicht aufgeben wollte, änderte sie ihre Idee und entschloß sich, bei dem Film statt dessen Regie zu führen.

Es war zwei Uhr dreißig in der Frühe. Jon Peters wachte neben einem grimmig aussehenden Mann auf, der einen Hut trug und eine Pfeife rauchte. Im Glauben, daß es sich um einen Eindringling handelte, sprang Peters, der noch gar nicht richtig aus den Augen blicken konnte, aus dem Bett. Erst dann stellte er fest, daß

der bedrohliche Einbrecher seine geliebte Barbra war. Sie war an diesem Tag bei der Western Costume in Hollywood gewesen und hatte sich das jüdische Gewand eines Studenten ausgeliehen. Peters war sprachlos, und Barbra begann von diesem Moment an wieder die Idee mit sich herumzutragen, selbst Yentl zu spielen. Sie blieb ebenso hartnäckig bei ihrem Vorhaben, bei dem Film selbst Regie zu führen. Hollywood verspottete sie hinter ihrem Rücken. »Laßt sie die Regie führen«, war man sich bei den Studioleitungen einig. »Es ist ihr Tod.« Einige waren erfreut bei dem Gedanken, daß Barbra Streisand schließlich »das bekommt, was sie verdient«. Andere glaubten, daß das Projekt selbst nicht gut sei und daß es niemals aus der Entwicklungsphase herauskommen würde.

Im März 1978 unterzeichnete Jon Peters einen dreijährigen Produktionsvertrag mit Orion Pictures. Die Vereinbarung schloß ein geheimgehaltenes Projekt ein, bei dem Barbra Streisand die Regie führen sollte. Erst ein Jahr später trat Barbra offiziell in den Vertrag mit dem Studio ein, mit der Absicht, bei *Yentl* die Regie zu führen und die Hauptrolle zu spielen.

Sie beschrieb ihren nächsten Film als ein »realistisches Märchen« und einen »Film mit Musik«. Sie wollte es nicht »Musical« nennen, weil sie befürchtete, daß der Begriff die Ernsthaftigkeit der Geschichte abschwächen könnte. Die Lieder in dem Film, mit Musik von Michel Legrand und Texten von Alan und Marilyn Bergman, sollten auch nicht auf konventionelle Weise vorgetragen werden. Ted Allan erinnert sich: »Das einzige, was ich zu der Sache beitrug, war die Idee, daß Yentl ihre Gedanken singen sollte. Wenn das jemand bestreitet, wunderbar. Aber es war meine Idee.«

Barbras Recherche zu *Yentl* war sorgfältig, erschöpfend und beanspruchte sie voll. Sie sprach mit Dutzenden von Rabbis, orthodoxen Juden, Konservativen und Fortschrittlichen und bat um ihren Rat. Die Art ihrer Kontaktaufnahme war entwaffnend und direkt. Chaim Potok, dem Autor des Romans *The Chosen* gegenüber platzte sie heraus: »Ich möchte, daß Sie mir helfen. Ich meine, ich möchte wissen, was Sie als Autor und als Rabbi alles wissen.« Meistenteils bot sie keine Gegenleistung für Informationen an. Bei Potok willigte sie ein, ein Interview zu geben. Einer Frau namens Adele Grubart bot sie offenbar gar nichts an. Diese

behauptete später, daß sie Barbra eine Fülle von Informationen über jüdische Kultur, Musik und Geschichte zur Verfügung gestellt habe. Grubart klagte vor Gericht und forderte eine Vergütung in Höhe von 77 500 Dollar.

Einige Auserwählte wurden auf extravagante Weise entschädigt. Viele ihrer Recherchen betrieb sie in Zusammenarbeit mit dem Hillel Center an der Universität von Los Angeles, dem sie Gelder für ein jüdisches Veranstaltungszentrum zur Verfügung stellte, und mit Rabbi Daniel Lapin sowie dem Pazific Jewish Center, das von dem Autor Michael Medved in Venice, Kalifornien, mitbegründet worden war. Im Frühjahr 1981, nachdem Barbra dem Pacific Jewish Center eine große Menge Geld gestiftet hatte, wurde dessen Grundschule auf Barbras Bitte in Emanuel Streisand School umbenannt. Barbra sagte zu dieser Zeit: »Dies ist eine Schule von hohen moralischen und ethischen Werten, und wir sind stolz, daß der Name meines Vaters, seine Gedanken und sein Leben nun ein Teil von ihr sind.«

Während Barbra *Yentl* entwickelte, mußte sie sich unweigerlich mit ihren Gefühlen zu ihrem Vater, seinem Leben, seiner Arbeit, seinen Werten und seiner Religion auseinandersetzen. Während sie sich über den Judaismus informierte, passierte etwas Unerwartetes: ihr eigenes geistiges Erwachen. Sie wurde nicht zu einer »wiedergeborenen« Jüdin, wie viele glaubten und was auch belacht wurde, aber während ihrer Vorbereitung auf den Film vertiefte sie sich eine Zeitlang intensiv in die Lektüre jüdischer Brauchtümer, Gesetze und Prinzipien, besonders insofern sie Frauen betrafen.

Zufälligerweise trafen Barbras Recherchen für *Yentl* mit dem dreizehnten Geburtstag von Jason zusammen. Es ist anzunehmen, daß, wenn *Yentl* nicht gewesen wäre, Jason keine *Bar Mizwa** gehabt hätte. Sicherlich wurde während seiner Erziehung nicht auf die Einhaltung von Traditionen geachtet. Eher war wohl sogar das Gegenteil der Fall gewesen. Jetzt war Barbra jedoch der Ansicht, daß einige Unterrichtsstunden im Judentum für Jason notwendig wären.

---

* Feier zur religiösen Mündigkeit eines männlichen Juden, entspricht der christlichen Konfirmation

Rabbi Lapin erinnert sich: »Barbra traf sich mit mir zusammen mit Jasons Vater, Elliott Gould, und sagte, daß sie eine Bar Mizwa für ihren Sohn wolle.« Rabbi Lapin war beeindruckt von dem, was er für Barbras Aufrichtigkeit hielt. »Sie hätte eine für einen Hollywood-Star angemessene Zeremonie abhalten können, was genau das war, was man von ihr erwartete. Sie konnte aber auch einen anderen, überraschenderen Weg wählen, der darin bestand, die Sache sehr ernst zu nehmen, was sie dann auch tat. Ich erklärte ihr, wenn die Bar Mizwa für ihren Sohn eine tiefere Bedeutung haben sollte, dann müßte er sehen, daß sie auch ihr etwas bedeutete. Und ich riet ihr, wenn es ihr wirklich ernst wäre, dann sollte sie mit ihrem Sohn ein Jahr lang den Judaismus studieren. Sie tat es, womit sie kein geringes Opfer brachte. Sie lernte viele, viele Monate lang mit ihm. Wir trafen uns einmal die Woche. Wir behandelten einige der klassischen Texte und viele philosophische Fragen, die nach und nach aufkamen. Sie war ziemlich gut.«

Rabbi Lapin leitete die Zeremonie von Jason Goulds Bar Mizwa, die am 5. Januar 1980 in der bescheidenen Synagoge des Pacific Jewish Center in Venice stattfand. Mit Jason standen, wie es der Brauch war, Elliott Gould und dessen Vater auf der *Bima*, und Barbra beobachtete das Ganze voller Stolz aus der ersten Reihe.

Die darauffolgende Party fand auf dem Gelände der Malibu Ranch statt, auf dem man drei riesige Art-déco-Zelte errichtet hatte. Das Essen zeigte Hollywoods Schizophrenie. Ein Tisch war strikt koscher, der andere voll mit chinesischen Köstlichkeiten. Für Unterhaltung sorgte Diana Kind, die das Ereignis nutzte, um ihr Debüt als Sängerin zu geben.

Auch als die Arbeiten an *Yentl* vorangingen, traf sich Barbra weiter mit Rabbi Lapin, der zum offiziellen Berater des Filmes wurde. »Mit Barbra zu arbeiten war eine wunderbare Erfahrung«, erinnert er sich. »Wenn ich sie mit den anderen Hollywood-Persönlichkeiten verglich, die ich während meiner Arbeit in Venice getroffen hatte, dann fand ich, daß sie etwas viel Aristokratischeres hatte, wenn sie wissen, was ich damit meine.« Zum Vorwurf, den man Barbra machte, daß ihre geistige Beschäftigung nur ein oberflächlicher, kaum verkleideter Versuch sei, umsonst Recher-

chen für ihren Film betreiben zu können, meint Rabbi Lapin: »Sie hatte zu dieser Zeit ein ehrliches Interesse am Judaismus. Ich glaube, daß *Yentl* eine Konsequenz daraus war und nicht die Ursache.«

Wie es das Schicksal so wollte, brachte die United Artists am gleichen Tag (dem 19. Oktober 1980), an dem Barbra der Orion Pictures ihr Budget von angeblich 17 Millionen Dollar vorlegte, in New York den finanziell katastrophalen Film *Heaven's Gate* von Michael Cimino heraus. Die Einbußen des Films waren so verheerend, daß die gesamte Filmindustrie ins Wanken kam. Bei Orion, wo *Yentl* sich in der Entwicklungsphase befand, wurden die Ansprüche reduziert: keine Ego-Trips mehr für Stars und große Regisseure. Da Orion nicht bereit war, mehr als 10 Millionen Dollar für *Yentl* auszugeben, entschied man sich zwar, die Kosten, die während der Entwicklung bereits entstanden waren, zu übernehmen, von dem Projekt distanzierte man sich letztendlich aber.

Selbstverständlich ging man davon aus, daß das Projekt nun von der Polygram übernommen werden würde, mit der Jon Peters ebenfalls einen Produktionsvertrag hatte, und es gab auch ein paar Versuche in diese Richtung. Doch zu dieser Zeit hatten Jon und Barbra bereits beträchtliche Probleme in ihrem Privatleben.

Unter anderem hatte Jon eine zwiespältige Haltung zu dem, was er als Barbras obsessives, geistiges Streben bezeichnete, und zu ihrer unerschütterlichen Entschlossenheit, ihren Film *Yentl* unter allen Umständen zu realisieren. Sicherlich hatte Jon das Gefühl, daß er vernachlässigt wurde und war außerdem nicht besonders glücklich darüber, daß Barbra so viel Zeit mit Elliott verbrachte, um Jasons Bar Mizwa vorzubereiten. Darüber hinaus hatte er beträchtliche Zweifel an der Kommerzialität von *Yentl*.

Wie sie Peters unverblümt mitteilte, wollte sie keine Filme wie *WAS, du willst nicht?* mehr machen, den sie inzwischen haßte. In Zukunft würden ihre Filme wichtig sein, sie würden etwas über das menschliche Dasein, über individuelle Entwicklungen und über die Beziehungen zwischen den Menschen aussagen. Filme wie *Yentl*. Während eines besonders heftigen Streits sagte Peters zu Barbra, daß *Yentl* ohne seine Hilfe niemals zustande kommen würde.

Diese Worte warfen Barbra in die Realität zurück. In Wahrheit war sie tatsächlich viel zu abhängig von Jon Peters geworden. Peters hatte sie in ihrem »Ich werd's euch zeigen«-Impetus unterstützt, den sie brauchte, um mit dem Projekt und in ihrem Leben voranzukommen. Der Bruch mit Jon kam allmählich, aber als Barbra mit den Dreharbeiten zu *Yentl* begann, war ihre Beziehung, wenn auch nicht ihre Freundschaft, beendet. Unterdessen mußte sie jedoch erst einmal ein anderes Studio finden. Sofern sie Motivation brauchte, um mit *Yentl* weiterzumachen, bekam sie diese, als ihr Bruder Sheldon sie zu einer spirituellen Sitzung mitnahm. Während sie an dem Tisch saßen, buchstabierte das Medium den Namen ihres Vaters. Das Medium fragte den Geist dann, ob er eine Nachricht für Barbra habe. Folgende Worte wurden buchstabiert: »e-n-t-s-c-h-u-l-d-i-g-u-n-g«, »s-i-n-g« und »s-t-o-l-z«.

Barbra interpretierte die Nachricht als eine Entschuldigung ihres Vaters, daß er sie als Kind verlassen hatte, als Zeichen dafür, daß er sie ermutigte, Yentl zu machen, und als Ausdruck seines Stolzes auf ihre vielen verschiedenen Fähigkeiten.

Voller Elan und neuer Entschlußkraft stellte Barbra ein Probeband zusammen, auf dem mehrere Lieder des Filmes sowie Super-8-Material über ihre Recherchen und ihre Suche nach einem Drehort in Osteuropa festgehalten waren. Um die Studiochefs von ihrer Glaubwürdigkeit als männlichem jüdischen Studenten zu überzeugen, schnitt sie außerdem Aufnahmen in das Probeband, in denen sie im Kostüm als Yentl zu sehen war. Um die Bedenken zu zerstreuen, daß sie zu alt war, um eine Sechzehnjährige oder einen Sechzehnjährigen zu spielen, nahm sie das Drehbuch und einen Stift zur Hand, strich die »1« aus und ersetzte sie durch eine »2«. So wurde Yentl sechsundzwanzig statt sechzehn.

Doch trotz ihrer ausgefeilten Bemühungen wurde sie mit ihrem Projekt von allen Studios der Stadt abgelehnt. Barbra erklärte: »Ich denke, es gibt bestimmte Leute in diesem Geschäft, die eine gewisse Genugtuung empfinden, wenn sie sagen: ›Stellt euch vor, wen ich heute abgelehnt habe: Barbra Streisand.‹« Barbra war überzeugt, daß Sexismus ein Grund war, warum sie solche Schwierigkeiten hatte, das Projekt unterzubringen.

Vielleicht aber hatte das eigentliche Problem nicht mit Barbra

und ihrem Geschlecht, sondern mit dem Stoff selbst zu tun. Wie Barbra berichtete: »Zunächst einmal [mögen sie] den Titel *Yentl* nicht! Sie sagen, ›Yentl, was ist das denn?‹ Sie denken, es ist *Yenta*, etwas aus *Fiddler on the Roof / Anatevka*.«

Auch der Studiochef bei Orion, der als erster das Projekt für gut befunden hatte, sagte Barbra, daß sie den Titel ändern müßte. Sie argumentierte: »Das ist das gleiche wie mit ›Barbra Streisand‹, wo jeder sagte: ›Du änderst besser deinen Namen. Ändere ihn in Strand, Sands oder in etwas, an das sich die Leute erinnern.‹«

Trotz einer verletzenden Ablehnung nach der anderen, versuchte sie weiter, *Yentl* zu verkaufen. Zu dieser Zeit zog Barbra auch andere Projekte in Betracht. Eines hieß *The Triangle Fire*, das auf einem Roman von Leon Stein basierte. Naomi Foner hatte das Drehbuch geschrieben.

Ein anderes mögliches Projekt war *White Hotel*, das auf dem gleichnamigen Roman von D. M. Thomas basierte. In dem Film sollte Barbra eine kokainabhängige Patientin von Sigmund Freud spielen.

Eine Rolle, die Barbra unbedingt wollte, war die der Sophie Zawistowska in der Filmadaptation des Romans *Sophie's Choice / Sophies Entscheidung* von William Styron. Eine große Anzahl von Schauspielerinnen und Schauspielern wetteiferte um die Hauptrollen. Styron wollte Ursula Andress für die Rolle der Sophie, der Regisseur Alan J. Pakula wollte Liv Ullmann; Marthe Keller war eine andere Topbewerberin. Um die Rolle von Nathan bewarben sich Dustin Hoffman, Al Pacino und Robert De Niro. Kevin Kline wurde jedoch später für diesen Part genommen.

Meryl Streep rief Pakula an und *bettelte* um die Rolle der Sophie. Barbra tat noch eins oben drauf. Sie rief Pakula an und sagte ihm, daß sie die Sophie *umsonst* spielen würde. Alles, was sie wollte, waren Prozente an dem Film. Aber es sollte nicht sein. Sir Lew Grade, der an der Finanzierung des Films beteiligt war, mochte ihr Aussehen nicht. Meryl Streep bekam die Rolle und den Oscar für ihre Leistung.

Nachdem die United Artists Woody Allen an Orion verloren hatte, hofften sie, einen großen Star anwerben zu können, der die Lücke ausfüllen würde, und keiner wurde von den United Artists

so hofiert wie Barbra Streisand. Ein Projekt, das das Studio für sie zu entwickeln begann, war eine Musical-Biographie über Sarah Bernhardt.

Ein anderes United-Artists-Projekt, das sich gerade für Barbra in der Entwicklung befand, war *House of Flowers*, ein Bühnenmusical von Harold Arlen und Truman Capote, das Barbras Lieblingslied beinhaltete: »A Sleepin' Bee«. Die United Artists bekamen die Rechte an dem Stück, aber es wurde nie ganz zu Barbras Zufriedenheit entwickelt.

Ironischerweise war es gerade die United Artists, die durch *Haven's Gate* in Bedrängnis kam und die sich nun Barbras *Yentl* annahm.

Dem United-Artists-Manager Steven Bach schauderte bei dem Gedanken, daß Barbra einen Film produzieren, die Regie führen, in ihm spielen und singen sollte, der noch dazu von einem Mädchen handelte, das behauptet, ein Junge zu sein, um den Talmud studieren zu können.

Dennoch faßte er die Idee bei einem Produktionstreffen der Firma in Los Angeles kurz zusammen. Alle, einschließlich des Präsidenten der Firma, Norbert Auerbach, lachten über den scheinbaren Wahnsinn dieser Idee. Einer der Anwesenden fand dafür die folgenden Worte: »Was ist, wenn sie sich als ein weiblicher Michael Cimino herausstellt?« Talent hin oder her, alle kamen überein, daß ein Cimino genug sei, und damit war das Thema beendet. Ciminos *Heaven's Gate* kostete das Studio nicht nur seinen Ruf, er verschlang auch 35 Millionen Dollar der Gelder des Unternehmens.

Kurz danach bekam Bach, der in Los Angeles war, einen überraschenden Anruf von Auerbach aus New York. »Ich bin verliebt«, informierte der Firmenchef seinen Angestellten und machte eine kurze effektvolle Pause, »in *Yentl*.« Offensichtlich hatte er den Tag in Barbras Penthouse-Wohnung in Manhattan zugebracht. Er hatte ihr Geschichten aus seiner Kindheit in Polen erzählt. Und sie hatte ihm von *Yentl* erzählt und sogar einige Lieder aus dem Film gesungen.

Bach versuchte zu protestieren, aber ohne Erfolg. »Kein Aber«, unterbrach ihn Auerbach. »Ich denke, wir sollten es machen. Außerdem gibt es bereits jemanden, der den Vater spielt.«

»Wer?« fragte Bach. »Ich«, antwortete Auerbach. Auerbach zufolge hatte Barbra ihm gesagt, daß er perfekt für die Rolle von Yentls Vater sei, und ihm den Part versprochen.

Am 31. März 1981 bestätigte die United Artists, daß Barbra die Regie, die Produktion (ohne Joan Marshall Ashby oder Jon Peters, aber mit einem ehemaligen Partner von Peters, Rusty Lemorande), die Koautorenschaft und die Hauptrolle in *Yentl* übernehmen würde. »Der Film, den niemand wollte«, berichtete Steven Bach später, »gehörte jetzt uns.« Der Produktionsstart war für Februar angesetzt.

Steven Bach traf Barbra auf ihrer Ranch in Malibu, wo sie nun ab und zu lebte. Sie zeigte ihm ihr Art-déco-Haus, und er war sehr beeindruckt von ihrer Begabung für Arrangements und ihrer Liebe zum Detail, die sich selbst in den Seifen ihres Badezimmers und in der Farbe ihrer Kleider in den Wandschränken ausdrückte.

Er gestand später: »Ich habe mich wie Auerbach verliebt. Sie ist intelligent, lustig, professionell, obsessiv-zwanghaft, eine Perfektionistin mit einer Spur von Geiz, und sie ist sehr viel attraktiver in natura als auf der Leinwand. Die Telefongespräche mit ihr über das Drehbuch waren meist länger als notwendig und verlangten mehr von mir als ein zeitweiliges ›aha‹, um ihr zu vermitteln, daß ich immer noch zuhörte. Ich mochte Barbra. Die Kraft ihrer Persönlichkeit und ihr gesunder Menschenverstand überzeugten mich, und wenn einer auf dieser Welt *Yentl* machen konnte, dann war sie diejenige.«

Im Mai 1981 luden Steven Bach, Norbert Auerbach und einige andere United-Artists-Manager Barbra zum Essen ins *Ma Maison* in Los Angeles ein. Alles lief gut, bis Auerbach begann, die gleichen Geschichten über seine Kindheit in Prag zu erzählen, die er Barbra in ihrer Wohnung in Manhattan zum besten gegeben hatte. Barbra machte offensichtlich den Fehler zu bemerken, daß sie nicht gewußt habe, daß Auerbach aus Prag war. Verblüfft antwortete Auerbach: »Das ist der Grund, warum Sie mich gefragt haben, ihren Vater *[in Yentl]* zu spielen. Erinnern Sie sich?« »Meinen Vater?« antwortete Barbra erstaunt. »Morris Carnovsky wird meinen Vater spielen!« Letzten Endes bekam

Nehemiah Persoff die Rolle, aber eines war klar: Auerbach hatte Barbras Worte entweder falsch interpretiert, oder er war vorsätzlich getäuscht worden.

Wie auch immer es sich verhielt, 14 Millionen Dollar waren versprochen worden, die Verträge waren unterzeichnet, und Barbra hatte ihren *Yentl*. Aber zu einem hohen Preis. Um das Geschäft mit United Artists machen zu können, hatte sie auf ihren Zugriff auf das Drehbuch verzichten müssen und nur bedingten Einfluß, was die Besetzung und den Endschnitt anging. Sie mußte sich damit einverstanden erklären, daß jede Überziehung des Budgets aus ihrer eigenen Tasche bezahlt würde. Sie würde später den Vertrag mit den Worten charakterisieren: »Ich mußte mir ziemlich viel gefallen lassen.«

Aber bei all den Hindernissen, mit denen Barbra zu kämpfen hatte, um ihren geliebten *Yentl* auf die Leinwand zu bringen, kam das, was ihr am meisten schadete, weder von einem Hollywood-Manager, noch von Jon Peters, sondern von Isaac Bashevis Singer, dem Autor der Geschichte, die sie vor langen Jahren so begeistert hatte.

»Ich habe [die Geschichte] an einen armen Produzenten verkauft«, erzählte der Nobelpreisträger, »und er verkaufte sie an Barbra Streisand. Nun hat sie Leute gefunden, die die Geschichte ihren Wünschen angepaßt haben. Aber der Schauspieler soll sich an das Stück halten und nicht umgekehrt.« Auf die Frage, ob Barbra geeignet sei, die Rolle der Sechzehnjährigen zu spielen, die er kreiert hatte, antwortete er: »Selbst ich kann aus Barbra Streisand keine Sechzehnjährige machen.«

Trotz aller Widrigkeiten und Jahren der Vorbereitung, nach mehreren Verzögerungen und nachdem angeblich zwanzig Versionen des Drehbuchs angefertigt worden waren (einschließlich einer von Elaine May und einer anderen von Singer selbst), begannen die Dreharbeiten zu *Yentl* am 14. April 1982 in den Lee International Studios in Middlesex in England. Am ersten Drehtag nahm Barbra, die junge Regisseurin, die Hand eines Crewmitglieds, die naß von Schweiß war. »Glauben Sie mir«, sagte sie zu dem zitternden Mann, »es gibt niemanden, der so aufgeregt ist wie ich. Wir werden alle Fehler machen, besonders aber ich.«

Weniger als zwei Wochen später feierte Barbra ihren vierzigsten Geburtstag. »Es war Zeit, wirklich anzufangen oder über *Yentl* den Mund zu halten«, sagte sie über dieses Ereignis und über ihr Filmprojekt. »Ich kann nun niemand anderen mehr als mich selbst verantwortlich machen. Ich kann keinen Rückzieher mehr machen.«

In den nächsten sieben Monaten wachte Barbra jeden Morgen um fünf Uhr auf, arbeitete den ganzen Tag und plante um zwei Uhr morgens die Einstellungen für den nächsten Tag.

Nachdem die Innenaufnahmen in England beendet waren, zog das Team in die Tschechoslowakei, um dort die Außenaufnahmen zu drehen, nachdem man zuvor in Polen, Jugoslawien, Ungarn, Rumänien und Österreich gesucht hatte. Man hatte Barbra gewarnt, sich nicht auf das politisch unbeständige, kommunistische Terrain zu begeben, und sie hatte sogar überlegt, ob sie nicht Lake Placide bei New York als osteuropäische Kulisse benutzen könnte. Am Ende ging sie gegen ihre Ängste an und tat das, was »realistischer im Film wirkte«.

Diese Entscheidung würde sich auf der Leinwand bezahlt machen. Sicherlich ist einer der beeindruckendsten Aspekte des Films die Authentizität der Bilder, der Gefühle und seine Liebe zum Detail. Barbra engagierte David Watkin, der *Chariots of Fire* (1981) gedreht hatte und der später *Out of Africa / Jenseits von Afrika* (1985) machen würde, als Kameramann. Sie wollte eigentlich den hervorragenden italienischen Kameramann Vittorio Storaro, der einen Oscar für *Apocalypse Now* (1979) und *Reds* (1981) gewonnen hatte, aber mit ihm hätte sie das Budget um 250000 Dollar überschritten, und dieses Geld hätte aus ihrer eigenen Tasche kommen müssen.

Um in den Szenen mit Anshel maskuliner auszusehen, ließ Barbra sich ausschließlich von der rechten Seite filmen. Außerdem umgab sie sich mit besonders jungen hübschen Komparsen, die volle Lippen und sanfte Augen hatten. Für die Massenszenen in der jüdischen Universität ließ sie auch ein paar Mädchen als Jungen auftreten. Damit die Szenen mit Anshels Braut Hadass glaubwürdiger waren, machte Barbra Amy Irving, die diese Rolle spielte, so hübsch und weiblich wie möglich. »Barbra richtete das Licht und die Kamera immer so ein, daß ich perfekt aussah«, erinnert sich

Irving. »Sie befestigte meine Haarschleife, strich eine Wimper von meiner Wange, malte mir die Lippen so an, daß sie zu den Früchten auf dem Tisch paßten. Ich war ihre kleine Puppe, die sie ankleiden konnte.«

Für die Szene, in der Anshel Hadass küßt, weigerte sich die Streisand, trotz der Ermutigungen von Irving, zu proben. Man drehte die Szene, und die beiden Frauen küßten sich. Diejenigen, die sich dabei wenigstens eine Spur von Homoerotik erhofft hatten, wurden enttäuscht. Nach der ersten Einstellung trat Barbra zurück und verkündete: »Es ist nicht so schlimm. Es ist, als ob man einen Arm küssen würde.«

Ein Fehler des Films war die Besetzung von Avigdor, dem Mann, den Yentl/Anshel liebt. Barbra wollte Richard Gere für den Part. Sie beauftragte jemanden, mit ihm ein Treffen zu arrangieren, und die beiden kamen zusammen. Obwohl sie sich gut verstanden, lehnte Gere die Rolle ab, offensichtlich, weil er Befürchtungen wegen Barbras vieler Aufgaben bei dem Film hatte. Eine Zeitlang sah es so aus, als ob Barbra die Rolle mit dem Gesangsstar Enrico Marcias besetzen wollte, aber auch das sollte nicht sein. Statt dessen entschied sich Barbra für Mandy Patinkin, der für seinen Auftritt am Broadway als Che Guevara in *Evita* einen Tony gewonnen hatte. Der Mißgriff in der Besetzung hatte nicht wirklich etwas mit Patinkin zu tun. Die Sache war, daß Avigdor und Anshel physisch nicht wie zwei Männer wirkten, die zusammentrafen. Vielleicht ist das der Grund, warum in ihren Szenen keine homosexuelle Note spürbar wird.

Wenn man bedenkt, wie wenig Patinkin in dem Film zu tun hat, dann erscheint sein Einsatz als reine Verschwendung. Durch seine starke persönliche Präsenz wird die Tatsache, daß seine Rolle zu wenig ausgearbeitet ist, nur noch betont. Barbra machte wahrscheinlich auch darin einen Fehler, die Rolle mit einem Schauspieler zu besetzen, der hauptsächlich wegen seines Gesangs bekannt war. Das Publikum sah den Film und wartete darauf, daß Patinkin singen würde. Als er dies dann nicht tat, glaubte man, daß Barbra als Regisseurin entweder in einem Anfall von Egomanie seine Lieder herausgeschnitten oder ihm erst gar nichts zum Singen gegeben hatte.

Tatsache ist, daß der einzige Gesang in diesem Film, außer ganz am Ende, in Yentls Kopf stattfindet, in ihrer eigenen inneren Welt. Barbra hatte bestimmt, daß jeder andere Gesang die Geschichte stören würde. Womit sie aber offensichtlich nicht gerechnet hatte, war, daß es die Zuschauer irritieren würde, wenn Patinkin nicht sang.

Beeindruckend in dem Film ist die Szene, in der sich eine Gruppe älterer Damen darüber lustig macht, daß Yentl unbedingt den Talmud studieren will. Eine sagt: »Es wäre besser, sie würde lernen, wie sie einen Ehemann bekommt.« Barbra filmte diese Szene durch eine Reihe von Gitterstäben, die natürlich ein Gefängnis repräsentieren sollten. Sie machte jedoch deutlich, daß es nicht ein Gefängnis war, in das die *Männer* sie gesteckt hatten, sondern daß die Gitterstäbe, wie die abschätzigen Bemerkungen der Damen über Yentl und über die Frauen im allgemeinen zeigten, die Art und Weise symbolisierten, wie Frauen *sich selber* einsperrten. Barbra beendete die Szene mit einer Einstellung, die Hühner in einem Käfig zeigt. Es ist einer ihrer wirkungsvollsten Momente als Regisseurin des Films.

Weniger überzeugend ist die letzte Szene, in der Yentl nach Amerika reist und nun in der Lage ist, aus ihrer inneren Welt herauszugehen und ihre Gefühle offen in einem Lied auszudrücken. Yentl fordert: »Ich bin ich, laßt mich frei sein!« Die Szene ist jedoch schwierig, da sie an Herb Ross' »Don't Rain on My Parade«-Sequenz auf einem Schlepper aus *Funny Girl* erinnert.

Außerdem wundert man sich darüber, daß Yentl überhaupt nach Amerika geht. Das Ende scheint nicht zum Rest des Films zu passen und darangehängt zu sein, damit die ganze Geschichte glücklich ausgeht. Außerdem ist gerade diese Szene schlecht inszeniert. Während Yentl singt, sieht keiner der Komparsen hinauf zur Reling, so als wäre es die natürlichste Sache der Welt, auf einem Schiff ein Lied zu schmettern.

Fairerweise sollte gesagt sein, daß die Bedingungen für die Dreharbeiten an dieser Szene nicht gerade einfach waren. Zum einen mußte Barbra die Regie vom Schiff aus führen, während ein Hubschrauber kaum mehr als einen Meter über ihrem Kopf schwebte. Vor lauter Angst duckte sie sich die ganze Zeit. Außerdem mußte

die Sache schnell gehen, da der Hubschrauber ziemlich schnell kein Benzin mehr zu haben drohte und die Szene weit ab der Küste gedrehte wurde. Daß das Playback nicht funktionierte, verschlimmerte die Situation noch, da Barbra, während die Szene gedreht wurde, weder ihre eigene vorher aufgenommene Stimme noch die Musik hörte. Als Hilfestellung nahm sie sich einen alten Kassettenrekorder, den sie überall mit hinnehmen konnte, und spielte das Band so laut, daß sie Yentls triumphales Finale hören und singen konnte.

Während der Produktion schrieben Mitglieder der Crew über ihre Produzentin, Regisseurin, Autorin und Hauptdarstellerin einen Brief an die Presse, in dem es unter anderem hieß: ». . . während der Proben und Dreharbeiten in den letzten drei Monaten hat sie uns alle in ihren Bann geschlagen. Obwohl sie, ganz egal, mit wem oder was sie es zu tun hat, eine Perfektionistin ist . . . erzählte sie jeden Tag Witze und Geschichten und machte Scherze. Sie war nie launisch . . . Wir haben alle mit Regisseuren und Stars zusammengearbeitet, die das genaue Gegenteil von Barbra Streisand sind, über deren Mätzchen man aber nie etwas in der Zeitung lesen wird. Dieser Brief ist aus freien Stücken entstanden und Ausdruck unserer Zuneigung.«

Barbras zahlreiche Aufgaben erleichterten in gewisser Weise ihren Job. »Ich fand es sehr nützlich, mehr als nur eine Sache zu betreuen«, sagte sie. »Jeder Job diente dem anderen. Man kann es auch so sagen: Es gibt vier Leute weniger, mit denen man nicht einverstanden sein könnte. Jeder kommt mit jedem klar. Die Schauspielerin streitet sich nicht mit der Regisseurin, die Regisseurin hat keine Meinungsverschiedenheiten mit der Produzentin, die Produzentin muß sich nicht mit der Autorin auseinandersetzen.«

Die Dreharbeiten zu *Yentl* wurden im Oktober in London beendet. In den nächsten Monaten arbeitete Barbra eifrig an ihrem Schnitt. Steven Spielberg bereitete gerade auf dem gleichen Gelände *Indiana Jones and the Temple of Doom* vor. Spielberg war bereits mit Amy Irving zusammen, wenn auch noch nicht verheiratet. Barbra zeigte Spielberg Teile ihres Filmmaterials, was sofort die Vermutung nach sich zog, daß er sie beim Schnitt unterstützte. Als

Barbra um eine Antwort auf diese Gerüchte gebeten wurde, sagte sie schäumend vor Wut: »Wissen Sie eigentlich, wie widerwärtig das ist? Ich hasse das. Es ist so, als wollte man mir meinen Film wegnehmen!«

Der Miniskandal ging weiter, als Barbra einem Reporter der *Los Angeles Times* erzählte, daß Spielberg einen Schnitt des Filmes gesehen und ihr geraten hatte, »kein Bild zu verändern«. Barbra war berechtigterweise wütend, als die Zeitung lediglich druckte, daß Spielberg einen Schnitt des Filmes gesehen und ihr seinen »Rat« angeboten hatte.

Durch *Yentl* wurde Barbra sich ihrer Verantwortung gegenüber anderen aufstrebenden Regisseurinnen in Hollywood sehr bewußt. »Ein Mann kann versagen, und niemand sagt: ›Wir engagieren keine Männer mehr‹«, sagte sie, »aber wenn eine Frau versagt, dann bekommen das alle Frauen zu spüren.«

Als das Budget um 1 Million Dollar überschritten wurde – der Film würde schließlich 16,2 Millionen kosten –, griff die Completion Bond Company, die den Film versichert hatte, ein und ordnete an, daß Barbra die Synchronisation in sechs Wochen fertigstellen müßte. Falls sie dies nicht schaffen sollte, so drohte ihr die Firma, würde ein anderer Regisseur mit der Fertigstellung beauftragt. Barbra bettelte, daß sie zehn Wochen bräuchte, doch weder die Completion Bond Company noch die United Artists ließen sich erweichen.

Nichtsdestotrotz beendete Barbra unter Aufwand ihrer ganzen Willenskraft und unglaublichen Mühen die Arbeiten in den festgelegten sechs Wochen. Diese Erfahrung versetzte sie in Hochstimmung und brachte sie gleichzeitig an den Rand eines körperlichen und seelischen Zusammenbruchs.

Für ihre Arbeit als Koautorin von *Yentl* (der zweite Autor war Jack Rosenthal) erhielt Barbra keine Bezahlung, wie es mit United Artists vereinbart worden war. Für ihre Arbeit als Regisseurin bekam sie nur das vom Verein der Regisseure festgelegte Minimum, nämlich 80 000 Dollar. Und davon steckte sie noch die Hälfte in den Film, weil sie einige Teile der Musik neu schreiben ließ, wofür das Studio nicht aufkommen wollte.

Kurz vor dem Start des Films arbeiteten Frank Yablans und

Frank Rothman, die Geschäftsführer von MGM/UA (die beiden Studios hatten fusioniert), in entgegengesetzte Richtungen. Während Yablans versuchte, Barbra dazu zu bringen, mehr Werbung für ihren Film zu machen, bestrafte sie Rothman finanziell dafür, daß sie über ihr Budget gegangen war. Berichten zufolge, mußte Barbra die Hälfte ihrer drei Millionen Gage zurückzahlen, um für die zusätzlichen Kosten aufzukommen.

Mit großem Tamtam und hohen Erwartungen hatte *Yentl* am 16. November 1983 im *Cinerama Dome Theater* in Los Angeles Premiere. Zu Barbras Zufriedenheit akzeptierten die Geschäftsführer der MGM/UA ihren Schnitt. Dennoch waren die Kritiken höchst unterschiedlich. Einige nannten den Film »ein Meisterwerk«, andere fanden ihn »langweilig«. Sicherlich war der Film nicht die Katastrophe, die einige vorhergesagt und sich vielleicht erhofft hatten. In vielerlei Hinsicht war es eine vollendete Arbeit und ein erstaunliches Regiedebüt.

Heftige Kritik kam von Barbras Mutter. Dianas Problem mit dem Film hatte nichts mit den Schauspielern oder dem Drehbuch zu tun, sondern mit dem Nachspann. Barbra hatte den Film Emanuel Streisand gewidmet. Diana tadelte ihre Tochter: »Wenn du den Film deinem Vater widmest, dann hättest du ihn auch deiner Mutter widmen können.«

Aber das vernichtende Urteil kam von dem Mann, der Barbras härtester Kritiker geworden war, Isaac Bashevis Singer. Der Schriftsteller hatte sich geweigert, an der Premiere teilzunehmen (er war von Barbra eingeladen worden), sah den Film aber zu einem späteren Zeitpunkt. Er war entsetzt darüber, wie Barbra seiner Ansicht nach ihre Rolle zuungunsten der anderen Figuren ausgeweitet hatte.

»Die Hauptdarstellerin muß sich zurücknehmen, damit die anderen ihren Text sprechen und ihr Talent zeigen können«, kommentierte Singer. »Egal, wer man ist, man nimmt nicht alles für sich in Anspruch. Ich muß sagen, daß Miss Streisand über alle Maßen freundlich zu sich selbst war. Das Resultat ist, daß Miss Streisand immer präsent ist, aber die arme Yentl nicht.«

Singer fügte hinzu: »Ich sehe weder in der Adaption noch in der Regie einen künstlerischen Verdienst. Ich bin nicht der Ansicht,

daß Miss Streisand auf dem Höhepunkt ihrer schauspielerischen Leistung war, als sie Yentl spielte. Ich muß sagen, daß Miss Tovah Feldshuh, die die Rolle am Broadway spielte, viel besser war. Die Streisand bekam viele, vielleicht zu viele Informationen und Ratschläge von verschiedenen Rabbis, aber Rabbis können keinen guten Regisseur ersetzen.«

Zur großen Erleichterung von MGM/UA aber erwies sich die Streisand nicht als ein zweiter Cimino, und *Yentl* sollte kein zweites *Heaven's Gate* werden. Obwohl der Film weit davon entfernt war, ein Kassenknüller zu sein, spielte er allein in den USA immerhin die stattliche Summe von 40 Millionen Dollar ein.

Am 22. Februar 1984 verkaufte Jon Peters an Barbra seine gesamten Anteile der Malibu Ranch und bestätigte damit formal ihre Trennung, die sich schon seit mehreren Jahren vorbereitet hatte.

Unter den Männern, die Barbra während ihrer Trennungsphase von Peters hatte, waren der israelische Multimillionär Arnon Milchan (der einige Filme wie *JFK*, *Under Siege*, *Falling Down*, *Sommersby* und *Free Willy* mitproduzierte), Richard Gere und ihre alte Flamme Pierre Trudeau, der sich einige Jahre zuvor von seiner Frau Margaret hatte scheiden lassen.

Im März fuhr Barbra nach Übersee, um für *Yentl* Werbung zu machen. Ihre Reise gipfelte in der Premiere des Films am 1. April 1984 in Israel. Höhepunkt ihrer Israelreise waren für Barbra die fünf Minuten, die sie alleine auf den Golan-Höhen bei Mitzpe Gadot verbrachte. Sie verkündete später: »Für mich ist Israel kein fremdes Land. Es ist auch mein Land, weil wir alle Juden sind.« Am 3. April nahm Barbra auf dem Mount Scopus Campus der Hebräischen Universität in Jerusalem an der Einweihung des Emanuel-Streisand-Zentrums für Jüdische Studien teil, zu dessen Gründung sie beigetragen hatte.

Ende des Jahres wurde Barbra mit der Scopus-Auszeichnung geehrt, die ihr vom Verein Amerikanischer Freunde der Hebräischen Universität im *Beverly Hills Hotel* überreicht wurde. Während der Verleihung nannte Vidal Sassoon Barbras Film versehentlich »Yenta«. »Es heißt *Yentl*«, korrigierte ihn Barbra. »Yenta, Yentl, was macht das schon?« gab Sassoon zurück. Das wichtigste an dieser

Veranstaltung war, daß man durch die Einnahmen aus den Tisch-reservierungen israelischen Studenten ein dreijähriges Stipendium ermöglichte. Einhundertundzwanzig solcher Stipendien wurden in dieser Nacht an ausgewählte Studenten vergeben, die dann als Emanuel-Streisand-Stipendiaten bezeichnet wurden. Mit einer Schenkung von 500 000 Dollar hatte Barbra kurz zuvor einen Emanuel-Streisand-Lehrstuhl für Kardiologie an der medizinischen Fakultät der Universität von Los Angeles ermöglicht.

In Isaac Bashevis Singers Geschichte stirbt Yentls Vater, bevor die Erzählung beginnt. In Barbras Film war Yentls Vater im ersten Teil noch am Leben. In gewisser Weise schenkte sich Barbra so den Vater, den sie niemals gehabt hatte. Und wenn Yentl für ihren Vater auf dem Friedhof in Yanev außerhalb von Prag das Kaddish* spricht, dann ist es in diesem Moment auch Barbra, die es für ihren Vater tut.

Abgesehen davon, daß Barbra sich durch den Film endlich mit dem Tod ihres Vaters abfinden konnte, war er hier auch ein Sprachrohr für sie. Sie hatte zwar schon immer etwas zu sagen gehabt, aber der Film bot ihr eine sichere und willkommene Gelegenheit, ihre Ideen und Meinungen auszudrücken.

Dadurch, daß sie Regisseurin geworden war, hatte sie endlich ein Zuhause gefunden.

* Kaddish: Totengebet

32. KAPITEL

Heimkehr

»Ich versuche Jason etwas von der Liebe zu geben, die ich von meinem Vater bekommen habe«, sagte Barbra, als sie nach Holmby Hills zurückkehrte, um da zu leben. »Ich habe aufgehört zu überzeugen und zu beurteilen. Ich sage ihm, was ich denke und fühle, und wenn er das nicht akzeptiert, dann ist das in Ordnung.«

Yentl hatte Barbra gezwungen, sich mindestens ein Jahr lang von ihrem Sohn zu trennen. Bedenkt man ihr Engagement für den Film, war es im Grunde noch länger. Das erneute Zusammenleben von Mutter und Sohn erwies sich als nicht einfach. Als Barbra begann, Tag und Nacht an *Yentl* zu arbeiten, war Jason vierzehn Jahre alt. Als *Yentl* schließlich startete, war er ein junger Mann um die siebzehn.

Im Juni 1984 nahmen Barbra und Elliott gemeinsam an der Feier teil, bei der Jason sein Abschlußzeugnis von der Crossroads-High-School in Santa Monica erhielt. Vielleicht war es ein Geschenk zum Schulabschluß, oder sie tat es einfach nur, um Jason zu ermutigen, jedenfalls finanzierte Barbra einen Film, den er produzieren und dessen Regie er führen wollte. Er hieß *It's Up to You*. Der Drehort war das Haus in Holmby Hills, und die Darsteller waren seine Großmutter, Diana Kind, seine Tante Rozie und Jasons Vater. Zu dieser Zeit hatte Elliott gerade seinen ersten festen Job bei einer Komödienserie der CBS mit dem Titel »E/R«.

Ende September trat Barbra erneut vor die Kamera, jedoch nicht, um in einem weiteren Film oder im Fernsehen aufzutreten, sondern um ihr erstes Musikvideo zu realisieren. Dem Sender MTV, 1981 gegründet, war es mit seiner hämmernden Musik und seinen auffälligen, schnell geschnittenen Bildern gelungen, eine ganze Generation für sich zu gewinnen. Er änderte das Gesicht der gesamten Plattenindustrie. Barbra, die sich zunächst weigerte, den Videotrend zu akzeptieren, kapitulierte schließlich, allerdings auf ihre Weise. Anstatt einen der üblichen, oft unsinnigen Drei-Minuten-Clips zu machen, debütierte sie mit einem sechsminütigen Kurzfilm, der (wieder einmal) eine »völlig neue und sexy aussehende Barbra« zeigte. Kris Kristofferson war ihr Partner, woraus ersicht-

lich wurde, daß ihr heftiger Streit im *Sun Devil Stadium* vergessen und vergeben war.

Als sie nach London fuhr, um ein weiteres Video zu einer Single der Langspielplatte *Emotion* zu machen, war sie ernsthaft mit einem neuen Mann liiert. Sein Name war Richard Baskin, der Erbe des Baskin-and-Robbins-Eiscremevermögens. Im Alter von vierunddreißig Jahren, acht Jahre jünger als Barbra, war Baskin ein Komponist, der 1975 bei Robert Altmans Film *Nashville* und auch bei anderen als musikalischer Leiter gearbeitet hatte. Die beiden hatten sich offensichtlich bei einer Weihnachtsfeier kurz nach dem Start von *Yentl* getroffen. Als Barbra gerade gehen wollte, sprach Baskin, der als »ruhiger Typ« bezeichnet wurde, sie wagemutig an, erzählte ihr, wie sehr er ihren Film gemocht habe und verwickelte sie in eine Unterhaltung. Sie sagte ihm, wie sehr sie das Mokkaeis seiner Familie mochte, das sie, wie man sich vorstellen kann, von diesem Tag an umsonst bekam.

Vielleicht motiviert durch den Collegeeintritt ihres Sohnes oder aber auch von Yentls großer Sehnsucht zu lernen, kehrte Barbra an die Schule zurück und besuchte eine Klasse der University of South California, die sich mit der Sexualität und mit der Rolle von Mann und Frau in der Gesellschaft beschäftigte. Später stiftete Barbra mit der beachtlichen Summe von 300000 Dollar der Schule den »Streisand-Lehrstuhl für Sexualität«.

Ein neues Projekt, das Barbra in Betracht zog, war eine Filmadaptation von Andrew Lloyd Webbers Musical *Evita*. Der Produzent, Robert Stigwood, hatte ursprünglich vor, die Filmrechte an die Paramount zu verkaufen, und schlug Ken Russell als Regisseur vor. Die Verhandlungen brachen jedoch ab, weil Stigman sich weigerte, Russels Vorschlag zu akzeptieren, die Hauptrolle mit Liza Minnelli zu besetzen, deren Filmkarriere einen deutlichen Knick erfahren hatte.

Andere Schauspielerinnen, die – jetzt ohne Russells Beteiligung – in Frage kamen, waren Barbra, Bette Middler, Ann-Margret und Patti LuPone. Zu den unrealistischeren Möglichkeiten zählten Cher, Olivia Newton John und Marie Osmond. Eine Zeitlang sah es so aus, als ob Oliver Stone die Regie führen und Meryl Streep die Hauptrolle übernehmen würden. Die Streep sagte ab,

offensichtlich, weil sie Angst hatte, mit den schwierigen Musikeinlagen nicht zurechtzukommen.

Nachdem sich Stone mit einer weiteren Kandidatin für die Rolle der Eva Peron getroffen hatte – Madonna, mit der er sich nicht verstand –, legte er das Projekt nieder und wurde durch Glenn Gordon Caron (»Moonlighting«) ersetzt. Daraufhin willigte das Disney Studio ein, den Film zu machen, um dann schließlich vor dem wachsenden Budget zurückzuschrecken, das inzwischen bei ungefähr 30 Millionen Dollar lag. Und seitdem liegt, jedenfalls bis zum Zeitpunkt der Veröffentlichung dieses Buches, das vielumworbene Projekt brach.

Enttäuscht von *Emotion* und ihrem Ausflug in die Rockszene, ließ sich Barbra jedoch von dem unerwarteten Erfolg von *What's New* ermutigen, Linda Ronstadts gewagter LP mit nichts als Standardliedern, und entschloß sich, bei ihrer nächsten Platte zu ihren ursprünglichen Liedern zurückzukehren. Sie erklärte später: »Ich mußte aufhören, Lieder zu machen, die jeder andere genausogut, wenn nicht sogar besser als ich singen konnte.«

Für *The Broadway Album* rief Barbra im März 1985 den Komponisten Stephen Sondheim an und fragte ihn, nachdem sie all ihren Mut zusammengenommen hatte, ob er drei ihrer Lieder neu schreiben könnte, einschließlich seines Klassikers »Send in the Clowns« aus *A Little Night Music*. Da er mit Barbra arbeiten wollte, willigte Sondheim ein.

Aus ihrer typischen Neigung heraus, ihren Beruf mit ihrem Privatleben zu verbinden, engagierte Barbra Richard Baskin, damit er zwei Stücke des Albums »Something's Coming« aus der *West Side Story* und »Not While I'am Around« aus *Sweeney Todd* produzierte. Zuvor hatte Baskin bereits mehrere Stücke für Barbras Platte *Emotion* bearbeitet.

The Broadway Album brachte Barbra auch wieder mit ihrem ehemaligen Fan, Paul Jabara, zusammen, der ihre Hits »The Main Event/Fight« und »No More Tears (Enough Is Enough)« geschrieben hatte. Für ihr neues Album erklärte sich Jabara bereit, sich an der Produktion und Bearbeitung von drei Liedern aus *The King and I* zu beteiligen, »I Have Dreamed«, »We Kiss in a Shadow« und »Something Wonderful«.

Nach Beendigung der Arbeit bat Barbra Jabara anscheinend, von seinen Tantiemen, die ihm als Produzenten der Lieder zustanden, zurückzutreten. Er lehnte ab. Er war der Ansicht, daß er die Arbeit gemacht hatte und nun auch an den Gewinnen beteiligt sein sollte. Nichtsdestotrotz hatte der Liedschreiber in den folgenden Jahren Schwierigkeiten, von Barbra sein Geld zu bekommen. 1992 starb Jabara im Alter von zweiundvierzig Jahren an Lymphdrüsenkrebs. Er soll noch von seinem Sterbebett aus mit Barbra um sein Geld gefeilscht haben.

Obwohl die Columbia von Anfang an Vorbehalte gegen das Projekt gehabt hatte, war *The Broadway Album* ein spektakulärer Erfolg, sowohl was die Kritiken als auch die Verkaufszahlen anging. Am 30. November kam die Platte in die *Billboard*-Top-Forty, wo sie ohne Unterstützung einer Hitsingle am 25. Januar 1986 den ersten Platz erreichte, auf dem sie drei Wochen blieb. Bei Veröffentlichung dieses Buches war dies die bestverkaufte Soloplatte in Barbra Streisands Karriere.

Der Regisseur William Friedkin (*The Night They Raided Minsky's*, *The French Connection*, *The Exorcist*) war überrascht, als er einen Anruf von Barbra bekam, die ihn fragte, ob er bei einem Musikvideo für ihre Single »Somewhere« die Regie führen wolle. Friedkin willigte ein, sie zu treffen und erfuhr, daß sie ihn ausgewählt hatte wegen seines Rufes, gewalttätige Filme zu machen. Friedkins Assistentin Cindy Chvatal zufolge wollte Barbra in ihrem Video »Menschen zeigen, die einander in die Luft jagen. Atomwolken. Und Aufstände in Südafrika. Die Aussage, die das Video vermitteln sollte, war: ›Wenn ihr es nicht schützt, dann werdet ihr es verlieren.‹« Zu Barbras Überraschung lehnte Friedkin ihr Konzept ab. Statt dessen wollte er Einstellungen zeigen, in denen Auswanderer auf Ellis Island ankommen, und Kinder, die in Swimming-pools in Afrika spielen. Jeder versuchte, den anderen davon zu überzeugen, daß sein Konzept das Bessere sei, und Friedkin gewann schließlich. Der Konzertteil des Videos wurde am 29. Oktober 1985 im *Apollo Theater* in New York gedreht.

The Broadway Album brachte Barbra ihren achten und bis zum heutigen Datum letzten Grammy (für die beste weibliche Popsängerin). Es brachte sie außerdem wieder mit Peter Matz zusammen,

der 1963 das *The Barbra Streisand Album* arrangiert hatte sowie andere ihrer frühen Platten. Matz koproduzierte, koarrangierte und dirigierte fast die Hälfte der Stücke auf dem *The Broadway Album*.

Vielleicht hatte die Platte, die eine Rückkehr in ihre Broadway-Zeit war, nostalgische Gefühle in Barbra ausgelöst und sie dazu bewegt, sich wieder mit dem Mann zusammenzutun, der vor fünfundzwanzig Jahren für sie nach Detroit geflogen war, um dort ein Honorar von 150 bis 175 Dollar plus freies Essen für sie auszuhandeln. Marty Erlichman hatte von 1961 bis 1976 als Barbras Manager fungiert, bis Jon Peters diese Aufgabe offiziell übernahm.

In den folgenden Jahren hatte Marty, der Filme wie *Coma* (1978) und *Breathless* (1983) produziert hatte, nicht viel von seiner früheren Klientin und Ersatztochter gehört oder gesehen. Aber da Peters Barbras Geschäfte nun nicht mehr vertrat, schien die Zeit für eine erneute Zusammenarbeit gekommen zu sein. Während ihrer Wintersportferien in Utah 1984 erfuhr Barbra durch einen gemeinsamen Freund, daß Marty ebenfalls in der Gegend Ferien machte. Sie rief ihn an und vereinbarte ein Treffen.

Unter der Bedingung, daß Peters' Verpflichtungen rechtlich beendet waren, begann Erlichman Anfang 1986 wieder als Barbras Manager zu arbeiten. »Sie und ich stürzten uns wieder ins Gefecht, als hätte es nie eine Trennung gegeben«, berichtete Marty enthusiastisch. »Es ist so, als wären wir sechzehn Jahre verheiratet gewesen und hätten uns dann getrennt; wenn man wieder zueinander findet, dann kennt man sich gut. Das Alter hat uns beiden gut getan, und zwar insofern wir nun schneller über die Dinge reden können, als wir es früher immer taten.«

Es war der Tag, an dem Ronald Reagan Libyen bombardierte, aber am 24. März 1986 drehte sich in Hollywood alles um die Oscar-Verleihung. *The Colour Purple / Die Farbe Lila* hatte elf Nominierungen bekommen, der Regisseur Steven Spielberg jedoch wurde in der Kategorie »Beste Regie« übergangen. Barbra hatte unter verschiedenen Bedingungen eingewilligt, bei der Show einen der Oscars zu überreichen. Erstens wollte sie ausdrücklich den Preis für die beste Regie überreichen (Sydney Pollack, der ihren Film *So wie wir waren* gemacht hatte, war mit seinem Film *Out of Africa / Jenseits von Afrika* der Favorit für den Oscar); zwei-

tens verlangte sie, daß in der einführenden Filmmontage über Regisseure bei der Arbeit ein Clip über sie gezeigt würde, wie sie bei *Yentl* Regie führte; und drittens bestand sie darauf, daß eine Musikmontage von »Putting It Together«, einem der Sondheim-Lieder aus ihrem *The Broadway Album* gespielt wurde. Wenn sie schon bei der weltweit gesendeten Oscar-Verleihung auftreten sollte, dann wollte sie wenigstens ein wenig Schleichwerbung für ihr letztes Projekt machen.

»Ein Regisseur ist Künstler, Politiker, Beichtvater und eine jüdische Mutter in einem«, informierte Barbra das Publikum bei der Verleihung vom Podium aus. Als sie den Umschlag öffnete und den Namen auf der Karte las, lächelte sie und begann »Memories . . .« zu singen, womit sie auf den Film anspielte, den sie zwölf Jahre zuvor mit dem Gewinner gemacht hatte. Als keiner der nominierten Regisseure sich von seinem Sitz erhob, rief sie: »Sydney Pollack!«

Um den Fotojägern zu entgehen, schlich sich Barbra nach der Zeremonie ins *Spago*, Wolfgang Pucks gestylten Pizzasalon für Stars, wo sie mit Jessica Lange, Sam Shepherd und der hochschwangeren Meryl Streep zusammensaß.

Barbra und die Lange waren kurz zuvor als »die mächtigsten Frauen Hollywoods« auf dem Cover des *Life Magazins* erschienen. Mit ihnen waren Sally Field, Goldie Hawn und Jane Fonda auf dem Cover zu sehen. Auffällig war die Abwesenheit von Streep in der illustren Gruppe, die die publikumswirksame Gelegenheit offenbar wegen ihrer Schwangerschaft abgelehnt hatte. Goldie Hawn, die selber im fünften Monat schwanger war, ließ sich dadurch offensichtlich nicht stören.

Im November 1981 verkündete die Universal Pictures, daß Mark Rydell bei einer Verfilmung von Tom Topors Stück *Nuts . . . durchgedreht* die Regie führen sollte. Rydell wurde zu dieser Zeit heiß gehandelt, da er gerade die beiden Filme *The Rose* (1979) und *On Golden Pond* (1981) gemacht hatte, die beide von den Kritikern gelobt wurden und finanziell erfolgreich waren. Für sein neues Projekt zog er Bette Middler in Betracht. Doch ihr Zusammenbruch am Set ihres Films *Jinxed* schien ihre einst so vielversprechende Karriere zerstört zu haben. Rydell verfiel dann auf De-

bra Winger, die mit ihren sechsundzwanzig Jahren als die beste junge Schauspielerin Hollywoods angesehen wurde.

Nuts . . . durchgedreht ist die Geschichte von Claudia Draper, einer hochbezahlten Prostituierten, die einen ihrer Klienten umbringt – wie sie behauptet aus Notwehr. Doch nicht die Frage nach ihrer Schuld, sondern die nach ihrer geistigen Gesundheit steht im Vordergrund. Ihr Stiefvater will sie in eine Nervenheilanstalt einweisen lassen, um ihr, wie er sagt, die Schrecklichkeiten einer Gerichtsverhandlung zu ersparen. Es stellt sich jedoch heraus, daß er seine eigenen Gründe dafür hat, sie zu diskreditieren und einsperren lassen zu wollen.

Die zentrale Frage in der Geschichte lautete: »Was heißt normal?« Es war eine Frage, die sich Barbra in ihrem Leben zwar immer wieder gestellt hatte, der sie sich aber auch widersetzte. In *Nuts* ist Claudia Draper vor allem eine Frau, die mißverstanden wird, die *zu* ehrlich ist. »Und das ist genau das, was ich an der Figur liebe«, erzählte Barbra später. »Sie sagt die Wahrheit und gerät dadurch in Schwierigkeiten.« Barbra sah in Claudia Draper ihr eigenes mißverstandenes Ich.

Nuts gab Barbra auch die Möglichkeit, sich mit Kindesmißhandlung und, zumindest in gewisser Hinsicht, mit ihrem Stiefvater auseinanderzusetzen. Es gibt keinen Hinweis darauf, daß Barbra von Louis Kind sexuell mißbraucht wurde (wie es in dem Drehbuch bei Claudia der Fall ist), aber sie wurde von ihm auf emotionale Weise mißhandelt. Claudias Stiefvater, Arthur Kirk, hatte bestimmte Merkmale, die Barbra auch bei Kind zu sehen glaubte. Es ist Kirk, der Claudia in eine Anstalt stecken möchte – im wesentlichen, um sie mundtot zu machen –, während ihre Mutter danebensteht und passiv zuschaut. Jahre zuvor hatte Kind Barbra als »verrückt« abgetan, ihr Selbstwertgefühl zerstört und ihre Anwesenheit ignoriert, während ihre eigene Mutter dabeigestanden und passiv zugesehen hatte.

Tom Topor adaptierte das Stück und schrieb das erste Drehbuch, dem verschiedene Versionen von Carol Sobieski, Andy Lewis und Mark Rydell folgten.

Da Barbra mit allen Ergebnissen unzufrieden war, sandte Rydell

das Drehbuch an Darryl Ponicsan (*Cinderella Liberty*, *Vision Quest*), der den Stoff gut fand und daran arbeiten wollte. Ponicsan traf sich mit Barbra, die ihn und seine Art, sich dem Thema zu nähern, mochte. Rydell fuhr dann nach Hawaii, um dort Ferien zu machen, und sagte zu Ponicsan, daß sie das Geschäft nach seiner Rückkehr abschließen würden. Begeistert rief Ponicsan sofort seinen Freund Alvin Sargent an, um ihm von den guten Neuigkeiten zu erzählen. Bevor er jedoch von den neuen Entwicklungen in seinem Leben berichtete, fragte Ponicsan Sargent, woran er gerade arbeite. Sargent antwortete: »An *Nuts*.« Ponicsan war wie erstarrt. Als er sich von dem Schrecken etwas erholt hatte, erzählte er seinem Freund, daß auch er gerade an *Nuts* arbeite. Im Laufe der Unterhaltung begriffen die beiden Autoren, die in der Filmindustrie fest etabliert waren, daß Rydell sie beide getäuscht hatte. Beiden war nach dessen Rückkehr aus Hawaii ein Geschäft versprochen worden.

Wütend, aber auch amüsiert über diese Hollywood-Machenschaften, gaben beide Autoren das Projekt auf. Ponicsan rief Rydells Anrufbeantworter an und ließ ihn wissen: »Nach Hawaii kannst du direkt zur Hölle fahren.«

Nachdem Barbra von den Neuigkeiten erfahren hatte, rief sie Ponicsan an und drückte ihm ihre Enttäuschung über seinen Weggang aus. Da sie sich nicht so schnell geschlagen geben wollte, fragte sie, ob die beiden Autoren nicht gemeinsam an dem Projekt arbeiten wollten. Ponicsan, der das Täuschungsmanöver noch nicht verdaut hatte, antwortete mit einem klaren Nein. Er bekam dann einen Anruf von Rydell, der sich eine Dreiviertelstunde lang bei ihm entschuldigte. Ein paar Tage später, nachdem sie ihre Position überdacht hatten, willigten die beiden Autoren ein, zusammenzuarbeiten.

Unterdessen waren die Geschäftsführer der Universal Studios nicht mehr so begeistert von dem Projekt, das mit Debra Winger in der Hauptrolle ein »kleiner«, bescheiden budgetierter Film gewesen war. Mit Barbras Beteiligung aber sprangen die Kosten auf 20 Millionen Dollar, von denen allein fünf Millionen Barbras Honorar als Schauspielerin ausmachten und weitere 500 000 Dollar für ihre Arbeit als Produzentin an sie gingen. Für ihre Arbeit an

dem Drehbuch verzichtete Barbra auf ihr Honorar. Im September gab die Universal den Film zum Verkauf frei. Er wurde sofort für 575 585 Dollar von Warner Brothers übernommen.

Ponicsan und Sargent gaben eine erste Version ihres Drehbuchs ab. Barbra fand es großartig, die Geschäftsführer der Warner Brothers mochten es jedoch nicht. Die beiden Autoren gingen zurück an ihre Arbeit und schrieben eine zweite Version. Dieses Mal waren sowohl Barbra als auch Warner zufrieden.

Das Studio war allerdings weniger angetan von Rydell. Nach »großen Differenzen mit dem Studio«, wie es hieß, ging Mark Rydell entweder selbst, oder er wurde gezwungen, sich von dem Projekt zurückzuziehen. Berichten zufolge mußte das Studio dennoch Rydells Honorar über 1,8 Millionen Dollar zahlen, das später im Budget als »fehlgeschlagene« Kosten auftauchte.

Nachdem Rydell gegangen war, machte sich Barbra auf die Suche nach einem anderen Regisseur, mit dem sie zusammenarbeiten konnte. Schon seit Jahren wollte sie mit Martin Ritt Kontakt aufnehmen, dessen Filme *Hud, Sounder, Norma Rai* u. a. sie für ernsthaft und distinguiert und insofern für passend hielt. Barbra rief ihn an, stellte ihm das Projekt vor und schickte ihm das Drehbuch per Eilboten.

Bei ihrem darauffolgenden Treffen war Barbra schockiert über Ritts Antwort: »Ich möchte diesen Film gerne machen«, sagte er ihr, »da ist nur eine Sache. Ich weiß nicht, ob Sie die Rolle spielen können.«

»Wie bitte?« antwortete Barbra sprachlos. Während sie sich von der Überraschung erholte, musterte sie Ritts Gesicht, um vielleicht eine Spur von Boshaftigkeit darin zu entdecken, doch sie sah nichts. Sie bewunderte seine Offenheit und daß er sich nicht einschüchtern ließ. Sie war auch scharfsinnig genug, um zu bemerken, daß er sie nur herausgefordert hatte, um auf diese Weise eine abwehrende Haltung bei ihr zu provozieren, genau das, was sie für die Rolle der in die Enge getriebenen Claudia Draper brauchte.

»Gut«, sagte Barbra zu dem Regisseur. »Sie sind der Richtige.«

Um Recherchen für ihre Rolle als eingesperrte, psychotische Patientin zu machen, traf sich Barbra in Begleitung von Ritt und ihrer Freundin Cis Corman, die als Koproduzentin am Film betei-

ligt war, mit mehreren Psychoanalytikern. Sie besuchte außerdem die neuropsychiatrische Fakultät der Universität von Los Angeles, die Anstalt für psychisch Kranke im San Fernando Valley, das Elmhurst-Krankenhaus in Elmhurst, New York, und das Bellevue-Krankenhaus in New York City. Nachdem sie eine Reihe von geistig gestörten und schizophrenen Patientinnen getroffen hatte, gab Barbra zu: »Ich habe mich mit ihnen völlig wohl gefühlt.«

Unterdessen erwies sich die Besetzung der männlichen Hauptrollen, besonders die von Aaron Levinsky, Claudias vielbeschäftigtem Pflichtverteidiger, als problematisch. Unter den Schauspielern, die die Rolle ablehnten, weil sie Barbras Part untergeordnet war, waren Richard Gere, mit dem sie immer noch gerne arbeiten wollte, Al Pacino, der für seine Beteiligung fünf Millionen Dollar wollte, Robert De Niro, Marlon Brando, Paul Newman, Jeff Bridges und Robert Duvall. Man versuchte, an Kevin Kline heranzukommen, bis man erfuhr, daß er »nicht verfügbar« sei. Elliott Gould wurde als eine Möglichkeit genannt, doch er lehnte sofort ab.

Eine Zeitlang sah es so aus, als ob Richard Dreyfuss die Rolle spielen würde. Sein Vertrag war sogar schon fast unterschrieben. Aber ob es nun Geldgründe waren oder seine Unzufriedenheit mit dem Drehbuch, Dreyfuss zog sich zurück. Vielleicht wurde er auch dazu gedrängt. Man weiß lediglich, daß in der Woche vom 14. April 1986 mit Warner Brothers über Dreyfuss' Vertrag geredet wurde. In der folgenden Woche verhandelte man mit Dustin Hoffman über dieselbe Rolle. In den nächsten beiden Monaten schien es sicher und nur noch von ein paar vertraglichen Punkten abzuhängen, daß Hoffman den Gegenpart zu Barbra in dem Film spielen würde.

Am 16. Juni jedoch war Hoffman draußen und Dreyfuss wieder aktuell. Diesmal machte man mit Dreyfuss einen Vertrag über 1,5 Millionen Dollar. Am folgenden Tag schickte Martin Ritt Dustin Hoffman einen Brief, in dem es hieß: »Lieber Dustin, es tut mir leid, daß wir nicht die Gelegenheit haben, miteinander zu arbeiten. Ich hätte mich sehr darüber gefreut. Vielleicht ein anderes Mal.«

Für die wichtige Rolle von Claudias Stiefvater, Arthur Kirk, versuchte man Schauspieler wie George C. Scott, Burt Lancaster, José Ferrer, Robert Mitchum, Kirk Douglas, Richard Widmark und Gregory Peck zu gewinnen. Barbra hatte, seit sie in Hollywood war, versucht mit Peck zu arbeiten.

Schließlich wurde Karl Malden unter Vertrag genommen, und die Rolle von Claudias Mutter wurde mit Maureen Stapleton besetzt. Der Richter wurde von Eli Wallach, einem von Barbras frühesten und eifrigsten Unterstützern aus der Zeit im *Bon Soir*, gespielt. Es war eine überragende Besetzung.

Mit einem ersten Budget von 21 584 000 Dollar, das aufgrund weiterer Kosten, wie der Betriebskosten des Studios, auf 27 468 000 Dollar stieg, begannen die Dreharbeiten an *Nuts* am 20. Oktober 1986. Die Produktion war voller Spannungen, die besonders durch die Reibereien zwischen Produzentin und Regisseur entstanden. Barbra war seit *Yentl*, bei der sie jede Einstellung bestimmt hatte, nicht mehr daran gewöhnt, daß man ihr sagte, was sie tun sollte. Für Ritt wiederum war es schwierig, den Endschnitt an die Produzentin abzugeben, besonders wenn diese gleichzeitig seine Hauptdarstellerin und sein Chef war.

Vor allem änderte Ritt niemals seine ursprüngliche Meinung, daß Barbra mit ihren vierundvierzig Jahren nicht die richtige Schauspielerin war, um Claudia Draper zu spielen. Es gab andere, die ihm zustimmten. Immerhin war Claudia in dem Stück ein Callgirl, das 500 Dollar pro Stunde nahm und dafür in der Lage war, »deinem Körper den Himmel auf Erden zu bereiten und dich völlig abfahren zu lassen« und »dich so zu verwöhnen, daß du danach keine andere Frau mehr anfassen kannst«.

Trotz ihrer fragwürdigen Besetzung gab es Berichte vom Studiogelände der Warner Brothers, nach denen Barbra eine hervorragende Leistung brachte, die sie neben Meryl Streep zu den führenden dramatischen Schauspielerinnen Amerikas zählen lassen würde. Die Dreharbeiten an *Nuts* waren am 3. Februar 1987 beendet.

Ritt hatte vom 16. März an zehn Wochen, um einen ersten Schnitt herzustellen. Am 22. Mai zeigte er seine Version Barbra. Sie machte verschiedene Vorschläge, worauf er, wie es vertraglich

festgelegt war, eine zweite Version schnitt, die er ihr eine Woche später zeigte.

Am 1. Juni übernahm Barbra für eine Dauer von drei Wochen den Schnitt des Films. Den Sommer über arbeitete sie dann an der Musik, die sie selbst komponieren wollte. Sie sagte später: »Eine Zeitlang träumte ich davon, einmal selber eine Filmmusik zu schreiben. Als ich *Nuts* produzierte, wurde aus dem Traum Wirklichkeit. Wer sollte mich schließlich engagieren – oder feuern?!« Es war ihr erster und bis heute einziger Versuch in dieser Richtung.

Nuts bekam nach seiner Premiere am 20. November 1987 gemischte, aber vornehmlich positive Kritiken. Trotz der völlig enthusiastischen Prognosen, die bereits aus dem Studio gedrungen waren, bekam Barbra, obwohl ihre Leistung eine der besten ihrer Karriere war, unterschiedliche Besprechungen. Einige bewunderten sie für ihre Hartnäckigkeit, und andere fragten sich nur immer wieder, ob sie für diese Rolle nicht eine Fehlbesetzung gewesen sei.

Angesichts der Kritiken und der düsteren Geschichte hatte *Nuts* enttäuschende Zuschauerzahlen und spielte lediglich 31 Millionen Dollar ein. Einige sahen in den geringen Rückflüssen den Beweis für Barbras sich verschlechternde Leistung. »Sie bringt es einfach nicht mehr«, sagte man. Oder: »Sie hätte bei Musicalkomödien bleiben sollen.« Oder: »Sie hat die Beziehung zu ihrem Publikum verloren.«

Als Barbra ihre Arbeit an der Nachproduktion von *Nuts* im Herbst 1987 beendet hatte, zog Richard Baskin nach einer dreijährigen Beziehung aus Barbras Haus aus. »Ich war überrascht, [daß er ging]«, sagte eine Freundin. »Sie mochte ihn wirklich sehr. An einem Tag war er noch da, und am nächsten Tag war er plötzlich weg.«

1987, einen Tag nach Weihnachten, Barbra war auf einer Party in Aspen, Colorado, kam Don Johnson, der Star von »Miami Vice«, auf sie zu. Die beiden hatten sich einmal kurz auf der Grammy-Verleihung im letzten Februar getroffen. Zu dieser Zeit war noch Richard Baskin an Barbras Seite gewesen.

Auf der Party in Aspen nahm Johnson Barbras Arm und führte sie zu einem ruhigen Plätzchen, wo sie miteinander reden konnten. Sie war begeistert von seinem Mut. Sie gab später zu: »Wenn

ich Leute kennenlernen will, dann muß ich sie zuerst ansprechen, weil sie Angst vor mir haben. Deswegen hat ein Mann, der den ersten Schritt macht, viel bessere Chancen.«

Da »Miami Vice« in seiner Popularität stark gesunken war, bemühte sich Johnson aktiv um Möglichkeiten außerhalb der Sendung. Er hatte gerade seine Arbeit an einem bescheiden budgetierten Spielfilm mit dem Titel *Sweet Hearts Dance* mit Susan Sarandon in der Hauptrolle und Robert Greenwald als Regisseur beendet. Angesichts seines Warren-Beatty-Rufs überraschte Johnson seine Mitarbeiter damit, daß er immer ohne weibliche Begleitung am Set auftauchte. Als er von Greenwald darauf angesprochen wurde, gab Johnson ihm zurück: »Ich habe mich in einen Zustand völliger gefühlsmäßiger und körperlicher Entbehrung begeben, weil es der einzige Weg ist, um mich verzweifelt genug zu fühlen.«

Durch seine jungenhafte Attraktivität, seine Männlichkeit und sein Selbstbewußtsein strahlte Johnson sowohl Erotik als auch Charme aus. »Er hat enormen Charme«, erzählte Greenwald. »Wenn er ihn benutzt, könnte er sogar Hitler betören.«

Dasselbe hätte man von Jon Peters sagen können. Barbra hat eine Tendenz dazu, sich von Männern angezogen zu fühlen, die jünger sind als sie. Außerdem müssen sie selbstbewußt sein, etwas großspurig, sexuell aggressiv, athletisch (Johnson ist ein begeisterter Angler, Golfer, Tennisspieler und Schnellbootfahrer), finanziell unabhängig und persönliche Stärke besitzen. Es ist äußerst unwahrscheinlich, daß Barbra sich jemals, wie es andere weibliche Stars tun und getan haben, für einen am Hungertuch nagenden Tankstellenwart oder Brötchenbäcker oder Bauarbeiter interessieren wird.

Barbra fühlte, daß Johnson, genau wie sie selbst und Claudia Draper, mißverstanden wurde. Sein schlechter Ruf bezüglich seiner Affären war, so behauptete sie, nicht zutreffend und unverdient.

Vor allem fühlte sich Barbra immer von Gegensätzen angezogen, und Don Johnson war ein wandelndes, sprechendes und liebendes Paradox. Trotz seines Rufes, ein Frauenheld zu sein, sehnte er sich nach Häuslichkeit und nach einem Familienleben; obwohl

er ein hartes, manchmal großspuriges Äußeres besaß, war er ein überraschend sensibler Mann, der immer noch unter der Scheidung seiner Eltern litt, die passierte, als er elf Jahre alt war.

Nachdem sie sich auf der Nachweihnachtsfeier kennengelernt hatten, lud Barbra Johnson zu ihrer Silvesterparty ein, die auch in Aspen stattfand. Trotzdem war es Johnson, der um sie warb. Einer von Barbras Freunden rief Lance Brown an, einen der beiden größten Klatschkolumnisten Hollywoods, und erzählte ihm: »Sie werden nie ahnen, wer jetzt mit wem zusammen ist.« Brown zufolge mußte Johnson Barbra mit großer Hartnäckigkeit hinterherlaufen, weil sie unter anderem über ihren Altersunterschied besorgt war. Wie Richard Baskin war Johnson fast acht Jahre jünger als Barbra.

Einige Wochen später wurde das Paar im *Conservatory Restaurant* im *Mayflower Hotel* in New York City gesehen. Die Kolumnistin Liz Smith berichtete, daß die beiden sich eng in einer Nische mit Lederbänken aneinanderschmiegten und plötzlich außer Sicht unter den Tisch rutschten.

Am 22. Januar traten Barbra und Don öffentlich bei einem Boxkampf zwischen Holmes und Tyson in Atlantic City als Paar auf. Die Presse, die nicht erwartet hatte, die beiden zusammen zu sehen und Barbra bei einem Preisboxen zu entdecken, hatte ihren großen Tag. »Es war das erste Mal, daß ich meine Berühmtheit genoß«, berichtete Barbra später, »weil ich mich nicht dem Mann gegenüber für die ganze Aufmerksamkeit entschuldigen mußte, die ich bekam – er bekam genauso viel davon wie ich.«

Am 25. Februar 1988 mußte Barbra bei der ShoWest-Veranstaltung in Las Vegas auftreten, wo sie zum »Weiblichen Star des Jahrzehnts« ernannt wurde. Sie kam zu spät dort an. Als sie schließlich am Arm von Don Johnson eintraf, war die Hölle los. Auf dem Podium saß Jon Peters, der von seinem Stuhl aufsprang und die beiden umarmte, als sie sich setzten.

»Entschuldigen Sie, daß ich etwas zu spät bin«, erklärte Barbra den Veranstaltern, »aber ich habe gerade für eine Rolle in ›Miami Vice‹ vorgesprochen.« Am nächsten Tag hatte Barbra in »Miami Vice« einen unangekündigten, unbezahlten kurzen Auftritt. Während sie am Set war, begann ein Standfotograf, Bilder

von Barbra und Don zu machen. Barbra, die den Fotografen entdeckte, sagte etwas zu Johnson, der sofort den Film konfiszierte.

Am 14. März nahm das Paar an einer Überraschungsgeburtstagsparty für Quincy Jones teil, und in den folgenden Wochen begleitete Barbra Don nach Aspen, wo er für eine Million Dollar ein Haus kaufte. Dort schwelgte sie in ihrem Lieblingszeitvertreib und wurde zur Innenarchitektin ihres Freundes.

Unterdessen wurde Johnson ein weiterer Film mit dem Titel *Dead-Bang* angeboten. Barbra interessierte sich nicht für das ganz auf Action ausgerichtete Drehbuch, das von Johnson, der einen Mordkommissar spielte, unter anderem verlangte, sich über einem Verdächtigen zu übergeben. Außerdem gefiel ihr die Idee nicht, daß sie für die dreimonatige Drehzeit von Johnson getrennt sein würde. Da der Film Johnson jedoch die Möglichkeit gab, mit dem Regisseur John Frankenstein zusammenzuarbeiten (*The Manchurian Candidate*), akzeptierte er das Engagement.

Am 24. April gab Jon Peters bei sich zu Hause eine Party zu Barbras sechsundvierzigstem Geburtstag. Don Johnson, der *Dead-Bang* drehte, war verhindert. Statt dessen aber war seine Ex-Frau, Patti D'Arbanville, anwesend, die mit Barbra in *WAS, Du willst nicht?* aufgetreten war und mit der sich Johnson noch eng verbunden fühlte. In seiner Abwesenheit soll Don Johnson Barbra angeblich einen 25 000 Dollar teuren Araberhengst zum Geburtstag geschenkt haben.

Barbra war ein paar Monate zuvor bei einer anderen Party eingeladen, die im Haus von Pamela Des Barres stattfand, einer ehemaligen Geliebten von Johnson, mit der er sich ebenfalls noch gut verstand. In ihrem Buch *I'm with the Band* hatte Des Barres Johnson unverfroren als einen enorm begabten Sexgott beschrieben. Viele Gäste auf Pamelas Party glaubten nicht, daß Barbra erscheinen würde, weil Don aus geschäftlichen Gründen nicht in der Stadt war. Lance Brown war als geladener Gast anwesend. Er erinnert sich: »Ich erinnere mich, wie jemand sagte: ›Sie werden es nicht glauben, aber Barbra ist gerade dabei, dieses Haus zu betreten.‹«

»Barbra kam aus Höflichkeit zu der Party. Sie kannte die meisten der Anwesenden nicht. Sie war sehr freundlich zu Patty

D'Arbanville [die der Des Barres wiederum sehr nahesteht]. Sie blieb den ganzen Abend und redete mit jedem. Mehrmals ging sie zum Tisch und pickte mit ihrem Finger in den Kuchen.«

Da sie sich in den folgenden Wochen einsam fühlte, flog Barbra nach Calgary, wo die Dreharbeiten stattfanden, um bei Johnson zu sein. Zufälligerweise trat ihre Schwester Roslyn Kind zur gleichen Zeit in einer Produktion mit dem Titel *Leader of the Pack* auf, die ebenfalls in Calgary aufgeführt wurde. »Sie wurde als ›Barbra Streisands kleine Schwester‹ in *Leader of the Pack* angekündigt«, erinnert sich ein früherer Freund und Geschäftspartner von Roslyn. »Barbra rief an und sagte: ›Don und ich möchten gerne das Stück sehen, aber lassen Sie niemanden wissen, daß wir kommen.‹ Roslyn informierte nur den Inspizienten, der den gesamten oberen Balkon für Barbra und Don reservierte. Ihre Limousine brachte sie eine Minute, bevor das Stück begann, zum Theater. Als sie zu ihren Sitzen gebracht wurden, drehten sich alle Leute nach ihnen um. Barbra war wütend [auf Roslyn].«

Zu dieser Zeit hatte Roslyn große Schwierigkeiten, in einer Radio- oder Fernsehwerbung aufzutreten, weil sie so sehr wie ihre Schwester klang. Sie war für die Werbung einer Fliesenfirma vorgesehen, doch bevor die Verträge unterzeichnet wurden, mußte Roslyn erst eine Erklärung unterschreiben, daß die Firma mit ihrer Einstellung keine Barbra-Streisand-Imitation versuchen wollte.

Barbra war unterdessen offensichtlich verliebt. »Ich bin glücklich, sehr glücklich«, rief sie aus. »Und ich war niemals sehr glücklich – das ist etwas, was ich erst noch lernen muß. Es ist so, als wäre ich wieder ein Kind.« Es war relativ unwichtig, daß sie so etwas Ähnliches gesagt hatte, als sie vierzehn Jahre vorher mit Jon Peters zusammenkam.

Barbra wußte jedoch nicht, daß Johnson, während er in Calgary war, mit einer hübschen Fitneßlehrerin namens Pamela Loubman zusammen war. »Ich kannte seinen Trainer«, sagt Loubman, »und hatte gerade eine Rolle als Dons Frau in *Dead-Bang* bekommen. Eines Tages, als ich am Set war, stellte mich sein Trainer ihm vor.«

Johnson war dabei, sich für den Film fit zu machen, und Pamela begann, ihn bei seinen täglichen Läufen zu begleiten. Nach einer Weile gingen die beiden zusammen ins Kino. Dann lud Don Pa-

mela ein, mit ihm ein Wochenende in seinem neuen Haus in Aspen zu verbringen. »Ich war mit Don Johnson zusammen«, sagt sie, »und ich bin mit ihm nach Aspen gefahren.« Sie wurden auf ihrer Reise von seinem Trainer, seinem Assistenten und seinem sechs Jahre alten Sohn, Jesse, dessen Mutter Patti D'Arbanville war, begleitet.

»Ich fühlte mich mit ihm sehr wohl«, fährt Loubman fort. »Er ist ein ziemlicher Gentleman, und er hat großen Respekt vor Frauen. Es ist unkompliziert mit ihm. Seine Persönlichkeit gewinnt noch mehr in natura als auf der Leinwand.«

Über ihre Beziehung zu Johnson sagte Loubman: »Es war eine flüchtige Affäre. Er hatte mit mir nicht den Druck, den er bei Barbra hatte. Trotzdem verband uns vieles. Wir hatten keine Angst voreinander, und wir verstanden uns gut.« Sie fügt hinzu: »Ich habe nichts von ihm erwartet, und ich habe ihm nichts übelgenommen.«

Es war Pamelas Eindruck, daß Johnsons Beziehung zu Barbra nicht ernst war. »Ich bin mir absolut sicher, Johnson sah sich als Single.«

Nach der Beendigung von *Dead-Bang* arbeiteten Barbra und Don in Kalifornien zusammen an einem Musicalduett mit dem Titel »Till I Loved You«. Johnson wollte eine Plattenkarriere aufbauen. Im Herbst 1986 hatte sein Lied »Heartbeat« den fünften Platz der *Billboard*-Pop-Charts erreicht. Seine Langspielplatte mit demselben Titel wurde mit Gold ausgezeichnet, obwohl sie nur Platz siebzehn in den Charts erreichte.

Auf die Frage, warum er ein Rock-and-Roll-Star werden wollte, antwortete Johnson ehrlich: »Weil ich es kann.«

Seine Beziehung zu Barbra wurde von einigen als Schachzug von Johnson angesehen, um seine Plattenkarriere voranzutreiben. »Ich denke, er hatte großen Respekt und eine tiefe Bewunderung für die Streisand«, erinnert sich der Entertainment-Journalist Tony Sands, »aber er zog instinktiv verhältnismäßig viel Nutzen aus der Verbindung.«

Die Reporterin Diane Albright, die ein Buch über Johnson geschrieben hatte, sagt: »Don wollte an einer Platte mit Barbra arbeiten, um der Welt zu beweisen, daß er singen konnte. Er glaubte,

daß wenn er mit Barbra singen würde, jeder der Ansicht wäre, er müßte gut sein, und daß dann seine Karriere als Sänger wirklich beginnen würde.«

Im Mai 1988 kam Dons Ex-Frau Melanie Griffith in ein Rehabilitationszentrum für Alkoholkranke. Die beiden hatten sich 1971, als sie vierzehn und er zweiundzwanzig war, kennengelernt und ein Verhältnis miteinander begonnen. Später heirateten sie und ließen sich dann wieder scheiden, blieben aber gute Freunde.

Als Melanie im Juli 1988 aus der Klinik entlassen wurde, war es Don Johnson, der auf sie wartete. Der Funke sprang erneut über. Johnson zufolge war es Melanie, die ihm hinterherlief. In den nächsten Monaten verliebten sich die beiden wieder ineinander.

Man weiß nicht, wann Johnson Barbra von seiner wiedererwachten Beziehung zu Melanie erzählte. Offensichtlich war jedoch, daß Don am 18. September 1988 an Barbras Arm an der Premiere von *Sweet Heart Dance* teilnahm. Einige Tage zuvor waren die beiden im Aufnahmestudio gewesen, um »Till I Loved You« aufzunehmen. Als die Single einige Wochen später herausgebracht wurde, wurde sie von den Kritikern niedergemacht, und das Lied kam nicht einmal in die *Billboard*-Top Twenty.

Ungefähr zu dieser Zeit erwähnte Johnson, als er auf das Thema Heiraten angesprochen wurde, einem Reporter gegenüber: »Ich habe immer den Gedanken im Hinterkopf, daß ich wieder heiraten möchte.« Und provozierend fügte er hinzu: »Und man hat mich erst kürzlich dazu ermutigt.«

Natürlich vermutete jeder, daß er von Barbra als seiner zukünftigen Frau sprach. Dabei bezog er sich auf Melanie.

»Ich denke, die Streisand war geschockt [über die Neuigkeit, daß Johnson wieder mit Melanie Griffith zusammen war]«, erinnert sich Tony Sands, »weil ich glaube, daß sie verliebter in Johnson war als er in sie.«

Auch wenn er behauptete, daß seine Trennung von Barbra auf einer gemeinsamen Entscheidung beruhte, würde Johnson später bekennen: »Barbra war interessierter daran, die Beziehung zu erhalten. Wir haben wirklich versucht, daß sie funktioniert. Aber wir kamen an einen Punkt, wo wir uns ernsthaft miteinander einlassen oder uns trennen mußten.«

Im Dezember 1988, ungefähr zur gleichen Zeit, als Melanie für ihre schauspielerische Leistung in Mike Nichols' *Working Girl* Ruhm und Anerkennung zuteil wurden, schenkte ihr Don einen vierkarätigen Diamantring zur Verlobung. Die beiden heirateten im nächsten Frühling.

Barbra nahm ihre Beziehung zu Richard Baskin wieder auf und warf sich in die Arbeit. Sie wollte die Hauptrolle in der schwarzen Komödie *The War of the Roses / Der Rosenkrieg* spielen, doch der Regisseur Danny DeVito entschied sich für Kathleen Turner. Sie dachte auch an die weibliche Hauptrolle in *Frankie and Johnny*, wurde aber von Garry Marshall zugunsten von Michelle Pfeiffer abgelehnt.

Aber es war ein anderes Projekt, das Barbra schließlich vorantrieb, ein Projekt, das sie zurück nach Brooklyn führte und sie zwang, sich mit den noch nicht verheilten emotionalen Narben ihrer Kindheit zu beschäftigen. Das Projekt war Pat Conroys *Herr der Gezeiten*.

Herr der Gezeiten – eine schwierige Besetzung

Nachdem sie mit Columbia Pictures eine Einigung erzielt hatte, stürzte sich Barbra in die Aufgabe, ihren neuen Film zu besetzen. Nur wenige waren überrascht, daß sie bei *Herr der Gezeiten* selber Regie führen wollte. Nachdem sie bei *Yentl* mehrere Aufgaben gleichzeitig bewältigt hatte, schien kaum noch etwas ihre Fähigkeiten als Regisseurin zu übersteigen. Was jedoch überraschte, war die Tatsache, daß sie in dem Film mitspielen wollte, ohne eine Hauptrolle zu übernehmen. Für einige war dies ein Zeichen ihrer künstlerischen und emotionalen Reife.

Herr der Gezeiten ist die Geschichte von Tom Wingo, einem Fischerssohn aus South Carolina, der nach Manhattan geht, um seiner suizidgefährdeten Schwester Savannah zu helfen. Dort wird er von der Therapeutin, Dr. Susan Lowenstein (Barbra), aufgefordert, die schrecklichen Geheimnisse, die die beiden seit ihrer Kindheit unterdrückt haben, zu artikulieren und preiszugeben. Nachdem Robert Redford die Rolle von Tom Wingo abgelehnt und Don Johnson ihr Bett verlassen hatte, begab sich Barbra auf die Suche nach dem Mann, der Wingo spielen konnte. Sie wollte einen Schauspieler, der zumindest oberflächlich gesehen den typischen Hollywood-Star personifizierte, ein Symbol männlicher Sexualität darstellte und Macho-Gehabe besaß. Sie wollte dann mit ihren Fähigkeiten als Regisseurin und mit ihrem weiblichen Instinkt so lange mit ihm arbeiten, bis er jenseits der üblichen, äußerlichen Posen sein eigentliches Wesen offenbaren würde. Sie dachte an einen Schauspieler, der ähnliche innere Qualitäten wie Tom Wingo besaß; ein Mann, an dessen Wunden man seine Geschichte nachvollziehen konnte. Sie wollte jemanden, der nicht nur spielte und sich hinter seiner Rolle versteckte, sondern der in gewisser Weise auf der Leinwand *er selbst* war. Es würde eine ehrgeizige Aufgabe für einen Schauspieler sein, der dazu gezwungen wäre, Facetten seiner Persönlichkeit zu zeigen, die er auf der Leinwand noch nie enthüllt hatte. Barbra sagte: »Es ist viel schwieriger, man selbst zu sein.«

Diese Anforderung war wahrscheinlich für Warren Beatty zuviel. Wie Redford ist Beatty ein guter Schauspieler, aber er ist
nicht gerade bekannt dafür, sich stürmischen Gefühlsausbrüchen
hinzugeben. Statt dessen ist er (oder war, wenn man seine 1991
geschlossene Heirat mit Annette Bening bedenkt) der Schürzen-
jäger Hollywoods, zu dessen Eroberungen auch die Streisand zählt,
während seine Leinwandpersönlichkeit sich durch eine distanzierte Zurückhaltung, einen zusammengebissenen Kiefer und eine
wohlkalkulierte Kühle auszeichnet. Beatty war daran interessiert,
die Rolle des Tom Wingo zu spielen, aber er wollte nicht die emotionale Verwundbarkeit zeigen, die Barbra von ihm verlangte. Für
eine Weile schwankte er zu Barbras Verzweiflung trotzdem hin und
her, ob er die Rolle spielen sollte. Interessanterweise willigte er
dann ein, in *Bugsy* von Barry Levinson zu spielen, ein Projekt, in
dem er sein Können erweiterte und seine Kritiker durch eine überraschend gewagte und explosive schauspielerische Leistung verblüffte.

Unterdessen tauchte ein weiterer potentieller Tom Wingo auf.
Während der Dreharbeiten zu *Q & A*, einem 1989 entstandenen
Thriller über Polizeikorruption, überreichte dessen Produzent,
Burtt Harris, Nick Nolte das Buch von Conroy. Nolte las es und
war sofort von der Idee begeistert, einen Mann zu spielen, der sich
mit den Frauen seines Lebens beschäftigen muß, um die Traumata
seiner Kindheit zu lösen. »Ich fragte Harris, wie es um das Projekt
stehe«, sagte Nolte, »weil ich den Roman sehr mochte. Er sagte:
›Barbra Streisand will die Regie führen.‹« Über Harris bekam
Nolte eine Kopie des Drehbuchs und bat Harris dann, Barbra mitzuteilen, daß er mit ihr über das Projekt reden wollte. Sie wußte
allerdings bereits davon, weil sie selbst Harris gebeten hatte, Nolte
das Buch bei Gelegenheit zu geben.

Barbra war nicht dumm. Nach ihren Erfahrungen mit Redford
und Beatty wollte sie nicht mehr um jemanden werben. Der
Mann, der ihr Prinz sein würde, würde zu ihr kommen.

Zu diesem Zeitpunkt seiner Karriere war Nick Nolte ein respek-
tierter Schauspieler, der im Grunde keine Arbeit suchte. Dennoch
war er kein wirklicher »Hauptdarsteller«. Richtige Hauptdarsteller kriechen wohl kaum mit heraushängender, hechelnder Zunge

auf allen vieren auf dem Boden herum und verschlingen Hunde-futter aus einem Napf, wie es Nolte in dem Film *Down and Out of Beverly Hills* 1986 getan hatte. Er war jünger als Redford, aber drek-kiger, abgerissener, weniger glatt und bedrohlicher als er. Im Grunde war er eine Art Robert De Niro in Robert Redfords Kör-per.

Nicholas King Nolte wurde 1941 in Omaha, Nebraska als Sohn von Helen und Frank Nolte geboren. Sein Vater, ein halbprofes-sioneller Fußballspieler, wurde Vertreter für Bewässerungspumpen und war während des Zweiten Weltkriegs, als sein einziger Sohn zur Welt kam, auf den Philippinen stationiert. Nick lernte seinen Vater erst kennen, als er fast drei Jahre alt war. Die Abwesenheit seines Vaters in diesen frühen Jahren und die Tatsache, daß er ihn auch später nie richtig kennengelernt hatte, hinterließen Spuren, die Nolte später zu *Herr der Gezeiten* führen sollten. Im Alter von zehn Jahren hatte er einen Unfall, bei dem er sich auf dem weißen Palisadenzaun der Nachbarn aufspießte und seinen Unterleib übel zurichtete. Die Verletzung kastrierte ihn nicht, sondern es entwik-kelte sich daraus ein dritter Hoden. Es war eine Deformierung, die Nolte von seinen Freunden entfremdete und seine Jugend be-stimmte. Die, die den Schauspieler näher kannten, vermuteten, daß dieser schicksalhafte Unfall in seiner Kindheit bei Nolte das unbewußte Bedürfnis entstehen ließ, seine Muskeln spielen zu las-sen und seine Kampfeslust zur Schau zu stellen.

Jahre später fragte ein Reporter den schon etwas älteren, aber gut erhaltenen Nolte, ob er sich einem Gesichtslifting unterzogen habe. Nolte, der niemals ehrlich mit der Presse umging, antwor-tete, daß er dies nicht getan, aber statt dessen eine »Hodenab-klemmung« vorgenommen habe. Nolte witzelte gegenüber seinem Publikum, das ihm nun völlig gespannt zuhörte: »Es läßt den Penis länger aussehen.«

Als Teenager wurde Nolte, der auf der High-School ein guter Sportler war, auch ein heftiger Trinker. Man warf ihn aus dem Footballteam, für das er als Quaterback gespielt hatte, nachdem man ihn betrunken, um sich schlagend und mit einer in seinem Schließfach versteckten Flasche Whiskey aufgefunden hatte. Schließlich brachte ihn ein Sportstipendium nach Arizona, wo er

sich abstrampelte, aber durchfiel. Bevor er die Schule jedoch verließ, machte er sich, so merkwürdig das klingen mag, einen Namen mit dem Verkauf von gefälschten Wehrpässen. Nolte wurde verhaftet, als Verbrecher überführt und zu einer fünfjährigen, auf Bewährung ausgesetzten Strafe verurteilt.

Um seine großen Energien besser nutzen zu können, begann Nick, in einem regionalen Theater zu arbeiten, wo er im Laufe der Jahre seine schauspielerischen Fähigkeiten entwickelte. 1969 hatte er seinen ersten von mehreren Fernsehauftritten in »Walt Disney's Wonderful World of Color«; sein großer Durchbruch kam 1976 in der ABC-Serie »Rich Man, Poor Man«, in der er mit Peter Strauss und Susan Blakely zusammen spielte. Nach der Miniserie übernahm er 1977 in dem geistlosen, aber populären Film *The Deep* mit Jacqueline Bisset eine Rolle.

Je erfolgreicher er wurde, um so mehr trank, zechte und schwelgte Nolte in allgemeinen Exzessen. Einmal begrüßte er einen Reporter mit einem Gewehr und sechs Flaschen Bier. Eines Tages, während der Dreharbeiten zu *The Ultimate Solution of Grace Quigley* (1984), bekam Nolte einen Anruf von einer unerschütterlichen Partnerin, die ihn zurechtwies: »Ich habe gehört, daß du völlig besoffen in allen Gossen der Stadt herumhängst – das muß aufhören.« Die Partnerin war Katharine Hepburn, die durch ihre Erfahrung mit Spencer Tracy etwas über Alkoholismus wußte. Nolte, der keinen Gegenschlag auslassen konnte, antwortete: »Ich kann noch nicht aufhören. Es gibt eine Menge Gossen, in denen ich noch nicht gelegen habe.«

Bei Noltes erstem Treffen mit Barbra hagelte es Bemerkungen zu den Theorien, die der Psychologe John Bradshaw vertrat. Die beiden hatten Bradshaws Buch *Homecoming: Reclaiming and Championing Your Inner Child* gelesen. Ihre Treffen entwickelten sich schließlich zu einem kleinen Symposium über den Zustand der Beziehungen von Mann und Frau.

Sicherlich hatte Nolte in seinen persönlichen Beziehungen zu Frauen allerhand Schwierigkeiten. Er heiratete die Schauspielerin Sheila Page und ließ sich wieder von ihr scheiden, und er mußte an Karen Eklund einen Unterhalt von fünf Millionen Dollar zahlen. Er ging eine stürmische Ehe mit der Tänzerin Sharon Haddad ein

und soll 1982 während der Dreharbeiten zu dem Film *Cannery Row* eine Affäre mit Debra Winger gehabt haben. 1983 traf Nolte Becky Linger, die Tochter eines Arztes, die seine dritte Frau wurde. Anfang 1990 stand ihre Ehe kurz vor der Scheidung.

Nolte sagt: »Es gab nicht viele Frauen, die in der Lage waren, lange mit mir zu leben. Ich bin zu extrem.«

Die Streisand war fasziniert von den Herausforderungen, die der Schauspieler ihr durch seine Irrwege und, wie sie es Freunden gegenüber äußerte, »durch seine Probleme mit Frauen« stellte. Konnte sie sein Vertrauen erwecken? Konnte sie sein Macho-Gehabe durchbrechen? Würde er, wenn überhaupt, mit einer Frau als Chef gut zusammenarbeiten? Sie fühlte sich auch durch die Parallelen zwischen Film und Realität angezogen, die Nolte in das Projekt bringen würde. Er war wie Wingo, ein Mann, dessen Kindheitstraumata unbeachtet geblieben waren und nicht heilten; er war wie Wingo, ein Mann, dessen Ehe dabei war, in die Brüche zu gehen, und wie Wingo mußte er lernen, mit den Frauen in seinem Leben fertigzuwerden. Im Film mußte Wingo versuchen einer Therapeutin zu vertrauen, hinter der Kamera mußte Nolte lernen, einer Regisseurin zu vertrauen. Alles lief parallel, war miteinander verwoben und bezog sich aufeinander.

Und deshalb entschied sich Barbra für Nolte. Danach mußte sie noch das Studio von Noltes Fähigkeiten überzeugen. Doch wenn Barbra etwas oder jemanden will, dann ist sie unermüdlich und kann ihren Willen auch durchsetzen. Er war der richtige Schauspieler für diese Rolle, die ihm außerdem zu einem günstigen Zeitpunkt in seinem Leben zugefallen war.

Einige Monate zuvor hatte Nolte das Trinken aufgegeben und war wie Wingo dabei, aus dem emotionalen Chaos zu sich selbst zu finden. Er war ein Künstler, der voller Schmerzen steckte und die Leinwand brauchte, um dies auszudrücken. Wie die meisten guten Regisseure wollte Barbra diese Schmerzen mit der Kamera einfangen und Nutzen daraus ziehen. Sie gab Nolte über die Leinwand aber auch die Möglichkeit zu einer seelischen Befreiung.

»Ich sah viel Schmerz in seiner Arbeit und in seinen Augen«, erzählte Barbra später. »Ich redete mit ihm und spürte seine Ver-

wundbarkeit und sein Bedürfnis, die Gefühle herauszulassen – romantische, sexuelle –, tief verborgene Gefühle.«

Von allen Schauspielern, die sie in Betracht gezogen hatte, war Nolte derjenige, der sich am verwundbarsten zeigte. Die Frage, die sich Barbra stellte, war, ob sie sein Vertrauen erringen und diese Verletzbarkeit am Drehort auf Kommando hervorbringen konnte. Die Frage, die sich Nolte stellte, war, ob er die Rolle wirklich wollte.

Verständlicherweise war sich Nolte aufgrund von Barbras Ruf unsicher, was eine Zusammenarbeit betraf. Er rief Karel Reisz an, der 1978 sein Regisseur bei *Who'll Stop the Rain* war, und fragte ihn um Rat. Er wandte sich mit denselben Zweifeln und Fragen an Sidney Lumet, mit dem er *Q & A* gemacht hatte. Beide Regisseure drangen darauf, daß Nolte die Rolle übernahm. Die Streisand, so sagten sie, sei nicht *so* schlimm, und die Rolle sei gut. Außerdem würde ein dicker Honorarscheck auch nicht wehtun. Vor *Herr der Gezeiten* verlangte Nolte offenbar zwischen 1,5 und 3 Millionen Dollar pro Film. Einige waren angesichts seiner alles andere als imposanten Kassenerfolge der Meinung, daß er überteuert war und sein Honorar heruntersetzen sollte. John Voland, Kenner der Filmindustrie, sagt dazu: »Nick ist toll, aber er ist nie die Nummer eins in einem Film, warum bekommt er soviel Geld?«

Trotzdem, wenn er schon in *Herr der Gezeiten* seine Seele preisgeben mußte, dann wollte er dafür wenigstens entsprechend entschädigt werden. Für seine Arbeit an dem Film verlangte und bekam er die beeindruckende Summe von 4 Millionen Dollar. Nolte behauptete natürlich, daß seine Einwilligung, Wingo zu spielen, nichts mit Geld zu tun habe. »Ich war sicher«, äußerte sich Nolte, »daß es für Barbra als Regisseurin der richtige Film war.«

Währenddessen sah sich Barbra alle Filme mit Nolte an, die sie bekommen konnte, und kam zu dem Schluß, daß Nick noch nicht sein volles Potential ausgespielt hatte. »Ich sah mir alle seine Filme an und fand, daß alle Liebesszenen unlebendig waren. Es gibt niemals eine Schlafzimmerszene ... In *Q & A* war er brillant. Er ist in Charakterrollen viel besser. Ich denke immer, daß jeder, der das Potential besitzt, gut zu sein, ein wenig angetrieben werden sollte. Ich weiß, daß er ein Mann ist, ein körperbetonter Mann, ein

sinnlicher Mann, warum soll man das nicht in den Film einbauen?«

Barbra entschloß sich, Nolte zu dem zu machen, was er immer schon hätte sein sollen: ein Hauptdarsteller. Auf ihr Drängen hin verlor er dreißig Pfund, trug Anzüge nach ihrem Geschmack, färbte seine Locken in einem Redford ähnlichen Goldschimmer, ließ sein gutes Aussehen spielen und erfüllte damit ein Leinwandimage, das ihn zugleich charmant und verletzlich zeigte und für ein großes Publikum attraktiv machte. Er war auch einverstanden, ein oder zwei Liebesszenen mit seiner Regisseurin zu spielen, die zur Bestürzung einiger Mitspieler seine Partnerin sein würde. »Ich fand, daß ich die beste Frau für diese Rolle war«, sagt Barbra Streisand. »Können Sie sich jemanden vorstellen, der es besser machen würde?«

Nichts ärgerte Barbra in den folgenden Monaten mehr, als wenn jemand die Kontroverse um ihre eigene Besetzung erwähnte. Vom abfälligen Gerede über ihre Schönheit und von trivialen Kommentaren einmal abgesehen, war die Kontroverse nicht ganz grundlos. Einige der Kritikpunkte zielten auf etwas ab, was man im Grunde nur als die bewußte »Herstellung« eines Stars bezeichnen konnte.

Im Buch ist der Part der Psychiaterin Susan Lowenstein eine unter mehreren Nebenrollen. Die Figur ist ein wenig zu glatt und vorhersehbar in ihrer Opfer- und Heiligenrolle, um auf der Leinwand wirklich lebendig zu wirken, und es ist kaum ein herausfordernder Part. Alles in allem war die Figur nicht für eine Hauptrolle oder für einen Star gedacht.

Mit der Streisand als Lowenstein würde der Film wohl völlig aus dem Gleichgewicht geraten. Es war gar nicht so sehr, weil sie ihre Rolle erweitern, sondern weil sie sie erhöhen würde. Das Buch ist von epischer Länge und umspannt Jahrzehnte. Natürlich konnte nicht alles in zwei Stunden Film hineingepackt werden. Etwas mußte weggelassen werden. Diejenigen, die vor Barbra an dem Buch arbeiteten, hatten Schwierigkeiten, das Material umzusetzen. Sie kämpften mit grundsätzlichen Fragen: Welche Figuren sollten gezeigt, welche Teile berührt und welche ganz gestrichen werden?

Die Streisand hatte solche Probleme nicht. Da sie die Lowenstein spielen wollte, würde bei einer Kinoadaption jede kleinste Szene mit ihr erhalten bleiben. An ihrer Rolle würde nicht gestrichen werden, was allerdings zuungunsten anderer, wesentlicherer Elemente des Buches ging. Barbra bot als Erklärung an: »Es ist unnötig zu sagen, daß wir nicht alle fünfhundertsiebenundsechzig Seiten auf die Leinwand bekommen konnten, aber ich glaube, daß wir den Kern des Stoffes erhalten haben.« Den Kern vielleicht. Die Seele jedoch war trotz aller guten Absichten in Barbras Drehbuch offensichtlich abhanden gekommen. Die eigentliche Hauptfigur in *Herr der Gezeiten* ist nicht Tom Wingo, sondern sein älterer Bruder Luke, ein einfacher Mann mit bescheidenen Bedürfnissen, der sein Leben mit erstaunlicher, beneidenswerter Klarheit lebt, seine Familie liebt und beschützt und mit tiefer Menschlichkeit über sein Reich in South Carolina herrscht, das aus Meer, Sümpfen und Fischen besteht. »Niemand hatte dies erwartet, als wir aufwuchsen«, denkt Tom Wingo in Pat Conroys Buch, »aber Luke war derjenige, der ein Leben führte, das sich an den Grundbedürfnissen orientierte – das einzige, was wirklich wichtig ist.« Luke Wingo ist die glücklichste und heroischste Figur in Conroys Prosa, und er ist auch der interessanteste Charakter, die Seele von *Herr der Gezeiten*. Er wurde leider fast vollständig aus dem Drehbuch der Streisand entfernt.

Wie Luke sollte auch die Figur der Savannah in Streisands Adaption Schaden nehmen. Melinda Dillon, die für diese glorifizierte Miniaturrolle engagiert worden war, hatte in dem Film nichts weiter zu tun, als in der psychiatrischen Abteilung eines Krankenhauses blaß und schmerzvoll auszusehen. Darüber hinaus ist Wingos Motivation, nach New York zu gehen, um sie zu retten, in Barbras Drehbuch verkürzt dargestellt. Auf die außerordentliche Nähe ihrer Beziehung wird niemals wirklich eingegangen. Man erfährt nur, daß sie Zwillinge sind, so als würde dies schon als Erklärung ausreichen.

Auch fehlt in dem Film eine Passage aus dem Buch, die die Figur Tom Wingos plastischer machte und mehr Sympathie für seinen Kampf hervorrief als irgendeine andere Stelle. Es ist die Sequenz, in der der Lehrer Wingo erfährt, daß eine seiner Studentinnen von

ihrem Vater körperlich mißbraucht wird. Wingo, der Kämpfer, marschiert zu dem Haus des Mädchens und beginnt, auf den Vater einzuschlagen. Hier kämpft ein Mann, um ein schutzloses Kind zu verteidigen, der selber nicht in der Lage ist, sich mit dem Schmerz seiner eigenen Kindheit auseinanderzusetzen.

Außerdem werden die Kindheitsszenen von Barbra nur spärlich und in Rückblenden vermittelt, obwohl diese die besten und am lebendigsten erzählten Abschnitte des Buches sind. In dem Film lassen sie jedoch fast alle weg. Die Szene über den bengalischen Tiger, den Tom, Luke und Savannah vor einem schmerzvollen Tod retten, ist eine klassische Geschichte über Kindheitsidealismus, die für den Film ein enormes visuelles und emotionales Potential gehabt hätte. Aber gerade sie wird im Drehbuch der Streisand gar nicht erwähnt.

Die umstrittene Vergewaltigungsszene wurde in der Adaption gekürzt, vielleicht nicht nur aus Zeitgründen. Da Barbra bewundernswert darum bemüht war, sensibel mit ihren jungen Schauspielern umzugehen, hat Barbra die Szene »vertuscht«, indem sie schlechte und schräge Kameraeinstellungen und schnelle Schnitte wählte. Da sie auf keinen Fall wollte, daß die Szene sensationslüstern wirkte, war sie letzten Endes zu vorsichtig. Im Buch und im Film ist Tom Wingo beschämt und zu Tode verängstigt, als er von einem Schläger zur Sodomie gezwungen wird. Darüber hinaus muß er hilflos die brutalen Vergewaltigungen seiner Mutter und seiner Schwester geschehen lassen. Es ist ein schrecklicher Moment im Buch und in Wingos Leben, ein absolutes Horrorerlebnis, was im Film nicht wirklich spürbar wird.

Statt dessen muß das Publikum langweilige Einstellungen von Barbras Beinen über sich ergehen lassen oder eine Sequenz, in der sie sich einen Fingernagel abbricht. Es muß auch eine zwanzigminütige Schmalzszene ertragen, in der sich die Streisand und Nolte in die Augen starren, und das in einer hoffnungslos antiquierten Montage, die an eine der fürchterlichsten Fernsehwerbungen der siebziger Jahre erinnert, in denen ein junges Paar sich in langsamen Bewegungen in die Arme läuft. Eine ganze Reihe von Sequenzen hat überhaupt nichts mit den aktuellen und beunruhigenden psychologischen Themen zu tun, die den Kern der literarischen Vorlage bilden.

Barbra weigerte sich zuzugeben, daß die zahlreichen Auslassungen, die sie zu verantworten hatte und die alle zugunsten der Figur von Lowenstein gehen, etwas mit der Günstlingswirtschaft eines Regisseurs zu tun hatten. Sie gestand lediglich ein, daß »es natürlich schwierig ist, ein derartig vielgelesenes und geliebtes literarisches Werk auf die Leinwand zu bringen. Die Leute haben eine tiefere Beziehung zu bestimmten Aspekten eines Buches, das sie mögen.«

Man kann davon ausgehen, daß Barbra auf Kosten des Stoffes ihren ganzen Willen dareinsetzte, die Figur der Susan Lowenstein zu verändern, um aus ihr eine angemessene Rolle für Barbra Streisand zu machen. Abgesehen von der Kritik, daß sie die Geschichte aus dem Gleichgewicht brächte, schien sie auch noch auf einer persönlichen Ebene ungünstig für die Rolle zu sein. »Als ich das Buch las«, meinte Barbra, »sagte ich zu mir: ›Mein Gott. Abgesehen von der Haarfarbe bin *ich* das. Das könnte wirklich ich sein!‹«

Man muß dazu lesen, wie Pat Conroy Susan Lowenstein einführt: »Sie war teuer gekleidet und sehr schlank. Ihre Augen waren dunkel und ungeschminkt. In der Dunkelheit des Zimmers, bei den süßen Klängen von Vivaldi, war sie atemberaubend schön, eine von diesen unnahbaren, aufrechten New Yorker Frauen, die in ihrer Stärke Löwinnen ähneln. Sie war groß und schwarzhaarig und sah aus, als sei sie von guter Herkunft und hätte Geschmack.« Ihre Kritiker waren schnell dabei zu fragen: »Wen nimmt sie eigentlich auf den Arm?«

Später sagte Wingo zu Lowenstein: »Was auch immer für Maßstäbe und Normen man anlegt, Ihr Gesicht ist einfach schön. Es war ein Vergnügen, es in den letzten Wochen anstarren zu können... [Ihr Ehemann] ist entweder homosexuell oder ein Idiot. Sie sehen phantastisch aus, Frau Lowenstein, und ich finde, es ist höchste Zeit, daß Sie sich darüber freuen.«

»Ich kann gar nicht daran denken, mich in jemanden zu verlieben, der so schön ist wie Sie.« Und dann denkt er bei sich: »Ihre dunkle, sinnliche, irritierende Schönheit erregte mich immerzu.«

Das Aussehen der Streisand wäre gar nicht so entscheidend gewesen, wenn es nicht ein wesentlicher Bestandteil der Figur der Lowenstein und wichtig für die Glaubwürdigkeit der Geschichte

gewesen wäre. Lowenstein ist eine Frau, die – zumindest scheinbar – alles besitzt und nicht darum kämpfen muß, schön zu sein. Es sind zunächst ihre Ausstrahlung und ihr wunderbarer Körper, von denen Tom Wingo gefangengenommen wird. Der Konflikt entsteht daraus, daß er gleichzeitig von der ungewöhnlichen Attraktivität ihres Gesichtes und ihres Körpers fasziniert wird, sich aber vor ihrem scharfsinnigen, prüfenden Intellekt hütet und fürchtet.

Insgeheim war sich Barbra selbst unsicher, ob sie das Aussehen besaß, um die Lowenstein spielen zu können. Sie konnte die Figur verstehen und war auf jeden Fall in der Lage, die Rolle zu spielen. Aber würde sie diese ganz bestimmte Schönheit vermitteln können? Als sie noch ein Kind war, hatte man Barbra gesagt, daß sie häßlich sei. Es war ihre Halbschwester Roslyn, die als »die Hübsche« bezeichnet wurde. Von diesen Worten hatte sich Barbra nie ganz erholt. Wenn sie mit der Distanz ihres Alters ihre Kindheit betrachtete, dann sagte sie: »Eltern können einen in eine Rolle drängen. Man ist ein schlechtes Kind, eine Verrückte – wie in dem Buch [Gezeiten]. Und man wächst auf und erfüllt diese Rolle, bis es einem bewußt wird und man zu sich selbst sagt: ›He, ich bin nicht das häßliche Entlein . . . Ich habe es verdient, glücklich zu sein.‹« Als Barbra die Rolle der Lowenstein annahm, wollte sie vielleicht ihrer Mutter, der ganzen Welt und vor allem sich selbst sagen, daß sie nicht mehr bereit war, die Rolle des häßlichen Entleins zu akzeptieren.

In einem ungewöhnlichen Schritt entschied sich die Regisseurin Streisand, einen Leinwandtest mit der Schauspielerin Streisand zu machen, um zu sehen, ob die Produzentin Streisand der Besetzung zustimmen würde. An der weitgehend geheimgehaltenen Aktion nahmen nur ein Maskenbildner und ein Kameramann teil.

Da sie Angst hatte, daß man sich lustig darüber machen könnte, daß sie sich selbst für eine Rolle in ihrem Film einem Test unterzog, behauptete Barbra anderen gegenüber, daß sie nicht ausprobieren wollte, ob sie die Rolle *spielen* konnte, sondern eher, ob ihr *Aussehen* der Figur entsprach, was natürlich richtig war. Sie war so unsicher, daß sie den Leinwandtest Pat Conroy zeigte. Conroy hat später selbst zugegeben, daß er einen derartigen Test gesehen hat. Er

erinnert sich: »Als ich Barbra zum ersten Mal traf, fragte sie mich, ob sie wie die Ärztin aussehe, und ich sagte nein. Dann sagte sie: ›Sieht das wie Lowenstein aus?‹ und drückte auf einen Knopf, worauf auf der Leinwand ein riesiges Bild von ihr erschien. Sie spielte keine einzige Szene, aber sie hatte sich wie die Figur gekleidet und stellte sie auf der Leinwand dar. Ich sagte ihr: ›Ja, das ist Lowenstein.‹« Vielleicht noch verwegener als ihre eigene Besetzung war Barbras Entscheidung, ihren eigenen Sohn eine zwar kleine, aber dennoch zentrale Rolle spielen zu lassen. Er war jedoch nicht ihre erste Wahl. Sobald Jason erfuhr, daß seine Mutter die Regie bei dem Film führen würde, bewarb sich Jason Gould, dreiundzwanzig, für die Rolle des gestörten Sohns der Lowenstein. Er war bereits in kleinen, unbedeutenden Rollen in Filmen wie *The Big Picture* (1989) mit Kevin Bacon, *Say Anything* (1989) mit John Crusack (1989) und *Listen to Me* (1989) mit Kirk Cameron aufgetreten.

Barbra war unsicher, ob sie ihrem Sohn die Rolle geben sollte. Zunächst einmal wollte sie nicht der Vetternwirtschaft beschuldigt werden.

Außerdem war ihr bewußt, daß Jason, wenn er eine so wichtige Rolle übernahm, genau wie sie als eine Person des öffentlichen Lebens betrachtet werden würde, in deren Privatleben man herumwühlt, wie man es bei ihr auch tat. Barbra gestand später: »Ich dachte in meinem tiefsten Inneren: ›Es ist gefährlich. Wir können beide deswegen angegriffen werden.‹« Und schließlich stellte sich natürlich auch die Frage, ob Jason für die Rolle überhaupt geeignet war, denn die Figur Bernard Woodruffs war die eines wütenden, rebellischen, aber unterdrückten Teenagers, der Geige spielt, um seinen Vater, einen meisterhaften Violinisten, zu besänftigen, während der Sohn im Grunde den Wunsch hegt, Footballspieler zu werden. Barbra war nicht der Ansicht, daß ihr Sohn im traditionellen Sinne männlich genug für die Rolle war. Jason war eher zierlich und mager, und Football war nicht gerade seine beliebteste Freizeitbeschäftigung.

Wochen vergingen. Barbra erzählte: »Jason hatte mich nie um irgend etwas gebeten. Jason ist nicht ehrgeizig. Er hat nicht dieses große Verlangen, berühmt zu sein oder so etwas, weil es kompliziert ist, Elliotts und mein Sohn zu sein. Es tauchen Konkurrenzpro-

bleme auf und all das. Aber er rief mich eines Tages an und sagte: ›Mama, wegen dieser Rolle, ich habe gehört, daß du dabei bist, sie mit jemand anderem zu besetzen, was ist passiert? Ich dachte, daß du mich gut dafür fandest.‹«

Tatsächlich hatte Barbra die Rolle bereits mit einem anderen Schauspieler besetzt, Chris O'Donnell, der, anders als Jason, Star-quarterback des Footballteams seiner High-School war.

Pat Conroy erinnert sich: »Barbra zeigte mir den Jungen, dem sie die Rolle ihres Sohnes gegeben hatte, ein sehr hübscher blonder Junge. Natürlich sieht jeder schön aus in Hollywood, und ich sagte: ›Das ist er nicht.‹ Und sie sagte: ›Ich habe ihn bereits engagiert.‹ Ich sagte: ›Er ist es aber trotzdem nicht.‹ Und sie sagte: ›Sehen Sie, er ist ein guter Sportler.‹ Ich sagte: ›Der Junge [Bernard] ist kein guter Sportler. Das ist der Punkt.‹ Sie zeigte mir daraufhin noch einige andere Jungen, die ihr vorgesprochen hatten. Schließlich zeigte sie mir einen anderen, von dem ich nicht wußte, daß er ihr Sohn war. Aber er hatte eine wunderbar motzige Teenagerausstrahlung. Ich sagte: ›Das ist der Junge, der hier.‹ Sie sagte: ›Aber er kann kein Football spielen.‹ Sie zeigte mir Fotos von dem Jungen, wie er versuchte, einen Ball zu werfen. Er war wirklich nicht gut. Er hatte noch nie einen Football geworfen. Ich sagte: ›Das ist genau das, was Sie brauchen. Sie können ihn trainieren.‹«

Conroy, der die Figur gestaltet hatte und sich mit deren körperlicher Konstitution gut auskannte, korrigierte sie: »Nein, nein, nein, er wird im Buch als ein Junge beschrieben, der 140 Pfund wiegt.«

Da sie sich nicht gerne berichtigen läßt, und besonders dann nicht, wenn es ihren Sohn betrifft, fuhr Barbra fort, Conroy zu sagen, daß dies ja gerade die Sache sei. Jason sei zu klein und schmächtig für die Rolle, da er lediglich 125 Pfund wiegt. Sie gestand dem Autor ihre Sorge: »Ich denke immer, daß er mehr essen sollte. Ich bin seine Mutter.«

Es mag vielleicht überraschen, aber Barbra Streisand ist auch eine typisch »jüdische Mutter«. Sie ist besessen von der Idee, daß ihr Sohn unterernährt sein könnte, und es ist bekannt, daß sie in den verschiedenen Wohnungen ihres Sohnes eine Reihe unerwarteter mittäglicher Besuche machte, ungeschminkt, mit einem

Kopftuch bekleidet und einen Topf Hühnersuppe vor dem mütterlichen Busen. Sie blieb ein paar Minuten und ging dann wieder, wobei sie ihm befahl: »Iß!«

Um Pat Conroy zu beweisen, daß ihr Sohn zu zart und der Falsche für die Rolle von Bernard Woodruff war, nahm Barbra das Telefon und wählte Jasons Nummer. Als er sich meldete, platzte sie sofort mit dem Grund ihres Anrufes heraus: »Wieviel wiegst du?« Ziemlich verblüfft antwortete Jason, der in einem Sportzentrum in West Hollywood trainiert hatte: »140 Pfund, warum?«

Barbra hatte nicht nur den Wunsch ihres Sohnes und die Zustimmung des Schriftstellers, sie hatte jetzt auch ihr Zeichen. Ihr Sohn wog genauso viel wie die Figur, die er unbedingt spielen wollte. Chris O'Donnell wurde trotz seiner Schönheit, seines blonden Haares und seiner Fertigkeiten im Football ausbezahlt und schnell entlassen. »Es war«, sagte Barbra, die großen Wert auf solche Dinge legte, »Schicksal.«

Nichtsdestotrotz hielt sie die Neuigkeit von Jasons Besetzung so lange geheim, wie sie konnte. Schließlich, als die Crew und die Schauspieler ihre Sachen für die Außenaufnahmen im Süden des Landes packten, kündigte Columbia Pictures an, daß Jason Gould die Rolle des Bernard in *Herr der Gezeiten* übernehmen würde. Barbra versuchte tapfer auszusehen, drückte Jasons Hand und machte sich auf das Schlimmste gefaßt.

Beaufort will Drehort werden

Den Mai und den Juni 1990 verbrachten hundert Crewmitglieder und Schauspieler von *Herr der Gezeiten* in der kleinen Stadt Beaufort in South Carolina. Sie kamen und waren ausgerüstet mit hochtechnisierten Geräten, Designer-Rennschuhen, leistungsstarken Walkie-Talkies, modischen Ray-Ban-Sonnenbrillen, den heißbegehrten Ausweisen der Columbia Pictures und nicht zuletzt mit ihrer überaus kalifornischen Haltung. Die Stadt Beaufort zählte ganze 9576 Seelen. Ursprünglich eine alte Hafenstadt, fiel sie kurz nach der Kapitulation von Fort Summer im benachbarten Charleston an die Yankees, wurde jedoch wegen ihrer Einrichtung für den Schiffsverkehr nicht zerstört. Es ist gut möglich, daß die Einwohner von Beaufort eine solche Flut von Fremden und derart hektische Aktivitäten das letzte Mal in diesen unglücklichen, langen Tagen des Bürgerkriegs erlebt hatten.

Doch war es ihnen egal. Sie öffneten den Fremden mit ihrem eingefrorenen Lächeln ihre Türen und Häuser und wollten als Gegenleistung nur einen Blick auf . . . *sie* werfen.

Barbra Streisand hätte Beaufort als Drehort beinahe außer acht gelassen, obwohl Beaufort wirklich die Stadt war, über die Pat Conroy so eloquent geschrieben hatte.

Anfang Februar fand sich Barbra unauffällig in der Südstaaten-Stadt ein. Ihr Gastgeber war Jim McDill, der Vorstandsmitglied des kommunalen Gremiums für Wirtschaftsentwicklung in Beaufort war.

»Großer Gott!« rief McDill, als man ihn fragte, was es hieß, als Barbra schließlich Beaufort als Hauptdrehort wählte. »Das bedeutete zweieinhalb Monate Arbeit. Ich war die lokale Verbindungsstelle zwischen dem Filmbüro von South Carolina und dieser Gemeinde, was die Dreharbeiten betraf, und ich kann Ihnen sagen, daß wir in *Herr der Gezeiten* genauso viel Arbeit gesteckt haben wie in jede andere Produktionsstätte oder geschäftliche Einrichtung, die wir hier in Beaufort hatten.«

McDills fügt hinzu: »Die Suche begann, als das Filmbüro von

South Carolina unter der Leitung von Isabel Hill mein Büro kontaktierte und sagte: ›Jim, wir suchen in deiner Gemeinde nach folgenden Drehorten: Wir brauchen [Savannahs] Wohnung, wir brauchen Aussichten aufs Meer und wir brauchen Fischkutter und so weiter.‹ Es war meine Aufgabe und die meiner Assistentin, Lisa Halopoff, die Drehorte im Drehbuch zu identifizieren. Dann trafen wir Miss Streisand einmal zum Abendessen, und sie fragte mich: ›Jim, warum finden Sie, daß wir in Beaufort drehen sollten?‹«

McDill konnte nicht vorhersehen, daß die Stadt die Publicity in den folgenden Wochen und Monaten würde gut gebrauchen können. Beaufort wird als ein sicherer und liebenswürdiger Ort geschätzt, in dem Ritterlichkeit und die Werte alteingesessener Familientradition hochgehalten werden.

Jim McDill erzählte »Miss Streisand«, wie sie die meisten Leute am Set ansprachen, *nicht*, daß *Herr der Gezeiten* ein Thema lokaler Auseinandersetzungen gewesen war. Einige Bewohner von Beaufort hatten das Gefühl, daß die Beschreibung der Südstaatler bei Conroy erniedrigend war. Die Auseinandersetzung hatte schon 1988 begonnen, als das Buch von Schülern der South-Carolina-High-School als Hausaufgabe gelesen werden mußte. Wütend bezeichnete ein Minister aus Charleston das Buch als »roh, dreckig und auf geile Weise pornographisch« und stellte fest, daß es nicht für die empfindlichen Seelen der Jugend South Carolinas bestimmt sei.

Beim Abendessen mit Barbra erzählte McDill, daß der Film in Beaufort gedreht werden müßte, weil er in Beaufort spielte. Die Stadt würde nicht um etwas bitten, was ihr nicht ohnehin schon gehöre. Hollywood-Produzenten einschließlich der Streisand haben aber trotzdem, wenn sie ihre Drehorte auswählen, die Tendenz, bei einer starbegeisterten Stadt anzufragen und zu sagen: »Okay, zeigen Sie mir, was Sie zu bieten haben.«

In den nächsten beiden Tagen führte McDill Barbra in der Stadt und ihrer Umgebung herum und machte sie auf die menschenleeren Strände, die historischen Vorkriegsbauten, die Sümpfe und das in der Nähe der Chesapeake Bay liegende zweitgrößte Mündungssystem der Ostküste aufmerksam. Er erklärte ihr

die Wichtigkeit der Beziehung, die die Gemeinde zum Meer, zur Umwelt und zur Fischindustrie hatte.

»Wir hatten ein gutes Gefühl, als sie wegfuhren«, erinnert sich McDill, »aber wir hatten noch keine wirkliche Zusage.« Barbra traf sich auch mit Filmfunktionären in North Carolina, wo man sie ebenfalls herumführte. Barbra machte sich am meisten Sorgen um die in Beaufort fehlenden Filmstudios oder Räume, die man in Studios hätte verwandeln können. In der Stadt waren zwar die Filme *The Great Santini* (1979) von Lewis John Carlino, *The Big Chill* (1983) von Lawrence Kasdan gedreht und ein paar Filme fürs Fernsehen hergestellt worden, aber noch nie war dort ein Film von solchen Ausmaßen, mit einem solchen Budget und mit solchen Anforderungen realisiert worden wie *Herr der Gezeiten*.

McDill gestand auf größeres Drängen hin aber auch ein, daß es Probleme gegeben habe, Beaufort als Drehort zu sichern. »Eines Samstagmorgens bekam ich einen Telefonanruf aus Los Angeles. Ich war gerade dabei, Gras zu mähen. Isabel Hill war dran, die in Los Angeles saß und dort versuchte, den Film [nach Beaufort] zu holen. Sie sagte: ›Jim, die Möglichkeit, daß das Projekt nach North Carolina geht, ist sehr groß, außer wir finden eine Produktionsmöglichkeit von 50000 Quadratmetern in unserer Gegend, aber das müssen wir am Montag wissen.‹

Gott, es war Samstagmorgen! Ich nahm das Telefon und rief den Präsidenten der Technischen Universität hier in der Kommune an und fragte ihn, ob man eine freie Turnhalle benutzen könnte. Ich bekam am Telefon eine Zusicherung, daß der Columbia Pictures eine Turnhalle umsonst zur Verfügung stehen würde. Ich rief den Verwaltungsbeamten der Gemeinde an – wir haben ein 30000 Quadratmeter großes Warenhaus –, und die Gemeinde willigte ein, das Kaufhaus zu räumen und es der Columbia, umsonst, zur Verfügung zu stellen. Ich kontaktierte die Nationalgarde von South Carolina, die sich bereit erklärte einen 1200 Quadratmeter großen Raum zur Verfügung zu stellen und nur eine kleine Entschädigung für die Wartungskosten zu verlangen. In einem Zeitraum von 24 Stunden hatte die Gemeinde 50000 Quadratmeter aufgetrieben, deren Benutzung im Grunde kostenlos war. Am Montagmorgen um zehn Uhr unserer Zeit waren alle Absichtser-

klärungen bezüglich der jeweiligen Räume unterschrieben. Um acht Uhr morgens, nach Los-Angeles-Zeit, faxte ich die Absichtserklärungen an Columbia Pictures.«

Endlich, innerhalb einer Woche, wurde McDill darüber informiert, daß man Beaufort als Hauptdrehort für *Herr der Gezeiten* ausgewählt hatte. »Als sie sahen, wie sehr die Gemeinde sich eingesetzt hatte«, sagt McDill, »und begriffen, wie sehr wir den Film in Beaufort haben wollten, auch daß wir alles unternehmen würden, um ihn zu bekommen, hat sich Columbia Pictures wohl zu einer positiven Entscheidung durchgerungen.«

Die Macht der Gezeiten

Es war der 18. Juni 1990, als der *Herr der Gezeiten* schließlich gnädig vor die Kamera trat. Die erste Szene, die man drehte, war Toms und Savannahs Kindergeburtstag. In einem extremen Beispiel für Organisation und Vorbereitung Hollywoods – einige würden es sogar als übertrieben bezeichnen – hatte Barbra für die Feier nicht nur einen Kuchen zur Hand, sondern auch fünf Ersatzkuchen, für den Fall, daß der Zuckerguß im heißen Studiolicht schmelzen könnte.

Um den ersten Drehtag zu feiern, schickte Jon Peters Barbra aus Los Angeles zwanzig Dutzend weißer und rosa Rosen aus Bittys Blumenladen und versetzte damit die Stadt in Aufregung.

Im Gegensatz zu ihrem Ruf streitbar zu sein, ist sie oder kann Barbra entwaffnend weiblich sein. »Sie schien zart und zerbrechlich«, sagt Nancy Rhett, die die Rolle der Isabel Newburry in *Herr der Gezeiten* spielt. »Einmal [während der Dreharbeiten] war sie wie ein kleines Mädchen, und ich wollte zu ihr sagen: ›Niemand beißt dich. Es ist alles okay. Es ist alles in Ordnung.‹ Sie ist verletzlich, schüchtern, zerbrechlich und eigentlich wie ein kleines Mädchen.«

Barbras eigentliches Thema waren Rosen. Niemanden, der sie kennt, überrascht es, daß Barbra sich mit rosa Rüschen, Spitzendeckchen und Blumenmustern umgibt. Sie liebt auch frisch geschnittene Blumen. Während der zweimonatigen Drehzeit von *Herr der Gezeiten* in Beaufort bekam sie jeden Tag zu beträchtlichen Kosten Blumen nach Hause gebracht, die vermutlich aus dem mehrere Millionen schweren Budget bezahlt wurden.

Barbras Leidenschaft für Blumen griff auch auf die Dreharbeiten über. Im Buch beschreibt Pat Conroy Tom Wingos Mutter Lila als eine Frau, die eine besondere Affinität zu Gardenien besitzt. Entschlossen, die Authentizität des Buches Wort für Wort zu erhalten, sandte Barbra »Fußsoldaten« aus, die nach den wohlriechenden, zerbrechlichen, weißblättrigen Blumen für sie suchen sollten.

Es stellte sich heraus, daß die Gardenien vor Ort bereits vor

einem Monat aufgehört hatten zu blühen. Darüber hinaus boten Gärtnereien außerhalb des Staates nur kurzstielige Gardenien zum Versand an. Lila Wingos Leidenschaft für Gardenien richtete sich auf die langstielige Sorte, die Barbra natürlich unbedingt haben mußte. Die Suche nach den Gardenien wurde im gesamten Staat, quer durch das Land und schließlich sogar jenseits der Landesgrenzen durchgeführt.

Nach Monaten anstrengender Suche fand Barbras Team endlich einen Blumenladen, der bereit war, die Gardenien zu einem beträchtlichen Preis aus Südamerika zu schicken. Barbra würde ihre Blumen während des ganzen Sommers 1990 haben.

Wenn man ihren mikroskopischen Sinn für Details betrachtet, dann ist Barbra die geborene Regisseurin. Eigentlich war die Schärfe ihrer Augen ihre größte Fähigkeit. Sicherlich sieht sie Dinge, die andere nicht sehen oder ganz einfach ignorieren.

In einer Szene in *Herr der Gezeiten* gab Nancy Rhett (Isabel Newburry) eine Party für ihre Freunde, bei der man Mah-Jongg* spielte. Bevor die Szene gedreht wurde, schoß Barbra plötzlich eine Frage in den Sinn.

Rhett erinnert sich: »Ich saß in dem Wagen für die Maske. Nick Nolte war rechts neben mir, Kate Nelligan [die in dem Film die Lila Wingo war] links, und Barbra Streisand quetschte sich zwischen uns, neben mein linkes Knie. Sie sah mich an und sagte: ›Runter mit dem Hut.‹ Und ich nahm den Hut ab. Dann sagte sie: ›Du bist eine Frau aus Beaufort. Spielten die Damen in Beaufort Mah-Jongg?‹ Ich wollte sagen: ›Ja, und sie tun es immer noch. Aber es sind nur die Jüdinnen, die es spielen.‹ Aber ich dachte, das sage ich lieber nicht. Es hört sich nicht gerade freundlich an. So meinte ich nur: ›Nein.‹ ›Bridge?‹ fragte Barbra. Und ich sagte: ›Offen gesagt, haben sie wahrscheinlich Canasta gespielt.‹ Das nächste war, daß sie mit den Fingern schnippte und plötzlich zwei Kartenspiele auf dem Tisch lagen.« Mah-Jongg war kein Thema mehr. Jetzt mußte es Canasta sein.

Für dieselbe Szene überprüfte Barbra den Set und spürte mit

* chinesisches Brettspiel

ihrem sechsten Sinn, daß etwas fehlte. Rhett erinnert sich: »Es gab auf dem Set einige Teetassen, ein paar Essensreste, damit es so aussah, als hätten wir etwas gegessen, und ein paar Zitronenscheißen. Barbra sah sich um und sagte: ›Es ist keine Teekanne da.‹ Sie ließ einen Tisch kommen, den man mit einer Teekanne darauf in eine Ecke stellte.

»Ordnung ist das halbe Leben!« fügt Rhett in bezug auf Barbras Fanatismus fürs Detail hinzu. »Man sah das Schildchen eines Teebeutels, und es wurde entfernt. Der Zitronensaft mußte frisch gepreßt aussehen, alles mußte perfekt sein. Dann, als wir zum Mittagessen aufbrachen, kam die ›Polaroidcrew‹ rein. Es waren drei Leute, die je eine Polaroidkamera hatten. Einer von ihnen fotografierte jeden Schauspieler [in der Szene] von vorne und von der Seite, um sicher zu gehen daß sich unsere Kostüme und Frisuren während des Mittagessens nicht verschoben. Ein anderer war dafür verantwortlich, die Tischoberfläche zu fotografieren, so daß, falls irgend etwas bewegt worden wäre, man es wieder in die alte Position rücken konnte. Die dritte Person fotografierte den gesamten Raum aus verschiedenen Winkeln. Barbra selbst überprüfte die Frisuren und die Haarnadeln, die wir trugen, sowie die Knöpfe an unseren Kostümen.«

Barbra war auch sehr exakt, was Nelligans Akzent anging. Während Lila Wingo altert, wollte Barbra, daß Nelligans Akzent sich entsprechend veränderte und sich auf subtile Weise mehr dem Südstaatenslang anpaßte. Nelligan sagt über ihre Regisseurin: »Sie ist sehr präzise. Schließlich ist es ihr Film, und sie trifft die Entscheidungen. Sie weiß sehr genau, wie sie ihn haben möchte. Wenn sie ihre Ideen erklärt, tut sie das sehr deutlich.«

Sicherlich machte sie auch der Catering-Firma des Teams, einem aus Nashvill stammenden Unternehmen namens TomKats, klar, was sie wollte. Als sich der Film noch in der Vorproduktionsphase befand, nahm sich Barbra sogar die Zeit, mit dem Caterer ihre kulinarischen Vorlieben und Abneigungen zu besprechen. Sie war auch angetan von der Tatsache, daß die Catering-Firma umweltfreundlich eingestellt war und die Papierteller, Aluminiumdosen und Glasflaschen recycelte. Darüber hinaus wurde auf Streisands Anordnung hin während des Drehs kein Plastik oder

Styropor verwendet. Außerdem wollte Barbra, daß das Catering-Essen nicht zu fett und, noch wichtiger, nicht zu scharf gewürzt war, was nun gerade die Spezialität des Koches, George Harvell, war. Offensichtlich war sie besorgt, daß zu scharfes Essen in Verbindung mit der Sommersonne die Produktivität ihres Teams einschränken könnte.

Während sie den Drehplan vorbereiteten, verbrachten Barbra und ihr Kameramann Stephen Goldblatt (*The Cotton Club*, 1984; *Joe Versus the Volcano*, 1990; *For the Boys*, 1992) Monate damit, die lokalen Gezeiten- und Mondkarten zu studieren. »Wir haben dramatische Gezeiten hier«, erklärt ein Anwohner. »Wenn sie eine Szene mit Wasser haben wollte, dann mußte sie auf die Flut warten. In einigen Gebieten sieht man bei Ebbe nur Sumpf und Sumpfgras.« »Was sie tat«, heißt es an anderer Stelle, »war, sich eine Gezeitenkarte zu besorgen. Der Küstenrat von South Carolina gibt jedes Jahr eine Gezeitenkarte heraus, der man entnehmen kann, wie weit zu einer bestimmten Zeit die Flut steigen und die Ebbe zurückgehen wird.« Barbra hatte die Karte im Kopf und richtete den Drehplan danach aus.

Eine andere Szene aus dem Buch ist ein weiteres Beispiel für Barbras besonderen Sinn für Perfektionismus. Die Szene sah vor, daß Lila Wingo mit ihren Kindern einen Spaziergang macht, während man gleichzeitig die Sonne und den Mond sieht. Obwohl man ein solches Naturereignis leicht für die Kameras hätte simulieren können, bestand Barbra auf der natürlichen Variante, die nur an drei Tagen im Sommer auftritt.

Natürlich war Barbras peinliche Liebe zum Detail nicht jedem angenehm, besonders dann, wenn sie die eigene Arbeit betraf. Barbra, so sagen einige, engagierte die besten Leute, die sie finden konnte, um ihnen dann zu sagen, was sie zu tun hatten. Die Sache mit Barbra ist so: Man muß erreichen, daß sie sich auf etwas konzentriert, womit sie dann voll beschäftigt ist – dann kann man seine Arbeit tun.

Barbra engagierte mit Paul Sylbert einen Szenenbildner, der Filme wie *One Flew Over the Cuckoo's Nest / Einer flog über das Kuckucksnest* (1975), *Heaven Can Wait / Der Himmel kann warten* (Oscar für

die Kategorie »Bestes Szenenbild«) und *Kramer vs. Kramer / Kramer gegen Kramer* (1979) hinter sich hatte. Es war seine Aufgabe, die Gesamtgestaltung des Filmes zu übernehmen, besonders den Szenenaufbau.

Barbra betrachtet sich selbst als Kennerin der Innenarchitektur. »Sie hat acht Häuser«, witzelt Sylbert. »Sobald das achte ausgestattet ist, beginnt sie wieder mit dem ersten.«

Der Konflikt, der rückblickend unvermeidlich war, entstand, als Sylbert Barbra eine seiner Set-Vorstellungen für den Film zeigte. »Es gefällt mir nicht«, sagte sie direkt und unfreundlich.

»Warum?« fragte Sylbert. »Weil ich es nicht mag«, wiederholte Barbra, verärgert über die Anmaßung, daß ihr Wort allein nicht Grund genug sei. Sylbert antwortete: »Was sie mögen und nicht mögen, hat nichts damit zu tun.«

»In einem Film«, erklärt Sylbert, »gibt es bestimmte Anforderungen, die nichts mit persönlichem Geschmack zu tun haben. Wenn ich baue, ist der Kunde nicht der Regisseur. Der Kunde ist die Figur des Films. Es ist mir egal, was der Regisseur will. Ich bin ein Experte in dem, was ich tue, und was andere mögen oder nicht mögen, hat darauf keinen Einfluß.«

Der Stein des Anstoßes, der einen Riß in der Beziehung zwischen Barbra und Sylbert provozierte, war das Haus, das die Lowenstein mit ihrem Mann teilt. »Barbra hatte ein völlig anderes Konzept« sagt Sylbert. »Sie wollte, daß das Haus ›förmlich, aber gemütlich‹ aussah. Sie richtete sich in ihrer Vorstellung von amerikanischen Hauseinrichtungen nach dem Lebensstil der reichen WASPs. Ich hatte eine völlig andere Idee. Mein Konzept richtete sich nach der Figur und ihrem Mann, Herbert Woodruff. Ein Mann, der diese Frau über all die Jahre dominieren, sich über sie lustig machen und sie in die Position bringen konnte, daß sie sich häßlich fühlte, mußte eine starke Persönlichkeit haben. Ich wollte, daß er Europäer war. Barbra hatte Recht, als sie diese Rolle mit einem Europäer [Jeroen Krabbe] besetzte. Er war ein arroganter, herrischer Tyrann. Deswegen gestaltete ich die Inneneinrichtung sehr sauber und wählte eine internationale Ausstattung, die einen großen Bezug zu Europa hatte. Ich wollte die Strenge. Und ich wollte einen Schwarzweißkontrast [der Boden war schwarz und

die Wände weiß], um zu zeigen, wie die reichen Leute im Gegensatz zu den Armen mit Schwarz und Weiß umgehen. Zu Beginn des Filmes, als Nick in der Fischerhütte aufwächst, sieht man, daß dort der Boden ebenfalls schwarz und die Wände weiß sind. Aber es ist ein anderes Schwarz und ein anderes Weiß.«

Dem Journalisten Frank Jarrell zufolge, der Sylbert während der Dreharbeiten interviewte, wurde die Beziehung zwischen der Streisand und Sylbert schließlich so schlimm, daß Barbra voller Zweifel ihm sagte, sie wolle, daß er alles neu aufbaue. Er weigerte sich, indem er argumentierte, daß es sein Job sei, den Set dem Drehbuch entsprechend zu bauen und nicht den Launen einer Möchtegern-Innenarchitektin zu entsprechen.

Jarrell erzählt: »Sylbert sagte ihr klipp und klar: ›Sehen Sie, wenn Sie mir das noch einmal sagen, dann kündige ich und nehme alle Bauleute mit.‹« Dabei blieb es dann auch. Sylberts Szenenaufbau blieb mit Barbras widerwillig gegebener Erlaubnis so stehen, wie er es gestaltet hatte.

»Barbra nahm meine Idee schließlich an«, sagt Sylbert. »Ich habe diese Schlacht gewonnen. Wie? Man muß stark gegen sie sein. Es gibt keinen anderen Weg. Und man muß wissen, warum man dies oder jenes will. Ich hatte für alles einen Grund. Sie ist eine gute Zuhörerin und kein Dummkopf. Wenn man ihr sagt, warum, und ihr zeigt, wieso, dann kann man sie überzeugen.«

Barbra mußte ihre Meinung später revidieren und erkennen, daß Sylberts Vorstellungen richtig für den Film waren. »Ich erinnere mich daran, wie sie Lowensteins Wohnung in den Mustern sah«, sagt Sylbert, die Erinnerung auskostend. »An diesem Abend waren nur wenige von uns da. Ich stand hinter dem Kontrollpunkt, an dem sie saß, aber sie wußte nicht, daß ich da war. Auf der Leinwand war eine Einstellung mit ihr, wo sie mit Nick an einer Säule stand. Sie standen mit dem Rücken zum Eßzimmer, in dem das Hausmädchen gerade die Kerzen anzündete. [Als sie die Szene sah,] sagte Barbra laut: ›Das ist die perfekte Wohnung für sie.‹ Der Kameramann kniff mich ins Knie, weil er wußte, wie hart der Kampf war. Es kam einfach so aus ihr heraus, und das ist die Art und Weise, wie sie arbeitet.«

Ein anderer Streit zwischen Streisand und Sylbert entzündete

sich an dem Set von Lowensteins Büro. »Die einzige Angabe, die sie mir bezüglich der Gestaltung machte, war: ›Ich sehe mich von Holz umgeben‹«, erzählt Sylbert. Und so gab er ihr Holz. Teure antike Eiche, und eine ganze Menge davon. Nach der Fertigstellung entschied sich Barbra jedoch, das private Badezimmer, das an Lowensteins Büro angrenzte, zu vergrößern. Sylbert schreckte davor zurück. »Normalerweise ist es mir vollkommen egal, wieviel Geld sie [die Filmproduzenten] ausgeben, aber ich wurde wirklich sehr wütend auf Barbra und sagte: ›Alle Kämpfe, die wir in den letzten Monaten wegen des Films hatten, gingen ums Geld.‹« Die vorgeschlagene Badezimmervergrößerung, versuchte Sylbert vernünftig zu argumentieren, sei eine glatte Geldverschwendung. »Sie werden das niemals in der Einstellung sehen!« erklärte er und stieß auf taube Ohren. Da er frustriert war, machte Sylbert den Fehler, Barbra anzuschreien. Sie hat ihm das niemals vergeben. »Sie wurde sehr, sehr verärgert, als ich sie anschrie«, bekennt Sylbert. »Man muß es verstehen. Genauso wie man verstehen muß, daß ich zu diesem Zeitpunkt wütend war, weil wir wegen dem Budget enorm unter Druck standen.«

»Das Badezimmer«, sagt Sylbert, »ist ein Beispiel dafür, daß Barbra immer übermäßig besorgt war, die Sache richtig zu machen. Ich wußte jedoch, daß es so wie es [ursprünglich gebaut] war, in Ordnung war, da Nick [Nolte] die Tür nur bedingt öffnen konnte. Und außerdem bin ich viel erfahrener als Barbra es ist.« Nichtsdestotrotz bestand sie auf der Badezimmervergrößerung, und Sylbert gab schließlich nach. »In Wahrheit«, fügt Sylbert rückblickend hinzu, »war das neue Badezimmer niemals zu sehen. Die *alten* Wände, die wir aufgebaut hatten, konnte man sehen. Die neuen Wände, die man dekoriert hatte, sah man nicht. Wir haben das Badezimmer völlig grundlos verdoppelt.«

»Soviel ich weiß«, sagt Sylbert mit einer Spur Verachtung, »erzählt Barbra jedem in Hollywood, daß ich ein Scheißkerl bin. Der nächste Film, den ich gemacht habe *[Rush]* war mit Lili Zanuck, die das erste Mal Regie führte und eine Frau war. Sie sagte zu mir: ›Ich würde Sie gerne einstellen, aber Barbra hat schlecht über Sie geredet. Sie hat mir gesagt, daß Sie sehr gemein zu ihr gewesen seien.‹ Ich denke, daß Barbra sich daran erinnert, wie ich sie we-

gen des Badezimmers angeschrien habe. Aber Lili und ich sprachen darüber, und sie nahm mich trotzdem. Deswegen war es mir egal.«

In Beaufort und Umgebung zirkulierten Geschichten über Barbras Perfektionismus, wie sie es definieren würde. Eine sehr populäre Geschichte bezog sich auf das lokale Marinekorps. Die Flugzeuge, die über die Stadt flogen, störten nicht nur Barbras Dreharbeiten, sondern auch ihren Schlaf.

Ein Anwohner erzählt: »Das Gerücht ging, daß Barbra verärgert über den Flugverkehr war, der sich über ihrem Kopf abspielte. Sie wurde fuchsteufelswild. Unglücklicherweise liegt die Stadt direkt an der Hauptverkehrslinie. Sie rief angeblich den kommandierenden General der Basis an und forderte von ihm, daß er die Flugzeuge umleite, weil sie zuviel Lärm machten und ihr Probleme bereiteten.«

»Ich wollte dem Gerücht nachgehen«, erinnert sich John Williams, ein lokaler Reporter. »Ich fuhr extra zum Marinehauptquartier in Washington, D. C. Aber sie lachten nur und sagten: ›Das Marinekorps ändert seinen Flugplan nicht wegen jedem.‹«

Und was passierte dann? »Sie mußte aufhören zu drehen, wenn sie über sie hinwegflogen«, sagt Williams. Barbra – eine Frau, die es nicht gewöhnt ist nachzugeben – mußte die Dreharbeiten an ihrem Film mehr als einmal in den folgenden Wochen mitten in einer Einstellung unterbrechen. Während der Unterbrechungen hielt sie sich mit den Händen die Ohren zu, als man das Heulen der Maschinen hörte. Manchmal murmelte sie etwas vor sich hin oder zuckte mit den Schultern.«

»Barbra Streisand mag eine gute Sängerin und eine gute Filmschauspielerin sein«, sagte man bei der Marine in Washington zu John Williams, »aber soviel Macht hat sie dann doch nicht.« »Professionalismus« ist ein großes Wort für Barbra Streisand. »Sachlichkeit«, so scheint es, ist es nicht.

Die Beziehung zwischen der Filmcrew und der Gemeinde oder, besser gesagt, zwischen Barbra und den Bewohnern von South Carolina begann vielversprechend. Während ihrer Aufenthalte in der Umgebung, als sie einige Monate nach Drehorten suchte,

hatte sie sich offen gezeigt. In Beaufort besuchte sie *Plums Restaurant*, ein einfaches, familienbetriebenes Café, das direkt im Wasser lag und an seinen weinroten Markisen und seinem schwarzweiß gefleckten Boden zu erkennen war.

Ein anderes Mal war Becky Kilby, eine Verkäuferin in *Rhetts Galerie* in Beaufort, verwundert, als sie von ihren Papieren aufblickte und in das Gesicht von Barbra Streisand sah. »Sie kam um die Mittagszeit herein«, erinnert sich Kilby, »und blieb eine Stunde. Sie war sehr klein und schlank.«

Nancy Rhett die Galeristin, fügt hinzu: »Ich sah auf, und da stand diese kleine Person. Sie hatte bald alle Bilder im ganzen Ausstellungsraum verteilt und kroch auf allen vieren herum, um sie zu sortieren. Ein paar Minuten später stürmte der UPS*-Mann zur Tür herein, wie er es immer tat, und mußte über die Bilder springen. Er versuchte, komisch zu sein und sagte: ›Wer hat diesen Mist auf dem Boden liegengelassen?‹ Er neckte immer die Mädchen, die die Galerie führten. Ich sah ihn sehr cool an und sagte: ›Barbra Streisand‹. Da ging er regelrecht in die Knie.«

Becky Kilby hatte den Eindruck, daß Barbra und ihr männlicher Begleiter, Shel Shrager, in Eile waren. Es waren noch andere Kunden im Laden, und Barbra fühlte sich unwohl. Barbra bat Shrager, Becky zu fragen, ob sie das Geschäft noch einmal nach Ladenschluß für sie öffnen könnte.

Kilby erzählt: »Zu mir war sie sehr nett. Sie kam um etwa viertel vor sechs zurück und blieb bis halb neun. Sie redete davon, daß sie antike Bilder mochte. Wir sprachen die meiste Zeit über die Arbeiten selbst, über die alten Stiche und die Art, wie man sie rahmte. Sie wollte einige für die Eingangshalle ihrer Wohnung in New York rahmen lassen.«

»Das einzige Mal, daß wir über etwas anderes sprachen als über ihren Auftrag«, sagt Nancy Rhett, »war, als ich ihr sagte, daß ich sie in *Funny Girl* auf der Bühne gesehen hätte. Sie war bis dahin sehr geschäftsmäßig, sehr professionell gewesen. Sie ist eine kluge Frau, das merkt man. Sie hatte sich sehr auf das konzentriert, was sie tat, und auf die Bilder, die sie kaufen wollte. Als ich ihr von

* United Parcel Service = Kurierservice für Pakete

Funny Girl erzählte, war es so, als ob jemand plötzlich auf einen Knopf gedrückt hätte und sie damit zum Strahlen brachte.

Die Überstunden Nancy Rhetts hatten sich offenbar gelohnt. An diesem Abend kaufte Barbra dreizehn oder vierzehn Drucke (einige von ihnen stammten aus dem Jahre 1828 und zeigten zarte, kleine gelbe Blumen), die Kilby in Barbras Penthouse-Wohnung nach New York schickte. Barbra kaufte auch ein paar Arbeiten von Rhett selber, für die dieser Tag und dieser Abend enorm profitabel war. Nicht nur ihre Registrierkasse klingelte, sondern das Treffen mit Barbra hatte auch zur Folge, daß diese Rhett für die kleine Sprechrolle der Isabel Newburry, Lila Wingos sterbender Freundin und ehemaligen Feindin, engagierte.

Die Drehortsuche in Charleston wurde für Barbra, die normalerweise dazu neigt, sich abseits zu halten, fast zu einem geselligen Ereignis. Begleitet von einem ganzen Gefolge, einschließlich ihres Trainers, aß sie eines Abends in dem feinen Restaurant *Chouinard's*. Nach dem Essen akzeptierte Barbra eine Einladung von einigen Restaurantangestellten zu einem Spaziergang durch die Stadt, was ein mutiger Schritt für sie war.

Verglichen mit ihrem relativ zugänglichen Auftreten während der Filmvorbereitungen zog sich Barbra vollkommen zurück, als die Dreharbeiten begannen, und umgab sich nur noch mit ihren Angestellten, mit ihren »Leuten«. Für die Einwohner von Beaufort wurde der Anblick von Barbra selten.

Sie ist eine Frau, die das, was sie macht, hinter verschlossenen Türen tun möchte und gleichzeitig hofft, daß das Ergebnis ihrer Arbeit gierig von der Öffentlichkeit aufgenommen wird. Sie fühlt sich belästigt, wenn sie in ein Restaurant oder einen Laden geht oder eine Straße überquert und neugierige Blicke auf ihr ruhen.

Schüchternheit allein ist keine passende Erklärung. Bis zum heutigen Tag wird Barbra wütend, wenn jemand versucht, ein unerlaubtes Foto von ihr zu machen. Wenn sie während der Außenaufnahmen zu *Herr der Gezeiten* jemanden sah, der eine Kamera auf sie richtete, dann trug sie sofort einem ihrer Assistenten auf, die Kamera zu konfiszieren.

Eines Tages während der Dreharbeiten am Hafen entdeckte

Barbra mit scharfem Blick eine Kamera, die auf sie gerichtet war. Außer sich, bat sie einen ihrer Leute, den Stein des Anstoßes an sich zu nehmen. Es stellte sich jedoch heraus, daß der Zuschauer ein Computerspiel und keine Kamera in der Hand hielt und an einem Foto von Barbra Streisand reichlich wenig interessiert war. Peinlich berührt wurden Entschuldigungen abgegeben, und die Dreharbeiten gingen weiter.

Allüren eines Stars

Je länger die Dreharbeiten dauerten, um so mehr zog sich Barbra, erschöpft durch den Arbeitsstreß und ermattet von der Sonne in South Carolina, von der Öffentlichkeit zurück, womit ihre Popularität sank. Sie versteckte sich, jedenfalls wurde es so von vielen empfunden. Sogar am Außendrehort, einem weißen, dreistöckigen Vorkriegshaus in der North Street 509, das Beth und Gene Grace gehörte, die es für den Sommer zur Verfügung gestellt hatten, zog sie gewisse Grenzlinien, indem sie eine weiße Zeltplane über den Hinterzaun hängen ließ, die sie vor Blicken schützte. Dieser Umstand beleidigte mehr als ein paar Einwohner von Beaufort. Unter ihnen war Fred Trask. »Ich kann verstehen, daß sie nicht begafft werden will«, bemerkt Trask. »Aber es ist doch sehr irritierend, daß Leute, die hier wohnen, nichts an ihrem Besitz verändern dürfen, ohne den Dienstweg einzuhalten, und dann kommen die Filmleute hierher und bekommen alles, was sie sich vorstellen. Wenn die Streisand mit den Fingern schnippt, dann wird sofort getan, was sie will.«

Bemerkenswert ist, wie diese Finger aussehen. Barbra ist nicht nur für ihren Wunsch nach Kontrolle und Perfektion bekannt, sondern auch für ihre schönen, manikürten Fingernägel. Nachdem der Film herausgekommen war, kritisierte man sie wegen der Aufmerksamkeit, die die Kamera ihnen gab. Diese Kritik ist trivial. Nichtsdestotrotz bot Barbra ihrem Publikum in *Herr der Gezeiten* häufige Einstellungen von ihren langen, gepflegten Fingernägeln.

Die *Los Angeles Times* bezeichnete es als »Nagelschau«. Die Drehbuchautorin Ellen Shepard meint: »Ihre Nägel dominieren ihr gesamtes Spiel. Es ist unglaublich, daß niemand ihr vorschlug, die Aufmerksamkeit von ihren Händen wegzulenken.«

In Glendale, Kalifornien, theoretisiert die Psychotherapeutin Christine Maginn darüber: »Frauen, die nicht glücklich über ihr Äußeres sind, fixieren sich oft auf einen Körperteil, den sie mögen, und geben sich besondere Mühe, die Aufmerksamkeit auf ihn zu lenken.«

Und Rando Celli in Beverly Hills vermutet: »Sie will uns ihre Macht zeigen. Diese langen und starken Fingernägel sagen: ›Haltet Abstand.‹« Für den Fall, daß die Fingernägel und die im Garten angebrachte Zeltplane nicht in der Lage waren, die Leute auf Abstand zu halten, hatte Barbra immer noch ihre Kleidung. Während ihres Aufenthalts trug Barbra fast ausschließlich (außer natürlich, wenn sie im Kostüm vor der Kamera stand) große, weite Kleider, in denen ihre Figur versank. Außerdem trug sie große Schlapphüte, die nicht nur ihr Haar, sondern auch die Hälfte ihres Gesichts verdeckten, und riesige Sonnenbrillen, die ihre Augen versteckten, für den Fall, daß die Krempe des Hutes nicht ausreichte. So sah ihr tägliches Schutzschild aus, und als wäre dies nicht genug, verlangte Barbra von ihren Assistentinnen, daß sie sich in die gleiche Kleidung hüllten, um als Köder zu fungieren. Manchmal benutzte sie auch ein Ablenkungsmanöver des U. S. Secret Service, und eine Assistentin fuhr in Barbras geliehenem Auto herum, einem auffallenden, silbernen Cadillac Coupe de Ville mit einem Nummernschild, auf dem das Wort LOVE stand, während Barbra selbst mit einem anderen Auto in einem anderen Stadtteil unterwegs war.

»Manchmal«, amüsiert sich der Lokalreporter John Williams, »ging die Assistentin in ein ortsansässiges Restaurant, setzte sich hin und bestellte etwas, wohl wissend, daß die Einwohner sie begafften.« Unterdessen war die wahre Barbra am anderen Ende der Stadt und aß in einem anderen Restaurant. Einige der Bewohner fanden diese Farce und die große Distanz, die die Streisand zu ihnen hielt, eigenartig. Andere fühlten sich sogar beleidigt.

Ein großer Teil von Barbras Unnahbarkeit gründete in ihrer Angst. »Mein Alptraum ist«, sagte sie angeblich einmal zu einem Reporter, »daß ich alleine im Auto sitze und ins Krankenhaus muß. Ich sage: ›Bitte, helfen Sie mir.‹ Und die Leute sagen: ›Heh, Sie sehen aus wie . . . ‹ Und ich sterbe, während sie sich fragen, ob ich tatsächlich Barbra Streisand bin.«

Und dann war da Bob Bender, der Besitzer des *The Shop*, das einen Block von Barbras Haus entfernt lag. Während der Produktion gestaltete Bender ein T-Shirt zur Erinnerung an die Dreharbeiten, auf dem der Satz prangte: »Ich war bei den Dreharbeiten zu

Herr der Gezeiten dabei«, das er für zehn Dollar pro Stück in seinem Laden verkaufte. Aus Freundlichkeit schickte Bender einige der T-Shirts kostenlos an Barbra. Die Antwort war ein Brief der Rechtsabteilung von Columbia Pictures, die ihn wegen Verletzung des Urheberrechts anklagte. »So macht man einen kleinen Mann fertig«, sagte Bender, »das ist doch wirklich lächerlich.«

Das Studio verlangte nicht nur, daß Bender aufhörte, die T-Shirts zu verkaufen, es wollte auch, daß er die »gefälschte Ware« abgab. Statt dessen nahm sich Bender eine weitere kreative Freiheit heraus und druckte den Text des Briefes der Columbia auf den Rücken eines seiner T-Shirts, während man auf der Vorderseite sein Gegenargument lesen konnte, und sandte dies dem Rechtsanwalt des Studios. Auf dem T-Shirt stand unter anderem: »Ich bin nicht davon überzeugt, daß meine Kunst die Rechte der Columbia verletzt ... Viel Spaß mit dem T-Shirt, es ist ein echtes, handsigniertes Original mit Grüßen vom *The Shop*.«

Vielleicht aus Rücksicht auf seinen öffentlichen Ruf nahm das Studio von rechtlichen Schritten Abstand.

Im Gegensatz zu Barbra wurde Nick Nolte von den Einwohnern von Beaufort überschwenglich verehrt. Um sich auf seine Rolle als Tom Wingo vorzubereiten, hatte Nolte die Erlaubnis, einen Tag als Ersatzlehrer an der Beaufort Academy zu arbeiten. Er unterrichtete Englisch, Literatur und wie man ein Filmprojekt angeht, und die Schüler der Klasse von Tom Horton waren begeistert.

Nolte ist in Hollywood für seine besessene Art, sich auf einen Film vorzubereiten berühmt-berüchtigt. Um den Penner in *Down and Out in Beverly Hills* spielen zu können, lebte er tagelang auf der Straße und weigerte sich zu baden, sehr zum Verdruß seiner Partnerin Bette Middler. Einen Monat, bevor die Dreharbeiten für den Film *Farewell to the King* begannen, zog Nolte in einen Dschungel, um sich an die Umgebung zu gewöhnen und sich auf die Rolle eines Soldaten in Borneo vorzubereiten. Für die Szene, in der er in dem Film *Who'll Stop the Rain* einen Betrunkenen mimen sollte, trank er einen halben Liter Whiskey zum Frühstück, und am frühen Nachmittag war er immer noch betrunken genug, um die

Szene zu drehen. Für seine Rolle als korrupter Cop in *Q & A* nahm er fünfzig Pfund zu, während er für *Herr der Gezeiten* dreißig Pfund abnahm; er trainierte seinen Körper, bis er wie ein Athlet aussah, lernte einfache Fischfangtechniken und machte sich wieder – er hatte 1984 schon einmal einen Lehrer in dem Film *Teachers* gespielt – mit dem Klassenzimmer vertraut. Das wahrscheinlich Schwierigste aber war, sich den Akzent der Gegend anzueignen. Zur Unterstützung bei seinen Recherchen und Vorbereitungen verlangte Nolte von der Columbia, daß sie Wayne Zurenda engagierte, einen Englischlehrer der Technischen Universität in Beaufort, den er zu seinem persönlichen Tutor machte. Zurenda gab Nolte mehrere Unterrichtsstunden in dessen Haus. Er hoffte, verhindern zu können, daß Nolte in den gekünstelten und stereotypen Südstaatenakzent verfiel, den man oft in Hollywoods Filmen hörte. Besonders verärgert war Zurenda über Vivien Leighs Scarlett O'Hara. »Das«, sagte Zurenda, »war der falscheste Südstaatenakzent, den ich jemals gehört habe.«

Kate Nelligan arbeitete ebenfalls an ihrem Südstaatenakzent. Kate Nelligan war in Kanada geboren, hatte am britischen Theater, am *National Theatre* und in der *Royal Shakespeare Company* das Schauspielern gelernt, war dort berühmt geworden und wurde sogar einmal als »die neue Meryl Streep« bezeichnet. Doch hatte sie vor ihrer Ankunft in Beaufort noch niemals einen Fuß in den Süden Amerikas gesetzt.

Barbra wußte, daß sie die Nelligan für *Herr der Gezeiten* wollte, nachdem sie sie in New York in *Spoils of War* auf der Bühne gesehen hatte. Barbra stellte sich Kate sofort als Tom Wingos in der Promiskuität lebende Frau Nancy vor. Später entschied Barbra jedoch, obwohl Kate Nelligan zehn Jahre jünger als Nick Nolte war, sie besser seine Mutter spielen zu lassen.

Barbra verließ sich auf Nelligans schauspielerische Fähigkeiten und Manlio Rocchettis Make-up. Für die Szene, in der Kate Nelligan die ältere Lila spielte, bedeckte Rocchetti ihr Gesicht mit Latex, das er dann mit einem Föhn festigte. Angesichts der enormen Hitze in Beaufort war dies nicht nur für Kate Nelligan

höchst unangenehm, sondern es bestand auch ununterbrochen die Gefahr, daß die Maske dahinschmolz.

Kate sah in der Person Lilas nicht eine Verbrecherin, sondern eher eine verwirrte Frau, die glaubt, daß sie im Leben zu Größerem bestimmt ist. »Ihr solltet Lila nicht als Hure bezeichnen«, warnte sie später diejenigen, die schnell mit einem Urteil zur Hand waren. Sie sah in Lila »eine schöne, menschliche, fehlerhafte und tapfere« Frau. Falls Kate etwas zu empfindlich auf dieses Thema reagierte, so kam es daher, daß sie bei der Gestaltung der Figur Lilas nicht nur an Pat Conroys, sondern auch an ihre eigene Mutter dachte, die Alkoholikerin war und 1974 starb.

Um sich auf ihre Rolle vorzubereiten, nahm Kate Nelligan, wie auch Nolte, den Dialekt und die Sprechweise der Einwohner auf Band auf. Außerdem nahm sie Kontakt zu den Frauen auf, die zur Elite der Stadt gehörten und von denen Lila Wingo unbedingt akzeptiert werden wollte.

In ihrem Haus Ebbtide, das am Burckmyer Strand lag, veranstaltete eine Beauforterin namens Marguerite Garrett eine Party zu Ehren von Kate Nelligan. Fünfunddreißig Damen, die zur »High-Society« Beauforts gehörten, wie es von Mary Lee Morris beschrieben wurde, waren zu Gast. Morris fügt hinzu: »Es waren dieselben Frauen, die man sonst bei Teeinladungen traf, eben Ehefrauen von Ärzten und Rechtsanwälten.«

Zu ihrer eigenen Beschämung kam die Nelligan viel zu einfach gekleidet auf das Fest, und ihr wurde schmerzhaft bewußt, daß in den Südstaaten die Frauen dieser Klasse größten Wert auf teure Kleidung legen. Eine Frau, die Nelligan auf die Party begleitete, hatte sogar angeboten, ihr Schmuck zu leihen.

Was jedoch wichtiger war, hier konnte Kate Nelligan ihre Sprechweise studieren. Sie meinte später: »Fast alle Frauen baten mich, sie nicht so darzustellen, als hätten sie einen starken Akzent.« Sie fügte amüsiert hinzu: »Ich wußte nur nicht, wie ich mit der Tatsache umgehen sollte, daß sie ihn sehr wohl hatten.«

Zusätzlich zu den Unterrichtsstunden mit Nick Nolte, schrieb Wayne Zurenda alle Passagen im Drehbuch, in denen Wingo auftauchte, phonetisch um. Zurenda sagt: »Nolte konnte ein bißchen

den bereits erwähnten stereotypen Südstaatenakzent, der in Hollywood von Dialektlehrern unterrichtet wird. Aber er gewöhnte sich das schnell ab. Ich erklärte ihm, daß wir ›first‹ wie ›fust‹ aussprechen, und als ich das Drehbuch in Lautschrift übertrug, zeigte ich ihm, daß ›Beaufort‹ wie ›Beau-foot‹ ausgesprochen würde.«

Nolte war so von den Reden Tom Wingos gefangengenommen, daß an den Wänden eines Zimmers seines Hauses Dialoge standen, die in Lautschrift ausgedrückt waren.

Tom Horton, Lehrer an der Beaufort Academy, erzählte später: »Ich ging in sein Zimmer hinauf und sah eine Art Poster, das die ganze Wand bedeckte. Auf der gegenüberliegenden Seite hing ein weiteres, das vollkommen mit Drehbuchseiten beklebt und farbig markiert war. Er hatte den ganzen Film in verschiedene Gefühlsäußerungen unterteilt, und jede Farbe stand für ein anderes Gefühl.«

John Williams erinnert sich: »Es ging soweit, daß Zurenda das gesamte Drehbuch und Noltes Rolle auf einen Kassettenrecorder sprach, so daß Nolte diesen immer mitnehmen konnte, um sich zu versichern, was wie klang.« Diese Bänder hörte sich Nolte an, während er Fahrrad fuhr oder joggte.

Generell hatte man jedoch die meisten Einwohner Beauforts und Umgebung von den Dreharbeiten ausgeschlossen. »Uns hatte man tolle Dinge versprochen, wenn das Team [in die Stadt] käme«, erklärt John Williams, »weil man erkannt hatte, daß die Dreharbeiten doch ein bißchen lästig sein würden. Man mußte zeitweise Straßen sperren und Häuser und Räume wie die Turnhalle der Technischen Universität anmieten. Es ist keine große Schule, aber sie hatte immerhin achthundert Schüler, die in der Nähe parken mußten, um am Unterricht teilnehmen zu können. Plötzlich wurde ihnen gesagt, daß sie nicht mehr in der Nähe [der Turnhalle] parken konnten. Deshalb wurde der Film der Kommune mit folgenden Worten verkauft: ›Diesen Sommer werden wir viel Spaß haben. Wir haben alle möglichen Stars in unserer Mitte. Denkt an die Aufregung, die es bedeutet, daß ein Film gleich vor eurer Haustür gedreht wird.‹«

Für Fred Trask war der Film ein bißchen zu sehr in der Nähe seines

Zuhauses. Trask gehört nicht nur ein Haus in der Nähe von Beaufort, sondern auch die Insel, auf der es steht. Er ist in den Sümpfen geboren und ein großer Liebhaber der natürlichen Schönheit dieser Gegend. Ganz besonders die verschiedenen Vogelarten, die großen blauen und schneeweißen Reiher und die Störche haben es ihm angetan, von denen es auf der friedlichen Insel die unterschiedlichsten Arten gab. Das war zumindest so, bis Barbra Streisand und *Herr der Gezeiten* in die Stadt kamen.

Es war zwei Uhr nachmittags am 17. Juli 1990. »Plötzlich«, erinnert er sich, »hörte ich dieses Geräusch. Ich wußte zum Teufel nicht, was es war, und plötzlich brach die Hölle los.« Trask sah zum Himmel und sah zu seinem Erstaunen und dann zu seiner Wut die großen Propeller eines Hubschraubers, der tief über seinem Land, über den Bäumen und Vögeln kreiste. »Der Helikopter stieß in die von Tieren wimmelnde Kolonie herab, als ob sie ihm gehörte.«

Barbra, die in der Öffentlichkeit von sich behauptet, sie sei der Umwelt gegenüber sensibel und korrekt, hatte ihren Kameramann angewiesen, ein paar Einstellungen von Vögeln im Flug zu machen. Trask zufolge war es eine Einstellung, wie sie Kinogänger schon tausendmal zuvor gesehen hatten. Vögel flatterten auf, aber »nicht auf würdevolle und geordnete Weise, wie sie vielleicht aufflattern würden, wenn sich ein böser Adler nähert, sondern hysterisch, wie verrückt, mit fliegenden Federn, und dann ducken sie sich völlig eingeschüchtert wie unter den Flügel eines schrecklichen Raubvogels.«

Ohne um Erlaubnis zu bitten oder sich zu informieren, ob irgendeine vom Aussterben bedrohte Spezies in der Nähe lebte (und es gab dort immerhin fünfzig seltene und vom Aussterben bedrohte Störche), erfüllten Kameramann und Pilot ihre Aufgabe. Da sie mit ein oder zwei Einstellungen nicht zufrieden waren, kreisten sie nochmals ohne nachzudenken über die Baumwipfel und zerstückelten mit der Druckwelle ihres Propellers ganze Nester.

»Es waren kleine Jungvögel in diesen Bäumen«, erzählt Fred Trask. »Die großen blauen Reiher hatten dort ihre Nester und bekamen zu dieser Jahreszeit Nachwuchs. Die kleinen Jungvögel, die in den Nestern waren, wurden von den Bäumen gestoßen und getötet.«

Fred Trask, der verständlicherweise in Wut geriet, sprang in sein

Auto und folgte dann dem Hubschrauber, der schnurstracks auf das örtliche Marinehospital zuflog, wo Barbra drehte. Dort angekommen, verweigerten ihm jedoch die Wächter, die am Eingang postiert waren, den Zutritt. Nachdem er eine Stunde lang hartnäckig seinen Fall vorgetragen hatte, erlaubte man Trask schließlich, einem Repräsentanten des Filmteams seine Beschwerde zu melden, der offensichtlich aber für nichts zuständig war und nur einen Manuskripthalter vor der Brust trug.

Fred Trask sagt zu dieser Erfahrung: »Es gab zahlreiche Geschädigte unter der einheimischen Bevölkerung und genug Arroganz und Egoismus auf seiten der Filmleute, um damit Kinosäle zu füllen. Da bin ich nun Bürger dieser Stadt, und plötzlich kommen diese Leute und machen sich einfach breit.«

Es gehörte zu Barbras täglichem Ritual, morgens um sechs Uhr aufzustehen, um acht verließ sie ihr gemietetes Haus durch eine Seitentür und stieg in ihr vollausgerüstetes Chieftain-Winnebago-Wohnmobil, das normalerweise von einem Chauffeur gefahren wurde. Barbra konnte darin die Aufnahmen des Vortags ansehen und schneiden, während sie unterwegs zum jeweiligen Drehort war. Das Vehikel wurde dann so nah wie möglich am Set geparkt.

»Im Sommer wird es hier höllisch heiß«, erzählt der Journalist Frank Jarrel, »und man hatte eine Art Tunnel gebaut, einen abgeschlossenen [klimatisierten] Gang, vor dem ihr Wagen parken konnte. Der Gang wurde an der Tür des Wohnmobils befestigt, so daß sie direkt vom Wagen zum Set gehen konnte – ohne überhaupt nach draußen zu müssen.« Mit anderen Worten, ohne jemals die Sonne zu sehen und ohne daß jemand sie erspähen konnte.

Ein weiteres Versprechen, das man gegeben hatte, als das Team in der Stadt ankam, war, daß der Film in großem Umfang Leute aus der Umgebung bei den Aufnahmen beschäftigen würde. Alle wichtigen Erwachsenenrollen waren jedoch schon besetzt. Tracy Fowler zufolge, der für *Fincannon* und *Associates of Wilmington* die Rollenverteilung leitete, suchte die Filmcrew vor allem Doubles und Statisten. Allerdings besaß das Drehbuch nur wenige Szenen,

in denen Statisten vorgesehen waren. Eine dieser Szenen spielte auf einer Cocktailparty, die von Eddie [George Carlin], einem gemeinsamen Freund von Lowenstein und Wingo, in seiner New Yorker Wohnung gegeben wurde; eine andere spielte bei einem intimeren Abendessen, bei dem Nolte alias Wingo damit droht, eine Stradivari über einen Balkon zu schleudern.

Die Leute, die in gewisser Weise die Produktion ermöglichten, wurden damit belohnt, daß sie – wenn auch symbolische – Parts in dem Film bekamen, was einer Massenabfertigung gleichkam. Die umfassende Suche nach Besetzungen aus Beaufort war in erster Linie Teil einer Public-Relations-Kampagne, die die Bevölkerung der Stadt beschwichtigen sollte.

Zumindest erfüllte *Herr der Gezeiten* eine der Versprechungen, die man der Bevölkerung gegeben hatte: Einige Rollen wurden mit jungen Leuten aus der Umgebung besetzt. Das Drehbuch schrieb Tom, Savannah und Luke Wingo zu drei verschiedenen Zeitpunkten ihres Lebens: im Alter von sechs bis sieben, im Alter von neun bis elf Jahren und als Teenager; es wurden auch Schauspieler gebraucht, um Tom Wingos drei Töchter zu spielen.

Die Auswahl für die Rolle der Kinder war für Barbra eine Disziplinübung. Sie hatte gelernt, ihren persönlichen, hartnäckigen Geschmack für das, was als das Beste im Interesse des Films galt, zu opfern oder zumindest zu zügeln. »Da war höchstens ein Mädchen, das ich wirklich nehmen wollte«, gab Barbra später zu, »aber Nick mochte sie nicht. So konnte ich sie nicht engagieren, wenn sie seine Tochter spielen sollte.«

»Das Problem war Barbras persönlicher Geschmack«, behauptet Paul Sylbert. »Sie suchte sich zwei Jungen aus – für die Rolle von Nick [Tom] als kleiner Junge und für seinen Bruder [Luke]. Der eine der beiden Jungen war so hübsch, ein rothaariges Kind, daß Barbra ihn Nick als Kind spielen lassen wollte. Ich sagte: ›Das ist ein Fehler, Barbra.‹ Sie sagte: ›Aber ich mag ihn so.‹ Ich sagte: ›Barbra, ich habe es dir hundertmal gesagt: Was *du* magst oder nicht magst, ist nicht das, was auch für den Film richtig ist.‹ Später rief sie mich an und sagte: ›Erinnerst du dich, was du über mögen und nicht mögen gesagt hast? Ich habe ihm [dem Rotschopf] die Rolle des anderen Bruders gegeben und den blonden Jungen für Nick benutzt.‹«

Justen Woods aus Swainsboro, Georgia, erhielt die Rolle von Tom im Alter von sechs bis sieben Jahren.

»Es machte uns am Anfang Sorgen«, gesteht Norma Woods, Justens Mutter, »daß Barbra nicht gewöhnt war, kleine Kinder um sich zu haben . . . aber sie war toll. Der größte Teil der Dreharbeiten wurde in Beaufort gemacht. Die älteren Kinder mußten dort zum Beispiel die Vergewaltigungszene spielen. Barbra ging wirklich gut damit um. Sie brachte unsere Kinder[bande] zum Set, damit sie sehen konnten, wie das da funktionierte, damit sie das falsche Blut und die verschiedenen Effekte sehen konnten.

Barbra versuchte eine Umgebung zu schaffen, in der die Kinder *Kinder* sein konnten, damit ihre kindlichen Qualitäten von der Kamera eingefangen und auf die Leinwand übertragen werden konnten. Damit würde sie Erfolg haben.

Die Szene mit der vielleicht besten Regie, in der sich Barbras Gefühl fürs Detail erweist, war eine Sequenz, in der die Kinder, Tom, Luke und Savannah Wingo, von einem Kai springen und sich ins Wasser stürzen. Unter Wasser fassen sie sich, beinahe wie Ballettänzer, an den Händen und schießen dann gemeinsam an die Oberfläche, strotzend vor jungem Leben, Kraft und Kameradschaft.

»Die schwierigste Szene, was das Drehen betraf«, erzählt Norma Woods, »war für uns die Charleston-Szene [Wadamalaw Island], in der die Kinder von den Kaimauern herunterspringen. Es mußten eine Menge Vorkehrungen getroffen werden, weil es im Wasser Krokodile gab. Barbra ließ zuerst Taucher unter Wasser gehen. Sie ließ auch einen Hubschrauber bereitstellen, falls irgend etwas schiefgehen sollte.

Barbra saß in ihrem kleinen Paddelboot und gab die Anweisungen. Sie wollte, daß Justen zuerst sprang und dann die anderen. Die Szene wurde an einem Tag ungefähr fünfmal gefilmt. Wäschetrockner wurden aufgestellt, weil es bei jedem [Dreh] hieß, die Kleider auszuziehen, neue Kleider anzuziehen, die nassen Kleider zu trocknen und sie dann wieder anzuziehen. Aber zwischen den einzelnen Klappen waren nur zehn Minuten Zeit, was wirklich hektisch war, weil sich alle so beeilen mußten.

Die eigentliche Unterwassersequenz der Szene wurde in Kalifor-

nien gedreht. Im November flog die Columbia die drei Kinder und ihre Eltern für zwei Wochen nach Los Angeles. Eine Woche lang trainierten die Kinder mit der olympischen Schwimmtrainerin Linda Huey, um ihre Schwimmtechnik unter Wasser zu verbessern. Zunächst trainierten sie in den Anlagen der Universität von Los Angeles (UCLA), aber da es dort zu öffentlich zuging, wechselten sie in das Schwimmbad eines Privathauses in Beverly Hills über.

»Unter Wasser zu bleiben«, sagt Norma Woods, »war die Hauptsache. Sie mußten auch die Formation lernen, die Barbra wollte. Justen wurde darauf trainiert, am tiefsten unterzutauchen und den Punkt zu bestimmen, an dem auch die anderen eintauchten, weil er derjenige war, der zuerst sprang. Und sie mußten lernen, ihre Beine ganz gerade zu strecken, und versuchen nicht hochzutreiben, und das alles, während sie sich an den Händen hielten und sich bemühten, unter Wasser zu bleiben. Das kleine Mädchen [Tiffany] mußte schließlich sogar während des Drehens ein paar Gewichte tragen.«

Die endgültigen Dreharbeiten fanden in einem Becken der Columbia Studios in Culver City statt, das einmal von Esther Williams benutzt worden war. Barbra drehte die Schwimmsequenz in mehreren einzelnen Teilen. »An einem Tag«, erinnert sich Norma Woods, »nahm sie die Kinder auf, wie sie aus dem Wasser auftauchten. Sie hatte die Vorstellung, daß sie aus dem Wasser hervorschießen sollten. An einem anderen Tag filmte sie sie unter Wasser, wie sie hochschwammen und sich an den Händen hielten. Wieder ein anderer Nachmittag wurde auf die Aufnahmen ihrer Gesichter verwandt. Die Kinder wurden auf einer Seite [im Becken] von Linda Huey und ihrer Assistentin unten gehalten. Barbra gab ihnen über ein Mikrophon von einem Beobachtungsfenster unter Wasser aus Anweisungen. Sie sagte ihnen: ›Sieh nach links‹, ›Sieh nach oben‹, ›Sieh nach rechts‹ und versuchte sie dazu zu bringen, Luftblasen auszustoßen.«

Während des Besuchs in Los Angeles war eine Synchronisationssitzung nötig. Die Stimmen der Kinder wurden am Anfang des Films in die Szene eingefügt, in der man sie aus dem Haus laufen sieht. Um den Südstaatenakzent, den sie wollte, von den Kin-

dern zu hören, sprach Barbra ihnen selber etwas in ihrem eigenen Südstaatenakzent vor, wozu sie, so Norma Woods, »absolut unfähig war«. Um sie spontan zum Lachen zu bringen, schlich sich Barbra hinter ihre jungen Schauspieler und kitzelte sie durch, während sie vor dem Mikrophon standen.

Vor dem Drehen der Unterwassersequenz sah sich Barbra das Filmmaterial, das bereits in Beaufort aufgenommen worden war, genau an. Sie stellte zur Verlegenheit der Friseure und Maskenbildner, die das selber hätten entdecken müssen, fest, daß die Haarlänge der Kinder zwischen Juni und November nicht die gleiche war und daß sie außerdem ihre Sommerbräune verloren hatten. Wenn auch diese Diskrepanz im allgemeinen nicht beachtet wurde, so wird ein kritischer Kinogänger doch bemerkt haben, daß die Unterwasseraufnahmen nicht mit denen, die in Beaufort gefilmt worden waren, zusammenpaßten.

Norma Woods wurde Zeugin einer Szene, die sie eigentlich nicht sehen sollte. Sie war dabei, als zwei Maskenbildner Justen Body-Make-up auftrugen, um die verlorene Sommerbräune wiederherzustellen. Barbra kam ins Zimmer, »und hat es ihnen wirklich gegeben, ihnen eine Lektion erteilt. Sie hatten auf Justens ganzem Kostüm Make-up verschmiert«, erzählt Norma, »um den Hals herum und überall. Barbra wischte alles ab und trug dann selber das Body-Make-up auf. Ich wünschte, ich hätte ein Foto davon, wie Barbra Streisand unserem Kind Body-Make-up aufträgt. Dann nahm sie eine Schere und schnitt ihm die Haare ab. Sie gehört zu der Art von Leuten, die wirklich eine Vorstellung davon haben, wie die Dinge aussehen sollen, und die es dann selber anpacken, um es zu realisieren.«

»In South Carolina«, erklärt Norma, »konnten wir spüren, daß sie unter großem Druck stand. Sie hatte sich abgesondert. Die Leute aus ihrem Gefolge waren die einzigen, die mit ihr in Kontakt standen. Als wir nach Los Angeles fuhren, war alles viel angenehmer. Ich glaube, der größte Streß waren für sie der Termindruck, die Hitze und die Mücken in den Südstaaten gewesen. In Los Angeles«, erinnert sich Norma, »fragte uns [Barbra], ob es zu Hause immer noch so heiß war und ob die Mücken immer noch unterwegs seien. ›Die Leute waren prima‹, erklärte sie uns, ›aber ich mag

einfach die Gegend nicht.‹« Barbra konnte es geradezu nicht erwarten, von Beaufort wegzukommen. Als die Außenaufnahmen zu *Herr der Gezeiten* beendet waren, packte sie ihre Koffer und flüchtete sich in den Komfort ihrer Penthouse-Wohnung in New York, ohne sich von den Einwohnern der Stadt zu verabschieden.

Auf die Frage, ob Barbra oder das Filmteam irgend etwas getan hätten, um sich vor der Abreise bei der gastgebenden Gemeinde zu bedanken, antwortet John Williams mit einem überwältigenden »Nichts, aber auch rein gar nichts«.

Im Bemühen um eine kleine Geste der Anerkennung, und sei sie auch nur zum Schein, schrieb der Herausgeber der *Beaufort Gazette*, kurz bevor die Produktion zu Ende ging, einen Leitartikel. »Man braucht sich nur an die Stadt Chester in South Carolina zu erinnern, wo der Film *Chiefs* gedreht wurde«, hieß es in dem Artikel. »Das Filmteam brachte Aufregung in die Stadt, und genau das hat auch das Team von *Herr der Gezeiten* in Beaufort getan. Die Stars und das Team haben der Stadt dort einiges abverlangt. Sie haben die Hauptverkehrsader der Stadt mit Sand stillgelegt und mitten auf der Straße einen Set errichtet. Die Menschen hatten einige Unannehmlichkeiten, aber sie haben damit gelebt. Bevor das Team die Stadt verließ, haben jedoch Charlton Heston, Wayne Rogers und andere sich bei den Bürgern für ihre Großzügigkeit revanchiert. Sie haben an Buchlesungen teilgenommen, um Geld für eine neue Bücherei zu sammeln.« Der Leitartikel deutet dann an, daß eine ähnliche Reaktion auch von Barbra und ihrem Team kommen sollte. Barbra entschied sich jedoch, dem Leitartikel nicht zu folgen.

Statt dessen beauftragte sie einen Pressereferenten des Studios, einen Brief an die Zeitung zu schicken. Der Brief war nicht unterzeichnet, und als die Zeitung seine Glaubwürdigkeit nicht feststellen konnte – Anrufe in Barbras Büro wurden nicht erwidert –, blieb er unveröffentlicht.

Abgesehen von den wirtschaftlichen und touristischen Gewinnen, die sich normalerweise nach derartigen Dreharbeiten einstellen, und abgesehen von einer »Danksagung an die Stadt Beaufort«, die im Nachspann des Films erschien, erhielten die Kommune und ihre Bürger als Gegenleistung für ihre südliche

Gastfreundschaft recht wenig. *Herr der Gezeiten* feierte nicht einmal in Beaufort seine Premiere. Die Stadt bekam nur eine »erste Vorauffführung«, wie es hieß, bevor der Film offiziell anlief, aber weder Barbra noch irgendeiner der Filmstars ließen sich bei der Vorführung und der anschließenden Party blicken. Manche fanden, daß diese Undankbarkeit darauf schließen läßt, wie nach dem Schema »Aus den Augen, aus dem Sinn« das kleinstädtische Amerika behandelt wurde. Für andere war Barbras Desinteresse an Beaufort und an den Südstaaten im allgemeinen ein harter Schlag ins Gesicht.

Eine Regisseurin bei der Arbeit

Gehupe im Verkehr. Unausstehliche Taxifahrer. Straßenschluchten, aus denen Dampf emporsteigt. Eine ungeduldige jüdische Frau mit dringenden Arztterminen. *Das* ist Barbra Streisands New York – oder zumindest das New York, das sie uns in *Herr der Gezeiten* nahebringt. Die Sequenz ist natürlich ein Klischee und macht eine von Streisands Schwächen als Regisseurin deutlich. Zu oft scheint sie nicht aus wirklich originellen oder kreativen Ideen zu schöpfen, sondern eher aus Filmen der Vergangenheit (manchmal sogar aus ihren eigenen). Die zwanzigminütige Liebesszene, mit der *Herr der Gezeiten* zu Ende geht, scheint eher aus Sydney Pollacks *So wie wir waren* zu stammen als aus dem Roman von Pat Conroy. Es ist nicht so, daß die Streisand keine Ideen hätte – sie hat eine Fülle von Ideen –, nur ist ihre Auswahl manchmal leicht zu durchschauen und wenig originell und phantasielos.

Um gleich zu Beginn zu verdeutlichen, daß Dr. Susan Lowenstein trotz ihrer eher kühlen Erscheinung ein guter Mensch ist und unser Mitgefühl verdient, wird sie dabei gezeigt, wie sie einen Untergebenen anweist, die Dosierung von Savannah Wingos Medikamenten zu verringern. Dieser hauptsächlich eigennützigen Tat (die bezeichnenderweise *nicht* im Buch enthalten war) entnehmen wir, daß Lowenstein eine verantwortungsbewußte Ärztin ist, und wir erfahren außerdem, daß sie mitfühlend ist. Trotzdem funktioniert die Szene nicht, weil die Motivation der Regisseurin Streisand zu offensichtlich ist.

Auch die Stimmen im Off, die uns erklären, was die Figuren fühlen, sind überdeutlich. In *Herr der Gezeiten* benutzt sie Off-Stimmen so, wie sie in einem Musical Liedtexte einsetzt.

Mit einem Schauspieler vom Format Nick Noltes hätte sie jedoch auf einen so offenkundigen, behelfsmäßigen Kunstgriff nicht zurückgreifen müssen. Anders als ein weniger bedeutender Schauspieler braucht Nolte nur sein Gesicht und seinen Körper, um das darzustellen, was in seinem Inneren abläuft.

Der Szenenbildner Paul Sylbert hat einen weiteren Zusammen-

hang zwischen Streisands musikalischem Hintergrund und ihrer Arbeit an *Herr der Gezeiten* ausfindig gemacht. »Ich glaube, etwas, das sich durch den ganzen Film durchzieht, ist die Art, wie sie mit Dialogen umgeht. Wenn man richtig hinhört, dann sind es Liedtexte und keine Dialoge. Barbra begreift die Dialoge als Liedtexte. Wenn sie etwas spricht, dann hat die Intonation die Form einer Welle. Sie konzentriert sich auf die Sprachmelodie, und das ist sehr gut so. Früher im Theater hat man das nicht anders gemacht. Das funktioniert sogar, wenn man den Dialog einem Nick Nolte gibt, weil er ihn hin- und herbewegt und die Sprachmelodie aufbricht. Wenn *sie* spielt, ist die Melodie spürbarer, weil sie im wesentlichen Sängerin ist.

Nehmen wir zum Beispiel die Szene im Krankenhaus, wo Tom Wingo Lowenstein trifft und wütend aus dem Zimmer seiner Schwester herauskommt. Hören Sie sich einmal irgendeinen längeren Text der Psychiatriesequenz an. Sie sind wie Liedtexte angelegt. Das habe nicht nur ich bemerkt, sondern auch einer der Cutter, der am Rohschnitt des Films arbeitete und mir sagte, er habe das gleiche beobachtet. Er sagte außerdem, daß sie vom Technischen her nicht viel über Musik weiß – und er hatte recht.«

Eine weitere große Schwachstelle des Films liegt in Brad Sullivans Charakterdarstellung von Henry Wingo, Toms, Lukes und Savannahs Vater. Unter Streisands Regie ist Henry Wingo ein rasendes Monster, eine Karikatur des Patriarchen schlechthin, den Pat Conroy erschuf. Barbras Wahl, Henry Wingo zum absoluten Bösewicht zu machen, ist ein weiteres Beispiel für ihren Hang zum Überdeutlichen. Mit Kate Nelligans subtiler, plastischer Interpretation von Lila Wingo gelang ihr eine deutlich bessere Regie.

Möglicherweise hat diese Ungereimtheit bei ihrer Interpretation der Eltern von Wingo ihre Wurzeln in Barbras eigener Erziehung. Louis Kind, Barbras Stiefvater, war der Henry Wingo ihrer Kindheit. Die Beziehung zu ihrer Mutter Diana war und ist immer noch voller Widersprüche. Vielleicht wurde die Figur Lila Wingos in *Herr der Gezeiten* sorgfältiger bearbeitet und stärker entwickelt, weil Barbra sich selber mehr dafür interessierte, die Beziehung zu ihrer Mutter als die Beziehung zu ihrem Stiefvater zu durchleuchten.

Die Streisand behauptet, daß es in ihrer Version von *Herr der Gezeiten* keinen klaren »Bösen« gebe. In Wirklichkeit ist aber Henry Wingo der Bösewicht ihres Films, genauso wie Louis Kind aus ihrer Sicht der Bösewicht ihrer Kindheit war. Während *Yentl* eine Hommage an ihren leiblichen Vater war, den sie nie kennengelernt hat, geht es in *Herr der Gezeiten*, zumindest teilweise, um das Vergeben und Akzeptieren der Schwächen ihrer eigenen Mutter.

Jahrelang kämpfte Barbra mit der Feindseligkeit, die sie gegen ihre Mutter hegte. Sie quälte sich damit herum. *Warum* war sie nicht der Liebling ihrer Mutter gewesen? *Warum* hatte ihre Mutter nicht an sie geglaubt? *Warum* hatte ihre Mutter sie Louis Kind ausgesetzt? Die Künstlerin Barbra sah in *Herr der Gezeiten*, in der Beziehung zwischen Tom und Lila Wingo, eine Chance, den Frieden mit ihrer eigenen Vergangenheit zu finden.

Während der dritten Drehwoche von *Herr der Gezeiten* unterzog sich Diana Kind in Los Angeles einem Eingriff am offenen Herzen. Barbra weigerte sich, die Rolle der pflichtbewußten Tochter zu spielen und verschob die Dreharbeiten *nicht*, um ihrer Mutter während des Krankenhausaufenthaltes und der anschließenden Genesungsphase zur Seite zu stehen. Angesichts des möglichen Todes eines geliebten Menschen liegt es jedoch in der menschlichen Natur, diesem Menschen besondere Anerkennung entgegenzubringen. Genau dies tat Barbra mit *Herr der Gezeiten* gegenüber ihrer Mutter. Diana Kind hatte wie Lila Wingo mit den ihr zur Verfügung stehenden Mitteln getan, was sie konnte, auch wenn es jämmerlich wenig war.

Barbra versuchte, die Operation ihrer Mutter nüchtern und sachlich zu sehen. »Meine Mutter hatte sich einer Bypass-Operation unterzogen«, sagte sie später. »Ich war sehr ängstlich, als ich mit diesem Film begann, weil ich seit acht Jahren keine Regie geführt hatte. Bei der Operation ging es dann wirklich um Tod oder Leben. Der Film rückte an die zweite Stelle. Er bedeutete nicht mehr wirklich Tod oder Leben für mich.«

Barbra Streisand ist im positiven Sinne besessen, wenn sie die Regie zu einem Film führt. Sie investiert zwanzig und mehr Stunden

am Tag und denkt sich nichts dabei, mitten in der Nacht bei verschiedenen Kollegen anzurufen, um mit ihnen über irgendein winziges Detail zu diskutieren. Alle, die sich über ihre Arbeitsweise beschweren, sind ihrer Ansicht nach weniger professionell als sie. Sie ist anspruchsvoll gegenüber ihren Schauspielern und ihrem Team, aber am härtesten ist sie ohne Zweifel sich selbst gegenüber.

Der Koproduzent Shel Shrager erzählte dem Kolumnisten Cindy Adams zu dieser Zeit: »Barbra Streisand ist noch spät auf, um zu schneiden, steht früh auf, um das Filmmaterial des Vortages zu kontrollieren, und dann arbeitet sie den ganzen Tag vor der Kamera. In meinen fünfunddreißig Jahren in diesem Geschäft habe ich niemanden getroffen, der so gut ist wie sie. In manchen Nächten schläft sie überhaupt nicht. Ihre Vitalität ist furchterregend.«

In ihrer Kindheit erlaubte das Familienbudget es Barbra nicht, Dinge wie Puppenhäuser, Spielzeugmöbel oder Designerkleider zu besitzen. Als erwachsene Filmemacherin jedoch kommt Barbra endlich dazu, die Spiele zu spielen, die sie in ihrer Kindheit verpaßt hatte. Für *Herr der Gezeiten* gab sie kunstvolle »Puppenhäuser« in Auftrag, die nichts anderes waren als Miniaturreproduktionen des Sets. In ihrem Haus in Beverly Hills plante sie die Szenen für ihren Film, indem sie ihre Nick-Nolte-Puppe, ihre Barbra-Streisand-Puppe und ihre Kate-Nelligan-Puppe durch das Miniaturset manövrierte.

Um ihre Kameraeinstellungen vorzubereiten, nimmt die Streisand manchmal eine Szene auf Video auf, um zu sehen, was daraus wird. Dann sieht sie sich noch einmal das gesamte Material an und nimmt, bevor sie zu filmen beginnt, Änderungen vor, die ihr sinnvoll erscheinen. Sie engagiert darüber hinaus einen Künstler, der detaillierte Szenenskizzen für sie vorbereitet, die sie benutzt, um weitere Aufnahmen zu planen. Was bei einem Streisand-Film für Zeitprobleme und zusätzliche Arbeit sorgt, ist nicht mangelhafte Vorbereitung oder Organisation. Es ist ihre Besessenheit nach Perfektion und ihre chronische Unsicherheit. Wenn Streisands Vokabular aus nur einem Wort bestünde, dann hieße es »Warum«. Sie hat unter den Filmemachern wahrscheinlich keine Konkurrenz, was ihr Arsenal an Fragen zu allem und jedem in ihrem Umfeld und selbst zu ihren eigenen Ideen und ihrer eigenen Person angeht.

Ihr Verstand ist ununterbrochen in Bewegung. Ob es nun darum geht, die »Wahrheit« in einer bestimmten Szene zu finden oder festzustellen, ob eine bestimmte Silbe in einem bestimmten Wort in einer bestimmten Zeile den wirkungsvollsten Tonfall erbringt, sie ist ununterbrochen dabei, zu ergründen, zu untersuchen, zu erkämpfen und zu hinterfragen. »Natürlich stellt sie eine Menge Fragen«, sagt Paul Sylbert. »Sie kann einen verrückt machen damit«, fügt er hinzu, womit er vielen Mitarbeitern Barbras aus der Seele spricht.

Es ist gut möglich, daß gerade ihre Unsicherheit den Anstoß für diese Dynamik gibt. Die wiederum hängt natürlich auch damit zusammen, daß sie als Regisseurin noch ein Neuling ist. Ihre Kritiker neigen dazu zu vergessen, daß sie, rechnet man ihre Beteiligung an *A Star Is Born* mit, erst in zweieinhalb Filmen Regie geführt hat.

»Sie lernt noch«, sagt Sylbert. »Wenn sie zum Set kommt und die Last eines Films auf ihr ruht, in dem sie absolut *alles* macht, dann ist das für sie, wie für alle anderen Leute in der gleichen Situation, ein Glücksspiel. Sie muß einfach sehr nervös sein. Aber diese Angst verklemmt sie, und wenn sie verklemmt ist, dann sieht sie eine Weile lang nicht, was vor ihr los ist. Sie braucht Zeit, sich an einen neuen Set oder an einen neuen Ort zu gewöhnen, und langsam, aber sicher lenken die bewährten Teammitglieder sie dann in die richtige Richtung.«

Sie ist in der Filmindustrie dafür bekannt, daß sie immer andere nach ihrer Meinung über scheinbar unbedeutende Details fragt. Ob diese anderen Meinungen sie beeinflussen, ist natürlich die Frage.

Bei *Herr der Gezeiten* berät sich Barbra unter anderem mit dem erfolgreichen Regisseur James L. Brooks (*Terms of Endearment*, *Broadcast News*). Sie zeigte ihm einen Rohschnitt des Films und bombardierte ihn angeblich mit einer Reihe von Fragen. Brooks antwortete nach langem Nachdenken zwar auf jede ihrer Fragen, aber später bemerkte er: »Ich habe begriffen, daß sie andere Meinungen eigentlich gar nicht hören will. Sie will [nur] mit jemandem reden, während sie sich ihre eigene Meinung bildet. Wenn man sie einfach eine Weile beschwatzt, liefert man ihr die Hintergrundmusik für das, was sie sich schließlich selbst zusammenreimt.«

Aufgrund ihrer Unsicherheit neigt die Streisand dazu, den Bo-

gen zu überspannen. Sie ist in der Filmindustrie dafür bekannt geworden, eine Szene mehrmals auf verschiedene Weise zu filmen, was die Unsicherheit ihrer eigenen Vorstellungen widerspiegelt. Sie hat selber zugegeben: »Ich mache jede Aufnahme anders. [Deswegen] habe ich als Cutterin am Schluß eine große Auswahl.« Diese »Auswahl« dient vor allem ihrem Selbstschutz. Wenn eine bestimmte Szene auf die eine Art nicht funktioniert, dann braucht sie nur in ihren Sack voller Alternativaufnahmen zu greifen und eine andere Variante herauszuziehen. Der Schneideraum ist ihre Rettung. Während manche Filmemacher, die vor Selbstvertrauen und/oder Egozentrik nur so strotzen, es ein bißchen auf den Zufall ankommen lassen, wenn sie einen Film drehen, ist die Streisand vorsichtiger und besonnener. Sie arbeitet in hohem Maße aus einer defensiven Position heraus.

Natürlich waren nicht alle im Herr-der-Gezeiten-Team erfreut über die zusätzliche Arbeit, die die scheinbar sinnlosen Aufnahmen mit sich brachten. Einmal geriet Barbra mit dem Kameramann Stephen Goldblatt in einen Streit darüber, wie eine bestimmte Szene, die in einem Wohnzimmer stattfand, gedreht werden sollte. Goldblatt bereitete den Dreh vor, arrangierte die Beleuchtung und ließ alle seine Kameras so ausrichten, daß man die Bibliothek, die neben dem Wohnzimmer lag, sehen konnte. Nachdem diese umfangreiche Arbeit geleistet war, kam plötzlich Barbra dazwischen und entschied, daß sie den Dreh so nicht haben wollte. Sie wollte aus der entgegengesetzten Richtung filmen. Goldblatt versuchte vernünftig mit ihr zu reden und erklärte ihr, daß schon eine ganze Menge Zeit und nicht zuletzt auch Geld investiert worden sei, um die Szene so zu arrangieren. Barbra bestand jedoch darauf, daß man die Szene auf *ihre* Weise filme. Der Dreh wurde entsprechend ihren Wünschen völlig neu arrangiert und ausgeleuchtet. Auf die Frage nach ihrem Grund für diese Veränderung antwortete die Streisand, sie wolle, daß ein Fisch an der Wand in der Szene aufgenommen werde – und dies, obwohl man den Fisch schon in einer vorherigen Szene gesehen hatte.

Paradoxerweise für jemanden, der im Ruf steht, in der Zusammenarbeit schwierig zu sein, liegt eine von Streisands Stärken als Regisseurin gerade in ihrer Fähigkeit, ihren Schauspielern hervor-

ragende Leistungen abzuringen. Im Unterschied zu vielen anderen Regisseuren erteilt sie den Schauspielern nicht nur Kommandos wie »sitzen«, »stehen« oder »sprechen«, sie bezieht sie in den künstlerischen Prozeß mit ein. Barbra verbrachte mit Nick Nolte Stunden in langwierigen, analytischen Diskussionen, in denen sie die Beziehung zwischen Tom Wingo und Susan Lowenstein beleuchteten und untersuchten.

»Man bekommt keine gute Leistung«, erklärte Barbra mit Bezug auf ihren Ruf, »indem man nur beherrschend und fordernd ist. Ich bin eine Frau. Ich bin eine Mutter. Ich weiß, daß man, um das Beste aus den Leuten herauszuholen, freundlich und liebenswürdig und umsorgend und warmherzig sein muß.«

Bob Hannah, der im Film die Rolle von Reese Newburry spielt, war überrascht von der Herzlichkeit, die die Streisand ihren Schauspielern entgegenbrachte. »Ich wußte nicht, was ich erwarten sollte, weil Barbra Streisand für unsere Generation übermenschlich groß ist. [Aber] als ich ins Besprechungszimmer ging, habe ich mich sofort wohl gefühlt, weil sie einfach ganz normal war und es wirklich leicht war, mit ihr zu reden. Wir haben lange über die Südstaatenakzente gesprochen. Sie bot mir an, die Szenen anzusehen, die wir auf Video gedreht hatten, und sie war so zufrieden, daß sie mich umarmte.«

Manchmal ist sie sehr sensibel ihren Schauspielern gegenüber, weil sie selber Jahre damit verbracht hat, Befehle von Regisseuren entgegenzunehmen, die ihre Fragen abwiesen und ihre Vorschläge ignorierten.

Als Schauspielerin neigt die Streisand, wenn sie als Regisseurin arbeitet, dazu, Szenen vorzuspielen, um zu zeigen, wie sie sie haben möchte. Natürlich nehmen ihr manche Schauspieler diese Technik übel, während andere sie tolerieren. Eine unprofessionelle Schauspielerin wie Nancy Rhett empfand es als hilfreich. Für eine Kartenspielszene (die später aus dem Film geschnitten wurde), an der Rhett und drei andere unerfahrene Schauspielerinnen beteiligt waren, fiel es der Streisand nicht schwer, das zu vermitteln, was ihr wichtig war.

»Sie kam zu uns«, erzählt Rhett, »und beugte sich ein wenig herunter, weil wir in unseren Stühlen saßen, und woran ich mich

erinnere, das sind ihre Fingernägel. Sie redet mit den Händen. Eigentlich redet sie mit ihren Fingernägeln. Sie erklärte uns, daß wir furchtbar gehässig und kritisch gegenüber Kate Nelligan sein sollten, die mit einer entsetzlich geschmacklosen Gardenie im Haar hereinkommen sollte.

Wir waren alle sehr aufgeregt, aber als wir unsere Aufnahmen für diesen Tag gedreht hatten, erschien das, was Barbra aus uns herausgeholt hatte, völlig natürlich. Ich war erstaunt, daß sie aus uns vier Lehmklumpen richtige Miststücke hatte formen können.

Sie gab uns auch Denkanstöße für den Text, den wir sagen konnten. Sie ermutigte uns immer wieder und sagte Dinge wie: ›Ihr müßt wirklich gemein sein. Na los, seid doch richtige Hexen.‹ Das hat sie aus uns herausgeholt. Sie ermutigte uns in einem fort, immer gemeiner, häßlicher, gehässiger, kälter und eingebildeter zu werden.«

Trotz einiger Meinungsverschiedenheiten bezüglich ihrer unterschiedlichen Interpretation akzeptierte Nick Nolte Barbras introspektiven, analytischen Stil. Größtenteils war er auch bereit, sich selber in den Hintergrund zu stellen.

»Mir ist das vom ersten Tag an im Theater eingehämmert worden«, erklärt Nick Nolte. »Der Regisseur ist dem Autor verpflichtet; die Schauspieler sind dem Regisseur verpflichtet, der das Werk des Autors umsetzt. So eine Kette ist das. Jetzt gibt es einige Schauspieler, die daran nicht glauben. Sie glauben, daß es in ihrer Verantwortung liegt, interessant oder clever oder maniriert oder hübsch zu sein. Sie fühlen sich dem Stoff und dem Publikum gegenüber direkt verpflichtet, und deswegen müssen sie unterhaltend sein. Ich will nicht wichtiger als die Geschichte sein; das interessiert mich nicht.

Die Schauspielerei«, so definiert Nolte sein Handwerk, »kann entweder der größte Egotrip sein, oder ein selbstloser Akt, eine Arbeit, die im Dienste der Geschichte steht.«

Interessanterweise könnte man Noltes Kommentar als eine bissige Bemerkung über die Schauspielerin Barbra Streisand verstehen. Man braucht nur die Regisseure zu fragen, für die sie gearbeitet hat. Sie ist eine Schauspielerin, die selten, wenn überhaupt einmal, gewillt war, ihre Persönlichkeit und ihr Können in den

Dienst einer bloßen Geschichte zu stellen. Als Schauspielerin ist sie das genaue Gegenteil von Nolte.

Einen der größten Streitpunkte zwischen Nolte und Streisand bildete die Sexszene im Flur. »Als wir anfingen, die Liebesszenen zu drehen«, erzählt Nolte, »wurden sie einfach ziemlich scharf. Und gerade, als die Sache gut lief, machte sie einen Schnitt! Die Schauspielerin sprang auf und sagte: ›Moment, Moment‹ und befahl dann der Regisseurin, einen Schnitt zu machen. Ich sagte: ›Barbra, warum dieser Schnitt? Es wird doch gerade erst gut.‹«

»Er [Nick] kam auf Hochtouren«, sagt Barbra zu ihrer Verteidigung. »Mir war das peinlich. Immer, wenn es ein bißchen zu scharf wurde, schrie ich: ›Schnitt!‹. [Ich fragte mich], wohin [die Szene] noch führen würde. Würde er mir alle Kleider vom Leibe reißen und würden wir dann auf dem Boden vögeln?«

Rückblickend gesteht Barbra: »Die schüchterne Schauspielerin kam der Regisseurin in die Quere, indem sie ›Schnitt!‹ rief. Ich weiß, daß ich wahrscheinlich besser weitergemacht hätte. Aber man könnte auch sagen, daß die Regisseurin sich die Sache ansah und sagte: ›Davon brauche ich nicht mehr, weil ich sowieso nur das benutzen werde.‹ Ich war sehr schüchtern und sagte mir: ›Mein Gott, wie soll ich denn mit ihm im Flur schlafen, während mein ganzes Team dabei zuguckt?‹«

Die Sexszenen, in denen die Streisand Regie führt, haben immer etwas Überholtes. In ihnen ist keine wirkliche Leidenschaft, keine Hitze, kein Schweiß. Und schon gar nicht so etwas wie Brüste. In einer der Aufnahmen in *Herr der Gezeiten* wurden, ob absichtlich oder unabsichtlich, das sei dahingestellt, Barbras Brüste sichtbar. Die Streisand nahm die Szene für eine der ersten Vorpremieren in den Film auf, was für sie sehr gewagt war. Später schnitt sie sie wieder heraus.

»Ich hatte das Gefühl«, gab sie als Begründung an, »daß es die Leute von der Szene ablenkte. Plötzlich galt anstelle der Emotionen, die in dieser Szene erzeugt wurden, nur noch *Barbra Streisands Busen*. Deswegen habe ich den Schnitt abgeändert. Ich habe zwei Nahaufnahmen daraus gemacht. Ich möchte gerne, daß das Publikum seine Phantasie benutzt – wie in alten Filmen«, sagte Barbra zur Verteidigung ihrer Liebesszene. Was sie jedoch nicht erwähnt,

zumindest nicht öffentlich, ist ihre Neigung zum Kitsch. Man denke an die schreckliche Liebesszene in *A Star Is Born*, in der sie in einer schäumenden Badewanne, um die herum mehr Kerzen angeordnet sind, als man in einer katholischen Kirche finden würde, von Kris Kristofferson verführt wird. Offen bleibt, ob es der Streisand darum ging, den Sex mit Kristofferson mit einer religiösen Erfahrung gleichzusetzen, oder ob Kerzenlicht sie einfach nur anmacht. In *Herr der Gezeiten* stellt sich Barbra sexuell als eine eher passive Partnerin dar. Obwohl sie vielleicht Feministin ist, findet sie es anscheinend aufregender, sich in die Arme eines starken Mannes sinken zu lassen. In Streisands Liebesszenen scheint alles weich zu sein, das Licht, die Musik und manchmal die Kameraeinstellung.

In ihrem Privatleben ist sich die Streisand ihres Hangs zum Kitsch bewußt. Paul Sylbert zufolge hat sie ihn sogar darum gebeten, ein aufmerksames Auge auf ihre Neigung zum Banalen zu haben. »Sie ist eine ausgesprochene Schmalzsängerin«, sagt Sylbert. »Und ich glaube, daß sie auch als Regisseurin so ist. Ich denke, sie ist sich dessen bewußt.« Trotz all ihrer bewußten Bemühungen trieft *Herr der Gezeiten* besonders in den letzten zwanzig Minuten geradezu vor Kitsch im Seifenopernstil. Sylbert urteilt: »Bis dahin gefiel mir [der Film] sehr. Es fing damit an, daß Barbra sechs verschiedene Schaukelstühle für die Szene brauchte, in der sie auf Nick Noltes Schoß sitzt. Sie hatte noch viel mehr von diesem ›Baby-im-Schoß‹-Kram [gedreht]. Ich fand, daß der Film nach der Therapie, nach Nicks großem Durchbruch, der Katharsis, eigentlich zu Ende sein sollte. Der Film war einfach *vorbei*. Dieses kleine Liebesgeschichtchen, das schwer zu integrieren war, ist meiner Meinung nach nie wirklich in den Film eingegangen. Sie machte etwas zu Niedliches daraus. Sie zeigte Barbra als verliebte Frau, Barbra wieder als junge Frau, Barbra hier und Barbra dort. Und das war ein Fehler.«

Die Streisand war jedoch anderer Meinung. Sie wollte mehr, nicht weniger von dem Material ihrer Liebesszenen mit Nolte einbringen, obwohl diese im Buch nur einen kurzen Teil ausmachen. Sylbert und andere versuchten, ihr dies auszureden, jedoch ohne großen Erfolg. Sylbert sagt: »Barbra muß das Gefühl haben, daß

etwas *für sie* richtig ist. Sie hat bei allem, was sie tut, Absichten, und manchmal ist sie sich so bombensicher, daß nichts, ganz egal, was man ihr sagt, sie davon abbringen kann. Sie braucht diesen schmalzigen Kram einfach. Ursprünglich war die Szene doppelt so lang«, sagt Sylbert, »und selbst das war noch zu viel. Das Studio muß lang und breit mit ihr verhandelt haben, um sie dazu zu bringen, diese [zusätzlichen] zwanzig Minuten rauszuschneiden.«

In New York – ohne die quälenden Stechmücken – zu drehen, war für Barbra wesentlich angenehmer als in South Carolina. Sie entspannte sich sogar – ein bißchen. Als Barbra bei einer Szene in Greenwich Village, für die ein Stau benötigt wurde, unzufrieden damit war, daß der Produktionsleiter nicht genug Autos angeheuert hatte, marschierte sie unverfroren auf die entgeisterten Autofahrer in der Sullivan Street zu und bat sie um Hilfe.

»Guten Tag, ich bin Barbra Streisand«, verkündete sie, als ob das noch nötig gewesen wäre. »Ich drehe hier einen Film. Würde es Ihnen etwas ausmachen, gefilmt zu werden?«

Sie sprach dann einen Polizisten an, den sie mit Rückgriff auf ihren weiblichen Charme um weitere Unterstützung bat: »Herr Wachtmeister, könnten Sie mir vielleicht einen Gefallen tun? Ich habe nicht genug Autos und hätte furchtbar gerne, daß diese Autos hier sich stauen. Ist das möglich?«

Während der Drehpausen überraschte Barbra außerdem die Ortsansässigen mit ihrem kontaktfreudigen und die Fotojäger mit ihrem entgegenkommenden Verhalten. In der *Oyster Bar* aß sie in Erdnußöl gebratenes Seezungenfilet mit Zitrone; sie aß im *Luma*, dem schicksten Naturkostrestaurant der Stadt zu Abend; und sie besuchte eine Kabarett-Show im *Blue Angel*, wo sie dreißig Jahre zuvor aufgetreten war.

Es mag vielleicht auf längere Sicht ihr Verhältnis gestärkt haben, zunächst jedoch war es für Barbra mit Schwierigkeiten verbunden, ihrem Sohn für den Part von Bernard, einer der zentralen Rollen des Films, Regieanweisungen zu geben. Im Central Park fand Barbra es schwierig, ihrem Sohn Jason begreiflich zu machen, was sie von ihm wollte. Sie trug ihre Sorgen, ob Jason der richtige für den

Part war, in die Produktion hinein. Beim Drehen der Footballsequenz mit Jason und Nick Nolte verlangte Barbra eine Einstellung nach der anderen. Entweder war sie sich unsicher über das, was sie sich vorstellte, oder es gelang ihr nicht, dies auf verständlichem Weg auszudrücken.

Besonders eine von Jasons Textinterpretationen ärgerte Barbra. So ließ sie ihn die Stelle wieder und wieder sprechen. Schließlich protestierte Jason lautstark.

»*Was* gefällt dir denn nicht?« fuhr er sie an.

In dem Versuch, ihre Doppelrolle als Mutter und Regisseurin im Gleichgewicht zu halten, bemühte sich Barbra, eine entschiedene und begründete Antwort zu geben. Sie erinnerte Jason daran, daß er ihr Mutter-Sohn-Verhältnis von ihrem Verhältnis als Regisseurin und Schauspieler trennen müsse. Dann erklärte sie ihm, daß sie seine Interpretation nicht »glaubwürdig« finde und daß sie ihn so lange weitermachen lassen wolle, bis er es »richtig« hinbekomme.

Jason stürmte davon, um Trost und aufbauende Worte in den Armen von Cis Corman zu finden, die im Hintergrund zugesehen hatte. Als er wegging, rief Barbra ihm nach: »Sei bloß nicht sauer auf mich, weil ich deine gottverdammte Mutter bin!«

Nachdem er sich beruhigt hatte, kam Jason zurück, um die Szene noch einmal zu drehen. Aber eine bissige Bemerkung konnte er sich gegenüber seiner Mutter nicht verkneifen: »Cis gefällt meine Interpretation.«

Barbra gab ihm unerschüttert zurück: »Meinetwegen, aber Cis ist nicht die Regisseurin.«

Als sie an der Grand Central Station drehten, war es nicht Jasons Interpretation, die Barbra Kummer machte, sondern sein *Gang*. Außerdem hatte Barbra nur zwei Tage mit fünf Arbeitsstunden pro Tag zugeteilt bekommen, um diese Szene zu drehen. Aus ihrer Erfahrung wußte sie, daß sie mindestens zwanzig Stunden brauchen würde, und auch ihre Berater bestätigten ihr dies. In der Szene mußte Jason Geige spielen, sich von Nolte verabschieden und dann davongehen, um seinen Zug zu nehmen. Barbra wollte, daß die Szene Bernards neugewonnene Reife und sein neues Selbstvertrauen symbolisierte. Das Footballspielen mit Wingo alias Nolte hatte ihn vom ziellosen, bockigen Problemkind in einen gut

angepaßten Erwachsenen verwandelt. Nachdem sie die Szene wieder und wieder aufgenommen hatten, explodierte die zur Verzweiflung gebrachte Barbra vor der Kamera und vor dem Team.

»Du sollst wie ein Mann gehen!« forderte sie angeblich von ihrem verblüfften Sohn. »Wie ein *Mann* sollst du gehen!«

Als Barbra sich entschloß, Jason in ihrem Film mitspielen zu lassen, fürchtete sie, daß er als Figur des öffentlichen Lebens einem kritischen Wühlen in seinem Privatleben ausgesetzt sein würde, ähnlich wie es bei ihr der Fall war. Als Barbra an der Nachproduktion von *Herr der Gezeiten* arbeitete, bestätigte eine Boulevardzeitung ihre schlimmsten Befürchtungen, indem sie Jasons Foto groß auf der Titelseite herausbrachte. BARBRA IN TRÄNEN ÜBER DIE HOCHZEIT IHRES SCHWULEN SOHNS lautete die Schlagzeile. Im Begleitartikel hieß es unter anderem: »Jason, 24, heiratete seinen Lebensgefährten, das Unterwäschemodel David Knight.« Dann folgte eine Liste von Barbras angeblichen Einwänden gegen die »Hochzeit« des Sohns sowie über ihre angebliche Niedergeschlagenheit ob seiner sexuellen Neigungen.

Die Geschichte war eine reine Erfindung. Nichtsdestotrotz fand sie ihren Weg bis nach Hollywood, wo Jason lebt und wo Gerüchte in Überschallgeschwindigkeit und mit großer Schadenfreude verbreitet werden. Bis heute gibt es zwar Leute, die versichern, daß die Geschichte wahr sei, es gibt jedoch keinerlei Anhaltspunkte, aufgrund derer man ihr Glauben schenken könnte. David Knight, der ein ungewöhnlich gutaussehendes Modemodel war und dann Schauspieler wurde, hat ·sich seit Bekanntwerden »der Geschichte« zum ersten Mal für dieses Buch öffentlich dazu geäußert: »Ich kenne Jason nicht«, sagt Knight, der die traurige Berühmtheit offensichtlich hinter sich lassen will. »Ich habe ihn noch nie getroffen.« Knight vermutet, daß sich die Geschichte ein früherer, rachsüchtiger Bekannter ausgedacht habe.

Barbra, die ihrem Sohn gegenüber loyal und treu blieb, sagte in einer Presseerklärung: »Ich habe mich inzwischen an den Quatsch gewöhnt, der seit Jahren über mich geschrieben wird, aber das ist wirklich der Gipfel des Schundjournalismus.«

Man muß Jason, und damit auch Barbra zugute halten daß er in

Herr der Gezeiten eine der natürlichsten, unaffektiertesten Charakterdarstellungen bietet. Barbra, die sich darüber freute, daß die meisten ihrer Vorbehalte gegen Jasons Besetzung sich als unbegründet erwiesen hatten, strahlte vor Zufriedenheit über seine Leistung in dem Film.

Interessanter noch als die Frage, wie Barbra die anderen Mitglieder der Besetzung anleitete, ist vielleicht die, wie Barbra als Regisseurin mit sich als Schauspielerin umging. Trotz ihres Doppeltitels und ihrer Doppelfunktion im Film geriet die Streisand, wie sie es selber sieht, in keinerlei Interessenkonflikt. »Der Star existiert für mich nicht«, betont sie. »Ich finde es gerade interessant, die Schauspielerin einfach beiseite zu schieben. Ich habe meine [Lowensteins] Büroszene als letzte gefilmt und mir eine Art ›Behelfsset‹ gemacht«, führt die Streisand als Beweis für ihre Opferbereitschaft an. »Wenn es draußen regnete, und das tat es sehr oft, dann mußte ich reinkommen und spielen. Wenn ich wirklich der Star des Films gewesen wäre, dann hätte ich das nie zugelassen, glauben Sie mir. Wenn ich Regisseur bin, dann schiebe ich die Schauspielerin vollständig zur Seite. Sie bekommt keinerlei Sonderbehandlung von mir.«

Paul Sylbert jedoch widerspricht der Behauptung, daß Barbra ihr Schauspielerego abgeworfen habe. »Man muß immer herausfinden, wo ihre *wirklichen* Absichten liegen. Ich fuhr nach New York, wo sich der Skizzenzeichner Brook Mason aufhielt. Ich habe mir die Sachen angeschaut, und mir fiel etwas daran auf. Es waren [Skizzen] von zwei Sets und von zwei Szenen – sie waren absolut identisch. Nach der zweiten Aufnahme kam es aber dann so, daß Barbra im Vordergrund stand und alle anderen sich im Hintergrund wiederfanden. Ich sagte zu ihr: ›Das ist die gleiche Aufnahme, Barbra – was bedeutet, daß alle Sets jetzt so entworfen werden müssen, daß du immer im Vordergrund stehst und alle anderen immer im Hintergrund.‹ Sie sagte so etwas wie: ›Oh, das hatte ich nicht bemerkt.‹«

Trotzdem filmt die Regisseurin Streisand die Schauspielerin Streisand nicht nur von ihrer schönen Seite, sondern gewährt ihr auch geradezu schmeichelhafte Einstellungen. In *Herr der Gezeiten*

gestattet sich Streisand schmachtende Aufnahmen ihrer Beine und Fingernägel – nach ihrer Einschätzung vermutlich ihre vorteilhaftesten Körperteile –, die im Kontext der Geschichte unnötig sind.

»Das ist bloßer Unsinn«, antwortet die Streisand darauf. »Ich filme mich so, wie ich jede andere Schauspielerin in dieser Rolle drehen würde – so, wie ich Blythe Danner filmen würde oder Kate Nelligan . . . Man will in einem Film, daß alles so schön wie möglich aussieht.«

Was den eigentlichen Sinn der Geschichte angeht, greift die Streisand jedoch daneben. Im Film soll sie eine angesehene Psychiaterin spielen, statt dessen richtet sich die Kamera schon in den Büroszenen so oft auf ihre Fingernägel, daß ihnen letztlich mehr Bedeutung beigemessen wird als den Diplomen und Zertifikaten an ihrer Wand. Außerdem sollte dem Publikum nicht ausdrücklich mitgeteilt werden, daß eine Schauspielerin schön ist. Entweder sie ist es, oder sie ist es nicht.

Barbra bemüht sich in *Herr der Gezeiten* in so auffälliger Weise darum, ihr Publikum wissen zu lassen, daß sie attraktiv ist (»Sieht Barbra nicht phantastisch aus?« hört man beinahe einen Zuschauer hauchen), daß es von der tatsächlichen Geschichte ablenkt. In der Szene von Eddies Cocktailparty wird Barbra in einer peinlich genau auf sie gerichteten Einstellung von hinten beleuchtet wie eine ätherische, goldene Göttin – was wohl kaum der mühelosen Schönheit einer dieser »unnahbaren Frauen von New York« entspricht, die Pat Conroy beschrieb.

In dieser Szene entdeckt Nolte plötzlich, daß die Streisand in dem überfüllten Raum anwesend ist. So wie sie beleuchtet wird, kann jedoch für Nolte von Entdecken keine Rede sein. Barbra leuchtet fast wie eine Neonreklame.

Sicherlich hat die Streisand, wenn sie gleichzeitig Regie führt, mehr Abstand zu sich selbst, als wenn sie nur als Schauspielerin beteiligt ist. Sie hat einfach keine Zeit dazu, sich ausschließlich mit ihrer Rolle zu beschäftigen. Aber was das Zurseiteschieben der Schauspielerin betrifft, um ihre eigenen Worte zu benutzen, so ist dies einfach nicht wahr. Natürlich ist das nicht verwunderlich. Ein Vierteljahrhundert lang ist Barbra Streisand mit außergewöhnli-

cher, manchmal fanatischer Verherrlichung überschüttet worden und hat dabei in dem Vakuum gelebt, das ihr eigener Ruhm erzeugte. Die Vorstellung, sie könne auf Kommando jegliche Art von Egozentrik ablegen, ist unrealistisch, wenn nicht sogar völlig unmöglich. Solange sie ihre eigene Regisseurin ist, wird sie als Schauspielerin niemals so gut werden, wie sie sein könnte, wenn sie nicht lernt, ihre egozentrischen Neigungen abzubauen.

Nach vier Jahren Vorproduktion, vier Monaten Dreharbeiten und mit der Perspektive, daß ein weiteres Jahr in den Schnitt und in die Nachproduktion investiert werden würde, wurden Ende September 1990 die Dreharbeiten zu *Herr der Gezeiten* beendet. Die Abschlußparty sollte im *Crane Club* in New York City stattfinden. Überwältigt von einer Mischung aus Erleichterung, Hochgefühl und Erschöpfung hatte Barbra sicherlich eine Feier verdient. Sie hatte bei diesem Film enorme Leistungen vollbracht.

Am Abend der Party wurde jedoch den Festivitäten ein Dämpfer aufgesetzt, als Barbra sich weigerte, den *Crane Club* durch die Haupteingangstür zu betreten und damit eine Szene verursachte. Sie bestand darauf, das Restaurant durch ein benachbartes Lokal in der neunundsiebzigsten Straße zu betreten, das durch einen geheimen Gang mit dem separaten Raum verbunden war, in dem die Party stattfand.

Nachdem sie all den anstrengenden, manchmal erbitterten Kämpfen und Herausforderungen, die ihr während der Verwirklichung von *Herr der Gezeiten* begegnet waren, mutig und erfolgreich entgegengetreten war, hatte die siegreiche Gewinnerin im Kampf gegen die selbstgestellten Anforderungen einfach Angst.

Aber wovor hatte sie Angst? Sie hatte Angst davor, um ein Autogramm gebeten zu werden.

Oscar oder nicht Oscar?

An einem Sonntagmorgen, Bob Schulenberg, Barbras alter Freund aus ihrer Zeit im *Bon Soir*, saß mit laut laufendem Radio in seinem Schlafzimmer, als das Telefon klingelte. »Bob?« fragte die Stimme am anderen Ende. »Ja?« antwortete er, ohne die Stimme des Anrufers zu erkennen oder überhaupt richtig zu verstehen. Sie wiederholte ihren Namen. »Wie bitte?« sagte Schulenberg, der ihren Namen immer noch nicht verstehen konnte. Sie versuchte es erneut. »Eine Sekunde«, sagte er schließlich, »ich stelle das Radio aus.« Dann kam er zurück zum Telefon und sagte: »So, da bin ich wieder. Wer spricht bitte?« »Barbra Joan Streisand«, antwortete die Anruferin. »Erinnerst du dich?«

Es war beinahe fünfundzwanzig Jahre her, daß er das letzte Mal von seiner einst so guten Freundin gehört hatte.

»Wir haben sofort losgelegt«, erinnert sich Schulenberg. »Wir haben uns drei Stunden lang unterhalten. Mir kam es so vor, als hätte ich nie aufgehört, mit ihr zu reden. Sie sagte: ›Wir haben uns nie gestritten, oder?‹ Ich sagte: ›Nicht, daß ich wüßte.‹ Und sie sagte: ›Warum haben wir uns aus den Augen verloren?‹ Ich antwortete: ›Na ja, als du Elliott geheiratet hast, da wollte ich mich nicht einmischen. Ich spürte, daß es schwierig würde, da Elliott nur langsam [in seiner Karriere] vorankam.‹ Sie sagte: ›Daran erinnere ich mich.‹ Es war ihr bewußt. Aber es war nicht besonders nett von ihr, daß sie nicht gemerkt hatte, daß ich damals ein Opfer für sie brachte.

Als ein anderer Freund von mir [der auch mit Barbra befreundet ist] hörte, daß sie mich angerufen hatte«, fährt Schulenberg fort, »sagte er: ›Und? Was hat sie von dir *gewollt?*‹«

Was Barbra wollte, war ein Foto, das Schulenberg Jahre zuvor gemacht hatte, auf dem sie und Phyllis Diller gemeinsam in einem ruhigen Moment im *Bon Soir* zu sehen sind. Sie wollte das Foto in einem Begleitheft zu *Just for the Record* . . . abdrucken, einer CD-Kassette, die einen Rückblick auf ihre gesamte Karriere bot.

Als die CD-Kassette im September 1991 zu einem atemberau-

benden Preis von siebzig Dollar herauskam, bekam die bemerkenswerte, schön präsentierte Box mit vier CDs hauptsächlich positive Kritiken, obgleich sich eine Reihe von Kritikern darüber beschwerte, daß manche Stücke, darunter zum Beispiel das von der dreizehnjährigen Barbra und der beinahe sechsundvierzigjährigen Barbra im Duett gesungene Lied »You'll Never Know«, schon an eine gewisse Selbstbeweihräucherung grenze.

Drei Jahre zuvor war Barbras langjähriger Freund, der Choreograph Howard Jeffrey, der mit ihr an einigen ihrer Filme gearbeitet hatte, gestorben. »Die letzten sechs Monate seines Lebens ging es ihm wirklich schlecht«, erzählt Howards bester Freund, der Dramatiker Mart Crowley. »Barbra war in dieser Zeit sehr nett zu ihm. Sie ließ ihm immer Lebensmittel nach Hause schicken. Ich habe nie gesehen, daß sie ihn besucht hat, aber vielleicht tat sie auch das.«

In Erinnerung an Howard widmete Barbra die 1970er CD von *Just for the Record* . . . »meinem Freund *Howard Jeffries*, der diese Platte gemocht hätte«.

»Sein Name war falsch geschrieben«, beschwert sich Crowley. »Das hätte Howard total verrückt gemacht. Wenn jemals irgend jemand ihren Namen B-a-r-b-a-r-a buchstabiert hätte, dann hätte er mit Sicherheit etwas von ihr zu hören bekommen. Ist es nicht typisch für einen Filmstar, »bester Freund« von jemandem zu sein und nicht zu wissen, wie man seinen Familiennamen schreibt?«

Die Columbia Pictures hatte *Herr der Gezeiten* ursprünglich im September 1991 in die Kinos bringen wollen. Nach einigen extrem gut besprochenen Vorpremieren entschloß sich das Studio jedoch, die Herausgabe des Films zu verschieben und ihn zu *dem* großen Columbia-Film der lukrativen Weihnachtszeit zu machen. *Vanity Fair* hatte vorgehabt, die Titelgeschichte im September über Barbra zu machen, was mit dem Start von *Herr der Gezeiten* zusammenfallen sollte. Als der Film verschoben wurde, fragten Barbra und die Columbia bei der Zeitschrift an, ob die Veröffentlichung der Geschichte ebenfalls verschoben werden könne. Das Magazin weigerte sich und veröffentlichte den Artikel wie geplant.

Als der Starttermin des Films näherrückte, wurde deutlich, daß Barbra die Absicht hatte, für *Herr der Gezeiten* mit mehr Einsatz Werbung zu machen, als sie es je für irgendeinen anderen Film in ihrer Karriere getan hatte. Die Garbo unserer Zeit, die oft und heftig ihrer Verachtung für die Presse Ausdruck verliehen hatte, war plötzlich *überall*.

Für ein Pressefest im *Mark Hotel* in New York City informierte Barbra über ihre Repräsentanten die teilnehmenden Fernsehshows und -sender, daß ihre gesamten Video-Interviews von *ihrem* Kamerateam der Columbia Pictures aufgezeichnet werden würden. Die Fernsehjournalisten, die auf Sendung waren, würden hineingeleitet werden, ihre acht Minuten Interview – wenn überhaupt – bekommen, ihre Videokassetten erhalten und dann wieder herausgeleitet werden.

Ein paar Tage vor dem geplanten Ereignis zitierte Barbra das Team herbei, um zu proben und diese Proben auch aufzunehmen. Es ist vielleicht das erste Mal in der Geschichte, daß ein Studio für Proben eines *Interviews* Geld ausgegeben hat. Nachdem sie das aufgenommene Filmmaterial gesehen hatte, ließ die unzufriedene Barbra angeblich einen Maskenbildner aus Los Angeles für das Ereignis einfliegen. Als sie immer noch mit ihrem Aussehen unzufrieden war, korrigierte sie mehrere dutzend Male die Beleuchtung und verlangte eine neue Aufnahme nach der anderen. Schließlich wies sie angeblich den Kameramann an, einen Nylonstrumpf vor das Objektiv zu hängen.

Bill Harris von der *Showtime* war einer der geladenen Reporter. »Ich hatte seit zwölf Jahren die größten Filmstars interviewt«, sagt er nachdenklich, »aber so nervös bin ich seit meinen ersten zwei oder drei Interviews nie mehr gewesen. Barbra war sehr großmütig, und ich war beeindruckt und über alle Maßen erfreut.«

Harris war nicht nur von Barbras Herzlichkeit überrascht, sondern auch von ihrem Aussehen. »Sie ist, wenn sie vor einem steht, sehr viel attraktiver, als ich erwartet hatte«, sagt er. »Sie hat ein wirklich reizendes Lächeln, dieses lustige, schiefe Lächeln, das wir so gut kennen. Und wenn es sich direkt an einen selber wendet, dann ist es wirklich entwaffnend und sehr feminin.«

Aber die überraschende Sanftheit in ihrem Auftreten täuschte

über die Härte ihres Zugriffs hinweg, mit der sie alle Aspekte des Geschehens unter strengster Kontrolle hielt. »Machen wir uns nichts vor«, fährt Harris fort. »Sie lenkte dieses Interview. Es war ein im voraus gestelltes Interview, in dem sie so beleuchtet wurde, wie sie es wollte, und in dem die Kameras sich in genau dem Winkel auf sie richteten, den sie bestimmte. Und als ein geladener Journalist kam man herein und setzte sich in den Stuhl, den man zugewiesen bekam.

Sie verbesserte *vor der Kamera* meine Aussprache ihres Namens, was immer eine grauenvolle Situation ist. Sie sagte: ›Bill, Bill, dürfte ich Sie einen Augenblick unterbrechen?‹ Da man aber nur acht Minuten bekommen hat, ist jeder Moment Gold wert. Deswegen wäre die Wahrheit gewesen: ›Zum Teufel, *ja*, es macht mir etwas aus, wenn Sie mich mit einer Frage unterbrechen.‹ Aber was soll man da sagen? Man sagt: ›Neiiiin.‹ Und dann sagte sie: ›Sagen sie meinen Namen.‹ Also sagte ich ›Streizand.‹ Und sie sagte: ›Ah-ha! Sehen Sie, Sie sprechen ihn falsch aus. Sie sagen Streisand mit einem z, aber es heißt Streisand mit einem weichen s. Sagen sie Streisand.‹ Und ich sagte: ›Streisand.‹ Sie antwortete: ›Genau, so ist es richtig! Das Gleiche sage ich immer zu Jane Fonda. Sie schafft es nie, meinen Namen richtig auszusprechen.«

Unterdessen versuchte ein beunruhigter Mike Wallace, der Barbra aus der Zeit kannte, in der sie eine mittellose Sängerin und häufiger Gast in seiner Show »PM East« war, die Kontrolle über *sein* Interview und *seine* Show wieder an sich zu reißen. »Fangen Sie mit dem Interview an«, sagte er zum Programmleiter. »Bitte.«

Während des folgenden Interviews ergingen sich die beiden in Erinnerungen an ihre Erlebnisse bei »PM East«, und Wallace erschreckte die sichtlich erschütterte Barbra, indem er verkündete: »Wissen Sie was? Ich konnte Sie vor dreißig Jahren wirklich nicht leiden.«

»Das stimmte nicht«, sagt Donald Softness, der sich mit seinem Bruder John um die Öffentlichkeitsarbeit für »PM East« gekümmert hatte. Mike mochte sie. [Dieser Satz] war bloß eine Technik, die er bei ihr benutzte, um sie nervös zu machen. »Wissen Sie«, fügt Softness hinzu, »Mike hält sich für den großen Inquisitor.«

Herr der Gezeiten feierte in Los Angeles am Mittwoch, dem 11. Dezember 1991, seine Premiere. Unter den Gästen waren Diana Kind, Jason Gould, Richard Baskin, Kate Nelligan, Blythe Danner, Sean Connery, Goldie Hawn, Tom Hanks und Jon Peters. Die Reaktionen auf die Vorführung waren generell überwältigend positiv, und die meisten Gäste waren begeistert von Nick Noltes Darstellung. George Christy vom *Hollywood Reporter* sagte voraus: »Seien Sie im nächsten Frühjahr nicht überrascht, wenn es heißt: ›Den Umschlag bitte . . . der Oscar für die beste männliche Hauptrolle geht an Nick Nolte.‹«

Bei der Premierenfeier saß Cis Corman rechts von Barbra. Links von ihr saß Kevin Costner mit seiner Frau Cindy. Über Costners Sitzplatz hatte nicht der Zufall entschieden. Es heißt, Barbra habe es so arrangiert, daß der Schauspieler und Regisseur neben ihr saß, weil sie ihn sehr anziehend fand.

Barbra hatte sich im gleichen Jahr freiwillig für die Überreichung des Preises für den besten Film bei der jährlichen Academy-Preisverleihung zur Verfügung gestellt, weil sie sich mehr als irgend jemand anderes in Los Angeles sicher war, daß Costner für *Dances with Wolves* die Auszeichnung gewinnen würde. Sie wollte, so lautete das Gerücht, Costner ihren Glückwunschkuß auf die Wange drücken.

Passend zum Südstaatenschauplatz des Films, enthielt die Speisekarte der Premierenfeier zu *Herr der Gezeiten*, die von Along Came Mary arrangiert wurde, gebratenes Hähnchen, Kartoffelpüree, spezielle Saucen, Brötchen, Grünzeug, Krabben, Krautsalat mit Crevetten, Maissalat, Maisbrot, Pfirsichtörtchen, Pecannußkuchen, Zitronenbaiser, Schokoladen- und Kokoskuchen.

Zwei Tage vor dem Ereignis kostete Barbra das gesamte Essen, das serviert werden sollte, vor und gab für alles ihre Zustimmung, außer für das Hähnchen. Sie behauptete, *ihr* Hähnchen sei besser und gab dem überrumpelten, aber entgegenkommenden Koch sofort ihr Rezept.

Die Filmkritiker waren größtenteils begeistert. In der Kritik der *Daily Variety* hieß es lobend: »*Herr der Gezeiten* besitzt eine Qualität, die im aktuellen amerikanischen Film nicht oft zu finden ist: Leidenschaft und eine weitere Qualität, die man normalerweise

nicht mit Barbra Streisand in Verbindung bringt: Zurückhaltung . . . mit diesem Film zählt die Streisand unbestreitbar zu den
Spitzenregisseuren.«

»Die Streisand ist eine *bemerkenswerte* Regisseurin«, erklärte
Gene Shalit von der »Today Show«. »Die großartige Leistung, die
sie aus den beachtenswerten Darstellern herausgeholt hat, liefert
einen Beweis für ihr Talent.«

Jeffrey Lyons von der *Sneak Previews* begeistert sich: »Ein Kinohit, ein Muß, ein Film, den man nicht verpassen darf . . . Streisands Regie ist intelligent, und Nolte spielt *die* Rolle seiner Karriere.«

David Ansen von der *Newsweek* hielt sich in seinem Lob mehr
zurück: »Angesichts der wuchernden Gefühlsduseligkeit von *Herr
der Gezeiten* hat man drei Möglichkeiten: bedingungslose Kapitulation, zähneknirschenden Widerstand oder eine Mischung aus
beidem, die einen innerlich zerreißt. Streisands Mitgefühl für ihre
Figuren ist großherzig und ansteckend. *Herr der Gezeiten* bietet
vielleicht ein Vergnügen mit schlechtem Gewissen, aber ein Vergnügen bleibt es nichtsdestotrotz.«

Andere mochten den Film, kritisierten aber Barbras Darstellung
der Susan Lowenstein. »Ich fand, daß sie gräßlich spielte«, sagt Allan Miller, Barbras früherer Ersatzvater und Schauspiellehrer.
»Meiner Meinung nach war es die schlechteste schauspielerische
Leistung, die sie je gegeben hat. Sie hätte sich jemand anders für
ihre Rolle aussuchen sollen, denn ich bin sicher, daß sie jemand
anderem bessere Regieanweisungen hätte geben können als sich
selber. Ich finde, daß Barbra als Regisseurin eine phantastische Arbeit geleistet hat, aber nicht als Schauspielerin. Ich fand sie ma-
niert. Und ich hasse es, im Film andauernd an ihren Beinen
hochzugucken. Ich fand, daß es von der Charakterrolle der Psychiaterin ablenkte.«

Andere wiederum mochten weder ihre Darstellung noch den
Film. In *Rolling Stone*, wo er als zweitschlechtester Film des Jahres
bezeichnet wurde (hinter Bruce Willis' 50 Millionen Dollar teu-
rem *Hudson-Hawk*-Fiasko), hieß es: »Regisseurin und Star Barbra
Streisand macht mit dieser schwülstigen, funktionsgestörten Fa-
miliensaga, deren Plot so unsinnig ist wie ihre lobpreisenden Kriti-

ken, Bruce Willis Konkurrenz.« Es gab jedoch keinerlei Uneinigkeiten über den beachtlichen kommerziellen Erfolg des Films. Nachdem *Herr der Gezeiten* am Heiligen Abend angelaufen war, spielte er in den ersten fünf Tagen 15,4 Millionen Dollar ein, was für einen Spielfilm, der sich nur an Erwachsene richtete, beeindruckend war. Die einzigen noch erfolgreicheren Filme waren *Hook, Father of the Bride / Vater der Braut* und *Beauty and the Beast / Die Schöne und das Biest*, die allesamt als Familienkost für ein Massenpublikum konzipiert waren.

Mit einem klaren, unbestreitbaren Schlag hatte *Herr der Gezeiten* dem Gerede von Barbra Streisands »schwindender Ausstrahlung« ein Ende bereitet. Der Film spielte letzten Endes allein in Nordamerika mehr als 75 Millionen Dollar ein, was ungefähr dem Dreifachen seines Produktionsbudgets entsprach. Nicht nur auf dem internationalen Markt, auch auf dem Videomarkt wurde der Film ein Hit.

Nachdem Don Johnson wie in einem guten Happy-End zu Melanie Griffith zurückgekehrt war, gab es in Barbras Leben eine Reihe von Männern, die ihr den Hof machten. Gerüchten zufolge nahm sie in ihre Liste berühmter Liebhaber, zu der bereits Omar Sharif, Warren Beatty, Anthony Newly, Pierre Trudeau, Kris Kristofferson, Ryan O'Neal und Don Johnson gehörten, Schauspieler wie Sam Elliott, Liam Neeson (Julia Roberts einstigen Geliebten, mit dem sie zusammenwohnte) und Clint Eastwood auf.

Die angebliche Tändelei mit Eastwood, damals achtundfünfzig, fand statt, als die beiden ihren Skiurlaub in Sun Valley in Idaho verbrachten. Eastwood hatte sich kurz zuvor von seiner langjährigen Freundin Sondra Locke getrennt und rief Barbra, siebenundvierzig, an, um mit ihr auszugehen.

Eine erwähnenswertere Beziehung war diejenige zu dem Komponisten James Newton Howard, dem früheren Mann von Rosanna Arquette, der acht Jahre jünger war als Barbra. Nach bekanntem Schema begann sie ihr Verhältnis mit Howard während der Weihnachtsferien (wie es auch bei Don Johnson und Richard Baskin der Fall gewesen war) des Jahres 1990. Diese Jahreszeit scheint bei Barbra Liebesgefühle zu wecken.

Am 24. Januar 1991 besuchte Barbra eine Geburtstagsfeier für Mike Medavoy, den Vorsitzenden der Tri-Star Pictures, die in einem Studio der Columbia stattfand. Angeblich ignorierte Barbra die anderen Gäste, unter denen sich auch Jon Peters und Richard Baskin befanden, und ging schnurstracks auf Don Johnson zu, der mitten im Raum stand. Einem Beobachter zufolge vertieften sich die beiden in eine *sehr* freundlich wirkende Unterhaltung, sahen sich dabei in die Augen und verließen unvermittelt den Raum, während allen Leuten »die Münder offenstanden«.

Diese scheinbaren Zeichen einer Veränderung wurden jedoch von Lee Solters, Barbras langjährigem Pressesprecher, entschärft. Solters zufolge begleitete Johnson Barbra nur zu ihrem Auto, da sie die Party verließ, um sich mit Howard zu treffen. Nichtsdestotrotz kam Melanie Griffith, die ohne Zweifel von der »Wiedervereinigung« ihres Mannes mit Barbra gehört hatte, am nächsten Tag von einem Drehtermin nach Los Angeles zurück.

Barbras Beziehung zu Howard kühlte sich in den kommenden Wochen ab und war zu dem Zeitpunkt, als auch seine Arbeit an dem Film beendet war, vorbei. Nach dieser Affäre kehrte Howard sofort zu seiner früheren Freundin Sofie Barron zurück.

Bei Barbra schien sich noch ein anderes Wiederholungsmuster abzuzeichnen. Don Johnson verließ sie, um zu seiner früheren Frau zurückzukehren, die er dann wieder heiratete; James Newton Howard verließ sie, obwohl unklar ist, wer von den beiden die Beziehung beendete, und kehrte zu seiner früheren Freundin zurück, die er dann heiratete. In *Herr der Gezeiten* verließ Tom Wingo Susan Lowenstein, um zu seiner Frau zurückzukehren. Barbra schien die von Stanislawski entwickelte Theorie über das intensive Durchleben einer Rolle auf extremste Weise anzuwenden. Sie war die Heldin, die den Mann am Ende niemals zu bekommen schien. Aber die wirkliche Frage, zumindest in Hollywood, war, ob sie den *Oscar* bekommen würde.

In ihrer ganzen Geschichte hat die Academy of Motion Picture Arts and Sciences erst *eine* Frau für den Oscar in der Kategorie »Regie« nominiert – Lina Wertmüller für ihren erfolgreichen italienischen Film *Seven Beauties* aus dem Jahre 1976.

Im Hollywood des Jahres 1991 aber hatten sich die Dinge spür-

bar verändert. Mindestens vier Regisseurinnen hatten Filme eingereicht, die als oscarwürdig betrachtet wurden: Martha Coolidges *Rambling Rose / Die Lust der schönen Rose*, Jodie Fosters *Little Man Tate / Das Wunderkind Tate*, Agnieszka Hollands *Europa Europa* und Barbras *Herr der Gezeiten*. Von den vieren war es Barbra, die am ehesten für eine Nominierung in Frage kam. Anders als die anderen drei – die auch vorzüglich waren –, gehörte *Herr der Gezeiten* als großer, ausladender, sentimentaler Film zu der Art von Kino, das die Academy besonders gerne auszeichnet. Außerdem hatte er einen großen finanziellen Erfolg und genoß die volle Unterstützung seines Studios.

Eine Woche vor der Bekanntgabe der Nominierungen brachte die *Los Angeles Times* ihre alljährlichen Vorhersagen heraus: In der Kategorie »Bester Film« wurden drei Filme als »sichere Nominierungen« angesehen: *Herr der Gezeiten, Bugsy / Bugsy Malone* und *The Silence of the Lambs / Das Schweigen der Lämmer* – in genau dieser Reihenfolge. In dem Artikel hieß es: »Mit seiner glanzvollen Romantik im Stil der Zeit ist *Herr der Gezeiten* der Film, der der Academy am meisten entgegenkommt, und die meisten Beobachter sehen in ihm bereits den Oscar-Favoriten.«

In der Kategorie »Bester Regisseur« wurden Barbra, Barry Levinson (*Bugsy*) und Jonathan Demme (*The Silence of the Lambs*) – wieder in dieser Reihenfolge – als die wichtigsten Kandidaten eingeschätzt. *Times* räumte jedoch ein, daß »die bisherige Gleichgültigkeit der Academy gegenüber der Streisand ihre Chancen mehr in Frage stellt, als sie es verdient hätte«.

Die *Los Angeles Times* bezog sich auf vorherige Male, in denen Barbra bei der Oscar-Verleihung leer ausgegangen war. Ihre im allgemeinen gelobte Darstellung in *Nuts . . . durchgedreht* war 1987 völlig übergangen worden, obwohl man eine aufwendige Werbekampagne dafür geführt hatte. Einige Jahre zuvor wurde sie – was damals eine noch größere Kontroverse ausgelöst hatte – für *Yentl* weder als beste Regisseurin noch als beste Hauptdarstellerin nominiert, obwohl sie bereits die Golden-Globe-Auszeichnung für ihre Darstellung bekommen hatte.

Bei diesem Wettbewerb im Jahre 1991 waren die Umstände jedoch anders. Zum einen war *Herr der Gezeiten* ein größerer Publi-

kums- und Kritikerfolg als *Nuts* oder *Yentl.* Zum anderen lancierte die Columbia nicht nur eine massive Werbekampagne in der Fachpresse, sondern Barbra *beteiligte sich* sogar an den Vorgängen, lächelte in die Kameras, gab Interviews, spielte das Hollywood-Spiel und war im allgemeinen sehr zugänglich. Am 28. Januar 1992 erfuhren Barbras Oscar-Aussichten einen ungeheuren Auftrieb, als die Directors Guild of America, der Verein amerikanischer Regisseure, ihr eine der fünf Nominierungen für seinen alljährlichen Preis zusprach. Im allgemeinen ging man davon aus, daß die Auszeichnungen des Vereins einen verläßlichen Ausblick auf den Oscar-Wettbewerb gaben.

Die anderen vier Nominierungen gingen an Jonathan Demme, Barry Levinson, Oliver Stone *(JFK)* und Ridley Scott *(Thelma & Louise)*. Barbra, die sich über die Nominierung sehr freute, war in der vierundvierzigjährigen Geschichte des Vereins nach Lina Wertmüller (wieder für *Seven Beauties*, 1976) und Randa Haines (*Children of a Lesser God*, 1986) erst die dritte Frau, der diese Ehre zuteil wurde.

Nach dieser Anerkennung durch die Directors Guild stellte sich nicht mehr die Frage, ob Barbra für den Oscar nominiert, sondern ob sie ihn *gewinnen* würde. Die Nominierung verstand sich von selbst. Zumindest glaubte man dies.

Als die Academy of Motion Picture Arts and Sciences am 19. Februar ihre Nominierungen bekanntgab, wurden Jonathan Demme, Barry Levinson, Ridley Scott und Oliver Stone wie erwartet genannt. Aber nicht die Streisand. Statt dessen war der vierundzwanzigjährige afro-amerikanische Filmemacher John Singleton für seinen Debutfilm *Boyz N the Hood* nominiert worden, der mit seinem kleinen Budget von den Kritikern begeistert aufgenommen worden war.

Barbras Übergehung war um so eklatanter, als der Film, den sie produziert, in dem sie eine Hauptrolle gespielt, den sie (ohne dafür genannt zu werden) mitgeschrieben *und* in dem sie die Regie geführt hatte, sieben andere Nominierungen erhielt, während *Bugsy* und *JFK* nur drei bekamen. Darunter war auch die Nominierung für den besten Film des Jahres.

Diese Auslassung verblüffte die gesamte Filmindustrie. Wie

konnte ein Film sieben Nominierungen bekommen, darunter für den besten Film, die beste Hauptrolle (Nick Nolte), die beste Nebenrolle (Kate Nelligan), die beste Filmadaptation und die beste Kamera, ohne daß der Regisseur, das heißt die Person, die in erster Linie für die verschiedenen Aspekte des Films verantwortlich war, nominiert wurde?

Die Gründe dafür, denn es gibt nicht nur einen, sind vielfältig. Zunächst einmal muß man sich ansehen, wie die Nominierungen verteilt werden. In der Filmakademie gibt es 4968 Stimmberechtigte, unter denen sich Schauspieler, Regisseure, Produzenten, Autoren, Techniker und Journalisten befinden. Bei der Wahl des besten Films geben sie *alle* ihre Stimmen ab.

Der Zweig *Regie* umfaßt in der Akademie lediglich 281 Stimmberechtigte. *Nur* die Regisseure der Akademie dürfen bei der Wahl des besten Regisseurs ihre Stimme abgeben.

Der altgediente Filmemacher Stanley Donen (*Singin' in the Rain, Funny Face*) sagt: »Ich höre immer das Argument, daß Streisands Film in sieben Kategorien nominiert war und daß sie deswegen doch nicht einfach als Regisseurin übergangen werden konnte. Die Sache ist die, daß nur die Regisseure über die Kategorie ›Regie‹ abstimmen, und die wissen ja nicht, daß der Film die ganzen anderen Nominierungen bekommen wird. Offenbar finden die Regisseure nicht, daß sie ihre Arbeit so gut gemacht hat, wie die anderen.«

Trotzdem bleibt die Frage offen, warum Barbra dann von der Directors Guild of America eine Nominierung erhielt, wenn ihre Arbeit von den Kollegen, das heißt den anderen Regisseuren, gar nicht besonders geschätzt wurde. Im Gegensatz zum relativ kleinen, elitären Zweig Regie in der Filmakademie hat die Directors Guild 9672 Stimmberechtigte. Bezeichnenderweise setzt sich diese Gruppe nicht nur aus Kinoregisseuren, sondern auch aus Fernseh- und Werbespotregisseuren, Regieassistenten und Produktionsleitern zusammen.

Scheinbar wird Barbra von den *Kino*regisseuren weniger geschätzt als von der Filmindustrie im großen und ganzen. Das erklärt auch, warum in ihrer fünfundzwanzigjährigen Karriere in Hollywood, so unglaublich das auch scheinen mag, nur *fünf* Kino-

regisseure Barbra Streisand jemals eine Rolle in einem Film angeboten haben. Natürlich hat sie unzählige Angebote von Studioleitern, Produzenten, Agenten und verschiedenen anderen Leuten, die mit dem Aspekt *Geld* zu tun haben, bekommen, aber nicht von den Regisseuren.

Barbra hat unterstellt, daß ihre Nicht-Nominierung und ihr schlechter Ruf ein Resultat des in Hollywood vorherrschenden Sexismus seien. »Ein Mann befiehlt, eine Frau bittet«, erklärte sie ein paar Monate später in einer Rede vor der Organisation »Frauen im Film«. »Ein Mann ist energisch, eine Frau ist penetrant. Ein Mann ist kompromißlos, eine Frau ist eine hysterische Rechthaberin. Ein Mann ist ein Perfektionist, eine Frau ist eine Nervensäge. Er ist bestimmt, sie ist aggressiv. Er verfolgt eine Strategie, sie manipuliert. Er zeigt Führungsqualität, sie ist beherrschend. Er ist engagiert, sie ist besessen. Er ist beharrlich, sie ist unnachgiebig. Er bleibt fest, sie ist stur.

Wenn ein Mann es richtig hinbekommen will, dann sieht man zu ihm auf und respektiert ihn«, fuhr sie fort. »Wenn eine Frau es richtig machen will, dann ist sie schwierig und unmöglich. Wenn er gleichzeitig als Darsteller, Regisseur und Produzent arbeitet, dann ist er ein Multitalent.

Sie schimpft man eingebildet und ichbezogen. Es heißt, ein Mann müsse über sich hinauswachsen. Warum kann das nicht auch für eine Frau gelten? . . .«

Solche Worte hat man von Barbra in ihrer Karriere immer wieder gehört. Ohne Zweifel gibt es in Hollywood eine ungleiche Behandlung der Geschlechter. Niemand kann daran zweifeln, daß weibliche Filmemacher und Schauspielerinnen von Filmproduzenten, Managern und Studioleitern diskriminiert werden. Der Verein der Filmschauspieler behauptet, daß Schauspieler doppelt so viel verdienen wie Schauspielerinnen und daß im Jahre 1991 71 Prozent aller Rollen in Spielfilmen an Männer vergeben wurden. Mit dem Alter wächst diese Diskrepanz. Weniger als 9 Prozent aller Kino- und Fernsehfilmrollen wurden mit Frauen über vierzig besetzt. Gerade vor diesem Hintergrund ist das, was Barbra mit *Herr der Gezeiten* geleistet hat, noch bemerkenswerter.

Der Oscar-Wettbewerb ist sicherlich zu großen Teilen ein Beliebtheitswettkampf. Daß man Barbra Streisand wiederholt ignoriert hat, beweist genau das. Robert Osborne, Kolumnist für den *Hollywood Reporter*, bringt es treffend auf den Punkt: »[Sie] erzeugt dermaßen starke Gefühle bei den Leuten, besonders im Showbusineß. Die Leute [die Wähler der Akademie] sind ihr gegenüber so emotional, sei es in die eine oder in die andere Richtung, daß sie sie nicht mehr nach rationalen Maßstäben beurteilen.«

Jodie Foster zum Beispiel ist eine Schauspielerin, die den Wechsel zur Regie geschafft hat, *ohne* in den Ruf gekommen zu sein, »anspruchsvoll«, »penetrant«, »eine hysterische Rechthaberin« oder »eine Nervensäge« zu sein, um Barbras Terminologie aufzugreifen.

Auf die Frage, ob man Barbra Streisand und Jodie Foster miteinander vergleichen könne, erklärt Anne Thompson, Vertreterin der Filmindustrie: »Zunächst einmal war Jodies erster Film eine kleine, unabhängige Produktion außerhalb der großen Studios. Der Film hatte kein großes Budget. Zweitens würde ich sagen, daß Jodie als ›braves Mädchen‹ wahrgenommen wird. Sie ist jemand, den alle mögen und bewundern und wie eine kleine Schwester behandeln. Sie ist nicht bedrohlich. Sie neigt nicht dazu, ihren Einfluß geltend zu machen. Sie wird als ein kooperativer, hilfsbereiter Mensch wahrgenommen, mit dem man leicht zusammenarbeiten kann.«

»Wenn ein Mann das Gleiche wie ich getan hätte ...« ist ein typischer Streisand-Ausspruch. Und oft ist ihr Standpunkt wohlbegründet. Dennoch stimmt es auch, daß Barry Levinson zum Beispiel sich niemals erdreisten würde, in »60 Minuten« oder irgendeiner anderen Fernsehshow dem Regisseur zu erklären, wie er seine Regie zu führen habe. Er würde dem Kameramann keine Anweisungen geben, wie er seine Scheinwerfer und seine Kamera auszurichten habe. Diese unscharfen, unsichtbaren Grenzen übertritt Barbra ganz impulsiv. Manche Leute akzeptieren ihr Verhalten mit wissender Resignation: »Das ist typisch Barbra.« Andere respektieren sie dafür. Und wieder andere können sie dafür nicht leiden.

Barbra jedoch sieht sich als Opfer. Wenn Männer sie nicht mögen, dann sind sie Sexisten; wenn Frauen sie nicht mögen, dann können sie sich selber nicht ausstehen und sind frauenfeindlich.

Sicherlich ist Barbra ungerecht behandelt worden, aber *sie selber* hat sich auch falsch verhalten, was sie nie zugegeben und wofür sie sich niemals entschuldigt hat. Es gibt viele Leute in Hollywood, mit denen sie besonders in ihren frühen Jahren zusammengearbeitet hat, die sich manchmal schmerzhafte Erinnerungen an diese Zusammenarbeit bewahrt haben.

Im Jahre 1967 arbeitete Elaine Joyce, eine höchst attraktive zweiundzwanzigjährige Schauspielerin, begeistert an der Filmversion von *Funny Girl*. Doch dann wurde ihre gesamte Rolle aus dem Film geschnitten. Sie machte Barbra dafür verantwortlich. Joyce erinnert sich: »Sie verlangte, daß bestimmte Sequenzen neu gedreht wurden, ohne daß ich in der Einstellung war.« Sie fügt hinzu: »Aber ich kann verstehen, warum sie nicht wollte, daß die Kamera von meiner Nahaufnahme zu *ihrer* Nahaufnahme schwenkte. Sie war unheimlich unsicher, was ihr Aussehen betraf. Sie war verzweifelt. Ich meine, Filmstars sind meistens großartige Leute, aber sie war einfach eine Frau, die fand, daß sie fürchterlich aussah. Dieser Film war für mich wirklich eine unglückliche Erfahrung, und ich glaube, das empfanden viele Leute so. Es wurde eine Quälerei. Das, was da vor sich ging, war einfach saumäßig.« Auf die Frage nach Streisands auffälliger Übergehung bei den Oscar-Nominierungen sagt Joyce: »Ich kann nur sagen, daß ich mit ihr gearbeitet habe und nie wieder mit ihr zusammenarbeiten möchte. Wahrscheinlich gibt es Scharen von Leuten wie mich. Leute, die Barbras Probleme nicht verstanden [ihre Unsicherheit über ihr Aussehen], konnten sie einfach nicht leiden. Ich glaube überhaupt nicht, daß es etwas mit Sexismus zu tun haben muß. *Sie* ist der Grund, warum sie diesen Ruf hat. Sie hat ihn sich selber verschafft. Jemand wie Ann-Margret hat nicht so einen Ruf.«

Daß sie nicht für den Regie-Oscar nominiert wurde, war vielleicht auf längere Sicht das Beste, was Barbra passieren konnte. Durch die scheinbare Ungerechtigkeit schlugen ihr Wellen der Sympathie entgegen, und das nicht nur innerhalb der Filmindustrie. Plötzlich war es modern, ihre Ehre zu verteidigen. Darin hat Amerika ja nun auch Tradition: Stars aufbauen, Stars niedermachen und sie dann – falls sie lange genug am Ball bleiben – wieder aufbauen. Die Streisand ist lange genug am Ball geblieben.

»Ich weiß, daß sie eine Grammy-Legende ist«, hörte man Whoopi Goldberg bei der Grammy-Verleihung sagen, eine Woche, nachdem die Oscar-Nominierungen bekanntgegeben worden waren, »aber sie ist auch eine phantastische Regisseurin.« Selbst Madonna beschwerte sich in einem »Saturday Night Live«-Sketch, in dem Barbra selber einen Überraschungsauftritt hatte, über die Ungerechtigkeit.

Das neuartige Wohlwollen erreichte am 30. März 1992, am Abend der Oscar-Verleihung, seinen Höhepunkt. Obwohl Nick Nolte als Favorit für die männliche Hauptrolle gegolten hatte, wurde *Herr der Gezeiten* in allen sieben Nominierungen aus dem Rennen geschlagen. *Silence of the Lambs* gewann in den Kategorien »Bester Film«, »Bester Hauptdarsteller« (Anthony Hopkins), »Beste Hauptdarstellerin« (Jodie Foster) und »Bester Regisseur« (Jonathan Demme). Dadurch war es Nolte oder den anderen Fast-Gewinnern natürlich nicht vergönnt, Barbras Leistung in der Regie bei der Entgegennahme zu würdigen.

Trotzdem geriet Barbra im Verlauf des Abends zweimal ins Oscar-Scheinwerferlicht, als zwei Präsentatoren Barbras Leistung auf dem Podium hervorhoben. Jedesmal schwenkte die Kamera auf Barbra, die im Publikum saß, und während sie die Kommentare huldvoll entgegennahm, strahlte sie . . . *gewinnend.*

Die Welle von Sympathie für die Streisand mündete am 24. April 1992 in eine aufwendige Geburtstagsfeier zu Ehren ihres fünfzigsten Geburtstages. Gastgeber der Feier war Jon Peters.

Die 200 000-Dollar-Party für seine frühere Freundin, die auf seinem zwölf Morgen großen Gut in Beverly Hills stattfand (das jetzt *seine eigenen* Tore flankierten), war eine Mischung aus *Aschenputtel* und *Die Schöne und das Biest*. Die dreihundert Gäste, darunter Frank Sinatra, Meryl Streep, Goldie Hawn, Warren Beatty und Annette Bening und deren hundert Kinder, nahmen aktiv an den Festivitäten teil. Das Thema hieß: »Willkommen in Barbras Zauberschloß.« Zauberer, Jongleure, Stelzengänger, Puppenspieler, Tiere zum Anfassen, Feuerschlucker, Künstler, die Gesichter bemalten, und ein Zirkuselefant sorgten für Unterhaltung.

Diana Kind war auch eingeladen. Heute mit vierundachtzig sieht sie jung für ihr Alter aus, wirkt aber zerbrechlich. Sie fuhr

immer im Bus durch die Stadt, aber seit einigen Jahren verläßt sie selten ihre Wohnung. Obwohl sie öffentlich das Gegenteil behaupten, haben Barbra und ihre Mutter keine enge Beziehung. Obwohl sie nur fünf oder zehn Minuten voneinander entfernt wohnen, sehen sie sich selten.

»Sie haben keine gesunde Mutter-Tochter-Beziehung«, erzählt ein Freund der Familie, der nicht genannt werden möchte. »Es ist eine sehr merkwürdige, entfremdete, distanzierte Beziehung.

Diana und Roslyn haben beide Angst vor Barbra. Sie gehen wohl zu Barbra rüber, wenn sie an Feiertagen ein Fest macht, aber da sind immer fünfzehn oder zwanzig Gäste, und Diana und Roslyn sitzen zu guter Letzt immer an einem Tischende, während Barbra mit Cis Corman, Marilyn Bergman und diesen Leuten am anderen Ende sitzt. Nie reden sie miteinander. Ich glaube auch nicht, daß Barbra mit Roslyn befreundet sein will, wissen Sie? Sie hat ihre Marilyn Bergman und ihre Cis Corman und ihre Donna Karan. Vor kurzem war Roslyn drei Monate lang in New York und hätte gerne in Barbras Wohnung gewohnt. Sie fragte Barbra, ob das möglich sei, aber Barbra meldete sich einfach nicht mehr bei ihr. Da mußte Roslyn eine Wohnung mieten. Sie haben ein gestörtes Verhältnis zueinander.«

1984 mußte sich Diana Kind einem Eingriff am offenen Herzen unterziehen. Während ihrer Genesungszeit lud Barbra sie ein, bei ihr zu Hause in Holmby Hills zu wohnen. »Aber sie machte Barbra verrückt«, sagt derselbe Freund der Familie. »Barbra und Richard Baskin machten sich einen romantischen Abend im Vorführraum oder im Schlafzimmer, und Diana kam einfach dazu. Barbra konnte das nicht ertragen. So mußte Diana wieder zu sich nach Hause.«

Seit fünfzehn Jahren ist Diana Kinds »Zuhause« eine Eigentumswohnung gleich außerhalb von Beverly Hills, die Barbra gehört. Nach allem, was man hört, ist es eine hübsche, wenn auch nicht gerade luxuriöse Wohnung. »Sie ist in einem baufälligen Zustand«, vertraute sie einem Freund der Familie an.

»Roslyn [die seit dem Scheitern ihrer Ehe mit Randy Stone im Jahre 1983 ebenfalls in der Wohnung lebt] hat einen Hund, und der Teppich ist dreckig. Er ist voller Flecken und Löcher. Die Woh-

nung müßte auch mal gestrichen werden. Barbra geht so gut wie nie hin. Ich habe zu Diana gesagt: ›Diana, Barbra sollte das hier einmal sehen. Es ist einfach widerlich. Ihr solltet das ändern.‹

Diana lebt wie eine Frau der unteren Mittelschicht«, fährt der Freund mit offensichtlicher Ungläubigkeit fort. »Einmal habe ich ihr bei einem Problem mit dem Fernseher geholfen. Der Fernseher ging aus, worauf ich die Firma anrief, die mir sagte: ›Tja, sie hat ihre Rechnung nicht bezahlt.‹ Ich sagte zu ihr: ›Diana, warum schickst du nicht einfach alle deine Rechnungen an Barbras Buchhalter? Laß die sich doch um alles kümmern. Deine Tochter ist eine der wohlhabendsten Frauen der Welt. Sie besitzt Millionen und Abermillionen von Dollar! Wenn du ein Auto willst – es muß ja keine irre Limousine sein –, aber wenn du ein Auto zur Verfügung haben willst, um einzukaufen und Besorgungen zu machen oder was auch immer, dann wird Barbra das für dich tun.‹

Aber Diana hatte so ein Gefühl wie: ›Ach, ich will sie nicht belästigen. Ich will ihr keine Last sein. Sie hat viel zu tun.‹«

Dem Freund der Familie zufolge unterstützt Barbra ihre Mutter mit 1000 Dollar pro Monat, und diese Summe gibt sie ihr schon seit den siebziger Jahren. Er fügt hinzu: »*Wer* kann denn in den neunziger Jahren noch von zweihundertfünfzig Dollar pro Woche leben?

Wieviel besitzt Barbra Streisand? Einhundertsiebzig Millionen Dollar? Und ihrer Mutter geht es finanziell *nicht gut*. Sie lebt nicht so, wie die Mütter von manchen anderen Superstars vielleicht leben. Sie könnte den Lebensstil einer Frau haben, deren Tochter eine Multimillionärin ist. Statt dessen hat sie einen sehr schlichten, normalen Lebensstil. Sie bittet um nichts. Eintausend Dollar pro Monat – das ist einfach schrecklich!«

An einem Abend ging Barbra zu Michael Caines und Sidney Poitiers gemeinsamer Geburtstagsparty, die im *Tatou*, einem sehr frequentierten Restaurant und Nachtclub in Beverly Hills, stattfand. Peter Weller (*Robocop*), ihr neuer Freund, begleitete sie. Für Unterhaltung sorgte der Komödiant Don Rickles mit seinem bissigen Humor.

Lance Brown, der dem Ereignis ebenfalls beiwohnte, erinnert

sich an folgendes: »Don Rickles ging auf die Bühne, um den Conférencier für die Geburtstagskinder zu spielen und hielt ihnen eine Standpauke. Dann trat er zur Seite und fing an, Leuten im Publikum eins drüberzugeben. Als er Barbra sah, ging er zu ihr und sagte: ›Oh, sehen Sie mal! Da sitzt ja Barbra Streisand und spielt die Garbo. Hallo, Barbra.‹ Er sagte: ›Barbra Streisand haßt mich. Als ich das letzte Mal etwas über sie gesagt habe, da hat sie jahrelang nicht mehr mit mir geredet. Was wäre das schlimmste, was mir diese Nacht passieren könnte – daß sie für weitere dreißig Jahre nicht mehr mit mir redet?‹«

Brown zufolge setzte Rickles seine komisch gemeinten Angriffe fort: »Und dann sagte er: ›Barbra, um Himmels willen. Rufen Sie Ihre Mutter an. Sie ist alt. Sie braucht Sie. Rufen Sie Roslyn an, Ihre Schwester. Sie ist abgebrannt. Sie könnte ein bißchen Geld gebrauchen.‹

Er sagte das vor all diesen Stars, und Barbra hatte die ganze Zeit ein heuchlerisches Lächeln im Gesicht. Als Don fertig war, ging sie hoch in einen separaten Raum. Alle Gäste waren schokkiert.«

Im Dezember 1992 unterzeichnete Barbra einen neuen, außergewöhnlichen Multimedia-Vertrag mit der Sony Corporation. Das Geschäft sollte ihr angeblich 2 Millionen Dollar pro Jahr – für die nächsten zehn Jahre – einbringen, und das nur dafür, Filmprojekte für Sony *zu entwickeln*. Außerdem wurde festgelegt, daß sie für jeden Sony-Corporation-Film, den sie produziert, 1 Million Dollar erhält, 3 Millionen für jeden Film, dessen Regie sie führt, und 6 Millionen plus 15 Prozent der Bruttoeinnahmen für jeden Film, in dem sie spielt. Es ist somit durchaus denkbar, bedenkt man ihre Möglichkeiten als Multitalent, daß sie damit mehr als 10 Millionen Dollar pro Film verdient. Der neue Vertrag sichert ihr auch eine Summe von 5 Millionen Dollar für jede Platte zu, die sie aufnimmt, sowie Tantiemen von mörderischen 42 Prozent des Großhandelspreises für jede verkaufte Platte.

Dies ist neben ähnlichen Multimedia-Verträgen, wie sie von Prince, Madonna und Michael Jackson unterzeichnet worden sind, das lukrativste Geschäft, das je in der Geschichte der Un-

terhaltungsindustrie abgeschlossen worden ist – nicht schlecht für die junge Frau, die jede Woche ihren Lohn in Umschlägen sortierte, die mit »Verschiedenes«, »Telefon«, »Wäsche«, »Miete« und »Lebensmittel« beschriftet waren.

Eine Frau geht ihren Weg

William Jefferson Clinton war *nicht* Barbra Streisands erste Wahl bei den Präsidentschaftswahlen 1992 und noch nicht einmal ihre zweite. Ihr Kandidat wäre der Gouverneur von New York, Mario Cuomo, gewesen. Als sie im Januar gefragt wurde, wen sie unterstützen würde, erwiderte Barbra: »Das kann ich noch nicht sagen.« Sie ließ jedoch durchblicken: »Ich werde einen Demokraten unterstützen, soviel ist sicher. Wir haben jetzt zwei Präsidenten gehabt – Reagan und Bush –, die die Rezession einfach verleugnet haben und immer nur fragten: ›Was für eine Rezession?‹ Ich muß mich noch sehr gut umschauen, um zu wissen, wer als professioneller Kandidat in Frage kommt.«

Während der Wahlkampagne von 1992 trat Barbra Streisand zwar bei weitem am sichtbarsten in Erscheinung, es war jedoch gewiß nicht ihr erster Ausflug in die Präsidentschaftspolitik.

Ihren ersten Kontakt mit der politischen Macht hatte sie im Jahre 1963, als sie als angehender Star im Alter von einundzwanzig beim Korrespondenten-Dinner im Weißen Haus für John F. Kennedy sang. Die erste Amtseinführung eines Präsidenten erlebte sie im Januar 1965, als sie für Lyndon B. Johnson sang.

Barbra wußte jedoch wenig über Politik und noch weniger von der Welt um sie herum. Sie hatte keine wirkliche Weltanschauung, aber wie ihre Mutter auch hatte sie immer für die Demokraten gestimmt. Als sie 1966 nach ihren Meinungen zur Black-Power-Bewegung und zum Vietnamkrieg gefragt wurde, gestand sie ihre Unwissenheit ein und gab zu, das einzige, was sie überhaupt lese, seien ihre eigenen Kritiken – und die Frauenzeitschrift *Women's Wear Daily.*

Da ihr diese Unwissenheit peinlich war, begann sie zu lernen. 1968 unterstützte sie aufgrund seiner Einstellung zu Vietnam die Präsidentschaftskampagne von Eugene McCarthy. Wie bei vielen ihrer Generation löste Amerikas Beteiligung an diesem Krieg auch bei Barbra eine erste politische Reaktion, wenn nicht sogar einen wirklichen Aktivismus aus. »Unsere Außenpolitik ist sehr – un-

realistisch«, sagte sie zu dieser Zeit. »Ich vermute, die glauben, daß sie der amerikanischen Tradition treu bleiben. Die ganze Verschwendung und all das Töten. Vielleicht müssen wir einfach lernen, ein bißchen das Gesicht zu verlieren. Ich meine, wir riskieren hiermit die Zerstörung der Erde. Das ist wahrscheinlich alles irgendwie vermeidbar. Es ist nur so, daß bis jetzt der wissenschaftliche Fortschritt schneller ist als der unserer Gefühle.«

In derselben Zeit tat Barbra ihre erste wohltätige Geste. Sie spendete anonym der Notkampagne für Israel die damals atemberaubende Summe von 400 000 Dollar.* Es war die höchste Einzelspende, die der Kampagne zugute kam.

1970 stellte Barbra ihr neues, noch unmöbliertes Haus in der achtzigsten Straße Ost 49 für eine Spendenfeier der Anwältin Bella Abzug zur Verfügung, die gegen den Kongreßabgeordneten Leonard Farbstein um die Nominierung für den neunzehnten Kongreßwahlbezirk kämpfte. Die beiden Frauen hatten sich in einem Restaurant kennengelernt, wo Barbra Bella Abzug ansprach, um ihr zu sagen, daß sie einen kleinen Sohn habe und etwas »für den Frieden« tun wolle. Barbra verschickte dreitausend Einladungen an potentielle Geldgeber, in denen sie die Empfänger dazu ermutigte, mit 25 Dollar für die gute Sache einzutreten, um eine »sehr ungewöhnliche Dame, die sich dem Frieden verpflichtet hat« nach Washington zu schicken. Die Einladung versprach: »Bühnen-, Film- und Radiostars werden dort sein, es wird Getränke und Häppchen geben – aber keine Möbel!«

1971 lieferte Daniel Ellsberg, ein früherer Forscher im Auftrag der Regierung, der *New York Times* eine Studie mit dem Titel »Pentagon-Papiere«, die aufzeigten, daß das U. S. Militär die Öffentlichkeit über das amerikanische Engagement in Vietnam irregeführt hatte. Nixons Verwaltung versuchte die Veröffentlichung zu stoppen, was zu einer gerichtlichen Auseinandersetzung führte, die die Zeitung letzten Endes gewann. 1971 wurde Ellsberg selber wegen Verschwörung, Diebstahls und Spionage angeklagt. Barbra war eine von mehreren Film-Größen, die dazu beitrugen, das Geld

---

* Als William Wyler davon erfuhr (nicht von ihr selber), vergab er Barbra einen Teil der »Schwierigkeiten«, die sie ihm während der Produktion von *Funny Girl* bereitet hatte.

für seine Verteidigung zu beschaffen. Die Anklage gegen ihn wurde schließlich 1973 fallengelassen.

Ihr wirkliches politisches Erwachen erlebte Barbra jedoch während der Präsidentschaftskampagne des Jahres 1972. Kurz vor ihrem dreißigsten Lebensjahr war sie dabei, ihr Leben neu zu überdenken und sich ernsthaft für die Welt um sie herum zu interessieren. Sie war mit der Zeit dazu gekommen, Richard Nixon zu verachten, sowohl seine Person als auch seine Politik, und suchte nach einer Möglichkeit, ihrer Mißbilligung Ausdruck zu verleihen.

Shirley MacLaine hatte in den verschiedenen Bundesstaaten eine regelrechte Nonstop-Kampagne für den Senator von South Dakota, George McGovern, geführt. »Ich werde hemmungslos meinen Namen einsetzen, um die Leute zu beeinflussen«, verkündete MacLaine zu dieser Zeit unverfroren. »Ich halte das für einen korrekten Gebrauch von Macht.«

MacLaines Bruder, Warren Beatty, war ein weiterer glühender McGovern-Anhänger. Beatty war es auch, der seine frühere Geliebte Barbra darum bat, ein Benefizkonzert für die McGovern-Kampagne zu geben. Sie reagierte zurückhaltend. Erstens verabscheute sie öffentliche Auftritte. Ihre letzten öffentlichen Auftritte als Sängerin hatte sie während ihres Engagements im *Las Vegas Hilton* von Ende Dezember 1971 bis Januar 1972 gegeben. Zweitens waren die McGovern-Anhänger im allgemeinen jünger als das übliche Streisand-Publikum. Sie wußte nicht, wie gut sie bei einem Publikum ankommen würde, das vorwiegend aus Rock'n'Roll-Fans bestand. Und drittens sollten zusammen mit ihr James Taylor und Carole King auftreten, die zu den bekanntesten Künstlern im Bereich des Poprocks zählten.

Schließlich erklärte sich Barbra doch damit einverstanden aufzutreten. Als King über ihren Produzenten Lou Adler verlangte, daß *sie* am Ende des Konzerts auftreten dürfe, entstand ein Streit. Kings Album *Tapestry* war eine der meistverkauften Platten aller Zeiten, die sich fünfzehn Wochen lang auf dem ersten Platz der Hitparaden hielt, und auch ihre darauffolgende Platte *Music* erreichte Platz eins.

Über Marty Erlichmans Vermittlung bestand Barbra darauf, daß

sie die letzte Nummer bekam. Das Problem wurde gelöst, und die Show – bei der berühmte Platzanweiser wie Jack Nicholson, Julie Christie, Gene Hackman und Sally Kellerman die wichtigsten Spender zu ihren Plätzen führten – fand wie geplant am 5. April 1972 statt. Kings und Taylors Beiträge zum Programm kamen wie erwartet gut an. Als jedoch Barbra erschien, herrschte sowohl hinter als auch auf der Bühne einige Besorgnis, wie sie mit der Menge von zwanzigtausend schreienden jungen McGovern-Anhängern, die sich ins *Los Angeles Forum* gezwängt hatten, fertig würde.

Sie hatte auch ungeheure Angst davor, daß möglicherweise ein Attentat auf sie verübt werden könnte. Mitten auf der Bühne bildete sie nicht nur ein leichtes Ziel für einen Wahnsinnigen, der *sie* nicht mochte, sie konnte auch von einem Heckenschützen niedergeschossen werden, der ihre *politischen Ansichten* nicht teilte. Sie war so nervös, daß sie den Text von einigen ihrer Lieder vor sich auf den Bühnenboden gekritzelt hatte.

»Es war eine Spendenbeschaffung auf dem Höhepunkt der kalifornischen Vorwahlen«, erinnert sich Senator McGovern. »Eine Reihe von Leuten aus Hollywood arbeitete aktiv an der Kampagne mit, zu dieser Zeit vor allem Warren Beatty. Er sprach Barbra darauf an, dieses Spendenkonzert zu geben. Ich muß Ihnen offen gestehen, daß man sich Sorgen darüber machte, daß Barbra vielleicht von James Taylor und Carole King überschattet würde. Aber schon bei ihrem ersten Lied, bei ihrer ersten Zeile war klar, daß sie immer noch die alte Barbra Streisand war, wenn nicht sogar besser. Ich fand, es war das Beste, was ich je von ihr gehört habe.«

Nach der Show, die um die 300 000 Dollar für McGoverns Präsidentschaftskampagne einbrachte, traf Barbra den Kandidaten und teilte ihm ihre Ansichten mit. »Sie lehnte den Vietnamkrieg zutiefst ab«, erinnert sich McGovern. »Sie hielt ihn für eine Katastrophe. Es war zu dieser Zeit *das* herausragende Thema. Daß ich der Kandidat war, der die härteste Meinung gegenüber diesem Krieg vertrat, genügte ihr.

George McGoverns Niederlage bedeutete für seine berühmte Anhängerin eine enorme Enttäuschung. »Ich kann Nixons Erdrutschsieg nicht verstehen«, sagte Barbra. »Vielleicht haben die Leute Angst vor Veränderung. Es ist fast so, als würden sie sich in-

zwischen mit der Korruption wohlfühlen. Ich meine, es ist so *offensichtlich*, daß Nixon korrupt ist. Mit seinem Versprechen, den Krieg in Vietnam zu beenden, konnte man doch nur rechnen, oder? Ich weiß es auch nicht, das ist alles so selbstzerstörerisch.« Sie fügte in einer Art Untergangsstimmung, die für einen dreißigjährigen Filmstar, der alles zu haben schien, überraschend war, hinzu: »Manchmal glaube ich, daß die Welt sich unaufhaltsam auf ihre Selbstzerstörung zubewegt.«

Im Juni 1973 ließ John Dean III der Watergate-Kommission eine Liste zukommen, die nicht nur der Landeshauptstadt einen Schock versetzte, sondern auch die Westküste erreichte. Das Papier, das in der Zeit vor September 1971 angefertigt worden war, nannte sich »Liste der Feinde des Weißen Hauses«. Zu den Politikern, denen die zweifelhafte Ehre zuteil wurde (je nachdem, von welchem Standpunkt man es betrachtet), darin genannt zu werden, gehörten Edward Kennedy, George McGovern, Walter Mondale, Edmund Muskie, Bella Abzug, Shirley Chisholm, Eugene McCarthy und George Wallace.

Die Liste der »Feinde« aus dem Showbusineß verursachte einen noch größeren Schock: Carol Channing, Bill Cosby, Jane Fonda, Joe Namath, Paul Newman, Gregory Peck, Tony Randall, Dick Gregory und Barbra Streisand.

Der Gedanke, als Feind des Weißen Hauses zu gelten, erschreckte und lähmte Barbra. In den folgenden *dreizehn* Jahren zog sie sich aus dem politischen Leben zurück.

Dennoch nahm sie weiterhin an politischen Kampagnen teil. Bei den Präsidentschaftswahlen 1981 unterstützte sie überraschenderweise nicht Jimmy Carter, sondern den unabhängigen Kandidaten John Anderson. Sie ließ Anderson und nicht Carter Gelder in Höhe von 1000 Dollar zukommen. Nach der Wahl spendete sie der Kampagne von Edward Kennedy weitere 1000 Dollar, um dabei zu helfen, die Kosten seiner bitteren Niederlage bei den Vorwahlen gegen Carter zu decken.

Barbra ließ ebenfalls John Culver in Iowa, Elizabeth Holtzman in New York, Birch Bayh in Indiana und Gary Hart in Colorado (ein Favorit der Streisand) Gelder für die Kampagnen für die Senatswahlen zufließen. Während Barbra im Privaten den Demokra-

ten Geld spendete – sie hat *niemals* einen Republikaner unterstützt –, wollte sie ihren Namen, ihren Ruf und ihr öffentliches Ansehen nicht einbringen.

Aber dann geschah etwas, das ihr Leben – und das Leben ihrer gesamten Umwelt – veränderte.

»Es war am 26. April 1986«, erzählte Marilyn Bergman. »[Barbra und ich] sprachen über die Katastrophe von Tschernobyl. Sie hatte mich an diesem Morgen angerufen, weil sie total erschüttert über die Ereignisse war. Die Frage war: ›Was kann man dagegen tun?‹ Die Antwort lautete: ›Das einzige, was mir dazu einfällt ist, daß wir den Senat für die Demokraten zurückgewinnen müssen.‹«

Bei den Senatswahlen des Jahres 1986 spendete Barbra den folgenden Kandidaten jeweils 2000 Dollar (1000 Dollar bei den Vorwahlen und 1000 bei den Schlußwahlen – laut Gesetz die höchste Summe, die einem Einzelkandidaten gegeben werden darf): Patrick Leahy in Vermont, Tom Daschle in Süddakota, Alan Cranston in Kalifornien, Harriett Woods in Missouri, Barbara Mikulski in Maryland, Tim Wirth in Colorado, Wyche Fowler in Georgia, Bella Abzug in New York und Mark Green, ebenfalls New York. Für die beiden letzteren trat Barbra auch bei verschiedenen Benefizveranstaltungen auf.

Eine Woche nach Tschernobyl hielt sie mit wiedererwachter Energie eine Rede in New York, bei einer Veranstaltung der »Frauen im Film«. »Unsere Technologie ist fortschrittlicher als unsere Herzen«, erklärte sie. Und mit einem Seitenhieb gegen Ronald Reagan sagte sie: »Film und Fernsehen werden von Gewalt beherrscht, und mit einem Präsidenten, der *Rambo* für den Gipfel des Filmemachens hält, müssen wir leider zusehen, wie im wirklichen Leben die Kunst imitiert wird. Wir müssen an unsere eigene Vernunft und an unsere eigene Kraft glauben«, fuhr sie fort, »und wir müssen mehr tun. Nach der großen Katastrophe dieser Woche haben wir als Frauen die Verantwortung, all unsere Energie und unser Können aufzubringen, um die Welt wieder in Ordnung zu bringen. Wie es im Talmud heißt: um die Scherben der Welt zusammenzusetzen.« Da sie sich stärker politisch engagieren wollte, entschloß sich Barbra, dies auf ernsthafte Weise zu tun. Sie verachtete die Berühmtheiten von Hollywood, die öffentliche State-

ments zu den modisch-aktuellen Themen der Zeit abgaben, aber überhaupt nicht verstanden, worüber sie eigentlich redeten. Außerdem war sie sich durchaus bewußt, daß viele Leute *ihre* politischen Ziele als bloße Ambition oder als nicht seriös wahrnehmen würden, was dann der konservativen Rechten sowie den Fernsehkomikern der Nachtprogramme Futter liefern würde.

Barbra Streisands politische Ausbildung begann vor, nach und während verschiedener Abendessen im Haus des langjährigen liberalen Aktivisten Stanley Sheinbaum. In ihrem eigenen Haus auf dem Carolwood Drive erhielt sie Privatunterricht in Atomenergie von Marvin L. Goldberger, dem damaligen Präsidenten des California Institute of Technology, und vom Physiker Sidney Drell aus Stanford. »Sie fing mit sehr wenig Vorkenntnissen an«, berichtet Goldberger, »und mit einer großen, plötzlich erwachten Betroffenheit.«

Als der Unterricht abgeschlossen war, ging es darum, wie man Barbra bei dem Versuch, die Demokraten bei den Wahlen im November 1986 in den Senat zurückzuholen, am besten einsetzen konnte. Ein Benefizkonzert schien die beste Methode zu sein. Für Barbra hieß es nun, ihre Angst, vor Publikum aufzutreten, und ihre Angst vor einem Atominferno gegeneinander abzuwägen.

Die persönlichen Einladungen nahm sie auf Kassetten auf, die dann in Dosen zugestellt wurden, die mit Duftsträußchen gefüllt waren. »Ich hätte nie gedacht, daß ich irgendwann wieder vor einem Publikum singen würde«, sagte Barbra in dieser Aufnahme. »Aber ich hätte mir auch nie im Leben den Krieg der Sterne, die Kontras, die Apartheid und den nuklearen Winter vorstellen können, und doch sind sie schon Teil unseres Lebens. Ich weiß, daß ich wieder singen muß, um Geld zu sammeln, damit wir Leute nach Washington schicken können, die Probleme lösen, anstatt welche zu schaffen.«

Trotz des ungeheuren Eintrittspreises von 5000 Dollar pro Paar wurde das »Konzert« beinahe über Nacht das gesellschaftliche und politische Ereignis in Hollywood. Immerhin waren sechs Jahre vergangen, seit Barbra das letzte Mal öffentlich aufgetreten war (bei einer Benefizveranstaltung zu Ehren von Alan und Marilyn Bergman), und *vierzehn* Jahre seit ihrem letzten richtigen Konzert.

Senator George Mitchell, Vorsitzender des Komitees, das die Wahlkampagne der Demokraten steuerte, wollte, daß sämtliche Einnahmen aus dem Konzert seinem Komitee zuflossen. Barbra, Marilyn Bergman und das HWPC lehnten dies ab. Sie bestanden darauf, daß zumindest ein Großteil des Geldes nur den Demokraten gegeben wurde, die sich für Ansichten einsetzten, mit denen auch sie einverstanden waren. Folgende Nutznießer wurden ausgewählt: Alan Cranston, Kalifornien (der den größten Prozentanteil bekam), Patrick Leahy (Vermont), Tim Wirth (Colorado), Harriet Woods (Missouri), Tom Daschle (Süddakota) und Bob Edgar (Virginia).

Leahy ärgerte Barbra und die anderen Mitglieder des HWPC, als er sich entschloß, sich bei dem Konzert nicht blicken zu lassen. »Warum soll er das Risiko eingehen, sechs Wochen vor der Wahl zu glamourös zu wirken«, erklärte einer seiner Helfer. Harriet Woods verursachte noch größeren Aufruhr. Sie tauchte nicht nur bei dem Konzert nicht auf, sondern weigerte sich obendrein, die daraus entstandenen Einnahmen anzunehmen. Woods fürchtete ähnlich wie Leahy nicht nur, mit dem »Hollywood-Glamour« assoziiert zu werden, sondern sie hatte auch Angst davor, mit Hollywood-Liberalismus im allgemeinen und mit Jane Fonda, einem HWPC-Mitglied, im besonderen in Verbindung gebracht zu werden. Fonda, die in politischen Kreisen wohlbekannt ist, wird von der konservativen Rechten oft als roter Alarmknopf benutzt (»Hanoi Jane!«).

Nichtsdestotrotz war das Freiluftkonzert, das am 6. September 1986 auf Barbras Anwesen in Malibu stattfand, ein spektakulärer Erfolg. Genau wie ihr Central-Park-Konzert zwei Jahrzehnte zuvor war es ein historisches *Ereignis* im Showbusineß. Jane Fonda, Bette Middler, Jack Nicholson, Sydney Pollack, Sally Field, Whitney Houston, Bruce Willis, Goldie Hawn und sogar Walter Matthau saßen neben vielen anderen unter dem sommerlichen Sternenhimmel, als Barbra sang: »Somewhere«, »Over the Rainbow«, »People«, »The Way We Were«, »Happy Days Are Here Again«, »America the Beautiful« und andere Stücke – darunter auch »Send in the Clowns«, das für diese Gelegenheit neu geschrieben worden war. Der neue Text? »Send *home* the [Republican] Clowns«.

Die Einnahmen aus dem Konzert überstiegen alle Erwartungen.

»Das ist mehr Geld als Frauen jemals in der Geschichte aufgetrieben haben!« rief Marilyn Bergman jubelnd. Allein mit den Eintrittskarten waren 1,5 Millionen Dollar eingenommen worden, wobei sogar dreißig Paare, sprich: 150 000 Dollar, wegen mangelnder Sitzgelegenheiten abgewiesen werden mußten. Bei den Novemberwahlen wurden alle Kandidaten, die einen Teil der Einnahmen erhalten hatten, außer einem (Bob Edgar), in den Senat gewählt, dessen Kontrolle zu Barbras großer Befriedigung die Demokraten innehatten.

Es steht außer Frage, daß es Barbras Konzert zur Geldbeschaffung war, wodurch das HWPC einen Platz auf der politischen Landkarte bekam. Heute stellt die Gruppe ein mächtiges, politisch agierendes Komitee dar, um dessen Unterstützung Kandidaten der Demokraten im ganzen Land werben.

Weitere Nebeneinnahmen kamen hinzu. Nach Zahlung eines Vorschusses von 250 000 Dollar nahm der Kabelsender HBO das Konzert auf, ohne die Garantie zu haben, das daraus entstehende Material später auch senden zu können. »Barbra hat das Recht, es sich ein paar Tage lang anzugucken«, sagte Michael Fuchs, Vorsitzender und Generaldirektor des Senders. Falls sie das aufgenommene Material nicht mochte (was bei ihrem üblichen Bestehen auf Perfektion nicht gerade unwahrscheinlich war), mußte HBO das geplante Special fallenlassen und die 250 000 Dollar abschreiben.

Zur großen Erleichterung aller gab Barbra jedoch ihre Zustimmung zu der Fernsehsendung – gegen einen beachtlichen Preis. Zusätzlich zu den 250 000 Dollar Produktionskosten zahlte HBO eine geheimgehaltene Sendegebühr, die angeblich wesentlich höher war als das, was die großen Sender je bezahlt hätten.

»Barbra Streisand: One Voice« wurde am 27. Dezember 1986 gesendet. Abgesehen von den Dokumentarfilmen, »Putting It Together: The Making of The Broadway Album« (HBO, 1986) und »Papa Watch Me Fly« (ABC, 1983), bildete die Konzertaufnahme Barbras erstes und einziges Fernsehspecial, seit die CBS im November 1973 »Barbra Streisand and Other Musical Instruments« gezeigt hatte.

CBS/Sony stellten anschließend die Videokassette »One Voice«

her, und Columbia Records produzierte eine *One-Voice*-Platte, die im Mai 1987 in die *Billboard*-Top-Forty kam und es bis zu Platin brachte.

Nimmt man alles zusammen, so brachte Barbras einmaliger Auftritt in ihrem eigenen Hinterhof Nebeneinnahmen, die angeblich bis an die 5 Millionen reichten. Anstatt das Geld für die finanzielle Unterstützung zukünftiger politischer Kampagnen zu benutzen, stellte Barbra einen Ausschuß zusammen, engagierte einen Direktor und lancierte die Streisand Foundation, eine gemeinnützige Organisation, die sich dem Schutz der Bürgerrechte, der Abrüstung und dem Naturschutz verpflichtete. 1986 spendete Barbra dem mit Bildungsfragen beauftragten Zweig des Sierra Club durch ihre Stiftung 100 000 Dollar. Sie spendete weitere 300 000 Dollar, die sich auf eine Anzahl von gemeinnützigen Organisationen verteilten.

Nachdem sie bei der Präsidentschaftskampagne 1988 ursprünglich Gary Hart und dann Paul Simon unterstützt hatte, sprang Barbra auf den Zug des Spitzenreiters auf und spendete dem Präsidentschaftskandidaten Michael Dukakis aus Massachusetts 1000 Dollar. Am Sonntag, dem 16. Oktober, sang sie auf einer vom HWPC organisierten Veranstaltung für Dukakis, die auf Ted Fields Anwesen in Beverly Hills stattfand, einige Lieder. Sie saß mit Kitty Dukakis, Jesse Jackson, Ann Richards und dem Senator von Massachusetts, John Kerry, zusammen. Auffälligerweise wohnte der Kandidat selber den Ereignissen nicht bei, da er in einem erfolglosen Versuch, sich nicht das »liberale« Schildchen anhängen zu lassen, anderweitig beschäftigt war.

1988 beteiligte sich Barbra an den Kampagnen für die Senats- und Kongreßwahlen von sechs weiteren Kandidaten.

Als am 24. März 1989 das Exxon-Valdez-Öl in den Prince William Sund von Alaska strömte, bot die lokale Radiostation KCHU der amerikanischen Bevölkerung sofortige Live-Berichte. Um diese Berichterstattung zu finanzieren, mußte der kleine Sender jedoch Geld ausgeben, das normalerweise als Budget bis zum 30. Juni hätte reichen sollen. Die vor dem Bankrott stehende Radiostation strahlte einen Hilferuf aus. Barbra Streisand hörte ihn und beteiligte sich mit 5000 Dollar daran, den Sender am Leben zu erhalten.

Zwei Monate später schenkte die Streisand Foundation dem Fond für Umweltschutz 250000 Dollar für die Gründung eines Barbra-Streisand-Lehrstuhls für atmosphärische Veränderungen. Als sie die Schenkung durchführte, sagte sie: »Ich bin überzeugt, daß wir, wenn sich alle beteiligen, wirkliche und durchführbare Lösungen finden können. Jeder von uns sollte tun, was in seiner Macht steht, um dabei zu helfen, unseren Respekt für die Umwelt wiederherzustellen.«

In der Zwischenzeit schien die Apokalypse, die Barbra einmal vorhergesagt hatte, plötzlich erschreckend nah zu rücken, zumindest in Los Angeles. Am 29. April 1992 fällten die Geschworenen im Prozeß um den verprügelten Rodney King einen Schuldspruch, der die Polizisten, die wegen des Falls vor Gericht standen, freisprach. Tausende von zornigen Einwohnern von South Central Los Angeles gingen auf die Straße. Während der folgenden zwei Nächte befand sich die Stadt im Belagerungszustand. Menschen wurden getötet. Geschäfte wurden zerstört. Von Terroristen gelegte Brände färbten den nächtlichen Himmel.

Barbra in ihrem verbarrikadierten, hoch über der Stadt liegenden Haus in Holmby Hills, wollte sich nicht, wie sie es ohne Zweifel Jahre zuvor getan hätte, in ihre angsterfüllte Welt zurückziehen. Statt dessen versuchte sie etwas Konstruktives zu tun.

Am 10. August spendete sie verschiedenen Organisationen 52500 Dollar für den Wiederaufbau der Stadtteile von Los Angeles, die während der Ausschreitungen verwüstet worden waren. Insgesamt belief sich ihr Beitrag zu der Aktion »Wiederaufbau von L. A.« auf 102500 Dollar. Zuvor hatte sie bereits der AME Church, einer afro-amerikanischen Episkopalkirche, 50000 Dollar gespendet.

Nachdem sie sich damit abgefunden hatte, daß Tom Harkin, der ihre Weltanschauung am ehesten teilte, bei der Präsidentschaftskampagne von 1992 nicht zum Zuge kam, schloß sich Barbra der allgemeinen Unterstützung an, die Bill Clinton immer deutlicher in Hollywood erfuhr.* Es waren nicht Clintons Standpunkte zum

---

* Nach anfänglichem Schwanken zwischen Clinton und Bob Kerrey stellte sich Hollywood massiv hinter Clinton. Zu den Ausnahmen gehörte Cher, die Ross Perot ihre Unterstützung zuteil werden ließ.

Recht auf Abtreibung, zu Frauenfragen oder zum Umweltschutz, die Barbras Entscheidung beeinflußten. Die anderen demokratischen Kandidaten – Harkin, Bob Kerrey, Paul Tsongas und Jerry Brown – hatten Positionen vertreten, die ihr auch, wenn nicht sogar mehr, zusagten.

Für ihre Unterstützung von Bill Clinton gab es zwei wesentliche Gründe. Der erste war Hillary Rodham Clinton, eine potentielle First Lady, mit der sich Barbra identifizieren konnte. Ungewöhnlich intelligent und kompetent und gleichzeitig völlig entspannt, was das betraf, war Hillary auch eine Mutter, die versuchte die Familie mit den Forderungen ihres anspruchsvollen, mit großem Druck verbundenen Berufs in Einklang zu bringen. Außerdem war Barbra beeindruckt von Hillarys Engagement für die Rechte und für den Schutz von Kindern.

Zweitens sah Barbra in Clinton jemanden, der gewinnen konnte. Die Demokraten hatten seit sechzehn Jahren keinen Präsidenten gestellt, und Barbra hielt wie andere Liberale in Hollywood ihren Blick auf das schwer erreichbare Weiße Haus gerichtet.

Am 16. September brachte eine vom HWPC organisierte Veranstaltung schätzungsweise 1,1 Millionen Dollar für das Clinton-Gore-Team zusammen. Barbra, die dabei ein paar Lieder sang, erklärte den Parteigängern: »Vor sechs Jahren hat mich die Katastrophe von Tschernobyl motiviert. Jetzt motiviert mich die Möglichkeit einer anderen Katastrophe: die Wiederwahl von George Bush und Dan Quayle.«

An diesem Abend traf sich Barbra mit Clinton und war sowohl von seiner Ausstrahlung als auch von seiner Aufrichtigkeit beeindruckt. Außerdem hatten sie beide eine ähnliche Tragödie erlebt. Wie sie hatte er seinen Vater in jungen Jahren verloren. Und wie sie war er, zumindest in gewisser Weise, ein extrem erfolgsorientierter Mensch geworden, um diesen Verlust zu kompensieren.

Barbra hatte angeblich angekündigt, sie würde nach England übersiedeln, falls George Bush wieder zum Präsidenten gewählt würde. Der angekündigte Umzug erwies sich als unnötig. Am 3. November 1992 wurde William Jefferson Clinton mit einem bedeutenden Wahlvorsprung zum zweiundvierzigsten Präsidenten

der Vereinigten Staaten von Amerika gewählt. An diesem Abend telegrafierte Barbra dem neuen Präsidenten:

»Ich bin ungeheuer begeistert, Ihretwillen, meinetwillen und um ganz Amerikas willen. Ihr Sieg gibt mir den Glauben in die Bürger dieses Landes zurück.«

Zwei Wochen später stand Barbra auf der Bühne des *Universal Amphitheater* in Los Angeles, um eine Auszeichnung für ihre Bemühungen zur Bekämpfung von AIDS entgegenzunehmen, den *Commitment to Life Award*. Die Auszeichnung wird vom AIDS *Project Los Angeles* (APLA) verliehen und ist vielleicht die weltweit angesehenste Auszeichnung dieser Art. Zu ihren Empfängern zählen bereits Elizabeth Taylor, Bette Middler und Madonna.

»Barbra Streisand hat in ihrem ganzen Leben ohne Unterlaß Energie, Führungsstärke und Mitgefühl beim Kampf gegen Diskriminierung und Krankheit gezeigt«, sagte David Wexler, der Vorstandsvorsitzende des APLA, als er ankündigte, daß sie den Preis erhalten würde. »Wir sind stolz darauf, sie für die Spendenarbeit und für die Beiträge zur Schärfung des öffentlichen Bewußtseins, die sie in vielen humanitären Bereichen, darunter auch für AIDS, geleistet hat, würdigen zu können.«

Dennoch wurde die beabsichtigte Vergabe des Preises an Barbra Streisand kontrovers aufgenommen.

Im Juni 1981 hatte das Center for Disease Control in Atlanta fünf ungewöhnliche Fälle von Lungenentzündung bei homosexuellen Männern in Los Angeles gemeldet. Schon bald traten auch in New York Fälle auf. Das Phänomen wurde als *Gay-Related-Immunodeficiency-Disease* (GRID) bezeichnet. Andere nannten es einfach nur »Schwulenkrebs«.

Als im Sommer 1985 bekannt wurde, daß Rock Hudson an AIDS, wie es nun hieß, erkrankt war, begann Hollywood endlich, der Sache Bedeutung zu schenken. Elizabeth Taylor wurde aktiv. Mit dem ganzen Gewicht ihrer Persönlichkeit setzte sie sich dafür ein, Gelder für die Suche nach Heilmethoden, für die Pflege der Betroffenen und für die Aufklärung darüber, wie man sich vor der Infektion schützen konnte, zu beschaffen. Sie trat mit großem Einsatz der Homosexuellenphobie entgegen, die in Amerika eine an-

gemessene Reaktion auf die Krankheit erschwerte. Kein anderer Star im Hollywood unserer Zeit hat wohl je ein so bedingungsloses Engagement für irgendeine Sache gezeigt, wie es Elizabeth im Zusammenhang mit AIDS tat.

Bette Middler und Madonna stellten sich ebenfalls für Aktionen zur Geldbeschaffung in Verbindung mit AIDS zur Verfügung. Auch Cher, Joan Rivers und Liza Minnelli unterstützten die Sache öffentlich. Aber viele andere, die es hätten besser wissen sollen, schwiegen. AIDS wurde nach wie vor als eine Krankheit der Schwulen wahrgenommen, und viele Persönlichkeiten in Hollywood wollten nicht damit in Verbindung gebracht werden. Deswegen leisteten sie im stillen ihre Beiträge – oder eben gar nicht.

Barbra Streisand hielt sich vom öffentlichen Schauplatz des Kampfes gegen AIDS auffallend fern. Viele Männer aus der Schwulenszene begannen zu fragen: »Wo ist Barbra?« Die Frage kam immer wieder. Denn wenn es einen lebenden Entertainer gab, der den Homosexuellen etwas schuldete, dann war es, so meinten viele, Barbra.

Barbra hatte es allerdings eingerichtet, daß ein Teil der Einnahmen aus »Somewhere«, ihrer Single zum *The Broadway Album*, die Ende 1985 herauskam, der American Foundation for AIDS Research (AmFAR) zukam. Unglücklicherweise war die Single kein Hit. Das Lied wurde im Radio nicht häufig gespielt, und die Presse für die Spende war unbedeutend.

Auch Organisationen, die sich um AIDS bei Kindern kümmerten, spendete sie eine beträchtliche Summe Geld. Doch das ließ noch mehr Fragen bezüglich ihres Verhaltens aufkommen. Warum bemühte sie sich so sehr um *Kinder*, die AIDS-infiziert waren, wo doch Zehntausende von jungen, schwulen Männern starben. Homosexuelle hatten gleich an zwei Krankheiten zu leiden, die in direktem Zusammenhang standen: dem zerstörerischen Virus und der Homosexuellenangst der Gesellschaft.

Viele Homosexuelle empfanden Barbras Reaktion auf AIDS als bestürzend unzulänglich. »Das ist deren Ansicht«, sagte sie zu ihrer Verteidigung, als sie in der Septemberausgabe von *Vanity Fair* von Kenin Sessums mit dieser Streitfrage konfrontiert wurde. »Ich gebe jede Menge Geld. Ich habe viel für an AIDS erkrankte Kinder

gespendet . . . und alle Einnahmen aus der Single »Somewhere« aus meiner Broadway-Platte sind an die AmFAR gegangen.* Ich gebe keine öffentlichen Auftritte. Madonna und Cher treten gerne öffentlich auf. Elizabeth Taylor kümmert sich nur um diese *eine* Sache.«

Sie hatte jedoch bereits bewiesen, daß sie, wenn sie nur genügend motiviert war wie bei Tschernobyl, auch gewillt war, aufzutreten, und wenn sie auftrat, dann konnte sie Millionen von Dollar zusammenbringen. Wenn Barbra willens war, für die Gefahr eines tödlichen Windstoßes zu singen, warum war sie dann nicht bereit, für die Millionen von Amerikanern zu singen, die mit dem Virus infiziert waren? Für die Hunderttausende an AIDS Erkrankten? Für die 120000, die bereits gestorben waren?

Kurz nach der Veröffentlichung des Artikels in *Vanity Fair* schloß sich Barbra dem Vorstand des *Hollywood Supports* an, einer AIDS-Organisation, die von den Mogulen der Unterhaltungsindustrie Barry Diller und Sid Sheinberg gegründet worden war. Sie spendete auch den Organisationen, die sich mit AIDS befaßten, mehr Geld. Im Juni 1992 hat die Streisand Foundation angeblich mehr als 350000 Dollar beigesteuert.

Ihre Kritiker machten jedoch schnell darauf aufmerksam, daß sie bei einer Versteigerung 363000 Dollar für ein Gustav-Stickley-Möbelstück ausgegeben hatte. Außerdem hatte sie kurz zuvor für 5,5 Millionen Dollar ein Haus in Beverly Hills gekauft, das nun zu ihrem 3-Millionen-Haus in Holmby Hills und zu ihrer 19-Millionen-Ranch in Malibu hinzukam. Barbras gesamte Beiträge im Zusammenhang mit AIDS kann man zwar kaum als »kleine Bröckchen« bezeichnen, sie bedeuteten für sie selber aber wohl kaum ein finanzielles Opfer.

»Ich würde es nicht als *viel* bezeichnen [was sie für AIDS getan hat]«, sagt ein früherer Mitarbeiter des APLA, der Organisation, die Barbra für ihre Bemühungen würdigte. »Ich glaube nicht, daß es so viel ist, wie sie tun könnte. Man hat ihr den *Commitment-to-Life*-Preis gegeben, aber sie hat im Grunde nichts dafür getan.«

* Angeblich ist tatsächlich nur die Hälfte der Einnahmen an die AmFAR gegangen. Die andere Hälfte kam der PRO-Peace Anti-Nuclear Arms March zugute.

Dem gleichen Mitarbeiter zufolge, der anonym bleiben wollte, sollte eigentlich Bürgermeister Tom Bradley aus Los Angeles in diesem Jahr die Auszeichnung bekommen, zusammen mit dem Industriemogul David Geffen. »Na ja, als jemand *Barbra Streisand* [dazu gebracht hatte, den Preis anzunehmen], da war von Bradley plötzlich nicht mehr die Rede – und das, *nachdem* man ihm schon die offizielle Bestätigung geschickt hatte, daß er den Preis bekommen würde! Um das wiedergutzumachen, gaben sie ihm anläßlich des APLA-Marsches [eine andere, weniger glamouröse Aktion zur Geldbeschaffung] im September eine Ehrenauszeichnung. Man hat ihn aus der Commitment-to-Life-Benefizveranstaltung praktisch hinausgeworfen. Warum? Niemand hätte etwas dafür bezahlt, ihn zu sehen.«

Die Veranstaltung, die am Mittwoch, dem 18. November 1992 im *Universal Amphitheater* stattfand, wurde ein spektakulärer Erfolg. »Heute abend stehe ich als Homosexueller vor Ihnen – es war für mich ein weiter Weg bis hierhin«, erklärte David Geffen der Menge, als ihm die Auszeichnung überreicht wurde. In seinen Worten drückte sich die Akzeptanz seiner eigenen Sexualität aus. Sie war auch tonangebend für die Atmosphäre von Intimität, Mitgefühl und Harmonie, die diesen Abend prägte.

Auf dem Programm standen Lieder aus der *West Side Story*, wobei zu den musikalischen Höhepunkten der Show Natalie Cole, Patti LaBelle, Sheila E's Interpretation von »America«, »Tonight« von Wynonna Judd und Kenny Loggins und Elton Johns »I Feel Pretty« zählten.

Barbras Auftritt war natürlich fürs Finale reserviert. In einem Duett mit Johnny Mathis sang sie »One Hand One Heart« und »I Have a Love«. Im Solo beendete sie die Show mit »Somewhere«, dem von Leonard Bernstein und Stephen Sondheim geschriebenen schwermütigen und doch hoffnungsvollen Ruf nach Toleranz.

Barbra Streisand, die vielleicht durch die Wahl von Bill Clinton ermutigt war, reagierte an diesem Abend auf die vielen bis dahin unbeantwortet gebliebenen Fragen nach ihrem Engagement für AIDS und für die schwulen und lesbischen Menschen im allgemeinen. Es war in einem großen Maß ihrer Beteiligung zu verdanken, daß 6500 Menschen zwischen 50 und 1000 Dollar pro Eintritts-

karte zahlten, wodurch die *Commitment-to-Life*-Benefizveranstaltung in diesem Jahr 3,9 Millionen Dollar für das APLA zusammenbrachte, was dreimal so viel war wie die Summe, die bei den vorherigen Veranstaltungen eingespielt worden war. Aber nicht nur dieses Geld oder Barbras Auftritt waren wichtig für die Homosexuellen – und für diejenigen, die daran glauben, daß Menschen- und Bürgerrechte für alle gelten –, sondern auch das, was sie sagte:

»Nur wenige von uns sind dieser Krise von katastrophalem Ausmaß mit wirklicher Entschlossenheit entgegengetreten, und mit Sicherheit nicht unsere letzten beiden Präsidenten . . . Meinem Schauspielerkollegen Ronald Reagan werde ich es niemals verzeihen, daß er die Existenz der Krankheit in an Genozid grenzender Weise geleugnet hat, daß er sich sieben Jahre lang geweigert hat, das Wort AIDS überhaupt auszusprechen, und daß er Gelder blockiert hat, die für die Forschung und für die Aufklärung erforderlich waren und die hunderttausende Leben hätten retten können . . .«

Als Reaktion auf die Ablehnung der Homosexuellen, die auf der Bühne des republikanischen Parteitages desselben Jahres propagiert wurde, fügte sie hinzu:

»Trotz unserer unterschiedlichen politischen Auffassungen sind wir heute abend zahlreich zusammengekommen. Die radikale Rechte hat uns die Zusammenhänge klargemacht und uns, indem sie das Anliegen der Frauen, der Schwulen, der Minderheiten und der Demokraten als unamerikanisch gebrandmarkt hat, daran erinnert, wieviel auf dem Spiel steht. Wie können sie es wagen, uns als unamerikanisch zu bezeichnen!

. . . Als Pat Buchanan mit Donnerstimme brüllte, ich zitiere: ›Wir sind mit George Bush gegen die unmoralische Idee, daß schwule und lesbische Paare vor dem Gesetz den gleichen Status haben sollen wie verheiratete Männer und Frauen‹, da fragte ich mich: Für wen hält sich Pat Buchanan, daß er irgend jemandes Liebe für ungültig erklärt . . .?«

Es war ein Abend des Bekennens, des Akzeptierens und des Zusammenkommens. Es war auch der langerwartete Moment, in

dem Barbra Streisand die homosexuelle Fangemeinde, die sie entdeckt hatte, in ihre Arme schloß und in gewisser Weise zu ihnen
zurückkehrte.

Emanzipation

Bei den Wahlen im Jahre 1992 brachten Colorados Wähler wohl unter dem Einfluß der Propaganda des rechten Flügels den Ergänzungsantrag 2 durch, der die bestehenden Gesetze zum Schutz der homosexuellen und lesbischen Paare vor Diskriminierung in den Bereichen Wohnen und Arbeit aufhob. Mit großer Heftigkeit schien Barbra zu einem Boykott gegen den Staat aufzufordern.

»Viele von uns lieben die Berge und Flüsse dieses wirklich schönen Staates«, erklärte sie in ihrer Rede auf der APLA-Commitment-to-Life-Veranstaltung, »aber wir müssen jetzt ganz deutlich sagen, daß die moralische Einstellung in diesem Land nicht mehr akzeptabel ist, und wenn man uns darum bittet, dann müssen wir uns weigern, dort aufzutreten, wo Menschen diskriminiert werden.«

Terry Schleder, Mitglied von »Boycott Colorado«, einer kleinen Schwulen- und Lesbenbürgerinitiative in Denver, freute sich über die Berichte, die am nächsten Tag über Barbras Appell in den Zeitungen erschienen. Sie sagte dazu: »Wir standen auf den Stufen des Capitols, um von dort aus den Boykott auszurufen, als Barbra Streisands Schlagzeile in die Presse kam. Wir hatten keine Ahnung, was da vor sich ging. Wir hatten keine Verbindung zu Barbra oder zu ihrem Büro oder zu sonst wem gehabt. Wir sind begeistert von Barbra, glauben Sie mir. Sie hat wirklich für vieles den Anstoß gegeben.«

Aber dann schien Barbra in Deckung zu gehen. Am 25. November, eine Woche nach ihrer Rede, hielt Bürgermeister John Bennet in Aspen eine Pressekonferenz ab und verlas eine Stellungnahme von Barbra, in der sie sagte: »Ich habe zu keinem Boykott aufgefordert. Die Leute, die in Colorado leben, denken über verschiedene Strategien nach. Ich werde diejenige akzeptieren, die sie für die wirksamste halten.«

Aber »die Leute, die in Colorado leben« waren sich über das Thema selbst nicht einig. Sogar die schwulen Vorsitzenden des Landes stritten sich über die richtige Vorgehensweise bei dieser

Aktion. Ein umfassender Boykott gegen den gesamten Staat würde das lokale Gewerbe bedrohen, wovon auch Geschäfte betroffen wären, die Schwulen und Lesben gehörten oder Leuten, die der Kampagne wohlgesonnen waren.

»Wir waren wirklich enttäuscht«, sagt Terry Schleder über Barbras scheinbaren Rückzug in dieser Sache. »Wir fragten uns: Was geht denn hier vor?«

Unter anderem übte der reiche Ölindustrielle und Filmmanager Marvin Davis, Teilbesitzer der Aspen Ski Company, Druck auf Hollywood aus, den Boykott zu ignorieren. Zufällig traf es sich, daß Lee Solters, der sich seit dreißig Jahren um Barbras Werbung kümmerte, dies auch für Davis tat. In dieser Zwickmühle zwischen zwei Kunden, die beide wohlhabend und mächtig waren, ging Solters angeblich zu Barbra und überredete sie zu der erläuternden Stellungnahme, die bei der Pressekonferenz in Aspen vorgelesen wurde.

Die Aktivisten, die für den Boykott waren, fanden, daß Barbra klein beigegeben hatte. Sie stellte die Sache schnell richtig. Am 11. Dezember 1992 wurde ihr zusammen mit Anita Hill im *Century Plaza Hotel* in Los Angeles von Barbara Boxer die Auszeichnung der ACLU Bill of Rights überreicht. Barbra nutzte die Gelegenheit, um ihre Position zu klären und noch einmal zu formulieren. Was die allgemeine Verwirrung betraf, so beschuldigte sie die Presse, den allseits strapazierten Fußabtreter während der Präsidentschaftswahlen von 1992.

»Ich habe einige Kommentare abgegeben, die mir selbstverständlich erschienen«, sagte sie, »die aber offensichtlich für gewisse Teile der Medien schwer zu verstehen waren. Ich sprach von meiner Sorge angesichts eines Referendums, das in Colorado durchgekommen ist, das den Schwulen und Lesben ihre Bürgerrechte nimmt. Wenn dieses Gesetz gegen Juden oder Farbige durchgesetzt würde, dann wäre das eine Schande für das ganze Land und niemand würde einen Boykott gegen den entsprechenden Staat in Frage stellen.

Was ich gesagt habe, war folgendes: ›Wenn man uns darum bittet, dann müssen wir uns weigern, dort aufzutreten, wo Menschen diskriminiert werden.‹ Ich habe von meiner ursprünglichen Stel-

lungnahme *niemals* Abstand genommen, wie es in Teilen der Presse berichtet wurde. Lassen Sie mich meine Position heute abend klar definieren: Es scheint so, als sei in Colorado ein Boykott im Anmarsch. Ich werde ihn persönlich respektieren und meine Ferien in einem anderen Staat verbringen.«

Unglücklicherweise suchte sie sich den falschen aus. Anstatt ihren Winterurlaub in Aspen zu verbringen, entschloß sich Barbra wie andere berühmte Leute, zum Beispiel die Kennedy-Familie, nach Utah zu fahren, einem Staat, in dem homosexuelle Praktiken immer noch gesetzlich verboten sind und der Homosexuellen keine Sicherheit bietet.

Manche Bewohner von Colorado ärgerten sich über das, was sie als Einmischung von seiten Hollywoods empfanden, und über die Unbeständigkeit in Barbras Engagement.

»Hat schon einmal jemand von Barbra Streisand verlangt, *Herr der Gezeiten* aus allen Videogeschäften Colorados zu nehmen?« fragte Stella Pence, Mitbegründerin des Telluride-Filmfestivals. »Erst wenn ich das sehe, kann ich glauben, daß Barbra ihr Engagement ernst ist.«

Terry White, Vorsitzender des Aspen Gay and Lesbian Community Services Center, der den Boykott ablehnt, stellt Barbras Aufrichtigkeit ebenfalls in Frage. White zufolge hat Barbra nichts getan, um gegen das Gesetz vorzugehen, das ja der ursprüngliche Beweggrund für den Boykott war. »Seit sie ihren Boykott gegen Colorado angekündigt hat«, sagt Terry, »hat sie keinerlei Gelder geschickt, und, soweit ich weiß, auch sonst nichts getan, um beim eigentlichen Kampf gegen den Gesetzesantrag zu helfen.«

Sie hat auch nichts für »Boycott Colorado« getan. Die Bürgerinitiative ist weder von ihr noch von einem ihrer Repräsentanten kontaktiert worden. Nichtsdestotrotz scheint der Boykott seine Spuren zu hinterlassen. Geschäfte haben sich aus dem Staat zurückgezogen. Städte anderer Staaten haben offizielle Reisen nach Colorado blockiert. Versammlungen sind verlegt worden. Und Touristen haben sich alternative Ferienorte gesucht. Angeblich sind dem Staat, soweit dies nachvollziehbar ist, 16 Millionen Dollar entzogen worden. »Boycott Colorado« zufolge beläuft sich diese Zahl eher auf annähernd 120 Millionen Dollar. Natürlich

boykottieren die Leute den Staat nicht *wegen* Barbra, aber vielen von ihnen ist die Möglichkeit des Boykotts bewußt geworden, weil Barbra darauf aufmerksam gemacht hat.

Die Geschichte hatte einen weiteren unglücklichen Nebeneffekt. Nach dreißigjähriger Zusammenarbeit trennten sich Barbra und Lee Solters aufgrund eines Interessenkonflikts. Einem Insider zufolge war Solters derjenige, der Barbra darüber informierte, daß er sie nicht länger vertreten könne.

Es steht außer Frage, daß Barbra sich entschlossen hatte, ihre politische Macht dafür einzusetzen, die Stellung der Homosexuellen in der Öffentlichkeit zu verändern. Bedenkt man, daß sie ihr Leben lang mehr oder weniger zu diesem Thema geschwiegen hat, stellt sich die Frage, warum sie gerade jetzt den Kampf für die Rechte der Schwulen und Lesben aufnimmt? Warum ruft sie zum Boykott gegen einen ganzen Staat auf, womit sie das Risiko eingeht, sich von seinen Bewohnern zu distanzieren, von denen viele, wie zum Beispiel Don Johnson, persönliche Freunde sind? Warum gibt sie die enge, langjährige persönliche und berufliche Beziehung zu Lee Solters auf?

Barbra fühlt sich in der Gegenwart homosexueller Männer sicherlich wohl. Unter ihren Freunden waren über die Jahre hinweg immer viele schwule Männer. Sogar ihr erster Liebhaber, Barry Dennen, ist heute ein stolzer Schwuler, der sich offen dazu bekennt. Außerdem glaubt sie daran, daß den Schwulen und Lesben wie allen anderen Leuten, Menschen- und Bürgerrechte zustehen.

Aber es gibt noch eine weitere Erklärung. Aus verschiedenen Quellen hört man – was in keinster Weise ihren Beitrag abwertet –, daß ihr erster Fanfarenstoß von persönlichen und in erster Linie von *mütterlichen* Gefühlen motiviert war.

Der intelligente und künstlerisch begabte Jason Emanuel Gould, der in vielerlei Hinsicht seiner Mutter ähnlich ist, zog im Juni 1988 aus Barbras Haus aus und kaufte eine Apartmentwohnung im West Knoll Drive 837 in West Hollywood. Er war einundzwanzig Jahre alt. Etwa drei Jahre später erwarb er mit der finanziellen Unterstützung seiner Eltern (er mußte 70000 Dollar anzahlen) ein 345000 Dollar teures Haus, das ebenfalls in West

Hollywood lag. Irgendwann in der Zeit zwischen den beiden Umzügen bekannte Jason seiner Mutter seine Homosexualität.

»Bis vor einigen Jahren konnte ich bei ihr kein besonderes Interesse für Homosexualität feststellen«, sagt ein Freund von Barbra. »Das wird wohl direkt von der Tatsache herrühren, daß ihr Sohn schwul ist. Wissen Sie, die meisten Leute verhalten sich so, ehe sie persönlich betroffen sind.«

Einem Bekannten von Jason zufolge erzählte Jason Barbra vor zwei oder drei Jahren von seiner Homosexualität. Damit sie sich besser auf die Neuigkeit einstellen konnte, ging Jason in Begleitung eines Freundes zu ihr und schenkte Barbra mehrere Bücher zu diesem Thema.

Angeblich erklärte sich Barbra daraufhin damit einverstanden, an der APLA-Commitment-to-Life-Benefizveranstaltung teilzunehmen, bei der sie ihre leidenschaftliche Rede über die Gleichberechtigung von Homosexuellen und Lesben hielt.

Barbra war der erste Entertainer, der zu Präsident Clintons Eröffnungsgala eingeladen wurde. Schließlich hatte sie dazu beigetragen, mehr als eine Million Dollar für seine Wahlkampagne zusammenzutragen. Sie hatte sich Clinton zwar erst relativ spät angeschlossen, aber nachdem sie ihre Entscheidung einmal getroffen hatte, war ihre Unterstützung unwiderruflich.

Ende März wurde Barbra mit einer Gruppe von Vertretern Hollywoods zu einem Informationsgespräch über die Gesundheitspolitik der Regierung Clinton ins Weiße Haus eingeladen. Die Gruppe wurde nach ihren Vorstellungen gefragt, wie man die neue Politik am besten der amerikanischen Öffentlichkeit nahebringen könne. In einem Einzelgespräch diskutierte Barbra dann mit dem Präsidenten über die AIDS-Forschung und ihre finanziellen Mittel.

»Sie war auch am Abend des Gridiron Dinners * in der Stadt«, erinnert sich Eleanor Clift, Korrespondentin der *Newsweek*. »Es war wirklich lustig, weil am Nachmittag jemand aus dem Weißen Haus anrief und sagte, daß Clinton ein paar ›Hausgäste‹ habe und ob er sie mit zu dem Dinner bringen könne. Es ist ein Abendessen

---

* Gridiron Dinner: wird von der Washingtoner Presse-Vereinigung veranstaltet

mit einer sehr strengen Gästeliste. In letzter Sekunde Plätze zu bekommen, ist eigentlich unmöglich. *Niemand* sagt da ab. Aber die Hausgäste waren Barbra Streisand und die [Mike] Medavoys, und für die wurde dann doch Platz gefunden.«

Da sie Hausgast des Präsidenten war, verbrachte Barbra die Nacht in der Familienunterkunft des Weißen Hauses.

Nachdem sie ihren einundfünfzigsten Geburtstag mit einer Feier begangen hatte, die Donna Karan in New York arrangierte, kehrte Barbra nach Washington zurück, wieder auf Einladung ihres neuen Freundes.

Es war ein triumphaler Besuch. Barbra, die in ihrer Hollywood-Starrolle eine ungewöhnlich starke Ausstrahlung hatte, verursachte, wo immer sie auftauchte, großes Aufsehen. Einige, der normalerweise gelassenen Politiker und Spitzenbroker lauerten richtig darauf, vorgestellt zu werden. Die hartnäckigeren unter ihnen stellten sich selbst vor. Die Elite von Washington war an Besuche von Arnold Schwarzenegger, Charlton Heston und Gerald McRainey gewöhnt. Aber an *sie* war man nicht gewöhnt.

»Ich bin kein Star«, hatte Barbra einige Jahre zuvor beharrlich behauptet. »Nennen Sie mich Schauspielerin oder Sängerin oder was auch immer, aber *nicht* einen Star. Ich sehe mir Filme mit Sophia Loren und Jackie Onassis an – das sind Stars. Die lächeln in den Zeitungen immer. Von mir gibt es nur Bilder, auf denen ich mir einen Arm vors Gesicht halte oder weglaufe und ›Laßt mich alleine‹ sage.«

Es reicht wohl zu sagen, daß Barbra während der ersten Maiwoche in Washington sehr wohl ein Star war.

»Washington ist entzückt von Hollywoods Glamour, weil es selbst eine seriöse Stadt der grauen Anzüge ist«, bemerkt Mary Matalin, die früher George Bushs Wahlkampagnen und heute eine Interviewshow im Fernsehen leitet. »Hollywood braucht Washington, um eine gewisse Ernsthaftigkeit zu bekommen, weil man zu sehr als Fliegengewicht wahrgenommen wird, und Washington wiederum braucht Hollywood, um Spaß und Glimmer abzubekommen.«

In den Fluren der Macht bildeten Streisands kurze Auftritte die

Gesprächsthemen des Tages. An einem Abend wohnte sie dem Dinner der Korrespondenten des Weißen Hauses bei, in dem sie 1963 aufgetreten war, als sie für Präsident Kennedy sang. An einem anderen Abend dinierte sie mit der Justizministerin Janet Reno. Dann verbrachte sie einen Abend bei einem offiziellen Abendessen der Demokraten. Und sie war Gast bei einer exklusiven Dinnerparty in Georgetown, wo sie sich unter die Elite der Stadt mischte.

Während ihres Aufenthalts in Washington nahm Barbra an den Anhörungen des Ausschusses der Streitkräfte über Homosexuelle in der Armee teil. Meistens spielte sie jedoch Touristin. Sie besuchte die Smithsonian Institution, wo sie wie eine Würdenträgerin empfangen wurde. In den Nationalarchiven hielt sie George Washingtons Einführungsrede, den Kaufvertrag von Louisiana und die Unabhängigkeitserklärung in ihren Händen. Sie besuchte das Holocaust Museum und fuhr durch das Hauptquartier des FBI. Und in der Library of Congress sah sie sich Thomas Jeffersons Zeichnungen der Kuppel des Capitols an. Bei ihrer Rückkehr nach New York entschloß sie sich, inspiriert durch ihren Besuch bei Monticello, das Speisezimmer ihrer Penthouse-Wohnung im Central Park West ganz in Weiß zu gestalten.

Die »Ms. Streisand fährt nach Washington«-Geschichte, für die eine enorme Werbung gemacht wurde, bestärkte die allgemeine Kritik, daß der neugewählte, Saxophon spielende Präsident versessen auf Stars sei. Richard Cohen schrieb in der *Washington Post*: »Das Gästebuch des neuen Präsidenten läßt sich kaum von der Autogrammsammlung eines Provinzmädchens unterscheiden.«

Clinton joggte mit Judy Collins. Er bewirtete Richard Dreyfuss, Christopher Reeve, John Ritter und Lindsay Wagner bei Treffen im Oval Office. Er dinierte mit Paul Newman und Joanne Woodward. Er machte beim Gipfeltreffen in Vancouver eine Pause, um mit Richard Gere, Cindy Crawford und Sharon Stone Tee zu trinken.

Und plötzlich wurde die relativ harmlose Kritik an Clintons freundschaftlichem Umgang mit Berühmtheiten gravierender. Man behauptete, daß der Hollywood-freundliche Präsident den Fehler begangen habe, sich bei seinen neuen Freunden politischen Rat zu holen.

Es gab keine berühmte Persönlichkeit, die die neue politische

Schlagkraft der »Hollywood-Elite« mehr verkörperte und über deren Macht man sich mehr ärgerte als Barbra. Es wurde sehr darauf herumgeritten, daß sie nicht aufs College gegangen war, was implizierte, daß es ihr an Intelligenz fehlte und daß man sie deswegen nicht ernst nehmen sollte. Man ging auch fälschlicherweise und mit offensichtlichem Sexismus davon aus, daß ihr Interesse an politischen und sozialen Problemen reine Show war, ein unterhaltsamer Zeitvertreib zwischen zwei Filmen, zu dem die Wahl ihres Freundes, des Präsidenten, den Anstoß gegeben hatte.

Wütend über die Kritik an ihrer Person und an ihrem Beruf antwortete Barbra: »Wir haben als Branche, als Menschen und als Professionelle ein Recht darauf, genauso ernstgenommen zu werden wie die Manager der Automobilindustrie. Niemand würde den Präsidenten oder den Vizepräsidenten der General Motors in Frage stellen, wenn er alle möglichen Leute in Washington trifft.«

Sie hatte natürlich recht. Daß man ein Theater darum machte, wenn Barbra Streisand oder irgendein anderer Schauspieler ein oder zwei Nächte im Weißen Haus verbrachte, lag jenseits jeglicher Vernunft. Ronald Reagan kam schließlich nach Washington, um *acht Jahre* im Weißen Haus zu verbringen – und er war nicht einmal ein wirklicher Schauspieler.

»In der Politik spielen die Zusammenhänge und die Wahl des richtigen Zeitpunkts eine Rolle«, kommentiert Mary Matalin. »Der Kontext, in dem das Thema Hollywood zu einem Streitpunkt geriet, lag in der Art und Weise, wie er [Clinton] kandidiert hatte. Er kandidierte als Populist. Er kandidierte für das Amerika der Mitte und für die kleinen Leute. Und als er dann nach Washington kam, ließ er als erstes all diese Leute aus Hollywood kommen und im Schlafzimmer Lincolns wohnen. Der andere Zusammenhang liegt darin, daß Barbra Streisand mit ihrem Engagement die Sachen verkörpert, die nicht zum normalen amerikanischen Leben gehören. Nicht, daß diese Themen abgelehnt würden. Niemand will ja Wale töten oder Seehundbabys erschlagen. Es liegt daran, daß es Themen sind, die mit ›Das ist Wirtschaft, du Dummkopf‹ nichts zu tun haben. In diesem Sinne und zu diesem Zeitpunkt mußte es eine Kontroverse geben.«

Susan Estrich, Leiterin der Präsidentschaftskampagne von Mi-

chael Dukakis, nun Professorin für Recht an der University of Southern California, ist eine scharfsinnige Beobachterin der politischen Szene Washingtons. »Die Amtseinführung war vermutlich überzogen, zu glamourös«, sagt Estrich. »Und dann war da die Sache mit dem ›Haarschnitt‹. Ich denke, das Problem hatte nichts mit Hollywood per se zu tun, sondern mit der Frage, ob dieser Präsident überkandidelt war. Aus diesem Grund wurden seine Verbindungen zu Hollywood zumindest auf kurze Sicht hin zu etwas, das ihn belastete.« Sie fügt hinzu: »In der Realität ist es einfach so, daß ein Präsident, so lange er bei Meinungsumfragen oben steht, tun kann, was er will, und alle werden sagen: ›Mein Gott, wie klug.‹ Und wenn er in den Umfragen unten steht, dann sieht alles, was er tut, dumm aus. So wirkte der Flirt des Präsidenten mit Hollywood im Januar eher reizvoll, während er im Juni nicht mehr so reizvoll erschien. Wie die Sache in sechs Monaten aussieht, wird wahrscheinlich davon abhängen, was die Meinungsumfragen sagen.«

In vorherigen Jahren war jedenfalls kein vergleichbarer Protest ausgebrochen, als Bob Hope, Charlton Heston, Arnold Schwarzenegger, Bruce Willis und die Hälfte der gesamten Musikindustrie des Landes über das republikanische Weiße Haus hereinbrachen.

»Bei Clinton gibt es außerdem einen Generationsunterschied«, betont Susan Estrich. »Ich meine, der Mann ist in den Vierzigern. Er wird einen ganz anderen Geschmack als Reagan haben, zumindest was Hollywood angeht. Es stimmt schon, daß während der Reagan-Präsidentschaft eine ganze Menge Hollywood-Abfall dort herumschwirrte. Das waren eigentlich die Neandertaler aus Hollywood.«

Der frühere Senator George McGovern, der die Verbindung zwischen Hollywood und Washington in seiner Präsidentschaftskampagne 1972 auf ein bis dahin ungekanntes Niveau ausbaute, ist trotzdem vorsichtig, was die Idee einer Einflußnahme Hollywoods auf politische Themen betrifft. »Ich glaube nicht, daß sie [die Berühmtheiten] besser informiert sind als, sagen wir, Geistliche, Lehrer, Journalisten, Schriftsteller oder andere, anonym bleibende Leute. Deswegen habe ich nie den Eindruck gehabt, daß sie, bloß weil sie berühmte Namen hatten, eine Quelle besonderer Klugheit gewesen wären. Nun gibt es *einige* unter ihnen, die sich

mit den Fragen des öffentlichen Lebens intensiv beschäftigt haben und wirklich viel darüber wissen. Ich denke, daß Robert Redford zum Beispiel ein Experte für Umweltfragen ist. Ich glaube, es lohnt sich, ihm zuzuhören. Warren [Beatty] ist ein wahrer Student. Er ist belesen. Er ist ein nachdenklicher Mann, und es lohnt sich, mit ihm über Fragen des öffentlichen Lebens zu sprechen. Ich fand auch, daß Burt Lancaster ein intelligenter Mann war.«

Welche politische Rolle kann dann eine interessierte Hollywood-Berühmtheit, die über ein gesellschaftliches Bewußtsein verfügt, spielen? »Die Politik kann heutzutage alles gebrauchen, was ihr Ansehen erhöht und das öffentliche Interesse steigert.« McGovern fügt hinzu: »Ich glaube, *darin* liegt die Hauptaufgabe, die eine berühmte Persönlichkeit aus Hollywood hat: auf die politischen Kampagnen aufmerksam zu machen und die Neugier und das Interesse der Öffentlichkeit für die aktuellen Probleme zu wekken.«

Susan Estrich pflichtet bei: »Wenn Sie und ich nach Washington fahren, um dort für etwas einzutreten, dann werden auf den Stufen des Kapitols keine Kameras hinter uns stehen, ganz egal, wie intelligent wir sind und wie gut wir über unser Thema Bescheid wissen. Wenn Barbra uns begleitet, dann ist das anders. Was eine berühmte Persönlichkeit tun kann, ist, die Aufmerksamkeit auf ein Thema zu lenken.«

Auf die Frage, ob Hollywood einen zu großen Einfluß auf politische Dinge habe, erwidert Susan Estrich: »Das wäre ein Glück.« Dann fügt sie in ernsthafterem Ton hinzu: »Ich wüßte nicht, daß es irgendeinen bestimmten Fall gäbe, in dem jemand [in Washington] wegen Hollywood seine Meinung geändert oder irgend etwas anders gemacht hätte. Wenn das der Fall wäre, dann hätten sie für die Homosexuellen beim Militär mehr erreicht.«

Und wieviel politische Macht hat nun Barbra Streisand? Susan Estrich zufolge *sehr viel*. Jeder, der sich einfach entschließen kann, sich zu engagieren, und damit Millionen von Dollar aufbringt – sei es nun, indem er redet oder singt, das kommt aufs gleiche heraus –, hat eine ernstzunehmende Macht. Leute zahlen Geld, um in einem Raum mit Barbra zu sein. Und sie würden mehr Geld dafür zahlen, in einem Raum mit *ihr* zu sein, als dafür, in einem Raum

mit so ziemlich jedem anderen Politiker zu sein, außer dem Präsidenten oder dem Vizepräsidenten. Mir wäre es lieber, *sie* irgendwohin zu bekommen als jedes Mitglied des Senats der Vereinigten Staaten, um eine Sache zu unterstützen.

Es wird immer politische Stichler geben, die sagen: ›Für wen hält die sich eigentlich?‹ Aber die werden so lange sticheln können, wie sie wollen. Die Leute interessiert es mehr, Barbra Streisand zu sehen, mit ihr zusammenzusein und ihr zuzuhören. Und das bringt sie in eine Ausgangsposition, die beinahe kein amerikanischer Politiker hat. Die Frage ist, wie klug Barbra damit umgeht.«

Der einzige unerfüllte Bereich in Barbras Leben ist ihr Liebesleben. Genauso wie Scarlett O'Hara Rhett Butler verliert und genauso wie viele ihrer eigenen Heldinnen scheint Barbra irgendwie dazu verdammt zu sein, letztendlich tapfer alleine zu bleiben.

Elliott Gould und Jon Peters hat Barbra sicherlich geliebt. Sie schien Hals über Kopf in Don Johnson verliebt zu sein. Und nun scheint sie Richard Baskin zu lieben.

Es besteht eine merkwürdige, dauerhafte Beziehung zwischen Barbra und Baskin. Obwohl sie behaupten, »vergangene« Liebhaber und »nur noch Freunde« zu sein, gibt es Leute, die glauben, daß die beiden ihr Liebesverhältnis wiederhergestellt haben. Bei öffentlichen Ereignissen und selbst bei privaten Einladungen mit Freunden erscheint Baskin beinahe ständig an ihrer Seite, und sie wirken ganz und gar wie ein Paar. Anscheinend haben sie eine *Abmachung* getroffen, nach der jeder dem anderen die Freiheit gibt, außerhalb ihrer Beziehung Affären zu haben.

Im mittleren Lebensalter scheint Barbra zu versuchen, ihre Kindheit und das junge Erwachsenenalter nachzuleben, die sie nie gekannt hat. Ihr Interesse für jüngere Männer gründet wohl darin. Don Johnson war acht Jahre jünger als sie, genauso wie James Nowton Howard und Richard Baskin. Ihr letzter Freund Peter Weller ist fünf Jahre jünger als Barbra. Und Tennisstar André Agassi ist achtundzwanzig Jahre jünger als sie und vier Jahre jünger als ihr eigener Sohn.

Die beiden lernten sich im Sommer 1992 kennen, als er sie anrief, nachdem er *Herr der Gezeiten* gesehen hatte. Er sagte ihr, daß ihm der Film sehr gut gefallen und ihn sehr bewegt habe. Sie ver-

standen sich sofort gut und unterhielten sich zwei Stunden lang. Es ist zweifelhaft, ob sie viel über Tennis redeten – Barbra spielt es zwar, aber schlecht. Auf ihr Telefongespräch folgte kurz darauf eine abendliche Verabredung.

Im September 1992, bei den U. S. Open, sah man sie zum ersten Mal zusammen in der Öffentlichkeit. Während des Matches bemerkte ein witzelnder Fernsehjournalist, Barbra sehe André an, »als wäre er ein Hörnchen Eis mit einer Kirsche obendrauf«.

»Er ist sehr intelligent«, sagte sie über ihren neuen Freund, »sehr, sehr sensibel und sehr reif – besonders für sein Alter. Und er ist ein außergewöhnlicher Mensch. Er spielt wie ein Zen-Meister. Er lebt ganz im Hier und Jetzt.«

Zwischen den Aufschlägen unterbrachen immer wieder Zuschauer, die ihren Namen schrien, das Match. Schließlich stand Barbra auf und ging, wozu sie später sagte: »Ich wollte nicht, daß man ihn ablenkte.« Bei Agassis nächstem U. S. Open-Match gegen Jim Courier war sie nicht anwesend. Seine langjährige Freundin Wendi Stewart war jedoch da, was Gerüchte über eine stürmische Dreiecksbeziehung auslöste. Agassi verlor übrigens das Match. Später im selben Monat, als Agassi bei einem Turnier in Los Angeles spielte, war es wieder Barbra, die ihn anfeuerte.

Dann schien sich ihre junge »Beziehung« plötzlich abzukühlen. Gerüchten zufolge verbot Wendi Stewart André, trotz allen Geredes, sie seien bloß Freunde, Barbra zu sehen. Offensichtlich hörte er auf sie. Bei der Premiere des Films *Bodyguard* von Kevin Costner und Whitney Houston war es Wendi, die sich an André schmiegte.

Und dann kam Wimbledon. Am Abend des 29. Juni 1993 entschloß sich Barbra, ihre Freikarten für die Vorschau von Andrew Lloyd Webbers *Sunset Boulevard* mit Patti LuPone nicht zu nutzen (wobei der Film witzigerweise ausgerechnet die Geschichte eines älteren – allerdings verblaßten – weiblichen Filmstars erzählt, die sich in einen viel jüngeren Mann verliebt). Statt dessen ging Barbra mit André aus.

Am folgenden Tag tauchte Barbra am Centre Court auf, um André im Wimbledon-Viertelfinale gegen Pete Sampras spielen zu sehen.

Während des Matchs brüllte Barbra Andrés Namen, sprang auf

ihrem Sitz herum und wedelte mit den Armen, um ihren Freund dem Sieg entgegenzutreiben. Trotz ihrer Bemühungen verlor Agassi jedoch das Match. Nach dem Spielball war Barbra den Tränen nahe.

Zum Schrecken seiner weiblichen Fans hatte Agassi das Spiel haarlos hinter sich gebracht, zumindest was seine Körperteile vom Hals an abwärts betraf. Er hatte sich die Haare auf seiner Brust, dem Bauch und den Beinen abrasiert.

Agassi besitzt alles, was Barbra an einem Mann attraktiv findet: Er ist großspurig und trotzdem sensibel; athletisch und intelligent; selbstsicher und trotzdem verletzbar. Außerdem sieht er gut aus, wird von vielen Frauen begehrt und ist finanziell unabhängig. Allein im Jahre 1992 verdiente Agassi mit seinen dreiundzwanzig Jahren schätzungsweise 11 Millionen Dollar

Während Barbra zu diesem Thema keinen Kommentar abgibt, hat Agassi durchblicken lassen, daß seine Beziehung zu ihr das Stadium der bloßen Freundschaft überschritten hat. »Sie ist meine Version eines Freundes«, sagte er über Barbra, wobei er provozierend hinzufügte: »Ich habe viel über die süßen Geheimnisse des Lebens gelernt, und dies hier ist eines davon. Ich bin mir nicht sicher, daß ich es ganz erklären kann. Vielleicht kann sie das auch nicht. Aber das macht nichts. Wir kamen aus zwei völlig verschiedenen Welten, stießen zusammen und wußten, daß wir von diesem Moment an zusammensein wollten.«

Am 29. Juni 1993 sorgte Barbra mit *Back to Broadway*, der »Fortsetzung« ihrer 1985er Platte *The Broadway Album*, in der Musikindustrie für Aufsehen, als die neue Platte gleich auf dem ersten Platz der *Billboard*-Charts *startete*. In ihrer dreißigjährigen Plattenkarriere war ihr das bis dahin noch nie gelungen. Mit schätzungsweise 120 000 verkauften Platten innerhalb der ersten Woche schlug das Album Janet Jackson, die seit sechs Wochen die Machtposition innehatte, was für eine bloße Zusammenstellung von Broadway-Melodien eine erstaunliche Leistung ist.

Aber auch das ist nur eine von den vielen Leistungen, die Barbra vollbracht hat, seit sie für ein Mittagessen und für 50 Dollar pro Woche in einem Nachtclub auf der Ninth Street in Greenwich Village sang: Für ihre erste Platte gewann sie zwei Grammys, dar-

unter den für die Platte des Jahres; einen Emmy für ihr erstes Fernsehspecial*; und einen Oscar für ihren ersten Film. Sie war auch die erste weibliche Komponistin, die einen Oscar gewann, und die erste Frau, die seit der Stummfilmzeit in einem einzigen Film Regisseurin, Produzentin, Autorin und Hauptdarstellerin war. Vierunddreißig ihrer Platten haben Gold und einundzwanzig Platin bekommen. Ihre letzten *elf* Platten haben Platin und ihre letzten *vierundzwanzig* Gold bekommen, was eine beeindruckende Leistung ist. Seit 1964 hat sie etwa sechzig Millionen Platten verkauft.

Es gibt zwar für solche Dinge keine Preise, aber Barbra ist es auch gelungen, das Schönheitsideal neu zu definieren, nicht nur in Hollywood, sondern im Bewußtsein der Amerikaner. Sie wurde berühmt, weil sie einen Traum aller Frauen erfüllte und bewies, daß mit einem gewissen Sinn für Humor und einer entwaffnenden Persönlichkeit selbst das häßliche Entlein einen gutaussehenden Mann bekommen konnte. Diese Botschaft war für Millionen anderer sogenannter häßlicher Entlein wie eine Befreiung.

Mit ihrem wachsenden feministischen Bewußtsein aber hatte sie diese Rolle, in der sie sich im Grunde selbst herabsetzte, satt und begann, darauf zu bestehen, auch als eine Schönheit behandelt zu werden. Und so wurde sie dann – vielleicht nicht schön, aber erstaunlich attraktiv, verführerisch und sexy. Diese neue Botschaft, und sei es auch ein Klischee, war ebenso befreiend: Das häßliche Entlein kann sich in einen Schwan verwandeln, und dies, ohne auf eine Schönheitsoperation zurückzugreifen.

Außerdem hatte sie durch die Art, wie sie ihr Leben führte, durch ihre Auftritte vor der Kamera und durch ihre Leistungen hinter der Kamera etwas für die Sache *aller* Frauen getan. Jayne C. Keyes, Mitglied des New Yorker Film- und Fernsehausschusses unter Gouverneur Mario Cuomo, formuliert es so: »Sie hat nicht an Türen geklopft und sie für [die Frauen] geöffnet, sie hat sie für uns einfach eingetreten.«

Es war ein bemerkenswertes Leben, und Barbra Streisand hat, das spürt man, noch einiges an Leben vor sich; sie wird weitere

---

* Insgesamt erhielt »My Name Is Barbra« im Fernsehjahr 1964–65 fünf Emmys

Ungerechtigkeiten bekämpfen, ihre eigene Person immer weiter zur Entfaltung bringen und ihre Ängste angehen und überwinden.

Seit mehr als einem Jahrzehnt ist die Rede von einer Welttournee, einer letzten Reihe von Konzerten, die das Ende ihrer (kommerziellen) Karriere als Live-Künstlerin anzeigen würde. Sie reiste nicht mehr, seit die Schwangerschaft mit Jason ihre Tournee im Jahre 1966 unterbrach. Eine Welttournee der Streisand wäre ohne Zweifel eine lukrative Angelegenheit. Zusammen mit der Live-Platte, dem Fernsehspecial und der Videokassette, die im Anschluß produziert würden, könnte Barbra 100 Millionen Dollar verdienen.

Aber mehr noch als eine finanzielle Entschädigung wäre eine Tournee der persönliche Triumph ihrer Willenskraft, die eigene Angst zu besiegen. Seit den Sommercamperlebnissen ihrer Kindheit war die Angst immer ein wichtiger Teil ihrer Psyche. Und mit den Jahren haben sich diese Ängste nur noch verstärkt. »Je älter sie wurde«, sagt Marty Erlichman, »desto mehr Ängste konnte ich bei ihr feststellen.« Das gewaltigste Hindernis bildeten für Barbra nicht die Hartnäckigkeit von Studioleitern oder der Sexismus unserer Gesellschaft, sondern ihre eigenen Ängste.

Während die Streisand-Fans auf die Tournee warten, die vielleicht einmal stattfinden wird – vielleicht aber auch nicht (denkt man daran, wie gerne sich Barbra einer Herausforderung stellt, sollte man allerdings damit rechnen, daß es doch einmal geschehen wird) –, müssen sie sich mit den Aufnahmen ihrer Auftritte zufriedengeben. Demnächst wird eine Platte mit Filmliedern veröffentlicht, die sich sozusagen als Gegenstück zu ihren Broadway-Alben *The Hollywood Album* nennen wird.

Sie plant auch, sich endlich mit Frank Sinatra zusammenzutun, um eine Version von »I've Got a Crush on You« im Duett aufzunehmen. Die Verhandlungen sind jedoch ins Stocken geraten. Scheinbar ist Sinatra bereits in den Studios gewesen, um das Lied aufzunehmen, und möchte nun, daß Barbra einfach ihre Stimmaufnahme beisteuert. Sie dagegen will das Lied in altmodischer Manier als Duett aufnehmen und möchte, daß sie beide Seite an Seite vor dem Mikrophon stehen. Der Bewunderung, die sich Streisand und Sinatra – sicherlich *die* Poptalente der letzten drei-

ßig Jahre – gegenseitig entgegenbringen, war schon immer ein Konkurrenzgefühl beigemischt, und selbst heute setzt sich dieser unterschwellige Machtkampf fort.

Nach dem Erfolg von *Herr der Gezeiten* und nachdem ihr dafür, daß sie nicht für den Oscar nominiert wurde, große Sympathie entgegengeschlagen ist, scheint Barbra gelassen den Zeiten entgegenzusehen, in denen ihr nächster Film ihr einen Oscar für die Regie oder für die beste Hauptrolle bringen wird, vorausgesetzt, er wird ein Erfolg.

Im Augenblick verfügt Barbra über eine ganze Liste von Filmprojekten in unterschiedlichen Entwicklungsstadien. Dazu gehört *The Mirror Has Two Faces* nach einem Drehbuch von Richard La-Gravenese (*The Fisher King / König der Fischer*). Die Geschichte handelt davon, wie eine Mutter die Selbstachtung ihrer erwachsenen Tochter erschüttern kann, was Barbra eine Gelegenheit bietet, sich mit der Beziehung zu ihrer eigenen Mutter auseinanderzusetzen. Eine Zeitlang sollte der vielgelobte italienische Regisseur Bernardo Bertolucci (*The Concert, Last Tango in Paris / Der letzte Tango in Paris, The Last Emperor / Der letzte Kaiser*) die Regie zu diesem Film führen, was in der Filmindustrie als willkommene Überraschung aufgenommen wurde. Schließlich hatte sich Barbra mit Ausnahme von Martin Ritt (der ihr den Endschnitt von *Nuts* zubilligte, was die meisten großen Regisseure abgelehnt hätten) seit zwanzig Jahren nicht in die Hände eines starken, kompetenten Regisseurs begeben – seit Sydney Pollack in *So wie wir waren* die Regie geführt hatte. Es ist sicher kein Zufall, daß dies auch der Film war, für den Barbra ihre letzte Oscar-Nominierung für die beste weibliche Hauptrolle bekam.

Angeblich aber ist Bertolucci aus dem Projekt ausgestiegen, und Barbra macht sich nun daran, die Regie, die Produktion und die Hauptrolle in dem Film selber zu übernehmen. Der Film wird für Tri-Star entwickelt, die zur Sony Corporation gehört. Das Projekt bringt sie wieder mit ihrem alten Freund Arnon Milchan zusammen, der als ausführender Produzent beteiligt ist.

Falls es zu der Produktion kommt, wird *The Mirror Has Two Faces* Barbra mit einer Situation konfrontieren, die sie bis dahin in ihrer Karriere noch nicht erlebt hat. Bis heute hat sie die Lein-

wand noch nie mit einer starken Schauspielerin geteilt, die eine vergleichbar wichtige Rolle wie sie selber gespielt hätte. Angeblich sieht das Drehbuch von *Mirror* vor (zumindest in seinem letzten Stadium), daß sich die Rolle der Mutter und die der Tochter in Umfang und Bedeutung gleichkommen sollen. Die Vorstellung, daß sich Barbra in *Thelma & Louise*-Manier die Leinwand mit einer anderen Schauspielerin teilen soll, scheint jedoch unwahrscheinlich. Zuvor wurden schon vieldiskutierte Projekte mit Jane Fonda und Goldie Hawn letzten Endes fallengelassen – vermutlich aufgrund genau dieses Problems.

Ein anderes Projekt, das ebenfalls für Tri-Star entwickelt wird, ist *Where or When*, eine Adaptation des Romans von Ann Shreve. Es ist eine Liebesgeschichte, die in Neuengland spielt, in der Barbra die Rolle einer verheirateten Schriftstellerin übernehmen würde, die einen alten Freund wiedertrifft. Auch er ist verheiratet, was die beiden jedoch nicht daran hindert, sich ineinander zu verlieben.

Jeffrey Potters Buch *To a Violent Grave* ist Grundlage für ein weiteres Streisand-Projekt. In einer Drehbuchfassung von Christopher Cleveland erzählt die Geschichte die Beziehung zwischen Jackson Pollock, dem Maler des abstrakten Expressionismus, und seiner Frau, der Künstlerin Lee Krasner. Robert De Niro, mit dem Barbra seit langem zusammenarbeiten will, wird die Rolle von Pollock spielen.

Als Koproduzentin einer Fernsehproduktion über Oberst Margarethe (Greta) Cammermeyer, die man aus der Armee ausschloß, als bekannt wurde, daß sie Lesbierin ist, verbindet Barbra ihre politischen Ansichten mit ihrer künstlerischen Arbeit. Cammermeyer war die ranghöchste Frau innerhalb der gesamten Streitkräfte, als ihre sechsundzwanzigjährige Karriere im Jahre 1989 aufgrund ihrer sexuellen Neigung abrupt ein Ende fand.

»Diese Geschichte wirft Licht auf eines der wichtigsten Themen unserer Zeit«, sagte Barbra, als sie ankündigte, daß ihre Produktionsfirma Barwood diesen Fernsehfilm plant. Glenn Close, die ebenfalls als Koproduzentin beteiligt ist, wird die Rolle der Cammermeyer spielen.

Das Projekt, für das sich Barbra am meisten zu begeistern

scheint, ist jedoch *The Normal Heart*, das sie mehr oder weniger seit acht Jahren entwickelt. Basierend auf dem Theaterstück von Larry Kramer, wird die Geschichte der ersten Jahre des AIDS-Dramas und des inneren Machtkampfes, der zwischen den Gründungsmitgliedern der Gay Men's Health Crisis in New York City entbrannte, erzählt. Das Projekt wird bei der Columbia entwickelt und wird Barbra in der Rolle der Dr. Emma Brookner zeigen, einer an den Rollstuhl gefesselten Physikerin, die Menschen mit AIDS behandelt.

Zunächst sollte Barbra *The Normal Heart* nur produzieren und die Hauptrolle spielen, aber sie konnte aufgrund des Themas keinen Regisseur finden, der damit einverstanden war, den Film zu machen. Sie sprach sogar den einundachtzigjährigen Elia Kazan darauf an, mit dem Film ein Comeback zu wagen. Auch er lehnte ab. Da sie niemanden anders finden konnte, plant Barbra nun angeblich, die Regie selber zu führen. Nach einigen Fehlstarts sieht es so aus, als ob der Film letzten Endes zustande kommen würde.

Barbra Streisand ist vielleicht der letzte große Star. Es hat Katharine Hepburn, Clark Gable, Bette Davis, Cary Grant, Marilyn Monroe und Humphrey Bogart gegeben. Heute existiert noch – trotz ihrer seltenen Kinoauftritte – Elizabeth Taylor. Und dann ist da eben Barbra Streisand. Aber manche Leute sind enttäuscht von ihren schauspielerischen Leistungen, wenn sie auf ihre bisherige Karriere als Filmschauspielerin zurückblicken. Sie scheint etwas von sich zurückzuhalten, weil sie sich nicht völlig einer Rolle hingeben will und nicht bereit ist, die in ihr steckenden Gefühle preiszugeben. Abgesehen von ihrer Arbeit in *Nuts* hat sie ihre bisher größten schauspielerischen Leistungen am Anfang ihrer Karriere in *Funny Girl* und in *So wie wir waren* gezeigt.

Auch bei der Wahl ihrer Rollen hat sie bedauerlich wenig gewagt, wobei *Yentl* eine offensichtliche Ausnahme bildet; und trotz ihrer hochfliegenden Ambitionen hat sie niemals Camille, Medea, Sarah Bernhardt oder Shakespeares Julia gespielt, wie sie es sich einst geschworen hatte. Statt dessen spielte sie die Cheryl Gibbons in *Jede Nacht zählt*, Hillary Kramer in *WAS, Du willst nicht?* und Esther Hoffman Howard in *A Star Is Born*.

»Lassen Sie es mich so sagen«, erklärt Allan Miller, ihr früherer Schauspiellehrer. »Was ich bis zu dem Zeitpunkt, als unsere Beziehung endete, bei ihr sah, das waren die Voraussetzungen für ein *großes* Talent als Schauspielerin und auch als Sängerin. Aber ich glaube nicht, daß dies jemals zum Durchbruch gekommen ist.«

Eli Rill, ein anderer früherer Schauspiellehrer, fügt hinzu: »Mich beeindruckt immer diese natürliche Fähigkeit, die Facetten, die sie hat, ohne jede Anstrengung einzusetzen, ob es nun in *Funny Girl* ist oder in *Die Eule und das Kätzchen*. Keine Anstrengung, keine Mühe. Bis heute glaube ich, daß ich ihr, wenn ich sie unterrichten würde, sagen würde: ›Müh dich nicht so ab, um ernst zu sein. Du *bist* es.‹«

Wie alle Menschen kann man Barbra Streisands Persönlichkeit nicht in Gemeinplätzen definieren. Sie ist nicht nur »schwierig«. Sie ist nicht nur »fordernd«. Sie ist nicht nur »eine Perfektionistin«. Diese Begriffe sind nicht falsch, sie sagen nur nicht alles über sie.

Sie ist hart, aber sie ist auch feminin; einschüchternd, aber schüchtern; stark, aber verletzlich; beherrschend, aber unsicher; neurotisch, aber bei klarem Verstand. Verschiedene Menschen sehen unterschiedliche Dinge in ihr; und manchmal zeigt sie auch die verschiedensten Seiten.

»Ihre guten Seiten überraschten mich«, sagt Paul Sylbert, ihr preisgekrönter Szenenbildner bei *Herr der Gezeiten*. »Nach dem, was ich von Leuten gehört hatte, die mit ihr zusammengearbeitet hatten, war nichts Gutes an ihr. Es war ein reines Horrorspektakel. Natürlich, es gab auch Dinge, die ich ihr nie verzeihen werde, aber es waren Sachen, die sie nicht mir, sondern anderen Leuten angetan hat. Sie hat eine große Offenheit, eine gewisse Liebenswürdigkeit und Ernsthaftigkeit. Sie besitzt auch eine gewisse Formbarkeit. Man muß nur das Glück haben, sie richtig anzufassen. Man muß ein Talent dafür haben, richtig mit ihr umzugehen, dann kann man seine Arbeit mit ihr gut erledigen.«

Es ist richtig, daß sie die meiste Zeit ihrer dreißigjährigen Berühmtheit damit verbracht hat, ihren Fans, der Presse und dem Publikum aus dem Weg zu gehen. Selbst Leute, die sie mögen, können das nicht immer verstehen. »Was dieses Garbo-Syndrom

betrifft«, sagt einer ihrer Freunde, »dieses ganze ›Ich will nicht, daß man mir zu nahe kommt, ich will nicht erkannt werden, ich will nicht mit meinen Fans sprechen‹-Getue … – tut mir leid, aber wenn man sich eine so öffentliche Sache aussucht wie die Schauspielerei, dann geht es gerade um das ›Nahekommen‹. Dafür zahlen die einem doch das ganze Geld. Dieses ›Ich will alleine sein‹-Gerede ist einfach dumm. Wenn man wirklich alleine sein will, dann hängt man doch nicht sein Bild vor hundert Millionen von Leuten aus. Das ist ein Widerspruch in sich … Wenn man wirklich für sich sein will, dann muß man eine Emily Dickinson werden.«

Auf manche Leute macht sie weiterhin einen distanzierten Eindruck, so als sei sie ganz versunken in ihre eigene, abgeschirmte, unnahbare Welt. »Glaubt Barbra Streisand, daß sie die Königin der Vereinigten Staaten ist?« fragte Roseanne Arnold, eine andere Vertreterin des aktuellen Showbusineß, nach Clintons Amtseinführung. Arnold fügte hinzu: »So ein Ego könnte ich mir nur erträumen. Wir [sie und ihr Mann Tom] sind einmal mit ihr essen gegangen. Sie bewegt sich wie auf ihrem eigenen Planeten.«

Vielleicht. Aber zumindest ist es ein umweltfreundlicher Planet, auf dem Frauen nicht unterdrückt und auch keine Gesetze erlassen werden, die Diskriminierungen gegen Schwule, Lesben oder andere Menschen sanktionieren.

Außerdem hat Barbra im Verlauf ihrer persönlichen Odyssee einiges hinter sich gebracht, und dieser Weg ist nicht einfach gewesen.

»Sie ist wie ein Filter, der alles heraussiebt, was sich nicht auf sie selbst bezieht«, berichtete 1964, während der ruhmvollen Broadway-Spielzeit von *Funny Girl*, ein Freund von Barbra. »Wenn ich zu ihr gesagt hätte: ›In Brasilien hat es ein Erdbeben gegeben‹, dann hätte sie geantwortet: ›Aber heute abend sind keine Brasilianer im Publikum, deswegen macht es nichts.‹«

Dasselbe kann man über die heutige Barbra Streisand *nicht* sagen. Auf der ganzen Welt gibt es zahlreiche Gebäude, die ihren (und ihres Vaters) Namen tragen. Und es gibt Streisand-Stipendien, Streisand-Schulen und Streisand-Kulturzentren. Die Streisand Foundation hat bis heute zwischen 4 und 7 Millionen Dollar

für wohltätige Zwecke in der ganzen Welt gespendet. Das zeigt nicht nur ihre Großzügigkeit, sondern steht auch für ihre Menschlichkeit und ihr ehrliches Bedürfnis *dazuzugehören*. Für Barbra ist es die größte Herausforderung ihres Lebens, aus sich selbst herauszukommen. Sich selbst in die Welt, die sie umgibt, zu integrieren und daraus Kraft zu schöpfen, anstatt sich – wozu sie neigt – in die Phantasiewelt zurückzuziehen, die sie sich als Kind zu ihrem Selbstschutz geschaffen hat. Das ist ein natürlicher Prozeß, und sie selbst kann nur existieren, indem sie sich weiterentwickelt. Sie ist heute mehr als je zuvor in ihrem Leben bereit, sich in einem philanthropischen, politischen und persönlichen Sinne selber zu fordern.

»Sie war immer ein sehr defensiver Mensch, der sich gerne von anderen abkapselte«, sagt ihr alter Freund Bob Schulenberg. »Sehr introvertiert. Ich denke, das ist das Überraschende. Ich glaube nicht, daß den Leuten bewußt ist, daß sie einer der introvertiertesten Menschen unserer Zeit ist.« Er fügt jedoch hinzu: »Ich fand, daß *Herr der Gezeiten* eine heilsame Erfahrung für Barbra war . . . Ich hoffe es zumindest.«

Aber wohin wird diese Entwicklung sie führen? Wie weit wird sie sie selber gehen?

Kurz nach den Präsidentschaftswahlen 1992 veröffentlichte eine New Yorker Zeitung einen Artikel mit dem Titel »Senator Yentl«, in dem behauptet wurde, daß Barbra plane, für den Senat im Staat New York zu kandidieren.

Sie bestritt dies jedoch: »Für den Senat zu kandidieren, steht für mich außer Frage. Man sollte jemanden, der sich leidenschaftlich für Politik interessiert nicht mit jemandem verwechseln, der politische Ambitionen hat.«

Nichtsdestotrotz wird darüber spekuliert, daß sie irgendein »Ehrenamt« oder eine andere politische Aufgabe sucht. Vielleicht leistet sie die Vorarbeit für etwas, das sie erst in einigen Jahren weiterverfolgen wird. »Ich kann nicht sagen, was vielleicht in zehn Jahren passieren wird«, antwortete sie auf die Frage nach ihren langfristigen politischen Zielen.

Könnte es eine politische Zukunft für Barbra Streisand geben? Könnte die mächtigste Frau Hollywoods einen Platz im Gerichts-

ausschuß des Senats einnehmen? Oder im Plenarsaal des Senats der Vereinigten Staaten von Amerika mit Jesse Helms debattieren?

»Nun ja, sie würde sicherlich wegen ihres Namens sofort Anerkennung finden«, sagt George McGovern vorsichtig. »Aber ich bin nicht sicher, daß es klug für sie wäre, in diese Richtung zu gehen. Ich weiß nicht, wie gut sie über öffentliche Themen informiert ist.«

Er fügt hinzu: »Auf der anderen Seite sollte sie nicht [außer acht] gelassen werden, *weil* sie ein Hollywood-Star ist. Ich meine, wer weiß, vielleicht wird sie noch zu einer wirkungsvollen, einflußreichen Persönlichkeit, die sich klar und überzeugend ausdrückt.«

Auf die Anspielung auf den Hollywood-Schauspieler Ronald Reagan, der in die Politik übergewechselt ist und es bis ins Weiße Haus geschafft hat, erwidert der frühere Senator: »Nun ja, das veranlaßt mich zu glauben, daß es *keine* gute Idee ist.«

Wahrscheinlich liegt Susan Estrich richtig, die über Barbra sagt: »Ich weiß nicht, was für eine politische Zukunft sie sich vorstellt. Ich meine, ich kann mir einfach nicht vorstellen, daß sie für den Kongreß kandidieren will. Ich wäre doch lieber Barbra Streisand als Kongreßabgeordnete, oder?«

Am Freitag, den 30. Juli 1993 gab Barbras Freundin Carole Bayer Sager ihr zu Ehren ein Abendessen, um den Erfolg von *Back to Broadway* zu feiern. Unter den Gästen der Veranstaltung im kleinen Kreis waren Warren Beatty, Annette Bening, Carol Burnett, Faye Dunaway, Neil Diamond, Clint Eastwood und Bette Middler. Neben Barbra saß während des gesamten Abends Richard Baskin.

Nachdem das Essen serviert worden war, erhob sich Barbra, die ein weißes Kleid trug, dankte den Gästen für ihr Kommen und kündigte an, daß sie ein paar Lieder singen wolle.

»Barbra verschwand«, sagt einer der Gäste, »weil sie sich umziehen wollte, und alle fingen aufgeregt an, darüber zu reden, daß Barbra singen würde. Dann füllte plötzlich dichter Nebel die Bühne, die Lichter gingen langsam aus und Barbra, jetzt in einem schwarzen Kleid, trat auf die Bühne. Sie begann, [»Somewhere«] zu singen, mit den für sie typischen Bewegungen und Manierismen, und alle hielten sie für Barbra.«

Es stellte sich jedoch heraus, daß Barbra ihren Freunden einen Streich spielte. Auf der Bühne war gar nicht sie, sondern die Künstlerin Jim Bailey als naturgetreue Barbra-Streisand-Imitation.

Nach der ersten Nummer schlich sich die richtige Barbra in den hinteren Teil des Raums und beobachtete mit diebischem Vergnügen, wie ihre Freunde den scheinbaren Streisand-Auftritt sahen.

»Nach und nach drehten sich die Gäste um«, fährt der Gast fort, »und sahen, daß Barbra gar nicht auf der Bühne stand. Sie strahlte und lachte und schien sich sehr zu amüsieren. Sie war wie ein kleines Mädchen, das vor seiner Klasse den größten Lacherfolg gelandet hatte. So als hätte sie den besten Witz seit Jahren erzählt.«

Der Vorfall zeigt nicht nur, daß Barbra in der Lage ist, ihren Freunden einen Streich zu spielen, sondern auch, daß sie über sich selber lachen kann, was man ihr einige Jahre zuvor nicht zugetraut hätte. Der Start und Erfolg von *Herr der Gezeiten* war eine befreiende, emanzipierende Erfahrung für sie. Sie scheint sich wohler in ihrem Ruhm zu fühlen und hoffnungsvoller in die Welt zu blicken. Sie scheint nun auch stärker daran zu arbeiten, die Dinge zu verbessern, die sie wirklich *kann*, und dafür die Dinge zu akzeptieren, die sie nicht beherrscht. Sie hat vielleicht zum ersten Mal in ihrem Leben begonnen, nicht nur die Schwächen der anderen, sondern auch ihre eigenen zu akzeptieren.

»Ich weiß nicht, worum es im Leben sonst gehen sollte«, sagt sie, »als darum, ein reifer erwachsener Mensch zu sein und mit einem gewissen Abstand und Bewußtsein in die eigene Vergangenheit zurückzugehen, um das Selbst, das man einmal gewesen ist, wirklich mitfühlend wiederzuentdecken. Und nicht zu glauben, daß man schrecklich ist, weil einem immer gesagt wurde, daß man schrecklich ist. Nicht aus dem heraus zu leben, was andere Leute über einen denken, sondern das wirkliche Kind, das man einmal war, und sein wirkliches Selbst zu entdecken. Mit der Reife eines Erwachsenen kann man mit so vielen Dingen fertig werden und sicher alles, was Teil von einem selbst ist, annehmen.«

Mit einundfünfzig stand sie vor dem Badezimmerspiegel ihres

Hauses in Beverly Hills. Ihr Gesicht ist nicht schön im klassischen Sinne, aber es ist eindrucksvoll. Ponyfransen fallen ihr über die Stirn in die Augen, die groß und blau und leuchtend sind. Ihre starke, trotzige Nase ist Symbol der Hindernisse, die sie überwunden hat. Ihr Mund ist breit und großzügig und hat meistens ziemlich viel zu sagen.

Es ist ein Gesicht, in dem alles zusammenzupassen scheint.

Danksagungen

Seit sie im Alter von einundzwanzig Jahren mit *Funny Girl* den nationalen Durchbruch schaffte, ist so viel über Barbra Joan Streisand gesagt, geschrieben, gemunkelt, spekuliert, behauptet und verbreitet worden, daß es eine der großen Herausforderungen dieses Buchs war, Legenden und Tatsachen auseinanderzuhalten. Es reicht wohl zu sagen, daß dies keine einfache Aufgabe war.

Meine Arbeit wurde außerdem dadurch erschwert, daß Barbra Streisand, die wohl mächtigste Frau Hollywoods, unter ihren Freunden, Bekannten, Mitarbeitern und in der Filmindustrie im allgemeinen berüchtigt dafür ist, daß sie nicht möchte, daß *irgend etwas* über sie – sei es nun positiv oder negativ – an die Presse weitergegeben wird. Einige der Leute, die ich für dieses Buch kontaktiert habe und die es ablehnten, interviewt zu werden, leiteten ihre Entschuldigungen mit den Worten ein: »Ich *würde* ja gerne mit Ihnen reden, aber . . .«

Es scheint so, als hätten die Leute Angst davor, Barbras Zorn zu erwekken. So erklärt sich auch, warum viele der mehr als zweihundert Menschen, die mit mir gesprochen haben, dies nur unter dem Schutz der Anonymität taten. Sie selber wissen natürlich, wer sie sind, und ich bin ihnen dankbar für ihre Erinnerungen und Einblicke.

Barbras Freunden, früheren Freunden, Bekannten und Mitarbeitern, die nicht nur damit einverstanden waren, sich mit mir zu unterhalten, sondern mir außerdem erlaubt haben, ihre Namen zu veröffentlichen, bin ich zu noch größerem Dank verpflichtet. Viele von ihnen hatten noch nie im Hinblick auf eine Veröffentlichung über Barbra oder ihre Beziehung zu ihr gesprochen. Ich habe zahlreiche Interviews mit Leuten geführt, die in den verschiedenen Abschnitten ihres Lebens Kontakt zu Barbra hatten, besonders dankbar bin ich aber den Menschen, die mir dabei geholfen haben, Licht auf ihre Kindheit und Jugend zu werfen, die bis dahin von einem Mythos und Geheimnis umwittert war. Dazu gehören: Sheldon Spiro, dessen Vater Nathan ein enger Freund von Barbras Vater Emanuel Streisand war; Ed Frankel, Barbras Nachbar und Spielkamerad in Kindertagen; Diane Lemm, Barbras Freundin auf der High-School; Allan Miller, Barbras erster Schauspiellehrer, Freund und Ersatzelternteil, als sie sechzehn war; Burke McHugh, der Mann, der sie als erster entdeckte und für seinen Nachtclub engagierte, als sie achtzehn war; Ted Rozar, ihr erster Manager; Irvin Arthur, ihr erster Agent; Donald und John Softness, ihre ersten Presseagenten; und Glenn Jordan, der Direktor ihres ersten Off-Broadway-Musicals.

Besonders lohnend war für mich die Arbeit über Barbras politischen

Aktivismus und mein Interview mit dem früheren US-Senator George McGovern. Im Zusammenhang mit McGoverns Wahlkampagne des Jahres 1972 zeigte sich bei Barbra ein wirkliches Interesse an der Präsidentschaftspolitik. Auch die scharfsinnigen Beobachtungen von Susan Estrich, Professorin für Jura an der University of South California und frühere Wahlkampfleiterin für Michael Dukakis, Mary Matalin, frühere Wahlkampfleiterin für George Bush, und Eleanor Clift, politische Korrespondentin für *Newsweek*, waren mir ein großes Vergnügen.

Für ihre verschiedenen Beiträge zu diesem Buch möchte ich außerdem den folgenden Personen meinen Dank aussprechen:

Paul Adamo · Rupert Adkisson · Diane Albright · Ted Allan · Lee Allen · J. B. Allin · Frederic Ansis · Ellen Aron · Buddy Barnett · Greg Harrett · Dr. Nessa Bell · Wayne Bernath · Gordon Berry · Christine Bocek · Abba Bogin · Liz Brooks · Lance Brown · Chris Bull · Artie Butler · Stephen Campbell · Bernicia und Gilbert Carreira · James Carreira · Don Cash jr. · Rose Clark · Liz Collumb · Ned Comstock · Marilyn Cooper · Steve Coz · Mart Crowley · Wilma Curley · Alan Davies · Francisco »Chico« Day · Libby Dean · Matt DeHaven · Dom DeLuise · Barry Dennen · Ray Diffen · Roy und Sachi Domingo · Jacqueline Duobinis · Nina J. Easton · Lydia Encinas · Christopher Esposito · Richard Falk · Ashley Feinstein · Vivienne Feuerstein · Imero Fiorentino · Jules Fisher · Hugh Brian Fleming · Theresa Frank · Joe Franklin · Jerry George · Tammy Gill · Joan Glynn · Michael Glynn · Sylvia Gold · Hazel Golden · Joyce Golden · Terry Golden · Richard Gordon · Evelyn Grayson · Martin Gross · Charlene M. Gunnels · Blair Hammond · Bill Harris · George Harvell · Tiger Haynes · Luther Henderson · Peter Hoffmann · Dolores Hope · Don Hunstein · Angela Hynes · Frank Jarrell · Lorri L. Jean · Marc Jordan · Elaine Joyce · Joy Kashiwagi · Linda Kashiwagi · Aaron Kass · Becky Kilby · David Knight · Florence Kominsky · Nancy Koplin · David Lacaillade · Marvin Laird · Ben Lane · Rabbi Daniel Lapin · Linda Laucella · Bonni Lee · Terry Leong · Richard Lewine · Pamela Loubman · Bob Luthardt jr. · Mike Mansdorf · Jim McDill · Sandy Meehan · Buzz Miller · Joanne Mitchell · Martha Moffett · Joanna Molloy · Charlie Montgomery · Michael Musto · May Muth · Chris Nickens · Neal Peters · Alice Phillips · Lathornia E. Pierry · Phil Piga · Sid Ramin · Nancy Rhett · Robert Richards · Eli Rill · Howard Roessel · Harold Rome · Jonathan Rosenthal · Joel Rothschild · William Roy · George Rush · Ruth Ryon · Mariann Sibol · Coyne Steven Sanders · Tony Sands · Marilyn Saposh · Robert Scheerer · Terry Schleder · Marshall Schlom · Bob Schulenberg · Robert J. Schwartz · Stanley Simmonds · Barbra Solomon · Jack Solomon · Jim Spada · Murray Spivack · Roz Starr · Dan Striepeke · Paul Sylbert · Renée Taylor · Anne Thompson · Faye Thompson · Fred Trask · Cherry Vanilla · Jim Vidakovich · Val Virga ·

John Voland · Frank Volpe · Vivienne Walter · Royce Wallace · Barbara Westerland · John Williams · Paul Williams · Neil Wolfe · Norma Woods · Peter Zinner

Ich möchte auch den folgenden Organisationen, Büchereien, Archiven und ihren Mitarbeitern meinen Dank aussprechen:

The Academy of Television Arts and Sciences, North Hollywood
The American Film Institute, Los Angeles
Aspen Gay and Lesbian Community Services Center, Aspen
Beaufort Chamber of Commerce, Beaufort, South Carolina
The Beverly Hills Public Library, Beverly Hills
The Billy Rose Theater Collection, Lincoln Center Library for the Performing Arts, New York City
Boycott Colorado, Denver
Brooklyn Chamber of Commerce, Brooklyn
Brooklyn Historical Society, Brooklyn
Erasmus Hall High School, Brooklyn
Frances Howard Goldwyn Library, Hollywood
Los Angeles Gay and Lesbian Community Services Center, Los Angeles
Margaret Herrick Library, Academy of Motion Picture Arts and Sciences, Beverly Hills
Museum of Television and Radio, New York
National Academy of Recording Arts and Sciences, Burbank
National Library on Money and Politics, Washington, D. C.
New York Public Library, New York City
San Francisco Public Library, San Francisco
University of California at Los Angeles Library, Westwood
University of Southern California, Cinema-Television Library, Los Angeles

Ich bin außerdem dankbar für den Zugang, den man mir zu Unterlagen und Dokumenten aus den folgenden Spezialsammlungen ermöglicht hat:

The Ernest Lehman Collection, USC, Cinema-Television Library
The Martin Ritt Collection, AMPAS, Special Collections
The William Wyler Collection, UCLA, Arts Special Collections

Quellenhinweise

Für dieses Buch wurde eine enorme Text- und Archivarbeit durchgeführt, und ich möchte an dieser Stelle den Verantwortlichen für die Bereitstellung der Zitate danken. Außerdem wurden für dieses Buch über zweihundert Interviews durchgeführt. Viele der Gesprächspartner baten darum, anonym zu bleiben. Diejenigen, deren Aussagen namentlich zitiert werden durften, tauchen in der folgenden Liste auf. Aus Platzgründen wurden die Interviews hier nur einmal zitiert, und zwar bei ihrer ersten Nennung, obwohl sie im gesamten Text meistens mehrmals aufgeführt wurden.

Kapitel 1: Die Dirigentin

»Ich konnte nicht verstehen . . .«: Hilary de Vries, »Streisand the Storyteller«, *Los Angeles Times Magazine*, 8. Dezember 1991.
»Du darfst nicht . . .«: Amy Rennert, »Family Secrets«, *San Francisco Focus*, Dezember 1991.
»Als ich das Buch las . . .«: Scott Siegel und Barbara Siegel, »The Prince of Tides«, *Drama-Logue*, 19. Dezember 1991.
»Mir war bekannt . . .«: Interview mit John Voland.
»Mein ganzes Leben lang . . .«: *Halliwell's Filmgoer's Companion*, 9. Ausgabe (New York: Harper and Row, 1990), S. 921.
»Barbra, ich habe nichts . . .«: Rennert, op. cit.
»Wir haben viel geredet . . .«: Robert Epstein. »Magnolias, Palms: ›Tides‹ Author Meets Hollywood«, *Los Angeles Times*, 26. Dezember 1991.
»Ich weiß, wo . . .«: ib.
»Selbst die Zahlen . . .«: Interview mit Streisand, New Yorker Pressefest, Columbia Pictures, November 1991.
»Es war wie . . .«: ib.

Kapitel 2: Überschattete Kindheit

»Sie ist hauptsächlich . . .«: Charles Brossard: »New Singing Sensation«, *Look*, 19. November 1963.
»Liebe auf den ersten Blick . . .«: Georgia Holt und Phyllis Quinn, mit Sue Russel, *Star Mothers* (NewYork: Simon »Schuster, 1988), S. 231.
»Es war Manny . . .«: ib.
»Er spielte Tennis . . .«: Anne Fadiman, »Barbra Puts Her Career on the Line with *Yentl*«, *Life*, Dezember 1983.

»Mein Vater war . . .«: Interview mit Sheldon Spiro.

»Ich weiß auch nicht . . .«: Holt et al., op. cit., S. 225.

»Es war eine bedrohliche Situation . . .«: ib.

»So ein strammer . . .«: ib.

»Wir hatten kein . . .«: Fadiman, op. cit.

»Bescheidene, hart arbeitende . . .«: Brad Darrach, »Celebration of a Father«, *People*, 12. Dezember 1983.

»Ich hatte kein Spielzeug . . .«: ib.

»Er kann mit einer . . .«: Ira Mothner, »Mama Barbra«, *Look*, 25. Juli 1967.

»Ich wurde in der Furcht . . .«: Interview von Nancy Collins, »Entertainment Tonight«.

»Ich erinnere mich . . .«: Thomas B. Morgan, »Superbarbra«, *Look*, 5. April 1966.

»Ich erinnere mich, daß . . .«: Lawrence Grobel, »Playboy Interview: Barbra Streisand«, *Playboy*, Oktober 1977.

»Ich war sehr fromm . . .«: Hilary de Vries, »Streisand the Storyteller«, *Los Angeles Times Magazine*, 8. Dezember 1991.

»Ich erinnere mich, daß ich . . .«: Fadiman, op. cit.

»Ich wollte immer eine . . .«: Earl Wilson, »Barbra Starts Film Career«, *Los Angeles Herald Examiner*, 8. Juni 1967.

»Ich war glücklich . . .«: Holt et al., ib., S. 227.

»Ich ging oft . . .«: Rona Jaffe, »Barbra Streisand, ›Sadie, Sadie . . . Married Lady . . .‹«, *Cosmopolitan*, April 1969.

»Ich erinnere mich, daß ich vor . . .«: Ray Loynd, »Barbra's Outdoor Jam-In«, *Los Angeles Herald Examiner*, 9. Juli 1967.

»Ich mußte . . .«: Shana Alexander, »A Born Loser's Success and Precarious Love«, *Life*, 22. Mai 1964.

»Als ich neun Jahre alt war . . .«: Grobel, ib.

»Wir standen uns sehr . . .«: Interview mit Ed Frankel.

»Ich habe nie einen . . .«: James Spada, *Streisand: The Woman and the Legend* (Garden City, N.Y.: Doubleday Dolphin, 1981), S. 21.

»Er war gemein . . .«: Interview mit Mike Wallace, »60 Minutes«, 24. November 1991.

»Er war wirklich gemein . . .«: Darrach, ib.

Kapitel 3: Metamorphosen

»Ich erinnere mich . . .«: Auftritt in »Larry King Live«, 6. Februar 1991.

»Ich war ganz sicher . . .«: Shaun Considine, *Barbra Streisand: The Woman, the Myth, the Music* (New York: Delacorte press, 1985), S. 11.

»Aber sie sagten . . .«: Georgia Holt und Phyllis Quinn, mit Sue Russell, *Star Mothers* (New York: Simon & Schuster, 1988), S.228.

»Meine Mutter haßte es . . .«: Edwin Miller, »*Seventeen*« *Interviews Film Stars and Superstars* (New York: Macmillan. 1970), S. 146.

»Ich verschwendete . . .«: »Show Business/Broadway«, *Time*, 10. April 1964.

»Irgendwie dachte ich . . .«: Thomas P. Morgan,. »Superbarbra«, *Look*, 5. April 1966.

»Ich war ein sehr . . .«: *People*, ohne Herausgabedatum.

»Ich wußte immer . . .«: Morgan, op. cit.

»Meine Mutter . . .«: Interview mit Mike Wallace, »60 Minutes«, 24. November 1991.

»Ich versuchte ununterbrochen . . .«: Lawrence Grobel, »Playboy Interview: Barbra Streisand«, *Playboy*, Oktober 1977.

»Sie bestach mich . . .«: Maggie Savoy, »Barbra's Top Fan Makes It on Her Own«, *Los Angeles Times*, 14. März 1969.

»Sie konnten mich nicht . . .«: ib.

»Mutter und ihre . . .«: ib.

»Ich habe Barbra . . .«: Interview mit Diane Lemm.

»Im Biologieunterricht . . .«: Interview mit Marilyn Saposh.

»Ich hatte von dieser . . .«: Interview mit Frederic Ansis.

»Ich stahl auch . . .«: Peter Hamill, »Good-bye Brooklyn, Hello Fame«, *Saturday Evening Post*, 27. Juli 1963.

»Wir machen nur . . .«: Barbra Streisand, »Just for the Record . . .« Broschüre, *Columbia Records*, 1991.

»Ich sprach ein Stück . . .«: Hilary de Vries, »Streisand the Storyteller«, *Los Angeles Times Magazine*, 8. Dezember 1991.

»Ich erinnere mich . . .«: *People*, ohne Herausgabedatum.

»Sie konnte es nicht . . .«: Holt et al., op. cit., S. 229.

»Im letzten Moment . . .«: »*Seventeen*« *Interviews Film Stars and Superstars* (New York: Macmillan, 1970), S. 147.

»Auf die Bühne . . .«: ib.

»Können Sie sich vorstellen . . .«: Holt et al., op. cit., S. 229.

»In meiner Familie . . .«: Grobel, op. cit.

»Meine Frau hörte nicht auf . . .«: Interview mit Allan Miller.

»Eine Zeitlang . . .«: Sidney Skolsky, »Tintypes: Barbra Streisand«, *Hollywood Citizen-News*, 13. Juni 1969.

»Sie war kein . . .«: Holt et al., op. cit., S. 228.

»Es war ein Moment . . .«: Lawrence Grobel, »Playboy Interview: Barbra Streisand«, *Playboy*, Oktober 1977.

»Ich mochte dieses . . .«: Joan Rivers, *Enter Talking* (New York: Delacorte Press, 1986), S. 90.

»Sie hatte sich im Laufe . . .«: Allan Miller, *A Passion for Acting* (New York: Backstage Books, 1992), S. 34–36.

»Ich würde eine Bäckerei . . .«: ib.

»Ich hoffe, du magst . . .«: ib.

»Ich war nicht gerade . . .«: Gloria Steinen, »Barbra Streisand Talks About ›Her Million-Dollar Baby‹«, *Ladies Home Journal*, August 1966.

»Die Leute sahen mich . . .«: David Henderson, »Barbra-Born Loser Wins Broadway«, *Players Showcase*, Winter 1964.

»Das wird euch . . .«: Cecil Smith, »Barbra – A Person Who Needs People«, *Los Angeles Times*, 16. März 1965.

»Ich wußte, daß ich . . .«: Steinem, op. cit.

»Ich kann mich niemanden . . .«: Smith, op. cit.

»Was mich ehrlich . . .«: Interview mit Eli Rill.

»Nichts mit Talent . . .«: Interview mit Renée Taylor.

»Ich entwarf . . .«: Interview mit Terry Leong.

»Ich kaufte den Kram . . .«: Shana Alexander, »A Born Loser's Success and Precarious Love«, *Life*, 22. Mai 1964.

»[In Billigläden] . . .«: *New York Herald Tribune*, 1964.

»Als ich die erste . . .«: René Jordan, *The Greatest Star* (New York: G. P. Putnam's Sons, 1975), S. 65.

»Wenn ich mich nicht . . .«: Charles Brossard, »New Singing Sensation«, *Look*, 19. November 1963.

Kapitel 5: Illusionen

»Ich leitete . . .«: Interview mit Burke McHugh.

»Sie machte das einfach . . .«: Lawrence Grobel, *Conversations with Capote* (New York: New American Library, 1985), S. 55.

Kapitel 6: Scheidewege

»Es war mein erster . . .«: Interview mit Bob Schulenberg.

»Angst davor hatte . . .«: Georgia Holt und Phyllis Quinn, mit Sue Russell, *Star Mothers* (New York: Simon & Schuster, 1988), S. 228.

»Ich hatte nie wirklich . . .«: Gloria Steinem, »Barbra Streisand Talks About Her ›Million-Dollar Baby‹«, *Ladies Home Journal*, August 1966.

»Ich bin Schauspielerin . . .«: Charles Brossard, »New Singing Sensation«, *Look*, 19. November 1963.

»Zuhause habe ich . . .«: Edwin Miller, »*Seventeen*« *Interviews Film Stars and Superstars* (New York: Macmillan, 1970), S. 148.

»Das *Bon Soir* . . .«: Interview mit Robert Richards.

Kapitel 7: Die Zeit des Umbruchs

»Ich glaube, daß ich . . .«: Edwin Miller, »*Seventeen*« *Interviews Film Stars and Superstars* (New York: Macmillan, 1970), S. 148.

»Manchmal fühle ich mich . . .«: Charles Brossard, »New Singing Sensation«, *Look*, 19. November 1963.

»An guten Abenden . . .«: Liz Smith, »The People-Need-People Girl«, *Cosmopolitan*, Mai 1965.

»Sie ist außergewöhnlich . . .«: »Bea, Billie, and Barbra«, *Newsweek*, 3. Juni 1963.

»Barbra das alles vergißt . . .«: Interview mit Ted Rozar.

»Die waren sehr kurzsichtig . . .«: Interview mit Irvin Arthur.

»Meinen ersten Agenten . . .«: Thomas P. Morgan, »Superbarbra«, *Look*, 5. April 1966.

»Das soll sich mal . . .«: Kevin Sessums, »Queen of Tides«, *Vanity Fair*, September 1991.

»Barbra ist jemand . . .«: Pete Hamill, »Good-bye Brooklyn, Hello Fame«, *Saturday Evening Post*, 27. Juli 1963.

Kapitel 8: Kurz vor dem Durchbruch

»Sie hatte ein gutes Gehör . . .«: Interview mit Neil Wolfe.

»Ich bin eine sehr . . .«: Arthur Alpert, »Barbra Sticks by Her Name«, *New York World-Telegram and Sun*, 24. Mai 1961.

»Sie sah aus wie . . .«: Joe Weiss, »Barbra Streisand and Joe Franklin«, *Celebrity*, Juni 1978.

»Sobald ich sie singen . . .«: ib.

»Ein paar Mal sah . . .«: ib.

»Als sie mich baten . . .«: Martha Weinman Lear, »She Is Tough, She Is Earthy, She Is Kicky«, *New York Times*, 4. Juli 1965.

»Ich denke, daß . . .«: Interview mit John Softness.
»An der Ecke Third Avenue . . .«: Interview mit Don Softness.
»In dieser Zeit gab . . .«: Interview mit Jeff Harris.

Kapitel 9: Ein neues Gesicht

»Viele Leute waren . . .«: Interview mit May Muth.
»Wir drehten uns . . .«: Interview mit Ashley Feinstein.
»Es gab mehrere Leute . . .«: Interview mit Harold Rome.
»In unserem ersten Manuskript . . .«: Jerome Weidman, »I Remember Barbra«, *Holiday*, November 1963.
»Wenn sie jemanden . . .«: Pete Hamill, »Good-Bye Brooklyn, Hello Fame«, *Saturday Evening Post*, 27. Juli 1963.
»Sie war wie ein . . .«: ib.
»Ich wollte den Part . . ..«: David Galligan, »Elliott Gould«, *Drama-Logue*, 8. Oktober 1981.
»Sie war so schön . . .«: David Colker, »In the '80s, All That Glitters Isn't Gould«, *Los Angeles Herald Examiner*, 2. Oktober 1981.
»Es war wie im Film . . .«: Shana Alexander, »A Born Loser's Success and Precarious Love«, *Life*, 22. Mai 1964.
»Sie braucht es . . .«: »Show Business/Broadway«, *Time*, 10. April 1964.

Kapitel 10: Die Rache der Yetta Tessye Marmelstein

»Nachdem ich gute . . .«: Edwin Miller, »*Seventeen*« *Interviews Film Stars and Superstars* (New York: Macmillian, 1970), S. 150.
»Sie finden mich . . .«: Sidney Fields, »A Happy Confusion of Talent«, *New York Daily Mirror*, 1. April 1962.
»Ich wollte nicht . . .«: Miller, op. cit., S. 150.
»Als ich sie kennenlernte . . .«: Interview mit Richard Falk.
»Ich muß zugeben . . .«: Richard Warren Lewis, »Playboy Interview: Elliott Gould«, *Playboy*, November 1970.
»Als ich drei . . .«: Guy Flatley, »What Ever Happened to Elliott Gould? Plenty!«, *New York Times*, 4. März 1973.
»Sie sagte . . .«: David Colker, »In the '80s, All That Gliffers Isn't Gould«, *Los Angeles Herald-Examiner*, 2. Oktober 1981.
»Ich glaube nicht . . .«: »Coming Star«, *New Yorker*, 19. Mai 1962.

»Während der Proben . . .«: Interview mit Stanley Simmonds.

»Mann, sie ist neunzehn . . .«: Joe Morgenstern, »Streisand's Rite of Passage«, *Los Angeles Herald-Examiner*, 13. November 1983.

»Sie war das komischste . . .«: »The ›Moron‹, Signed the ›Kookiest‹ Kid«, *San Francisco Chronicle*, 24. März 1963.

»Ich hatte furchtbare . . .«: John McKinney, »The Trouble with Not Being Ingenue«, *San Francisco Chronicle*, 7. April 1963.

»Ich bin wirklich . . .«: ib.

»Ich bin sicher . . .«: Mike Douglas, *Mike Douglas: My Story* (New York: P. G. Putnam's Sons, 1978), S. 226.

»Man hat mir gesagt . . .«: Pete Hamill, »Good-Bye Brooklyn, Hello Fame«, *Saturday Evening Post*, 27. Juli 1963.

»Wenn das Niveau . . .«: »Bea, Billie and Barbra«, *Newsweek*, 3. Juni 1963.

»Die Leute wollen . . .«: ib.

»Es war wie . . .«: Shana Alexander: »A Born Loser's Success and Precarious Love«, *Life*, 22. Mai 1964.

»Müßtest du den . . .«: Merv Griffin, *Merv* (New York: Simon & Schuster, 1980), S. 70.

»Er ist ein gutaussehender . . .«: Judy Michaelson, »The New Stars«, *New York Post*, 13. September 1963.

»Alle Leute, die . . .«: Bemerkung gegenüber dem Kolumnisten Leonard Feahter.

»Ich nehme sie . . .«: Bob Thomas, *Liberace* (New York: St. Martin's Press, 1987), S. 163.

»So, wir tun jetzt . . .«: ib., S. 163.

»Daß sie ihre . . .«: ib., S. 164.

»Ich kann mich . . .«: Bruce Weber, »Barbra Streisand – Talent Plus«, *Beacon News*, 5. September 1963.

»Denken Sie nur . . .«: *Daily Variety*, 21. August 1963.

»Ich lese viel . . .«: Charles Brossard, »New Singing Sensation«, *Look*, 19. November 1963.

Kapitel 12: »Wir nehmen das Mädchen«

»Falls irgendwann einmal . . .«: Sheila Graham: »Barbra Streisand and Elegant Tea«, *Hollywood Citizen-News*, 9. April 1966.

»Ich kenne die perfekte . . .«: Radie Harris, *Radie's World* (New York: G. P. Putnam's Sons, 1975), S. 152.

»Sie wird auf keinen . . .«: Herbert G. Goldman, *Fanny Brice* (New York: Oxford University Press, 1992), S. 214.

»Nehmen sie [Anne Bancroft] . . .«: Amy Archerd, »Just for Variety«, *Variety*, 26. Juni 1981.

Kapitel 13: Anfangsschwierigkeiten bei Funny Girl

»Sie war ein Mädchen . . .«: Pete Hamill, »Good-bye Brooklyn, Hello Fame«, *Saturday Evening Post*, 27. Juli 1963.

»Wir waren in Palm Beach . . .«: Interview mit Dolores Hope.

»Ich werde *nie* . . .«: Coyne Steven Sanders, *Rainbow's End* (New York: William Morrow and Co., 1990), S. 202.

»Ein Mann namens . . .«: Joshua Logan *Movie Stars, Real People, and Me* (New York: Delacorte Press, 1978), S. 263.

»Hör mal zu . . .«: Martin Gottfried, *All His Jazz* (New York: Bantam Books, 1990), S. 162.

Kapitel 14: Chaos vor der Premiere

»Es ist eine phantastische . . .«: Judy Michaelson, »The New Stars«, *New York Post*, 13. September 1963.

»So ging das . . .«: Interview mit Royce Wallace.

»In Boston . . . . . .«: Interview mit Lee Allen.

»Wir wußten alle . . .«: Interview mit Buzz Miller.

»Es *war* ziemlich . . .«: Interview mit Luther Henderson.

»Ich nahm all meinen . . .«: Marvin Hamlisch und Gerald Gardner, *The Way I Was* (New York: Charles Scribner's Sons, 1992), S. 64.

»Unglücklicherweise führte . . .«: Interview mit Blair Hammond.

»Sydney hatte . . .«: Interview mit Marc Jordan.

»Diese Show ist . . .«: William Glover, Associated Press, 1964.

»Es ist unglaublich . . .«: Michaelson, op. cit.

»Fanny und Barbra . . .«: Leonard Harris, »Funny How Streisand Plays Perfect Fanny«, *New York World-Telegram and the Sun*, 26. März 1964.

»Du weißt doch . . .«: Allan Miller, *A Passion for Acting* (New York: Backstage Books, 1992), S. 51.

Kapitel 15: Hello, Georgeous

»Ich denke, daß . . .«: Polly Rose Gottlieb, *The Nine Lives of Billy Rose* (New York: Crown Publishers, 1968), S. 186.

»Niemand auf der . . .«: Sheila Graham, »Barbra Streisand and Elegant Tea«, *Hollywood Citizen-News*, 9. April 1966.

»Jetzt, wo man . . .«: Joanne Stang, »She Couldn't Be Medium«, *New York Times*, 5. April 1964.

»Eines Abends . . .«: Liz Smith, »The People-Need-people Girl«, *Cosmopolitan*, Mai 1965.

»Bitte, heb bitte . . .«: Associated Press, 6. Juni 1965.

»Was bedeutet es . . .«: Shana Alexander, »A Born Loser's Success and Precarious Love«, *Life*, 22. Mai 1964.

»Ich hasse alle . . .«: Shaun Considine, *Barbra Streisand: The Woman, the Myth, the Music* (New York: Delacorte Press, 1985), S. 72.

»Wir wissen, daß . . .«: Cecil Smith, »For People Who Need Barbra«, *Los Angeles Times*, 2. Juli 1964.

»Das wichtigste Ereignis . . .«: »Money Girl«, *Newsweek*, 6. Juli 1964.

»Es wird schon . . .«: »Nielsen's Newest«, *Time*, 3. Juli 1964.

»Gaststars? . . .«: Kay Gardella, »Star Born in Brooklyn Solos 1st TV Special«, *New York Daily News*, 4. April 1965.

»Ich habe meine . . .«: »Television: Streisand at Twenty-three«, *Time*, 30. April 1965.

»Es ist der allerschönste . . .«: Marylin Bender, »Streisand Dons Mink by Partos«, *New York Times*, 23. März 1965.

»Ein Stoffmantel . . .«: Smith, op. cit.

»Eine Boa kann . . .«: *New York Times*, 1965.

»Vorher war es so . . .«: Martha Weinman Lear, »She Is Tough, She Is Earthy, She Is Kicky«, *New York Times*, 4. Juli 1965.

Kapitel 16: Ihr Name ist Barbra

»Sie verzichtete . . .«: Christina Kirk, »Will Success Unspoil Barbra?«, *New York Daily News*, 15. September 1968.

»Sie hat mich . . .«: Arnold Abrams, »Streisand: Lonely ›Funny Girl‹«, *W*, 21. März 1964.

»Sie macht einen . . .«: »Show Business/Broadway«, *Time*, 10. April 1964.

»Sie kann etwas . . .«: Interview mit Sid Ramin.

»Ich bin für Barbra . . .«: *New York Post*, 28. August 1964.

»Eines der größten . . .«: *On View*, April 1969.

»Das war wirklich . . .«: Georgia Holt und Phyllis Quinn, mit Sue Russell, *Star Mothers* (New York: Simon & Schuster, 1988), S. 321.

»Es ist offensichtlich . . .«: Shana Alexander: »A Born Loser's Success and Precarious Love«, *Life*, 22. Mai 1964.

»Ich muß darüber . . .«: ib.

»Barbras Lieblingsthema . . .«: Diana Lurie: »›Funny Girl‹ and Me«, *Ladies Home Journal*, August 1969.

»Meistens bat ich . . .«: ib.

»Er ist ein wunderbarer . . .«: Judy Michaelson: »The New Stars«, *New York Post*, 13. September 1963.

»Er geht so wunderbar . . .«: Liz Smith, »The People-Need-People Girl«, *Cosmopolitan*, Mai 1965.

»Barbra mißtraut . . .«: Lurie, op. cit.

»Ich habe wirklich . . .«: Interview mit Elliott *Gould*, *Los Angeles Times*, 8. Juli 1969.

»Nach *Drat! The Cat!* . . .«: ib.

»Als ich im Publikum . . .«: Associated Press, 6. Juli 1965.

»Ich wollte Nichtjüdin . . .«: *Newsday*, 21. Januar 1973.

»Ich bin ununterbrochen . . .«: »Dialogue Between Barbra Streisand and Marcello Mastroianni«, *Redbook,* Juli 1965.

»Ich kann nicht . . .«: Kay Gardella, »Star Born in Brooklyn Solos 1st TV Special«, *New York Daily News*, 4. April 1965.

»Ich weiß, daß . . .«: Diana Lurie, »They All Come Thinking I Can't Be That Great«, *Life*, 18. März 1966.

»Die meisten von ihnen . . .«: ib.

»Wenn ich nicht . . .«: ib.

Kapitel 17: Atempause

»Sag dem Publikum . . .«: Diana Lurie, »They All Come Thinking I Can't Be That Great«, *Life*, 18. März 1966.

»Sie sah sich das . . .«: Interview mit Ray Diffen.

»Du bist morgen heiser . . .«: Lurie, ib.

»Man muß 90 Prozent . . .«: Gerald Nachman, »Whatever Happened to Barbra Streisand?«, *New York Post*, 27. März 1966.

»Haltet mir diese . . .«: Rex Reed, »Color Barbra Vew Bright«, *New York Times*, 27. März 1966.

»Hier sind zu viele . . .«: ib.

»Vor zwei Jahrenn«: »TV-Radio: Barbra«, *Newsweek*, 28. März 1966.

»Die Reise bestand darin . . .«: Interview mit Joan Glynn.

»Was soll das . . .«: »Spot News«, *Newsweek*, 28. März 1966.

»Ich habe mehr Talent . . .«: Interview mit Elliott Gould, *New York Post*, 1970.

»Ich fand nicht gerade . . .«: Associated Press, 14. April 1966.

»Mein Kind bekommt . . .«: Robert Musel, »Barbra Will Sing Tunes for Her ›Million-Dollar Baby‹«, *Los Angeles Times*, 26. April 1966.

»Wenn es ein Mädchen ist . . .«: ib.

»Diese Schwangerschaft . . .«: Gloria Steinem, »Barbra Streisand Talks About Her ›Million-Dollar Baby‹«, *New York Daily News*, 19. April 1966.

»Ich bin so . . .«: Steinem, ib.

»Diese Frau ist . . .«: Interview mit Michel Legrand, *Une Femme libre*, von Guy Abitan.

»Ich beobachtete sie . . .«: ib.

»Ich möchte kein Kind . . .«: Steinem, ib.

»Mein Sohn . . .«: Ira Mothner: »Mama Barbra«, *Look*, 25. Juli 1967.

Kapitel 18: Der rote Teppich

»Er hat das Grübchen . . .«: »A Star Is Borne«, *Newsweek*, 23. Januar 1967.

»Ich bin wie neu . . .«: Ira Mothner: »Mama Barbra«, *Look*, 25. Juli 1967.

»Wenn ich eine . . .«: ib.

»Das erste, was . . .«: ib.

»Ich werde in Hollywood . . .«: Sheila Graham, »Barbra Streisand and Elegant Tea«, *Hollywood Citizen-News*, 9. April 1966.

»Ich war bei der . . .«: Interview mit David Dworski.

»Mein Gesicht? . . .«: Bob Thomas, »Barbra's Ambitious to Star in Films«, Associated Press. 16. Mai 1966.

»Wir waren sehr . . .«: Interview mit Herb Ross, University of Southern California Cinema-Television Library: Tape PAC 10:9.

»Wir hatten Probleme . . .«: Interview mit Bob Scheerer.

Kapitel 19: Licht, Kamera und Perfektion

»Wenn mich Freunde . . .«: »Movies Are Hard Work, Says Barbra«, *Los Angeles Times*, 20. Juli 1967.

»Es gibt sieben . . .«: Charles Champlin, »Perfection Important to Barbra Streisand«, *Los Angeles Times*, 27. November 1967.

»Barbra fragte mich . . .«: Interview mit Ben Lane.

»Gertrude war eine wunderbare . . .«: Interview mit Vivienne Walker.

»Ich glaube, sie war . . .«: Interview mit Libby Dean.

»Ich fühle so etwas . . .«: Champlin, op. cit.

»Sie ist jung . . .«: Jack Hamilton, »Barbra Streisand: On a Clear Day You Can See Dolly«, *Look*, 16. Dezember 1969.

»Ihr Verhältnis zu Stradling . . .«: Interview mit Marshall Schlom.

»Ich hatte den Film . . .«: Vernon Scott, »Wyler and Barbra: ›Things Were Ironed Out‹«, *Memphis Commercial Appeal*, 2. Februar 1969.

»Sie war am Anfang . . .«: ib.

»Sie machte großes Aufheben . . .«: Axel Madsen, *William Wyler* (New York: T. Y. Crowell, 1973).

»Sie ist dermaßen . . .«: Bernard Kantor, Irwin Blacker, Anne Kramer, *Directors at Work* (New York: Funk & Wagnalls, 1970), S. 409.

»Sie kam eines Morgens . . .«: Alta Maloney, »›Funny Girl‹ Banned in Egypt«, *Boston Herald*, 29. September 1968.

»Sie mußte davon . . .«: »Symbiosis Is Continued: Director William Wyler and Actress Barbra Streisand Discuss Theirs on ›Funny Girl‹«, *Action!*, kein Herausgabedatum.

»Sie gab sich überhaupt . . .«: Kantor et al., op. cit., S. 409.

»Ich wartete Monate . . .«: Doris Klein, »Anne Francis Tells Her Side of the Story in Five Months of ›Funny Girl‹ Filming«, *Hollywood Reporter*, 12. Januar 1968.

»Auf eine Einstellung . . .«: ib.

»Zwei Minuten . . .«: ib.

»Jeden Tag sah . . .«: ib.

Kapitel 20: Eine Affäre mit Omar Sharif

»Meine Tochter wird . . .«: Omar Sharif, *The Eternal Male* (Garden City, N. Y.: Doubleday & Co., 1977), S.79.

»Wir sind in Amerika . . .«: ib.

»Barbras Villa . . .«: ib.

»Wir genossen das . . .«: ib.

»Wenn alle Juden und . . .«: Marjory Adams, »Wyler, Streisand Hit It Off«, *Boston Globe*, 29. September 1968.

»Ich habe so viele . . .«: Joyce Haber, »Omar Sharif Loves to Live, Lives to Love«, *Los Angeles Times*, 27. Oktober 1968.

»Ich würde das . . .«: Interview mit Omar Sharif, »Donahue«, 1991.

»Frauen zu bekommen . . .«: Haber, op. cit.

»Ich blieb zwanzig . . .«: Anne Francis gegenüber der Kolumnistin Sheila Graham.

»Ich liebe Barbra . . .«: Interview mit Ray Stark. *New York Post*, 24. April 1968.

»Ich hatte mich so . . .«: Interview mit Carol Channing, *Los Angeles Herald Examiner*, 20. Juli 1967.

»Ich bin unsicher . . .«: ib.

»Ich denke, daß Carol . . .«: Charles Champlin, »Barbra Streisand – One of Brooklyn's Sturdy Trees«, *Los Angeles Times*, 3. Juli 1967.

»Es ist so lächerlich . . .«: *Chicago Tribune Magazine*, 27. August 1967.

»Das Einzige, was . . .«: Ira Mothner, »Barbra«, *Look*, 15. Oktober 1968.

»Ich mache ihn . . .«: *Chicago Tribune Magazine*, 27. August 1967.

»Wir haben das erwartet . . .«: Richard Zanuck zu Ernest Lehman, Ernest Lehman Collection, USC Cinema-Television Library.

»Wir haben eine neue . . .«: Kevin Thomas, »Gene Kelly Puts ›Hello Dolly!‹ Together«, *Los Angeles Times*, 20. August 1968.

»Irene ist eine wunderbare . . .«: Memo, Ernest Lehman Collection, USC Cinema-Television Library.

»Ich fand sie . . .«: Interview mit Ray Stark, *New York Post*, 24. April 1968.

»Sie kam zu mir . . .«: Interview mit Murray Spivack.

»Ich denke, daß . . .«: Earl Wilson, »This ›Dolly‹ Smashing«, *Los Angeles Herald Examiner*, 6. Mai 1968.

»Als ich hörte . . .«: Earl Wilson, ib.

»Er hatte darauf . . .«: Joe Morgenstern, »Streisand's Rite of Passage«, *Los Angeles Herald Examiner*, 3. November 1983.

»Die beiden waren . . .«: Clive Hirschhorn, *Gene Kelly* (Chicago: Henry Regnery Co., 1975), S. 293.

»Sie müssen . . .«: Morgenstern, op. cit.

»Kinder kann man . . .«: Earl Wilson, op. cit.

»Hör endlich auf . . .«: Hirschhorn, op. cit., S. 295.

»Nun mal langsam . . .«: Christina Kirk, »Will Success Unspoil Barbra?«, *New York Daily News*, 15. September 1968.

»Niemand aus dem . . .«: Peter Evans Kirk, »From Barbra Streisand – The Last Word«, *Cosmopolitan*, Februar 1974.

»Okay, geh nur . . .«: Michael Leahy, »Wanna Bet Walter Matthau Would Rather Play the Horses«, *TV-Guide*, 3. März 1990.

»Ich würde gerne . . .«: Allan Hunter, *Walter Matthau* (New York: St. Martin's Press, 1984), S. 94.

»Ich habe Angst . . .«: Associated Press. 13. Juli 1968.

»Einige Dinge, die . . .«: Hirschhorn, op. cit., S. 296.

Kapitel 22: Elliott geht, Oscar kommt

»Ich garantiere Ihnen . . .«: Earl Wilson, »Barbra's Gala Party«, *Los Angeles Herald Examiner*, 25. September 1968.

»Die Jungs . . .«: Joyce Haber, »Star Gazing at ›Funny Girl‹ Fete«, *Los Angeles Times*, 14. Oktober 1968.

»In all den Jahren . . .«: Interview mit Walter Scharf, USC Cinema-Television Library.

»Ich sehe, daß . . .«: Peter Noble, »London«, *Hollywood Reporter*, 21. Januar 1969.

»Die Streisand hat mich . . .«: Rex Reed, *People Are Crazy Here* (New York: Delacorte Press, 1974), S. 297.

»Sie akzeptiert nie . . .«: Jack Hamilton, »Barbra Streisand: On a Clear Day You Can See Dolly«, *Look*, 16. Dezember 1969.

»Ich weiß, daß meine . . .«: A. H. Weiler, »Three Stars from Film Production Unit«, *New York Times*, 12. Juni 1969.

»Ich hatte mit . . .«: John L. Scott, »Elliott Gould – Actor, Auditor, and Husband«, *Los Angeles Times*, 22. September 1967.

»Barbra lebt ständig . . .«: Diana Lurie, »›Funny Girl‹ and Me«, *Ladies Home Journal*, August 1969.

»Meine Frau ist . . .«: Interview mit Elliott Gould, *Family Weekly*, 13. April 1969.

»Ich bin viel glücklicher . . .«: Sheila Graham, »Streisand-Sharif Date«, *Hollywood Citizen-News*, 4. Dezember 1967.

»Ich habe ihn nicht . . .«: Interview mit Elliott Gould, *Los Angeles Times*, 8. Juni 1969.

»Mr. Gould angestiftet . . .«: Gerichtsdokumente, Oberster Gerichtshof von Kalifornien, County von Los Angeles, Nr. 942542.

»Ich war sehr . . .«: ib.

»Ich habe mich entschlossen . . .«: Dorothy Manners, *Los Angeles Herald Examiner*, 6. März 1969.

Kapitel 23: Vor Mißerfolgen nicht geschützt

»Vergeßt nicht . . .«: Judy Klemesrud, »Barbra and Rozie's Mother Used to Hope for Her Own Name up in Lights«, *New York Times*, 23. Februar 1970.

»Ich wog bereits . . .«: Phyllis Battelle, »Little Sister Syndrome«, *Los Angeles Times*, 28. Mai 1969.

»Kraftvoller und tiefer . . .«: ib.

»Ich habe weder . . .«: May Campbell, »Barbra Streisand's Half-Sister Starting Closer to the Top«, *Los Angeles Times*, 17. Februar 1969.

»Ich bin nicht so mutig . . .«: ib.

»Mami, du bist . . .«: Dorothy Manners, *Modern Screen*, Juli 1969.

»Es ist unnatürlich . . .«: Richard Warren Lewis, »Playboy Interview: Elliott Gould«, *Playboy*, November 1970.

»Als dein Koregisseur . . .«: Telegram, William Wyler to Barbra Streisand,
16. Mai 1969, William Wyler Collection, UCLA, Arts Special Collections.

»Auf keinen Fall . . .«: Albert Goldman, *Elvis* (New York: McGraw-Hill,
1981), S. 436–437.

»Ich war am . . .«: Charles Champlin, »Streisand: A Scintillating Show of
Gifts«, *Los Angeles Times*, 5. August 1969.

»Sie ist Scheiße! . . .«: Goldman, op. cit.

»Was haben Sie in . . .«: Fred L. Worth und Steve D. Tamerius, *Elvis: His
Life From A–Z*, (Chicago: Contemporary Books, 1988), S. 190.

»Marty Erlichman lud mich . . .«: Interview mit Artie Butler.

»Sie fing an . . .«: Clive Davis, *Clive: Inside the Record Business* (New York:
Ballantine, 1976), S. 252.

»Deine Plattenverkäufe . . .«: ib.

»Stell Dir vor . . .«: *Photoplay*, Juni 1970.

»Es war überwältigend . . .«: Lawrence Grobel: »Playboy Interview:
Barbra Streisand«, *Playboy*, Oktober 1977.

Kapitel 24: Das Ende der Hochfrisuren

»Sie war die . . .«: Interview mit Herb Ross, USC Cinema-Television Library.

»Ich war zu dieser Zeit . . .«: Interview mit John Robert Lloyd.

»Sie nennt mich nur . . .«: Wayne Warga, »It Took Lots of Persuasion to
Do Barbra's Nude Scene«, *Los Angeles Times*, 1970.

»Mit Harry Stradling . . .«: Interview mit Jack Solomon.

»Wie vorauszusehen war . . .«: Melvyn Bragg, *Richard Burton: A Life*,
(Boston: Little Brown, 1988), S. 329.

»Keine Autogramme . . .«: »Newsmakers«, *Newsweek*, 2. November
1970.

Kapitel 25: Von Is' was, Doc? zu Sandkastenspiele

»Meine Hauptaufgabe . . .«: Tom Burke, »The Sheik of Malibu«, *Esquire*,
September 1972.

»Ich las Drehbuch . . .«: Jacoba Aflas und Steve Jaffe, »Barbra and Ryan

in Bogdanovich's Salute to the Zany Comedians of the '30s – What's up Doc?«, *Show,* April 1972.

»So sah ich Barbra . . .«: ib.

»Sie ist nicht ehrgeizig . . .«: Richard Warren Lewis, »Playboy Interview: Elliott Gould«, *Playboy,* November 1970.

»Ich bin Barbras . . .«: Earl Wilson, *Show Business Laid Bare* (New York: G. P. Putnam's Sons, 1974), S. 254.

»Ich hatte vorher . . .«: Atlas und Jaffe, op. cit.

»Ich hatte Glück . . .«: ib.

»Er forderte Dinge . . .«: ib.

»Sie geht nicht . . .«: ib.

»Ryan, wir sind . . .«: ib., S. 20.

»Glauben Sie . . .«: ib.

»Sie hat eine Tendenz . . .«: Jerry Tallmer, »Director Peter Bogdanovich«, *New York Post,* März 1972.

»Wir arbeiteten fast . . .«: ib.

»Ich wußte . . .«: Rex Reed, *Valentines and Vitriol* (New York: Delacorte Press, 1977), S. 247.

»Ich bekam . . .«: ib., S. 247.

»Sie dachte daß . . .«: Crist, op. cit., S. 20.

»Ich haßte ihn . . .«: Joseph Gelmis, »On Being Barbra«, *Newsday,* 21. Januar 1973.

»Beim Film . . .«: ib.

»Ich hatte Ideen . . .«: Bemerkung zu Bob Thomas, Associated Press, 1972.

»Gleiche Arbeitsmöglichkeiten . . .«: ib.

»Plötzlich wurde mir . . .«: Elizabeth Kaye, »Barbra, The Superstar Who Wants to Be a Woman«, *McCall's,* April 1975.

»Es war eine wunderbare . . .«: ib.

»Weil ich eine . . .«: Gelmis, op. cit.

»Mit der Presse . . .«: Dorothy Manners, »Barbra Streisand: Finished with Musicals?«, *Los Angeles Herald Examiner,* 7. Mai 1972.

»Ich fragte ein . . .«: Earl Wilson, »Barbra Likes ›Sandbox‹«, *Los Angeles Herald Examiner,* 28. Dezember 1972.

»Den Hintern versohlen . . .«: Judy Klemesrud, »Barbra and Rozie's Mother Used to Hope for Her Own Name up in Lights«, *New York Times,* 23. Februar 1970.

»Man soll sein Kind . . .«: ib.

»Meine Name ist . . .«: Guy Flatley, »Betwitched, Barbra'd, and Bewildered«, *New York Times,* 21. Januar 1973.

»Wenn ein nettes . . .«: James Bacon, »Streisand: I Work Like a Dog«, *Los Angeles Herald Examiner,* 19. Dezember 1972.

Kapitel 26: Streisand und Redford – So wie wir waren

»Sie neigt dazu . . .«: Peer J. Oppenheimer, »Streisand, Our Poll Winner, As Seen by Three Friends«, *Family Weekly*, 5. Mai 1974.

»Für Barbra ist der . . .«: Oppenheimer, op. cit.

»Ich denke, diese beiden . . .«: Judith Crist, *Take 22* (New York: Viking, 1984), S. 222.

»Sie ist wißbegierig . . .«: Oppenheimer, op. cit.

»Andere Leute haben . . .«: *Halliwell's Filmgoer's Companion*, 9. Ausgabe (New York: Harper and Row, 1990), S. 921.

»Man muß sich klarmachen . . .«: Oppenheimer, op. cit.

»Als ich im Sessellift . . .«: Elizabeth Kaye, »Barbra: The Superstar Who Wants to Be a Woman«, *McCall's*, April 1975.

»Ich habe so viel gelernt . . .«: ib.

»Redford ist der beste . . .«: Joyce Haber, »The Bergmans: The Way They Are«, *Los Angeles Times*, 10. März 1974.

»Ich mußte sie anflehen . . .«: Rex Reed, *Valentines and Vitriol* (New York: Delacorte Press, 1977), S. 227.

»Eine Woche vor der . . .«: Jack Haley Jr. zu dem Kolumnisten Joyce Haber.

»Ich hatte das Gefühl . . .«: Lawrence Grobel, »Barbra Streisand: I'm Just Beginning to Accept Myself«, *Newsday*, 16. Oktober 1977.

»Während ich mir die Verleihung . . .«: Interview mit Glenda Jackson, *New York Times*.

»Dwight, du wirst . . .«: *London Sunday Times*, 1973.

Kapitel 27: Eine ganz normale Liebesgeschichte

»Als ich das ›a‹ . . .«: *Advocate*, 19. Mai 1976.

»Jon ist ein richtiger . . .«: Anne Fadiman »Barbra Puts Her Career on the Line with *Yentl*«, *Life*, Dezember 1983.

»[Es war ein Ort] . . .«: Jean Cox, »Barbra and Jon: The Way TheyAre«, *Women's Wear Daily*, 4. März 1974.

»Es macht mir tatsächlich . . .«: ib.

»Als Ray Stark mir . . .«: Amy Archerd, »Barbra Farewells Ray Stark: Future as She Dictates«, *Variety*, 17. Juli 1974.

»Barbra ist nicht gerade . . .«: »Brice Twice«, *Newsweek*, 18. Juli 1974.

»Habt ihr schon die . . .«: Interview mit Ray Stark, *Los Angeles Times*, 27. Oktober 1989.

»[Barbra ließ sich] . . .«: Judith Crist, *Take 22*, (New York: Viking, 1984), S. 286.

»Herbie mußte einen . . .«: ib.

»Herbie bekam die Schuld . . .«: ib.

»Es ist schwierig . . .«: Wayne Warga, »Streisand, Caan Making a Lady Out of ›Funny Girl‹«, *Los Angeles Times*, 2. Juni 1974.

»Sie haben sieben . . .«: Joyce Haber, »Barbra's ›Butterfly‹ Album Untracked?«, *Los Angeles Times*, 25. Juni 1974.

»Ich kenne diesen . . .«: Joyce Haber, »Streisand ›Happiest She's Ever Been‹«, *Los Angeles Times*, 27. Juni 1974.

»Grauenvoll . . .«: »Playboy Interview: David Bowie«, *Playboy*, September 1976.

»Ich werde keine . . .«: Anna Quindlen, »Barbra Streisand, Superstar«, *New York Post*, 15. März 1975.

»Liebe Miss . . .«: Joyce Haber, »Barbra Finds Time for Fans«, *Los Angeles Times*, 9. Mai 1974.

Kapitel 28: Rock and Roll mit Hindernissen

»James Taylor und . . .«: John Gregory Dunne, »Gone Hollywood«. *Esquire*, September 1976.

»Barbra Streisand und Jon . . .«: Interview mit Cher von Randall Riese und James Carreira, 1977.

»Die Welt wartet darauf . . .«: Marie Brenner, »Collision on *Rainbow Road*«, *New York Times*, 24. Januar 1975.

»Schöne, sinnliche Barbra . . .«: Jerry Parker, »Producer Peters: I'm Fighting for What I Believe In«, *Los Angeles Times*, 7. November 1976.

»Jon sieht mich . . .«: Elizabeth Kaye, »Barbra: The Superstar Who Wants to Be a Woman«, *McCall's*, April 1975.

»[Er ist] ein Mann . . .«: Lee Grant, »Streisand in ›Star Is Born‹: The Way It Is«, *Los Angeles Times*, 19. Mai 1976.

»Es ist sehr wackelig . . .«: Lesley Ann Warren, »Snip, Snip«, *People*, 19. Juli 1976.

»Marty: Sie macht . . .«: Joyce Haber, »And Now, Heeere's – «, *Los Angeles Times*, 14. Juli 1975.

»Wie soll ich ihr . . .«: Frank Pierson, »My Battles with Barbra and Jon«, *New York*, 15. November 1976.

»Ich konnte nicht . . .«: ib.

»Ich habe nicht das . . .«: ib.

»Nach diesem Film wird er . . .«: Mary Murphy, »Kris Set for ›Star Is Born‹ Lead«, *Los Angeles Times*, 20. September 1975.

»Sie hatte einige . . .«: Interview mit Paul Williams.

»Wie kann ich schreiben . . .«: Pierson, op. cit.

Kapitel 29: Der Endschnitt

»Wenn der Film . . .«: Frank Pierson, »My Battles with Barbra and Jon«, *New York*, 15. November 1976.

»Jon und ich . . .«: *Advocate*, 19. Mai 1976.

»Wer weiß denn . . .«: »›A Star Is Born‹ Films in Arizona«, *Hollywood Reporter*, 19. April 1976.

»Hey, ihr Saftsäcke . . .«: *Advocate*, 19. Mai 1976.

»Wer ist hier . . .«: Arthur Beil, »Barbra Streisand Doesn't Get Ulcers – She Gives 'Em«, *Village Voice*, 26. April 1976.

»Du schuldest meiner . . .«: »Newsmakers«, *Newsweek*, 5. April 1976.

»Ich habe eine Höllenangst . . .«: »People«, *Time*, 5. April 1976.

»Es ist das härteste . . .«: Lawrence B. Eisenberg, »Barbra Streisand: Tough, Temperamental, Tremendous«, *Cosmopolitan*, März 1977.

»Mein verdammter Kopf!«: ib.

»Ich habe ihm eine . . .«: Mary Blume, »Flip-flop Life of Elliott Gould«, *Los Angeles Times*, 9. Dezember 1973.

»Hör mal zu . . .«: Pierson, op. cit.

»Frank ist wirklich . . .«: Interview mit Peter Zinner.

»Manchmal lassen mich . . .«: Georgia Holt und Phillys Quinn, mit Sue Russel, *Star Mothers* (New York: Simon »Schuster, 1988), S. 367.

»Sie ist voll dabei . . .«: Jerry Parker, »Producer Peters: I'm Fighting for What I Believe In«, *Los Angeles Times*, 7. November 1976.

»Ich habe alles gehört . . .«: Francesco Scavullo zitiert die Streisand bei einem Auftritt bei »Geraldo«, 2. Januar 1991.

»Ich habe zwei Interviews . . .«: Barbra Walters, »Barbra's Off-Camera Secrets«, *Star*, 21. April 1987.

»Ich habe keinen weißen . . .«: »The Crowd Gaped on as the ›Star‹ Was Borne Away by Limo«, *Variety*, 21. Dezember 1976.

Kapitel 30: Ein Star langweilt sich

»Noch nie ist etwas . . .«: »Peoplescape: How Plucky Ca Ya Get?«, *Los Angeles*, Mai 1976.

»Von seinem Wesen . . .«: Gerichtsdokumente, Oberster Gerichtshof des Staates Kalifornien, County von Los Angeles, Nr. WEC 50878.

»Man macht keinen . . .«: Kevin Kelly, *One Singular Sensation: The Michael Bennett Story* (Garden City, N. Y.: Doubleday, 1990), S. 168.

»[Barbra] wußte, daß . . . . .«: Andrew Yule, *Sean Connery* (New York: Donald I. Fine, 1992), S. 229.

»Lieber Gott . . .«: ib.

»Ganz plötzlich drehten . . .«: Michael Barackman, »Pop Duets: A Top-10 Marriage«, *Los Angeles Times*, 26. November 1978.

»Soll ich es . . .«: *Look*, 2. April 1979.

»Ich sagte ihm, daß . . .«: Paul Jabara, »Streisand and Summer Team up for a Duet of Disco and Egos«. *Us*, 13. November 1979.

»Barbra and Donna . . .«: ib.

»Sie wollte nie . . .«: Interview mit Liz Brooks.

»Es war das schlimmste . . .«: Interview mit Roslyn Kind, *Los Angeles Herald Examiner*, 27. Dezember 1973.

»Barbra hat Roslyn . . .«: Interview mit Richard Gordon.

»Es ist in erster . . .«: Allan Hunter, *Gene Hackman* (London: W. H. Allen, 1987), S. 162.

»Der Part war . . .«: Interview mit Jean-Claude Tramont, *Los Angeles Herald Examiner*, 13. März 1981.

»Am Set sehr . . .«: *Los Angeles Times*, 14. Mai 1980.

»Man weiß doch . . .«: Roderick Mann, »Lisa Eichhorn Says Her Luck Has Turned«, *Los Angeles Times*, 15. Januar 1981.

»Sie wollte gerade . . .«: ib.

»Ich nehme an . . .«: ib.

Kapitel 31: »Nach dem Tod ihres Vaters . . .«

»Ich möchte etwas . . .«: Edwin Miller, »Seventeen« *Interviews Film Stars and Superstars* (New York: Macmillan, 1970), S. 150.

»Barbra rief mich an . . .«: Interview mit Ted Allan.

»Ich möchte, daß . . .«: Chaim Potok, »Barbra and Chaim Potok«, *Esquire*, Oktober 1982.

»Sie traf sich mit mir . . .«: Interview mit Rabbi Daniel Lapin.

»Ich denke, es gibt . . .«: Wayne Warga, »Barbra Streisand's Search for Her Father«, *McCall's*, Januar 1984.

»Zunächst einmal . . .«: USC Cinema-Television Library.

»Wurde dies dem Stück . . .«: ib.

»Ich bin verliebt . . .«: Steven Bach, *Final Cut* (New York: New American Library, Plume, 1986), S. 393.

»Kein aber . . .«: ib.

»Der Film, den . . .«: ib., S. 394.

»Ich habe mich . . .«: ib., S. 395.

»Das ist der Grund . . .«: ib., S. 401.

»Ich habe [die Geschichte] . . .«: Sally Ogle Davis, »Why Isn't This Funny Girl Laughing?«, *Los Angeles*, November 1983.

»Selbst ich kann . . .«: ib.

»Glauben Sie mir . . .«: Dale Pollack, »Barbra Streisand and Her ›Yentl‹«, *Los Angeles Times*, 16. Oktober 1983.

»Es war Zeit . . .«: Warga, op. cit.

»Barbra richtete . . .«: Anne Fadiman, »Barbra Puts Her Career on the Line with *Yentl*«, *Life*, Dezember 1983.

»Es ist nicht so . . .«: ib.

»Ich fand . . .«: USC Cinema-Television Library.

»Wissen Sie eigentlich . . .«: Cliff Jahr, »Barbra Streisand's Biggest Gamble«, *Ladies Home Journal*, Dezember 1983.

»Ein Mann kann . . .«: Bob Thomas, »Barbra Did It Her Way«, *Orange Coast Daily Pilot*, 15. Januar 1984.

»Bitte, wir ruinieren . . .«: Pollack, op. cit.

»Die Hauptdarstellerin . . .«: Isaac Bashevis Singer, »I. B. Singer Talks to I. B. Singer About the Movie ›Yentl‹«, *New York Times*, 29. Januar 1984.

»Ich sehe weder . . .«: ib.

Kapitel 32: Heimkehr

»Ich versuche . . .«: Brad Darrach, »Celebration of a Father«, *People*, 12. Dezember 1983.

»Menschen zeigen . . .«: Nat Segaloff, *Hurricane Billy* (New York: William Morrow & Co., 1990), S. 246.

»Sie und ich . . .«: Paul Grein, »Erlichman Back as Streisand's Manager«, *Billboard*, 15. Februar 1986.

»Das ist genau das . . .«: Interview von Gene Shalit. »The Today Show«. November 1987.

»Ich möchte diesen Film . . .«: Streisand zitiert Martin Ritt, ib.

»Ich habe mich . . .«: ib.

»Lieber Dustin . . .«: Martin Ritt an Dustin Hoffman, 17. Juni 1986. Martin Ritt Collection, Special Collections, Academy of Motion Picture Arts and Sciences.

»Eine Zeitlang . . .«: »Just for the Record«, Broschüre von Barbra Streisand, Columbia Records, 1991.

»Ich war überrascht . . .«: Pamela Lansden, »Take One«, *People*, 1. Februar 1988.

»Wenn ich mit . . .«: *Long Beach Press-Telegram*, 9. März 1988.

»Ich habe mich . . .«: David Wallace, »Sonny Side up«, *Us*, 3. Oktober 1988.

»Er hat enorm . . .«: ib.

»Was für Linsen . . .«: Nina J. Easton, »From ›Vice‹ to ›Sweet Hearts‹«, *Los Angeles Times*, 2. September 1988.

»Ich entschied, daß . . .«: Wallace, op. cit.

»Ich erinnere mich . . .«: Interview mit Lance Brown.

»Ich bin glücklich . . .«: Jenny Cullen, »Streisand in Love«, *Ladies Home Journal*, Juni 1988.

»Ich hatte seinen Trainer . . .«: Interview mit Pam Loubman.

»Ich denke, er hatte . . .«: Interview mit Tony Sands.

»Don wollte . . .«: Interview mit Diane Albright.

»Ich habe immer . . .«: David Wallace, op. cit.

»Barbra war interessierter . . .«: Judy Ellis, »Copy Again«, *Life*, April 1989.

»Wir haben wirklich . . .«: ib.

»Wir sehen uns . . .«: ib.

Kapitel 33: *Tides – eine schwierige Besetzung*

»Ich fragte [Harris] . . .«: Scott Siegel und Barbara Siegel, »The Prince of Tides«, *Drama-Logue*, 19. Dezember 1991.

»Es läßt den Penis . . .«: Stephanie Mansfield, »Nick Nolte, up from the Gutter«, *Gentleman's Quarterly*, Oktober 1991.

»Ich habe gehört . . .«: ib.

»Es gab nicht viele . . .«: Michelle Green und David Wallace, »He's No Teacher's Pet«, *People*, 5. November 1984.

»Ich sah viel . . .«: Siegel und Siegel, op. cit.

»Ich war sicher . . .«: Hilary de Vries, »Streisand the Storyteller«, *Los Angeles Times Magazine*, 8. Dezember 1991.

»Ich hatte die Theorie . . .«: Interview mit Nick Nolte von Steve Kmetko, KCBS News, Los Angeles, 1991.

»Ich sah mir alle . . .«: Ed Blank, »Tides' Turning for Barbra«, Scripps-Howard News Service, 20. Dezember 1991.

»Ich fand . . .«: New Yorker Pressefest, Columbia Pictures, November 1991.

»Es ist unnötig zu sagen . . .«: Columbia Pictures Pressevorführung, 1991.

»Es natürlich schwierig ist . . .«: ib.

»Sie war teurer . . .«: Pat Conroy, *The Prince of Tides*, (Boston: Houghton Mifflin, 1986), S. 47.

»Was auch immer . . .«: ib., S. 123.

»Ihre dunkle, sinnliche . . .«: ib., S. 377.

»Eltern können einen . . .«: Blank, op. cit.

»Als ich Barbra . . .«: Robert Epstein, »Magnolias, Palms: ›Tides‹ Author Meets Hollywood«, *Los Angeles Times*, 26. Dezember 1991.

»Es ist einfach beängstigend . . .«: Siegel und Siegel, op. cit.
»Jason hatte mich . . .«: Joe Morgenstern, »Barbra Streisand«, *Cosmopolitan*, Oktober 1991.
»Barbra zeigte mir . . .«: Epstein, op. cit.
»Bemard sollte . . .«: Siegel und Siegel, op. cit.
»Nein, nein, nein . . .«: ib.
»Ich denke immer . . .«: ib.

Kapitel 34: Beaufort will Drehort werden

»Großer Gott! . . .«: Interview mit Jim McDill.
»Gerade jetzt scheint . . .«: Frank P. Jarrell, »Royal Welcome Awaits ›Prince‹«, *Charleston Post-Courier*, 13. Mai 1990.
»Die Streisand war dabei . . .«: Interview mit John Williams.

Kapitel 35: Die Macht der Gezeiten

»Sie schien zart . . .«: Interview mit Nancy Rhett.
»Ich denke, sie flirtet . . .«: Interview mit Paul Sylbert.
»›Bridge?‹ . . .«: Don Rhodes, »Director Streisand Has an Eye for Detail«, *Augusta Chronicle*, 15. Juli 1990.
»Es gab auf dem Set . . .«: ib.
»Sie ist sehr präzise . . .«: Frank P. Jarrell, »Actress Absorbs Southern Style«, *Charleston Post-Courier*, 15. Juli 1990.
»Sie hat acht . . .«; »In einem Film . . .«: Frank P. Jarrell, »Under Production«, *Charleston Post-Courier*, 12. August 1990.
»Sylbert sagte ihr . . .«: Interview mit Frank Jarrell.
»Sie kam um die . . .«: Interview mit Becky Kilby.
»Das war etwas . . .«: Interview mit Norma Woods.

Kapitel 36: Allüren eines Stars

»Ich kann verstehen . . .«: Interview mit Fred Trask.
»Ihre Nägel . . .«: Paddy Calistro, »Barbra! Scratch the Nails«, *Los Angeles Times*, 17. Januar 1992.
»Frauen, die nicht . . .«: ib.
»Sie will uns . . .«: ib.
»Mein Alptraum . . .«: Lawrence Grobel, »Playboy Interview: Barbra Streisand«, *Playboy*, Oktober 1977.

»Wie macht man . . .«: John C. Williams, »T-Shirt Sales Almost Cost Beaufort Artist ›Princely‹ Court Fight«, *Savannah Morning News*, 3. August 1990.

»Nick Nolte war wie . . .«: Interview mit Evelyn Grayson.

»Was er im Grunde . . .«: Charlotte Gunnells, »Nolte Wows Academy Students«, *Beaufort Gazette*, 14. Mai 1990.

»Das war der falscheste . . .«: T. C. Hunter, »TCL Instructor Helps Nick Nolte Learn Wingo's Lowcountry Lingo«, *Beaufort Gazette*, 5. Juni 1990.

»Zu den oberen Rängen . . .«: Dannye Romine, »Prince and Princess of Tides«, *Charlotte Observer*, 29. Juni 1990.

»Nolte konnte ein bißchen . . .«: John C. Williams, »Nolte's Role Gives Accent Flavor«, *Savannah Morning News*, 10. Juni 1990.

»Ich ging zu . . .«: Steve Dollar, »Filming of ›Prince of Tides‹ to Begin in Beaufort«, *Savannah Morning News*, 17. Juni 1990.

»Der Helikopter stieß . . .«: Fred Trask, »The Casualties of Moviemaking«, *Beaufort Gazette*, 23. Juli 1990.

»Nicht auf würdevolle . . .«: ib.

»Es gab zahlreiche . . .«: ib.

Kapitel 37: Eine Regisseurin bei der Arbeit

»Meine Mutter hat . . .«: Scott Siegel und Barbara Siegel, »The Prince of Tides«, *Drama-Logue*, 19. Dezember 1991.

»Barbra Streisand ist noch . . .«: Cindy Adams, *New York Post*, 28. August 1990.

»Ich mache jede . . .«: New Yorker Pressefest, Columbia Pictures, 1991.

»Man bekommt keine . . .«: Joe Morgenstern, »Barbra Streisand«, *Cosmopolitan*, Oktober 1991.

»Ich wußte nicht . . .«: Don Rhodes, »›The Prince of Tides‹ Filmed in South Carolina«, *Augusta Chronicle*, 20. Dezember 1991.

»Mir ist das vom . . .«: Siegel und Siegel, op. cit.

»Die Schauspielerei . . .«: Hilary de Vries, »Prisoner of His Image«, *Los Angeles Times*, 17. November 1991.

»Als wir anfingen . . .«: Siegel und Siegel, op. cit.

»Er [Nick] kam . . .«: *USA Today*, 21. Dezember 1991.

»Die schüchterne Schauspielerin . . .«: New Yorker Pressefest, Columbia Pictures, 1991.

»Ich hatte das Gefühl . . .«: Siegel und Siegel, op. cit.

»Ich möchte gern . . .«: *USA Today*, 21. Dezember 1991.

»Guten Tag, ich . . .«: Morgenstern, op. cit.

»Ich kenne Jason . . .«: Interview mit David Knight.

»Ich habe meine [Lowenstein] . . .«: New Yorker Pressefest, Columbia Pictures, 1991.

Kapitel 38: Oscar oder nicht Oscar?

»Ich hatte seit . . .«: Interview mit Bill Harris.
»Ich höre immer . . .«: Andy Marx, »Who Are These People?«, *Los Angeles Times*, 29. März 1992.
»[Sie] überzeugt dermaßen . . .«: Andy Marx, »Director's Chair«, *Los Angeles Times*, 10. November 1991.
»Unter Frauen gibt . . .«: Paul Rosenfield, »Barbra's New Direction«, *Ladies Home Journal*, Februar 1992.
»Sie verlangte, daß . . .«: Interview mit Elaine Joyce.

Kapitel 39: Eine Frau geht ihren Weg . . .

»Das kann ich noch . . .«: Diane Haithman, »Hollywood's Party Politics«, *Los Angeles Times*, 31. Januar 1992.
»Unsere Außenpolitik ist sehr . . .«: Pete Hamill, »Barbra the Great: Talented Girl on a Triumphal March«, *Cosmopolitan*, Februar 1968.
»Ich werde hemmungslos . . .«: Judy Klemesrud, »Shirley: Let's Tax Diapers«, *New York Times*, 8. August 1971.
»Es war eine Spendenbeschaffung . . .«: Interview mit Senator George McGovern.
»Ich kann Nixons . . .«: Guy Flatley, »Bewitched, Barbra'd, Bewildered«, *New York Times*, 21. Januar 1973.
»Es war am 2. April . . .«: Timothy K. Smith, »What Does Barbra Believe In, Anyway?«, Wall Street Journal, 14. Mai 1993.
»Unsere Technologie . . .«: Clarke Taylor, »Streisand: Woman in Film Have ›Special Role‹«, *Los Angeles Times*, 3. Mai 1986.
»Sie fing mit sehr wenig . . .«; »Warum soll er . . .«: S. 312: Ronald Brownstein, *The Power and the Glitter* (New York: Pantheon Books 1980), S. 309.
»Ich bin überzeugt . . .«: Aleene MacMinn, »Morning Report: Largess«, *Los Angeles Times*, 31. Mai 1989.
»Barbra Streisand hat . . .«: Aids Project, Geoffrey-Martin Cyr, »Streisand, Geffen Honors«, *Los Angeles Optimist*, Winter 1992-93.

»Wir erklommen gerade . . .«: Interview mit Terry Schleder

»Hat schon einmal . . .«: Jane Galbraith, »Telluride Cites Its Record, Calls Boycott Unfair«, *Los Angeles Times*, 17. Dezember 1992.

»Seit sie ihren . . .«: Interview mit Terry White.

»Sie war auch am Abend . . .«: Interview mit Eleanor Clift.

»Ich bin kein Star . . .«: Mick Brown, »Daddy, Can You Hear Me Now?«, *London Guardian*, 31. März 1984.

»Washington war entzückt . . .«: Interview mit Mary Matalin.

»Die Amtseinführung war . . .«: Interview mit Susan Estrich.

»Sie ist meine Version . . .«: Maureen Drowd, »Film Star Cheers; Tennis Star Loses«, *New York Times*, 1. Juli 1993.

»Sie hat nicht an Türen . . .«: Clarke Taylor, »Streisand: Woman in Film Have ›Special Role‹«, *Los Angeles Times*, 3. Mai 1986.

»Je älter sie wurde . . .«: Kevin Sessums, »Queen of Tides«, *Vanity Fair*, 9, 1991.

»Glaubt Barbra . . .«: »Interview mit Roseanne Arnold«, *Advocate*, 9. März 1973.

»Sie ist wie ein Filter . . .«: »Show Business/Broadway«, *Time*, 10. April 1964.

»Ich weiß nicht, worum . . .«: New Yorker Pressefest, Columbia Pictures, November 1991.

Bibliographie

Abrams, Arnold: »Streisand: Lonely ›Funny Girl‹«, W, 21. März 1964.

Alexander. Shana: »A Born Loser's Success and Precarious Love«, Life, 22. Mai 1964.

Atlas, Jacoba und Steve Jaffe: »Barbra and Ryan in Bogdanovich's Salute to the Zany Comedies of the '30s – What's up Doc?«, Show, April 1972.

Bach, Steven: Final Cut: Dreams and Disaster in the Making of Heaven's Gate, New York: William Morrow and Co., 1985.

Blank, Ed: »›Tides‹ Turning for Barbra«, Scripps-Howard News Service.

Brenner, Marie: »Collision on Rainbow Road«, New Times, 24. Januar 1975.

Browning, Norma Lee: »Will Barbra Make It Big in Movies?«, Sunday News, 24. September 1967.

Brownstein, Ronald: The Power and the Glitter, New York: Pantheon. 1990.

Conroy, Pat: The Prince of Tides, Boston: Houghton Mifflin Co., 1986.

Considine, Shaun: Barbra Streisand: The Woman, the Myth, the Music, New York: Delacorte Press, 1985.

Crist, Judith: Take 22: Moviemakers on Moviemaking, New York: Viking, 1984.

De Vries, Hilary: »Streisand the Storyteller«. Los Angeles Times Magazine, 8. Dezember 1991.

Dunne, John Gregory: »Gone Hollywood«, Esquire, September 1976.

Epstein, Robert: »Magnolias, Palms: ›Tides‹ Author Meets Hollywood«, Los Angeles Times, 26. Dezember 1991.

Fadiman, Anne: »Barbra Puts Her Career on the Line with Yentl«, Life, Dezember 1983.

Gavin, James: Intimate Nights: The Golden Age of New York Cabaret, New York: Grove Weidenfeld, 1991.

Graham, Sheila: Confessions of a Hollywood Columnist, New York: William Morrow and Co., 1969.

Grobel, Lawrence: »Playboy Interview: Barbra Streisand«, Playboy, Oktober 1977.

Hamill, Pete: »Good-bye Brooklyn, Hello Fame«, Saturday Evening Post, 27. Juli 1963.

Harvey, Stephen: Directed by vincente Minnelli, New York: Harper and Row, 1989.

Holden. Stephen: »Barbra Streisand Talks (a Lot) About Fame and ›Prince of Tides‹«, New York Times, 1991.

Holt, Georgia, und Phyllis Quinn, Sue Russell: Star Mothers, New York: Simon & Schuster, 1988.

Jarrell, Frank P.: »Under Production«, *Charleston Post-Courier*, 12. August 1990.

Jordan, Rene: *The Greatest Star, New* York: G. P. Putnam's Sons, 1975.

Kantor, Bernard, Irwin Blacker und Anne Kramer: *Directors at Work,* . New York: Funk & Wagnalls, 1970.

Kaye, Elizabeth: »Barbra: The Superstar Who Wants to Be a *Woman«*, *McCalls*, April 1975.

Klein, Doris: »Anne Francis Tells Her Side of Story in Five Months of ›Funny Girl‹ Filming«, *Hollywood Reporter*, 12. Januar 1968.

Lurie, Diana: »›Funny Girl‹ and Me«, *Ladies Home Journal*, August 1969.

Lurie, Diana: »They All Come Thinking l Can't Be That Great«, *Life*, 18. März 1966.

McDonnell, Anna: »Cracking *Nuts« Premiere*, Dezember 1987.

Madsen, Axel: *Wlliam Wyler*, New York: T. Y. Crowell, 1973.

Michaelson, Judy: »The New Stars«, *New York Post*, 13. September 1963.

Miller, Allan: *A Passion for Acting*, New York: Backstage Books, 1992.

Miller, Edwin: *»Seventeen«* Interviews *Film Stars and Superstars«*, New York: Macmillan, 1970.

Morgan, Thomas B.: »Superbarbra«, *Look*, 5. April 1966.

Mothner, Ira: »Mama Barbra«, *Look*, 25. Juli 1967.

Oppenheimer Peer J.: »Streisand, Our Poll Winner; As Seen by Three Friends«, *Family Weekly*, 5. Mai 1974.

Pierson, Frank: »My Battles with Barbra and Jon«, *New York*. 15. November 1976.

Pogrebin, Letty Cottin: *Deborah, Golda and Me: Being Female and Jewish in America*, New York: Crown Publishers, 1991.

Potok, Chaim: »Barbra Streisand and Chaim Potok«, *Esquire*, Oktober 1982.

Reed, Rex: *Do You Sleep in the Nude*, New York: New American Library, 1968.

Rennert, Amy: »Family Secrets«, *San Francisco Focus*, Dezember 1991.

Rhodes, Don: »Director Streisand Has an Eye for Detail«, *Augusta Chronicle*, 15. Juli 1990.

Romine, Dannye: »Prince and Princess of Tides«, *Charleston Observer*, 29. Juli 1990.

Rosenfield, Paul: »Barbra's New Direction«, *Ladies Home Journal*, Februar 1992.

Sanders, Coyne Steven: *Rainbow's End: The Judy Garland Show*, New York: William Morrow and Co., 1990.

Savoy, Maggie: »Barbra's Top Fan Makes It on Her Own«, *Los Angeles Times*, 14. März 1969.

Sessums, Kevin: »Queen of Tides«, *Vanity Fair*, September 1991.

Sharif, Omar: *The Eternal Male*, Garden City, N. Y.: Doubleday, 1976.

Siegel, Scott, und Barbara Siegel: »The Prince of Tides«, *Drama-Logue*, 19. Dezember 1991.

Smith, Joe: *Off the Record*, Hrsg. Mitchell Fink, New York: Warner Books, 1988.

Spada, James mit Christopher Nickens: *Streisand: The Woman and the Legend*, Garden City, N. Y.: Doubleday Dolphin, 1981.

Steinem, Gloria: »Barbra Streisand Talks About Her ›Million-Dollar Baby‹«, *Ladies Home Journal*, August, 1966.

Wallace, David: »Sonny Side *up*«, *Us*, 3. Oktober 1988.

Warga, Wayne: »Barbra Streisand's Search for Her Father«, *McCall's*, Januar 1984.

Weidman, Jerome: »I Remember Barbra«, *Holiday*, November 1963.

Wilson, Earl: *The Show Business Nobody Knows*, New York, 1974.

Register

Abbott, George 101, 162
Adams, Eddie 164
Adams, Kenny 120
Adler, Lou 584
Adler, Stella 365
Agassi, André 610–612
Ager, Milton 145
Aimée, Anouk 300, 361
Albee, Edward 351
Alberghetti, Anna Maria 244
Ali, Muhammad 396
Allan, Ted 468
Allen, Charlie 400
Allen, Elizabeth 143
Allen, Herbert 400
Allen, Jay Presson 11, 399, 402, 418
Allen, Lee 191, 202, 219f., 237f.,
    240f., 264f., 267, 289–291, 293f.
Allen, Woody 147, 160, 221, 473
Alon, Ygal 375
Alpert, Herb 334
Altmann, Robert 371, 373, 420, 486
Anderson, John 586
Andress, Ursula 322, 361, 473
Andrews, Julie 77, 199, 220, 224, 279,
    306
Ann-Margret 152f., 221, 279, 422, 486,
    576
Arlen, Harold 65, 91, 96, 101, 127, 147,
    181, 258, 341, 474
Armstrong, Louis 158, 312f.
Arnold, Roseanne 619
Arnstein, Nicky 185f., 188, 191f.,
    194–196, 203–205, 240, 263f., 288,
    298
Arthur, Irvin 104–108, 158f., 171
Arzner, Dorothy 466
Ascher, Kenny 425–427, 437, 442, 444
Ashby, Hal 420
Ashby, Joan Marshall 475
Ashley, Elizabeth 143, 170
Ashley, Ted 414
Astaire, Fred 43, 81, 224

Auerbach, Norbert 474f.
Axelrod, George 329, 414
Axelrod, Jonathan 414f., 417, 421

Bacall, Lauren 142
Bach, Steven 474f.
Bacon, Kevin 515
Bailey, Jim 622
Bain, Conrad 373
Ball, Lucille 222
Ballar, Kaye 88
Balley, Pearl 147
Bancroft, Anne 77, 175–178
Bankhead, Tallulah 85
Baskin, Richard 486f., 496, 498, 503,
    567, 569f., 578, 610, 621
Bates, Barbara 87
Bean, Orson 102f., 108, 112
Beatles (Gruppe) 152, 215, 218, 225,
    266, 344, 461
Beaton, Cecil 323, 326
Beatty, Warren 68, 346, 392, 411, 497,
    505, 569, 577, 584f., 609, 621
Beauchamps, Armand de 68
Beck, Mailyn 417
Bee Gees (Gruppe) 461
Beery, Wallace 336
Begelmann, David 171, 303
Belafonte, Harry 147, 221
Belink, Susan 118f.
Belmondo, Jean-Paul 149, 244, 322
Bendedict, Paul 373
Bennett, Michael 449f.
Bennett, Tony 150
Benton, Robert 364
Bergen, Candice 279
Bergman, Alan 386, 418, 424, 436,
    451f., 468, 588
Bergman, Ingmar 370, 377
Bergman, Ingrid 336
Bergman, Marilyn 386, 418, 424, 436,
    451f., 468, 578, 587–590
Berkeley, Busby 285

657

Gaynot, Janet 410
Geffen, David 406, 597
Gerard, Linda 237
Gere, Richard 478, 483, 494, 606
Getz, Stan 241
Ghostley, Alice 88, 161
Gibb, Barry 461 f.
Gibson, Mel 406
Gibson, William 304
Gillespie, Dizzy 158
Glynn, Joan 258–262, 267
Gogh, Vincent van 166
Goldberg, Whoopi 104, 577
Goldberger, Marvin L. 588
Goldblatt, Stephen 525, 552
Goldenberg, Billy 376
Goldstein, Lucille 148 f.
Goodman, Benny 161
Gordon, Richard 459 f.
Gordon, Ruth 188, 193, 306
Gore 593
Gorme, Eydie 103, 175
Gould, Elliott (Elliott I. Goldstein)
    129 f., 134–143, 148–150, 163 f.,
    166–168, 179 f., 184 f., 189, 210,
    212 f., 223, 230–232, 235, 243–247,
    255, 262 f., 268–274, 283, 300 f., 303,
    322 f., 329–333, 336, 341, 343,
    346–348, 358, 362–365, 380, 416,
    423, 433, 438, 470 f., 485, 494, 515,
    563, 603, 610
Gould, Jason Emanuel 30, 272–275,
    277, 283, 311, 315, 317 f., 331, 341,
    343, 357, 365, 374 f., 400, 433, 438,
    448, 456, 460, 469–471, 485 f.,
    515–517, 557–560, 567, 583, 603 f.,
    614
Gould, Jennifer 354 f.
Grade, Sir Lew 473
Graham, Martha 92
Grant, Cary 263, 364, 617
Grant, Lee 466
Green, Adolph 163
Greenwald, Robert 497
Gregory, Dick 586
Griffin, Merv 164 f.
Griffith, Melanie 502 f., 569 f.

Griffith, D. W. 328
Grimes, Tammy 170
Grubart, Adele 468 f.
Guber, Peter 13, 19
Guevara, Ernesto (Che) 478
Guthrie, Gary 451 f.

Hackmann, Gene 462–464, 585
Haddad, Sharon 507
Haines, Randa 572
Haley, Jack 388
Halopoff, Lisa 519
Hamill, Pete 162
Hamlisch, Marvin 199, 386 f.
Hammond, Blair 201, 214, 217 f., 222,
    236–238
Hampton, Dawn 84
Hampton, Lionel 84, 158
Haney, Carol 185, 200
Hanks, Tom 567
Hannah, Bob 553
Hardy, Oliver 31
Harris, Barbara 134, 143, 324
Harris, Bob 146
Harris, Burtt 505
Harris, Ed 146
Harris, Jeff 117–121, 124 f., 127, 134
Harris, Muriel 447
Harris, Richard 324
Harvey, Anthony 336, 362
Havilland, Oliva de 292
Hawn, Goldie 21, 490, 567, 577, 589,
    616
Haynes, Tiger 89 f., 146, 156
Hayton, Lenny 311, 316
Hayworth, Rita 43, 75, 344
Helms, Jesse 621
Hemion, Dwight 223, 253, 389
Henderson, Luther 199, 201
Hendrix, Jimmy 423
Henry, Buck 355, 364, 418
Hepburn, Audrey 43, 92 f., 161, 246,
    292, 324
Hepburn, Katharine 275, 308, 326,
    333 f., 336, 364, 388, 507, 617
Herman, Jerry 305, 318, 341
Heston, Charlton 292, 545, 605, 608

**Bitte beachten Sie
die folgenden Seiten**

André Brunelin

Jean Gabin

Sein Leben, seine Filme, seine Frauen

Mit 31 Fotos

Ullstein Buch 35650

Eine Umfrage von PARIS MATCH stellte ihn neben General de Gaulle unter die markantesten Franzosen unseres Jahrhunderts: Jean Gabin. André Brunelin, langjähriger Freund und Presseagent Jean Gabins, zeigt den großen Schauspieler, wie man ihn kennt – und doch nicht kennt. Brunelin berichtet von Gabins unzähligen Filmerfolgen und schildert ihn als empfindsamen Mann, der an seiner Kunst zweifelte.

»Für die Fan-Gemeinde des Schauspielers ist diese Biographie Pflichtlektüre.«
(Berliner Morgenpost)

Sheridan Morley

Audrey Hepburn

Die Biographie in
Selbstzeugnissen

Ullstein Buch 35618

Schönheit, Stil und Menschlichkeit: all das verkörperte
Audrey Hepburn. Ob als
kapriziöse Holly Golightly
in »Frühstück bei Tiffany«
oder als vor Temperament
überschäumendes Blumen-
mädchen Eliza Doolittle in
»My Fair Lady«: Sie war
das Leinwandidol mehrerer
Generationen; ihre natür-
liche Eleganz machte sie
zum Star der Modewelt.
Dieses Buch ist eine
Liebeserklärung an Audrey
Hepburn, die all jene
Menschen in ihren Bann
zog, die ihren Lebensweg
kreuzten.

Biographie

Ein Muß für jeden Filmfan, der die Wahrheit hinter den Illusionen aus Zelluloid sucht

TONY CURTIS
Ich mag's heiß
DIE AUTOBIOGRAPHIE

Herbig

Tony Curtis, einer der letzten aus Hollywoods großer Zeit, legt seine Autobiographie vor. Er nimmt dabei kein Blatt vor den Mund, seine Sprache ist deutlich, sie schont weder ihn noch andere, und seine Insiderdarstellung weist die amerikanische Filmmetropole als Kriegsschauplatz der Intrigen aus. Polemisch, spritzig und gewagt, drastisch und komisch.

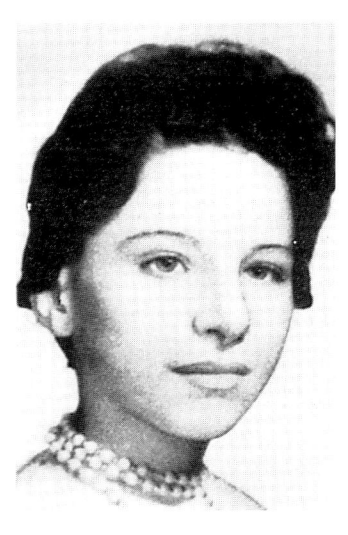

Barbara Streisand, 1955. Aus ihrem Absolventenjahrbuch der 8. Klasse. Hier heißt sie noch Barbara.

Barbaras Abiturfoto, 1959

Ein aufsteigender Stern, 1961.
(Avery Willard, Sammlung Glenn Jordan)

Wenn ein Mädchen nicht so schön ist wie Miss Atlantic City, 1961
(Avery Willard, Sammlung Glenn Jordan)

Nur eine von vielen...
Mit Sheila Copelan, Diana Sands und Susan Belink
(Avery Willard, Sammlung Glenn Jordan)

Ein gutes Team mit Dom deLuise und Sheila.
In: *Another evening with Harry Stoones*.
(Avery Willard, Sammlung Glenn Jordan) ▽

Das Reklameplakat für *Another evening with Harry Stoones*. Bemerkenswert ist Barbras versehentlich kleingedruckter Name.

GRAMERCY ARTS

stenod productions, inc.

presents

another evening with harry stoones

a new musical revue

sketches, music and lyrics by

jeff harris

with

diana sands

sheila copelan   ben keller
dom de luise   kenny adams

virgil curry
susan belink
barbra streisand

musical direction and arrangements by   *choreography by*
abba bogin   joe milan

scenery and lighting by   *costumes designed and executed by*
robert o. darling   ruth wagner

entire production directed by
g. adam jordan

PART ONE—THE CIVIL WAR

Carnival in Capri	ENTIRE CAST
To Belong	KENNY
Communication	
Waiter	DOM
Lulu	DIANA
Jose	BEN
Cook	KENNY
Ballad to the International	
Business Machine Building	VIRGIL
You Won't Believe Me	SHEILA
The Wrong Plan	DIANA
Ballet	
Wendy	BARBRA
Michael	KENNY
Nana	DOM
Peter Pan	HARRIET ALL
Bang!	SUSAN
Don't Laugh at Me	VIRGIL & DIANA
Museum Piece	DOM

Barbra Streisand

Born in Rangoon, Burma, a graduate of the Yeshiva of Brooklyn & Erasmus Hall High School — Barbra Streisand has had remarkable success in her short professional career. Although she is making her off Bway debut Barbra ... caused Dorothy Kilgallen to refer to her in her column as a "rising new star" for her singing at the Bon Soir. She has also been on the "Jack Paar Show 2 times" and Mike Wallace's PM East there as a straight singer. She has also sung in Canada, Detroit and St. Louis and in January will go to New Orleans, Miami & Chicago to work although she thinks she ride horses.

Top-Werbemanager Dick Falk erklärt seinem Schützling, welche Kamera die wichtigste ist. (Dick Falk, Privatbesitz)

◁ Voll jugendlichem Elan während ihres triumphalen Auftritts in der *Judy Garland Show*, 1963.
(The Richard Gordon Collection)

△ Nach Barbras Intervention ersetzt Johnny Desmond Sidney Chaplin in der Broadway-Inszenierung von *Funny Girl*.
(The Richard Gordon Collection)

Die Heiratsurkunde von Barbara Streisand und Elliott Gould.
(Randall Riese, Privatbesitz)

STATE OF NEVADA, ss.
COUNTY OF ORMSBY

CERTIFICATE OF MARRIAGE
Ormsby County, Nevada

Nº 108303

I hereby Certify that on the ___13TH___ day of ___SEPTEMBER___ in the year of our Lord one thousand nine hundred and ___SIXTY THREE___ at ___CARSON CITY___ in said County, I, the undersigned, a ___JUSTICE OF THE PEACE.___ did join in the Holy Bonds of Matrimony according to the laws of this State ___ELLIOTT GOULD___ a resident of ___NEW YORK CITY___ in the County of ___NEW YORK___ State of ___NEW YORK___ and ___BARBARA JOAN STREISAND___ a resident of ___NEW YORK CITY___ in the County of ___NEW YORK___ State of ___NEW YORK___ in the presence of ___MARTIN ERLICHMAN___ a resident of ___NEW YORK CITY___ County of ___NEW YORK___ State of ___NEW YORK___ and ___MARTIN BREGMAN___ a resident of ___NEW YORK CITY___ County of ___NEW YORK___ State of ___NEW YORK___ who have subscribed their names hereto as witnesses.

} Witnesses

TO BE RECORDED BY PARTY PERFORMING MARRIAGE

◁ Hinter der Bühne, in ihrer im Paisley-Muster ausgeschlagenen Garderobe des *Winter Garden Theatre*, 1964/65.
(The Richard Gordon Collection)

△ Mit Elliott und dem 4 Monate alten Jason in Los Angeles, wo im Mai 1967 die Filmversion von *Funny Girl* gedreht wurde. Nur Vivien Leigh konnte die gleiche Aufmerksamkeit verbuchen, als sie 30 Jahre zuvor für die Filmaufnahmen von *Vom Winde verweht* in der Stadt eintraf.
(Columbia Pictures. The Richard Gordon Collection)

◁ In *Funny Girl* – zweifelsohne das vielversprechendste Talent in der Geschichte des Films.
(Columbia Pictures. The Richard Gordon Collection)

△ Die Probeaufnahmen für die Ausstattung des Films *Funny Girl* zeigen eine sehr verunsicherte Barbra. (Columbia Pictures)

Überwältigt von Omar Sharifs kontinentalem Charme. ▷
(Columbia Pictures. The Richard Gordon Collection)

Eine Haß-Liebe-Beziehung verband Barbra mit ihrem Mentor Ray Stark.
(Columbia Pictures. The Richard Gordon Collection)

Mit Jason bei den Dreharbeiten.
(Privatbesitz)

Mit Anne Francis, deren Rolle nach-
träglich völlig aus *Funny Girl* gestrichen wurde.
(Columbia Pictures. The Richard
Gordon Collection) ▷

Mit Harry Stradling, einem der
wenigen Menschen, denen Barbra
vertraute und der ihr den Umgang
mit der Filmkamera beibrachte.
(20th Century Fox. The Richard
Gordon Collection)

Barbra mit Walther Matthau in *Hello Dolly*. Die Kollision zweier Filmgrößen. (20th Century Fox. The Richard Gordon Collection)

Hänsel und Gretel: Hinter der strahlenden Fassade das Ende eines Märchens. (The Richard Gordon Collection)

Hello, Gorgous! – Der Oscar.
(Privatbesitz)

Im Land der Riesen.
Barbra in der Rolle einer 8jährigen in *Einst kommt der Tag...*
(Paramount Pictures. The Richard Gordon Collection)

Fingersprache. Während der Dreharbeiten zu *Einst kommt der Tag...* sind Regisseur Vincente Minnelli (links) und Alan Jay Lerner (mitte) aufmerksame Zuhörer.
(Paramount Pictures. The Richard Gordon Collection)

Die Eule und das Kätzchen
(The Richard Gordon Collection)

Als Regisseurin. Barbra hinter der
Kamera bei den Dreharbeiten zu
Die Eule und das Kätzchen.
(Columbia Pictures.
The Richard Gordon Collection)

Ein neues Image. Barbra in der Rolle der Ann Margret bei den Dreharbeiten zu *Die Eule und das Kätzchen.*
(Columbia Pictures. The Richard
Gordon Collection)

Wahre Stärke: Das alte und das
neue Hollywood.
Mit John Wayne, 1970.
(The Richard Gordon Collection)

Mit Liza Minnelli bei der Oscar-Verleihung, 1970
(Privatsammlung)

Liebe vor und hinter der Kamera mit Ryan O'Neal.
(Warner Brothers. Privatsammlung)

Ein Moment der Zärtlichkeit mit Peter Bogdanovich, dem Regisseur von *Is was Doc?*.
(Warner Brothers. Privatsammlung)

Sandkastenspiele – eine Frau hinter Gittern.
(First Artists. The Richard Gordon Collection)

Mit O'Neal und Bogdanovich: Hollywoods *Liebe zu dritt?*
(Warner Brothers. The Richard Gordon Collection)

Zwei Stars im Brennpunkt des Interesses: Barbra Streisand und Robert Redford. (Columbia Pictures. The Richard Gordon Collection)

Vor ihrem selbstentworfenen Schminktisch während der Dreharbeiten zu *Um Himmels willen*. (Columbia Pictures. The Richard Gordon Collection)

Eine verliebte Frau, 1975.
(Privatsammlung)

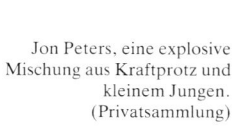

Jon Peters, eine explosive
Mischung aus Kraftprotz und
kleinem Jungen.
(Privatsammlung)

Die Grenzen verwischen sich. Frau oder
Mann?
(Warner Brothers. Privatsammlung)

Peters zu Kristofferson: *Entschuldige dich bei meiner Alten.*
(Privatsammlung)

A Star is born: Der Mann im Haus ist Kris Kristofferson. (Warner Brothers)

Diane Kind: Eine schwierige Beziehung zu der berühmten Tochter.

Aus dem Familienalbum: Bruder Sheldon Streisand und Barbras Stiefschwester Rosalyn Kind. (The Richard Gordon Collection)

Die Hauptsache:
Nur kein k.o.
Mit Ryan O'Neal.

Im Scheinwerferlicht mit Don Johnson. (Privatsammlung)

Wer zieht die Grenzen? Wer ist normal und wer verrückt? Szenenfoto aus *Nuts*. (Warner Brothers)

Yentl: Mit Mandy Patinkin: Die Liebe zum Lernen, ... (MGM/UA. Privatsammlung)

und mit Amy Irving: In den Randbereichen der Homosexualität. (MGM/UA. Privatsammlung)

Der zersprungene Spiegel: Aus Yentl wird Anshel. (MGM/UA)

Bodytalk – oder alles hat seinen Preis. (Warner Brothers. Privatsammlung)

Bei Richard Baskin – alle Eiscreme der Welt, immer und zu jeder Zeit!
(Privatsammlung)

Anläßlich einer Wahlversammlung mit Jesse Jackson in Los Angeles, 1989. (Mark Goins)

Herr der Gezeiten, 1991. Aus Kindern werden Söhne. Jason Gould und Nick Nolte.
(Columbia Pictures)

Nick Nolte – Barbras perfekter
Wingo aus *Herr der Gezeiten.*
(Columbia Pictures)

Barbra Streisand als Regisseurin – was lange währt, wird endlich gut.
(Columbia Pictures)

In Gedanken, 1970.
(Columbia Pictures.
The Richard Gordon
Collection)